HEYNE BÜCHER

Tip des Monats

D1855113

In derselben Reihe
erschienen außerdem als Heyne-Taschenbücher:

Desmond Bagley · Band 23/5
Victoria Holt · Band 23/6
Marie Louise Fischer · Band 23/8
Robert Ludlum · Band 23/11
Colin Forbes · Band 23/14
Victoria Holt · Band 23/18
Caroline Courtney · Band 23/22
Robert Ludlum · Band 23/23
Gwen Bristow · Band 23/24
Susan Howatch · Band 23/27
Marie Louise Fischer · Band 23/33
Johanna Lindsey · Band 23/34
Philippa Carr · Band 23/36
Caroline Courtney · Band 23/40
Robert Ludlum · Band 23/41
Johanna Lindsey · Band 23/43
Marie Louise Fischer · Band 23/45
John Gardner · Band 23/46
Alistair MacLean · Band 23/47
Gwen Bristow · Band 23/48
Jackie Collins · Band 23/49
John Saul · Band 23/50
Alexandra Cordes · Band 23/51
David Morrell · Band 23/52
Philippa Carr · Band 23/53
Eric van Lustbader · Band 23/54
Barbara Cartland · Band 23/55
Mary Westmacott · Band 23/56
Schimanski · Band 23/57
Pearl S. Buck · Band 23/58
Alistair MacLean · Band 23/59
Caroline Courtney · Band 23/61
Len Deighton · Band 23/62
Marie Louise Fischer · Band 23/63
Daphne du Maurier · Band 23/64
Alexandra Cordes · Band 23/65
Evelyn Sanders · Band 23/66
Philippa Carr · Band 23/67
R. Ludlow · Band 23/68
Barbara Cartland · Band 23/69
Jackie Collins · Band 23/70
Peter Straub · Band 23/71
Marc Olden · Band 23/72
Mary Westmacott · Band 23/73
Xaviera Hollander · Band 23/75
Dean R. Koontz · Band 23/76
Gwen Bristow · Band 23/77
Johanna Lindsey · Band 23/78

3 Romane in einem Band

Marion Zimmer Bradley

Der Bronzedrache
Trommeln in der Dämmerung
Die Teufelsanbeter

WILHELM HEYNE VERLAG
MÜNCHEN

HEYNE TIP DES MONATS
Nr. 23/79

Deutsche Übersetzung von Malte Heim
(Der Titel erschien bereits in der Reihe
Science Fiction mit der Band-Nr. 06/4144)

Deutsche Übersetzung von Burkard Jost
(Der Titel erschien bereits in der Allgemeinen
Reihe mit der Band-Nr. 01/6602)

Deutsche Übersetzung von Walter Brumm
(Der Titel erschien bereits in der Allgemeinen
Reihe mit der Band-Nr. 01/6697)

3. Auflage

Printed in Germany 1992
Umschlagillustration: Prestige Art Galleries, Skokie, USA
Umschlaggestaltung: Atelier Ingrid Schütz, München
Satz: Compusatz GmbH, München
Druck und Bindung: Presse-Druck Augsburg
ISBN 3-453-05706-6

Inhalt

Der Bronzedrache

Für David,
der den Bronzedrachen in Texas
gesehen hat

TEIL I

1. Kapitel

»*Nein, Rellin!*«

Der Schrei zerriß die Stille, und ich erwachte.

Ich setzte mich auf, blinzelte, und ein Schmerz drohte mir den Kopf zu sprengen wie der Schrei zuvor. Mein Kopf fühlte sich wie ein aufgeblasener Ballon an, der bedenklich auf meinen Schultern schwankte. Ich ließ das unförmige Ding wieder aufs Kissen sinken und öffnete die Augen vorsichtig einen Spaltweit.

Überall schrien Leute! Es war, als befände ich mich in einem Irrenhaus. Statt in ... Ich blinzelte nochmals und wurde endlich völlig wach.

Ich war nicht in meinem Schlafzimmer!

Die Wände waren weiß, das Fenster war ebenfalls weiß, und es gab keine Vorhänge. Pralles Sonnenlicht fiel in Balken durch die venezianischen Jalousien und lag in gleißenden gelben Streifen auf der Wand. Das Gleißen tat meinen Augen weh, und ich machte sie wieder zu.

Wo war ich? Und weshalb schrien die Leute überall; so laut, daß es ebensogut ...

Um Gottes willen, es *war* im Zimmer!

Ich hatte geschrien.

Ich schlug die Hände vors Gesicht. Wo war ich, und was ging hier vor? Als ich mein Gesicht berührte, erlitt ich den nächsten Schock.

Mein Gesicht war rauh. Ich hatte einen Bart.

Einen *Bart*? In meinem Alter? Ich hatte mich etwa zweimal bisher in meinem Leben rasiert. Für meine siebzehn Jahre war das nicht schlecht; aber jetzt hatte ich unbestreitbar ein rauhes und kratziges Kinn, einen voll ausgewachsenen Bart. *Wo war ich? Was war geschehen?*

Die Tür öffnete sich, eine Schwester kam herein; plötzlich klickte es, und die Dinge waren wieder an ihren rechtmäßigen Platz gerutscht.

Ein Unfall. Ich hatte einen Unfall gehabt und befand mich in einem Krankenhaus. Möglicherweise hatte mich ein Wagen auf dem Nachhauseweg von der Schule erwischt...

Die Schwester trug Weiß, wie die meisten Schwestern. Sie war dunkel und hübsch; und sie lächelte. »Ist etwas nicht in Ordnung?« fragte sie.

War denn *überhaupt* etwas in Ordnung?

»Ich habe Sie draußen wieder schreien gehört – Sie *waren* es doch, oder?«

»Oh, o ja, ich bin es gewesen.«

»Haben Sie wieder geträumt?« Es klang, als machte sie sich Sorgen um mich.

Wieder? Was mochte das bedeuten? »Es tut mir leid. Ich bin noch ziemlich benommen. Habe ich schon einmal geschrien?«

Sie nickte. »Ja. Erinnern Sie sich nicht? In der letzten Nacht sind Sie dreimal aufgewacht und haben etwas von einer Reling geschrien. Sind Sie vielleicht von einem Schiff gefallen?«

»Ich weiß es nicht«, sagte ich zögernd. »Ich nehme an, ich befinde mich in einem Krankenhaus. Vielleicht im Herrick?«

Sie nickte lächelnd. »Ja, dies ist das Hendrick-Hospital. Also wissen Sie, wo Sie sind? Das ist wunderbar. Vielleicht werden Sie sich schon bald daran erinnern, was geschehen ist und was es mit dieser Reling auf sich hat.«

Ich legte die Stirn in Falten und wünschte mir sogleich, es nicht getan zu haben; es tat weh. Das sah mir gar nicht ähnlich; ich hatte nie Alpträume gehabt, und ich hatte nicht mehr geschrien, seit ich mir mit dreizehn Jahren den Finger in der Autotür eingeklemmt hatte. Wieso fiel mir das ein, und nichts von dem, was kürzlich geschehen war? Eine Reling? Ich zermarterte mir den Kopf bei dem Versuch, mich zu erinnern, was ich geschrien hatte, oder geträumt. Es fiel mir nicht ein, aber aus irgendeinem unerfindlichen Grund war ich sicher, daß es nichts mit einer Reling zu tun hatte.

»Doktor Bannon hat gesagt, daß er Sie sehen möchte, wenn Sie aufgewacht sind«, sagte die Schwester. »Ich werde ihn jetzt rufen«, fügte sie im Hinausgehen hinzu.

Doktor Bannon? Ich hatte diesen Namen noch nie gehört. Ich rieb erneut mit der Hand über mein merkwürdig unvertrautes Gesicht; hauptsächlich, weil mich das vom Denken abhielt. Denn irgendwo im Hintergrund meines Verstandes lauerte das Entsetzen.

Etwas war falsch. Etwas, von dem ich eine dunkle Ahnung hatte und über das nachzudenken ich noch nicht wagte. Ich wußte, wenn ich dem Gedanken daran nachgäbe, würde die noch unbestimmte Furcht ganz hinten in meinem Kopf brüllend wie ein Tiger hervorschießen, und ich würde erneut zu schreien anfangen, daß man es im ganzen Haus hörte.

Nach einer Weile öffnete sich die Tür wieder geräuschlos, und ein Mann stand im Eingang.

Ich hatte ihn nie zuvor gesehen, aber ich sah an seinem weißen Kittel, daß er Arzt war. Er war ziemlich jung, hatte graue Augen und dunkles Haar; als er mich ansah, runzelte er leicht die Stirn. War ich etwa derart übel zugerichtet?

»Miß Taylor hat mir berichtet, daß Sie sich entschlossen haben aufzuwachen«, sagte er freundlich; aber seine Augen blieben starr auf mich gerichtet. »Wie fühlen Sie sich denn jetzt?«

Ich bewegte mich versuchsweise. Es gab keine Gipsverbände – nichts war ernsthaft verletzt oder von seinem gewöhnlichen Platz verrutscht –, obwohl ich etwas Steifes und Knarrendes an der Wade spürte, das mir wie ein Verband vorkam, und mein Ellbogen fühlte sich ungewohnt an. »Mein Kopf schmerzt ein wenig. Abgesehen davon bin ich in Ordnung, vermute ich. Was ist überhaupt geschehen? War es ein Unfall?«

»Wir hatten gehofft, daß Sie es uns erzählen könnten«, erwiderte er gedehnt. »Wir wissen es nicht; ein Polizist hat Sie auf der Straße liegend gefunden und in die Notaufnahme gebracht. Wir haben Sie geröntgt, um uns zu vergewissern, daß Sie keine Schädelfraktur erlitten haben; ansonsten sind Sie nicht schwer verletzt, mit Ausnahme der Wunden an den Beinen und an einer Schläfenseite, die wie Verbrennungen aussehen. Offen gesagt kann ich mir nicht vorstellen, welche Art Unfall... Aber nein, Sie sind nicht schwer verletzt. Sie sollten in einem Tag oder höchstens zweien wiederhergestellt sein.«

»Das ist gut«, sagte ich; aber das Unbehagen in mir nahm wieder zu. Ich war nicht arg verwundet, das mochte stimmen, aber da war *etwas*...

»Aber da Sie ja jetzt wach sind und vernünftig sprechen können«, sagte Doktor Bannon, »können Sie uns möglicherweise erzählen, was geschehen ist?«

Ich bemühte mich, mir die vergangenen Ereignisse ins Gedächtnis zu rufen, aber es war geradeso, als versuchte ich, mich an das zu erinnern, was ich geschrien hatte. Da war ein wunderliches, undeutliches Gefühl von Unheil, und ein großes Krachen, das den Himmel auszufüllen schien...

»Es gab ein Krachen«, sagte ich zögernd, »und – und etwas muß mich erwischt haben; aber ich kann mich nicht daran erinnern. Ich kann mich nicht erinnern!«

»Nur mit der Ruhe«, sagte der Arzt schnell. »Regen Sie sich nicht auf. Ihr Gedächtnis wird schon wiederkommen. Bei einer Kopfverletzung treten zuweilen Erinnerungslücken auf. Ich schlage vor, wir versuchen erst, das übrige herauszufinden. Es gab nichts, anhand dessen wir Sie hätten identifizieren können, müssen Sie wissen; deshalb konnten wir nicht einmal Ihre Familie benachrichtigen. Zuallererst – wer sind Sie?«

Und da brach es über mich herein, und ich wußte plötzlich, was es war, was zu spüren ich mich geweigert hatte. Weshalb ich mein Denken mit so vielen unwichtigen Fragen beschäftigt hatte. Und warum ich so viele Fragen zurückgehalten hatte.

Wer sind Sie?

Eine wirklich sehr naheliegende Frage. Das erste, was sie einen immer fragen.

Die Frage war völlig in Ordnung – aber nicht die Antwort.

Ich wußte nicht, wer ich war.

Ich kannte meinen eigenen Namen nicht!

Mit meinem Gesicht mußte etwas vorgegangen sein, wie ich vermutete, was mir allerdings nicht bewußt wurde. Denn das nächste, was ich mitbekam, war, daß die Schwester mit einem kleinen Pappbecher da war, in dem sich etwas befand, das seltsam roch, und Doktor Bannon, der sagte: »Nun, nun, mein Junge, regen Sie sich nicht auf!«

Ich konnte nichts weiter tun, als still liegenbleiben; ich fühlte mich betäubt und krank. Die Schwester hielt mir den Pappbecher nachdrücklich an den Mund, und ich schluckte ohne Gegenwehr. Gegenwehr würde alles nur noch schlimmer machen.

»Das, das... ich meine, ich *muß* es herausfinden«, stammelte ich. »Es ergibt keinen Sinn...«

»Machen Sie sich keine Gedanken«, sagte Bannon. »Regen Sie sich vor allem nicht auf. Das ist bei Kopfverletzungen nicht gerade ungewöhnlich. Ich bin sicher, Ihre Erinnerung kommt zurück...«

Ein Wort tauchte in meinem Bewußtsein auf. »Amnesie«, sagte ich, indem ich den Wortschwall des Arztes unterbrach. »Habe ich eine Amnesie? Ich habe geglaubt, daß jemand, der davon betroffen ist, alles vergißt. Wie kommt es aber dann – da ich sogar meinen eigenen Namen vergessen habe – daß ich weiß, was Amnesie ist?«

Er lächelte. Das Lächeln bewirkte, daß er menschlich und liebenswert aussah. »Oh, es gibt unterschiedliche Formen der Amnesie«, erwiderte er. »Demnach haben Sie das Wort also schon gehört? Das ist aufschlußreich. Und Sie wissen, was es bedeutet. Nun, dann wissen Sie vielleicht genug darüber, um sich nicht zu ängstigen. Manchmal haben die Menschen nur die Umstände vergessen, die mit ihrem Unfall zusammenhingen. Und manchmal...«

Aber ich hörte ihm nicht zu, denn ich durchschaute seine Absicht. Er plauderte nur, um mich davon abzuhalten, daß ich in Panik ausbrach; daß ich nicht schrie und kreischte wie ein kleines Kind.

Was ging vor? Wer war ich?

Hilflos sagte ich: »Weshalb kann ich mich nicht an meinen *Namen* erinnern?« und hörte, wie meine Stimme brach.

»Woran *können* Sie sich denn erinnern?« Der Doktor hörte sich gelassen und beruhigend an. »Miß Taylor hat gesagt, Sie wüßten, wo Sie sich befänden.«

»Ich bin im Krankenhaus. Im Herrick-Hospital?«

Da sah er mich erschrocken an. »Nein«, sagte er, »im *Hendrick-Hospital*. Wissen Sie, wo das ist?«

»Hendrick? Davon habe ich nie gehört«, sagte ich verwirrt. »Das Herrick ist in Berkeley«, fügte ich nach kurzer Pause hinzu. »Berkeley in Kalifornien. Befindet sich dieses Krankenhaus in San Francisco?«

Doktor Bannon nickte. »Allmählich kommen wir der Sache näher«, sagte er. »Leben Sie in Kalifornien? Oder... ist in Berkeley nicht eine Universität? Sind Sie dort Student?«

»Nein«, erwiderte ich. »Ich bin nicht am College. Bitte, wo bin ich jetzt?«

»Nehmen Sie es nicht schwer«, sagte Doktor Bannon. »Das Hendrick-Hospital ist in Abilene, Texas.«

Abilene in Texas! Ich sank zurück, weil ich mich schwach fühlte. Ich war nie in meinem Leben in Texas gewesen.

»Ich muß einige Zeit verloren haben«, sagte ich. »Welchen Tag haben wir?«

»Welches Datum sollten wir Ihrer Meinung nach haben?«

»Den vierten Juni Neunzehnhundertsiebenundsechzig...« Ich schüttelte den Kopf und hatte den Verband vergessen. Ich zuckte zusammen. »Habe ich versäumt... Welcher Tag ist denn heute?«

Doktor Bannon ging in die Halle hinaus. Er kehrte sogleich wieder mit einer Zeitung in der Hand zurück. Der *Abilene Daily News*. Er wies wortlos mit dem Finger aufs Datum.

Die Zeitung war vom zweiten September Neunzehnhundertachtundsechzig.

Ein Jahr und drei Monate!

»Wann wurde ich hier eingeliefert?«

»Jetzt ist Samstag. Sie wurden Mittwoch abend eingeliefert.« Er lächelte. »Was ist das letzte, an das Sie sich erinnern können?«

In einer entlegenen Ecke meines Denkens war etwas Weißes, wie... »Ein albinöser Zwerg«, sagte ich. »Nein, das ergibt keinen Sinn... Es ist nichts, tut mir leid.«

»Keine Ursache.« Doktor Bannon beschwichtigte mich schon wieder, versuchte, mich zu beruhigen; und ich wünschte mir, er würde es nicht tun; ich wollte diesen Punkt ernsthaft aufgreifen.

»Wir haben einige Überprüfungen vorgenommen«, sagte er. »Sie sind weder bei der Armee noch bei der Luftwaffe und Sie trugen keine militärische Erkennungsmarke, so daß ich mir jedenfalls nicht vorstellen konnte, daß die Navy oder die Marine Sie anfordern könnten; aber es war angebracht, das nachzuprüfen. Unter den vermißten Personen in Texas war kein junger Mann, der in etwa in Ihrem Alter gewesen wäre. Wir haben zwei Spuren... Holen Sie mir das Schreiben vom Tisch draußen«, sagte er zu der Schwester. Als sie hinausging, um es zu holen, sagte er: »Sie sind aus Kalifornien. Haben Sie dort lange gelebt? Wir könnten dort in der Vermißtenliste nachsehen, wissen Sie.«

Die Schwester kam mit einem großen gelben Papierbogen zurück.

»Wenn hier bei uns unidentifizierte Personen eingeliefert werden, ist es üblich, daß wir militärische A.W.O.L.*-Listen zu Rate ziehen, sowie die Liste vermißter Personen«, sagte er. »Die polizeilichen Fernschreiber spucken Bulletins aus. Nun werden jeden Monat Dutzende vermißter Jugendlicher gemeldet, aber eine ganze Anzahl von ihnen könnten wir von vornherein aussortieren. Und wenn man nur die berücksichtigt, die nach Siebenundsechzig... lassen Sie mich sehen... Portland, Maine, weiß, männlich, blond, sechzehn Jahre, Nels Angstrom... Ich glaube, er kommt nicht in Betracht. Sie sind nicht blond.«

Ich dachte nach. »Ich *glaube* nicht; Nels Angstrom klingt nicht richtig.«

»Aus Los Angeles, wegen Armeeraub gesucht, Pedro Menendez... nein, Sie sind kein Mexikaner, und ich bezweifle, daß Sie schon zwanzig sind. Aus Seattle, Lloyd Sanderson, Alter Achtzehn, weiß, männlich, Amerikaner, braunes Haar, dunkle Augen... Das könnte auf Sie zutreffen; er wurde vor zwei Monaten als vermißt gemeldet. Wir haben an das Jugendamt in Seattle telegraphiert. Aber lassen Sie mich weiter sehen... Berkeley, Kalifornien, Barry Francis Cowan, Alter Siebzehn, vermißt seit Mai siebenundsechzig, fünf Fuß acht... Nun, Sie könnten ein Inch gewachsen sein. Wir haben Mister Cowan telegraphiert, und er hat gesagt, daß er heute nacht einfliegen will, wenn auch nur die geringste Chance besteht, aber er sagte auch, daß er schon vier Flüge hinter sich hat, nach New York und anderen Orten, um dort Personen zu identifizieren, die behaupteten, sein Sohn zu sein. Falls Sie also Cowan oder Sanderson sein sollten...«

»Ich weiß es nicht«, sagte ich; und ich fühlte mich zum Heulen. »Das Jugendamt?«

»Das ist Routine, wenn ein Vermißter auftaucht«, sagte der Doktor rasch. »Es bedeutet nicht, daß Sie ein Verbrechen begangen haben.«

»Hatte ich überhaupt nichts bei mir, als ich hier ankam? Ich meine... weder Brieftasche, noch Schlüssel oder Geld?«

»Sie hatten nur die Kleider am Leib, und ein paar wertlose Dinge in den Hosentaschen«, sagte Doktor Bannon.

* A.W.O.L = absence without leave; unerlaubtes Fernbleiben von Militärdienst. – *Anm. d. Übers.*

»Kann ich die Sachen sehen?«

»Holen Sie seine Sachen«, sagte Bannon zu der Schwester, und sie ging zu einem Spind am anderen Ende des Raumes. Dort nahm sie einen braunen Coverall heraus, den sie übers Bett legte. Ich hob den Kopf und nahm das Kleidungsstück in die Hände.

Es war grob und braun, das Gewebe war eine Art Baumwolldrillich. Hosen und Oberteil waren aus einem Stück, und vorne war ein Reißverschluß.

Der Arzt sagte: »Es sieht aus, als wäre etwas von den Ärmeln abgerissen worden. Das ist der Grund, weshalb wir die Armee und die Air Force in Betracht gezogen haben.«

Ich wendete es in den Händen. Das grob wirkende Material fühlte sich seltsam geschmeidig an. Ohne recht zu wissen weshalb, drehte ich die Brusttasche nach oben und runzelte die Stirn. Auch dort war etwas abgetrennt worden. Ich sah einen großen, unregelmäßigen helleren Flecken auf dem Stoff.

Die Schwester sagte: »O ja. Es könnte ein Adler gewesen sein, oder etwas ähnliches.«

Ich schüttelte den Kopf. »*Das* habe ich angehabt?«

»Erkennen Sie es nicht wieder?«

»Tut mir leid. Woher stammt es?«

»Das weiß ich nicht«, gab Bannon zu. »Wie ich schon sagte, ich hielt es für Uniformstoff... Das Material ist erstaunlich kräftig und leicht, also kamen mir natürlich die bewaffneten Streitkräfte in den Sinn. Aber sie sagten nein. Es könnte in Übersee hergestellt sein, das ist möglich. Und, wenn man an die vielen neuen Synthetics denkt...« Er zuckte mit den Schultern.

»Was war in den Hosentaschen?« fragte ich ungeduldig.

Er zog eine Schublade des Nachtschränkchens neben dem Bett auf und nahm einen kleinen Gegenstand heraus.

»Achtzig Cents in Silber; sie sind unten in einem Umschlag... und dieses Ding.«

Er gab es mir. Es hatte etwa die Größe einer Hasenpfote, bestand aus Bronze und stellte einen kleinen Drachen dar. Etwa zwei Inch lang, aber unverkennbar ein Drache; ein Bronzedrache...

Ich sog scharf die Luft ein, legte das Abzeichen auf das Bettuch und griff erneut nach dem Coverall. Ich suchte die Stelle, an der etwas abgetrennt worden war, und hielt sie an den

Bronzedrachen. Ja. Der Fleck hatte eindeutig die Umrisse eines Drachen. Kein Adler. Ein Drache. Mit bebenden Fingern krempelte ich die Innenseite des Oberteils nach außen. Dort waren noch Fäden, und der Stoff wies kleine Beschädigungen auf.

Weshalb war das Emblem abgerissen worden?

Ich nahm den Bronzedrachen in die Hand – merkwürdig, wie mein Bewußtsein die Bezeichnung sogleich aufgegriffen hatte – und untersuchte ihn; ich empfand Grauen dabei. Es gefiel mir gar nicht, ihn anzufassen. Er war ungefähr zwei Inch lang. An seiner Unterseite war eine kleine, schlitzartige Kerbe eingeritzt, die ich derart sorgfältig in Augenschein nahm, daß ich wohl schielte. Ich versuchte, etwas zu entdecken wie *Made in USA* oder *Made in Japan* – etwas von der Art. Aber erfolglos. Ich rieb mit dem Finger über die Kerbe. Zudem war hier etwas abgebrochen; es gab eine unebene Stelle. Und der Drache...

Er schien zu wachsen, den ganzen Raum einzunehmen... Bevor ich es unterdrücken konnte, schrie ich. Und schrie wieder.

»Nein! *Rellin, nein!*«

Und die Welt versank in samtige Schwärze.

2. Kapitel

Als ich das nächstemal aufwachte, waren Gitter um mein Bett. Ich untersuchte sie eine Minute lang, dann legte ich mich wieder hin und beschloß, sie verdient zu haben. Ich benahm mich zur Zeit wie ein Irrer, daher mußten sie mich wie einen Irren behandeln. Was war nur in mich gefahren, daß ich derart außer Kontrolle geriet? Ich kam mir vor wie ein entsichertes Gewehr; alles konnte zu jeder Zeit geschehen. Mir gefiel dieses Gefühl überhaupt nicht.

»Wieder wach?« Eine sehr junge Schwester steckte den Kopf durch die Tür. Diese hatte rote Haare, so kurz geschnitten, daß nur zwei oder drei ungebändigte Löckchen unter der Haube hervorlugten; und anstelle einer kompletten Uniform trug sie etwas wie eine blau und weiß gestreifte Schürze. Das kleine Ansteckschildchen vorn auf der Schürze verkündete den Namen *Lisa Bernard*. »Fühlen Sie sich besser? Ich bedaure, Ihren Namen nicht zu kennen...«

»Ich kenne ihn auch nicht«, sagte ich und mußte zum erstenmal lächeln, seit diese Geschichte angefangen hatte; ihr Gesicht wurde so rot, daß ihre Sommersprossen blaß aussahen.

»Oh, es tut mir leid, ich meinte ...«

»Vergessen Sie's«, erwiderte ich. »Ich dachte, ich könnte ebensogut ein bißchen lachen; es gibt sonst nicht gerade viel Lustiges an meiner Situation.« Ich lachte, und nach einer Weile kicherte die kleine Schwester ebenfalls.

»Es tut mir *wirklich* leid. Man hat mir gesagt, daß Sie am Kopf verletzt wurden und sich bis jetzt nicht daran erinnern konnten, wer Sie sind. Können Sie sich aufsetzen, Mister ...«

»Nennen Sie mich doch einfach Mister X, den hervorragenden internationalen Spion«, sagte ich und stemmte mich auf die Ellbogen. Mein Kopf tat immer noch weh, aber ansonsten fühlte ich mich besser. Mag sein, daß der alte Knabe, der da gesagt hat, Lachen sei die beste Medizin, recht hatte. Mir fiel nicht ein, wer es gewesen war, aber das störte mich nicht. Wenn ich mich nicht einmal an meinen eigenen erinnern konnte, weshalb sollte ich mir dann wegen seines Namens graue Haare wachsen lassen?

»Ich bin Lisa Bernard«, sagte sie und versuchte, formell und würdig auszusehen, aber es wollte bei ihr nicht so recht wirken, und dahinter war ein keckes Lächeln.

Ich ergriff eines der Gitter ums Bett und rüttelte daran. »Was soll denn das bedeuten – ein Bett mit schwedischen Gardinen?«

Sie kicherte erneut. »Ach, das. Sie haben im Schlaf um sich geschlagen, und ich nehme an, jemand hatte Angst, daß Sie herausfallen und sich noch mal am Kopf verletzen könnten. Darum hat man mir gesagt, ich sollte die Gitter am Bett befestigen.« Sie huschte wieder in die Halle hinaus und kam mit einem Tablett zurück.

»Ich wußte, es war zu schön, um wahr zu sein«, sagte ich düster. »Was steht denn jetzt auf dem Krankenhausprogramm?« Sie gluckste. »Kopf hoch. Wir werden nur ein paar dieser Barthaare lassen müssen, das ist alles.« Sie nahm einen elektrischen Rasierer in die Hand.

»Mögen Sie keine Bärte?« fragte ich lachend, und sie lachte ebenfalls.

»Mir würde es überhaupt nichts ausmachen. Aber Doktor Bannon glaubt, daß es besser ist, wenn wir ihn abrasieren, damit Ihr Vater – wenn er Ihr Vater ist – Sie wiedererkennt.«

»Ach, Unsinn«, sagte ich. »Wie kann ich Ivan X sein, der geheimnisvolle Spion, ohne meinen Bart?«

»Er wird nachwachsen«, sagte sie steif.

Das war das komischste von allem; die Art, wie sie eben noch gekichert hatte, als wäre sie ein Mädchen von meiner Schule, und dann unvermittelt diese Gesetztheit, die man im allgemeinen bei einer vierzig Jahre alten Krankenschwester erwartet. Plötzlich fühlte ich mich traurig. Ich mußte an meine Schule denken. War sie in Berkeley? Ja; und vermutlich war meine ganze Klasse aufgestiegen; und alle meine Freunde...

»Hören Sie«, sagte die Schwester sanft und legte mir ihre schmale Hand auf den Arm, »Sie dürfen sich nicht wegen Ihres Zustandes Sorgen machen. Es wird alles in Ordnung kommen. Viele Leute, die Schläge auf den Kopf bekommen haben, vergessen für eine gewisse Zeit ein paar Dinge. Eines Morgens werden Sie aufwachen und sich an alles auf einmal erinnern. Ganz bestimmt! Ich habe selbst so etwas miterlebt, und ich habe ältere Schwestern darüber sprechen hören.«

»Wie alt sind Sie?« fragte ich rasch.

»Achtzehn. Ich habe einen viermonatigen Kursus gemacht...« Plötzlich glitt wieder das formelle Krankenschwester-Gesicht wie eine Maske über das Mädchengesicht. »Also dann mal los«, sagte sie mit aufgesetzter Munterkeit. »Beginnen wir mit der Rasur.«

»Na gut. Möglicherweise erkenne ich mein eigenes Gesicht unter dem Bart«, sagte ich ein wenig säuerlich und sah zu, wie sie den Rasierapparat aufnahm. Er brummte irrsinnig, als sie ihn mir ans Gesicht führte, und sie unterbrach kurz.

»Was mache ich denn da? Ich stutze ihn wohl besser erst.« Sie holte eine Schere aus ihrer Schürzentasche und schnitt drauflos, drehte meinen Kopf mit kräftigen und geschickten kleinen Händen hierhin und dorthin. Dann hielt sie mir den Rasierer ans Gesicht, und diesmal klappte es hervorragend. Sie beendete ihre Arbeit ganz professionell mit einer scharf riechenden Lotion und drückte mir einen Spiegel in die Hand.

»Fühlen Sie sich jetzt mehr als Sie selbst?«

Aber es war nur ein Gesicht. Es war mir klar, daß es mein Gesicht war, aber das machte es nicht viel besser.

»Und jetzt«, sagte sie eifrig und händigte mir einen Bademantel aus blauer Baumwolle aus, »können Sie aufstehen und ins Badezimmer gehen – gleich dort drüben. Brauchen Sie Hilfe?«

»Nein, danke, ich werde es schon schaffen«, sagte ich mit glühendem Gesicht, und das kam nicht vom Rasierwasser. Sie mochte ja eine Krankenschwester sein, aber sie war immerhin zugleich ein junges und hübsches Mädchen. Wäre es das alte Schlachtroß gewesen, die alt genug war, um meine Mutter sein zu können, hätte ich es vielleicht nicht so gesehen. Sie bemerkte, wie ich errötete, lächelte verständnisvoll und kicherte nicht, als ich mich schwankend auf die Füße stellte.

»Lassen Sie es mich nur wissen, wenn Sie Hilfe brauchen«, sagte sie freundlich, »und ich werde einen Krankenpfleger oder eine der männlichen Hilfskräfte rufen, damit er Ihnen zur Hand geht.«

»Oh«, ich kam mir dämlich vor.

»Der Doktor sagt, Sie können eine Dusche nehmen, danach etwas essen, und dann würden Sie sich vielleicht gern etwas anziehen und sich aufsetzen«, sagte sie. »Versuchen Sie, eine Zeitlang auf dem Flur auf und ab zu gehen, das wird Ihnen helfen, wieder auf die Beine zu kommen.«

Ich fühlte mich ein wenig benommen, als ich mich bewegte, aber ich fand zumindest heraus, daß ich ohne Hilfe gehen konnte. Nach einer warmen Dusche fühlte ich mich besser; das Wasser schien die Knoten in meinen Muskeln aufzulösen. Ich zog wieder das Baumwollgewand an und wanderte eine Weile den Flur auf und ab; aber danach war ich froh, wieder ins Bett zurückzuschlüpfen und mich ausruhen zu können. Ich war müder, als ich gedacht hatte. Ich fühlte mich, als hätte ich mich an einer Schlägerei beteiligt. Die Fenster waren geschlossen, und das Krankenzimmer war dunkel. Ich machte die Augen zu und versuchte, nachzudenken und mich zu erinnern.

Bilder glitten grau und verschwommen durch meinen Kopf. Ich sah Gesichter, von denen mir keines etwas bedeutete. Szenen liefen vor mir ab: Ich hatte mir die Finger in einer Autotür geklemmt, als ich dreizehn Jahre alt war. Später hatte ich mir den Knochen richten lassen müssen, und hinterher hatte mich der Doktor abgelenkt, indem er mir ein komplettes Skelett einer Hand gezeigt hatte, die mittels Drähten geöffnet und geschlossen werden konnte. Ich sah Gesichter in einem Kreis, die um ein Lagerfeuer saßen und sangen. Ich sah die

Konturen einer Brücke sich gegen den Himmel abzeichnen; ich erkannte die Golden-Gate-Brücke.

Ich sah mich selbst einen mit Rhododendron überwachsenen Feldweg hinabgehen. Und nochmals ich selbst, wie ich durch ein trockenes Wüstengebiet ging; die Atemmaske fühlte sich rauh und klamm an meinem Kinn an; ich beschirmte die Augen gegen den orangefarbenen Glanz des feurigen Giganten über meinem Kopf. Die heftige und erschütternde Druckwelle beim Start und die allmähliche Wiederkehr der Sicht danach; die schimmernde Explosion des sternenübersäten Alls hinter der Quarzkuppel... Eine Explosion orangefarbenen Feuers, hell und sengend, das die Netzhaut für Minuten blendete...

Ich kämpfte mich wach und schüttelte den Kopf über das wilde Durcheinander der Erinnerungen. Das bedeutete nichts Gutes. Wenn sich meine eigenen Erinnerungen mit den Bildern eines Science-Fiction-Fernsehspiels vermischen konnten – welchen Sinn hatte es dann, mich in freien Assoziationen zu meiner privaten Vergangenheit zu versuchen? Raumschiffe, um Himmels willen! Demnächst würde ich mich wohl gemeinsam mit Hopalong Cassidy auf einem Pferderücken sehen! Wie war es möglich, fragte ich mich, daß ich mich an Fernsehsendungen erinnern konnte, die ich mit fünf Jahren gesehen hatte, und keine Erinnerung an meine eigene Familie besaß, oder auch nur an diejenigen, mit denen ich diese Sendungen gesehen hatte? Einige der Ausführungen des Arztes, denen ich gar nicht bewußt zugehört zu haben glaubte, fielen mir ein: partielle Amnesie, eine gewöhnliche Folge von Kopfverletzungen, die nur gewisse Bereiche des Gedächtnisses betraf. Zum Beispiel war einmal ein Mann, der ihm bekannt war, aus einem Fenster im dritten Stock gefallen, ein Französischlehrer. Als er zu sich gekommen war, konnte er zwar immer noch Französisch lesen, aber kein Wort mehr in dieser Sprache sprechen.

Da hörte ich gedämpfte Schritte in der Halle, und Lisa Bernard kam leise ins Zimmer. »Schlafen Sie? Hier ist ein Mann, der behauptet, Ihr Vater zu sein. Fühlen Sie sich in der Lage, ihn zu empfangen?«

Ich war mir dessen nicht so sicher. Gerade jetzt hätte ich meinen Vater nicht von Adam unterscheiden können. Dieser Ausdruck schoß mir durch den Kopf; da wurde mir klar, daß ich auch nicht wußte, wer Adam war. Auch das bedeutete nichts

Gutes. Wenn da jemand war, der dieses Rätsel für mich lösen konnte, würde ich ihn mit Freude empfangen, und in derselben Minute würde mir meine ganze Vergangenheit wieder gegenwärtig. Ich hoffte es inbrünstig.

»Führen Sie ihn her«, sagte ich.

Lisa wandte sich zu jemandem in der Halle um. »Sie können jetzt eintreten, Mister Roland«, sagte sie, und ich wartete gespannt; mein Herzschlag war schwach. Ich hörte schwere Schritte, und dann kam ein Mann ins Zimmer... Meine Aufregung legte sich allmählich.

Ich hatte diesen Mann nie zuvor gesehen; zumindest meines Wissens nicht.

Und doch... Ich zögerte. Es war eine quälende Vertrautheit an ihm, und merkwürdig, es war keine angenehme Vertrautheit. Wenn dies mein Vater ist – so schoß es mir durch den Kopf –, überrascht es mich nicht, daß ich fortgelaufen bin.

Er war groß und schwer gebaut, hatte eine dunkelbraune Haut und dunkle Augen; aber noch etwas anderes war an ihm; etwas, das ich nicht bestimmen konnte. Die beste Art, wie ich es mir selbst gegenüber beschreiben konnte, war, daß er aussah, als trüge er die Kleider eines anderen. Allerdings konnte ich mir kein Urteil über Kleidung erlauben – besonders in meinem Zustand nicht. Ich wußte nur, daß ihm die Kleider, die er jetzt trug – ein dunkler Geschäftsanzug, an dem nichts Bemerkenswertes war, seine Kragenöffnung gab jedoch die Wölbung eines enorm muskulösen Nacken frei, und der Schlipsknoten hing locker ein paar Inch unter dem Kragen –, überhaupt nicht paßten.

Dies war mein Gedanke mehr als eine Minute lang, während ich darüber nachdachte, *was* ihm denn passen mochte; *wie* er passend gekleidet sein mochte. Vielleicht in einer Uniform? Einer Polizeiuniform; der Rüstung eines römischen Legionärs? Ich konnte es nicht genau sagen. Aber das alles gefiel mir nicht – und *er* gefiel mir auch nicht.

Die Stille hatte sich lang genug ausgedehnt, um peinlich zu werden, aber Mister Roland stand noch immer vor meinem Bett und blickte wortlos auf mich hinab. Ich fragte mich, worauf er wartete, und hatte das deutliche Gefühl, daß es sein Wunsch war, daß ich zuerst spräche. Ich beschloß, es nicht zu tun; ich würde warten, daß er anfing.

Die Stille dauerte an. Das war lächerlich. Ich biß mir auf die Lippe. »Falls Sie darauf warten, daß ich ›Daddy‹ schreie und Ihnen in die Arme stürze, liegen Sie falsch«, brach es aus mir hervor. »Soweit mir bekannt ist, habe ich Sie nie zuvor in meinem Leben gesehen.« *Und es macht mir nichts aus, wenn es jetzt das letztemal sein sollte.*

»Barry«, sagte er kläglich und schüttelte sanft den Kopf. »Ich glaube, es ist unnötig, daß wir unsere Feindseligkeit an diesem Ort austragen.«

Ich hatte den Eindruck, daß er mir auf den Teil meines Kommentares antwortete, den ich nicht laut ausgesprochen hatte; aber der Ton war mir sehr vertraut. »Ich habe mir Sorgen um dich gemacht, Sohn. Fühlst du dich jetzt wieder in Ordnung?«

»Ich werde leben«, sagte ich. »Zumindest physisch. Ich vermute, man hat Ihnen gesagt, daß ich mich an nichts erinnere.«

Mister Roland wandte sich der Schwester zu. »Nun, das wär's wohl. Er ist natürlich mein Sohn. Ich nehme an, daß man ihn transportieren kann; würden Sie bitte seine Kleider holen, damit wir gehen können?«

»Heh«, protestierte ich. »Nicht ganz so schnell!«

Vor allem wünschte ich nicht, daß ich gedrängt wurde, mit diesem Burschen zu gehen. Ich erkannte ihn nicht, ich fühlte mich krank, und – ja, verdammt, ich war erschrocken. Das einzig Vertraute in einer verwirrenden Welt waren dieses Krankenzimmer, Lisa und Doktor Bannon, und ich war nicht bereit, jetzt von hier fortgetrieben zu werden.

»Jetzt gleich?« fragte ich.

»Warum nicht?« sagte Roland vernünftig. »Was brauchst du noch; weshalb solltest du hierbleiben? Und wo sonst solltest du sein, wenn nicht bei deinem Vater?«

»Es gibt ein paar Formalitäten«, sagte Lisa vorsichtig, »aber ich glaube nicht, daß sie viel Zeit in Anspruch nehmen werden. Insbesondere, da Sie ihn definitiv als Ihren Sohn erkennen ...?« Sie unterbrach sich. Den letzten Satz hatte sie in Form einer Frage betont, und der große Mann sagte ungeduldig: »Ja, ja, natürlich!«

»Also, dann ...« fing sie an, aber ich fiel ihr ins Wort: »Aber *ich* habe *mich selbst* nicht definitiv als sein Sohn erkannt! Muß ich mit ihm gehen, nur weil *er* behauptet, daß ich es bin?«

»Barry, spinne nicht«, mahnte der Mann scharf; dann wurde seine Stimme sanfter. Ich hatte den Eindruck, als würde zähflüssiges Öl über einen verwitterten, alten Felsbrocken gegossen. Er sagte einschmeichelnd zu Lisa: »Ich nehme an, er befürchtet, ausgescholten oder bestraft zu werden, weil er weggelaufen ist.«

Sein Ton degradierte mich tatsächlich zu einem zwölf Jahre alten Ausreißer, der verhauen werden soll.

»Komm schon, Barry; wenn ich dir nun versichere, daß alles vergessen und vergeben ist...«

»Ich glaube Ihnen nicht«, sagte ich brutal. »Ich glaube nicht, daß Sie das Recht haben, mir irgend etwas zu vergeben; und ich werde nicht mit Ihnen gehen, bis Sie *Ihre* Identität zu *meiner* Zufriedenheit beweisen können. Habe ich denn in dieser Angelegenheit keinerlei Rechte?« Ich klammerte mich an diese schwache Hoffnung. »Muß der Doktor mich nicht für gesund erklären, oder so was?«

Lisa sah mich an, und in ihrem Blick lag etwas, das mir Mitleid zu sein schien. Sie sagte: »Es ist richtig, daß Doktor Bannon Sie formell entlassen muß. Soll ich ihn rufen?«

»Weshalb ist das alles denn nötig?« erkundigte sich der Mann mit unwilligem Brummen, und die kleine Krankenschwester sagte steif: »Weil das Krankenhaus gesetzlich verantwortlich ist, wenn er entlassen wird und einen Rückfall erleidet. Es wird weniger als eine Minute dauern. Warum setzen Sie sich nicht und unterhalten sich ein wenig nett mit Ihrem Sohn, Mister Roland? Ich werde Doktor Bannon rufen lassen.«

Sie huschte hinaus, und ich blickte starr zum Fenster, um nicht den Mann anschauen zu müssen, der da behauptete, mein Vater zu sein. Ich konnte mir nicht vorstellen, mit einem solchen Typ eine nette Unterhaltung zu führen.

»Was ist los mit dir, Barry?« fragte der Mann, nachdem er eine Weile geschwiegen hatte. »Ich dachte, du hättest dein Gedächtnis verloren. Wie ist es denn möglich, daß du etwas gegen mich hast?«

Ich konterte mit einer Gegenfrage: »Woher wußten Sie, daß ich hier bin?«

»Es wurde im Fernsehen ausgestrahlt«, sagte er zögernd. »Sie haben an alle appelliert, die dich von früher her kannten.«

Die Behutsamkeit dieser Antwort überraschte mich nicht. Ich

war sicher, daß er etwas verbarg, und ich hatte nichts anderes erwartet. Ich sagte: »Erzählen Sie mir etwas über die Familie.«

»Familie?« Für einen Moment hatte ich ihn unvorbereitet erwischt. Ich hatte das Gefühl, daß ihm so etwas nicht oft geschah und daß es ihm nicht gefiel; der rasche, finstere Blick, den er mir zuwarf, ließ mich befürchten, daß ich es vermutlich bereuen würde. Aber sein Ton war neutral, als er sprach.

»Ich habe nicht daran gedacht, daß du es vergessen hast«, sagte er. »Deine Mutter ist natürlich... sie ist tot, und du hast weder Brüder noch Schwestern. Es gibt nur dich und mich.«

An seinen Worten war nichts auszusetzen. Aber weshalb verursachten sie mir dann einen kalten Schauer? Ich hielt den Mund geschlossen – ich hatte mich entschieden, nichts mehr zu sagen, und ich hielt meinen Entschluß durch, bis Doktor Bannon kam.

»Mister Roland, nehme ich an? Haben Sie Ihren verlorenen Sohn wiedererkannt?« fragte er. »Dann habe ich nur noch ein paar Fragen. Wie lang war er verschollen?«

»Drei Wochen«, sagte Roland mit einem raschen Seitenblick zu mir.

»Warum haben Sie ihn nicht als vermißte Person gemeldet?«

Auch darauf hatte er eine Antwort. »Sie wissen doch, wie diese jungen Leute sind«, sagte er und produzierte etwas, das offenbar als verständnisvolles Lächeln gedacht war. »Ich habe geglaubt, daß er aus freien Stücken wiederkommen würde. Jetzt weiß ich selbstverständlich, daß er nicht dazu in der Lage war.«

Ich sagte: »Ich bin länger als drei Wochen fortgewesen«, und warf Doktor Bannon einen flehentlichen Blick zu.

Der Arzt runzelte leicht die Stirn und sagte: »Wenn Sie bitte eine Minute draußen warten möchten, Sir...«

»Jetzt hören Sie mir mal zu«, sagte der Mann und machte einen drohenden Schritt auf Bannon zu. »Dies ist mein Sohn, und ich habe das Recht, ihn ohne all diese Formalitäten mit nach Hause zu nehmen! Wenn Ihr Leute versuchen solltet, ihn mir vorzuenthalten, werde ich Ihnen Schwierigkeiten machen!«

Plötzlich wußte ich, was nicht in Ordnung war. Seine Art, sich auszudrücken, war zu formell, als hätte er die Sprache aus einem Buch erlernt. Warum sagte er nicht ›Papierkram‹ statt ›Formalitäten‹? Seine Ausdrucksweise wirkte nicht überzeugend! Ich setzte eben an, um diese Beobachtung zur Sprache zu bringen – da sah ich mit offenem Mund in seine Augen.

Ich kann es nicht erklären. Etwas in diesen Augen ließ mich verdorren wie eine empfindliche Pflanze, die zu lange in der prallen Sonne gestanden hat. Es waren dunkle Augen, und als ich in sie hineinblickte, hatte ich das Gefühl, daß ich meinen Blick nicht von ihnen würde lösen können, bis er es mir erlaubte...

Er sagte sehr sanft und ohne jede Spur einer Drohung: »Zieh dich an, Barry, wir gehen. Diese Person kann dich nicht zurückhalten.«

Doktor Bannon sagte: »Ich habe es so verstanden, daß Ihr – Sohn ? – noch ein paar Einwände hat.«

Roland sagte höflich: »Fragen Sie ihn doch. – Barry?«

Ich erwiderte automatisch: »Ja...?«

»Wie Ihnen aufgefallen sein wird, kennt er seinen Namen. Also...« Rolands Stimme wurde unvermittelt scharf wie eine Peitsche, »... ich verlange, daß man dir sofort deine Kleidung aushändigt und dich gehen läßt!«

Bannon ließ sich nicht einschüchtern. »Dann warten Sie draußen, bis er sich angezogen hat«, sagte der Arzt, und als Roland in die Halle ging, wandte er sich an mich. Ich saß völlig vernichtet im Bett und fühlte, wie die Verzweiflung mich allmählich lähmte. Bannon konnte mir nicht helfen. Ich würde das Krankenhaus mit diesem Mann verlassen müssen, und dann...

»Barry«, sagte Bannon sanft.

»Ja, Sir?«

»Das *ist* offenbar Ihr Name«, merkte er mit gedämpfter Stimme an. »Was ist los, Sohn?«

Ich wünschte mir, dieses ›Sohn‹ wäre mehr als nur so eine Redensart. Es bedeutete mir mehr, wenn Bannon es sagte. Ich sagte mit erstickter Stimme: »Er ist nicht mein Vater.«

Ich fühlte beim Sprechen Trockenheit in der Kehle. Mein Herz schlug heftig, und der Doktor sah mich verwundert an. »Sie fürchten sich! Trotzdem, er kannte Sie, Barry. Er wußte Ihren Namen.«

»Er hat *behauptet*, daß er mich kennt«, widersprach ich.

»Sehen Sie«, argumentierte der Arzt, »weshalb sollte er das Recht auf Sie beanspruchen, wenn er nicht Ihr Verwandter ist? Wenn Sie Erbe eines großen Vermögens oder etwas in der Art wären, hätte man Sie schon längst angefordert. Es hätte im ganzen Land Schlagzeilen gegeben, wenn Sie Opfer einer Entführung oder etwas Ähnlichem gewesen wären. Er wirkt auch nicht wie ein Perverser, der versucht, einen jungen Burschen in die Finger zu bekommen, und selbst wenn er so etwas sein sollte, wären Sie groß genug, sich seiner zu erwehren. Wovor haben Sie also Angst?«

Ich wußte es nicht. Aber ich wußte, wann ich geschlagen war. Bannon konnte mir nicht helfen, und ich konnte mir selbst nicht helfen. Ich sank aufs Bett zurück und griff nach dem grobgewebten Coverall; aber bevor ich ihn aufheben konnte, fing ich an zu zittern, und das Zittern hielt an, bis mir das Kleidungsstück aus der Hand auf den Boden fiel. Wieder umschloß mich die Dunkelheit ringsum; ich sah und fühlte meine Hand beben und hörte Bannons Stimme, sie war plötzlich hoch, erhoben aus Furcht oder Mitgefühl, und er schrie; die Worte aber glitten bedeutungslos an mir vorbei, während ich in blindem und vernunftlosem Schrecken versank.

»Barry, hören Sie mich an!« Bannons Hand umklammerte fest meinen Arm. »Nehmen Sie es nicht so schwer! Hören Sie, mein Junge, ich würde Sie ohne Ihren Willen nicht entlassen. Und wenn es Sie derart mitnimmt, sind Sie offensichtlich ohnehin nicht in der Lage, das Krankenhaus zu verlassen und ich kann Sie nicht mit gutem Gewissen gesundschreiben! Kommen Sie jetzt, beruhigen Sie sich!« Seine Hand nötigte mich auf die Kissen zurück, während seine Worte nach und nach in mich einsickerten. Ich schluckte und bemühte mich darum, etwas zu sagen.

Bannon ahnte, was ich sagen wollte. »Sie möchten ihn nicht nochmals sehen? In Ordnung, Sohn; ich werde ihm mitteilen, daß Sie noch nicht kräftig genug sind, um das Krankenhaus zu verlassen.«

Ich bemerkte, wie die Welt um mich wieder feste Formen annahm, und mein heftig schlagendes Herz benahm sich wieder normal. Ich leckte mir über die Lippen; Bannon reichte mir ein Glas Wasser und gab mir dazu einen kleinen Pappbecher mit einigen Pillen darin. »Hier, nehmen Sie das. Es ist ein sehr mildes Sedativum, aber Sie brauchen es. Ich werde ihm sagen, daß er in einem oder zwei Tagen wiederkommen soll; bis dahin werden Sie sich besser fühlen. Vielleicht erhalten Sie sogar Ihr Gedächtnis zurück.«

Ich murmelte beschämt: »Es tut mir leid, daß ich mich so aufgeführt habe; solch ein Aufruhr...«

»*Das* hier ist schuld«, sagte Bannon sachlich und berührte meinen Kopfverband. »Es ist die selbstverständlichste Sache von der Welt. Und Sie legen sich jetzt zurück und ruhen sich aus.«

»Doktor...«, sagte ich, als er sich anschickte, das Zimmer zu verlassen. »Sagen Sie ihm... wenn er wiederkommt... sagen Sie *ihm*, daß er Beweise mitbringen soll! Sagen Sie ihm, er soll meinen... meinen...« Ich tastete in der Leere umher nach den trügerischen Worten, Gedanken und Erinnerungen. »Sagen Sie ihm, daß er meine... meine Geburtsurkunde mitbringt, oder ein Bild von mir. Oder... oder einen Nachweis, daß ich noch nicht volljährig bin, oder... oder etwas in der Art.«

Bannon hob seine fahlen Augenbrauen, aber er sagte nur: »Ich bin froh, daß Ihr Kopf so einwandfrei arbeitet; Ihre Erinnerungen sind offenbar direkt unter der Oberfläche. Aber bemühen Sie sich nicht zu krampfhaft um sie. Entspannen Sie sich jetzt lieber, und geben Sie dem Mittel Gelegenheit, Sie zu beruhigen.«

Er ging hinaus, und kurz darauf hörte ich seine Stimme im Flur; und dann die Stimme Rolands, sie war laut, wütend und enttäuscht. Das Wortgefecht ging eine Weile weiter, wurde schwächer und entfernte sich schließlich die Halle hinab. Ich fing an, freier zu atmen. Bannon hatte es geschafft, ihn loszuwerden. Aber für wie lange?

Das Beruhigungsmittel, das er mir gegeben hatte, war ohne Zweifel stark, egal, was er gesagt hatte. Ich fühlte mich benommen; oder sollte das nur die Reaktion auf meinen Anfall von Panik sein? Ich fühlte Scham darüber, auf eine seltsame Art. Ich hätte bestimmter sein sollen und verständlicher. Ich hätte einleuchtende Gründe dafür angeben sollen, daß ich nicht mit dem Burschen hatte gehen wollen, anstatt hysterisch zu werden wie ein dummer Junge! Doktor Bannon mußte glauben, daß ich eine schreckliche Heulsuse war!

Ich kam mir noch immer ziemlich schafsmäßig vor, als eine Weile später Lisa hereingeschlüpft kam. »Es ist Zeit für Ihr Abendessen«, sagte sie forsch, aber ich konnte ihr kaum ins Gesicht schauen. Ob sie wohl von meinem Anfall gehört hatte? Aber sie gab sich völlig ungezwungen. »Doktor Bannon hat mir aufgetragen nachzusehen, ob Sie wach sind und Hunger haben; er sagte, Sie hätten ein Sedativum bekommen und ich sollte Sie nicht wecken, falls Sie schliefen; aber ich sollte Ihnen zu essen geben, falls Sie wach wären. Wie hungrig sind Sie?«

Ich dachte darüber nach und kam zu dem Ergebnis, sehr viel Hunger zu haben.

»Ich könnte ein Pferd essen«, sagte ich.

Lisa kicherte. »Ich weiß nicht, ob die Diätküche Pferde vorrätig hat«, sagte sie. »Würden Sie sich unter Umständen auch mit einem schlichten, nicht mehr ganz frischen Stück Kuh oder Schaf zufriedengeben?«

»Schneiden Sie nur die Hörner und Hufe ab«, sagte ich ernst, und ihr spöttisch-gravitätisches Lächeln tauchte wieder auf.

»Weshalb, stimmt etwas nicht mit Ihren Zähnen? Sie möchten keine große Portion Horn- und Hufpastete? Also gut, ich will sehen, was ich da tun kann.«

Als das Abendessen kam, war es nicht Lisa, die es brachte, sondern eine freundliche grauhaarige, mütterliche Frau, und sie brachte eine Art Stew; dazu noch einiges andere wie Salat und getoastete Brötchen und einen ziemlich ungewöhnlichen Pudding; alles war vollständig öder Fraß. Aber wie auch immer, ich war hungrig genug, um alles auf dem Tablett aufzuessen, und als ich es schließlich beiseite schob, machte ich gewissermaßen eine Gedächtnisübung daraus, mir auszumalen, was ich lieber gegessen hätte. Steak. Ich konnte mich an Steaks erinnern. Vielleicht ein hübscher, eisgekühlter Garnelencocktail oder Krabben à la Louie. Heiße Bisquits. Chili. Danach Schokoladenkuchen oder vielleicht kandierte Apfelsinenstückchen.

Dann dehnte ich mein Gedächtnis ein wenig aus. Berkeley in Kalifornien. Ich erinnerte mich an Wanderungen in den Bergen in Richtung Strawberry Canyon, und die botanischen Gärten, die es dort gab. Aber wer war da gewandert? Ich mußte eine Familie gehabt haben, Lehrer, Schwestern und Brüder; aber mein Gedächtnis schien von *Menschen* leergeputzt zu sein.

Zurück zum Anfang. Hatte ich ein Haus? Zum Teufel damit; es gab in meinem Kopf an seiner Stelle nichts als einen blinden Fleck. Ich wußte sehr wohl, was ein Haus war, aber ich konnte mich nicht daran erinnern, in einem gewohnt zu haben. Dann also Kleidung. Konnte ich mich an irgendwelche Kleidungsstücke erinnern? Ja, ich erinnerte mich daran, ein Cowboy-

Zwischen durch:

Wie hungrig sind Sie? Unser Erzähler glaubt, er könne ein Pferd essen.
Wir Leser sind wohl ein wenig bescheidener: Gerade bei einem spannenden Buch genügt uns zwischendurch meist eine heiße, würzige Kleinigkeit – die …

Kostüm getragen zu haben, als ich ungefähr fünf Jahre alt gewesen war. Großartig, sagte ich ironisch zu mir selbst – einfach große Klasse – ich konnte mich an etwas aus meinem fünften Lebensjahr erinnern. Mein Kopf schmerzte, als wollte er zerspringen, und ich hatte einmal wieder das Gefühl, daß etwas Ungeheures und Furchtbares unmittelbar hinter dem Vorhang meines Gedächtnisses lauerte. Kleidung. Der braune Drillichcoverall, den ich getragen hatte, und der kleine Bronzedrache – sogleich stellte ich fest, daß ich senkrecht im Bett saß und mein Herz heftig schlug. Was war denn an diesem Ding, daß es mich so erschreckte, und wie war es dazu gekommen, daß ich etwas in der Hosentasche bei mir trug, das derart meinen Verstand aufscheuchen konnte? Ich wußte, der Doktor würde das nicht anerkennen.

Er hatte gesagt, daß ich nicht gewaltsam versuchen sollte, meine Erinnerungen wiederzuerlangen; mein Gedächtnis würde entweder völlig ohne mein Dazutun zurückkehren, oder aber überhaupt nicht. Aber er sollte nur mal ausprobieren, wie das ist – dachte ich aufgebracht –, nicht fähig zu sein, sich an den eigenen Namen zu erinnern; dann würde er schon sehen, wie ruhig und vernünftig er das aufzunehmen in der Lage wäre!

Barry. *War* mein Name Barry? Weshalb nicht – ich suchte nach anderen Namen – warum nicht James, oder Karsten, oder Michael, oder Varzil, oder John, oder Richard? Klang einer davon richtig? Oder vertraut? Ja, sie klangen alle gleich vertraut und gleich unvertraut.

Oh, es war zum Verzweifeln, das brachte mich nicht weiter.

Glücklicherweise kam Doktor Bannon nochmals herein, bevor ich mich zu sehr in meine Probleme hineinsteigerte. Er sah mich mit einer komischen Art von finsterem Blick an.

»Wir haben einen anderen Antragsteller auf den mysteriösen jungen Mann«, sagte er mit einiger Ironie. »Fühlen Sie sich in der Lage, noch einen Vater zu empfangen, der nach seinem vermißten Sohn Ausschau hält?«

»Und es ist nicht dieser eine Bursche...?«

»Nein, er ist es nicht. Und dieser hat Bilder bei sich, die... nun, sie könnten Sie darstellen oder jeden anderen Jungen in Ihrem Alter und von Ihrer Hautfarbe. Sie sind nicht ausgesprochen fotogen. Er hat auch ein paar Jahrbücher der Schule, eine

Probe Ihrer Handschrift, die Geburtsurkunde und noch mehr solche Dinge. Möchten Sie ihn sehen?«

»Ich glaube schon«, sagte ich und versuchte, einen neuen kurzen Anflug von Panik unter Kontrolle zu bekommen. »Wer bin ich denn nach seiner Aussage?«

Doktor Bannon wandte sich ab. »Es ist ein gewisser Doktor Cowan«, sagte er. »Er ist aus Berkeley, Kalifornien. Und...«, er steckte noch einmal den Kopf zur Tür herein, »er sagte ebenfalls, daß Ihr Name Barry sei.«

Das hätte reichen müssen, um meine Panik erneut aufkommen zu lassen, aber ich vermutete, daß das Beruhigungsmittel bis jetzt wirkte, denn sowohl das heftige Herzklopfen als auch die Mundtrockenheit blieben aus. Ich lag dort still und sah zur Zimmertür, bereit für alles.

Bannon kam zurück und sagte: »Hier entlang, Doktor Cowan.« Er hielt die Tür auf und ließ einen großen, schlanken und leicht vornübergebeugten Herrn ins Zimmer. Der Mann straffte sich, wandte sich um, nahm die Schultern zurück, als bereite er sich auf eine Enttäuschung vor – und stieß einen langen, gleichmäßigen Seufzer aus.

»Gott sei Dank«, sagte er, aber nicht zu mir oder jemandem sonst im Zimmer.

Und – zu meiner äußersten Erleichterung spürte ich nichts von der Vertrautheit, die ich an Roland wahrgenommen hatte. Diesmal wußte ich eindeutig, daß ich diesen Mann nie zuvor gesehen hatte. Er hatte nicht die Art Charakter wie Roland – und er war niemand, der gekommen war, um mich für Roland einzusammeln. Ich *wußte* das.

Dies war ein guter Mann. Ich hätte es beschwören können. Ein guter und gewiß betrübter Mann, und ich konnte ihn mir ebensowenig als Verbündeten dieses *Wesens* Roland vorstellen, wie ich mir beispielsweise vorstellen konnte – nun, meine Phantasie arbeitete auf einmal nicht, wie ich feststellen mußte.

Und so wußte ich mit einemmal, was ich zu tun hatte.

»Hallo, Dad«, sagte ich ganz ruhig. »Es ist schön, dich wiederzusehen. Ich vermute, du hast schon gehört, daß ich einen blödsinnigen Unfall gehabt habe. Ich kann mich an nicht viel erinnern. Können wir trotzdem gleich nach Hause gehen?«

Es war ein Schwindel. Ich vermochte ihn nicht von Adam zu unterscheiden, und ich kam mir wie ein lausiger, verkommener

Betrüger vor; die ganze Zeit über, während Doktor Cowan dem Arzt mit Tränen in den Augen Bilder von mir zeigte und ihm versprach, mich zu Hause mit zu einem Arzt zu nehmen, der mit mir psychologische Tests machen und meinen Kopf behandeln würde. Er hatte sogar einen Koffer mit einer kleinen Auswahl an Kleidungsstücken mitgebracht; er stand dort und starrte mit gerunzelter Stirn auf den braunen Drillichcoverall, dann packte er ihn in den Koffer und forderte mich auf, einen Sweater anzuziehen und ein Paar abgetragene Cordsamthosen sowie Turnschuhe. Die Sachen paßten mir erstaunlich genau, obwohl meine Beine ungefähr vier Inch zwischen dem Umschlag der Hose und dem Rand der Turnschuhe hervorlugten; Doktor Cowan tätschelte mir unbeholfen die Schulter und murmelte: »Guter Gott, wie bist du gewachsen!«

Er unterschrieb einige Schriftstücke, und rief telefonisch ein Taxi herbei, und bevor ich recht verstand, was geschehen war, fuhr ich schon davon; das Krankenhaus verschwand hinter mir, und mit ihm blieb all das zurück, was mir von meinem ganzen Leben vertraut war. Ich wünschte, ich hätte mich von Lisa verabschieden können. Ich war erschrocken, aber nicht halb so erschrocken, wie ich in diesem Krankenhaus gewesen war, wo dieser Roland-Typ am nächsten Tag wiederkommen und mich beanspruchen konnte!

Aber es war teuflisch, Doktor Cowan so etwas anzutun; der noch immer beinahe erstickte, wenn er zu mir sprach; der mir das Stoffschildchen innen am Kragen des abgetragenen Tweed-Mantels gezeigt hatte, den er mir mitgebracht hatte; auf dem Schildchen stand mein Name, wie er beteuerte: Barry Francis Cowan; dem Mann, der mich dazu drängte, mir Schnappschüsse anzusehen, die meine Mutter darstellen sollten, und andere, auf denen ein niedliches, kleines, zehnjähriges Mädchen zu sehen war, von dem er behauptete, daß es meine Schwester Winifred sei.

»Was ist geschehen, Daddy? Ich bin noch immer schrecklich durcheinander. Wann habe ich Berkeley verlassen?«

»Im Juni vor einem Jahr«, sagte er bedächtig. »Du bist zur Schule aufgebrochen, und keiner von uns hat dich seit damals bis zum heutigen Tag wiedergesehen. Wir haben mit Hilfe der Polizei versucht, dich zu finden, bei den Krankenhäusern... überall...« Seine Stimme versagte erneut; er ergriff hart mein

Handgelenk und bemühte sich um ein Lächeln. »Ich habe bereits vier Reisen durchs Land unternommen, um Jungen in Hospitälern zu besichtigen, und in Leichenschauhäusern...« Seine Stimme brach fast bei diesem Wort, »... um mir junge Burschen anzusehen, von denen ich glaubte, daß sie du sein könnten. Einer von ihnen war so übel verbrannt, daß niemand ihn hätte identifizieren können, und ich war sicher...« Er brach ab. »Nun, Gott sei Dank ist dies alles jetzt vorüber. Hast du schon zu Abend gegessen, Barry? Tut dein Kopf sehr weh? Bist du durstig?« Er kramte eine Pfeife hervor und stopfte sie nervös. »Deine Mutter wollte nicht, daß ich herkam. Sie war sicher, daß du tot wärst. Sie sagte, daß sie noch eine... noch eine Enttäuschung nicht ertragen könnte. Ich sollte sie anrufen. Möchtest du mit ihr reden?«

»Ich könnte es nicht«, sagte ich schnell. Ich konnte eine Menge vertragen, aber mit der Mutter von diesem Barry Cowan zu sprechen, der vermutlich tot war, und auch noch *ihre* Hoffnungen zu erwecken, war mehr, als ich glaubte, vor mir selbst verantworten zu können – wenn ich Wert darauf legte, mir noch in die Augen zu sehen. Die Stille wurde so bedrückend, daß ich nervös wurde. »Ich... ich würde sie gerne sehen. Wie geht es Mutter denn?«

»Sie grämt sich«, sagte er schlicht, während sich seine Stirn leicht umwölkte. »Wir sind am Flughafen.« Er bezahlte den Taxifahrer und trug den kleinen Koffer ins Gebäude. »Ich habe einen Flug um neun – natürlich hätte ich ihn abgesagt, wenn du nicht fortgekommen wärest –, aber im anderen Fall mochte ich nicht in Texas herumhängen.«

»Nein«, sagte ich; und da ich mich daran erinnerte, daß Bannon ihn Doktor Cowan genannt hatte, entschied ich, daß es an der Zeit war, ein wenig Lokalcolorit in die Unterhaltung zu bringen. »Ich nehme an, du möchtest nicht allzulange von deinen Patienten wegbleiben.«

Er hob erstaunt die Brauen, sagte aber nichts als: »Ganz richtig. Fühlst du dich okay? Du siehst ein bißchen blaß aus. Du könntest im Flugzeug schlafen.«

Während wir darauf warteten, daß unser Flug ausgerufen wurde, hatte ich genügend Muße, ihn zu betrachten. Er war groß, obwohl, wie mir inzwischen aufgefallen war, nicht um so vieles größer als ich. Ich mußte mittlerweile nahezu sechs Fuß groß sein. Er hatte blaue Augen, die tief unter den dicken Brauen lagen, und tiefe Rillen auf der Stirn; sein gelocktes, allmählich licht werdendes Haar war braun und großzügig mit grau durchsetzt. Er sah munter aus und schien Humor zu haben; und ich hatte den Eindruck, daß er einen so großartigen Vater abgeben mochte, wie ein junger Bursche ihn sich nur wünschen konnte, wenn er nicht gerade Kummer hatte. Ich beneidete diesen Barry Francis Cowan.

Aber ich ließ kein Wort verlauten, bis sich das Flugzeug in die Luft erhoben hatte und schon dabei war, den Grand Canyon zu überqueren; einen weiten, finsteren Abgrund in schwarzem Gestein. Dann sagte ich vorsichtig: »Sir...«

»Was ist los, Barry?«

»Ich bin nicht Ihr Sohn!« platzte ich heraus. »Ich kann mich *nicht* an Sie erinnern. Ich habe es nur behauptet, um aus dem Krankenhaus zu entkommen. Ich werde Ihnen das Geld für den Flug eines Tages zurückzahlen... Und es tut mir leid, Sie verkohlt zu haben... Aber ich bin nicht Ihr Sohn. Ich habe nicht die geringste Vorstellung davon, *wer* Sie sind, ich habe keine Erinnerung an Sie.«

Er sah mich an und lächelte. Er *lächelte*.

»Ich weiß es«, sagte er. »Du hast mich nie in deinem Leben ›Dad‹ genannt; du hast mich ›Vater‹ genannt, seit du mit fünf Jahren aufgehört hast, mich ›Papa‹ zu nennen. Du hast deine Mutter nie anders genannt als ›Nina‹. Mein Doktortitel bezieht sich auf die Biologie, und ich bin Professor an der Universität; man würde mich ins Gefängnis stecken, wenn ich zweimal nach einem ›Patienten‹ sehen würde – aber trotzdem bist du mein Sohn; das kann ich zu meiner eigenen Zufriedenheit beweisen, und, wenn es Gott gefällt, auch zu deiner. Aber nicht jetzt gleich. Nimm es einfach vorläufig hin und entspann dich. Ich bin zufrieden, und das ist alles, was wichtig ist.«

Er schloß die Augen und bettete den Kopf auf die Rückenlehne des Flugzeugsitzes, und ich blinzelte und starrte in die Dunkelheit. Was jetzt?

War ich aus dem Regen in die Traufe gesprungen?

War das alles ein merkwürdiger Gag? Wie hatte er Doktor Bannon davon überzeugt, daß er mein Vater war, obwohl es noch jemanden gegeben hatte, der das für sich beanspruchte? Ich betrachtete Doktor Cowan im Halbdunkel der Kabine und konnte immer noch nicht glauben; daß er etwas mit Roland zu tun hatte.

Aber – wieso hatte Roland dann meinen Namen gekannt, oder hatte er nur zufällig auf denselben Namen getippt wie dieser Cowan? Barry Cowan. *War* ich das? Ich wußte es nicht.

Ich hatte nichts Greifbares vorzuweisen. Mein Kopf war so von allen Erinnerungen entleert, wie das dunkle Rechteck des Flugzeugfensters bar jeglicher Szenerie war. Nichts... Da stieß ich die Hand in meine Hosentasche, und meine Finger schlossen sich um die Gestalt des kleinen Bronzedrachen. Ich mußte ihn aus der Tasche des Krankenhaus-Schlafanzuges in meine Hosentasche praktiziert haben.

Es war etwas, das ich besaß. Ich fragte mich, ob es den Schlüssel zu meiner Vergangenheit beinhaltete... und weshalb es mich derart erschreckte.

Plötzlich war dies alles zu viel für mich. Ich schob es beiseite. Zumindest war Doktor Cowan bereit zu warten; das würde mir Zeit verschaffen. Zeit, meine Erinnerungen zurückzuerhalten oder bei dem Versuch zu sterben!

3. Kapitel

Der folgende Monat war alles in allem gesehen ein einziges Durcheinander.

Nicht, daß ich das gewußt hätte, als wir in den Flughafen von San Francisco einflogen. Wahrscheinlich glaubte ich, das Schlimmste wäre überstanden, nachdem ich Doktor Cowan meine Vermutungen mitgeteilt hatte und sie ihn nicht beunruhigt hatten. Ich hatte den Flug teilweise verschlafen und nichts als merkwürdige, wesenlose Träume gehabt, die von nichts Nennenswertem handelten. Ich war erwacht, als sich die Stewardeß über mich gebeugt hatte und mich leicht an der Schulter berührte.

»Wir sind jetzt über dem Flugplatz. Bitte, schnallen Sie sich an.«

Ich zerrte an meinem Gurt; im Hintergrund meines Denkens war ich leicht überrascht darüber, daß es nur einen einzigen Gurt gab und einen Schnappverschluß, um ihn darin zu befestigen. Ich hatte keine Ahnung, weshalb es hätten mehr sein sollen; aber meine Finger suchten danach.

Das war kein guter Beginn. Er veranlaßte mich dazu, erneut über die mangelnde Vertrautheit nachzudenken, und als ich auf die Lichter des Flughafengeländes hinabsah, auf die wimmelnde Lichterkette weiter hinten, die, wie ich wußte, der Freeway sein mußte, auf die grellbunten und blinkenden Signallampen an den Rollbahnen und Hangars, da wuchs mein Gefühl der Fremdartigkeit. Warum kamen wir in diesem Winkel herein? Und weshalb waren die Lichter derart verteilt? Meine Finger verkrampften sich; sie warteten darauf – *etwas* zu tun. Ich hatte keine Ahnung, was es sein konnte; mein Fuß bewegte sich wie von selbst, wollte etwas niederdrücken, aber es war nichts da.

Ich murmelte: »Die Lichter haben die falschen Farben.«

Doktor Cowan hatte geschlummert, aber er war sofort wach. »Was meinst du, Barry?«

Ich schüttelte langsam den Kopf und fühlte, wie sich meine Stirn verfinsterte. Meine Ohren schmerzten leicht, als wir an Höhe verloren. »Ich weiß nicht recht«, murmelte ich. »Ich glaubte kurz, mich an etwas zu erinnern. Das einzige, was ich mir vorstellen kann, ist, daß es ein Anfall von *déjà vu* war, oder wie das heißt. Das prickelnde Gefühl, daß ich... nun, nicht genau, *daß ich schon einmal hier gewesen bin; aber, daß ich schon einmal etwas Derartiges gesehen habe, und daß dies hier irgendwie nicht ganz richtig ist.*« Ich fühlte, wie mein Gesicht zerknitterte und meine Hände sich verkrampften. »Warum im Namen der Hölle *fällt es mir nicht ein*?«

Doktor Cowans Stimme war gelassen, aber ich merkte, daß er sich unwohl fühlte. »Laß es dich nicht verdrießen, Sohn. Denk daran, was der Doktor gesagt hat. Nimm es nicht so schwer. Es wird alles wiederkommen, und wenn nicht... was macht es schon aus?«

»Was es *ausmacht*?« erkundigte ich mich, und meine Stimme war schrill geworden. Jemand im Nachbarsessel wandte sich um, um nach mir zu sehen; ich bemerkte es und dämpfte meine Stimme. »Probieren Sie's nur aus. Probieren Sie's mal, und sehen Sie selbst, wieviel es ausmacht oder nicht!« fügte ich scharf hinzu. »Und wenn Ihnen dann irgend jemand sagt, daß Sie es *leicht nehmen sollen*...«

»Schau, Barry, du solltest es... äh, entspannter aufnehmen.

Ich kann mir vorstellen, daß es hart sein muß, und wohl auch irgendwie beängstigend. Aber es könnte schlimmer sein, also warum willst du es nicht für eine Weile ertragen?«

Ich zuckte mit den Schultern und lehnte mich in meinem Sitz zurück. Was hätte ich auch sonst tun können? Doktor Cowan behandelte mich so rücksichtsvoll wie nur möglich, und es mußte auch für ihn nicht ganz leicht gewesen sein, wo er doch geglaubt hatte, daß ich sein Sohn wäre und ich ihn wie einen völlig Fremden behandelt hatte, einen netten und freundlichen Fremden zwar, aber dennoch einen Fremden. Ich beruhigte mich; aber jetzt hatte ich wieder angefangen, über die ganze Geschichte nachzudenken, und ich bebte innerlich. Ich vermochte mir nichts Unangenehmeres vorzustellen, als gelassen in eine Familie einzutreten, deren Mitglieder einem sämtlich fremd sind; insbesondere, wenn diese Fremden alle davon überzeugt sind, daß man einer der Ihren ist und etwas für sie empfinden sollte; und wenn man nichts davon beweisen kann – auf welche Weise auch immer.

O doch, ich *konnte* mir etwas Unangenehmeres vorstellen.

Der Bursche, der sich Roland genannt hatte. Man hätte mich überreden oder zwingen können, mit ihm fortzugehen; und wer hätte zu sagen vermocht, wo ich dann jetzt gewesen wäre? Vermutlich nirgendwo auf der ganzen Erde. Doktor Cowan war eben rechtzeitig aufgetaucht, um mich davor zu bewahren – und ich war ihm verdammt dankbar dafür.

Aber Dankbarkeit war auch schon alles, was ich für ihn empfand. Ich fühlte ihm gegenüber nichts von dem, was ich meinem Vater gegenüber empfinden würde. Oder doch? Ich hatte die Erwartung noch immer nicht aufgegeben, daß, wenn ich jemanden träfe, den ich wirklich *kannte,* mein Gedächtnis zurückkehren würde – und als ich Doktor Cowan getroffen hatte, war das nicht geschehen. Aber bewies das etwas?

Wenn ich aber Barry Cowan war, weshalb hatte dann diese Roland-Type versucht, mich zu identifizieren? Nachdem ich echte, wenn auch – dessen war ich sicher – fehlgeleitete väterliche Empfindungen bei Doktor Cowan festgestellt hatte, konnte mir niemand mehr weismachen, daß Roland ebenfalls etwas Derartiges für mich fühlte. Auch nicht für irgend jemanden sonst. Wenn er jemals *irgend jemandes* Vater gewesen war. Oder einen Vater *gehabt* hatte!

Doktor Cowan klaubte seine Gepäckstücke zusammen und bugsierte mich aus dem Flugzeug. Er hatte meine Mutter – der Einfachheit halber nannte ich sie bei mir selbst so – schon aus Texas angerufen, aber jetzt ging er schon wieder auf das Telefonhäuschen zu, und ich warf einen Blick auf die dichte wogende Menge. *Am besten sollte ich jetzt gleich verduften,* dachte ich. Einfach nur verschwinden. *Ich bin nicht länger in Rolands Reichweite, und weshalb sollte ich Doktor Cowan Scherereien machen*? Aber Doktor Cowan sah sich nach mir um, ein wenig ängstlich, und ich entdeckte, daß ich ihm das nicht antun konnte. Er durfte seinen Sohn nicht verlieren, nachdem er ihn gefunden hatte. Wenn ich nicht sein Sohn war, würde er es früher oder später herausfinden; aber das wäre eine andere Geschichte.

Er betrat einen Geschenkladen. »Ich hab' mir gedacht, daß ich deiner Mutter 'n bißchen Schokolade mitbringe«, sagte er. Dann fügte er lächelnd hinzu: »Magst du noch Bonbons?«

Ich zuckte mit den Schultern, und es tat mir leid, die Frage nicht beantworten zu können. »Woher soll ich das wissen?«

Er lachte sanft, nahm die Schachtel auf und gab sie mir. »Ich werde es darauf ankommen lassen.«

Ich erkannte auch den Wagen nicht wieder; natürlich gab es auch keinen besonderen Grund, weshalb ich ihn hätte erkennen sollen, denn er war genau wie die dreißig Millionen anderen Wagen auf den Straßen; weder besonders alt noch sonderlich neu. Ich stieg ein und packte die Bonbons aus, damit ich eine Beschäftigung hatte. Ich aß eines davon. Es schmeckte gut. Natürlich. Weshalb hatte ich angenommen, daß es anders hätte sein können? Ich sah, wie er mich ansah, und lachte. »Es übertrifft jedenfalls gesäuertes Brot.«

Jetzt sah er fröhlich aus. »Erzähl mir nicht, daß du mit biologischer Ernährung angefangen hast! Hast du etwa auch noch mit Yoga angefangen?«

Ich verneinte und lachte ebenfalls, aber der schwache Eindruck von Seltsamkeit blieb. Wie es schien, würde ich mich wohl daran gewöhnen müssen, daß sich alles auf eine vertrackte Art falsch anfühlte.

Der Wagen fädelte sich in den fließenden Verkehr ein, über die Bay Bridge, über ruhige Straßen, und kletterte allmählich die Hügel von Berkeley hinauf. Doktor Cowan redete nicht und konzentrierte sich ganz auf das Geschäft des Fahrens, bis er eine scharfe Wendung in die Einfahrt eines Hauses machte, die dunkel in der Dämmerung lag – ein Seiteneingang war allerdings hell erleuchtet. Dort brachte er den Wagen zum Stehen und wandte mir das Gesicht zu.

»Wie ich sehe, ist Winifred noch auf«, sagte er. »Sieh mal, Barry, ich weiß, daß du verwirrt bist. Was jetzt kommt, fällt dir bestimmt nicht leicht. Aber versuch trotzdem, deine Zweifel zu unterdrücken; wenigstens, solange du mit deiner Schwester redest. Sie war ein ziemliches Problem in der ganzen Zeit, als wir dachten, daß du tot wärst; manchmal denke ich, es war für sie schwerer als für Mutter oder mich. Erinnere dich... Nein, das war nicht richtig ausgedrückt; tut mir leid, aber es ist auch für *mich* nicht leicht, daran zu denken... Aber halt mal kurz inne und denk über das Folgende nach. Du bist nicht nur der große Bruder für sie gewesen, sondern auch der Held ihres Lebens. Nina und ich sind alt genug, mit unseren Zweifeln mühelos fertig zu werden... wir mögen sie zwar nicht, aber wir haben gelernt, mit ihnen umzugehen, und sogar mit einem gewissen Maß an Gegnerschaft, wenn es nötig ist. Win kann das nicht; denk daran!«

Ich fühlte mich verwirrt und schuldig. Alles, was ich fertigbrachte, war zu murmeln: »Ich werde mich bemühen.« Da leuchtete die Lampe über dem Eingangsportal auf, und eine zierliche Frau und ein kleines Mädchen kamen die Auffahrt entlanggelaufen. Doktor Cowans Hand lag vorübergehend schwer auf meiner Schulter, dann ließ er mich los, damit man mich abküssen konnte.

Es dauerte nur eine Minute, dann sagte die Frau mit bebender Stimme: »Komm ins Haus, damit ich dort einen richtigen Blick auf dich werfen kann. Oh, Barry, du bist so *dünn*... in Ordnung, in Ordnung; ich werde mich nicht aufregen.« Aber auf dem ganzen Weg, die Stufen hinauf und bis ins Haus hinein hielt sie mich an der Hand. Sie war zierlich, brünett und hatte ein ernstes Gesicht ohne Make-up, ihr Haar hing ihr als langer Zopf auf den Rücken hinab. Sie sah furchtbar jung für meine Mutter aus, dachte ich.

Winifred war großäugig und feierlich ernst, ihr dunkles, gelocktes Haar fiel anmutig über die Stirn und die dunklen Augen. Sie griff nach mir, und ich mußte an ein Kätzchen denken, das versuchte, vorn an meinem Hemd hochzuklettern, aber sie weinte nicht. Sie stand nur dort, klammerte sich an mich, bebte am ganzen Leib und sagte immerfort: »Du bist nicht tot, du bist nicht tot!«

Schließlich löste ich ihren Griff ein wenig und sagte: »Es ist schon besser, daß ich es nicht bin, sonst geriete jemand in Schwierigkeiten, weil ich herumlaufe, anstatt anständig beerdigt zu sein!«

Sie kicherte ein bißchen darüber und schluckte auch kurz; dann trat sie zurück und fragte: »Bist du ganz okay? Papa sagt, daß du in Texas im Krankenhaus warst. Bist du dort die ganze Zeit über gewesen?«

»Nein, ich denke nicht. Jemand hat mir eins über den Kopf gegeben.« Ich tätschelte ihr leicht unbeholfen die Schulter. »Wenn ich also bei dem, was ich tue, zerstreut wirke, dann liegt das daran, daß mir jemand den Verstand herausgehauen hat... und zwar buchstäblich, okay?«

»Okay«, erwiderte sie argwöhnisch, aber sie lächelte schon wieder. Sie wartete ab, bis ich mich hinsetzte, dann drängte sie sich wieder an mich, setzte sich auf den Läufer und rieb sich wie ein kleines Kätzchen an meinen Schuhspitzen. Sie sagte affektiert: »Ich finde Amnesie sehr interessant. Ich habe ein Buch darüber gelesen, aber ich glaube nicht, daß ich schon mal jemanden gekannt habe, der daran litt.«

Über ihren Kopf hinweg sah ich, wie Doktor Cowan und Nina ein rasches Lächeln austauschten. *Sie* würde es schon richtig aufnehmen. Ich wünschte, ich hätte mir dessen bei mir selbst auch so sicher sein können.

Nina kam herüber und blieb neben meinem Stuhl stehen. Sie sagte: »Ich muß dir nicht lang erzählen, was ich fühle, Barry... hab' ich recht? Denn ich weiß ja, daß du uns dies nicht ohne Grund angetan hättest. Damals, als wir dich als vermißt gemeldet hatten, haben sie nicht aufgehört, uns zu belästigen. Sie fragten, ob ein Kampf stattgefunden hätte, ob es Streit gegeben hätte oder einen Teenager-Aufstand. Ich wurde es derart leid, ihnen immer wieder erzählen zu müssen – ich muß mich dabei entsetzlich langweilig angehört haben –, was für ein glückliches Heim wir hatten und was für ein braver Junge du warst. Ich meine damit nicht, daß du perfekt gewesen bist – guter Gott, nein –, aber, nun, sie wurden nicht müde, mich daran zu erinnern, daß Eltern ihre Kinder niemals wirklich *kennen*. Ich muß mich wie eine neurotische Witzblattmutter angehört haben, weil ich immer wieder sagte, nein, Barry ist nicht vollkommen, aber das ist einfach nicht *die* Art von Dingen, die er uns angetan hätte. Er ist nicht sadistisch. Er... er *mochte* uns, und wenn er die Absicht gehabt hätte, in unerforschte Länder aufzubrechen, in die Fremdenlegion einzutreten, per Anhalter nach New York zu trampen oder Kühe in Alaska zu stempeln, dann wäre er gekommen und hätte es uns *gesagt* und hätte uns gebeten, ihm die Post nachzuschicken!«

Ich stellte fest, daß sich mein Hals merkwürdig anfühlte, und mußte einen oder zwei Anläufe nehmen, bevor ich sagen konnte: »Ich hätte euch sicher nicht absichtlich betrübt; nicht, solange ich im Besitz meines vollen Bewußtseins war. Ich habe keine Ahnung, weshalb ich keine Verbindung mit dir aufgenommen habe...«, ich unterbrach mich, als ich eben im Begriff war, ›Mutter‹ zu sagen, da erinnerte ich mich, daß Doktor Cowan gesagt hatte, ich hätte sie immer Nina genannt; mit dem Ergebnis, daß ich sie schließlich gar nicht ansprach, »... aber ich glaube nicht, daß ich es nicht tun wollte. Ich kann mich an gar nichts entsinnen, was damit zusammenhängt, aber ich habe es nicht getan, weil ich es nicht tun konnte, da bin ich sicher.«

»Dann laß die Geschichte jetzt ruhen. Wenn du dich jemals erinnern solltest und es mir erzählen möchtest, fände ich es fein. Wenn nicht, mach dir nichts draus. Und jetzt... bist du hungrig?«

»Wir haben im Flugzeug Abendbrot gegessen. Aber könnte ich ein Glas Milch bekommen, oder was?«

»Als ob du da fragen müßtest!«

So alberten wir herum und hüteten uns, es zu übertreiben. Ich sagte: »Komisch, aber ich hab' vergessen, wo die Küche ist.«

»Dann ist es an der Zeit, daß du sie wiederfindest. Dort, geradeaus durch.« Sie wies mir die Richtung. Ich ging durch die Tür und fand mich in einer holzgetäfelten Küche mit gelben Vorhängen wieder; sie war sehr aufgeräumt und weiß und für die Nacht gesäubert. Ich forschte in einem Schrankfach oder zweien nach, bis ich ein Glas fand, und goß mir Milch ein. Ich hörte sie drinnen erzählen und wünschte mir, die Nerven zu haben, um auf den Zehenspitzen zurückzugehen und ihrem Gespräch zu lauschen. Statt dessen machte ich einigen Lärm, weil ich über meine eigenen Füße fiel, bevor ich mit dem Glas in der Hand wiederkam.

Doktor Cowan, der gerade meinen Mantel in einen Garderobenschrank hängte, wandte sich zu mir um und sagte: »Ich habe Nina eben erzählt, daß du um etwa drei Inch gewachsen bist. Du wirst eine vollständige neue Ausstattung brauchen; ich glaube kaum, daß du noch einen Faden anzuziehen hast, der dir noch richtig paßt.«

Ich war ein wenig erleichtert, als alle beschlossen, daß es Zeit sei, ins Bett zu gehen; aber als ich allein in dem Zimmer gelassen wurde, von dem sie behaupteten, daß es meines wäre, ertappte ich mich dabei, wie ich ruhelos darin umherwanderte. All diese Gegenstände – Pullover in den Schubladen, die alte Karte von San Francisco und das Bild der Windjammer an der Wand, das Regal mit den Lehrbüchern und zerfledderte Kinderbücher und Seegeschichten über den Tisch verstreut, die Basketballschuhe und der Trainingsanzug in der Nische – das alles waren undeutliche Hinweise auf die Person, die ich gewesen war – oder Barry Cowan. Aber gehörten sie mir, oder war ich ein Eindringling, ein Schwindler, der kein Recht darauf hatte? Ich zog einen verschossenen Pyjama an, der mir viel zu kurz war, und legte mich auf die Bettdecke, die ein eingewebtes Muster aus Ankern und Segelbooten aufwies. Es brauchte keinen Sherlock Holmes, um herauszufinden, daß der Barry Cowan von vor einem Jahr Schiffe und Segeln gemocht hatte.

Ich versuchte, von da aus zu folgern. War ich abgehauen, um zur See zu gehen? Ich dachte angestrengt nach, und da hörte ich aus dem Nebel der Erinnerung jemanden rufen: »Alle Mann an Bord – schließt die Luken!« Ich klammerte mich an diese Reminiszenz, zitternd vor Aufregung, und als ich sie verfolgte, wurde mir ein erregender Augenblick wirklicher Erinnerung zuteil: ein langer, stark gekrümmter Gang mit Metallwänden.

Ich hörte die Schritte Doktor Cowans in der Diele und ging hinaus, um ihn abzufangen.

»Du siehst erregt aus«, sagte er ruhig. »Was ist los?«

»Ich habe mich an etwas erinnert«, sagte ich. »Ich glaube, ich bin zumindest einen Teil der Zeit auf einem Unterseeboot gewesen.« »Auf einem *Unterseeboot*?« fragte er ungläubig. »Du meinst, du warst bei der Navy?«

Plötzlich war meine Begeisterung verflogen. »Nein«, sagte ich leise. »Doktor Bannon sagte, daß er meine Fingerabdrücke überprüft hat. Ich war offenbar nicht im Militärdienst.«

Es war eine mächtige Enttäuschung. Ich war plötzlich sehr müde. Ich kann mich nicht erinnern, was ich zu ihm sagte. Ich ging zurück und kroch ins Bett. Aber ich lag noch lange wach; die Besorgnis, wie es mit mir und dieser Familie weitergehen sollte, die ich mochte, zu der zu gehören ich aber nicht das Gefühl hatte, ließ mich nicht zur Ruhe kommen; ebenso die Furcht, schreiend aufzuwachen, wie es mir im Krankenhaus immer gegangen war, sobald ich die Augen schloß. Für so nette Leute mußte das ein höllisches Erlebnis sein.

Schließlich muß ich trotzdem in den Abgrund des Schlafes gestürzt sein, denn beinah sofort, nachdem ich die Augen geschlossen hatte, machte ich sie wieder auf; und die Sonne schien hell, und der angenehme Geruch von frischem Kaffee kam die Treppe hochgezogen. Als ich die Treppe hinabstieg, war Nina allein in der Küche.

»Magst du Pfannkuchen?« Sie war sehr ungezwungen. »Dein Vater ist in sein Büro gegangen; er hat gesagt, wenn du etwas von ihm wolltest, könntest du ihn anrufen. Win ist schon zur Schule gegangen. Setz dich... nein, nimm dir erst selbst einen Teller.«

Ich hatte den Wunsch, ihr etwas Nettes zu sagen. »Danke; das Essen im Krankenhaus war reichlich langweilig.«

»Genaugenommen müßtest du die Schule anrufen, aber wir haben beschlossen, daß du nicht zur Schule zurückgehen solltest, bevor du von einem Arzt untersucht worden bist.«

Ich wollte schon dagegen protestieren, da fiel mir ein, daß ich Brandwunden hatte und noch immer Verbände an Kopf und Bein trug. Ich würde noch reichlich Zeit haben, mich mit dem herumzuschlagen, was man ›*die Fäden aufnehmen, wo man sie hat fallen lassen*‹ nennt. Ich wußte, daß das nicht möglich sein würde, aber ich war bereit, mein möglichstes zu tun. Es war das beste, was mir dazu einfiel.

Es gibt keinen Grund, weshalb ich detailliert erzählen sollte, wie ich mit Doktor Cowan ging, um passende Sachen zum Anziehen für mich zu kaufen, wie mir nochmals ein Arzt den Kopf röntgte und Gewebeproben von meinem verbrannten Bein nahm (ich würde es vorziehen, nicht einmal daran zu *denken*, denn es war ziemlich schmerzhaft) – und wie er mir mit dem Geigerzähler über den Leib gegangen ist. Halb im Scherz fragte er, ob ich in Alamogoro* gewesen sei, und glaubte, daß ich einen Scherz machte, als ich erwiderte, ich wüßte es nicht. Eine große Familienkonferenz fand statt, an der auch mein Großvater teilnahm (ein netter, weißhaariger alter Mann mit kurzem, grauem krausen Bart, der Cello in der Musikhochschule der Universität unterrichtete, aber er kommt nirgends sonst in dieser Geschichte vor), in der es darum ging, was in bezug auf meinen Schulbesuch zu tun war.

Ich hatte ein Jahr versäumt, sollte ich trotzdem wieder auf die Schule gehen? Mein Vater war der Ansicht, daß ich es unverzüglich tun sollte, daß die regelmäßige Routine und die alten Freunde für mich das beste wären. Ich dagegen wollte keine Pläne machen, bis ich mich viel sicherer in bezug auf meine Identität und Vergangenheit fühlen würde – von meiner gegenwärtigen Persönlichkeit ganz zu schweigen. Nina schlug eine andere Schule oder einen Privatlehrer vor. Schließlich kamen wir überein, die ganze strittige Angelegenheit bis zum Januar auf Eis zu legen. Ich gab zu bedenken, daß ich schon achtzehn war, was bedeutete, daß kein Schulbeamter kommen und mich holen würde und daß keine sonderliche Eile geboten war; und sie ließen es dabei bewenden.

All das war sehr peinlich, und es gab für mich keinen Ausweg. Sie wollten, daß ich meine alten Freunde wiedersehen sollte. Ich wußte, daß ich mich nicht für alle Zeiten im Haus verstecken konnte, aber die Vorstellung, mit einer Bande vollständig fremder Gleichaltriger Konversation machen zu müssen, behagte mir überhaupt nicht. Trotzdem kam einer davon zu mir und versuchte sich in einem Gespräch über Basketball; er fragte sich offensichtlich, ob man mich im letzten Jahr in irgendeinem Asyl für Geisteskranke versteckt hatte, und nach diesem Versuch machte Nina keinen solchen Vorschlag mehr. Also verbrachte ich meine Zeit mehr oder weniger mit ihr, Doktor Cowan und Winifred. Ich las viel und versuchte, mir die Dinge zu merken, die zu wissen sich als nützlich erweisen mochten.

* Alamogoro = Stadt in Mexiko; Zentrum für militärische Forschung. – *Anm. d. Übers.*

Aber dann passierten ein paar verdammt merkwürdige Dinge, zum Beispiel das Folgende.

Eines Abends kam Jens Svenson zum Essen.

Er war offenbar ein alter Freund der Familie. Ich mochte ihn gleich von Anfang an; er war ein kleiner, kahlköpfiger Bursche, der unentwegt eine Pfeife im Mund trug und dessen Gesicht aussah, als bestünde es aus genarbtem Leder; er machte den Eindruck, als hätte er sein ganzes Leben auf dem Achterdeck eines Windjammers zugebracht. Und wenn ich meinen Eltern glauben konnte, gingen zweiunddreißig Science-Fiction-Novellen auf sein Konto. Ich hatte ein kleines Bücherbord voll von ihnen in meinem Zimmer, die er signiert hatte. Ich weiß nicht, was Vater und Nina ihm über mich erzählt hatten, aber er quälte mich nicht mit Fragen, und als wir uns zwanzig Minuten lang unterhalten hatten, kam es mir vor, als hätte ich ihn schon mein ganzes Leben lang gekannt. Natürlich traf das auch zu, aber er war der erste, bei dem ich mich auch so fühlte.

Nach dem Essen, als wir vor dem Kamin saßen und das Lodern des Feuers aus Treibholz beobachteten, starrte er schweigend und mit gefurchter Stirn in die Flammen, den Bierkrug in der Hand.

»Was ist los, Jens?« fragte der Vater. »Hast du dein Pulver verschossen? Oder hast du eine Geschichte fertig, die dir sehr am Herzen lag?«

»Nicht ganz«, erwiderte er. »Es gibt ein Problem. Ich habe mich beim Schreiben in etwas hineinmanövriert, und jetzt fehlt mir das Wissen, um mich wieder herauszuwinden. Und ich kenne niemanden gut genug, um ihn damit belästigen zu können.« Er setzte sein Bier ab. »Es geht um ein Raumschiff, das mit halber Lichtgeschwindigkeit auf interplanetarem Kurs fliegt und mit dreifacher Lichtgeschwindigkeit im Hyperdrive; es wird auf drei weit auseinanderliegenden Sternen erwartet – und ich kann nicht berechnen, wie lange es auf jeder seiner Reisen im All wäre, und wie lange vor der Landung es aus dem Hyperraum treten müßte, um eine Bruchlandung zu vermeiden.«

Nina lachte. »Schildere doch einfach eine Bruchlandung«, sagte sie. »Oder erfinde eine beliebige Art des Antriebs und halte die Leute so lange im Raum, daß dein Held Zeit genug hat, deinen Bösewicht umzubringen.«

»Nein«, erwiderte er, »ich bin sehr daran interessiert, die Relativitätstheorie hineinzuarbeiten, aber ich habe zu wenig Ahnung von Mathematik, um es glaubhaft klingen zu lassen, geschweige denn, es auszurechnen.«

Ich dachte über das Problem nach. Ein interplanetarer Kurs mit halber Lichtgeschwindigkeit klang ziemlich unglaubwürdig – aber wenn es verlangt wurde... »Einen Moment, ich werde es Ihnen ausrechnen, Jens«, sagte ich und erhob mich, um in das Arbeitszimmer meines Vaters zu gehen. »Dad, du hast doch irgendwo noch einen alten Rechenschieber, erinnerst du dich? Und ein Sextant müßte auch noch da sein.« Ich suchte eifrig auf seinem Tisch herum.

Nina kam mir an die Tür nach. »Aber, Barry, ich dachte...«

Aber mein Vater legte ihr die Hand auf den Arm. Er sagte: »Der Rechenschieber ist in der Schublade bei den Schriftvorlagen, Barry.«

Ich griff nach Papier und Stift. »Wie weit sind denn die betroffenen Sterne voneinander entfernt, Jens?«

»Nun, ich habe sie mir aus dem Sternenatlas herausgesucht; nach dem Klang ihrer Namen«, sagte er leicht zögernd und zog ein Stück Papier aus der Tasche. »Ich habe es zufällig bei mir; ich wußte nicht, daß du so gut in Mathematik bist.« Er gab mir das Papier mit den Zahlen.

Ich studierte sie angestrengt. »Ich setze voraus, daß sie Planeten haben, die mit den regulären Gesetzen des Verhältnisses Masse-Entfernung übereinstimmen?«

Er schluckte hilflos. »Ich nehme es an. Was immer das auch sein mag. Ich weiß, daß ich im Schreiben von Science Fiction ein Teufelskerl bin; aber üblicherweise umgehe ich geschickt die wissenschaftlichen Fragen, wie Nina es vorschlug.«

»Also gut.« Ich arbeitete mit dem Rechenschieber, die Stirn leicht gerunzelt. »Da sie von der Erde starten, kann man sie erst auf Überlichtgeschwindigkeit gehen lassen, wenn sie jenseits der Saturnbahn sind, sonst stoßen sie mit den Asteroiden zusammen. Sagen wir, sie brauchen zwei Wochen, um diesen Punkt zu erreichen; um den vierten Planeten des ersten Sternes anzufliegen, muß man also nach sieben Wochen, zwei Tagen und zweiundzwanzig und einer halben Stunde aus dem Hyperdrive kommen – wenn man die übliche Zeit-Masse-Beschleunigung im Hyperraum berücksichtigt, okay?«

Er beugte sich über sein Stück Papier und schrieb meine Zahlen ab. Ich beendete meine Berechnungen und fragte ihn: »Glauben Sie, daß es genügt?«

»Es klingt ganz bestimmt verdammt glaubhaft«, sagte er. »Es sieht so aus, als seiest du der Science-Fiction-Schreiber der Familie, mein Junge!« Er ergriff den vergessenen Bierkrug und trank ihn aus. »Wie bist du an dieses Wissen gekommen?«

»Och, also...« Plötzlich mußte ich feststellen, daß mich aller Schwung verlassen hatte. »Ich will verdammt sein, wenn ich das weiß«, sagte ich schwach. »Ich muß es mir aus der Schulmathematik im letzten Jahr zusammengeklaubt haben.«

»Barry«, sagte mein Vater ruhig. »Du hattest gute Noten, aber du bist den Anforderungen in Mathematik nicht gerecht geworden, und du hast dich geweigert, noch mehr Stunden darin zu nehmen. Ich habe immer geglaubt, daß du es lernen könntest, wenn du es versuchen würdest; aber du hast gesagt, es hätte zuviel Ähnlichkeit mit Arbeit, und du möchtest dich nicht abplagen müssen. Ich habe dir nicht einmal beibringen können, wie man navigiert. Wie zum *Teufel* hast du gelernt, diesen Kram wie ein Profi auszurechnen?«

Ich schüttelte den Kopf, und dann wurde mir plötzlich bewußt, daß mir überall der Schweiß ausgebrochen war. »Kann ich ein Glas Bier haben?« fragte ich unvermittelt. Nina gab mir eins, ohne ein Wort darüber zu verlieren. Ich trank es herunter, beinah ohne es zu schmecken.

Ich war – *erschrocken*.

Es war mir so natürlich und so logisch vorgekommen, als ich es getan hatte. Und jetzt wurde mir bewußt, daß niemand auf der Erde – außer vielleicht professionelle Astrologen – oder meinte ich Astronomen? – je in die Verlegenheit geraten war, ein derartiges Problem zu berechnen.

Jens fragte: »Wie war das mit der Masse-Zeit-Beschleunigung im Hyperraum? Ist das etwas Neues, das sie über das Weltall ausgetüftelt haben? Ich gebe zu, daß ich meiner Lektüre der Nachrichten in den Bereichen Raum und Raumfahrt nicht mehr wie früher nachkomme.«

»Nun, es...«, fing ich an und suchte verzweifelt nach Halt. Ich hatte kürzlich etwas über Reisen im Weltraum in einem Nachrichtenmagazin gelesen, und soweit ich mich entsinnen konnte, war der Hyperraum nur eine Hypothese. »Ich weiß es nicht«, sagte ich schwach; »Es... kam mir einfach gut und richtig vor, einen kleinen, festgesetzten Bruchteil der Zeit und des Raumes selbst für den Antrieb zu verwenden.«

»Oh, ich werde das verwenden. Es klingt überzeugend«, sagte er.

Mein Vater hob den Rechenschieber auf, den ich hatte fallen lassen, und sagte bedächtig: »Aber die Gesetze des Verhältnisses zwischen Größen und Abständen bei Massen von Planetengröße sind exakt genug. Es *gibt* ein Gesetz, mit dessen Hilfe man die Entfernung von einer Sonne ermitteln kann, in der man Planeten vorfindet; der Astronom Herschel hat auf diese Weise den Uranus entdeckt; er sagte voraus, daß sich dort – in diesem Abstand zur Sonne – ein Planet befinden mußte und suchte nach ihm. Es scheint jedenfalls, als hättest du die Anfangsgründe in himmlischer Navigation erlernt, Barry.«

»Mag sein, daß ich irgendwo auf die Schule gegangen bin«, sagte ich und biß mir auf die Lippe. »Vielleicht habe ich aber auch nur eine Menge Science-Fiction-Filme gesehen.«

Jens legte mir fest die Hand auf die Schulter, beinah tröstlich. »Ich würde es an deiner Stelle nicht bedauern«, sagte er spontan, »jedenfalls hast du etwas daraus gelernt, das du brauchen kannst.«

Ja, dachte ich. *Aber was denn?* Die Fähigkeit, etwas zu berechnen, das noch nicht einmal entdeckt wurde?

Winifred kicherte. »He, kann es nicht sein, daß du die ganze Zeit auf einer fliegenden Untertasse verbracht hast, und die kleinen grünen Männchen haben's dir beigebracht,« fragte sie lachend. »Und dann haben sie einen ihrer Super-Hyper-Strahlen auf dich angesetzt, um dich alles vergessen zu machen...«

Ich drehte mich zu ihr um und machte einen raschen Schritt auf sie zu, während ich fühlte, wie mir das Blut aus dem Gesicht wich. »Verdammt«, rief ich, »das reicht jetzt! Halt den Mund! Hör auf, auf mir herumzuhacken! Und *sag* nicht solche Sachen; es ist nicht komisch...«

Nina hielt mich am Arm fest. Sie sagte scharf: »Sei still, Win, das war nicht sehr witzig! Barry, sie wollte dich nicht kränken.«

Winifreds Augen waren weit geöffnet und erschreckt. Ich murmelte, als mein Ärger verebbte: »Es tut mir leid, Win. Das...«, ich gab mir Mühe, einen Scherz daraus zu machen,

»das war ein bißchen zu nahe an dem dran, was ich selbst zu befürchten angefangen habe.«

Jens sah mich nachdenklich an, ließ es aber dann dabei bewenden, wie der Rest der Familie. Sie waren so verdammt taktvoll bei diesem Thema, daß es fast weh tat. An diesem Punkt habe ich – wie ich vermute – fast gewünscht, darüber zu reden. Mein Gedächtnis war fort, aber bei diesem Thema hatte es Anzeichen dafür gegeben, daß es wiederkommen würde, und es mußte *etwas* darin gewesen sein. Und doch spürten sie anscheinend, daß es falsch wäre, es herauszufordern.

Mag sein, daß sie recht hatten. Mag sein, daß, wenn ich mich an etwas erinnerte, es sich als etwas so Verrücktes herausstellen würde, wie das, was Win gesagt hatte... Nun, auch ich hatte ein paar Bücher über Psychologie gelesen. O ja, die Berechnungen waren exakt gewesen. Ich prüfte das in einem Lehrbuch ein paar Tage später nach. Ich hatte auf dem Rechenschieber und bei sämtlichen Berechnungen völlig recht gehabt. Irgendwie hatte ich in diesem verlorenen Jahr eine höllische Menge Mathematik gelernt; es war gutes, solides Wissen. Aber – wenn ich diese unmöglichen Erinnerungen wie aus einem Science-Fiction-Film erfand – was in aller Welt sollten diese gefälschten Erinnerungen verbergen, und warum?

Das war ungefähr die Zeit, in der die Träume anfingen.

Ich erzählte niemandem davon, denn ich wußte genau, was sie sagen würden; dasselbe nämlich, was ich mir selbst einzureden versuchte. Jens' Gespräch über Planeten, mein unwahrscheinliches Kunststück mit dem Rechenschieber und Wins so verdammt unlustiger Scherz darüber, daß ich vielleicht eine gewisse Zeit auf einer fliegenden Untertasse verbracht hätte – all das zusammen reichte aus, mir die verfluchteste Serie von Alpträumen zu bescheren, die man sich nur vorstellen kann.

Ich befand mich in einer Art Raumschiff, an einen Sitz geschnallt, und hinter meinem Kopf war eine Konstruktion mit einer Glocke angebracht, die mich sogleich wieder aufweckte, wenn ich einschlief und mein Kopf herabsank. Ich mußte eine bestimmte Umlaufbahn berechnen, sonst würde es fürchterliche Schwierigkeiten geben, und hinter mir öffnete sich etwas wie eine Schleuse, und jemand – oder ein *Ding* – kam hindurch... Und das war die Stelle, an der ich aufwachte, weil ich stark schwitzte oder auch, weil ich im Schlaf geschrien hatte.

Oder ich lag irgendwo gefesselt in einer Koje, während fern vom Raumhafen ein Planet größer und immer größer wurde und sich uns schneller und immer schneller näherte...

Der gleiche Ablauf, mit Schreien und allem übrigen.

Es kann nicht sonderlich angenehm gewesen sein, mit mir zu leben, während mich diese Träume heimsuchten. Nina fing sogar wieder an, von einem Arzt zu reden. Ich hielt es wohl hauptsächlich deswegen aus, weil ich vor Schrecken erstarrt war. Das Gedächtnis verloren zu haben, ist schlimm genug; aber sich an Dinge zu erinnern, die einfach Halluzinationen sein *mußten*... Ich wurde nicht müde, mir selbst gegenüber zu beteuern, daß ich in Ordnung wäre, solange mir bewußt war, daß es sich um Halluzinationen handelte.

Wenn alles so weiter gegangen wäre, hätte ich tatsächlich verrückt werden können. Allmählich fing ich an zu glauben, daß die Leute nicht deswegen Halluzinationen haben, weil sie verrückt sind – sondern daß sie verrückt werden, weil sie Halluzinationen haben und nicht wissen, wie sie damit umgehen sollen. Aber glücklicherweise fand bald darauf ein greifbares Ereignis statt. Danach wußte ich wenigstens, daß ich nicht verrückt war; es passierten zwar ein paar verdammt merkwürdige Dinge – aber sie hatten ihren Ursprung nicht sämtlich in *mir*. Und das machte einen entscheidenden Unterschied aus.

Das erste Ereignis hätte ich beinah nicht mitbekommen, und ich bin mir seiner bis auf den heutigen Tag nicht sicher. Es hätte ein Zufall sein können. Aber es paßte so gut zu dem, was später geschah...

Damals gab es für mich nicht viel zu tun. Unter anderem mußte ich immer noch jeden zweiten Tag einen Arzt aufsuchen, damit er sich die Verbrennungen an meinem Bein ansah, die anscheinend nicht heilen wollten. Also lungerte ich die übrige Zeit herum, las Bücher aus der Bibliothek, streifte durchs De-Young-Museum und versuchte, mir Dinge wieder anzueignen, die ich vergessen hatte. Natürlich schien mir alles, was ich lernte, neu zu sein; dennoch kam mir einiges davon besonders neu vor.

Ich nehme an, jeder, der einmal einen geistigen Zusammenbruch erlebt hat, glaubt in bestimmten Situationen, daß ihn jemand verfolgt; also ermahnte ich mich, nicht paranoid zu reagieren, als ich ein halbes Dutzend Mal demselben Typ im

Museum begegnete. Vermutlich handelte es sich um einen Koch von der Universität, der eine Passion für mittelalterliche Tapestrien und dergleichen hatte.

Aber dann ergab es sich, daß ich ein Restaurant besuchte, um ein Sandwich zu essen. Es regnete wie verrückt, und mein Regenmantel war vollständig durchnäßt, deshalb hängte ich ihn an einen Kleiderständer in der Nähe des Eingangs, statt über die Lehne meines Stuhles, wie ich es üblicherweise tat. Ich aß mein Sandwich auf, bezahlte mit einem Coupon und ging, um den Mantel zu holen – da ging eben der Bursche vom Museum zur Tür hinaus – und er trug *meinen* Mantel.

Ich schrie auf und wollte hinter ihm herrennen, aber der Inhaber des Restaurants verlangte, daß ich bar bezahlte, und ich verlor den Dieb aus den Augen.

Jetzt konnte mir niemand mehr etwas vom Zufall erzählen. Der kleine Bursche – sein Gesicht hatte ich noch nie richtig betrachtet – war etwa fünf Fuß zwei groß, und mein Mantel hing ihm wie Graf Draculas Cape um die Schultern. Selbst ein zerstreuter Professor konnte nicht *derart* zerstreut sein.

Nina nahm es wider Erwarten gelassen auf, als ich ihr von dem Vorfall erzählte; ich hatte eigentlich erwartet, daß sie böse würde, weil es ein sehr guter Mantel gewesen war. Aber später am Abend erklang die Türglocke, und als sie ging, um nachzusehen, war niemand dort – nur der Mantel lag leer und als formloser Haufen auf der Treppenstufe. Ich nahm ihn an mich, um ihn aufzuhängen; und als ich ihn am Kragen hochhob, um ihn auszuschütteln, mußte ich feststellen, daß nichts mehr von dem ursprünglichen Mantel übrig war. Man hatte jede Naht aufgeschnitten, das Futter säuberlich herausgetrennt, sämtliche Taschen aufgeschlitzt und sogar die Verstärkung des Kragens herausgerissen und zerpflückt.

Nina verlor bei diesem Anblick die Fassung, und ich stand ihr in nichts nach. Ich war ebenso verblüfft wie sie; aber ich vermute, sie verdächtigte insgeheim mich, daß ich aus einem völlig irrsinnigen Grund dieses Greuel arrangiert hatte. Sie sprach es niemals aus, aber sie warf mir einen verdammt merkwürdigen Blick zu.

Was meinen Vater betrifft, er entwickelte zwei Theorien, die einander unglücklicherweise ausschlossen. Er schwankte zwischen der Ansicht, daß es sich um einen idiotischen Streich eines Schuljungen handelte, der mir einen Schrecken einjagen wollte – ich konnte mir nicht vorstellen, wie jemand, der mich kannte, etwas so Sinnloses und Dummes tun konnte; und wenn er mich nicht kannte, woher hätte er dann gewußt, wo er den Mantel abliefern mußte? –, oder daß es ein auf vertrackte Weise krimineller Akt war und daß er die Polizei verständigen mußte. Das rief Ninas Empörung hervor. Sie sagte – mit einiger Berechtigung –, sie hätte für den Rest ihres Lebens genug mit der Polizei zu tun gehabt.

Ich hätte die Waagschale zugunsten des Polizeigedankens beeinflussen können, aber ich tat es nicht. Und ich war verdammt froh, ans Telefon gegangen zu sein, als es später am Abend klingelte. Ich nahm den Hörer ab und sprach das übliche höfliche ›Hallo?‹ aus. Anfangs herrschte Schweigen, und während es anhielt – ich möchte es nicht übertreiben –, hörte ich die ganze Zeit über jemanden oder irgendwas – *atmen*. Nun ist an Atemgeräuschen eigentlich nichts Unheimliches. Jeder gibt sie ständig von sich; dennoch regten sie mich diesmal auf, ohne daß ich hätte sagen können, weshalb; außer natürlich, daß ich mich fragte, warum mich jemand anrief, um mir etwas *vorzuatmen*.

Da sagte eine Art Stimme: »Cowan?«

»Hier ist Barry Cowan. Möchten Sie mit Professor Cowan sprechen?«

»Nein.« Die merkwürdige Stimme war krächzend, oder heiser; nein, keine dieser Umschreibungen gibt ihre Eigenart wieder, trotzdem war sie *artikuliert*. »Hast du deinen Mantel zurückgekriegt?«

»Einen Augenblick«, erwiderte ich scharf. »Wer spricht denn dort?«

»Du bist schlau«, fuhr die Stimme fort; eigentlich klang es eher wie ›duh bihs slahu‹. »Wir haben es nicht gefunden. Laß es lieber an seinem Platz – du weißt schon –, sonst wirst du genau wie der Mantel aussehen. Nur noch kleiner zerstückelt.«

»Was soll das? Was...«

Aber das Telefon war tot, und ich vernahm nur noch das eintönige Amtszeichen.

Ich blieb noch eine ganze Weile mit dem Hörer in der Hand stehen, dann legte ich ihn zögernd zurück. Nina rief aus dem anderen Zimmer nach mir. »Wer war es denn, Barry?«

Ich erwiderte in Gedanken: »Jemand hat sich verwählt, nehme ich an. Er fragte nach – jemandem, von dem ich noch nie gehört habe.« In gewisser Weise war das die Wahrheit.

In dieser Nacht lag ich wieder wach, in kalten Schweiß gebadet. Es war übel genug, daß ich glaubte, verrückt zu werden. Aber jetzt hatten sich meine Halluzinationen auf unerfreuliche Weise mit der Realität vermischt. Etwas griff aus diesen verlorenen Monaten nach mir; und mir gefiel seine Methode überhaupt nicht.

Der Mantel war nicht nur aufgeschlitzt worden. Man hatte ihn auseinandergepflückt, buchstäblich *zerfetzt*.

Die Vorstellung, daß ich wie der Mantel aussehen würde, falls es mir nicht gelänge, dieses mysteriöse ›Es‹ ausfindig zu machen, von dem die Stimme gesprochen hatte, war nicht dazu angetan, mich zu beruhigen; ganz egal, ob mein Erlebnis greifbar war oder Illusion. In dieser Gegend der Welt *taten* die Menschen einander solche Dinge einfach nicht an, und falls ich in einer Gegend gewesen sein sollte, wo so etwas üblich war, legte ich keinen Wert darauf, die Bekanntschaft damit zu erneuern. Oder mit ihnen.

Vielleicht hätte ich geradewegs zu meinem Vater gehen und ihn zur Polizei schicken sollen. Aber es schien mir, als hätten er und Nina meinetwegen bereits genug auf sich genommen.

Und was konnte der Anrufer auch gewollt haben? Ich hatte nichts bei mir gehabt, als ich ins Krankenhaus eingeliefert worden war, mit Ausnahme der Kleider an meinem Leib, ein paar Cents Kleingeld, einer Fotografie und eines plumpen Drachen mit einer Kerbe.

Ich knipste das Lämpchen an, um ihn zu betrachten; ich bewahrte ihn aus unerfindlichen Gründen in der Schublade meines Nachttisches auf.

In der Zeit, während meine Verbrennungen abgeheilt waren, hatte ich ein paar von den Büchern gelesen, die im Haus herumlagen – es waren eine Menge Kinderbücher und Thriller – und war natürlich auch auf den alten Schmöker gestoßen, der von einem geheimnisvollen Edelstein handelte, der das Auge irgendeiner asiatischen Gottheit war. Der arme Typ, der ihn geraubt hatte, wurde von finsteren Chinesen oder Laskaren – wer immer diese Laskaren sein mochten – gejagt, bis er einen entsetzlichen Tod erlitt, wobei er den Edelstein umklammert hielt. Ich kam mir wie ein Narr vor; aber dennoch fragte ich mich, ob der Bronzedrache vielleicht ein melodramatisches Stück Kitsch dieser Art sein mochte.

Ich war erleichtert, als ich ihn in die Hand nahm. Ich erinnerte mich daran, daß er mich in eine Art Starrkrampf versetzt hatte, als ich noch geschwächt im Krankenhaus gelegen und ihn angestarrt hatte. Aber damit würde ich rechnen müssen.

Wenn dieses Ding irgendeinen Wert hatte, war ich einer von Wins kleinen grünen Männern! Es war ein ganz gewöhnlicher Gegenstand, der aus demselben Material gefertigt war wie ein Schlüssel oder ein Aschenbecher. Es hatte die gelungene Form eines kleinen Drachen, aber als künstlerische Arbeit war es ganz wertlos; um die Wahrheit zu sagen, es war nicht einmal gearbeitet, sondern eher maschinell hergestellt. Es hätte eines dieser billigen Produkte sein können, auf denen steht ›Andenken an Chinatown‹, die zuweilen an Aschenbechern befestigt sind; nur hatte es dazu nicht die richtige Größe. Seinen Verkaufspreis würde man etwa in der Größenordnung von neununddreißig Cents angeben. Und somit entsprach es dem mysteriösen Auge des Idols der Großen Gottheit Foofooroney, einschließlich der finsteren Chinesen oder Laskaren oder den kleinen grünen Männern. Dieses Stück Nippes hätte in jeder beliebigen Zeit hergestellt worden sein können.

Ich machte eben Anstalten, es in den Papierkorb zu werfen, als etwas meine Hand festhielt. Nein, verdammt noch mal, es war das einzige Souvenir, das mir von einem rätselhaften Erlebnis geblieben war. Selbst wenn es nur ein Mitbringsel von einem Einkaufsbummel in einem hinterletzten Äquivalent von Chinatown oder einem fernen Zehn-Cent-Laden sein sollte – da ich in Texas gewesen war, konnte ich *überall* gewesen sein –, ich würde es behalten, bis mir wieder einfiel, was es darstellte und weshalb ich die mutmaßlichen neununddreißig Cents für das Ding ausgegeben hatte.

In dieser Nacht schlief ich ein und träumte nach bereits bewährtem Muster, daß ich von kleinen grünen Männern gejagt würde, die mich an einem Bein festbanden und quälten, um zu erfahren, warum ich einen Bronzedrachen in Chinatown gekauft hatte. Doktor Fu Man Chu kam auch vor, ebenso Sherlock Holmes, so daß ich davon absah, mir die Mühe zu machen, den Traum nach Anzeichen unbewußter Erinnerungen zu untersuchen, nachdem ich aufgewacht war – insbesondere, da ich vergessen hatte, zum Arzt zu gehen und die Verbände auf den verdammten Verbrennungen meines Beines wechseln zu lassen, und ich auf das Zutun der kleinen grünen Männer gar nicht angewiesen war, um dort Torturen zu erleiden – aber beim Aufwachen war eine Idee in meinem Kopf. Während ich darauf wartete, daß es neun Uhr wurde, konnte ich den Doktor anrufen und mir einen neuen Termin für den geben lassen, den ich verpaßt hatte.

Ich kramte die Kleidungsstücke hervor, in denen man mich ins Krankenhaus eingeliefert hatte, und sah sie durch. Dann rief ich Nina herein und bat um ihre Hilfe.

»Nina, was für ein Material ist das? Ist es das, was man Baumwolldrillich nennt?«

Sie musterte den Coverall nachdenklich. »Nein, Drillich ist der Stoff, aus dem Blue Jeans gemacht werden«, belehrte sie mich. »Es ist jedenfalls ein hochwertiges Material. Kein Nylon vermutlich; dafür ist es zu porös. Nylonkleider sind bei warmem Wetter Schwitzpackungen, dieser Stoff dagegen ist luftdurchlässig. Möglicherweise ist es eine Dacron-Mischung oder ein neuartiges synthetisches Gewebe. Es sieht grob aus, aber es ist eine sehr gute Qualität, wie das Gewebe, aus dem Segel für kleinere Boote gemacht werden, oder wirklich gute Zelte. Ich bin nicht sicher.«

»Wo würdest du hingehen, um so etwas zu kaufen?«

»Jetzt bringst du mich in Verlegenheit. Ich dachte, ich würde mich ein bißchen mit Kleidung und Materialien auskennen, aber – vielleicht ist es Stoff, wie ihn Armee oder Navy verwenden. Eine äußerst komfortable Qualität. Man könnte versuchen, sie aus Lagern von Armee und Navy zu bekommen. Oder in sehr guten Sportartikel-Fachgeschäften. Aber es sieht nicht so aus, als wäre es auf einer gewöhnlichen Nähmaschine gefertigt worden. Sieh dir nur diese Säume an.« Sie zeigte darauf und zerrte dann daran. »Ich kann mir keine Nähmaschine vorstellen, die kreuzweise Stiche von dieser Art macht. Es könnte Schweizer Fabrikat sein, sie stellen eine Menge guter und spezieller Bergsteigerausstattung her, und auch Stoff dieser Qualität; es scheint, als wäre er aufgerauht und wetterfest aufbereitet. Er ist nicht amerikanischer Herkunft.« Sie sah verwirrt aus. »Hast du es erstanden, während du...?«

»In der Zeit, über die sich mein Gedächtnis ausschweigt? Ja«, erwiderte ich, »aber das bedeutet nichts. Ich könnte in Oregon Bergtouren gemacht und es dort gekauft oder mit einem europäischen Touristen getauscht haben, nicht wahr? Oder es könnte ein neues Supermaterial der Armee sein, das du noch nicht gesehen hast.«

Aber als sie aus dem Zimmer gegangen war, machte ich mich daran, mit dem Coverall dasselbe anzustellen, was diese Leute, wer immer sie sein mochten, mit meinem Mantel gemacht hatten. Es war eine großartige Idee, aber sie brachte mir nichts ein. Nach Ablauf einer halben Stunde war ich davon überzeugt, daß in dem Coverall nichts versteckt war; weder in Säumen, noch in Taschen oder Einlagen.

Man sagt, wenn man nur weiß, wo etwas *nicht* ist, weiß man schon halb, wo es ist. Nun, was *es* auch war, jetzt wußte ich, wo es sich nicht befand. Wenn ich nur noch herausfinden konnte, *was* es war...

Aber diese Richtung meiner Gedanken führte nicht weiter, und so erhob ich mich und rief den Arzt an. Wenigstens war er nur an den außerordentlich realen Verbrennungen an meinem Bein interessiert, und nicht an den äußerst irrealen Dingen, die in meinem Kopf vor sich gingen. Obwohl, wenn ich richtig darüber nachdachte, auch diese Brandwunden ein verfluchtes Geheimnis umgab. Von ihrer Unerfreulichkeit ganz zu schweigen.

4. Kapitel

Das nächste, was geschah, gehörte ebenfalls in die Kategorie des ›unerfreulich Realen‹; das Haus wurde durchsucht.

Es war an einem Samstag, und zum erstenmal seit längerer Zeit regnete es nicht, also beschlossen mein Vater und Nina, daß es ein gutes Wochenende wäre, ein Stück die Küste entlang zu fahren und mal wieder die Rotholzwälder zu besuchen. Ich begriff, daß das etwas war, was unsere Familie in fast jedem Jahr zu tun pflegte, seit ich ein kleiner Junge gewesen war. Sie hatten es letztes Jahr ausgelassen, während ich vermißt war, und obwohl ich nicht gerade in der Stimmung für Reisen oder

Sightseeing war, konnte ich ihren Wunsch, alle familiären Gewohnheiten wiederaufzunehmen, die sie damals aufgegeben hatten, sehr gut verstehen. Also wollte ich ihnen den Spaß nicht verderben; und das Komische war, daß sich bei mir so etwas wie eine Erinnerung angesichts dieser Szenerie entlang der nordkalifornischen Küste einstellte.

Der Ozean, der sich blau und dunstig von Point Reyes bis hin zu den Faralones erstreckte; die enorm hoch aufragenden Mammutbäume an der Küste, die so gigantisch waren, daß man, wenn man gerade an ihren Stämmen hochsah, schwindelig wurde und anfing, das Gefühl zu haben, in einen tiefen Himmelsbrunnen *hinabzusehen* – all das war mir sonderbar vertraut und in gewisser Weise sehr angenehm. Vielleicht gehörte ich schließlich hierher. Vielleicht waren all die übrigen Dinge schlechte Träume. Vielleicht hatte ich in dem Gott-weiß-wo verbrachten Jahr nur zu viele Science-Fiction-Filme gesehen.

Wir übernachteten oben im Russian-River-District, fuhren am folgenden Tag nur an Bergen und hohen Klippen vorbei und kehrten spät in der Nacht nach Berkeley zurück, während Winifred an meiner Schulter schlief. Nina ging vor, um die Lampen im Haus anzuknipsen; ich stellte Winifred auf die Füße und hievte die Koffer aus dem Wagen, während mein Vater die Garagentür öffnete, um den Wagen hineinzufahren. Ich nahm eben die Koffer auf, um sie ins Haus zu bringen, als ich Nina schreien hörte.

Ich ließ die Koffer fallen und rannte los. Nina stand mitten im Wohnzimmer – und der ganze Raum war ein einziges Tohuwabohu.

Die Sessel waren auf den Kopf gestellt, die Teppiche umgedreht, als hätte sich jemand durch sie hindurchgewühlt. Die Stücke der Chinoiseriensammlung lagen verstreut auf dem Tisch des Speisezimmers, und zwei oder drei vergoldete Teile des Wedgewood-Porzellans waren zerbrochen. Und so ging es weiter und immer weiter, durchs ganze Haus.

Mein Vater stand grimmig inmitten der Trümmer und sagte bitter, daß wir wenigstens gegen Vandalismus versichert wären. Aber keine Versicherungssumme konnte, wie ich fühlte, die Angst auf Ninas Gesicht aufwiegen, oder die Art, wie sie mich anschaute. Nicht, daß sie mich angeklagt hätte. Ich war die ganze Zeit über, als es geschehen sein mußte, bei ihnen im

Wagen gewesen. Aber so, als hätte ich einmal mehr einen unbegreiflichen Schrecken in das Leben der Familie gebracht. Es war völlig unverständlich, und keine Stelle im ganzen Haus war ausgelassen worden. Sie hatten sogar Winifreds alten Teddybären aufgerissen, Naht für Naht, und seine Füllung über den ganzen Raum verteilt. Das war es, was mich am meisten erschütterte. Sie weinte nicht; sie setzte ihr sehr erwachsenes kleines Gesichtchen auf und sagte, nun ja, sie wäre ohnehin zu groß, um noch mit dem alten Ding zu spielen, aber sie sah so *fassungslos* aus, daß es mir das Herz brach.

Mein Vater rief selbstverständlich gleich die Polizei an. Aber mich hielt er aus der ganzen Geschichte heraus; auch über den Mantel sagte er kein Wort. Er sagte auch nichts über die telefonische Drohung, weil ich ihm nichts davon erzählt hatte.

Obwohl mein Zimmer am wüstesten von allen aussah, vermißte ich nichts als den braunen Coverall, den ich zerstückelt hatte, als ich nach – nun, nach etwas gesucht hatte. Und ich war nicht einmal sicher, daß er abhanden gekommen war, denn es konnte sein, daß Nina ihn fortgeworfen hatte.

Als die Polizei und die Versicherungsleute gekommen und wieder gegangen waren, war es Mitternacht geworden, und Nina und mein Vater riefen eine Besinnungspause vor weiteren Diskussionen und Spekulationen aus. Aber ich konnte nicht schlafen. Ich saß in meinem Zimmer, biß mir auf die Lippe, starrte die Wand an und war schon wieder halbwegs von meiner ersten Theorie über das mysteriöse Dingsda und das finstere Idol überzeugt.

Denn *diesmal* hatte ich den verfluchten kleinen Drachen in meiner Hosentasche mit nach Nordkalifornien genommen. Also hatten sie meine Kleider durchsucht, als ich es nicht darin hatte, und das Haus, als es nicht in meiner Kleidung gewesen war. Ich konnte mich an nichts sonst erinnern, das ich nicht schon zuvor gehabt hatte.

Ich drehte ihn immer wieder unschlüssig in der Hand. Er *war nicht* wertvoll, verdammt! Er war nicht aus irgendeinem fremdartigen, kriegsentscheidenden Metall; er war aus ganz gewöhnlicher weicher Bronze. Man konnte ihn mit einem Nagel ritzen; das wußte ich, weil ich es versucht hatte. Er hatte an einer Seite eine rauhe Stelle, als ob etwas abgebrochen wäre; vielleicht ein Aschenbecher? Es war nichts darinnen versteckt; auch daran hatte ich gedacht und war mit einem Mikroskop darangegangen, aber das Ding war völlig massiv und wies nicht einmal einen haarfeinen Riß auf. Sogar Doktor Fu Man Chu hätte darin nichts verbergen können.

Zum Teufel damit; war ich denn *gänzlich* paranoid geworden? Ganoven hatten schon immer Häuser aufgebrochen und darin Zerstörungen angerichtet, selbst hier in Berkeley Hills, und zwar ohne jeden Grund. *Mußte* es denn unbedingt mit dem Jahr zusammenhängen, das ich aus meinem Leben verloren hatte? Aber ganz gleich, wie sehr ich mir das auch versicherte, ich fürchtete mich immer noch davor, mich hinzulegen und einzuschlafen. Ich weiß nicht, ob ich vor den Träumen Angst hatte – oder davor, daß etwas Schreckliches geschah.

Den größten Teil des folgenden Tages brachte ich damit zu, Nina zu helfen, das Durcheinander aufzuräumen. Mein Vater ging nicht ins Büro, er blieb zu Hause und half ebenfalls; und er muß mitbekommen haben, wie ich jedesmal zusammenfuhr, wenn das Telefon läutete. Schließlich, als Nina gegangen war, um Sandwiches zu bereiten, hielt er inne, Handtücher in den Wäscheschrank zurückzulegen und wandte sich mir zu.

»Hör einen Moment auf, Barry, und komm her.«

Wortlos tat ich es, und er sah mir direkt in die Augen. »Ich möchte nicht mit dir schimpfen, Sohn. Aber du weißt etwas über diese Sache, stimmt's?«

»Nein«, sagte ich unglücklich. »Nein. Ich wünschte mir, daß es so wäre.«

»Wovor hast du dann Furcht?«

»Ich...« Meine Stimme versagte. Endlich brachte ich es heraus. »Ich wünschte mir nur, es zu wissen.«

»Barry, wenn du nicht so verstört gewesen wärst, hätte ich nicht im Traum daran gedacht, daß du etwas damit zu tun gehabt haben könntest.«

»Wie hätte ich denn etwas damit zu tun haben können?« brach es aus mir heraus. »Ich war doch bei dir und Nina!« Dann biß ich mir auf die Lippe und sagte kleinlaut: »Sehen Sie, Sir, ich... ich habe nicht das geringste damit zu tun.«

»Aber kannst du mir dein Wort darauf geben, daß es nichts mit dir zu tun hatte?«

Ich zögerte, da sagte er rasch: »Ich werde dir keine Vorwürfe machen. Aber kannst du mir dein Wort geben... Barry, ich denke, ich hätte Verständnis dafür, wenn du in etwas hineingeschliddert wärst. Wenn du in eine Bande eingetreten wärst und sie wieder verlassen hättest, und sie versuchten jetzt, dir Furcht einzujagen... Ich hasse es, wie ein Vater aus dem Bilderbuch zu reden, aber wenn du es mir gestehen würdest, könnte ich in der Lage sein, dir zu helfen. Aber solange du mir nichts sagst, kann ich überhaupt nichts tun.«

Ich schüttelte den Kopf. »Es ergäbe einen Sinn, aber alles, was ich sagen kann, ist das, was ich schon gesagt habe. Ich kann mich nicht erinnern; Ehrenwort, ich kann es nicht. Ich schwöre, daß ich es nicht kann.« Ich fühlte mich zum Heulen. Was glaubte er, was für ein verkommener Bursche ich war, dem es egal war, wenn seiner Familie so etwas geschah, wenn er wüßte, was vor sich ging?

»Aber du weißt etwas.« Das war nicht einmal eine Frage. Und ich konnte gar nichts erwidern, denn das, woran ich mich *tatsächlich* erinnerte, oder was ich vermutete, oder was ich mir einbildete, konnte mich höchstens für den Rest meines Lebens in die Klapsmühle bringen.

Er schaute mich noch für ein oder zwei Minuten an, dann zuckte er mit den Schultern. »In Ordnung«, sagte er. »Nina kommt soeben mit etwas zu essen. Sie verträgt nicht mehr allzuviel. Nein, geh jetzt und iß etwas«, fügte er ein wenig schroff hinzu, als ich mich bückte, um die restlichen Handtücher aufzuheben. »Ich werde das schon wegräumen.«

Ich ging, um Nina das Lunch-Tablett abzunehmen, aber ich kam mir durch und durch niederträchtig vor. Ich wußte, daß mein Vater mir nicht glaubte, und das tat weh. Mir war schon längst klar, daß er zu der Sorte Väter gehörte, von denen man sich wünscht, daß sie einem vertrauen. Und Nina hatte bereits genug mitgemacht. Was hatte ich ihnen nur ins Haus gebracht?

Ich versuchte, es nicht zu zeigen. Aber ich zuckte immer noch zusammen, wenn das Telefon schrillte. Ich wünschte mir bestimmt nicht, daß Nina – oder schlimmer noch, Winifred – ans Telefon ginge und diese schlimme, unreale Stimme hörte, die *atmete* und so furchtbare Drohungen ausstieß.

Man sagt, daß ein Topf niemals kocht, solange man darauf wartet. Den ganzen Tag über riß ich den Hörer ab, sobald das Telefon klingelte, und nie war es jemand anderes als die Versicherungsgesellschaft oder jemand von der Universität, der meinen Vater sprechen wollte, ein Zeitungsmann, der mir Fragen stellte, oder eine von Wins Freundinnen, die wollte, daß sie zu ihr kam, um fernzusehen. Am nächsten Tag aber, als ich beim Arzt gewesen war – die Verbrennungen hatten endlich angefangen zu heilen, aber ich mußte den Verband immer noch wechseln lassen – und zurückkam, konnte ich sofort an Ninas Gesicht sehen, daß wieder etwas geschehen war.

»Barry, da war ein Anruf von weither, als du fort warst.«

»Wer war es?« fragte ich beinahe hysterisch.

»Ich weiß es nicht. Er hat keinen Namen genannt, und als ich sagte, daß du nicht da wärst, ging er aus der Leitung, und die Vermittlerin sagte, daß du den Vermittlungsplatz Nummer Siebzehn in Abilene, Texas anrufen solltest.«

Ich war schon unterwegs zum Telefon, bevor ich den Mantel ausgezogen hatte. »Weshalb, zum Teufel?«

»Das hat sie nicht gesagt«, erwiderte Nina gleichmütig. »Aber vermutlich handelt es sich um einen Geist aus dem geheimnisvollen Teil deiner Vergangenheit.«

Ich hielt wie vom Blitz getroffen inne, vergaß das Telefon und starrte sie an. Zum erstenmal sprach sie es aus. Andere Leute hatten angenommen, daß ich simulierte; war es möglich, daß meine Eltern es ebenfalls glaubten? Meine Eltern?

Diesem Gedanken folgte ein anderer dicht auf den Fersen: *Ich erwarte, daß sie mir vertrauen. Bedeutet das etwa, daß ich sie – unbewußt – tatsächlich für meine Eltern halte? Glaube ich inzwischen wirklich daran, daß ich Barry Cowan bin, ihr Sohn?*

»Es tut mir leid, Barry«, sagte Nina ein wenig zu heftig. »Schau mich nicht so an. Ich hätte es nicht sagen sollen. Nur – ich habe die ganze Zeit über geglaubt, du wärst tot, und plötzlich dieses Wiederauftauchen; ein Fremder, der fast erwachsen ist, und dann noch all diese – diese teuflischen Vorkommnisse...«

Ich kam mir sehr hilflos vor. Ich vermute, daß ich sie hätte umarmen sollen oder etwas in der Art. Aber ich fühlte nichts außer einem Verlust.

Schließlich sagte ich: »Schau, Nina – Mutter«, fügte ich ungeschickt hinzu, »was glaubst du denn, weshalb ich derart angespannt wegen der Ereignisse bin? Ich bin ebenfalls im Begriff, verrückt zu werden bei dem Versuch, herauszufinden, was sie bedeuten – und in Texas war es, wo man mich gefunden hat. Wenn ich nur einen Schlüssel fände ... Jedenfalls, einer der Gründe, weshalb ich so unglücklich bin, ist der, daß ich nicht möchte, daß *ihr* – du, Win und Vater – in diese Dinge hineingezogen werdet.«

Ihr Gesicht war wieder gefaßt, und sie schenkte mir ein schmerzliches kleines Lächeln und tätschelte meinen Arm. »Und wir möchten vermeiden, daß *dir* etwas geschieht. Jetzt bring deinen Anruf hinter dich, und wenn er einiges Licht in diese unglückliche Angelegenheit bringt, dann zögere auf keinen Fall, es mich wissen zu lassen.«

Ich rief entsprechend der Anweisung die Telefonistin für Abilene in Texas an. »Sie haben ein Ferngespräch für Barry Cowan vermittelt?«

»Einen Augenblick, Mister Cowan.« Eine Weile gab es nur das übliche Summen und Tüten, und dann hörte ich ein weit entferntes Telefon klingeln. Und klingeln. Und klingeln. Und dann wieder die Stimme der Vermittlerin; und sie klang wie die Totenglocke meiner letzten Hoffnung in meinen Ohren. »Es tut mir sehr leid, Mister Cowan, die Nummer antwortet nicht. Der Anruf muß annulliert worden sein.«

Ich verspürte den Wunsch zu fluchen. »Von wem kam der Anruf?«

»Der Teilnehmer hat keine An-wei-sung hinterlassen...«, sagte die Vermittlerin in einem Singsang.

»Aber Sie müssen die Nummer haben«, sagte ich außer mir. »Wem gehört die Nummer?«

»Es tut mir sehr leid, aber wir können Ihnen diese In-for-mah-zjon nicht geben«, sagte sie und unterbrach kurzerhand die Verbindung, ließ mich wieder allein mit dem Amtszeichen und meiner zunehmenden Frustration. Schlug mir denn jede Tür vor der Nase zu? Nina, die mir von der Tür aus zusah, wollte wissen: »Barry, ist etwas nicht in Ordnung?«

War denn überhaupt *etwas* in Ordnung? Ich hatte schon wieder Lust zu fluchen, aber weshalb sollte ich es an Nina auslassen? »Doch«, sagte ich noch benommen. »Es war nur ein weiterer von diesen hinterhältigen Scherzen. Es war niemand zu erreichen.«

Als Nina wieder ihre Haushaltsarbeit aufnahm, setzte ich mich in trüber Stimmung ans Telefon. Wer konnte mich aus Texas angerufen haben, und weshalb? Die Antwort auf diese

Frage lag vermutlich in meinem verlorenen Gedächtnis; in einem Ereignis, das stattgefunden hatte, bevor sich der Vorhang des Vergessens wie das Messer einer Guillotine zwischen mich und alles Geschehen niedergesenkt hatte.

Roland? Ich dachte mit Schaudern an ihn; aber zumindest hatte er ein offenes Interesse ohne Heimlichkeiten an mir bekundet. In einem plötzlichen Entschluß griff ich nach dem Telefon, zögerte und rief: »Nina?«

Sie erschien an der Küchentür. »Ja?«

»Macht es etwas aus, wenn ich ein Ferngespräch führe?«

»Ich glaube nicht, obwohl es vielleicht sinnvoller wäre, wenn du bis zum Abend warten könntest, wenn die Gebühren niedriger sind.« Aber ich sah sie wohl so bedrückt an, daß sie abwinkte. »Mach schon. So arm sind wir nicht; und wenn es dir die Sorgen nimmt, ist es das wert.«

Aber als ich schon die Nummer der Auskunft gewählt und Abilene in der Leitung hatte, erkannte ich, daß ich auf der falschen Spur war. Ich erkundigte mich nach Mister Roland und mußte feststellen, daß ich seinen Vornamen nicht kannte und nicht einmal mit Bestimmtheit wußte, ob er in Abilene wohnte oder Telefon hatte, oder ob Roland sein richtiger Name war. Ich entschuldigte mich bei der Telefonistin und legte den Hörer wieder auf.

Nina, die auf der Treppe nach oben unterwegs war, wobei sie die Schürze abnahm, die sie bei der Küchenarbeit trug, sah meinen niedergeschlagenen Gesichtsausdruck, blieb neben mir stehen und fragte: »Was hast du erreicht? Wieder keine Antwort?«

»Ich wußte nicht, wo ich anrufen sollte.«

»Barry, du warst doch in einem Krankenhaus in Texas, ist das richtig? Kann es nicht einer der Ärzte dort gewesen sein, der wissen wollte, ob du wieder in Ordnung bist? Und... nun, Ärzte sind vielbeschäftigte Leute, das könnte erklären, weshalb er nicht dort gewesen ist, als du zurückgerufen hast. Wenn du wartest, ruft er vielleicht noch mal an.«

Das hellte mein Gemüt aus irgendeinem Grund wieder auf. Es war sicherlich die logischste Erklärung. Doktor Bannon hatte mich gebeten, ihn wissen zu lassen, welche Fortschritte die Heilung machte, und wahrscheinlich hatte sich der Arzt, der meine Brandwunden verbunden hatte, mit dem Krankenhaus in Abilene in Verbindung gesetzt. Ich dachte sogar mit einem gewissen Vergnügen an die roten Haare und das verschmitzte Lächeln der kleinen Schwester Lisa irgendwas; Lisa Bernard, so hatte sie geheißen. Sie schien mir wirklich freundlich gewesen zu sein, nicht nur berufsmäßig.

Entschlossen zog ich das Telefon an mich, schaffte es ohne weiteres, das Hendrick-Hospital in Abilene zu erreichen, und brachte es auch fertig, daß Doktor Bannon ausgerufen und ans Telefon gerufen wurde.

Nach kurzer Zeit erklang seine bedächtige und erfreulich vertraute Stimme durch die Leitung. »Hier spricht Doktor Bannon.«

»Hier ist Barry Cowan, Doktor. Erinnern Sie sich an mich?«

Er zögerte nur kurz. »Aber ja, natürlich, der Amnesiefall. Wie geht es Ihnen, Barry? Ist Ihr Gedächtnis wieder völlig hergestellt?«

»Nicht vollständig; aber ich habe ein anderes Anliegen... Doktor, haben Sie mich kürzlich angerufen?«

Jetzt klang er verwundert. »Aber nein. Ich muß gestehen, daß ich seit Wochen nicht einmal mehr an Sie gedacht habe. Warum?«

Das war eine gute Frage, und sie bewirkte, daß ich mir wie ein Idiot vorkam. Natürlich hatte er mich vergessen, ich war nicht sein Patient; weshalb sollte er sich Sorgen um mich machen oder auch nur an mich denken? »Oh, es ist nur so, daß ich einen Anruf aus Abilene erhalten und verpaßt habe, und mir fiel niemand sonst ein, der es hätte sein können. Es tut mir leid, Sie belästigt zu haben, Doktor Bannon.«

»Sie haben mich nicht belästigt«, sagte er mit natürlicher Herzlichkeit. »Es freut mich, von Ihnen gehört zu haben, und ich bedaure, Ihnen nicht helfen zu können. Wer hätte es denn sonst sein können? Haben Sie noch mal etwas von diesem Mister Roland gehört, der glaubte, daß Sie sein Sohn wären?«

»An ihn habe ich gedacht, aber ich habe seine Anschrift nicht, und ich weiß nicht...«

Doktor Bannon unterbrach mich. »Ich glaube, daß er eine Adresse im Krankenhaus hinterlassen hat. Ich kann sie Ihnen geben, wenn Sie es möchten. Soll ich Sie mit der Aufnahme verbinden und sie anweisen, Ihnen die Akte herauszusuchen?«

Ich dankte ihm und verabschiedete mich, und er gab den

Anruf weiter. In wenigen Sekunden war ich im Besitz einer Anschrift – einer harmlosen Nummer in der Simmons Street – und, obwohl dort keine Telefonnummer angegeben war, war ich sicher, sie herausfinden zu können, indem ich nochmals die Vermittlung anrief.

Da begann die Seltsamkeit.

Ich konnte mich nicht dazu überwinden, den Hörer in die Hand zu nehmen und nach der Nummer dieses mysteriösen Roland zu fragen.

Ich brachte es nicht fertig. Ich konnte es *körperlich* nicht. Ein halbes Dutzend Mal hielt ich mir vor, daß es lächerlich war, idiotisch, und streckte die Hand nach dem Telefon aus – und dann ließ ich sie wieder fallen, fühlte mich völlig erschöpft und spürte kalten Schweiß am ganzen Körper.

Wovor, zum Teufel, hatte ich Angst? Was konnte er mir denn schon aus der Entfernung von sechzehnhundert Meilen antun? Selbst wenn er einen dehnbaren Arm gehabt hätte, wie eines dieser Monster in den Science-Fiction-Erzählungen von Jens, *so* weit konnte er bestimmt nicht reichen!

Fürchtete ich mich davor, dieses merkwürdige *Atmen* und die gräßliche Artikulation zu hören, wenn er unvorbereitet ins Telefon spräche? Verschaffte ich mir selbst Alpträume, weil irgendein Schurke einen Sprachfehler hatte?

Ich muß beinah zwei ganze Stunden dort gesessen haben und hätte es noch länger ausgehalten, wenn die Eingangstür nicht gegangen wäre, als Nina vom Einkaufen zurückkam. »Möchtest du mittagessen, Barry? Hast du deinen Anruf erledigt? Ich hab' ein bißchen von dem Monterey-Käse mitgebracht, den du so magst; wir werden getoastete Sandwiches damit machen. Ist es der Arzt aus Texas gewesen?«

Ich sagte, daß er es nicht gewesen sei, und während des Essens versuchte ich, die ganze Geschichte zu verdrängen. Ich wünschte mir vorübergehend, Texas wäre nicht gar so weit von Kalifornien entfernt. Es wäre möglicherweise einfacher gewesen, diesen Roland-Typ aufzusuchen und herauszufinden, was an ihm war, das mich innerlich so verkrampfen ließ. Ich konnte nicht länger gegen Schatten kämpfen. Ich würde noch verrückt werden. Ich lachte so laut heraus, daß Nina mich anstarrte; verrückt *werden*? Im Vergleich zu der Mehrzahl der Menschen war ich längst verrückt!

Ich hätte mir eigentlich denken können, daß die Ereignisse

nicht so weitergehen konnten, ohne daß irgendwann eine Grenze erreicht war. Nichts setzt sich in alle Ewigkeit fort; es hört entweder von selbst auf – oder irgend etwas geschieht. In Anbetracht des Zustandes, in dem wir alle uns inzwischen befanden, würde dieser Punkt bald erreicht sein.

Und so war es auch.

Seit der Hausdurchsuchung hatten mein Vater und ich jeden Abend die Runde gemacht und uns vergewissert, daß sämtliche Türen und Fenster verschlossen waren. Aber als ich in meinem Zimmer war, erschien mir die Luft so unerträglich stickig, daß ich trotzdem das Fenster wieder öffnete, nachdem ich die Lichter ausgemacht hatte. Wie es schien, hatte Nina die Sicherheitsmaßnahmen übertrieben. Mein Schlafzimmer befand sich im zweiten Stock, und niemand außer einer menschlichen Fliege konnte durch dieses Fenster gelangen.

Ich blieb davor stehen und sah hinaus in die Nacht. In weiter Ferne schimmerte der leichte und lichte Bogen der Golden-Gate-Brücke wie Lametta am Christbaum. Darüber war der Himmel mit Mondlicht erfüllt, und unter mir lag der Garten dunkel und still, und leise raschelten die kleinen Zweige. Ich legte mich hin und starrte auf das mondhelle Fenster; ich war nicht im geringsten schläfrig.

Es mochte das Mondlicht gewesen sein, das mir die äußerst klare Erinnerung zurückbrachte. Es war keine Einbildung und kein Traum; ich war hellwach. Ich erinnerte mich daran, in einer großen Wüste geweilt zu haben, um mich herum niedriges und dichtes Gesträuch und Mondlicht über mir; es war fremdartig grünliches Mondlicht, und der Mond selbst war seltsam *klein*, seltsam hell gewesen.

Woher kamen diese merkwürdigen Erinnerungen? Entstammten sie nur den Wahnvorstellungen, die mit der Amnesie verbunden waren? Es war übel genug, das Gedächtnis verloren zu haben; aber wenn ich damit anfing, mich an Dinge zu erinnern, und zugleich sicher war, daß es sich um Ereignisse handelte, die nicht stattfinden *konnten* – was hatte ich davon zu halten?

Dies war es, woran ich erkannte, daß das Folgende kein Alptraum gewesen sein konnte. Es war viel zu erregend, viel zu handfest für einen Traum. Ich lag dort, betrachtete das Mondlicht und zerbrach mir den Kopf bei dem Versuch, die Erinnerung gewaltsam zu erzwingen; und da bewegte sich etwas – jemand am Fenster.

Ich weiß bis auf den heutigen Tag nicht, wie er dorthin gelangt war, aber ich erkannte gegen das mondhelle Rechteck des Fensters ganz deutlich die Konturen des Kopfs, der Schultern und der Arme. Ich setzte mich mit einem Schrei aufrecht.

»Heh, du! Was machst du dort?«

Es gab ein ungeheures krachendes Dröhnen, das den ganzen Raum zu erfüllen schien, und etwas pfiff mir am Ohr vorbei. Ich sprang zur Lampe und knipste sie an; eine schattenhafte Gestalt taumelte und war verschwunden. Ich lief ans Fenster, um zu sehen, ob sie gefallen oder gesprungen war, und hinten im Garten *flatterte* etwas; etwas Riesiges, Mißgestaltetes, Grauenhaftes und Dunkles. Übelkeit wallte in mir auf und Entsetzen; ich würgte und lief ins Badezimmer.

Dann ließ ich mich einfach gehen.

Ich war noch immer dort und kämpfte gegen die unerklärlich grauenhafte Übelkeit, als ich die anderen alle in der Diele hörte, und kurz darauf kam mein Vater ins Bad. Er sagte kein Wort, feuchtete nur einen Waschlappen im Spülbecken an und reichte ihn mir. Ich wischte mir durchs Gesicht, aber schon wieder brach mir der kalte Schweiß aus.

»Was ist geschehen, Barry?«

Ich konnte nur sagen: »Da war etwas am Fenster...« Meine Stimme war zittrig und versagte beinah. »Ich weiß, daß es verrückt klingt. Es war etwas... ich dachte erst, es wäre ein Mann, und dann sah ich, daß es nicht stimmte; es war etwas anderes, ein *Ding*...«

»Ich habe dich schreien hören«, sagte Doktor Cowan, »und ich hörte... ich habe jedenfalls nichts gesehen. Barry, so kann es nicht weitergehen. Deine Mutter und deine Schwester ertragen es nicht. Und du...« Er sah mich verständnisvoll an, aber ich glaubte zu wissen, was er dachte.

»Du hältst es für richtiger, wenn ich von hier weggehe? Daß ich einfach packe und verschwinde, bevor ich noch mehr Unheil heraufbeschwöre?«

»Guter Gott, nein!« Er klang ehrlich erschrocken. »Das ist mir nie in den Sinn gekommen. Sohn, wie kannst du nur so etwas aussprechen? Dies ist dein Heim, und wir sind deine Familie! Was dir auch geschehn mag, wir werden es mit dir teilen! Aber wir müssen herausfinden, was vor sich geht! Wir müssen herausfinden, ob es real geschieht, oder...«

»Selbst *wenn* es real ist«, erwiderte ich bitter, »würdest du noch immer glauben, daß ich verrückt bin! Wenn du es nur *gesehen* hättest...«

»Nein«, sagte er. »Ich gebe zu, daß ich anfangs geglaubt habe, das, was du durchgemacht hast, hätte dich um dein geistiges Gleichgewicht gebracht. Jetzt bin ich mir dessen nicht mehr sicher. Und zudem... Als ich dich schreien hörte, bin ich zuerst in dein Zimmer gegangen, und dort lag das hier auf dem Fußboden.« Er streckte die Hand aus, und darin lag ein kleiner, runder Gegenstand. Ich konnte nichts damit anfangen, und das sagte ich ihm.

»Es ist eine Geschoßhülse«, sagte er. »Sie stammt von einer Gewehrkugel. Jemand hat auf dich geschossen.«

»Aber... das Ding, das ich gesehen habe...« Ich fing schon wieder an, mich zu schütteln.

»Sohn, du hattest einen Alptraum, und du hast ihn mit den tatsächlichen Ereignissen vermischt«, sagte er. »Aber... ein Mann ist hier gewesen; und wie er auch zum Fenster hochgekommen sein mag, er war real. *Nachtmahre tragen keine Gewehre.*«

Diese Nacht war für mich an Schlaf nicht mehr zu denken. Das Vermischen von Erinnerungen und Alptraum hielt mich wach; und da lag ich, starrte ins Leere und zerbrach mir den Kopf nach einer Lösung.

Als der Morgen heraufdämmerte, wußte ich, was ich zu tun hatte. Es war möglicherweise nicht die beste Lösung, aber es war das einzige, was mir einfiel; das einzige, was zu tun ich in diesem Stadium für möglich hielt.

Beim Frühstück erwähnten weder Nina noch mein Vater die nächtlichen Störungen, und ich fragte mich, ob sie darauf warteten, daß ich damit anfing. Aber nachdem Win ihre Schulbücher zusammengerafft und gegangen war und mein Vater seine Aktentasche holen ging, stellte ich ihn in seinem Arbeitszimmer und zwang ihn, mir zuzuhören.

»Vater, kurz nachdem ich zurückgekommen war, hast du gesagt, ich hätte ein bißchen eigenes Geld; Geld, das ich gespart hätte, nachdem ich einen Sommer lang gearbeitet habe.«

»Das stimmt. Es war auch der Grund, weshalb ich sicher war,

daß du nicht aus eigenem Entschluß fortgegangen bist. Du hättest es sicherlich mitgenommen. Es gehörte dir, und obwohl du es fürs College gespart hast, hätten wir es dir gegeben, wenn du es verlangt hättest – das wußtest du.«

»Ich verlange es jetzt«, sagte ich, und er blickte mich überrascht an.

»Wofür? Es gehört dir, du brauchst nicht zu fragen, aber wenn es für eine gewöhnliche Ausgabe sein soll, sind wir sowohl moralisch als auch gesetzlich verpflichtet, deine Ausgaben zu bezahlen, wie du weißt.«

»Das weiß ich«, sagte ich, »aber es ist nicht gewöhnlich. Ich möchte nach Texas gehen.«

Ich sah die erschrockene Frage in seinen Augen, und bevor er sie stellen konnte, beeilte ich mich, fortzufahren: »Ich habe mein Gedächtnis verloren; ich weiß nicht, was geschehen ist! Ich möchte die Spuren zurückverfolgen, herausfinden, wo ich gewesen bin, was ich getan habe, wann, wo, wie – ich muß Detektivarbeit in eigener Sache leisten!«

»Glaubst du denn, daß du das schaffst?«

»Ich habe keine Ahnung«, erwiderte ich, »aber ich muß es versuchen.«

»Und angenommen, du findest es nicht heraus?« erkundigte sich Doktor Cowan. »Sohn, ich denke schon, daß ich weiß, was du empfindest. Aber glaubst du, daß es einen Sinn hat? Ich befürchte, daß du einfach erneut verschwinden wirst!« Seine Augen blickten schlau. »Du sagst, du willst dich erinnern – aber du *hast* dich bereits an etwas erinnert, stimmt's?«

»Das ist der Hauptgrund«, gab ich zu. »Aber ich kann nicht glauben, daß das, an was ich mich erinnere, wirklich ist. Es scheint ... unglaublich.«

»Ich bin ziemlich gut darin, an etwas zu glauben. Warum gibst du mir keine Chance?«

Ich fühlte mich versucht, es zu tun; und dennoch – wie hätte er es zu glauben vermocht, wenn nicht einmal ich mir selbst glaubte? Er würde bestimmt annehmen, daß ich mich täuschte, daß ich halluzinierte. Wie konnte jemand meine unheimlichen Erinnerungen für bare Münze nehmen ... Erinnerungen an ein Raumschiff, an fremdartige Panoramen außerirdischer Welten, an Wesen, denen die Gestalt von Menschen zueigen war, und die doch keine Menschen waren ... sicher würde er sagen, daß es sich um Träume handelte. Ich hielt sie auch für Träume, und doch mußte ich erfahren, wieso sie mir derart wirklich zu sein schienen. Und wenn diese Erinnerungen nicht real waren, was hatte ich *dann* getrieben? Und was hatte es mit diesem Bronzedrachen auf sich, daß ich mich elend fühlte und mir der Schweiß ausbrach, wenn ich ihn nur anschaute?

»Barry, ist es ein Mädchen?«

Ich lachte ein wenig gequält. »Nein, Vater. Was es auch sonst gewesen sein mag, das kann ich dir versprechen. Das einzige Mädchen, an das ich mich zu erinnern vermag, ist die Schwester in diesem Krankenhaus. Sie ist hübsch, und ich würde sie gerne wiedersehen, aber ... sie ist kein Teil dieser Geschichte, und ich möchte sie nicht dazu machen.«

»Und angenommen, du findest nie heraus, wieso du dich an Sachen erinnerst, die, wie du sagst, keinen Sinn ergeben?«

»Dann bleibt mir keine Wahl. Ich werde nach Hause kommen und zu diesem Psychiater gehen. Aber gib mir eine Chance, es mir erst selbst zu beweisen.«

»Das ist vertretbar«, sagte er zögernd. »Wann willst du uns verlassen?«

Sobald er einmal freie Fahrt gegeben hatte, unterstützte er mich. Er half mir, es Nina beizubringen, und schaffte es sogar, daß es für sie vernünftig klang. Er nahm mich mit zur Bank, um das Geld abzuheben, tauschte es in Travellerschecks um und kaufte mir einen neuen Koffer aus Segeltuch.

Das Schwierigste war, es Winifred beizubringen. Es war mir klar, daß sie kaum über den Schock hinwegkommen würde, daß ich erst zurückgekommen war und mich nicht an sie erinnert hatte und jetzt wieder gehen würde. Ich bemühte mich, es ihr zu erklären, aber es war aussichtslos. Sie stand dort, wand ihre Haare um die Finger und biß ins Ende ihres Zopfes, und ihre Augen wurden immer größer und größer und dunkler und dunkler.

»Ich werde wiederkommen, Win; das verspreche ich. Schau doch nicht so«, bat ich. »Ich komme bestimmt wieder.«

»Wenn du es kannst«, warf sie mir entgegen. »Aber was ist, wenn du wieder alles über uns vergißt und nicht zurückkommen *kannst*?«

Dazu konnte ich nichts sagen. Ich machte den Versuch, sie zu umarmen, aber sie entwand sich mir und lief in die Diele hinein.

Ich wäre am liebsten zusammengebrochen und hätte wie ein kleines Kind geheult.

Doktor Cowan fuhr mich zum Flugplatz und wartete mit mir, bis mein Flug ausgerufen wurde; und dann war ich an Bord des Flugzeuges und starrte durch das Fenster auf ihn hinab und fragte mich, ob ich ihn je wiedersehen würde. Ich war auf dem Weg, um das Jahr wiederzufinden, das aus meinem Leben geschnitten worden war – wenn es mein Leben war –, und ich hatte nur zwei Anhaltspunkte.

Roland hatte, als er ins Krankenhaus gekommen war, gewußt, daß ich Barry hieß.

Und in meiner Hosentasche trug ich den Bronzedrachen.

5. Kapitel

Während des größten Teil des Fluges verbrachte ich die Zeit damit, die übrigen Passagiere heimlich zu beobachten. Soviel war geschehen, und ich erwartete beinahe mit Gewißheit, daß noch mehr passieren würde. Noch sah ich niemanden, den schon einmal gesehen zu haben ich sicher war; kein andeutungsweise vertrautes Gesicht, das ich etwa mit meinen geheimnisvollen Erinnerungen hätte in Verbindung bringen können; auch keinen kleinen Mann wie den, der meinen Mantel gestohlen hatte; und gewiß kein *Ding* von der Art, wie jenes, das beinahe durch mein Fenster gelangt wäre. Doktor Cowan war überzeugt gewesen, daß es sich um einen Alptraum gehandelt hatte, aber ich war mir dessen nicht so sicher. Er hatte auch gesagt, daß Nachtmahre keine Gewehre trügen. Aber das bezweifelte ich ebenfalls.

Der Flug von San Francisco nach Dallas nahm drei Stunden in Anspruch. Das Flugzeug setzte im dortigen Flughafen auf, und ich wurde für den Weiterflug nach Abilene, das abseits der Hauptluftroute lag, auf ein kleineres Flugzeug gewiesen; die Abfertigung war rasch und unpersönlich. Das war es, sagte ich mir; falls es mir nicht vor der Ankunft gelänge zu entscheiden, was ich dort tun wollte, würde ich keinerlei Aussicht auf Erfolg haben.

Es war Mitte Oktober, aber als ich aus dem Flugzeug auf den

Flugplatz hinaustrat, schlug mir eine Woge sengender Hitze und gluttrockener Luft entgegen. Das Flugfeld war nichts als eine ebene weiße Sandfläche, mit einigen wenigen sorgsam rings um das Passagierterminal gepflanzten Bäumen, die in der Hitze um Luft zu ringen schienen. Ich nahm den leichten Koffer auf und wischte mir mit der freien Hand über die Stirn.

Die Taxis, die vor dem Terminal aufgereiht waren, verlangten sozusagen eine sofortige Entscheidung von mir. Ich wußte keinen Ort, zu dem ich hätte aufbrechen können, also konnte ich eigentlich nur dahin fahren, wo meine Erinnerung wieder eingesetzt hatte. Ich stieg in ein Taxi und verlangte, zum Hendrick-Hospital gefahren zu werden.

Der Empfangsraum des Krankenhauses war wenigstens kühl, und nachdem ich das Mädchen am Schalter davon überzeugt hatte, daß ich mich nicht als Patient eintragen wollte, erklärte sie sich bereit, den Doktor ausrufen zu lassen und ihn zu fragen, ob er frei war, mir ein paar Minuten zu widmen. Nach einem Gespräch über das Schaltpult informierte sie mich dahingehend, daß ich Doktor Bannon in seinem Büro sprechen könne, wenn ich eine Stunde wartete.

Es war drei vorbei, als mir die Empfangsdame mitteilte, ich könne jetzt in Doktor Bannons Büro gehen. Er erhob sich, als ich eintrat, und streckte die Hand aus.

»Hallo, Barry. Was hat Sie schon wieder in diesen Teil der Welt verschlagen? Ich dachte, Sie hätten für eine Weile genug von Texas.« Er nötigte mich, auf dem Stuhl Platz zu nehmen und fuhr jovial fort: »Was kann ich für Sie tun? Haben Sie Ihr Gedächtnis schon wiedererlangt?«

Ich war wirklich froh, daß er nicht auf eine Antwort auf den ersten Teil seiner Fragen wartete, denn ich konnte nur auf den letzten Teil antworten. »Nur Teile und Bruchstücke, und was mir einfiel, ist nicht sehr... glaubwürdig.«

»Haben Sie sich an die Ursache des Unfalls erinnert?«

»Nein.«

Bannon lehnte sich zurück, entzündete sich eine Zigarette und bot mir ebenfalls eine an. Dann sagte er: »Vermutlich wird es Ihnen nie mehr einfallen, wie ich Ihnen versichern kann. Diese Art Kopfverletzungen... Ich will versuchen, es nicht allzu fachtechnisch auszudrücken. Wir Ärzte wissen nicht sehr viel über die Mechanismen der Amnesie. Aber eines ist nach allgemeiner Beobachtung die Regel, selbst wenn das Gedächtnis wiederhergestellt ist: die Erinnerung an die Zeit unmittelbar vor und nach der Verletzung scheint komplett gelöscht zu sein. Möglicherweise handelt es sich um eine Verletzung der Hirnzellen, in denen eben diese Erinnerung gespeichert war, so daß sämtliche Speicher in diesem Areal unwiderruflich gelöscht sind, nicht nur die Erinnerung an den Unfall selbst. Wenn Sie die Erinnerungen bis zu einem Zeitpunkt von... sagen wir zweiundsiebzig Stunden vor Ihrer Einlieferung in dieses Krankenhaus wiedergewinnen, würde ich an Ihrer Stelle nicht mehr erwarten.«

Ich hätte mich damit zufrieden gegeben. Am wichtigsten war mir zu erfahren, was ich in den achtzehn Monaten getan hatte, die ich aus meinem Leben verloren hatte. Eine derart kurze Zeitspanne wie zweiundsiebzig Stunden würde mich nicht weiter stören.

»Ich gebe zu, daß ich trotzdem gehofft habe, Sie hätten mir mehr erzählen können. Ich war ziemlich neugierig zu erfahren, wie Sie zu diesen Brandwunden gekommen sind.«

»So geht es mir ebenfalls. Und so geht es allen, die sie gesehen haben«, sagte ich. »Doktor, gibt es irgendwelche Atomkraftwerke oder Strahlungslabors in diesem Teil des Landes?«

Er starrte mich verblüfft an. »Wie habe ich nur daran nicht denken können«, sagte er mehr zu sich selbst. »Es ist mir nie eingefallen, daß die Verbrennungen durch Strahlung oder Radioaktivität hervorgerufen sein könnten. Hat man das nachgeprüft?«

»Ich weiß es nicht, aber man ist mit dem Geigerzähler darübergegangen. Aber wie hätte ich an so etwas kommen können?« fragte ich, und sein Gesicht legte sich in angestrengte Denkfalten.

Endlich sagte er: »Ich habe keine Ahnung. Es existieren Luftbasen hier, die den strengsten Sicherheitsbestimmungen unterliegen; in ihnen könnte etwas Derartiges vorgehen. Aber verlangen Sie nicht von mir zu glauben, daß Sie in eine Basis der Luftwaffe gelangt sind, zumindest in den Teil, in dem Sie sich Strahlungsverbrennungen hätten zuziehen können; man hat Sie hier auf den Straßen von Abilene überfallen und zusammengeschlagen. Das ist nicht der Stil, in dem unsere Luftwaffe vorgeht. Wenn es so gewesen wäre, befänden Sie sich vermutlich noch immer in einem Militärkrankenhaus.«

Das ergab natürlich einen Sinn. Aber der Fehler in diesen Überlegungen bestand darin, daß sie keine Alternative ließen außer Wins grünen Männchen und ihrer fliegenden Untertasse. Ich teilte ihm das mit, und er gluckste vor Lachen.

»Ich muß zugeben, das erklärt die Sache besser, als alle bisherigen Theorien. Bis auf die Annahme, daß Sie in eine Arztpraxis eingebrochen sind und dort mit dem Röntgenapparat herumgespielt haben und daß der Arzt aus einem unbekannten Grund darauf verzichtet hat, die Polizei zu rufen.« Er schob in unübersehbarer Einleitung meiner Entlassung seinen Stuhl zurück. »Nun, Barry, ich bin froh, daß Sie es – was es auch immer gewesen sein mag – so gut überstanden haben. Lassen Sie mich wissen, wie Sie sich weiterhin machen.«

»Bitte gedulden Sie sich noch«, bat ich, und er sah mich plötzlich wieder freundlich an.

»Beschäftigt Sie diese Angelegenheit noch immer so stark?« fragte er nach. »Ich verabscheue es, einem offensichtlich gesunden Teenager etwas Derartiges vorzuschlagen, aber Ihr Vater hat gefragt, ob er Sie zu einem Psychiater mitnehmen sollte; ich habe erwidert, daß ich es nicht für nötig hielt; aber wenn Sie sich in einem derartigen Zustand befinden...«

»Es ist kein Psychiater, den ich brauche«, erwiderte ich heftig, und unvermittelt brach es aus mir heraus. »Es war übel genug, als ich glaubte, geistig zusammenzubrechen. Ich dachte aber, wenn ich dessen nur sicher sein könnte, wäre es schon in Ordnung! Aber es ist real genug, um selbst meine Familie in Schrecken zu versetzen. Ich muß erfahren, was tatsächlich geschehen ist! Nein, schauen Sie mich nicht so an, ich leide nicht unter Verfolgungswahn!«

Von meinen Worten gebannt, blieb er still sitzen, während ich ihm die ganze Geschichte erzählte; vom Verlust und dem Wiederauftauchen meines Mantels, von den Telefonanrufen, von der Hausdurchsuchung, vom Gewehrschuß durchs Fenster. Ich unterließ es, die Alpträume zu erwähnen oder das *Ding*, das durch den Garten geschlichen und gekrochen war. Es reichte, daß ich von den handfesten Ereignissen berichtete.

»Also haben Sie beschlossen, Detektivarbeit zu leisten«, sagte er nachdenklich. »Haben Sie es der Polizei erzählt?«

Ich schüttelte den Kopf. »Was hätte ich denn unternehmen können? Ich unterstelle, daß sie bereits untersucht hat, was mit mir geschehen ist.«

Er nickte bedächtig. »Aber ich weiß nicht, was ich dabei tun kann, Barry. Ich habe Sie noch nie gesehen, bis Sie hier bewußtlos eingeliefert wurden.«

»Bis *wer* mich eingeliefert hat? Wo hat er mich gefunden, und wie? Und was genau waren meine Verletzungen?« fragte ich eifrig. »Hat es ausgesehen, als wäre ich zusammengeschlagen worden?«

Er überlegte kurz. »Nicht direkt«, sagte er schließlich. »Nicht im gewöhnlichen Sinn des Wortes. Es war eher, als hätte man Sie niedergeknüppelt, oder als wären Sie mit dem Kopf unter etwas wie einen umfallenden Telefonmast geraten. Sie hatten einen schwach ausgeprägten Schädelbruch, wie Sie wissen. Und da ist noch etwas, das Sie bedenken sollten«, fügte er hinzu. »Ich bezweifle das, was Sie gesagt haben, nicht unbedingt. Aber solche Verletzungen verursachen zuweilen rückwirkende und ziemlich hartnäckige Halluzinationen.«

Ich verspürte leichten Ärger. »Fragen Sie meine Mutter, ob damals eine Halluzination unser Haus auf den Kopf gestellt hat. Ich bezweifle, ob selbst eine ganze Rotte Poltergeister etwas *Derartiges* hätte vollbringen können!«

Er nickte. Aber ich konnte erkennen, wie er sich geistige Notizen machte. »Ihre Eltern wissen, daß Sie hier sind?«

Ich bejahte es und war sicher, daß er es nachprüfen würde. Nun, ich bedauerte es nicht, wenn ich bedachte, was er dabei herausfinden würde. Dennoch stellte ich noch eine weitere Frage.

»War es die Polizei, die mich gefunden hat? Vermuten Sie, daß die etwas weiß?«

»Ich glaube nicht, daß sie viel weiß«, sagte er, »aber es gibt sicher einen Bericht über den Vorfall. Sie könnten hingehen und sich erkundigen, wenn Sie wollen.«

Er stand zum zweitenmal auf, und obwohl mir noch weitere Fragen auf der Zunge lagen, dachte ich daran, daß er ein beschäftigter Mann und ich nicht einmal sein Patient war. Er schüttelte mir nochmals die Hand und schärfte mir ein, ihn wissen zu lassen, welche Fortschritte ich machte; aber ich war so erschüttert von seiner Idee zurückwirkender Halluzinationen, daß es mir nur eine nicht ernst gemeinte Erklärung zu sein schien, mit der er ein Kind oder einen Mondsüchtigen abspeisen mochte.

Als ich wieder auf die Straße hinaus in den Hochofen der Nachmittagssonne trat, bemerkte ich, daß die Eingangshalle des Krankenhauses mit weißuniformierten Krankenschwestern gefüllt war. Ein Blick auf meine Uhr zeigte mir, daß es vier Uhr war. Die Schwestern hatten jetzt Schichtwechsel, und es war leicht möglich, daß ich den bewußten Rotschopf sah, nach dem ich Ausschau hielt. Die Menge der Schwestern lichtete sich, und ich war schon im Begriff, mich abzuwenden, als ich an der Ecke des Gebäudes ein schlankes, rothaariges Mädchen erblickte, das auf einen Parkplatz zusteuerte. Sie war eben im Begriff, in einen Wagen zu steigen; ich lief auf sie zu.

»Lisa! Lisa Bernard!«

Sie drehte sich um, ihr Gesicht war leicht erschrocken; offensichtlich erkannte sie mich nicht. »Wünschen Sie etwas von mir?«

»Sie erinnern sich nicht an mich«, sagte ich. »Aber ich kann mich gut an Sie erinnern. Sie waren der erste Eindruck, an den ich mich erinnern kann!«

Plötzlich wurde der Ausdruck ihrer Augen im Wiedererkennen vor Freude warm. »Natürlich! Der Amnesie-Fall«, sagte sie. »Ich habe nie Ihren Namen erfahren, obwohl ich auf Ihrer Karte gelesen habe, daß Ihr Vater gekommen ist und Sie aus dem Land geschleppt hat. Was tun Sie hier?«

»Das ist eine lange Geschichte«, sagte ich. »Aber mein Name ist Barry. Dessen bin ich mir zumindest sicher.«

»Es ist so heiß hier.« Sie sah mich besorgt an. »Möchten Sie nicht in meinen Wagen kommen? Er ist *air-conditioned*; also, er gehört meinem Vater; er gestattet mir, damit zur Arbeit zu fahren.« Sie öffnete die Tür, legte einen Schalter um, und sogleich begann himmlisch kühle Luft um die Sitze zu streichen.

Ich stieg dankbar ein. »Es ist, als wäre man auf dem Mond oder Mars«, sagte ich. »Man verbringt die Zeit damit, durch nahezu unbewohnbares Terrain von Oase zu Oase zu rasen. Die Menschen in Texas brauchen wirklich Raumhäfen.«

Sie lachte unbeschwert. »Es ist ziemlich unwirtlich, außer für menschliche Salamander, stimmt's? Vielleicht sollten die Menschen Texas verlassen und es den Hornkröten überlassen. Aber erzählen Sie mir doch, Barry, was Sie hier machen.«

»Im Augenblick versuche ich herauszufinden, was geschehen ist«, erwiderte ich und erzählte ihr von Doktor Bannon. Sie hörte mir mit warmer Sympathie zu.

»Mir fällt nichts ein, was Sie sonst hätten tun können, als hierher zu kommen«, sagte sie. »Ich hätte es auch nicht ausgehalten, nichts zu wissen. Werden Sie zur Polizei gehen? Dann lassen Sie mich Sie zur Wache fahren.«

Ich machte Einwände, aber sie redete mir zu. »Hier sind die Busverbindungen unglaublich schlecht; man erwartet, daß jedermann, der zählt, einen Wagen zur Verfügung hat, und man akzeptiert sonst niemanden.«

Während der Fahrt lehnte ich mich zurück und entspannte mich. Es war gut, bei jemandem Vertrauten zu sein, der meine Ängste ernst nahm, anstatt mich für einen halluzinierenden Idioten zu halten, dessen Vermutungen in die unmöglichsten Richtungen gingen.

Die Polizisten waren höflich, obwohl ich ihnen weniger erzählte, als ich Doktor Bannon gesagt hatte; nur, daß ich dabei war zu versuchen, meine Tätigkeiten vor der Amnesie zurückzuverfolgen. Alles, was sie mir sagen konnten, stand in meiner Akte, und der Sergeant im Bürodienst brachte und zeigte sie mir.

»Weiß, männlich, Amerikaner, bewußtlos auf der Straße Ecke Vierter und Oak liegend aufgefunden, ins Hendrick-Hospital gebracht, behandelt wegen Schockzustand, Gehirnerschütterung und Verbrennungen.« Sie hatten auch eine Aufzeichnung des Bulletins, das über Polizeifunk ausgestrahlt wird und alle vermißten Soldaten und Jugendlichen betrifft.

»Das führt Sie nicht viel weiter«, kommentierte Lisa, als wir die Polizeiwache verließen. »Mit einem Wort, es ist dasselbe, was sie uns im Krankenhaus erzählt haben. Reine Zeitverschwendung.«

»Nicht ganz.« Ich lächelte sie an und verstummte; es wäre zu schwer gewesen, ihr zu sagen, wie sehr mir ihr Mitgefühl geholfen hatte. Sie nahm meine Hand und drückte sie sanft, dann errötete sie leicht und ließ meine Hand wieder los.

»Was werden Sie jetzt tun, Barry? Es sieht ganz so aus, als wären Sie keinen Schritt weitergekommen.«

Ich dachte eine Weile nach. »Ich vermute, daß ich Kontakt mit Roland aufnehmen sollte«, sagte ich bedächtig. »Ich habe im Hospital seine Anschrift erhalten.«

»Es könnte eine falsche Adresse gewesen sein. Wenn er auf eine Gaunerei aus war, kann ich mir nicht vorstellen, daß er seine wirkliche Adresse preisgegeben hat«, sagte Lisa. »Aber wir können es immerhin versuchen.«

»Wir?«

»Ja. Ich zähle mich mit, Barry.«

Ich war nicht sicher, ob ich einverstanden war. Wenn sie anfangen würden, mit Gewehren in der Gegend herumzuschießen, würde die Party für ein Mädchen zu rauh werden. Sie schien meine Gedanken zu erraten.

»Schließlich haben Doktor Bannon und ich eine Menge Arbeit mit Ihnen gehabt, Barry. Weshalb sollte das alles umsonst gewesen sein?«

»Auf jeden Fall«, sagte ich nach einem Blick auf die Uhr, »kann ich heute abend nicht mehr allzuviel unternehmen. Ich weiß nicht einmal, wo ich bleiben soll. Ich muß ein Hotel finden, meine Eltern anrufen und eine Art Plan ausarbeiten, wie ich mich diesem Roland nähere. Ich kann nicht einfach zu ihm hinmarschieren und fragen, warum er mein nichtexistentes Glück in seine warmen kleinen Hände nehmen möchte, oder was immer. Kennen Sie ein gutes Hotel?«

»Es gibt nicht viele Hotels«, sagte Lisa, »aber dafür eine Menge Motels, und da können Sie ohnehin viel freier ein- und ausgehen, ohne immer durch den Empfang gehen zu müssen. Ich schlage vor, ich fahre Sie in eins, und Sie tragen sich ein. Danach können wir, falls Sie möchten, irgendwohin gehen, um etwas zu essen zu bekommen, und beraten, was wir in bezug auf Ihren Freund Roland unternehmen.«

»Fein«, erwiderte ich, »sofern das Motel air-conditioned ist. Meiner Meinung nach sollten die Menschen hier in Texas unter Kuppeln leben!«

Sie lachte. »Das hört sich wie eine gute Idee an«, sagte sie. »Kommen Sie, im Süden der Stadt ist ein gutes und nicht teures Motel.«

Wir kamen in ein Motel, das kühl und komfortabel war; später aßen Lisa und ich ein Steak in einem Lokal, das sie als gut empfohlen hatte. Es stimmte. Das ist auch ein Aspekt von

Texas; da es sich direkt im Herzen des Rindfleischlandes befindet, sind die Steaks dort unübertrefflich.

Ich blieb vor einem Zeitungsstand neben dem Eingang zum Steak House stehen, nachdem wir es verlassen hatten. »Ich möchte mir etwas zu lesen aussuchen«, sagte ich. »Falls ich nicht beschließe, heute nacht etwas zu unternehmen, möchte ich nicht darauf angewiesen sein, die Gideon-Bibel zu lesen oder mir einen zwanzig Jahre alten Film im Fernsehen anzusehen.«

»Hier ist genau das richtige für Sie«, sagte Lisa lachend. »Eine Story über einen Mann, der sechs Monate verschwunden war, wieder auftauchte und jedermann erzählte, daß er auf einer fliegenden Untertasse die Venus umflogen hätte... Oh, mein Gott!«

Das grellbunte Taschenbuch fiel zu Boden. Ich wandte mich um, starrte sie an und sah die Zeitungsschlagzeile, die ihren Blick gefangen hatte:

CHIRURG AUS ABILENE ÜBERFAHREN – FAHRER FLÜCHTIG

»Ist es jemand, den Sie kennen, Lisa?« Ich beugte mich über ihre Schulter und sog vor Entsetzen scharf die Luft ein als meine Augen rasch über den Text liefen.

Doktor Robert Bannon, der leitende Chirurg am Hendrick Hospital, wurde überfahren und getötet, als er am heutigen Nachmittag gegen 4 aus seinem Privatbüro kommend die Straße vor dem Hospital überquerte. Wie die Zeugen übereinstimmend erklärten, überquerte der Fahrer des Wagens zwei Fahrspuren, fuhr zehn Fuß weit auf den Bürgersteig und überfuhr den Arzt in voller Absicht, dann drehte er ab und fuhr davon, bevor die vor Schrecken erstarrten Augenzeugen zu Hilfe eilen konnten...

»Es war kein Unfall«, sagte Lisa keuchend. »Es war Mord! Vorsätzlicher Mord! Aber wer auf Erden konnte wünschen...« Ihre Stimme brach beinah. »Barry, er war so ein *anständiger* Mann...«

Ich konnte es ihr nachfühlen. Er war immer gleichbleibend freundlich gewesen. Ihm hatte ich es zu verdanken, daß ich nicht dem scheinbar sanften und mitleidigen Roland-Typ überantwortet worden war. Und von ihm hatte ich die erste Berührung mit wirklich menschlicher Freundlichkeit erfahren, als ich aus dem Nirgendwo der Bewußtlosigkeit erwacht war. Ich kam mir beinah vor, als hätte ich erfahren, daß Doktor Cowan getötet worden wäre.

Ich bezahlte die Zeitung, vergaß mein Buch und brachte Lisa schnell fort. Ich ballte die Fäuste und sagte durch die zusammengepreßten Zähne: »Wenn diese Leute, die mich immer herumjagen, wer sie auch sein mögen... wenn sie für diese Tat verantwortlich sind, dann, das schwöre ich, werde ich sie deswegen zur Rechenschaft ziehen, und wenn ich mein ganzes Leben dafür brauche!«

Lisa wischte sich mit einem Tuch über die Augen und hörte tapfer zu weinen auf. »Wir müssen vernünftig vorgehen, Barry. Woher wissen wir denn, daß diese Sache etwas mit Ihnen zu tun hat?«

»Was sonst könnte es sein?« verlangte ich zu wissen. »Hat Doktor Bannon denn Feinde gehabt? Gehörte er zu der Sorte Menschen, die von Gangstern überfahren werden? Gibt es denn überhaupt so viele Gangster in einem solchen Nest wie diesem? Ich hielt ihn für die Art Mensch, die jedermann respektiert und liebt. Ist es denn überhaupt vorstellbar, daß er in *zwei* verrückte Melodramen dieser Art hineingezogen wurde?«

»Da ist etwas daran«, gab Lisa zu und drückte so fest meine Hand, daß es weh tat. »Barry, ich habe jetzt Angst! Wenn sie Doktor Bannon nun umgebracht haben, weil Sie mit ihm gesprochen haben, was werden sie dann erst tun, wenn *Sie* ihnen in die Hände fallen?«

Ich machte mir keine Sorgen um mich. Sie hätten mich zu jeder beliebigen Zeit aufgreifen können. Ich sagte es ihr. »Aber ich scheine den Kuß des Todes zu bringen... Entschuldigen Sie, das ist nur so eine Redensart, ich hatte vergessen, wie es klingt. Ich mache mir mehr Sorgen um das, was sie mit *Ihnen* anstellen könnten, Lisa. Ich möchte, daß Sie nach Hause fahren, alle Ihre Türen schließen und vergessen, daß ich je existiert habe! Das ist die einzige Möglichkeit für Sie, sicher zu sein!«

Ihre Augen sprühten vor Zorn.

»Für wen halten Sie mich? Ich lasse meine Freunde nicht auf

diese Art im Stich! Außerdem«, fügte sie hinzu, während ich unzusammenhängende Einwände hervorbrachte, »wenn sie eine kleine Liste angefertigt haben, bin ich da schon ganz oben drauf. Ich habe den ganzen Nachmittag mit Ihnen verbracht. Wenn ich jetzt also nach Hause fahre, können sie mich um so leichter aufgreifen.«

Das war so logisch, daß ich kaum wußte, was ich sagen sollte. Gleichzeitig brannte ich auf *action*, und ich konnte nicht viel unternehmen, wenn ich Lisa mit mir schleppen und sie beschützen mußte. Ich hatte ohnehin keine kugelsicheren Westen zur Hand.

»Ich glaube noch immer, daß Sie verrückt sind«, vertraute ich ihr an, »aber wenn Sie wirklich dabeisein wollen, werde ich Ihnen meine beste Show liefern. Nur habe ich nicht die leiseste Idee, was ich als nächstes tun soll.«

Sie sagte: »Vielleicht trauen sie sich nicht, etwas zu unternehmen, wenn ich dabei bin. Ich wäre eine Zeugin.«

Sie hatten sich nicht davon abhalten lassen, Doktor Bannon vor einem ganzen Bürgersteig voller Zeugen zu überfahren, dachte ich; aber ich sagte es nicht. Ich steckte unschlüssig die Hand in die Hosentasche, und meine Finger umklammerten den Bronzedrachen.

Er konnte es sein, hinter dem sie her waren. Sie – wer diese *sie* auch sein mochten – wußten möglicherweise nicht, daß mein Gedächtnis nicht zurückgekehrt war. Wenn sie Doktor Bannon getötet hatten, nachdem ich mit ihm gesprochen hatte, mußten sie sich vor etwas gefürchtet haben, was ich ihm hätte erzählen oder überreichen können. Und was sonst hatte ich denn schon?

»Ich denke, daß ich zurück zum Motel möchte«, sagte ich. »Ich werde das Licht ausmachen und im Dunkeln sitzen, und vielleicht wird jemand etwas versuchen. Sie besitzen nicht zufällig ein Gewehr, oder?«

Sie hatte keines. »Ich habe nichts Tödlicheres als einen Golfschläger. Ich habe Angst. Aber ich werde dort mit Ihnen sitzen. Sie bemühen sich sehr, die Ereignisse wie Zufälle aussehen zu lassen; mag sein, daß sie nichts versuchen, was wir nicht zwischen uns regeln können.«

Ich fühlte mich seltsam bedrängt, als Lisa mit mir ins Motelzimmer kam, ihre hochhackigen Schuhe auszog, und sagte, so könne sie besser im Dunkeln gehen. Bevor wir das Licht ausmachten, zeigte ich ihr den kleinen Bronzedrachen.

»Sie müssen hinter ihm her sein«, sagte ich, »obwohl er überhaupt nichts wert zu sein scheint und ich mir nicht vorstellen kann, was sie damit anfangen wollen.«

Lisa sagte: »Es könnte ein Abzeichen sein, oder eine Art geheimes Symbol einer geheimen Gesellschaft. Wie die Schwarze Hand.«

»Das hört sich nach Doktor Fu Man Chu an«, sagte ich, weil ich schon an etwas Derartiges gedacht und es als zu abwegig verworfen hatte.

»Diese ganze Angelegenheit klingt nach Doktor Fu Man Chu«, sagte sie. »Denken Sie an die alte Regel: Eliminiere das Unmögliche – und wenn nichts übrigbleibt, muß ein Teil des Unmöglichen die Lösung darstellen. Es scheint hier keine vernünftige Erklärung zu geben, also ist die Erklärung, wie sie auch aussehen mag, wahrscheinlich verwegener, als wir es uns vorstellen können.«

Still für mich sagte ich ›Amen‹. Ich hatte mir bereits den Kopf damit zerbrochen, mögliche und eine Reihe unmöglicher Erklärungsversuche zu finden, und keine von ihnen ergab mehr Sinn als Wins kleine grüne Männchen. Ich würde abwarten und es selbst erleben müssen.

Aber ich hätte mir nie träumen lassen, wie nahe die Lösung lag.

Auf mein Drängen hin streckte sich Lisa auf dem Bett aus, und ich rollte mich in dem Lehnsessel auf einem der Kissen zusammen, das sie mir trotz meines Protestes überlassen hatte. Ich streckte den Arm aus und löschte das Licht.

Das seltsame, unheimliche Fortschreiten der lautlosen Stunden in dieser Nacht wird mir wohl immer im Gedächtnis bleiben. Wir redeten nicht viel, und die Zeit kroch vorüber, ohne jeden Laut mit Ausnahme des leisen Tickens meiner Uhr. Jede halbe Stunde sprach ich sie an, wie vorher vereinbart, damit wir sicher waren, daß keiner von uns eingeschlafen war.

Ich erinnere mich daran, daß die Leuchtanzeige meiner Armbanduhr null Uhr kündete, null Uhr dreißig; und ich glaube, ich bin ein wenig eingeschlafen, als ich Lisas sanfte Stimme sagen hörte: »Es ist ein Uhr.«

»So weit, so gut«, sagte ich flüsternd. »Aber ich frage mich, ob schließlich überhaupt etwas passiert. Ich werde mir wie ein Narr vorkommen, wenn die Sonne aufgeht, und nichts ist geschehen, außer daß wir den Schlaf einer Nacht versäumt haben.«

»Oh, aber es hat einen guten Grund... Psst!« wisperte Lisa, »ich höre draußen etwas!«

»Jemand wird aus der Spätvorstellung eines Kinos kommen«, flüsterte ich; aber ich strengte die Ohren mächtig an, um das schwache Geräusch mitzubekommen; waren es Schritte? Ich hörte leise die Bettfedern knarren, als Lisa sich aufsetzte und vorsichtig nach ihren Schuhen tastete.

Ich lauschte atemlos. Wenn es Schritte gewesen waren, hatten sie sich entfernt und uns keinen Harm getan. Aber ich konnte keine Ruhe finden, obwohl Lisa wieder aufs Bett sank.

Die Minuten quälten sich dahin. Da gab es plötzlich ein schwaches, beinah unhörbares Geräusch hinter uns. Langsam, ganz allmählich bewegte sich das Rechteck des Fensters, und es ging einen Spaltweit auf. Ich stürzte zum Fenster und griff blindlings zu.

»Laß mich los, du Dummkopf«, sagte eine tiefe, wütende Stimme. »Laß mich ein! Ich vermute, daß ein Wandler in der Nähe ist, und wenn er Wind von uns kriegt... Barry, du Idiot, kennst du mich denn nicht?«

Ich zögerte unsicher. Es schien mir etwas Vertrautes in der Stimme zu sein; auf jeden Fall klang sie nicht drohend; es war nicht Rolands Stimme, aber – war es vielleicht eine Falle?

»Mach das Licht an, Lisa!«

»Nein!« protestierte die Person in meinen Händen und wand sich heftig in meinem Griff. »Macht kein Licht an! Verdammt, hast du den Verstand verloren. Erst verschwindest du, keiner weiß wohin, nimmst den Schlüssel mit dir, und jetzt ziehst du auch noch ein Mädchen in die Sache hinein! Wenn du dich als gut aus der Sache herausgekommen betrachtet hast, warum im Namen der Großen Ewigkeit konntest du dann nicht draußen *bleiben*? Wir wären schon mit dir in Kontakt getreten, wenn wir selbst eine ruhigere Zeit gehabt hätten, aber jetzt, wenn du Outsider hineingezogen hast...«

Ich wußte nicht, was ich von diesen Worten halten sollte. Ich griff über Lisa hinweg und tastete nach dem Licht, mein

Gefangener wand sich frei und umklammerte mein Handgelenk.

»Zum letztenmal, *nein*! Ich habe eine Taschenlampe, wenn du sehen mußt!«

»Dann gib sie her!« Ich nahm sie aus seiner Hand entgegen, suchte in der Finsternis nach dem Schalter und leuchtete ihm ins Gesicht.

Ich kannte es. Es war das Gesicht eines blonden Jungen etwa in meinem Alter. Er trug einen braunen Coverall wie den, den ich getragen hatte, und sein Gesicht war verzerrt und ärgerlich.

»Barry, was ist in dich gefahren? Bist du von Sinnen? Und da du jetzt weißt, daß ich es bin, kannst du das verdammte Licht wieder ausmachen?«

Noch immer verwirrt, knipste ich es aus. In der plötzlich totalen Dunkelheit hörte ich mich selbst sagen: »Ich kenne dich. Aber wer bist du?«

Ich hörte, wie der Ankömmling tief einatmete. Dann sagte er bedächtig: »Das erklärt die Sache natürlich. Sie haben dich auf den Kopf geschlagen. Du hast dein Gedächtnis verloren. Du kannst dich an... nichts erinnern?«

Ich sagte: »Ich erinnere mich an... wenig. An merkwürdige Dinge.«

»Ich habe keine Zeit, dir alles zu erklären. Wie ich dir schon sagte, ist ein Wandler in der Nähe; möglicherweise sind es auch zwei. Barry, hast du den Schlüssel? Vater hatte Angst, daß sie ihn fangen und ihn ihm abnehmen könnten; er war sicher, daß sie nie an dich denken würden, also, sagte er mir, hat er ihn in die Tasche deiner Uniform gesteckt. Ich nahm deine Spur auf...« Er brach ab, sog scharf die Luft ein und schrie auf; es war ein unartikulierter Warnschrei.

Ein blauer Schimmer erglühte im Fenster. Ich ergriff Lisa und warf mich mit ihr zu Boden. Dann legte ich ohne Nachdenken den Arm über die Augen und versuchte, mich durch den Boden zu graben. Ich hörte den blonden Jungen schreien.

Dann schlug etwas gegen meinen Hinterkopf; ich hörte mich selbst brüllen: »Nein, Rellin!«

Ich fiel in Dunkelheit, aber während ich fiel, entflammte in meinem Kopf etwas wie explodierendes Licht.

Und ich *erinnerte mich*...

TEIL II

6. Kapitel

Ich hatte mir in jenem Winter angewöhnt gehabt, jeden Abend zu Fuß nach Hause zu gehen. Von der High School ins Zentrum Berkeleys hinab und nach Berkeley Hills zu unserem Haus waren es ungefähr zwei Meilen, der größte Teil bergauf, und es war eine hervorragende Methode, die Muskeln für Basketball kräftig zu halten. Die Basketball-Saison war damals vorüber gewesen, aber ich war zumindest in der Gesellschaft einiger Mädchen gewesen, und es hatte etwas zu tun gegeben. An jenem Abend hatte ich einige Sachen in der Bibliothek nachschlagen müssen; und als ich den Nachhauseweg angetreten hatte, war es schon dunkel gewesen. Ich hatte es nicht besonders eilig gehabt; das Abendessen wäre auf jeden Fall vorüber gewesen, wenn ich angekommen wäre, aber Nina stellte immer genug in den Kühlschrank. Ich war mit ausholenden und beschwingtem Schritt nach Hause aufgebrochem. Die Busse fuhren auf dieser Strecke nur alle vierzig Minuten, und ich sah keinen Anlaß, an der Ecke eine halbe Stunde lang herumzuhängen, wenn ich beinah ebenso schnell zu Fuß gehen konnte.

Als ich den Schrei hörte, wollte ich kaum meinen Ohren trauen. Berkeley ist – oder war jedenfalls damals – eine ruhige College-Stadt, die Sorte von Orten, an denen eine kleine alte Dame mit hundert Dollar in der Handtasche durch die Stadt gehen konnte, ohne daß sie jemand anfassen würde, außer, um ihr über die Straße zu helfen. Also dachte ich zuerst, der entsetzliche Schrei rühre von irgend jemandes Kater her, der trieb, was Kater allnächtlich zu treiben pflegen. Da erscholl der Schrei erneut, und diesmal hörte ich unmißverständlich menschliche Worte heraus.

»Hilfe! Hilfe!«

Ich brach in eine Art atemloses Ächzen aus und fing an zu laufen. Dieser Teil der Straße war ziemlich verlassen, eine kurze Strecke war mit Bäumen bestanden; nachdem der Schrei verklungen war, war es so still, daß ich das Laub rascheln und meine eigenen Füße rennen hören konnte.

Ich sah zwei Personen fortlaufen und machte mich auf, sie zu verfolgen, da wäre ich beinah über jemanden gestolpert, der auf dem Boden lag. Das Licht der Straßenlaterne beschien ein bleiches Gesicht, und ich konnte Blut sehen, und genau in diesem Augenblick erkannte ich, daß die Verbrecher alle Aussichten hatten zu entkommen; und dieser Bursche hier brauchte Hilfe mehr, als die Übeltäter die Polizei oder den Gefängniswagen benötigten.

Als ich mich neben ihn niederhockte, stellte ich fest, daß er noch ein Junge war; in meinem Alter oder vielleicht ein Jahr jünger. Ich hatte ihn jedoch noch nie in der Nähe der Schule gesehen. Er war barhäuptig und blond; an seinem Kopf war ein Schnitt, ein Ärmel seines Hemdes war aufgeschlitzt. Außerdem lag dort eine Menge Blut. Mir wird beim Anblick von Blut normalerweise nicht übel wie so vielen Leuten, aber mir wurde schlecht, als ich diesen Arm betrachtete. Ihm nach Art der Boy Scouts Erste Hilfe zu leisten, hätte mich bei weitem überfordert. Ich stand auf und machte mich daran, nach einer Polizei-Rufsäule zu suchen, als er mich mit schwacher Stimme zurückrief.

»Bitte...«

Rasch ging ich zurück und kniete neben ihm. »Nimm es nicht so schwer, Junge; du mußt nur still liegen bleiben. Ich muß die Cops rufen... Die Ambulanz. Du bist okay, aber sie werden deinen Arm schienen müssen.«

»Nein.« Er bemühte sich aufzustehen. Er schaffte es auch und setzte sich aufrecht, wobei er nur leicht schwankte. »Keine Polizei. Kein Krankenhaus. Ich bitte dich.«

In der Art, wie er die Worte aussprach, hörte ich einen leicht fremdländischen Akzent. Ich protestierte: »Schau mal, das ist ein übler Schnitt. Du hast beinahe den ganzen Bürgersteig vollgeblutet.«

»Ich komme schon zurecht. Ich danke dir, aber...« Er hielt inne und suchte offenbar nach den richtigen Worten. »Mein... mein Vater ist... es geht ihm nicht gut; und ein Krankenhaus würde ihm eine schädliche Angst einjagen. Ich muß nach Hause gehen.« Er führte die Hand an seinen Kopf und betrachtete dann den aufgeschlitzten Ärmel. »Das ist nicht... schlimm. Es ist nur eine blutende Wunde.«

Er griff in die Hosentasche, nahm einen zerknüllten Tuchfetzen heraus und preßte ihn auf den Schnitt. Ich reichte ihm mein eigenes Taschentuch, er bedankte sich, faltete es über die Ecken und versuchte, es sich um den Arm zu binden, aber er brachte es nicht ganz fertig. Ich band es für ihn, und als er versuchte, auf die Füße zu kommen, bot ich ihm meinen Arm. Sein Gesicht war so weiß wie das einer Leiche, aber er hatte genug Mumm für zwei; der Arm mußte ihm eine höllische Kraft verliehen haben.

»Schau«, sagte ich, »die Leute im Krankenhaus werden es deinem Vater schonend beibringen, oder sie verarzten dich in der Notaufnahme und schicken dich im Taxi nach Hause. Es wäre besser, wenn du deinen Kopf benutztest und mir erlaubtest, dir diese Ambulanz zu rufen.«

»Du meinst es gut«, sagte er widerborstig, »aber ich muß nach Hause gehen. Bitte, du darfst dir keine Sorgen machen; ich komme auch allein zurecht.«

Sogleich fing er an zu gehen, schwankte ein bißchen und fiel beinahe um, nahm sich zusammen und machte noch einen Versuch; er hielt sich an einem Baum fest und zog sich an ihm hoch.

Ich konnte es damals nicht wissen, aber das war Karsten, wie er leibte und lebte; störrisch wie sieben Teufel. Ich war darüber fassungslos – ich wollte nicht, daß mir der Bursche in den Armen starb –, aber zugleich konnte ich nicht umhin, ihn zu bewundern.

Ich half ihm auf und hielt ihn wieder in der Senkrechten. »Okay, wenn du darauf bestehst, derart dickköpfig zu sein«, sagte ich, »kann ich nur hoffen, daß dein Vater genug von Erster Hilfe versteht... oder daß er dich richtig verprügelt und trotzdem den Krankenwagen holt. Wo wohnst du? Laß uns gehen und hinterher streiten.«

Ich bekam heraus, daß sein Haus nur wenige Blocks entfernt war, aber es ging ausschließlich bergauf und über ein paar Abschnitte dieses merkwürdigen typischen Berkeley-Straßenbaus, der nicht für den Verkehr gedacht ist und nur einen Fußpfad darstellt mit steilen Strecken und Stufen an überraschenden Stellen. Der blonde Junge gab nicht auf, wurde aber weißer und weißer und stützte sich mit jedem Block schwerer auf mich. Als wir ankamen, konnte er nicht sprechen, sondern drückte mir einen Schlüssel in die Hand und gab mir durch Gesten zu verstehen, daß ich die Tür aufschließen und ihm hineinhelfen sollte.

Das Haus war klein und hatte nichts Ungewöhnliches an sich; es sah aus, als wäre es möbliert vermietet worden, denn die Möbel waren alt, abgenutzt und angeschlagen. Das Haus war mit dunklem Holz vertäfelt und wirkte uralt, wie viele Häuser oben in den Hills, und es war von einem weitläufigen, stark verwilderten Garten umgeben.

Der Junge sank in einen Sessel, und ich stand dort und fragte mich, was ich als nächstes tun sollte, als von der Treppe herab eine Stimme rief: »Bist du es, Karsten?«

Der Junge bemühte sich zu antworten, aber seine Stimme war schwach und kraftlos. Ich rief: »Es ist alles in Ordnung... es hat einen kleinen Unfall gegeben; nichts Ernstes.« Ich log wie gedruckt, aber falls der Vater ein schwaches Herz haben sollte, wollte ich dem vorbeugen, daß der Junge mich verantwortlich machte, falls der Alte stürbe.

Auf dem oberen Treppenabsatz gab es ein Geräusch, und ein Mann kam herab, langsam und mit vorsichtigen Schritten.

Er sah älter aus, als ich von dem Vater eines Jungen in Karstens Alter erwartet hätte, oder wenigstens kam es mir damals so vor. Sein Haar war schneeweiß und glatt, seine Augen waren blau, und sein Blick ruhte mißtrauisch auf mir. Dann ignorierte er mich und ging auf Karsten zu.

»Es tut mir leid, Vater«, sagte der Junge mit schwacher Stimme. »Ich hatte keine andere Möglichkeit, außer, ich wäre ins Krankenhaus gekommen. Ich weiß, was du davon hältst, daß ich einen Fremden mitgebracht habe...« Er verfiel in eine ausländische Sprache; es hätte Russisch oder Skandinavisch sein können. Oder vielleicht glaubte ich das auch nur, weil sie blond waren; denn nach dem wenigen, was ich kannte, hätte es ebensogut Sanskrit oder Tibetisch sein können.

Ich kam mir wie ein verdammter Narr vor, als ich dort stand. War das der ganze Dank dafür, daß ich den Burschen nach Hause geschleppt hatte? Ich sagte höflich: »Ich bitte um Entschuldigung, daß ich hier eingedrungen bin. Soll ich jetzt wieder gehen?«

Der Mann wandte sich mir zu, und der Ton seiner Rede war reuevoll bis vornehm: »Bitte, vergeben Sie mir. Ich hatte nicht die Absicht, unhöflich zu erscheinen. Sie haben meinem Sohn das Leben gerettet.« Er verbeugte sich. »Entschuldigen Sie mich; ich muß gehen und Medizin holen.«

Er verließ den Raum, und der blonde Junge streckte mir die Hand entgegen. Er sagte: »Sei nicht ärgerlich über meinen Vater, er hat sich Sorgen über mich gemacht, das ist alles. Geh nicht fort.«

Ich blieb. Es war eine verrückte Situation. Ob der Mann eine Art Botschafter war? Aber was für ein Botschafter mußte das sein, der keine Fremden mochte? Nun, ich nahm mir vor, mich nicht allzusehr von ihnen aus dem Konzept bringen zu lassen. Ich beschloß, mich zu entschuldigen und wieder zu verschwinden, sobald der Mann zurückkommen würde. Dieser Barmherzige-Samariter-Dienst hatte seine Grenzen.

Der weißhaarige Mann kam mit einer flachen Schachtel zurück. »Sie halten bitte das Licht dicht daran«, sagte er im Ton eines Mannes, der gewohnt ist, daß man ihm gehorcht, und reichte mir eine Verlängerungsschnur mit einer starken Lampe – wie eine Operationslampe – am Ende. Ich nahm sie entgegen und führte sie an die Verletzung. Der Mann öffnete das Kästchen, und ich sah, weshalb Karsten sich geweigert hatte, in ein Krankenhaus zu gehen; sein Vater war ganz offensichtlich ein Arzt. Ich hielt das Licht, während der weißhaarige Mann tupfte, nähte, sprayte und verband; und schließlich wies er mich an, die Lampe herunterzuhalten.

»Ich habe Ihnen noch nicht gedankt«, sagte er. »Ich nahm an, daß es vorrangig gewesen wäre, mich mit den Verletzungen meines Sohnes zu befassen. Ich stehe in Ihrer Schuld. Mein Name ist Varzil, und meinen Sohn kennen Sie ja schon. Sie sind...?«

»Mein Name ist Barry Cowan«, sagte ich, »ich konnte nichts tun; vielleicht, wenn ich fünf Minuten früher gekommen wäre, hätte das Unglück nicht geschehen können.«

»Und wenn Sie fünf Minuten später gekommen wären, hätte mein Sohn vielleicht nicht mehr unter den Lebenden geweilt«, antwortete er. »Mir fehlen die Worte, Ihnen angemessen zu danken.«

»Ich meine das ernst, es war nichts, was ich getan habe. Darf ich bitte meine Eltern anrufen? Sie befürchten sonst, daß ich es bin, der tot auf der Straße liegt«, sagte ich, als ich feststellte, daß es beinah elf Uhr in der Nacht war. Sie würden sich nicht wirklich sorgen, außer wenn ich über Mitternacht hinaus weggeblieben wäre, ohne angerufen zu haben, aber ich würde von

Nina eine Lektion über Höflichkeit erhalten und darüber, daß man Leuten nicht zur Last fällt, und ich verabscheute derartige Dinge.

»Ich bedaure aufrichtig«, sagte Varzil. »Wir haben keinen Telefonapparat. Aber es mißfällt mir zuzulassen, daß Sie sich allein auf die gefährlichen Straßen begeben.«

Ich lachte. »Oh, der Blitz schlägt nie zweimal in dieselbe Stelle ein; ich gehe immer allein. Aber ganz im Ernst. Sie sollten die Polizei rufen; diese Burschen, die Ihren Sohn mit dem Messer behandelt haben, könnten in nächster Zeit jemanden töten.«

»Ich werde es mir überlegen«, sagte Varzil förmlich. Ich fragte mich nebenbei, was für ein Name das sein mochte. »Meine Diener werden in einer halben Stunde zurücksein; sie werden Sie in einem Automobil nach Hause geleiten, falls Sie bis dahin warten können. Inzwischen – mein Sohn ist verletzt und muß seine Kräfte wiederherstellen – erwartet uns das Abendessen; wollen Sie uns dabei Gesellschaft leisten?«

»Bitte, tu es«, sagte der Junge. Er sah viel mitgenommener aus, jetzt, da seine Schnitte genäht und verbunden waren; er lächelte mich an. »Ich möchte dich so nicht gehen lassen. Schließlich hast du mir das Leben gerettet! Wie heißt du? Barry? Bitte, bleib, Barry!«

Ich brauchte nicht lange zu überlegen. Ich war hungrig. Ich konnte ohnehin nicht in weniger als einer halben Stunde bis nach Hause kommen. Falls ich nach Hause gefahren wurde, konnte ich ebensogut bleiben und zu Abend essen. Also sagte ich: »Danke, das würde mich freuen«, und setzte mich auf den Platz, den er mir zuwies; Varzil verschwand in der Küche und kehrte mit einem beladenen Tablett zurück.

Das Essen war gut, und es war nichts sehr Ungewöhnliches daran; ich vermutete, sie hätten einen japanischen Koch oder so etwas; denn es gab Dinge wie Bohnenquark und Nudeln, und das Essen war auf ziemlich merkwürdige Art gebunden; aber es war ausgezeichnet, und nichts davon war wirklich sonderbar. Karsten aß mit einer Hand, und sein Vater saß neben ihm und half ihm; und ich glaubte zu bemerken, daß er besorgt und ängstlich war, obwohl er sich bemühte, es zu verbergen.

Auch im Zimmer gab es nicht viel Merkwürdiges, außer einem Buch, das in meiner Nähe aufgeschlagen auf dem Tisch lag; ich sah eine Abbildung, die einen Spiralnebel wiederzugeben schien, und einen Text, der mir arabisch oder sanskrit vorkam.

Ich fragte: »Sind Sie Astronom, Sir?«

»Ja«, erwiderte Varzil. »Ich habe diese Aufnahme gemacht.«

»Wow!« Ich sah näher hin. Das Bild war offenbar durch ein riesiges Teleskop aufgenommen. »Sind Sie an der Universität von Berkeley, Sir?«

»Ich bedaure, nicht diese Ehre zu haben. Darf ich Ihnen noch etwas Wein einschenken?«

Ich hatte nicht einmal den angerührt, der vor mir stand, und Karsten lachte. »Ich habe es dir gesagt, Vater. Die Jungs hier trinken keinen Wein; warum gibst du ihm nicht etwas Milch?«

Er erwiderte freundlich: »Vielleicht solltest du ebenfalls keinen trinken, Karsten, bis wir sicher sein können, daß in deinen Wunden kein Fieber war, wir haben sowohl Milch als auch Fruchtsäfte.«

Er ging, um die Getränke zu holen, und Karsten sagte mit dem Mund voll Nudeln: »Als ich hierher kam, fand ich es merkwürdig, erwachsene Leute Milch trinken zu sehen. Es ist natürlich Kuhmilch; das macht die Sache glaubwürdiger.«

»Woher kommst du?« fragte ich.

Karsten warf rasche Blicke umher und sagte: »Vermutlich würdest du den Namen meines Landes nicht kennen; es ist von keiner besonderen Bedeutung für Amerika. Oh, da ist Vater; möchtest du Milch oder lieber etwas Fruchtsaft?«

Ich wählte den Fruchtsaft, der sich als ganz gewöhnlicher Ananassaft in einem Kännchen herausstellte. Ich blickte auf meine Uhr; es war nach zwölf. Karsten bekam meinen Blick mit und sagte ein wenig ängstlich: »Harret sollte längst zurück sein, Vater, was mag ihn aufhalten?«

»Ich glaubte, ihn im hinteren Teil des Hauses gehört zu haben, aber es muß jemand anderes gewesen sein«, erwiderte Varzil. »Ich werde gehen und nachsehen. Er könnte direkt in sein Zimmer gegangen sein, weil er nicht geglaubt hat, daß wir ihn zu dieser Zeit noch benötigen. Ich werde...«

Er brach ab und fuhr mit einer wortreichen Erklärung in einer anderen Sprache fort. Dann wirbelte er zu uns herum, plötzlich so aktiv wie eine Katze.

»Karsten! Bück dich! Ein Wandler ist in der Nähe«, sagte er

und bedeutete mir mit gebieterischen Gesten, zurück in den hinteren Teil des Raumes zu gehen. Er sprang zu der Lampe, knipste sie aus, und ich hörte, wie eine Schublade aufgezogen und wieder hineingeschoben wurde. Ein schwaches blaues Licht glomm von irgendwoher auf, und in dem Schimmer sah ich Varzils Hand und Arm, und er hielt einen schlanken, blauschimmernden Glasstab.

Ich drückte mich gegen die Wand und fühlte mich, als wäre ich unvermittelt in einen Gangsterfilm geraten.

Karsten glitt lautlos vom Sofa und rollte sich auf eine Zimmerecke zu. Der blaue Schein erfüllte das Fenster. Für einen Moment ragte dort ein großer, dunkler Schatten auf, bewegte sich und verwandelte sich in etwas Monströses; ein breiter, flacher Reptilienkopf schwang vor dem Schatten her. Ich legte die Hand vor die Augen; ich hatte Visionen!

Ich sah tatsächlich Erscheinungen; die Gestalt am Fenster hatte die Form eines Mannes, finster und gekauert, er hatte eine Waffe in der Hand und schrie. Ich blickte zu Varzil, er bewegte sich rückwärts und schwenkte seine Waffe, was immer es sein mochte. Dann war es augenblicklich vorbei mit der Stille.

Karsten schrie: »Harret! Komm herein!« Es gab ein Geräusch wie von leise rennenden Füßen, dann brach die Tür auf, und Licht explodierte in den Raum.

Varzil feuerte zweimal mit dem blauen Stab; er gab ein zischendes und prasselndes Geräusch von sich. Ein merkwürdig ersticktes Geheul erscholl. Dann erstarb der blaue Schimmer am Fenster, und der Garten war wieder dunkel und leer.

Varzil ging zu Karsten, hob ihn vom Boden auf und legte ihn aufs Sofa. Jetzt war ein weiterer Mann im Zimmer; er war groß und weißhaarig wie Varzil, aber weitaus jünger, Varzil ging zu ihm hin, und sie besprachen sich kurz in dieser geheimnisvollen Sprache. Ich bewegte mich. Ich war steif, zittrig und sehr verwirrt. Ich ging hinüber zu Karsten und fragte ihn, ob er sich verletzt hätte; er verneinte es, aber ich konnte erkennen, daß er sich den Arm mit der Stichwunde hielt: Ich fragte mich noch immer, in was zum Teufel ich da hineingeraten sein mochte. Und im Hintergrund meines Denkens fragte ich mich – ganz unpassend zu den Ereignissen –, wann ich heute nacht wohl nach Hause kommen würde.

Zu sagen, ich hätte zu diesem Zeitpunkt bereits gewußt, daß ich in eine trübe Angelegenheit hineingeschliddert war, wäre stark untertrieben. Das war mir schon seit einiger Zeit klar gewesen. Aber mein erster Eindruck, ich wäre irgendwie in ein Feuergefecht zwischen Gangsterbanden geraten, war einer seltsamen, halbpanischen und halberregenden Vermutung gewichen. Diese fremdartige Waffe Varzils und vor allem der unglaubliche, drachenartige Kopf am Fenster hatte in mir den Verdacht gefestigt, daß ich da in etwas *sehr* Seltsames und Ungewöhnliches gestolpert war. Ein Teil von mir wünschte, daß ich mich von hier dünne machte, bevor sie sich an den unschuldigen Zeugen der Ereignisse erinnerten. Ein anderer Teil hingegen wollte, daß ich dabeiblieb und mit eigenen Augen sah, was in aller Welt als nächstes geschehen würde.

Das ist typisch für mich. Barry Cowan, du verdammter Narr. Wenn ich alle Gedanken beisammen gehabt hätte, wäre ich vermutlich entkommen, während Varzil und der Neuankömmling noch immer erregt Kommentare austauschten, und die Chance hätte bestanden, daß sie danach nicht mehr an mich gedacht hätten.

Aber schon bald merkte ich, daß sie sich wieder an mich erinnerten. Karsten meldete sich zu Wort, und er sprach wieder englisch.

»Das kannst du nicht machen, Vater; er hat mir das Leben gerettet, und es wäre falsch, *falsch*, ihn in diese Sache hineinzuziehen.«

Varzil sagte bedächtig: »Vom Standpunkt der reinen Ethik aus gesehen hast du recht, Karsten. Aber wenn man die Sache praktisch betrachtet, können wir uns kein Risiko leisten. Wir müssen ihn mitnehmen und die Verantwortung für... auf uns nehmen.« Er benutzte ein Wort, das ich nicht verstand; es klang wie *Kongo*, aber das ergab im Zusammenhang mit dem restlichen keinen Sinn.

Ich dachte, es wäre an der Zeit, daß ich für mich selbst sprach. Ich sagte: »Ich glaube, ich gehe jetzt besser.«

Ich vermutete, ich ahnte schon, daß sie mich nicht gehen lassen würden.

Varzil ließ den Kopf sinken und wich meinem Blick aus. »Ich bedaure unendlich«, sagte er. »Aber ich fürchte, wir können Sie jetzt nicht gehen lassen.«

Und das Höllische war, daß es tatsächlich bedauernd klang. Er fügte hinzu: »Das ist eine sehr erbärmliche Vergeltung für Ihre Freundlichkeit, aber ich fürchte stark, daß Sie mit uns kommen müssen.«

Der Neuankömmling wanderte im Zimmer umher und sammelte ein paar Papiere in etwas ein, das wie eine gewöhnliche, zusammenklappbare Aktentasche aussah; dann hastete er die Treppe hoch und kam mit einem Armvoll anderer Gegenstände wieder, die er ebenfalls in die Tasche stopfte.

Karsten stand bebend auf und kam zu mir. Er sagte: »Das alles tut mir leid, das schwöre ich dir. Ich habe versucht, ihnen klarzumachen...«

Ich war beinah zu verwirrt, um mich zu fürchten.

»Ich verstehe nicht«, sagte ich. Mann, das *war* vielleicht eine Untertreibung. »Weshalb sollte ich mit euch irgendwohin gehen? Was hat die ganze Angelegenheit mit mir zu tun?«

»Wir verlassen diesen Ort«, sagte Varzil bedächtig. »Das Rendezvous findet innerhalb von fünfzehn Stunden statt. Ich wage nicht zu riskieren, daß Sie über diese Geschehnisse mit Ihren Leuten reden. Ich muß Sie mitnehmen. Haben Sie keine Angst. Sie werden freigelassen werden, unbeschadet, sobald es für uns sicher ist.«

Ich kam mir schrecklich verloren vor, als ich sagte: »Ich würde niemandem etwas sagen. Wem könnte ich auch derartige Dinge erzählen?«

»Ich bin ganz sicher, daß du ihm vertrauen kannst«, sagte Karsten eifrig; und Varzil schien zu zögern, doch dann schüttelte er den Kopf.

»Ich könnte Ihnen vertrauen«, sagte er langsam, »aber ich kann es nicht wagen, die Möglichkeit zu riskieren, daß Ihnen etwas unbeabsichtigt entschlüpft. Diese Angelegenheit ist zu wichtig, um ein Wagnis einzugehen.«

Ich stieß hervor: »Das also ist der Dank dafür, daß ich deinem Vater einen Kummer erspart habe! Meine eigene Familie wird verdammt beunruhigt sein, wenn ich nicht nach Hause komme!«

Karsten wich meinem Blick aus; sein Gesicht war gerötet. Varzil wiederholte bedächtig: »Ich habe es Ihnen bereits gesagt; ich bedaure es zutiefst. Wenn es eine Alternative gäbe, würde ich sie wahrnehmen.« Er sah zu dem Mann, der die Aktentasche vollstopfte. »Harret, sind deine Vorbereitungen abgeschlossen?«

»Wir können jederzeit verschwinden«, sagte Harret. Sein Akzent war ausgeprägter als bei Varzil und Karsten.

Varzil holte einen dicken Dufflecoat aus dem Wandschrank und hängte ihn Karsten um, dann schlüpfte er selbst in ein ähnliches Kleidungsstück. Karsten wimmerte, als der Mantel über seinem Arm zugeknöpft wurde, und versuchte zu grinsen. »Also gut; wenigstens ist es das letztemal, daß ich derart absurde Kleidungsstücke anziehen muß!«

Varzil kam auf mich zu und hatte etwas bei sich, das wie die Jacke eines Seemannes aussah. Er sagte: »Ihre Kleidung ist dünn; Sie ziehen besser dies hier an, denn es wird sehr kalt werden.«

Da explodierte ich. Ich schrie: »Ich werde mit Ihnen nirgendwohin gehen – und Sie können mich nicht dazu zwingen!« Ich machte den Versuch, durch die Tür auszubrechen.

Ich bin Basketballspieler, groß und stark, und für meine Größe ziemlich muskulös. Ich stellte es mir leicht vor, den alten Burschen aus dem Weg zu boxen und ihnen beiden zu entkommen. Es war niederträchtig, einen alten Mann so zu behandeln, aber er hatte es selbst herausgefordert. Ich spannte die Muskeln an...

Und erlitt den Schock meines Lebens.

Der Alte mußte aus der besten Sorte Federstahl bestehen! Er war stark, so stark, daß er mich buchstäblich hochhob, als wäre ich ein vier Jahre altes Kind, und er preßte mir die Arme an den Seiten fest. Ich trat hart aus, vergaß sämtliche Regeln des *fair play* und schlug ihn mit den Fäusten ins Gesicht – aber er schenkte meinen Bemühungen nicht mehr Aufmerksamkeit, als wäre ich ein kleines Kind, das einen Wutanfall hat. So hielt er mich fest, unbeweglich, ohne auch nur im geringsten auf mein Hin- und Herwinden, Treten und Schreien zu achten. Varzil stand einfach dort, lächelte sanft und verstehend.

»Es tut mir leid«, wiederholte er. »Ich möchte Sie nicht gern zwingen. Ich würde es bei weitem vorziehen, wenn Sie mit Würde und Gelassenheit mitkämen. Sie haben sich uns als guter Freund erwiesen, und ich wünschte mir, Sie würden mit uns zusammenarbeiten. Ich gebe Ihnen mein Wort, das Wort eines Gesandten, daß Ihnen in keiner Weise Schaden zugefügt wird und daß Sie bei der ersten Gelegenheit Ihre Freiheit zurückerhalten.«

Was konnte ich tun? Ich wurde so fest gehalten, als hätte mich ein großer Krake mit seinen Fangarmen umschlungen. Wohin sie auch aufbrechen würden, es sah ganz so aus, als würde ich mit ihnen gehen. Ich vermochte nichts gegen sie auszurichten, und es hörte sich nicht so an, als hätten sie die Absicht, mich zu verletzen. Außerdem hätte mir jemand, der so stark wie Varzil war, leicht über den Schädel schlagen können, damit ich ihm weniger Schwierigkeiten bereitete.

Ich sagte: »Wenn meine Entführung unvermeidlich ist, kann ich mich ebensogut entspannen und es genießen. In Ordnung. Sie brauchen mich nicht zu fesseln; Sie haben Ihr Ziel auch so erreicht. Ich komme mit.«

Varzil stellte mich auf die Füße. Er mußte nicht einmal schwer atmen. Er sagte: »Es wird kalt sein. Ich bitte Sie, den dicken Mantel anzuziehen. Er gehört meinem Sohn, und ich versichere Ihnen, daß er sauber und keimfrei ist.«

Ich mußte darüber beinah lachen, als ich mit den Armen in den Mantel schlüpfte. Karsten war kleiner als ich, aber er war viel stämmiger, so daß mir der Mantel einigermaßen paßte; und warm war er ganz bestimmt. Ein bißchen zu warm für eine Mainacht in Kalifornien; er fühlte sich an, als wäre er für den tiefsten Winter in Sibirien gedacht!

Varzil schien zu wissen, was ich dachte. »Ich versichere Ihnen, daß Sie froh darüber sein werden, bevor diese Nacht vorüber ist. Kommen Sie jetzt mit uns. Ich beschwöre Sie, ruhig zu sein und nicht plötzlich auf die Idee zu verfallen, um Hilfe zu rufen; dieses Haus ist sehr gut schallisoliert. Es wird Ihnen nichts geschehen. – Harret, hast du auch alle Spezialfilme? Die beiden kleineren...« es hörte sich an wie *Dingwirrer*. »Ich glaube, wir geben den längeren besser auf.«

»Es ist alles bereit«, sagte Harret.

Varzil bedeutete mir, vor ihm herzugehen. Mit einem Arm stützte er Karsten. Harret führte uns hinaus in den dunklen, rückwärtigen Garten, in dem massenhaft Rhododendron wuchs und dessen Boden von Unkraut überwuchert war. Harret warf uns einen dünnen Lichtstrahl vor die Füße, der uns Steine und Wurzeln anzeigte, so daß wir nicht darüber stolperten. Karsten stolperte trotzdem, und Varzil hob ihn mit ein paar beschwichtigenden Worten in der fremden Sprache hoch und trug ihn. Großer Gott, war der Mann stark! Kein Wunder, daß sich Karsten nicht mehr aus den Messerstichen gemacht hatte, die mich für drei Wochen ins Krankenhaus gebracht hätten!

Wer auf Erden waren diese Leute überhaupt?

Wir blieben an einer dunklen, efeubewachsenen Mauer eines kleinen Gebäudes stehen, das wie eine alte Garage aussah. Varzil stellte Karsten auf die Füße und bedeutete Harret, mit dem Lichtstrahl näherzukommen.

Ein Durcheinander aus beeindruckenden Vorhängeschlössern und Ketten sicherte die Tür ringsum. Varzil nahm ein Bündel Schlüssel aus der Tasche und machte sich mit ihnen an den Schlössern zu schaffen, bis er sie schließlich alle beiseite hängen und die Tür öffnen konnte; dann trat er zurück, um Harret in die Finsternis eintreten zu lassen; Karsten und ich folgten ihm. Ich mußte meine Füße zwingen, sie wollten sich in dieser Dunkelheit nicht bewegen.

Hinter mir schlüpfte Varzil herein und brachte im dünnen Lichtstrahl wieder die Schlösser an und sicherte sie. Dann sprach er kurz mit Harret, ein Schalter wurde bewegt, und es wurde hell.

Und dann wäre ich fast hintenüber gefallen, wenn Harret nicht so dicht an mich gedrängt gestanden hätte.

Direkt vor mir, in der staubigen Garage, die bis in den letzten Winkel mit dem Schrott von einem Dutzend anderer Fahrzeuge angefüllt war, die Form mitleidlos dem grellen Licht preisgegeben, stand *sie*.

In *dieser* Zeit und in diesen Tagen konnte niemand, aber auch wirklich niemand, diese Form verkennen; die Form einer fliegenden Untertasse.

7. Kapitel

Ich glaube, für einige Augenblicke war ich gelähmt. Ich habe keine Ahnung, was ich als nächstes tat. Ich glaube nicht, daß ich etwas gesagt habe. Es hatte mich zu tief getroffen, als daß ich Worte dafür gefunden hätte. Ich vermute, daß ich das Ding einfach nicht für real gehalten habe.

Es sah natürlich nicht wie die in den Fernsehfilmen aus. Es hatte einen Durchmesser von schätzungsweise vierzehn Fuß und war nicht metallic; sondern in einem fluoreszierenden Blau gestrichen. Es hatte den üblichen äußeren Ring und die Kuppel in der Mitte.

Ich war für eine Weile sprachlos vor Staunen; dann schob mich Varzil sehr sanft auf etwas wie Stufen zu, die in das Ding hineinführten. Ich verstand, sie erwarteten, daß ich einstieg.

Wenn so etwas geschieht, glaubt man es nicht. Wenigstens ging es mir so. Aber als ich den ersten Fuß auf die unterste Stufe setzte, rastete etwas in mir ein. Dies *war* kein Gag in einem Film und auch kein verrückter Alptraum. Ich verspürte Schwäche, und in meiner Kehle drängte ein Aufschrei empor. Ich war *wach*, und dies geschah wirklich. Und noch mehr, Karsten stieg in dieses Ding hinein, als wäre es der Bus Nummer sieben! Seine Gelassenheit bewirkte, daß die Räder in meinem Kopf erneut zu rotieren anfingen; das Gefühl, mich in einem Alptraum zu befinden, wich allmählich dem Eindruck, daß zwar etwas äußerst Seltsames, aber durchaus Erklärliches geschah. Offenbar hatte ich es mit Spionen zu tun. Auf jeden Fall konnte ich nichts unternehmen, und so war es wohl das beste, wenn ich mitmachte, die Augen weit offen und den Verstand wach hielt.

Ich fühlte mich wieder ruhig; und es war eine merkwürdige Ruhe, als überzöge eine dünne Eisschicht mein Denken. Ich stieg in die fliegende Untertasse. Innen war sie wie ein Achterbahnwagen ausgestattet, mit Sitzen, Gurten und Streben, und so gepolstert, daß man in den Sitzen nicht umhergeworfen wurde. Es gab eine Instrumententafel, die mich entfernt an das Armaturenbord eines Flugzeuges erinnerte. Ich konnte ihre unterschiedlichen Funktionen jedoch nicht erraten. Varzil nötigte mich in einen Sitz.

Endlich fand ich meine Stimme wieder.

»In welches Land entführen Sie mich?« verlangte ich zu wissen.

Varzil nahm ebenfalls Platz, legte sich den gepolsterten Gurt um und plazierte routiniert die Knie in die offenbar dafür vorgesehenen Stützpolster. Dann sagte er: »In keinen Staat der Welt. Wir haben kein Interesse an den Geheimnissen Ihres oder eines anderen Landes; wir sind nicht wie die ...« Es klang wie *Dikri*. »Ich bin Wissenschaftler. Es ist uns nicht gestattet, in die internen Angelegenheiten dieser Welt einzugreifen. Sie können daraus ersehen, daß Sie sicher sind; selbst, wenn Sie es wünschten, wäre es uns strengstens untersagt, Sie aus Ihrem eigenen Sonnensystem zu bringen. Sie werden innerhalb von wenigen Stunden mit einer Fähre zurückgebracht.«

Schon wieder hatte ich dieses komische leere Gefühl in der Magengrube, veralbert zu werden. *Das Sonnensystem!*

Ich sagte aufgebracht, um der Woge von Panik und Unglauben zu entfliehen: »Versuchen Sie nicht, mir einzureden, daß Sie Marsmenschen sind!«

»Nein«, erwiderte Varzil ruhig und bestimmt. »Der Mars ist nur mit Einschränkungen für die Besiedlung durch Menschen geeignet, obwohl die *Dikri*...« wieder dieses Wort! »... dort trotzdem überleben können. Gewöhnlich meiden wir den Mars, wenn wir es einrichten können, und nutzen ihn nur als Basis für die wissenschaftliche Erforschung dieses Systems. Unsere Heimatwelt ist sehr weit von Ihrer Sonne entfernt, aber Sie werden zurückgebracht, bevor wir dieses System verlassen.« Er beugte sich über das Kontrollbord. »Ich bedaure, Ihnen nicht mehr Fragen beantworten zu können, aber ich muß meinen Zeitplan einhalten.«

Ich lehnte mich in den weichgepolsterten Sitz zurück und spürte einen komischen Geschmack im Mund. Ich erkannte, daß es der Geschmack der Furcht war. Fliegende Untertassen, die in einer Garage geparkt waren! Fremde von anderen Sternen, die ein Haus in Berkeley gemietet hatten! Ich zwickte mich heimlich. Es tat weh.

Irgendwie glitt das Dach der Garage zurück. Ich habe keine Ahnung, wie es funktionierte. Um uns herum blinkten Lichter in allen Farben auf, in Rot, Blau, Grün, Gelb und wieder in Rot. Dann erklang ein sehr gedämpftes Brummen, und ich versteifte mich.

Karsten streckte die Hand nach mir aus und sagte: »Fürchte dich nicht, die Beschleunigung einer Fähre ist nicht im geringsten gefährlich.«

Ich war noch immer innerlich angespannt, weil ich mich an die stahlartige Stärke des alten Mannes erinnerte und mich fragte, ob mein menschliches Fleisch und Blut den Grad der Beschleunigung vertrüge, den sie ungefährlich nannten. Dann ging eine Art Klingen durch die gesamte Konstruktion; die bunten Lämpchen blinkten rascher, färbten unsere Gesichter, während das Brummen zu einem furchterregenden, hochtönigen Winseln anschwoll. Ich bemerkte, daß wir uns erhoben; zuerst allmählich, dann schneller und immer schneller.

Das hohe Winseln kletterte immer höher und höher und verließ schließlich den hörbaren Bereich. Die Lichter liefen immer wieder durch die Farbskala. Varzil bewegte bedächtig die Hände über die Kontrollen. Ich spürte, wie ich gegen die Sitzlehne gepreßt wurde, als das Winseln unhörbar geworden war; der Druck wuchs und wuchs. Dann gab es ein sehr leises zischendes Geräusch in dem Wulst hinter meinem Kopf, und ich roch den unverkennbaren und aufdringlichen Geruch von reinem Sauerstoff.

Der Druck wurde schwächer und verschwand. Das wechselnde Farbenspektrum kam zur Ruhe, vereinheitlichte sich zu einem blaßblauen Licht, wurde zu einer fluoreszierenden Kugel. Auf unseren Gesichtern lag ein gespenstischer Schein, aber alles war in vollständiger Deutlichkeit erkennbar. Varzil löste seine Sicherheitsgurte und lehnte sich im Sitz zurück. Er drehte den Kopf Karsten zu, der ebenfalls seine Gurte löste, dann stand er auf und kam zu mir herüber.

Er sagte: »Die Fähre ist jetzt auf automatische Kontrolle eingestellt, und die Beschleunigung ist vorüber. Jetzt habe ich Muße, Ihnen Fragen zu beantworten. Möglicherweise kann ich auf einige davon nicht antworten, aber soweit es mir möglich ist, stehe ich zu Ihren Diensten.«

Ich sagte, wobei ich mir Mühe gab, das Zittern in meiner Stimme zu unterdrücken. »Wenn Sie mich nicht freilassen wollten, damit ich nicht über diese Typen reden konnte, die bei Ihnen eingebrochen sind, wie soll ich dann glauben, daß Sie mich auf... auf die Erde zurückbringen werden, damit ich *hierüber* reden kann?«

Varzil lächelte entschuldigend. »Sie können hierüber offen reden, falls sich jemand bereit erklärt, Ihnen zuzuhören«, sagte er. »Sie werden es niemals beweisen können. Wenn wir Sie freigelassen hätten, bevor wir aufbrachen, hätte man uns am Start hindern können.«

Das, so erkannte ich, ergab einen gewissen Sinn. Ich hatte selbst schon genug über Geschichten gelacht, in denen von fliegenden Untertassen die Rede war. Wer konnte so etwas glauben? Ich konnte mich selbst schon bei dem Versuch sehen, Vater und Nina davon zu überzeugen, ganz zu schweigen von einer Gruppe hartgesottener Cops, daß ich zu einem Flug auf einer fliegenden Untertasse gekidnappt worden war.

Aber während dieser Überlegungen barst ich vor Neugier.

»Woher kommt ihr Leute denn nur? Wohin seid ihr unterwegs? Was habt ihr in Berkeley gemacht?«

Varzil zögerte. Karsten aber sagte ruhig: »Es gibt keinen Grund, es dir nicht zu sagen. Mein Vater ist Repräsentant des Rates Der Welten; unsere Heimat ist auf einem Planeten des Sterns, den ihr Spica* nennt. Er ist hierher gekommen, um die Astronomie in diesem Teil der Galaxis zu studieren. Wie du weißt, befindet sich eure Welt in einem gesonderten Arm der Galaxis, und einige Ansichten kann man besser aus einem nicht so sehr bewohnten Teil des interstellaren Raumes erhalten. Wir haben noch einen weiteren Auftrag. Es macht dir hoffentlich nicht viel aus?«

»Und wohin fliegen wir augenblicklich?« fragte ich. Ich verspürte einen vagen Stolz über mich selbst. Galaxien. Ein Planet von Spica. Sie waren wegen astronomischer Studien hier. Ach, das geschah sicherlich nicht jeden Tag.

Es war Varzil, der antwortete: »In elf Stunden werden wir Kontakt mit unserem Mutterschiff haben; es fliegt draußen um euren Mond. Dann wird man Sie zurückfliegen und freilassen. Ich schlage vor, Sie lehnen sich zurück und genießen den Flug. Sie sind richtig angezogen und haben von der Kälte nichts zu befürchten.« Und, so seltsam es mir auch vorkam, beschloß ich, genau das zu tun. Es gab nichts, was ich sonst hätte tun können. Wir waren draußen im All – es sei denn, es handelte sich um einen unglaublich geschickt ausgetüftelten Streich.

Karsten war schon damit beschäftigt, seinen dicken Mantel über die Ohren zu ziehen; dann kuschelte er sich behaglich in seinen bequemen Sitz zurück.

Varzil beugte sich erneut vor, um das Instrumentenbord zu überprüfen, und sagte ohne Übergang: »Hier draußen ist die Navigation ein Kinderspiel; kommt man Ihrem Planeten dagegen näher, ist der Himmel derart mit Satelliten vollgestopft, daß man Mühe hat, nicht mit ihnen zusammenzustoßen.«

* Spica: hellster Stern im Sternbild Jungfrau. – *Anm. d. Übers.*

Ich fragte: »Fliegen eigentlich viele Ihrer Untertassen... Fähren, oder wie sie bei Ihnen heißen... ein und aus? Warum hat nie jemand eine davon auf dem Radar verfolgen können?«

»Radar? Ach, ich verstehe. Das Material, aus dem dieses Schiff besteht, ist für Ihre Instrumente undurchdringlich«, erwiderte Varzil. Er zitterte, und plötzlich bemerkte auch ich, daß es sehr kalt war. Varzil fuhr fort: »Bei solchen kurzen Flügen ist es nicht durchführbar, Sonnenenergie für die Heizung zu nutzen, aber Ihr Mantel ist warm genug. Sehen Sie, mein Sohn schläft. Ich schlage vor, daß Sie ebenfalls schlafen; es ist schon sehr spät.«

Er beugte sich wieder über sein Steuerpult; anscheinend hatte er die Lust am Reden verloren. Ich lehnte mich gegen das Sitzpolster zurück. Meine Uhr zeigte an, daß es schon nach vier Uhr war, und ich entdeckte, daß ich sehr müde war. Im Liegen beobachtete ich Varzil, der sehr still dort saß; sein weißes Haar schimmerte matt im blauen Licht. Als Abenteuer, so beschloß ich bei mir, war dies entschieden ein Knüller. Ich konnte nichts sehen, und es geschah nichts.

So seltsam es schien, ich mußte eingeschlafen sein, denn als ich wieder die Augen öffnete, schlief Varzil in einem anderen Sessel, und Harret war an den Kontrollen.

So ging es für die nächsten vier Stunden weiter. Dösen, aufwachen und wieder einschlummern. Einmal bereitete Harret eine Art Mahl. Ich grinste ein bißchen gezwungen, denn es sah aus und schmeckte haargenau wie eine kalorienreiche Armee-Ration, und hinterher fand ich heraus, daß es genau das gewesen war. Sie hatten entdeckt, daß diese ausgezeichnete, energiereiche Rationen von langanhaltendem Sättigungseffekt für die Fahrt mit einer Fähre ergaben. Aber damals hatte ich mich gefragt, weshalb in Dreiteufelsnamen eine galaktische Zivilisation nicht in der Lage war, eine bessere Art Nahrung zu entwickeln.

Varzil sah sich Karstens Verbände an und untersuchte eine Verbrennung an Harrets Arm, die von dem Feuergefecht unten in Berkley herrührte. Ich stellte keine Fragen mehr, und sie boten mir freiwillig keine weiteren Informationen an.

Das soll nicht heißen, daß ich nicht genug *grübelte*. Warum der plötzliche Aufbruch? Waren es tatsächlich einheimische Räuber gewesen, die Karsten überfallen hatten, oder hatte diese

Episode vielleicht zu ihrer Spionagetätigkeit in der Galaxis gehört? Falls sie nur hier waren, um die Sterne zu studieren, weshalb waren sie dann mit Waffen angegriffen worden, die derart häßliche Verbrennungen hervorriefen?

Karsten wurde wieder wach, nahm eine Portion aus dem Vorrat der Armeerationen und kaute darauf herum. Als er fertig war, sah er munterer aus, als ich ihn je zuvor gesehen hatte; er kam zu mir und setzte sich neben mich.

»Da bist du in eine unglückliche Angelegenheit geplatzt«, sagte er. »Ich hoffe, daß niemand auf dich wartet und sich grämt?«

Ich hatte mich bemüht, nicht daran zu denken. Nina würde vor Kummer krank werden. Und – wenn und wann ich nach Hause kommen sollte – *was* im Namen des Himmels sollte ich ihnen denn erzählen? Ich sagte: »Meine Mutter wird sich aufregen.«

Karsten sagte: »Meine Mutter ist gestorben, als ich noch sehr klein war. Aber ich glaube, ich kann mir vorstellen, wie du dich fühlen mußt.«

»Es ist nicht deine Schuld«, stimmte ich zu.

»Bitte, sei nicht wütend auf meinen Vater. Er hat seine Pflichten und Verantwortung, das mußt du berücksichtigen. Er würde nie jemanden absichtlich verletzen.«

Ich sagte: »Wolltest du deshalb nicht ins Krankenhaus? Weil du fürchtetest, daß sie etwas über dich herausfinden würden?«

»O nein. Aber wie ich schon sagte, mein Vater ist nicht stark.«

Ich mußte lachen, denn ich erinnerte mich an die stählerne Kraft dieser Arme, und Karsten erklärte. »Er hat eine... eine Schwäche. Ich fürchtete, ihn zu erschrecken oder zu ängstigen. Ich wußte, er hätte vermutet, daß mich die *Dikri* überfallen hätten...«

Ich sagte: »Das ist das dritte oder vierte Mal, daß du sie erwähnst. Wer oder was sind sie?«

»Sie sind... es ist schwer zu erklären«, sagte Karsten. »Sie sind... sie kommen und gehen nach Belieben in der Galaxis. Das Betreten eures Planeten ohne offizielle Erlaubnis ist verboten, aber sie kommen und gehen ohne Erlaubnis. Sie sind... eine Art von Gesetzlosen. Sie sind anders; sie kommen nur mit seltsamen Verkleidungen durch. Es ist schwer zu erklären... ich spreche nicht gern über sie«, schloß er hilflos.

Es wurde immer merkwürdiger! Also gab es nicht nur eine Gruppe von Außerirdischen, sondern zwei; und eine davon konnte Karsten nicht beschreiben! Sie kamen auf die Erde und verließen sie wieder, zu unerforschlichen Zwecken ... Offenbar entbehrten die vielen Gerüchte über fliegende Untertassen tatsächlich nicht einer gewissen Grundlage! Aber ich weigerte mich, an stieläugige Monster zu glauben!

Ich fragte: »Wie fliegt euer Schiff überhaupt? Es handelt sich offensichtlich nicht um Treibstoff; und Atomkraft kann es nicht sein, sonst hätten die Meßgeräte die Strahlung in unserer Atmosphäre angezeigt.«

»Es nutzt magnetische Ströme und die Energie eurer Sonne; deshalb können wir den Antrieb jenseits der Umlaufbahn eures fünften Planeten nicht einsetzen, die Sonnenfelder sind zu schwach.«

Das machte mich im Endeffekt nicht klüger, als ich zuvor gewesen war. Wer war ich denn, daß ich mir hätte anmaßen können, die Wissenschaft einer galaktischen Zivilisation zu verstehen? Schon allein die Einsicht, daß es so etwas gab, forderte mich bis an meine Grenzen.

Ungefähr eine halbe Stunde später hob Varzil den Kopf vom Armaturenbrett und sagte mit einem besorgten Unterton in der Stimme: »Harret, komm her und vergleiche meine Ablesungen. Ich bekomme keinen Sinn in die Werte. Entweder spielt ein Instrument verrückt, oder ... nun, oder etwas anderes ist nicht in Ordnung; in welchem Fall ...«

»Wir wollen hoffen, daß sich das Instrument irrt«, sagte Harret ein wenig grimmig. Er kam quer durch den Steuerraum heran und lehnte sich über Varzils Sessel, um einen Blick auf die Instrumente zu werfen. Die Sessel waren am Außenrand der kreisförmigen Untertasse aufgestellt; der Durchmesser betrug etwa neun Fuß. Harret drehte an einem der Knöpfe. Sein Blick wurde finster; er kniete sich hin, löste ein Stück der Verkleidung und drehte an etwas *darinnen*; dann erhob er sich wieder und las erneut die Werte über Varzils Schulter. So ging es noch einige Minuten weiter, während Karsten die beiden ängstlich beobachtete. Ich beobachtete sie alle drei und dachte: *Oh, das ist ja großartig; dies ist mein erster Flug mit einer fliegenden Untertasse, und schon geht etwas schief.*

Schließlich löste Varzil den Gurt und verließ seinen Sitz.

Harret nahm seinen Platz ein, aber eine Minute später gab er ebenfalls auf und sagte: »Es hat keinen Sinn. Wir sind schon außerhalb der Umlaufbahn an einem Punkt angelangt, von dem aus wir das Mutterschiff nicht mehr erreichen können.«

Karsten sagte: »Vater...?«

Varzil zog so etwas wie ein Taschentuch hervor – nur, daß es irisierend grün und viermal größer war – und wischte sich über die Stirn.

Er sagte: »Ich möchte euch nicht beunruhigen. Aber entweder sind die Instrumente sehr übel beschädigt worden – und ich kann mir nicht erklären, wie das hätte geschehen können, weil sie völlig in Ordnung waren, als wir aufbrachen –, oder wir befinden uns in einem antiprotonischen Dämpfungsfeld.«

Karsten sagte, und es klang wie eine Verwünschung. *»Das waren die Dikri!«*

»Ich fürchte, ja.«

Es war mit ziemlicher Sicherheit nicht der richtige Augenblick, daß ich mich einmischte, aber jetzt hatte ich mir die Vorstellung schon eine Weile angesehen, und schließlich ging es auch um meine Haut. Ich fragte also: »Ist etwas nicht in Ordnung?«

Varzil wandte sich mir mit einer ungeduldigen Geste zu, dann beherrschte er sich und erwiderte: »Ja, Sie haben ein Recht dazu, Fragen zu stellen. Etwas ist sehr in Unordnung. Wir sind vom Kurs abgetrieben. Karsten, möchtest du es ihm erklären?«

Er kniete sich hin, entfernte eine weitere Abdeckplatte und begann, unverständliche Manipulationen dahinter vorzunehmen. Ich kam mir vor wie jemand, der achtlos eine sechsspurige Autobahn überquert, während der Verkehr in allen Richtungen zum Stillstand kommt und die Polizei zu fluchen anfängt; absolut der falsche Ort und die falsche Zeit.

Karsten setzte sich in den Sitz neben meinem. Er sah sehr erschrocken aus. Er sagte: »Ich habe dir gegenüber die *Dikri* erwähnt. Es war ein *Dikri,* der letzte Nacht versucht hat, in unser Haus einzubrechen. Eine der Aufgaben meines Vaters auf deinem Planet war, über irgendeinen Eingriff in die legalen Interessen der Wissenschaftler in diesem Sonnensystem durch die *Dikri* oder ähnliche Gattungen zu berichten. Natürlich liegt es in ihrem Interesse, ihn an einer korrekten Berichterstattung zu hindern. Wir glaubten, ihnen entkommen zu sein und sie abgeschüttelt zu haben, aber offenbar sind in diesem Sektor noch mehr von ihnen. Sie erzeugen ein Feld, das verhindert, daß wir solare Energie aufnehmen können... Verstehst du?«

»Nicht genau«, sagte ich, und es kam mir vor, als neigte ich in diesen Tagen zu Untertreibungen.

»Also, es ist wie... Hast du je von Traktorstrahlen gehört? Es gibt so etwas nicht außer in der Science Fiction, aber es arbeitet, wie ein Traktorstrahl arbeiten *würde*, wenn es ihn gäbe.«

»Oh, *nein*!« Ich hob beide Hände an den Kopf und fragte mich, ob ich in einen Alptraum geraten war, den ein anderer träumte, während Karsten seine Erklärungen ernsthaft fortsetzte.

»Sie gelangen mittels dieses Feldes zwischen uns und unser Objektiv, und wir können keine energetische Sonnenstrahlung einfangen, um in der vorgesehenen Richtung weiterzufliegen. Somit fallen wir – wie alle Gegenstände, die sich im freien Fall im äußeren Weltraum jenseits des Gravitationsfeldes eines Planeten befinden – in eine Umlaufbahn um die Sonne oder des nächsten massereichen Körpers; und da jeder diesen Kurs mit einem Rechenschieber berechnen kann, ist es ihnen möglich, uns zu verfolgen und sogar anzugreifen.«

»Du meinst also tatsächlich, daß wir treiben, statt steuern zu können«, sagte ich, und Karsten erwiderte: »Das bedeutet es genau. Ohne Sonnenenergie sind wir nichts als Objekte, die denselben Gesetzen wie die übrigen Himmelskörper unterworfen sind.«

»Und«, fügte Varzil hinzu, »das bedeutet, daß sie nichts weiter tun müssen, als in diese Umlaufbahn zu gelangen. Sie müssen uns nicht an sich ziehen; sie müssen nur warten, und wir werden unvermeidlich auf sie zufallen.«

»Und es gibt nichts, was wir dagegen machen können?«

»Nichts ohne eine Kraftquelle, und innerhalb dieses Feldes können wir keine Kraft aufnehmen«, sagte Karsten.

Dann fingen sie alle an, in ihrer eigenen Sprache zu plappern, und ich dachte: *Ganz gleich, ob es die* Dikri *oder wer auch immer sind, niemand kann so schlecht sein, wie er dargestellt wird.* Vielleicht würden sie mich sogar aus der Gewalt dieser Typen befreien. Sie waren ziemlich anmaßend gewesen, hatten über legale Interessen der Wissenschaftler in diesem Sonnensystem geredet, obwohl sie sich nie die Mühe gemacht hatten, eine Erlaubnis von *uns* einzuholen, nur von irgendeiner galaktischen Regierung irgendwo. Ich war nicht so ganz sicher, ob mir die Vorstellung gefiel, daß Varzils Burschen auf der Erde ein und aus gingen und nicht einmal um Erlaubnis fragten. Ich hatte keinen Grund, automatisch zu unterstellen, daß die *Dikri* – egal, wer sie waren – die Schurken in diesem kosmischen Drama sein mußten, in das ich verwickelt zu sein schien, und Varzil und seine Freunde die guten Helden.

Während der nächsten Stunden fingerten Harret und Varzil abwechselnd an den nicht funktionierenden Kontrollen herum, gaben widerwillig auf, holten Rechenschieber hervor und arbeiteten eine Weile mit ihnen, lasen dann nochmals die Meßwerte von den Instrumenten ab, wie man mehrmals versucht, einen Wagen zu starten, sogar dann, wenn man annimmt, daß kein Benzin im Tank ist; allein von der Hoffnung getrieben, daß die Instrumente lügen. Endlich gaben beide auf und setzten sich in die verwaisten Sessel.

»Es gibt Gelegenheiten«, sagte Harret, »da ich geneigt bin, das Zentrum wegen seiner Waffen-Kontroll-Gesetze zu kritisieren.«

»Besonders, weil sie nicht durchzusetzen sind«, sagte Varzil bitter, »und nur gesetzestreue Bürger entwaffnen, ohne die Gesetzlosen zu berühren.«

Dann holten sie beide eine Anzahl jener blauschimmernden Stäbe hervor, die ich bereits letzte Nacht gesehen hatte, überprüften sie und legten sie zur Seite, während Karsten mir erklärte, daß sie außerhalb des Gravitationsfeldes eines Planeten nicht funktionierten. Ich saß nur dort und wünschte mir, meine Fingernägel wären lang genug, um darauf kauen zu können, und fragte mich, ob ich wohl befreit oder umgebracht würde, falls die *Dikri* uns einfingen.

Wir aßen noch von den Rationen; die drei Außerirdischen gaben sich wie verurteilte Männer bei der Henkersmahlzeit. Es wurde immer noch kälter und kälter, und Karsten schien sich nicht wohl zu fühlen, obwohl er sich nicht beklagte.

Dann gab es ein merkwürdiges, kräftiges Rütteln, die bunten Lichter in der Untertasse blinkten auf und gingen wieder aus, ein winselnder Ton erklang, und die Tür, durch die wir hereingekommen waren, öffnete sich allmählich.

Karsten murmelte: »Wir müssen fest an ihrer Schleuse angekoppelt sein.« Er war weiß um die Lippen. Ich hing wie gebannt in meinem Sitz, und da kam ein *Dikri* herein.

Er sah wie ein Mensch aus; untersetzt, geduckt und mit schlaffen Gesichtszügen, aber beileibe kein stieläugiges Monster; er hatte die richtige Zahl Arme und Köpfe und Nasen und sonstiges. Mit beiden Händen hielt er ein Ding, das wie eine kurze Peitsche aussah.

Varzil wirkte, als wäre er ebenfalls auf seinem Sessel festgebannt, aber er behielt die Fassung. Er sagte: »Also du bist es, Rellin. Ich hätte wissen müssen, daß du die Warnung und die Entlassungsanzeige in den Wind schlagen würdest.«

»Ich bin nicht gekommen, um Konversation zu machen«, sagte das Ding. Ich sage *Ding*, denn in dem Augenblick, als es zu reden angefangen hatte, wußte ich, daß es nicht menschlich war. Etwas *kroch* mir das Rückgrat hinab, so wie es gewesen war, als ich den monströsen Schatten am Fenster von Varzils Wohnzimmer in Berkeley gesehen hatte.

»Varzil«, artikulierte es, »und seine Brut. Und das hier?«

»Rellin«, sagte Varzil scharf, »das ist ein Erdenmensch, und er ist vor dem Gesetz neutral!«

Der *Dikri* zuckte mit den Schultern. »Neutrale sind nicht meine Angelegenheit«, sagte er. »Der da gefällt mir nicht.« Er hob sein Peitschen-Ding. Varzil fiel ihm in die Arme, aber zu spät. Ein grünliches Leuchten brach hervor; Harret stieß einen komischen, halb erstickten Schrei aus und fiel schlaff aus seinem Sessel. Meine Haut zog sich zusammen. Niemand brauchte mir zu sagen, daß Harret tot war; das Ding hatte ihn eben erschossen, ohne auch nur im geringsten zu zögern! Ich hatte Harret nicht gekannt – er hatte mir weniger bedeutet als Karsten oder Varzil – aber er war ebenso wie sie offensichtlich ein menschliches Geschöpf gewesen. Er hatte nichts getan, hatte nicht einmal *Widerstand geleistet*, und das – das Ding hatte einfach seine Waffe erhoben und ihn aus dem Leben gewischt!

Varzil fluchte unterdrückt. Karstens Augen standen voller Tränen. Der *Dikri* warf nicht einmal einen Blick auf den toten Leib Harrets.

Er sagte: »Varzil, du wirst mit mir kommen, oder ich töte deine Brut und den Neutralen.«

Varzil sah sich hilflos um. Er erhob sich aus dem Sessel. »Was hast du mit mir vor?«

Ungläubig dachte ich: *Will er denn überhaupt nichts tun?* Das Ding hatte eben seinen Freund niedergeschossen, seinen Kollegen und Mitarbeiter, und er unterwarf sich einfach? Der *Dikri* stieß Varzil heftig auf die offene Tür zu. Ich drehte mich ein wenig in meinem Sitz und erblickte einen unebenen Metallgang im Schott der Untertasse und dahinter ein grelles Licht, das, wie ich vermutete, aus dem Inneren des *Dikri*-Schiffes kam.

Varzil ging ruhig voran; er sagte nur: »Karsten, unternimm nichts Unbesonnenes.«

In mir kochte etwas, und ich stürzte los. Rellin wandte uns kurz den Rücken zu, um Varzil durch die Tür zu drängen, und da sprang ich los.

Rellin ging unter meinem Aufprall zu Boden und schrie auf. Ich trat zu, und ich mußte ihn empfindlich getroffen haben, denn er stieß ein wütendes Kreischen aus; nein, ein Gebrüll, ein unmenschliches, gellendes Geheul; er krümmte sich, erhob sich in eine kauernde Stellung, und dann...

Dann *verwandelte* es sich!

Rellins Gesicht schmolz. Das ist die einzige Möglichkeit, es zu beschreiben. Karsten schrie mir eine Warnung zu, aber ich sprang schon zurück. Das Wesen hatte das Peitschen-Ding fallen lassen; ich trat dagegen, glitt aus und strauchelte, meine entsetzten Augen hefteten sich auf die ungeheuerliche Verwandlung, die mit dem *Dikri* vor sich ging. Fleisch schien wie Wasser zu fließen, die gekrümmte Gestalt wurde klumpig, kräuselte sich, verwandelte sich in ein gräuliches, faltiges und mit Klauen bewehrtes Ungetüm. Von dort, wo zuvor die Gestalt eines Mannes gestanden hatte – brüllte jetzt ein Drache auf mich hinab.

Eine seiner Klauen schoß hervor; ich rollte über den Boden und fühlte, wie Blut aus meiner Backe brach. Karsten klaubte verzweifelt das Peitschen-Ding auf, aber der Drache schlug zu, sprang vorwärts, und in der Enge des Raumes fiel Karsten rückwärts über einen Sessel und ließ die Waffe fallen. Einen Moment später hatte das *Dikri*-Ding sie aufgehoben, und ohne uns einen weiteren Blick zu gönnen, als wären wir seiner Aufmerksamkeit nicht wert, schleuderte die Drachengestalt Varzil durch die Öffnung. Hinter ihnen schloß sich die Tür.

8. Kapitel

Eine Weile lang blieb ich dort liegen, wo ich hingefallen war, und fragte mich, ob mein Auge ausgerissen worden war; ich konnte nichts sehen und fühlte mich vor Entsetzen krank. Dann fing ich allmählich an, zu mir zu kommen, und setzte mich mühsam aufrecht. Ich wischte mir die Augen aus und stellte fest, daß ich noch sehen konnte. Karsten lag noch immer über den Sitz gebreitet, auf den er gefallen war, und schluchzte heftig; entweder, weil er Schmerzen hatte, oder weil er gedemütigt worden war; das vermochte ich nicht zu entscheiden. Er sah zu verwirrt aus, als daß ich hätte sagen können, was ihn so betrübte.

Ich starrte zu der verschlossenen Tür, noch immer unfähig zu begreifen, was geschehen war, und richtete mich mühsam auf. Varzil war verschwunden, Harrets Körper lag schlaff und grauenhaft leblos auf dem Boden, und Karsten lag dort und weinte.

Ich ging zu ihm hinüber und sah, daß sich seine Verbände gelockert hatten, und daß er wieder zu bluten angefangen hatte: Ich versuchte, seinen verletzten Arm zu schonen, und bemühte mich, ihn aufzurichten.

»Hör auf zu heulen«, sagte ich grob. »Ich werde für dich tun, was ich nur kann, aber Heulen wird dir nicht helfen, und deinem Vater auch nicht.«

Er schüttelte meinen Arm ab, rappelte sich auf und ging zu Harret und kniete neben ihm nieder. Nach einer Weile deckte er das Gesicht der Leiche zu.

Als er sich wieder mir zuwandte, war sein Gesicht grimmig und wütend. »Er hat für mich gesorgt, als ich ein kleines Kind war«, sagte er, »und sie haben ihn wie ein Tier getötet – ohne auch nur über ihn wütend zu sein. Sollte ich deiner Meinung nach so gefühllos sein, nicht seinetwegen zu trauern?«

Ich fühlte mich auf unbestimmte Art beschämt. Der tote Mann hatte mir nichts bedeutet, und trotzdem hatte mich die Art seines Todes schockiert. Karsten hatte ganz gewiß das Recht, bestürzt zu sein, besonders, wenn sein eigener Vater von denselben Leuten – nein, *Dingern* – fortgebracht worden war, die Harret umgebracht hatten. Außerdem war Karsten selbst verletzt. Ich erinnerte mich finster daran, wie ich gehofft hatte, daß mich die Neuankömmlinge von Varzil und seiner Gesellschaft befreien würden.

Ich fing eben an, mich ein bißchen weniger verwirrt zu fühlen. Karsten wischte sich durchs Gesicht und versuchte, die Binden um seinen Arm wieder zurechtzuziehen. Ich half ihm. Dann fragte ich: »Was – was *sind* diese Dinger?«

»*Dikri*«, erwiderte Karsten. »Gestaltwandler. Ihr kennt auf eurer eigenen Welt Legenden von Werwölfen. Die Drachenform ist ihre eigentliche Gestalt, aber sie können sich derart anpassen, daß sie unter Menschen nicht auffallen.«

»Aber wie können sie sich so verwandeln? Festes Fleisch und harte Knochen? Geschieht es wirklich, oder ist es eine Art Hypnose?«

»Ich weiß es nicht. Ich glaube nicht, daß sie überhaupt aus festem Fleisch und harten Knochen bestehen. Ich habe keine Ahnung, wie sie sich verwandeln. Ich weiß nur, daß sie es tun.« Er erschauerte krampfhaft. »Ich habe es nie zuvor so nah mit eigenen Augen gesehen. Es ist grauenhaft, einfach grauenhaft!«

Das war es gewiß. Ich fragte mich, was sie Varzil antun würden, und stellte fest, daß ich nicht einmal daran denken mochte. Ich fragte mich auch, was sie mit uns machen würden, und ob es etwas gäbe – irgend etwas –, womit wir es abwenden könnten.

Danach redete für eine Weile keiner von uns beiden. Die Leiche Harrets war ganz bestimmt nicht die erfreulichste Gesellschaft. Karsten, der arme Junge, mußte noch weit furchtbarere Gedanken an das haben, was mit seinem Vater im Inneren des Dikri-Schiffes geschehen mochte.

Schließlich sagte ich: »Sollten wir nicht beschließen, was wir tun sollen, wenn sie zu uns zurückkommen?«

»Ich wüßte nicht, was wir tun könnten«, sagte Karsten. »Wir sind eingeschlossen, und sie haben sämtliche Waffen, die sie brauchen.«

Ich nahm an, daß er recht hatte. Heldentum macht sich gut und sieht in den Filmen gut aus, aber tief innen wußte ich, daß es nicht viel helfen würde, wenn wir versuchten, diese Kreaturen in Menschengestalt unbewaffnet anzufallen. Und noch etwas war zu bedenken, das mir selbst gegenüber zuzugeben ich kaum den Mut hatte. Ich hätte einem Mann gegenübertreten können, vielleicht sogar einem Mann mit einem Gewehr oder einer anderen Waffe. Aber die Vorstellung, noch einmal diese Verwandlung mitansehen zu müssen, machte mich krank; ich mußte mich bei dem Gedanken schütteln, und eine Art Lähmung überfiel mich. Die Menschen gehen mit dem Wort *Horror* ziemlich leichtfertig um, aber ich hatte das eindringliche Gefühl, daß ich einen Einblick in die Realität hinter diesem Begriff getan hatte.

Aber wie dem auch sei, es ging mir gegen den Strich, hier herumzusitzen und zu warten, ohne etwas zu unserer Hilfe zu unternehmen. Ich fühlte, daß es sehr hilfreich wäre, wenn ich nur mehr über die *Dikri* wüßte. Ganz gleich, wie abstoßend und entsetzlich sie waren, es hatte keinen Sinn, so gefühlsmäßig zu reagieren.

Ich sagte: »Ich vermute, daß alle die *Dikri* verabscheuen, aber weshalb? Ist es nur, weil sie eure Gegner sind? Oder weil jedermann vor den Werwolf- oder Werdrachentaten Angst hat, die sie vollbringen?«

Karsten sagte: »Nein, es gibt noch mehr Gestaltwandler-Rassen, und einige davon sind von noch weniger menschlicher Erscheinung als die *Dikri;* aber sie sind... nun, es hört sich paradox an... *menschenartiger.* Die *Dikri* sind kalt und ohne Mitleid, emotionslos. Wir nennen einen brutalen Sadisten unmenschlich, weil ihm dieses Bruderschaftsgefühl völlig abgeht, das Menschen für ihre eigene Art empfinden. Und die intelligentesten Rassen, egal ob menschlich oder nichtmenschlich, haben ein gewisses Gefühl der Verwandtschaft gegenüber allen lebenden Geschöpfen. Sie würden wohl andere Lebewesen töten, wenn sie von ihnen angegriffen werden oder wenn sie sie verspeisen wollen, aber niemals aus reiner Willkür. Die *Dikri* dagegen sind wie die Haifische; sie haben kein Verwandtschaftsgefühl, nicht einmal gegenüber der eigenen Rasse. Wenn ein *Dikri* verletzt ist, greift ihn sein Mit-*Dikri* sofort an oder tötet ihn, einfach deswegen, weil er die Vollkommenheit ihrer Rasse schwächt. Es gibt auch keine Möglichkeit, wie wir uns mit ihnen verständigen könnten; sie erkennen keine Gesetze an und halten sich nicht an Verträge, und das Schlimmste ist, daß sie eine intelligente Rasse sind. Wenn sie nur bösartige Tiere wären, könnten wir sie zum Wohle des Universums ausrotten.«

»Das scheint eine hoffnungslose Situation zu sein«, sagte ich, »aber ich habe das Gefühl, wenn ich in der Lage wäre, in der sich deine Leute befinden, würde ich ihre Intelligenz vergessen und sie auf jeden Fall ausrotten.«

Karsten sah angeekelt aus. »Und dann«, gab er zur Antwort, »wären wir nicht besser als sie und hätten kein größeres Recht zu überleben. In Wahrheit sogar weniger, weil wir es besser wissen, was sie offensichtlich nicht tun.«

Ich gab auf. Unsere Denkweisen ließen sich einfach nicht auf einen Nenner bringen, aber ich hatte das unbehagliche Gefühl, daß ich mich für einen galaktischen Bürger wie ein hinterwäldlerischer Barbar anhörte.

Karstens feinsinnige Empfindlichkeit in bezug auf die Frage, ob man die armen unwissenden *Dikri* abschlachten durfte, mochte sehr zivilisiert sein, aber wenn diese Rasse so lang überlebt hatte, mußten sie einfach ein gemeinsames Gespür fürs Überleben haben.

Ich sagte: »Nun, ich hoffe, deine Skrupel halten dich nicht davon ab, dieses spezielle Exemplar umzubringen, wenn wir die Chance dazu erhalten.«

»Rellin?« Sein Gesicht verzog sich. »Ich würde ihn mit bloßen Händen töten, wenn ich die Kraft dazu hätte!«

Ich betrachtete Karstens blutenden Arm und sein bleiches Gesicht und sagte: »Offenbar hast du sie nicht. Aber es müßte doch eine Möglichkeit geben, wie wir die Gleichheit der Chancen herstellen könnten. Ich weiß nicht, ob wir den Drachen packen können...« Ich berührte die Wunde von seiner Klaue an meiner Backe. »Aber wenn er hier hereinkommt und seine menschliche Gestalt hat, können wir vielleicht etwas unternehmen. Wenn die Sessel nicht am Boden befestigt wären, könnten wir ihm möglicherweise einen davon über den Schädel schlagen.«

Karsten sah mich mit so etwas wie Bewunderung an. »Daran hätte ich nie gedacht. Natürlich, sie lassen sich vom Boden lösen.« Ich hatte mich schon hingekniet und versuchte, einen der Sitze zu lösen; ich mußte jedoch feststellen, daß ich die Schrauben nicht mit den Fingern lösen konnte, und fluchte leise, aber Karsten kniete neben dem Leichnam Harrets. Er angelte aus der Tasche des Toten ein kleines Werkzeug und reichte es mir; es war eine geniale Anordnung aufsteckbarer Schraubschlüssel- und Schraubenziehervorsätze, die in einen kleinen Porzellangriff paßten, und das Irrsinnigste daran war, daß der Griff mit einem winzigen Blumenmuster in Rosa und Stahlblau geschmückt war. In unserer Kultur wäre dieses Werkzeug eine Spezialanfertigung für feine alte Damen gewesen, und trotzdem war das verdammte Ding außerordentlich wirkungsvoll. Es gab sogar ein passendes Vier-Inch-Trennmesser, und nachdem ich den Sessel losgelöst hatte, schraubte ich das Messer in den Griff und sagte: »Ich werde mich hieran halten.«

»Eine... Schneide? Gegen jene Waffen?«

»Ein nicht viel größeres Messer als dieses hat an deiner Schulter eine blutige Metzelei angerichtet... und ich meine wirklich blutig«, ich wies darauf. »Ich weiß nicht, ob diese *Dikri*-Burschen Blut besitzen oder nicht, aber ich werde mir Mühe geben herauszufinden, was sie anstelle des Blutes haben.«

Er sagte: »Da ich kein Techniker bin, besitze ich keinen derartigen Werkzeugkasten, aber...« Er ging an das Kontrollbord und entnahm ihm ein kräftiges, schraubenschlüsselartiges Gerät, das er mit einem gezielten Schlag in eine Glasscheibe hieb; dann brach er einen scharfen Splitter heraus. »Das könnte von einigem Nutzen sein.«

Ich hatte meine Zweifel, nickte aber anerkennend. Wir setzten uns, um zu warten, jeder von uns zu einer Seite des Einganges.

Die Zeit kam uns lang vor, aber ich nehme an, es dauerte nicht länger als etwa eine dreiviertel Stunde, bis sich der Handgriff allmählich zu drehen anfing.

»Bleib ganz ruhig«, flüsterte ich ermahnend. »Sie könnten deinen Vater zuerst hineinstoßen. Wir wollen schließlich nicht *ihm* den Schädel einschlagen.«

Die Mahnung kam gerade noch rechtzeitig; die Tür öffnete sich und Varzil taumelte herein. Er wirkte, als stünde er unter Drogen, seine Augen waren glasig, aber wenigstens war er am Leben. Hinter ihm bewegte sich einer der schlaffgesichtigen Humanoiden, die Waffe im Anschlag; er trat durch die Tür, die Augen und die Waffe fest auf Varzil gerichtet... und ich sprang los und ließ den schweren Metallsessel krachend niedersausen.

Der *Dikri* ging wie ein Stein zu Boden, wo er sich wand und krümmte; ich sprang neben seinen Kopf, Karsten war bei mir. Ich stach ihm das Messer in die Kehle. Es glitt so leicht hinein, daß mir ein wenig übel wurde. Und dann, als ich mich langsam entkrampfte, war ein Winden und ruckartiges Zittern wahrnehmbar; stählerne Muskeln schleuderten mich zur Seite, und Karsten geriet ins Taumeln. Ich schlug mit dem Kopf auf den

Metallsessel, den ich dem *Dikri* auf den Kopf geschlagen hatte, lag dort halbbenommen und erwartete jeden Augenblick einen sengenden Hitzeblitz, der mich zu Tode brennen würde.

Er kam nicht. Karsten rappelte sich auf und sagte mit belegter Stimme: »Es ist tot!«

»Es bewegt sich aber noch!«

Varzil sagte ein bißchen heiser: »Ihre Muskeln verfallen nach dem Tod in einen Krampf, er wird sich noch vier Stunden lang winden. Aber er ist wirklich tot.«

Ich starrte auf die sich immer noch auf entsetzliche Weise krümmende Drachengestalt, in die sich der niedergestreckte *Dikri* in den Todeszuckungen verwandelt hatte. Ich wünschte, mich erbrechen zu können, und außerdem wollte ich weinen, aber zugleich fühlte ich ein spontanes Frohlocken in mir. Ich hatte das verdammte Ding umgebracht! Nie zuvor hatte ich auch nur eine Maus getötet, und zumindest theoretisch war ich ein Pazifist, aber ich konnte mir vorstellen, daß die meisten Pazifisten nie in einer derartigen Situation gewesen waren wie ich. Ich stand dort, bemühte mich, wieder zu Atem zu kommen und zu entscheiden, was als nächstes zu tun war; da bemerkte ich, daß die Tür, durch die Varzil und der *Dikri* hereingekommen waren, zugeschlagen und verschlossen wurde.

Wir hatten einen der *Dikri* getötet – aber wir waren noch immer eingeschlossen, und unser Schiff war noch immer an das *Dikri*-Schiff gekoppelt; kurz, wir waren nicht ein verdammtes bißchen besser dran als zuvor.

Wenigstens war Varzil lebend zurückgekommen. Bis ich ihn gesund und munter wiedersah, war mir nicht klargewesen, wie sehr ich den alten Mann tatsächlich mochte.

Er schüttelte den Kopf. »Ihr hättet beide getötet werden können«, sagte er mißbilligend. »Und ihr habt unsere Lage nicht verbessert.«

Karsten hielt die Hand seines Vaters umklammert. »Sag mir, haben sie dich verletzt, Vater?«

»Es ist halb so wild«, erwiderte Varzil mit leichtem Lächeln. »Sogar die *Dikri* brauchen nicht auf die physische Tortur zurückzugreifen, und als sie anhand einer kleinen Hirnprobe herausgefunden hatten, daß ich nicht im Besitz der Information war, auf die sie aus waren, haben sie mich wieder gehen lassen.« Er legte die Hand an den Kopf. »Ich habe von ihren

Befragungsmethoden nichts Schlimmeres als üble Kopfschmerzen davongetragen.«

»Was bedeutet«, sagte Karsten, indem er in Worte kleidete, was auch mir durch den Kopf gegangen war, »daß keiner von uns für sie von irgendeinem Nutzen ist... und daß sie leicht auf die Idee kommen könnten, zu kommen und mit uns Schluß zu machen... wie sie es mit Harret getan haben.«

Varzil sah bekümmert aus. »Ich glaube, daß sie mich nicht in die fliegende Untertasse zurückgebracht hätten, wenn das ihre Absicht gewesen wäre. Nichts wäre leichter für sie gewesen, als mich niederzuschlagen, als sie ihre Befragung beendet hatten; oder sie hätten einfach den Antrieb unserer Untertasse demontieren und uns hilflos damit treiben lassen können, so daß wir im All gestorben wären. Nein, ich vermute, daß sie etwas anderes mit uns vorhaben – aber ich habe keine Ahnung, was es sein könnte.«

Er schwieg, holte eine Decke aus dem Kasten unter einem der Sessel und warf sie über den toten *Dikri*. Ich war froh, daß ich den sich immer noch windenden Leichnam nicht mehr ansehen mußte. Als ich noch ein kleiner Junge gewesen war, hatte ich gehört, daß sich eine Schlange bis Sonnenuntergang krümmt, wenn man sie getötet hat. Ich hatte es nie geglaubt. Jetzt sah ich es mit eigenen Augen.

Dann setzten wir uns alle und warteten.

Wir unterhielten uns nicht, denn jeder von uns hatte genug nachzudenken. Ich versuchte, nicht an Zuhause zu denken, an Nina, Vater und Win. Ich hatte ziemlichen Zweifel daran, daß ich wirklich in ein paar Stunden freigelassen würde, wie es Varzil versprochen hatte. Zudem konnte ich nicht aufhören, daran zu denken, daß ich mich gegenwärtig im All befand, wo sich außer einigen wenigen Astronauten niemand von der Erde je aufgehalten hatte. Ich konnte es nicht ertragen, darüber nachzudenken, sonst hätte es mir völlig den Boden unter den Füßen weggerissen. Ich bemühte mich auch, nicht an den Leichnam auf dem Boden zu denken. Die meiste Zeit saß ich einfach nur da und wartete auf das, was als nächstes geschehen würde. Es gab nichts anderes zu tun, und wenigstens waren wir noch nicht tot. Es ist merkwürdig, man denkt immer, daß ein Abenteuer aufregend sein müßte, oder erschreckend, oder interessant, aber nie, daß es einfach langweilig sein könnte.

Trotzdem war dieser Teil genau das; wir saßen, warteten, und es war genauso langweilig, wie wenn man darauf wartet, daß der Zahnarzt zu bohren beginnt.

Varzil stand einmal auf und inspizierte die Leitzentrale, die wir zerschmettert hatten. Er sagte: »Ich wollte mich nur vergewissern, daß ihr den Kommunikator nicht zerstört habt. Es besteht eine gewisse Möglichkeit, daß sie uns in eine Richtung treiben lassen, von der sie annehmen, daß man uns dort nicht aufgreifen wird, und wenn dann der Kommunikator funktioniert, haben wir vielleicht eine Chance.«

»Nein«, sagte Karsten. »Ich habe absichtlich dieses Paneel zerstört. Ich war sicher, daß wir keinen Sonnenfelddetektor mehr brauchen würden, egal, was geschehen würde.«

Varzil wandte sich an mich und sagte: »Es tut mir leid, daß Sie in diese Sache hineingezogen worden sind. Geben Sie trotzdem die Hoffnung nicht auf, denn es gibt verschiedene Gesetze gegen Übergriffe auf die Bewohner eines neutralen Planeten.«

»Wann hätten Gesetze je Rellin und seine Artgenossen von etwas abgehalten?« erkundigte sich Karsten bitter.

»Trotzdem, sie könnten es vorziehen, nicht offen gegen die Bestimmungen zu verstoßen. Ebenso wie sie wußten, daß der Rat der Kommissare nie die Suche nach mir aufgegeben hätte, wenn ich spurlos verschwunden wäre. Seien Sie versichert, was immer sie uns antun, sie werden versuchen, es wie ein Verschwinden aus natürlichen Ursachen aussehen zu lassen und wir könnten eine Chance haben. Ich würde Sie täuschen, wenn ich Ihnen erzählte, es handele sich um mehr als eine geringe Chance; aber es könnte diese Chance sein, von der unser Leben abhängt. Wenn wir uns die Vernunft bewahren, könnten wir diese Angelegenheit überleben, also verzweifeln Sie noch nicht.«

Ich hatte nicht vor, zu verzweifeln. Ich glaube, daß niemand je im Ernst glaubt, daß er sterben muß; wenigstens solange er körperlich unversehrt und unverletzt ist, Essen und Luft zum Atmen hat und sich augenblicklich in Sicherheit befindet. Ich war aufgeschreckt; aber es gibt etwas im Inneren, das einem bis zum letzten Augenblick den Glauben läßt, daß sich alles zum Guten wenden wird – daß die hilfreiche Marine landen wird oder etwas in der Art.

Varzil hielt uns an, den Bestand der uns verbliebenen Lebensmittel zu erkunden. »Es ist offensichtlich, daß sie uns nicht von Hand umbringen oder unsere Untertasse auf den Mond schießen werden, damit es so aussieht, als wären wir dort gelandet.«

»Welche Möglichkeiten *haben* sie denn?« fragte ich. »Was *könnten* sie tun?«

»Ich bezweifle, daß sie uns jetzt noch einfach treiben lassen. Wenn wir je gefunden werden – die Untertasse könnte durch Detektoren-Strahlen aufgespürt werden –, wäre es leicht zu erraten, daß wir nicht zufällig unser Rendezvous mit dem Mutterschiff verpaßt haben.«

Ich fragte: »Würde dieses Schiff nicht anfangen, nach euch zu suchen, wenn ihr für das Rendezvous überfällig seid?«

»Das ist ganz ausgeschlossen«, sagte er ziemlich nüchtern. »Die Kosten und der Aufwand, die erforderlich sind, um eines dieser interstellaren Schiffe innerhalb eines solaren Feldes zu manövrieren, verbieten es. Sie werden sehr weit draußen in Umlaufbahnen geparkt. Natürlich haben sie Rettungsboote an Bord; wenn wir einen Hilferuf aussenden könnten, würden sie uns eine Untertasse schicken. Aber innerhalb des Feldes, das dieses *Dikri*-Schiff erzeugt, kann der Kommunikator nicht arbeiten. Ich nehme an, sie halten unser Schiff an das ihre gekoppelt, bis wir weit von der Umlaufbahn des Mutterschiffes der Kommission entfernt sind. Danach... nun, das können Sie sich selbst ausmalen.«

Später fragte ich Varzil – nur, um die Zeit totzuschlagen, denn davon hatten wir momentan genug zur Verfügung – einiges über seine Leute aus und was sie auf der Erde machten. Er war bisher meinen Fragen gegenüber aufgeschlossen gewesen und er zögerte auch jetzt nicht mit seinen Antworten. Diese Antworten brachten mich auf ein paar Ideen über unsere Chancen, lebend zu entkommen.

Seine Leute, die auf einem Planet im Zeichen Spica lebten, dessen Name so ähnlich wie *Branntol* lautete, gehörten einer Konföderation planetarer Regierungen an, die fünfzehn oder zwanzig Sonnensysteme und etwa siebzig Planeten umfaßte. Sie waren dabei, eine wissenschaftliche Untersuchung aller bewohnten Planeten innerhalb ihres Bereiches vorzunehmen, um festzustellen, welche davon in ihre Föderation aufgenommen werden konnten und welche in Ruhe gelassen werden mußten, damit sie weiter forschten und ein Kulturschock vermieden wurde.

Planeten wie die Erde waren tabu, aber es gab ein paar Gesetzlose, zu denen, wie ich vermutete, die *Dikri* ebenfalls zählten, die unerforschte Planeten bevorzugten und nicht von ihnen ferngehalten werden konnten. Zuweilen betrogen sie die Eingeborenen rücksichtslos um ihre natürlichen Reichtümer. Manchmal nutzten sie die Planeten auch nur als Spielplätze für ihre privaten Spiele, bei denen es sich, wie ich erfuhr, um Kriegsspiele handelte, die den betroffenen Planeten in einen Trümmerhaufen verwandelten.

Die Konföderation tat, was in ihren Kräften stand, um diese Gesetzlosen von unbeschützten Planeten fernzuhalten; aber es gab bereits ungefähr vierzigtausend unerforschte Planeten, die auf den Listen standen, und etwa noch mal so viele, die noch nicht erfaßt waren; das ganze Projekt war auf Jahrtausende angelegt, nicht etwa Jahrzehnte oder auch Jahrhunderte; und mittlerweile konnte die Konföderation unmöglich Posten auf jedem Planeten unterhalten, nur um die *Dikri* von ihm fernzuhalten.

Normalerweise versuchten die *Dikri*, in solchen Gebieten zu operieren, wo sich die Konföderation noch nicht etabliert hatte; denn wenn sie herausgefordert wurde, *unternahm* sie gewisse Sanktionen gegen die *Dikri*. Varzil vertraute mir nicht an, welcher Art sie waren, und ich fragte ihn nicht danach, aber ich konnte mir vorstellen, daß sie ziemlich drastisch sein mochten, denn die *Dikri* waren bemüht, einen gewissen Abstand einzuhalten, um ihnen zu entgehen.

Tatsächlich erfuhr ich, daß dies die einzige Hoffnung war, die uns verblieb; daß ein einzelner *Dikri* oder eine Gruppe nicht riskieren würden, die Maschinerie der Konföderation in Gang zu bringen. »Selbst die *Dikri*«, sagte Varzil, »hüten sich davor ... wie sagt man bei Ihnen? ..., den Tiger am Schwanz zu packen.«

Wir hatten erneut gegessen, geschlafen, und beides zwei- oder dreimal wiederholt, als ein leises, winselndes Geräusch in der Kabine einsetzte und die langsame Abfolge im Aufblinken der Regenbogenlichter begann. Ich fuhr aus kurzem Schlummer, setzte mich ruckartig auf, blinzelte und fragte mich, was als nächstes geschehen würde.

»Das *Dikri*-Schiff hat seine Geschwindigkeit gedrosselt«, sagte Varzil. »Die Lichter sind eine Geschwindigkeitsanzeige und arbeiten in dieser Fähre automatisch.«

»Wo sind wir, Vater?« fragte Karsten.

Varzil ging an die Instrumente und sagte: »Die Anzeigen für die Entfernung funktionieren natürlich nicht. Aber wenn wir in das Gravitationsfeld eines Planeten eintauchen, könnte ich in der Lage sein, die Magnetanzeiger abzulesen.«

»Könnten sie uns zurück zur Erde gebracht haben?«

Varzil zögerte, offenbar, um den Hoffnungsschimmer auf dem Gesicht seines Sohnes nicht zu dämpfen, dann erwiderte er aufrichtig: »Ich halte das für unwahrscheinlich. Wir hatten uns erst neun Stunden in der Geschwindigkeit der Untertasse von der Erde entfernt, als wir abgefangen wurden; uns wieder zurückzubringen, hätte mehr Zeit in Anspruch nehmen müssen. Das Manövrieren in einem Sonnensystem ist für ein *Dikri*-Schiff ein bißchen leichter als bei unseren interstellaren Transportern, aber nicht annähernd so leicht wie bei unseren Untertassen. Wir sind höchstwahrscheinlich irgendwo in der Nähe der Mars-Umlaufbahn.«

Ich speicherte diese Information in meinem Kopf. Wir waren jetzt seit etwa vier Tagen im All, nahm ich an. Jeder weiß, daß man üblicherweise fünf Tage im freien Fall braucht, um die Entfernung von der Erde zum Mond zurückzulegen; demnach waren sie offenbar nicht an die begrenzte Geschwindigkeit der Erde gebunden. Mit großer Wahrscheinlichkeit flogen ihre interstellaren Schiffe schneller als das Licht, denn Karsten war zu jung, um bereits viele Lichtjahre im All verbracht zu haben.

Die Lichter in der Kabine fuhren fort, der Reihe nach aufzuleuchten; blau, rot, gelb, grün. Ich verspürte ein seltsames unwohles und leeres Gefühl in Kopf und Bauch, das, wie ich glaubte, von der verlangsamten Geschwindigkeit herrührte. Varzil und Karsten befestigten ihre Sitzgurte und wiesen mich an, es ihnen gleichzutun. Die beiden Leichname auf dem Boden begannen umherzurutschen; die Decken lösten sich von ihnen, doch es ist vielleicht besser, möglichst wenig Einzelheiten darüber zu berichten.

Dann erschütterte ein heftiger Stoß unsere Fähre, es gab einen lauten Klang, die Lichter erloschen flackernd, und alles war still; es half mir kein bißchen zu wissen, daß ich vermutlich der erste Erdenmensch war, der auf dem Mars gelandet war.

9. Kapitel

Sobald wir sicher gelandet waren, zerrte Varzil an seinen Sicherheitsgurten. »Barry, nehmen Sie den Sitz wieder auf!« Er kniete neben dem toten *Dikri* nieder, und als er sich wieder aufrichtete, hatte er die Waffe der Kreatur in der Hand. Karsten versuchte, seinen Gurt zu lösen, aber er schaffte es nicht; ich erkannte, daß er ohne ärztliche Hilfe in sehr ernsthafte Schwierigkeiten geraten würde. Ich hob den Sessel über den Kopf und stellte mich eng gegen die Wand gedrückt neben den Eingang der Untertasse, als sich auch schon der Türgriff langsam bewegte.

Die Tür öffnete sich einen Spaltweit, und der vertraute mächtige Schädel eines *Dikri* in Menschengestalt drängte sich hindurch; ich ließ den Sessel krachend niedersausen, landete einen vortrefflichen Schlag und wurde, als sich das Ding verwandelte, von den Muskelzuckungen durch die halbe Kabine geschleudert.

Gleich darauf loderte eine blaue Flamme aus Varzils Waffe, ein unmenschliches Wutgebrüll erscholl; dann füllte sich die Kabine mit drei, vier, fünf der Monster, und ich wußte, wir waren verloren. Kein menschliches Wesen hätte in einem Handgemenge mit vier dieser Wesen bestehen können.

Ich kämpfte mich auf dem Boden in eine sitzende Position und sah bitter und voller Haß auf die schlaffgesichtige Gestalt Rellins, dann auf die anderen, und fragte mich, wie irgend jemand sie je hatte für Menschen halten können.

Rellin sagte mit seiner belegten Stimme: »Ich sehe, daß du Carandal getötet hast. Ich dachte mir, daß dies geschehen würde.« Er stieß den toten *Dikri* leicht mit dem Fuß an, sah seitlich auf den sich Krümmenden, den ich gewaltig mit dem Sessel getroffen hatte, löste seine Waffe und erschoß ihn.

Karsten hatte mich zwar auf diese Art von Gefühllosigkeit vorbereitet, aber dennoch wurde mir übel, als ich sie mit eigenen Augen erblickte. Varzil befand sich in heftiger Gegenwehr zwischen zwei anderen *Dikri*; Rellin trat zu ihm, nahm ihm die Waffe aus der Hand und sagte gleichmütig. »Laßt ihn in Ruhe.«

Sie ließen Varzil los, der heftig atmend dort stand und krank und erschöpft aussah. Rellin sagte: »Wir werden dich nicht töten.«

Ich unterdrückte einen Freudenschrei. Ich war ziemlich sicher, daß diese Sache einen Haken haben mußte. Varzil sagte heiser und sichtlich um Atem ringend: »Rellin, ich warne dich. Der Junge...« er wies auf mich, »... ist ein Neutraler, ein Eingeborener. Tu ihm etwas zuleide, und die Konföderation wird nie wieder von dir ablassen.«

»Ich sagte dir bereits, daß wir nicht die Absicht haben, euch etwas anzutun«, erwiderte Rellin und lächelte. Oder, um bei der Wahrheit zu bleiben, sein Maul verbreiterte sich in einer entsetzlichen Parodie eines Lächelns. »Es ist nicht meine Angelegenheit, wenn deine Zunft sich mit meinen Leuten im All anlegt. Laßt sie los.« Rellin machte eine herrische Gebärde.

Die Tür ging auf, und als mir einer der *Dikri* näher kam, bewegte ich mich auf sie zu. Ich fühlte, wie mir das Herz stehenblieb und gleich darauf einen doppelten Schlag tat. Ein eisiger Windstoß erfaßte mich. Dann beförderte mich ein harter Prankenschlag durch die Tür hinaus; ich kämpfte darum, auf den Füßen zu bleiben, stolperte, fiel der Länge nach hin, und dort lag ich, alle viere von mir gestreckt, und keuchte in der bitteren Kälte auf der Oberfläche des Mars.

Hinter mir stolperte Varzil die Stufen hinab und stützte Karsten behutsam mit einem Arm. Die *Dikri* holten ihre toten Artgenossen und warfen sie neben uns. Ich verharrte und beobachtete in dumpfem Entsetzen, wie sich der Eingang der Untertasse schloß und die Lichter an ihrer Außenseite abwechselnd zu blinken anfingen.

Dann sah ich auf und erblickte das *Dikri*-Schiff; gewaltig und fremdartig; es glühte in der kalten Fluoreszenz eines mächtigen See-Ungeheuers; unsere Untertasse hing wie eine große schimmernde Blase neben ihm. Es gab ein gedämpftes winselndes und schwirrendes Geräusch. Dann erhoben sich die beiden Schiffe zugleich, noch immer verbunden; sie nahmen langsam Geschwindigkeit auf, erhoben sich höher und höher und wurden kleiner und kleiner, bis sie nur noch als winzige Punkte vor dem blassen, purpurnen Himmel erschienen; und dann waren sie verschwunden.

Wir waren allein, ausgesetzt auf dem Mars. Zu unseren Füßen lagen die Leichname Harrets und der *Dikri*. Sonst war nichts zu sehen.

Nichts.

Ganz und gar nichts.

Nicht ein verdammtes Ding.

In kürzester Frist würden wir tot sein.

Ich erinnere mich nicht mehr sehr gut, was in den nächsten Minuten geschah. Ich denke mir, daß ich möglicherweise ein wenig verrückt geworden bin. Ich entsinne mich, daß Varzil ohne Unterbrechung fluchte, in der Sprache, die ich nicht verstand; aber es war nicht schwer zu erraten, daß er die *Dikri* mit jedem schmutzigen Ausdruck belegte, der ihm einfallen wollte. Karsten stand nur dort und sah schwach und verwirrt aus; schließlich ließ er sich auf Hände und Knie fallen und kroch bebend voran... Und ich denke, das brachte uns wieder zur Besinnung.

Zum erstenmal begann ich damit, mir zu vergegenwärtigen, was geschehen war, und ließ es in mein Bewußtsein einsickern. Das erste, was ich erkannte, war, daß ich atmete. Ich bin kein Experte, aber ich war mit den Berichten über die Satelliten auf dem laufenden, und ich begriff, daß es auf dem Mars nicht einmal genug Atemluft für eine Katze gab, geschweige denn für einen Menschen. Dennoch atmete ich. Es ging nicht leicht, der Wind blies stürmisch und raubte mir die Luft vor der Nase; aber trotzdem atmete ich. Soviel für die Experten.

Und es war *kalt*! Ich stellte mir vor, daß es am Nordpol so sein mußte; nur fehlte hier natürlich der Schnee. Überall um uns lag matter graubrauner Sand, in den der Wind ein endlos wiederholtes Muster aus flachen Wellen gekämmt hatte, das nur gelegentlich von niedrigen grünen und blauen Felsbrocken unterbrochen wurde. Wenige dickblättrige, stachlige Pflanzen, die wie Salvador Dalis Version des Saguaro-Kaktus aussahen, setzten seltsame Akzente in die Landschaft. Abgesehen davon war nichts zu sehen, soweit das Auge reichte; in unmeßbar weiter Entfernung wandelte sich das Graubraun des Sandes zu einem stumpfen Blau und Purpur und ging unmerklich in den Himmel über. Etwa vierzig Grad oberhalb des unsichtbaren Horizontes hing ein kleiner, glühendroter Ball von der Größe eines Daumennagels am Himmel, um anzuzeigen, wo die Sonne theoretisch stehen mußte. Ich fröstelte in meinem schweren Mantel und wünschte mir, ich hätte vier von seiner Sorte übereinander angezogen. Es wäre übel genug, sich in dieser heulenden Wüste zu Tode zu hungern, auch ohne daß man sich zuvor zu Tode fror!

Endlich wandte ich Varzil den Kopf zu, dessen Hände auf Karstens Schultern lagen, als hätte er sie dort vergessen. Er beobachtete mich und ich fühlte den Wunsch in mir, ihn zu verfluchen; ihn und die Eingebung, die mich veranlaßt hatte, Karsten zu helfen, die mich hierher gebracht hatten, auf daß ich hier starb.

Ich hatte den Eindruck, unvermittelt und irrsinnig, Nina brächte das Essen auf den Tisch und fragte sich selbst laut, wie ich sie einmal fragen gehört hatte, als ich unerwartet in der Hintertür aufgetaucht war: »Wo auf Erden *ist* dieser Junge?« In meiner Kehle bildete sich ein Klumpen. Mutter und Vater würden nie erfahren, ob ich am Leben oder tot war – oder daß ich mich gar nicht auf der Erde befand.

Ich öffnete den Mund, um zu schreien, daß dies alles seine, Varzils, Schuld sei und daß ich mich niemals danach gedrängt hätte, in diese verdammten galaktischen politischen Angelegenheiten hineingezogen zu werden, dann machte ich den Mund wieder zu. Er und Karsten würden ebenfalls sterben, und ich konnte mir nicht vorstellen, daß sie allzu beglückt über diese Vorstellung waren.

Daher fragte ich statt dessen das, was ich vorgehabt hatte zu fragen: »Geht es Karsten gut?«

»Er ist ziemlich weit davon entfernt«, sagte Varzil ernst. »Wenn es uns nicht gelingt, ihn bald aus dieser Kälte zu bringen, wird er sich nie erholen.«

Ich erwiderte sarkastisch: »Sie kennen nicht zufällig ein gutes Hotel hier in der Nähe?«

Karsten lachte; es war ein schwaches, wenig überzeugendes Geräusch. Er sagte mit geisterhafter Stimme: »Wenn ich mir vorstelle, daß ich wütend gewesen bin, weil wir uns mit einem Eingeborenen belasten mußten, einem Planetarier, der aufgeben würde, sobald die Situation brenzlig aussähe! Ich fühle mich schon besser.«

»Was das Aufgeben betrifft, sobald eine Sache kritisch wird«, sagte ich bitter, »mein Urgroßvater ist damals über die Rockies gekommen und hat auf dem Donner-Paß mit dem Patrick-Breen-Trupp überwintert; und das war gewiß kein Picknick. Ich setze jederzeit auf einen kalifornischen Pionier gegen einen eurer Leute!«

Varzil sagte: »Wenn Sie es in diesem Geist aufnehmen, wird

es vielleicht nicht so schlimm, wie wir befürchtet haben, aber ich muß Sie warnen, unsere Lage ist verzweifelt.« Er bewegte sich ein Stück auf die Windschattenseite neben den Leichen zu, ließ Karsten in den Sand sinken und sagte: »Helfen Sie mir, diese toten Leiber aufeinanderzustapeln, damit sie uns einen gewissen Schutz bieten.«

Das Entsetzen muß mir im Gesicht gestanden haben, denn er fügte scharf hinzu: »Ich bitte Sie! Jetzt ist nicht die Zeit für Sentimentalitäten oder Zimperlichkeiten! Sie werden uns vor dem Wind schützen, und einer der *Dikri* hat noch einen Rest Körperwärme in sich.«

Zudem zuckte er noch, und es war nicht die erfreulichste Arbeit, die ich je getan hatte; aber als Varzil mich anwies, den toten Mann und die toten *Dikri* auszuziehen, erhob ich wütenden Protest: »Ich bin kein Leichenräuber!«

»Dann werden Sie mit Ihren Skrupeln sterben müssen«, sagte Varzil. »Warme Kleidung ist warme Kleidung, und dem toten Harret nützt sie nichts mehr, mag er in Frieden ruhen. Zudem hat Harret einige kleinere Werkzeuge in der Tasche; und was die *Dikri* in den Taschen haben, wissen wir noch nicht.«

Ich bat ihn um Verzeihung und gehorchte. Jedenfalls, so sagte ich mir, als ich vorsichtig an dem zuckenden Körper zerrte, wenn Varzil im Sinn haben sollte, noch einen Schritt weiterzugehen, würde ich vermutlich meutern. Ich würde lieber verhungern, als zu versuchen, ein Steak oder einen Hamburger aus *Dikri*-Fleisch zu essen.

Ich kramte ein Sortiment seltsamer Geräte aus Harrets Taschen und übergab sie Karsten, dann nahm ich die Taschen der toten *Dikri* in Angriff. Sie hatten jeder einen kleinen, runden und durchsichtigen Gegenstand, der wie ein Kompaß aussah, verschiedene Papiere und jeder eine gedruckte Karte; einer hatte ein Paket Kleenex bei sich, das mir einen kalten Schauer verursachte, als ich mich fragte, wo er es gekauft hatte, und an den arglosen Menschen denken mußte, der es ihm verkauft hatte. Zudem trugen beide eine kleine Bronzefigur bei sich, in der ich die klassische Drachengestalt erkannte; oder die Gestalt der *Dikri*.

Varzil überprüfte alle diese Gegenstände; das Drachending drehte er in den Händen hin und her.

Karsten fragte ihn mit schwacher Stimme, was es wäre, und

Varzil erwiderte: »Schlüssel. Es sind Startschlüssel für die kleineren privaten Schiffe der *Dikri*, die unseren Untertassen ähnlich, aber weniger komfortabel sind. Deshalb wollten sie natürlich auch unsere Untertasse an sich bringen.«

Ich konnte mir nicht mehr helfen. Die Vorstellung einer fliegenden Untertasse, die mit einem Zündschlüssel gestartet wurde wie ein alter Ford oder Chevy war zuviel für mich.

Ich sagte unter beinah hysterischem Lachen: »Lassen Sie nicht zu, daß ein braver Bursche auf die schiefe Bahn gerät. Verschließen Sie ihren Wagen. Nehmen Sie die Schlüssel mit!« Karsten ging darauf ein: »Nun, wenn wir nur eines von diesen Dingern auf dem nächsten Parkplatz finden könnten...«

Varzil sagte: »Man kann nie wissen«, steckte die beiden Drachendinger in seine Hosentasche und beugte sich über Karsten, um mir einen Gegenstand in die Hand zu drücken, der sehr nach einer Taschenlampe aussah. »Ich muß nach dieser Stichwunde sehen. Helfen Sie mir jetzt, und seien Sie still.«

Als Karsten verbunden und die zusätzliche Kleidung von den Toten ausgeteilt war – sie kam mir sehr gelegen, wie ich zugeben mußte, einschließlich des dicken, schweren Mantels, den der tote *Dikri* getragen hatte und der mir als Anteil zugefallen war –, kauerten wir uns auf der windgeschützten Seite der Leichen zusammen und versuchten, die restliche Körperwärme und den Schutz gegen den beißenden Wind gerecht zu teilen.

»Wir können hier nicht bleiben«, sagte Varzil, und er sagte mir damit nichts Neues. Die Leichname fingen bereits an zu gefrieren, und ich wußte verdammt gut, daß mit uns das gleiche passieren würde, wenn wir noch lange blieben. Karsten sprach nicht; er schien sich in einem Schockzustand zu befinden, also spielte ich den Widerspenstigen.

»Wir können nicht hierbleiben, können aber auch nirgendwo anders hingehen; oder übersehe ich etwas in der Landschaft? Erzählen Sie mir nicht, daß uns die *Dikri* freundlicherweise in der leicht zu Fuß zurückzulegenden Nähe eines luxuriösen Untergrundhotels für erholungsbedürftige Raumfahrer abgesetzt haben!«

»Nein«, erwiderte Varzil. »Unglücklicherweise nicht. Ich bin nicht einmal sicher, wo wir uns befinden. Aber dieser Planet wird gelegentlich besucht; und zwar sowohl von der Konföderation als auch von den *Dikri*. Ich glaube kaum, daß sie uns auf

Territorium der Konföderation abgesetzt haben, aber ich habe die Instrumente abgelesen, bevor die Untertasse gelandet ist. Wir befinden uns in der Nähe des zwölften Breitengrades, und sehen Sie...« Er wies in die Ferne, und sehr undeutlich, durch Dunst und zunehmende Dunkelheit, machte ich am Horizont eine niedrige Kette grauer Hügel aus. »Dort gibt es Höhlen, und ich habe gehört, daß die *Dikri* darin Unterkünfte errichtet haben. Wir könnten eine davon finden, die nicht benutzt wird. Es ist unsere einzige Chance... wir müssen einen Schutz erreichen, bevor ein Sandsturm aufzieht. Sie sind relativ häufig in dieser Jahreszeit, die gerade eben erst anbricht.«

Ich war nicht wild darauf, an einem Ort Schutz zu suchen, der von den *Dikri* frequentiert wurde; aber ich nahm an, daß Varzil es wußte, also sagte ich nichts zu seinem Vorschlag. Wir würden ohnehin nicht dorthin gelangen. Ich fragte nur: »Kann Karsten gehen?«

»Es ist besser, auf dem Weg zu einer Unterkunft zu sterben als beim Nichtstun«, erwiderte Varzil mürrisch. »Aber jetzt wollen wir erst ruhen; später werden wir weitergehen.«

Während die Sonne dem unsichtbaren Horizont entgegensank, kauerten wir neben den Leibern des toten Mannes und der toten *Dikri*, zitterten und warteten. Die Nacht war schlimm. Ich habe nicht mehr Phantasie als andere Menschen, aber wir hatten drei Leichen zur Gesellschaft, und der mir zunächst liegende *Dikri*-Leichnam wand sich noch immer; gelegentlich durchfuhr ihn ein heftiger Krampf; und jedesmal wenn das der Fall war, verkrampfte ich mich ebenfalls. Ich war froh, als er gefror, obwohl das zur Folge hatte, daß es mir noch kälter wurde, als lehnte ich gegen einen Eisblock.

Damals wußte ich nicht, wie lang eine Marsnacht war, aber als es endlich soweit war, daß der kleine rosa Sonnenball über dem Horizont aufstieg, war ich geneigt zu sagen, daß sie zu lang währte. Ich war in sämtlichen Gliedern steif und kalt. Obwohl die Barrikade aus gefrorenen Leibern einigen Schutz gewährte, schnitt der Wind wie mit Messern, und mein Gesicht fühlte sich halb erfroren an. Ich hatte nicht einen Augenblick geschlafen. Aber dennoch, als Varzil aufstand und die Hände zusammenschlug, um sie zu erwärmen, war ich bereit aufzubrechen. Alles war besser als der gegenwärtige Zustand.

Karsten sah besser aus als am Abend zuvor, obwohl er steif

und offensichtlich übel dran war. Die einzige Erklärung, die ich dafür habe, daß ihm die Ruhe – die wir wohl genossen hatten, obwohl ich persönlich mir nicht ausgeruht vorkam – geholfen hatte, oder daß ihn die intensive Kälte gewissermaßen anästhesiert und seinen Arm betäubt hatte. Seine Stimme schien mir kräftiger, und als Varzil das Paket mit den Rationen aus der Tasche holte, sie in gleich große Teile brach und verteilte, aß er hungrig. Und ich tat es, was das betrifft, ebenfalls. Es schien mir schrecklich lange her zu sein, daß ich ein anständiges Mahl genossen hatte.

Dann holte Varzil einen Kompaß aus der Tasche, studierte ihn intensiv eine lange Zeit, warf einen Blick auf die Sonne, wies schließlich mit dem Finger hinaus und sagte: »Diese Richtung. Laßt uns gehen.« Und wir zogen los.

Wir fingen einfach an zu gehen. Und gingen weiter. Und immer weiter.

Der folgende Zeitabschnitt ist in meinem Gedächtnis einer der schlimmsten. Wir gingen. Der Wind blies eisig und der Sand wurde unentwegt hochgewirbelt und uns in die Gesichter geblasen. Während eines unserer gelegentlichen Aufenthalte – wir wanderten etwa zwei Stunden lang und legten danach eine Pause von zehn Minuten ein – nahm ich eine Handvoll Sand auf und besah ihn mir näher. Er sah wie feiner Schmirgelsand aus oder gemahlene Eisenspäne, und so fühlte er sich auch an, wenn er einem gegen die Haut geblasen wurde oder sogar in die Augen geriet. Nach einer Weile war meine Haut rauh; wir alle zogen ein entbehrliches Teil unserer Unterwäsche aus und banden es uns um die Gesichter, um die Augen und auch darüber, wenn der Stoff dünn genug war. Man kann durch das baumwollene Material, aus dem Unterhemden gemacht werden, hindurchsehen, wie ich herausfand, wenn man nur eine Lage davon über die Augen legt. Man kann nicht sehr *gut* sehen; aber schließlich ist die Szenerie auf dem Mars nicht eben überwältigend, und es entgeht einem gewiß nicht viel.

Die Luft war so kalt, daß ich mir bei jedem Atemzug so vorkam, als geriete mir festes Eis in die Lungen, das jedoch einen derartigen Durst in der Kehle verursachte, daß ich keuchte. Aber ich konnte nichts dagegen unternehmen. Schon nach einer kurzen Zeit trottete ich benommen über die unebene Sandfläche, in der auch nicht eine einzige Spur zu sehen war, und träumte von großen Tassen heißem Kaffee, von Kühlschränken, die mit Milchpackungen vollgestopft waren; von Wasserhähnen, aus denen wahre Ströme dampfendheißen Wassers flossen, in dem ich baden konnte, und Eisgekühltem, das ich die ausgedörrte Kehle hinabrinnen lassen konnte. Unter unseren Füßen war ein langsames, monotones Knirschen; Steine und Sand, Sand und Steine, und ein dickes, haariges, weiches Material, das gelegentlich das Gehen erleichterte und sich beinahe wie Moos anfühlte.

Es wurde so schlimm, daß ich mich vor dem Atmen fürchtete, denn es machte meine Kehle trockener und trockener. Als wir vielleicht zum viertenmal rasteten, um ein wenig von der Trokkennahrung zu essen, konnte ich sie nicht mehr kauen, so hungrig ich auch war.

»Versuchen Sie, es zu essen«, sagte Varzil. »Die Nahrung verwandelt sich in Wärme.« Er fuhr beharrlich fort, auf seiner eigenen Ration herumzukauen, aber auch sein Mund sah blau und ledrig aus. Karsten hatte gesagt, sein Vater wäre nicht stark, aber bis jetzt war er der kräftigste von uns allen.

Die Sonne war mittlerweile höher geklettert, bis zu einem Stand, der etwa dem Mittag entsprechen mußte, und sie war jetzt ungefähr so hell wie an einem nebligen Tag in London; danach fing sie erneut an zu sinken und wurde sogar noch diesiger und finsterer. Und wir hielten uns in Trab, aber die Silhouette der Hügel, denen wir entgegengingen, schien nicht im geringsten näherzukommen.

Kurz vor Sonnenuntergang aßen wir den letzten Rest unserer Verpflegung auf; und als die Nacht hereinbrach, streckten wir uns an der windgeschützten Seite eines niedrigen Felsens aus und drängten uns für die unbestimmbaren Stunden der Dunkelheit dicht aneinander.

Ich lag an der Innenseite, Karsten war mir der nächste, Varzil lag außen; wir breiteten sämtliche Kleidungsstücke der *Dikri* wie Decken über uns. Varzil, der offensichtlich erschöpft war, schlief mit leise keuchendem Schnarchen.

Ich konnte trotz meiner Erschöpfung nicht schlafen. Ich fühlte mich ausgetrocknet und verschmachtet, mein Magen war verkrampft, die Kehle schmerzte, und ich bekam kaum genug Spucke zusammen, um schlucken zu können. Wie ich anneh-me, suchten mich während eines großen Teils dieser Nacht

Wahnvorstellungen heim. Ich glaubte, zu Hause zu sein, mit Win am Eßtisch zu sitzen und den Geruch einer Pizza mitzubekommen, der genüßlich durch die Luft schwebte. Aber als ich hineinbeißen wollte, war ich wieder in meine gegenwärtige Lage zurückversetzt und lag unter diesem verdammten Felsen auf dem Mars, während Varzil schnarchte und Karsten leise im Schlaf wimmerte. Ich fragte mich, wie sie schlafen konnten, ob diese Nacht die letzte unseres Lebens sein mochte und ob Varzil wirklich glaubte, daß wir ohne Essen, Wasser und Feuer überhaupt irgendeinen Ort erreichen konnten, ehe wir starben.

Endlich schlief ich ein wenig, alpdruckartig, aber als der Morgen die Finsternis ein bißchen aufhellte, war ich so kalt und ausgedörrt, daß ich nicht aufzustehen vermochte, als sich Varzil erhob und steif seine verkrampften Glieder reckte. Was machte es denn schon aus, ob wir noch einen weiteren Tag lebten? Warum sollten wir nicht hier sterben, wo wir es ein wenig angenehmer tun konnten? Warum sollten wir fortfahren, einen verdammten müden Fuß vor den anderen zu setzen, bis wir auf unsere eigenen Spuren stoßen würden?

Karsten zerrte an mir, aber ich wehrte ihn ab und bedeckte den Kopf mit den Armen.

»Geh weg«, murmelte ich. »Ich geh' nich' weiter. Da is' sowieso kein Platz, wohin wir geh'n können. Ich bleib' genau hier.«

»Was gibt es denn hier, weswegen du bleiben willst?« hörte ich Karsten sagen, aber ich war schon zu weit von Logik und Argumenten entfernt. Wenn ich nur schlafen könnte...

Varzil sagte: »Wir können ihn nicht tragen.«

Und Karsten erwiderte: »Ich werde ihn nicht alleinlassen. Wenn er mir das Leben nicht gerettet hätte, wäre er jetzt sicher zu Hause.«

Ich spürte, wie Varzil mir die Hand in die Schulter grub und mich schüttelte. Er sagte mit einer Stimme, die mir wie das Läuten einer Glocke in den Ohren klang: »Wir haben Sie hierher gebracht, wir werden Sie nicht verlassen. Wenn Sie nicht aufstehen und uns helfen wollen, daß wir uns alle retten, werden wir hierbleiben und mit Ihnen sterben. Wollen Sie das?«

Bei allen verdammenswerten und unfairen Methoden, die Sache darzustellen, dachte ich undeutlich durch den dichten Schleier des Schlafes. Wollten sie, daß ich für ihren Tod verantwortlich war? Ich murrte: »Oh, wenn ihr es so seht...« und kämpfte mich verwirrt auf die Füße.

Varzils Augen waren entzündet und tief in sein vom Sand aufgerauhtes Gesicht gesunken. Karsten sah dünner aus und blasser, seine Augen glänzten vor Fieber, und er versuchte nicht einmal mehr, seinen schlimmen Arm zu bewegen. Und ich wollte nicht darüber nachdenken, wie ich selbst aussehen mußte. Meine Kehle war ein einziger Schmerz; ich vermochte weder zu schlucken noch zu sprechen. Ich verfiel in kranke Apathie, hob mühsam einen Fuß nach dem anderen, und wenn ich ihn wieder senkte, erschütterte ein dumpfes Pochen meinen wunden Leib.

Der Tag schleppte sich endlos dahin. Bei einer unserer Atempausen – wir hatten mittlerweile aufgehört, zu sprechen – ertappte ich mich dabei, daß ich mich mit der gefährlichen Klarheit des bevorstehenden Todes umsah.

Wir mußten sterben. Konnten wir denn gar nichts tun? Wir hatten kein Feuer und keine Möglichkeit, eines zu entzünden. Wir konnten keine zwei Stöcke gegeneinanderreihen, weil es keine Pflanzen und keine Bäume gab. In einer irdischen Wüste, selbst in der schlimmsten, gab es Tiere, die man fangen, und Pflanzen, die man verzehren konnte, und anderes, wenn man sich auskannte. In den Überlebensmethoden trainierte Männer hatten sogar in der Arktis und im Death Valley überlebt. Aber hier? Es schien nirgendwo lebende Tiere zu geben, und das Moos unter unseren Füßen sah nicht sehr vielversprechend aus – und das alptraumartige Gewächs, das wie ein Kaktus aussah...

Kaktus.

Wenn es eine Kaktusart war, wie blieb sie dann am Leben? Nichts Lebendiges konnte ohne Wasser gedeihen, soviel wußte ich sicher. Plötzlich erinnerte ich mich wieder an etwas, das jedes Kind in Kalifornien wußte. Ich durchwühlte meine Taschen, förderte meine Studentenkarte von der High Scool in Berkeley zutage und eine Menge Kugelschreiber. Ich warf die Karte mit einigen unsinnigen Gedanken an Umweltverschmutzung fort, und dann schloß sich meine Hand um das Messer, das ich gegen die *Dikri* verwendet hatte. Schaudernd bemühte ich mich darum, die sonderbaren Flecken an der Spitze zu ignorieren und prüfte die Schneide mit dem Finger. Varzil, der kraftlos hingesunken war und die Augen geschlossen hatte, öffnete sie plötzlich wieder, rappelte sich auf, trat auf mich zu und versuchte, mir das Messer aus der Hand zu winden.

Wütend explodierte ich. »Haben Sie gedacht, daß ich Sie töten und essen wollte? Verdammt, lassen Sie mich nur eine einzige Minute gewähren, ich möchte etwas ausprobieren.«

Varzil sagte heiser aber würdevoll: »Es war Ihr eigener Todeswunsch, den ich befürchtete.«

Ich schenkte seinen Worten keine Aufmerksamkeit. Jetzt, wo ich diesen Einfall hatte, lag meinem Denken nichts weiter entfernt als die Idee zu sterben, aber ich durfte keinen Atem verschwenden. Ich steuerte auf eines der kaktusartigen Gewächse zu.

Das Zeug wuchs etwa acht Inches bis zwei Fuß hoch, war von einer schmutzigen Unfarbe und hatte rötlich geäderte, knollenartige Auswüchse. Ich ließ mich auf die Knie nieder und hielt den Atem an. Ich stieß mein Messer in eine der Knollen.

Das Gewächs schrie mich an!

Jetzt, in der Rückerinnerung, weiß ich, daß es sich nur um entweichende Luft gehandelt hatte; aber es ließ mich zurück auf die Hacken plumpsen, und fast hätte ich mir vor Schreck in die Hand geschnitten. Es war ein hohes, geisterhaftes Winseln mit einem menschlichen Beiklang. Dann stieg mir ein reiner, tangartiger Geruch in die Nase, und ich wußte, daß sich der Tod unversehens in Leben verwandelt hatte, denn aus dem Kaktus rann eine dünne, wäßrig-klare Flüssigkeit.

Ich säbelte nochmals mit dem Messer an der Pflanze herum und brachte meine Lippen an den hervorsickernden Saft. Im letzten Augenblick fiel mir noch ein, daß er möglicherweise giftig sein konnte, aber ausgetrocknet, wie ich momentan war, hätte mich nicht einmal das gestört. Er war *naß*.

Meine Lippen saugten die kostbare Flüssigkeit dankbar auf. Anfangs hätte ich nicht einmal zu sagen gewußt, wonach sie schmeckte; dann entdeckte ich, daß sie einen süßlichen und leicht säuerlichen Geschmack hatte. Selbstverständlich war sie eiskalt, so kalt, daß mir die Zähne schmerzten. Aber wie hätte mich das stören können?

Nach einer Weile, als ich genug gesaugt hatte, um diese fürchterliche Trockenheit zu vertreiben, erinnerte ich mich an meine Gefährten. Ich schnitt einen flaschenkürbisartigen Trieb ab und reichte ihn Karsten, dann übergab ich Varzil das Messer, damit er sich selbst eine Knolle anschnitt, anschließend ging ich zurück, um selbst erneut diese köstliche Nässe zu saugen und zu kauen.

Während der folgenden halben Stunde taten wir alle nichts anderes. Wir säbelten die knollenartigen Triebe des Mars-Kaktus ab, saugten und kauten ihr Fruchtfleisch und sogen die letzten Tropfen Feuchtigkeit aus ihnen. Die Fasern waren eigentlich eher holzig als fruchtig, ihr Geschmack erinnerte schwach an Broccoli mit Sägemehl, aber in unserer Situation schmeckten sie einfach herrlich.

Und es gab genug davon. Es gab einen ganzen Planeten voll davon, und kein Marsianer war weit und breit, der uns hätte ausschimpfen können, weil wir seine Wassermelonenbeete plünderten.

Schließlich, es war kaum zu glauben, hatten wir genug. Erst da bemerkte ich, wie kalt es noch immer war und daß der heftige, eiskalte Wind stärker als je zuvor geworden zu sein schien; er schnitt mir in Gesicht und Hände, die fast schon erfroren schienen. Es ist unmöglich, die schreckliche, wütende Heftigkeit dieses Windes zu beschreiben – und seine Lautlosigkeit. Man glaubt immer, daß Wind Lärm verursacht. Das liegt daran, daß man ihn in den Bäumen hört, oder wie er um Häuser und Ecken fegt.

Dieser Wind fegte um keinerlei Hindernisse. Er raste nur über Hunderte von Meilen über nichts als Sand. Ich steckte die Hände unter den Mantel, und dort stand ich, nicht länger durstig, aber hungrig und frierend.

Varzil sagte nach einer Weile: »Das sollte uns helfen. Die Hügel sind weiter entfernt, als ich gedacht habe. Das war eine gute Idee, Barry. Mir wäre es nie in den Sinn gekommen, daß diese Vegetation genießbar sein könnte.«

Ich sagte: »Was diese Hügel betrifft, die Sie erwähnen, werden wir in irgendeiner Weise besser dran sein, wenn wir sie erreichen? Oder ist es nur ein anderer Ort, an dem wir verhungern und erfrieren können?«

»Ich weiß, daß es dort Schutzunterkünfte gibt«, erwiderte Varzil, »aber ich weiß nicht, ob wir sie finden werden. Oder was sie uns an Komfort zu bieten haben. Es ist eine Chance, nicht mehr als eine Chance.« Er sah zu Karsten hinüber und seine

Lippen wurden schmal. Ich wußte, was er dachte, er fragte sich, ob der Junge durchhalten würde.

Das Gehen fiel mir jetzt nicht mehr ganz so schwer, ohne die Qual des Durstes; aber meine Muskeln schmerzten in der Kälte, und ich spürte, daß meine Hände und besonders die Füße zu erfrieren anfingen. Meine Schuhe waren nicht für lange Wanderungen gedacht, und meine Socken waren eine zusammengebackene Masse aus Schweiß, Schmutz und Eis. Jedesmal wenn ich einen Fuß auf den Boden setzte, fühlte ich, wie sich eine neue Blase bildete.

Wir schlurften und schlurften, und ich kam mir vor, als wäre ich schon für immer so gewandert; kalt, frierend und unter Schmerzen. Ich schob mir die improvisierte Sandmaske über die Augen und wandelte in einem dunklen Traum; ich wußte nicht, wohin ich ging, und sorgte mich auch nicht darum. Ich bekam undeutlich mit, wann wir anhielten, um ein paar Minuten zu pausieren und ein bißchen mehr von dem scharfen Kaktussaft zu schlucken, da ließ der Wind nach; und der Schrei, den Karsten ausstieß, traf mich unvorbereitet.

»Seht – seht dort!«

Da der Wind sich gelegt hatte, sah man jetzt durch die sandfreie Luft deutlich die Hügel; niedrige Brustwehren blauer Felsen, von rostfarbener Dämmerung überschattet, durch eine Ewigkeit der Erosion abgeschliffen. Die Entfernung betrug nicht mehr als fünf Meilen. Aber fünf Meilen in unserem derzeitigen Zustand... und dann noch wie weit, bis wir Schutz finden würden?

Varzil starrte mit prüfendem Blick hinüber, indem er die Augen mit darübergelegten Händen gegen den Sand schützte. Ich bemerkte, wie rotgeädert und entzündet seine Augen waren, und wußte zugleich, daß meine eigenen Augen genauso aussehen mußten. Endlich deutete Varzil mit der Hand.

»Da ist eine Unregelmäßigkeit in der Silhouette«, sagte er, »es könnte so etwas wie ein Gebäude sein.«

Ich konnte es nicht erkennen. Auch Karsten nicht, obwohl er lange dorthin starrte. Dennoch brachen wir in stummer Übereinstimmung alle auf. Eine Chance war immer noch besser als gar nichts.

Wir stolperten jetzt alle, halbblind und erschöpft, drei Gespenster in einer endlosen Wüste. Alle Schritte, die ich tat, schienen ins Nirgendwo zu führen, und ich ging in fühlloser Benommenheit weiter, ohne Hoffen, selbst ohne mich noch groß zu sorgen. Was würden wir wohl vorfinden, wenn wir dort ankämen? Den kalten Schutz einer nackten Höhle im Fels, leer, ohne Feuer und Nahrung? Oder die warmherzige und zartfühlende Gastfreundschaft der *Dikri*? Zumindest schienen sie kein Interesse daran zu haben, menschliche Wesen zu quälen; sie würden uns einfach niederschießen, ohne mehr Bedenken, als ich einer Fliege gegenüber empfände.

Während der letzten wenigen Meilen gab ich mich beinah vollständig dem Selbstmitleid hin. Ich schlurfte immer weiter und kümmerte mich nicht darum, was mir oder meinen Gefährten geschah.

Bis Karsten aufschrie und kopfüber in den Sand stürzte.

Ich wußte, dies war das Ende. Wir würden den Unterstand niemals erreichen, wenn es überhaupt einen Unterstand gab.

Varzil kniete neben Karsten nieder, und ich hörte ihn in ihrer eigenen Sprache reden; schmeichelnd, bittend, drohend. Ich hörte nicht zu.

Ich hatte wieder Halluzinationen. Ich saß im Sand, hatte den Kopf zwischen die Knie gesteckt, um dem schrecklichen Wind weniger Angriffsfläche zu bieten, und roch wieder den würzigen, wundervollen Duft einer Pizza. Es ist merkwürdig, was der Hunger mit einem anstellt... Hunger und eine Diät aus broccoliartig schmeckendem Kaktusfleisch. Es peinigte mich bis hart an die Grenze zur Übelkeit.

Karsten lag bewegungslos im Sand, und ich wünschte mir, an seiner Stelle zu sein. Ihm machte nichts mehr etwas aus. Ich fragte mich, ob er tot war.

Ich rappelte mich auf und schützte mein Gesicht erneut gegen den fliegenden Sand. Ich fragte Varzil: »Ist er in Ordnung?«

Varzil schüttelte den Kopf. »Er ist jetzt seit über einem Tag am Rande des Zusammenbruchs gewesen. Seine Kraft ist am Ende.«

Ich sagte hartnäckig: »Ich nehme an, daß wir ihn tragen können. Wenn es nicht zu weit ist.«

Ich wußte, daß es zu weit sein würde, sobald wir ihn zwischen uns hochgestemmt hatten. Selbst fünfhundert Fuß wären in unserem Zustand zu weit für uns gewesen. Als wir Karsten zwischen uns trugen, konnten wir unsere Gesichter nicht mehr mit den Armen schützen. Mein Gesicht war taub, und ich machte mir klar, daß meine Wangen erfroren waren. Ich konnte meine Füße nicht mehr fühlen, und das war das einzig Gute.

Der Wind ließ nach. Möglicherweise befanden wir uns im Windschatten der Hügel. Ich konnte die Augen nicht erheben, um hinzuschauen, aber Varzil sagte bebend zwischen zwei gequälten Atemzügen: »Ich glaube – ich sehe – ein Gebäude.«

Ich kann mich nicht einmal mehr daran erinnern, daß der Wind aufgehört hatte. Ich weiß nur noch, daß ich Varzil triumphierend aufschreien hörte. Ich stolperte voran in die Wärme und Helle, fiel über Karsten; er rührte sich, und ich war überrascht zu sehen, daß er nicht tot war.

Und das war das letzte, woran ich mich für lange, lange Zeit erinnern kann. Ich fiel in Schlaf, wo ich hingefallen war.

10. Kapitel

Als ich zu mir kam, lag ich auf einer weichen Unterlage, mein Kopf war auf ein Kissen gebettet; jemand hatte mir die Schuhe ausgezogen, und meine Füße waren warm.

Wir befanden uns in einem kleinen, schwach erleuchteten runden Bauwerk. Karsten lag auf einem niedrigen Bett und war mit einem *Dikri*-Mantel bedeckt. Varzil schlummerte neben ihm auf dem Boden. Ich stemmte mich in eine sitzende Position und betrachtete meine Füße. Sie waren warm, und obwohl sie verdreckt und stellenweise geschwärzt waren, schien keine Zehe ernsthaft beschädigt zu sein.

Varzil öffnete die Augen und sah mich an.

Ich fragte ihn: »Wie geht es Karsten? Und wie ist es mit Essen? In dieser Reihenfolge! Und dann möchte ich erfahren, wo wir sind.«

»Wir sind in einer der *Dikri*-Unterkünfte«, erwiderte Varzil. »Sie ist verlassen und vermutlich vergessen, so daß wir uns deshalb keine Gedanken machen müssen. Karsten geht es besser; ich habe mir seine Schulter angesehen, sie fängt an zu heilen. Was das Essen betrifft, so habe ich keine Ahnung. Wir müssen uns umsehen.«

Wir begannen sofort, in den verschiedenen Schränken und eingebauten Vorratskammern herumzusuchen. Wir fanden einige leere Packungen und ein halbes Dutzend volle. Der Inhalt der letzteren hätte nach allem, was ich beurteilen konnte, Seife oder Silberpolitur sein können, aber Varzil sagte, daß es sich um Spezial-Kraft-Rationen handelte, die absichtlich unschmackhaft hergestellt würden, so daß man nur eben genug davon aß, um zu überleben; und ich tröstete mich damit, daß es besser als gar nichts war.

Varzil schien noch immer Sorgen zu haben, und ich fragte, ob es Karsten vielleicht doch nicht so gutginge.

»Nein«, erwiderte er. »Aber der Wind hat aufgehört.«

»Na, wunderbar«, sagte ich, »ausgezeichnet. Wir können leicht ohne ihn auskommen.«

»Sie verstehen nicht. Es bedeutet, daß wir im Auge eines Sand-Hurrikanes sind. Der Winter bricht ein... Und im Winter gibt es Sand-Blizzards, in denen niemand überleben kann. Wenn der Winter einbricht, bevor wir hier herauskommen...«

Er vollendete den Satz nicht, und ich entnahm daraus, daß er einen Fluchtplan vorbereitete.

Der Raum hatte zwei Türen; die, durch die wir hereingekommen waren, und die jetzt gegen die Unbilden des Mars sicher geschlossen war, und eine weitere. Varzil versuchte, sie zu öffnen; aber sie war verschlossen und hatte keinen Handgriff, aber eine runde Öffnung in der Mitte wie ein Schlüsselloch. Varzil zögerte kurz, dann nahm er den kleinen Bronzedrachen aus der Tasche, den er dem toten *Dikri* abgenommen hatte. Das Ding ließ sich leicht in das Loch stecken; Varzil drehte es, und die Tür ging auf.

Treppenstufen führten nach unten, und wir stiegen langsam und vorsichtig hinab.

Die Stufen endeten, und wir kamen in einen tiefgelegenen Raum. Er war groß – und dunstig. *Dunst* auf dem wasserlosen Mars? Dennoch sickerte eindeutig Wasser von den steinernen Wänden; es handelte sich offenbar um eine untermarsische Höhle mit einer Wasserquelle. Ich atmete freier. Der Raum war so dunkel und voller Schatten, daß ich zunächst nicht die große, bucklige Erhebung in seiner Mitte wahrnahm, bis Varzil die Hand auf meinen Arm legte und dorthin wies.

Es war eine fliegende Untertasse.

Nicht die Varzils. Sie war größer, in einem düsteren Grau gestrichen, und trug eigenartige Strichzeichnungen, die, wie ich vermutete, eine fremdartige Identifikationsmarkierung darstellten. Sie war auch plumper. Aber es war dennoch eine Untertasse – und wir hatten die Schlüssel! Wir konnten von hier fort! Wir waren gerettet; wir waren gerettet! Ich sah mich schon wieder auf der Erde, innerhalb nur weniger Tage; mein großes Abenteuer wäre dann nur noch eine Erinnerung. Ich ließ einen Freudenschrei los.

»Frohlocken Sie nicht zu früh«, sagte Varzil. »Offenbar ist dieser Ort noch nicht vergessen, und die *Dikri* könnten zurückkommen und ihr Eigentum wieder in Besitz nehmen.«

»Dann müssen wir eben so schnell wie möglich von hier verschwinden!« erwiderte ich. Ich war bereit, sogleich an Bord zu klettern.

Varzil wandte ein: »So leicht ist das nicht. Der Wind ist wieder stärker geworden, und ein marsianischer Sand-Blizzard kann selbst ein interstellares Schiff aus dem Himmel blasen, geschweige denn eine kleine Maschine wie diese. Wir alle sind noch sehr erschöpft. Und, was am schlimmsten ist, ich weiß nicht, wie man die *Dikri*-Maschinen fliegt. Ich nehme zwar an, daß eine Untertasse einer anderen ziemlich ähnlich ist, aber ich bin mir dessen nicht ganz sicher. Ich werde die Maschine studieren müssen, vielleicht tagelang, ehe ich sie selbst für einen kurzen Flug hochbringen kann. Beruhigen Sie sich und lassen Sie uns zurückgehen.«

Ich wäre über Varzils Worte bestimmt wütend geworden, aber sie ergaben leider zuviel Sinn. Als wir umkehrten, nahm ich den Geruch einer Pizza wahr. Halluzinierte ich schon wieder?

»Was ist das für ein wunderbarer Duft?« fragte ich.

Varzil sah sich kurz um. Dann eilte er in eine Ecke des Kellerraumes und dort war offenbar die Quelle des würzigen Geruchs: ein voller Wassertank. Etwas, das wie Moos aussah, lag halb versunken auf dem rötlichen Wasser, und das Zeug roch genau wie eine heiße Pizza im Backofen. Es roch derart delikat, daß ich es so, wie es war, hätte verzehren können.

»Marsianische Flechten«, sagte Varzil. »Ich habe sie in der Wüste nicht in Berücksichtigung gezogen, weil sie im rohen Zustand giftig sind; aber wenn sie eingeweicht und gekocht werden, sind sie eßbar und sogar wohlschmeckend. Es scheint, als brauchten wir nicht zu verhungern, ganz gleich, wie lange wir hierbleiben müssen.«

»Trotzdem hoffe ich, daß es nicht allzu lange sein wird«, erwiderte ich, als ich ihm die Treppe hinauf folgte.

Abgesehen von der ständigen Sorge, daß einer von den *Dikri* zurückkommen könnte, waren die folgenden Tage ein Picknick für uns, nach allem, was wir durchgemacht hatten. Wir hatten massenhaft zu essen und genug zu trinken. Karsten erlangte allmählich seine alte Kraft zurück, und die Flechten, die wir wie Bohnen aufkochten, hatten einen würzigen Duft und Geschmack, der mich an Spaghetti erinnerte. Die Unterkunft der *Dikri* war kein Palast, aber auf längere Sicht war sie sicherlich besser als die Wüste, und es war leichter zu atmen. Der Sauerstoff wurde künstlich erzeugt, indem der hiesige Sand in einen Oxydationsapparat gefüllt wurde; der Sand, der aus verschiedenen Kupfer- und Eisenoxiden bestand, setzte ständig Sauerstoff frei.

Varzil ging jeden Tag hinab, stieg in die Untertasse der *Dikri*, machte sich mit den Kontrollen vertraut und kündigte schließlich an, er glaubte – vorausgesetzt, daß der Sturm, der mittlerweile unaufhörlich wehte, eine Weile nachließ –, sie fliegen zu können. Nicht zwischen den Planeten, aber es gab in der Nähe einer der polaren Kuppeln eine kleine Basis der Konföderation, und er glaubte, soweit fliegen zu können.

Ich fragte ihn, ob es an Bord ein Radio oder ein anderes Kommunikationsgerät gäbe, durch das wir eine Botschaft senden könnten, und erhielt die entmutigende aber nicht eben überraschende Antwort, daß der in dieser Jahreszeit übliche Sand-Blizzard alle Funk-Kommunikation auf der Marsoberfläche unmöglich machte; der Sand war metallisch und magnetisch und machte sämtliche technischen Einrichtungen unbrauchbar. Aber trotz dieser Einschränkungen setzte ich alle Hoffnungen auf Varzils Fähigkeit, die *Dikri*-Untertasse zu fliegen.

Karsten war ebenfalls begierig darauf, fortzukommen. An der Polarkuppel, einer Sternwarte der Konföderation, gab es nahezu sämtliche Bequemlichkeiten der Heimat. Dort würde es auch die Möglichkeit geben, wie ich annahm, eine Mitteilung an das Mutterschiff über Rellins illegale Machenschaften auf der Erde abzusenden.

Was mich betrifft, so befand ich mich noch immer auf dem Mars, obwohl ich mich ebenfalls nach den Annehmlichkeiten der Branntol-Föderationsbasis sehnte; und der Mars war nicht meine Welt. Ich hatte keine Ahnung, wann ich auf die Erde zurückgebracht werden konnte, wenn überhaupt.

Varzil danach zu fragen, war sehr unbefriedigend; ich vermutete, es war eine Frage des Fahrplans der größeren Schiffe. Eine Untertasse *konnte* zwischen Erde und Mars fliegen, aber es schien sich damit so ähnlich zu verhalten, als wollte man auf einem Fünfzehn-Fuß-Segelboot den Atlantik überqueren; nichts, was jemand freiwillig unternehmen würde, es sei denn, daß er auf ein Abenteuer aus war oder sich in einer verzweifelten Lage befand.

Endlich war Karstens Arm wiederhergestellt, und Varzil war mit der *Dikri*-Untertasse vertraut genug, um einen Versuch zu starten. Wir schlüpften also wieder in unsere schmutzige und verdreckte Kleidung – es gab zwar Wasser, aber nicht genug, um zu waschen – und stiegen die engen und steilen Stufen in die überwölbte Höhle hinab, in der die *Dikri* ihre Untertasse geparkt hatten.

Varzil war schon mehrmals darin gewesen, aber Karsten und ich hatten die fremdartige Maschine noch nie betreten. Als ich auf die Rampe trat, fühlte ich die längst vertraute Beklemmung der Furcht.

Die Untertasse unterschied sich völlig von der Varzils und seiner Genossen. Die Tür öffnete sich mit Hilfe desselben drachenförmigen Schlüssels; dahinter lag ein langer, sanft gekrümmter Metallkorridor mit einer Tür an beiden Seiten. Eine der Türen öffnete sich in einen Vorratsraum mit Nischen und geschlossenen Abteilungen. Die andere führte in eine Kontrollkammer mit Instrumentenborden und Gerätschaften.

Varzil sagte ernst: »Du wirst dich mit der Navigation befassen müssen, Karsten; ich werde genug mit den Kontrollen zu tun haben. Meine Arme sind nicht so kräftig wie die eines *Dikri*, und die Hebel der Kontrollen werden meine ganze Kraft beanspruchen.«

Karsten wirkte ernsthafter und älter. »Ich glaube, daß ich es schaffen würde. Aber wäre es nicht sicherer, wenn du navigieren würdest und mir erlaubtest, zu steuern? Du weißt, daß dein Herz nicht in Ordnung ist.«

»Und dein Arm ist noch schwach«, erwiderte Varzil. »Du hast nicht genug Kraft dafür.« Sie schauten mich an, und ich wußte, daß sie an Harret dachten. *Wenn er bei uns wäre*... ich konnte ihre Gedanken beinahe hören, ... *anstelle dieses schwachen Eingeborenen*... Nun, es war schließlich nicht mein Fehler, daß ich hier war.

Varzil kam, um nachzusehen, ob ich sicher angeschnallt war. Er sagte entschuldigend: »Die Startbeschleunigung einer *Dikri*-Maschine ist viel größer als die einer von Menschen gebauten. Ich könnte es mir nie verzeihen, wenn Sie verletzt würden.« Er war die ganze Zeit über so freundlich, und ich mußte es ebenfalls sein.

»Es wird sehr wahrscheinlich noch härter«, sagte Karsten mit grimmigem Gesichtsausdruck, »wenn wir die Kontrollen betätigen.«

Varzil schnallte sich selbst an und beugte sich über die Kontrollen. Er berührte etwas, das ich nicht sehen konnte, und gleißendhelle Lampen flammten auf und erloschen wieder, ehe sie schließlich einen stetigen grünlichen Schein von sich gaben.

Varzil sagte: »Haltet euch fest«, griff nach einem Hebel und begann, ihn allmählich seitlich zu bewegen.

Ein hohes, schrilles Röhren erklang mir in den Ohren. Die Maschine sprang hoch, und ich spürte, wie ich zurück gegen die Polster gepreßt und flachgedrückt wurde. Ich bäumte mich auf und schnappte nach Luft, meine Augen wurden eingedrückt, und ich mußte dagegen ankämpfen, bei dem Schmerz nicht zu schreien, da hörte ich Karsten unwillkürlich aufschreien.

Das ließ mich erschrocken die Augen gewaltsam öffnen, denn Karsten hatte die ganze Zeit über während der Zerreißprobe in der Wüste nicht geschrien...

Das Entsetzen packte mich. Varzils Gesicht war verzerrt und vor Blutandrang dunkel – er war schlaff zusammengesunken, nur die Gurte hielten ihn in sitzender Position. Seine Hand hatte den Hebel losgelassen. Die Lämpchen flackerten wild; sie wurden in rasendem Wechsel dunkel, hell und wieder dunkel. Karsten zerrte an seinen Gurten, wobei er unablässig schrie, und verrenkte sich beinahe den Arm, um den Hebel zu erreichen. Der pressende Druck verringerte sich, stieg an und wurde wieder geringer. Der Boden fiel aus der Welt, und mein Magen schlingerte und flatterte; wir fielen, fielen wie Steine; wir waren dabei abzustürzen.

... Ich schloß die Augen und wartete darauf, zerschmettert zu werden. Karsten schrie erneut, als wir aufschlugen, und ich sah, wie er hart hinfiel; dann wurde ich durcheinandergerüttelt, hochgeschleudert und mit einer Wucht fallen gelassen, daß ich mit dem Kopf heftig gegen ein Gestänge stieß.

Benommen schüttelte ich den Kopf, befreite mich von den Gurten – die Kabine war in einem verrückten Winkel gekippt – und kämpfte mich über den schwingenden Boden dorthin, wo Karsten lag. Für einen entsetzlichen Augenblick befürchtete ich, daß sie beide tot wären, da setzte sich Karsten auf. Sein Gesicht war blutüberströmt, aber ansonsten schien ihm nichts Ernsthaftes zugestoßen zu sein.

»Was ist passiert?« fragte ich benommen.

»Wir sind abgestürzt«, erwiderte Karsten knapp. »Das Herz meines Vaters... Ich weiß nicht einmal, ob er noch lebt.«

Selbst jetzt noch hasse ich es, an diese zehn Minuten zurückzudenken, die es dauerte, bis sich Varzils schwacher Puls zu normalisieren begann und seine Augenlider zuckten. Wir befreiten ihn gemeinsam aus den Gurten, dann ging ich den Metallkorridor hinab und öffnete die Tür, um zu sehen, wie weit entfernt von der Unterkunft wir gelandet waren. Zu meiner augenblicklichen Erleichterung waren es weniger als fünfhundert Yards. Karsten und ich trugen Varzil zwischen uns und schützten ihn so gut wie möglich vor dem zunehmenden Wind. Wir hatten zu viel Angst, um zu verzagen. Wir brachten ihn ins Innere, rieben seine Handgelenke, gossen heiße Getränke in seine Kehle; und als er endlich die Augen öffnete und uns erkannte, war ich beinah so erleichtert wie Karsten.

»Die Untertasse ist nicht beschädigt«, berichtete Karsten ihm rasch. »Wir können es noch einmal versuchen.«

Varzil sagte, wobei er die Lippen vorsichtig bewegte: »Ich hätte es nicht – versuchen sollen. Ich hätte – Barry zeigen sollen, wie man die Kontrollen bedient, er ist stark. Vor dem nächsten Versuch werde ich es tun.« Er schlief wieder ein; die wenigen Worte hatten ihn erschöpft; aber er hatte mir viel zum Nachdenken während der langen Stunden gegeben, bis er wieder sprach.

Aber bevor sich Varzil wieder aufsetzen konnte, hatten wir ein anderes Problem, über das wir nachdenken mußten.

Hier in den Bergen war der Wind, der um den Unterstand pfiff, lärmender als der tödliche, lautlose Sturm in der Wüste der Ebene. Er stürmte so ununterbrochen, daß man ihn irgendwann nicht mehr hörte. Jetzt begann ich unvermittelt wieder, ihn wahrzunehmen. Das übliche röhrende Geräusch hatte sich jetzt in ein fast betäubendes Heulen verwandelt, das um die Kurven der kleinen Unterkunft fegte, die rund und stromlinienförmig gestaltet war, um so wenig Widerstand wie möglich zu bieten.

Varzil lauschte dem Sturm, während er dort lag; er sah sorgenvoll aus. Endlich brachen die schlechten Nachrichten aus ihm hervor.

»Das ist ein Sandblizzard in seiner vollen Stärke«, sagte er, und sein müdes Gesicht wirkte, als wäre er hundert Jahre alt. »Wir können nicht mehr versuchen, zu starten, wenn der Winter angebrochen ist. Niemand kann es überleben, und keine Maschine hält es aus. Wir müssen hierbleiben, bis der Winter vorüber ist.«

Das Begreifen ließ mich erstarren, und ich hörte kaum meine eigene Stimme, als ich fragte: »Wie lange dauert ein marsianischer Winter?«

»Vierzehn Ihrer Monate.«

11. Kapitel

Es hat wenig Sinn, zu sehr auf die Ereignisse dieses Winters einzugehen. Es gab nichts, was wir tun konnten; nur dort bleiben. Wir warteten, und das war alles.

Die ständig gegenwärtige Furcht, daß die *Dikri* unerwartet zurückkehren und fragen könnten: »Wer hat in meinem Bettchen geschlafen?« – wie einer der Sieben Zwerge – wurde ein wenig schwächer.

Wir mußten mit dem Wasser sparsam umgehen und waren immer leicht durstig, aber es war nicht gefährlich. Während des Sturmes gab es zuweilen zwanzig bis dreißig Minuten dauernde Flauten, während derer Karsten oder ich einen kurzen Ausflug nach draußen machten, um neue Vorräte an Flechten zu holen, es gab genug davon, die wir einweichen konnten. Wir brachten eine Rettungsleine an unserem Unterschlupf an, so daß keiner von uns verlorenging, wenn er die Zeit falsch einschätzte, und der Sand aufs neue zu schwirren begann. Wenn einer von uns von dem Wind weiter als hundert Fuß von der Unterkunft entfernt ergriffen worden wäre, hätte er in diesem brüllenden Inferno nie den Weg zurück gefunden.

Auch so verlor ich auf einem Auge für beinah zehn Tage die Sehfähigkeit, nachdem er mich draußen überrascht hatte. Der Sand war wie Schmirgelpulver; ich wußte das und hatte das Gesicht mit beiden Händen bedeckt; hatte aber eine Hand kurz gebraucht, um die Tür zu öffnen, und das genügte schon. Glücklicherweise hatte Karsten genug frisches und sauberes Wasser, so daß ich den Sand innerhalb weniger Sekunden aus dem Auge waschen konnte, und nachdem ich zehn Tage in enervierender Ungewißheit verbracht hatte, heilten die Abschürfungen doch noch, und ich konnte wieder sehen.

Varzil gab uns zu verstehen, daß es ein glücklicher Zufall sei, daß wir zu dritt waren; es sei seit langem bekannt, daß zwei Personen es nicht aushielten, monatelang in einem begrenzten Raum zusammengepfercht zu sein, ohne verrückt zu werden. Ich äußerte mich nicht dazu. Ich fand es arg genug, zu dritt hier gefangen zu sein. Wir wurden die Gesellschaft der übrigen ziemlich leid, nehme ich an, und trotzdem... Nach einigen Monaten wurde mir bewußt, daß es schlimmer hätte sein können, wenn ich mit *irgend jemandem* eingesperrt gewesen wäre.

Wir unterhielten uns viel, nur um etwas zu tun zu haben. Auf Varzils Vorschlag hin vertrieb ich mir die Zeit, während ich erzählte, mit dem Versuch, mich an jedes winzige Detail der irdischen Geschichte zu erinnern und ihnen alles zu erzählen, was ich darüber wußte. Sie waren ein wenig überrascht darüber, daß ich im großen und ganzen nur über die Geschichte eines einzigen Kontinents Bescheid wußte und die der restlichen Welt nur in Bruchstücken kannte, und ich war ein bißchen beschämt wegen der Oberflächlichkeit meiner Kenntnisse.

In meinen besseren Momenten versuchte ich, solche Sachen wie *Alice im Wunderland* zu rekonstruieren, so daß ich darin ausweichen konnte, Märchen zu erzählen; und wir alle suchten in unseren Gedächtnissen nach alten Witzen, die wir behalten hatten.

Varzil hatte nur darauf gewartet, daß er seine alte Stärke zurückgewann und wieder fähig war zu sprechen, dann begann er, Karsten und mir mit Hilfe grob gezeichneter Diagramme die Kontrolle des *Dikri*-Schiffes zu erklären. Ich glaube, er bereitete uns für den Fall vor, daß er einen weiteren Anfall erlitt und er hier in der Unterkunft starb. Als er merkte, wie schwach ich in Mathematik war, bestand er ohne Zögern darauf, mich gleich auf der Stelle zu unterrichten.

Ich dachte, alles, was ich tun konnte, wäre, meine Kleider zu zählen; daß ich, der ich nicht einmal mit der irdischen Mathematik klargekommen war, mich ganz bestimmt nicht mit der Mathematik der Galaktischen Konföderation anfreunden könnte.

Dennoch erlernte ich sie.

Varzil entschied, daß ich als Schulkind ein unzureichendes Basiswissen in Arithmetik erworben hätte, ging auf den Stoff des Kindergartens zurück und brachte mir die Anfangsgründe bei. Und danach war es einfacher. Er brachte mir eine Menge Denkhilfen und Tricks bei, die alles leichter machten. Und außerdem gab es keine andere Beschäftigung.

Sie geleiteten mich mit Hilfe der kleinen Taschentabellen, die sie bei sich hatten, durch die Arithmetik, Algebra und Trigonometrie. Varzil hatte auch noch einen Rechenschieber, und als ich mein Erstaunen darüber ausdrückte, erzählte er mir, daß es eine vereinfachte Version eines solchen Gerätes sei, die in der galaktischen Zivilisation gebräuchlich war; das Prinzip sei dasselbe, aber die irdische Ausgabe wäre handlicher und ließe sich bequemer in der Tasche tragen. Ich brauchte nur wenige Minuten, um zu lernen, wie man die Werte der einen Spalte in die der anderen überträgt. Da sie zehn Finger hatten, basierte ihre Mathematik ebenfalls auf der Zahl Zehn; aber sie brachten mir bei, eine Mathematik auf der Basis Zwölf zu erlernen – ›wegen der Einfachheit‹ – und eine auf der Dreier-Basis – ›zur geistigen Entspannung‹; dann begannen sie, mir die zölestische und siderale Navigation beizubringen. Als wir uns acht Monate lang damit beschäftigt hatten, waren wir den Bereichen der ordinären Mathematik längst entronnen, und sie fingen damit an, mich mit derart komplizierten Gegenständen wie der Berechnung von Hyperraum-Kreisbahnen und Sternendrift unter Berücksichtigung von Masse und Zeit zu traktieren.

Varzil war Astronom, und ich sollte vielleicht hinzufügen, daß auch Karsten nicht all diese Dinge beherrschte, und als ich mit ihnen bekannt gemacht wurde, saß er zugleich mit mir auf der Schulbank.

Falls ich je auf die Erde zurückkommen sollte, vermutete ich, würde ich das Schuljahr wahrhaftig nicht *vermissen*, das ich versäumt hatte. Ich war im Besitz eines Dr. phil. in Mathe!

Die Mathematik war faszinierend, aber ebenso waren wir auf dem Kalender im Rückstand. Wir waren alle verlottert. Ich hatte etwa zwölf oder vierzehn Pfund verloren; die Flechten waren nicht übel, sogar als ständige Diät nicht, aber man wird ihrer überdrüssig, und sie sind nicht eben geeignet, einen zu mästen. Was das Waschen betrifft, so unterließen wir es einfach, mit Ausnahme des Minimums, das erforderlich ist, um die Haut leidlich von Schmutz freizuhalten. Es ist überraschend, wie wenig man sich waschen *kann*, und wie sehr man das tägliche Bad vermißt, wenn man es nicht haben kann. Was unsere Kleidung betraf, sie war schmutzverkrustet, und Karsten und ich waren aus unseren Hosen herausgewachsen und durch die Ellbogen unserer Hemden gestoßen.

Zu Beginn des Winters hatten wir Wandschränke gefunden, in denen Arbeitscoveralls hingen; sie waren mit den verhaßten, drachengestaltigen *Dikri*-Insignien verziert gewesen, und wir waren davor zurückgeschreckt; aber nachdem wir fünf Monate lang Tag für Tag dieselben Sachen getragen und sogar nachts in ihnen geschlafen hatten, waren wir bereit, nahezu alles anzuziehen. Karsten und ich beschlossen letzten Endes, daß wir die *Dikri*-Coveralls tragen würden, vorausgesetzt, daß sich kein *Dikri* an ihnen befände. Die Alternative dazu wäre gewesen, Leinenkleider zu tragen, aber dazu war es zu kalt.

Die *Dikri*-Kleider hatten einen Vorteil; sie waren nahezu vollständig luftdicht. Wir konnten in ihnen hinausgehen, um Flechten zu holen, oder Sand für den Sauerstoffumwandler, ohne bis auf die Knochen durchzufrieren.

Der große Tag kam, als Varzil sagte, jetzt wäre es sicher genug, noch einen Versuch zu wagen, die polare Siedlung zu erreichen, und wir zum hundertsten Mal auf unsere dreckige, vom Sand grausam zugerichtete Erdkleidung starrten – und die *Dikri*-Kleidung anzogen. Danach ergriff Karsten die auf der Vorderseite seines Coveralls aufgenähten *Dikri*-Insignien und zerrte daran. Sie rissen ab.

»So!« sagte er heftig, und ich tat es ihm nach. Es fühlte sich gleich viel besser an, nicht die verdammten Drachen *auf* uns zu haben.

Wir sprachen nicht viel. Was den Flug betraf, hatten wir über alles diskutiert, was mit ihm zusammenhing. Wir fanden die Untertasse, wo wir mit ihr abgestürzt waren. Wir hatten uns schon lange vorher vergewissert, daß sie nicht ernsthaft beschädigt war. Und falls es einen versteckten Schaden geben sollte – nun, wir hatten keine Möglichkeiten, um Reparaturen vorzunehmen, daher mußten wir auf unser Glück vertrauen.

Diesesmal wurde Varzil behutsam auf dem freien Sessel angeschnallt, und Karsten und ich nahmen die Sitze vor den Kontrollhebeln ein. Ich kam mir verlassen und verwirrt vor, aber in erster Linie war ich begierig loszufliegen. Karsten begann zu navigieren, und ich betätigte die Kontrollen, wie ich es ›trocken‹ anhand eines skizzierten Modells in unserer Unterkunft gelernt hatte; und ich glaubte zu wissen, wie es gemacht wurde. Es unterscheidet sich nicht sehr davon, wie man einen Wagen fährt, dachte ich noch, als ich den kleinen bronzenen Drachen-Schlüssel in das Schloß des Hauptenergieschalters einführte.

Sogleich flammte ein grünes Licht auf, eine unbändige Kraft ließ die Untertasse erschauern, und ein machtvoller Beschleunigungsschub setzte ein. Ich riß den Hebel nach vorn – es nahm all meine Kräfte in Anspruch –, und wir erhoben uns in die Marsluft.

Ich entspannte mich. Ich hatte es fertiggebracht. Ich flog das Ding. Ich holte gegen den Andruck soviel Luft, wie es eben ging, in meine Lunge, und Karsten grinste mich stolz mit bleichem Gesicht an.

»Auf geht's zur Polarsiedlung«, murmelte er. »Und wenn ich die marsianischen Hügel nochmals sehen sollte, und sei es am letzten Tag, an dem das Universum existiert, ist es mir noch immer zu früh!«

»Das sind genau dieselben Gefühle, die mich auch bewegen«, stimmte ich zu und konzentrierte mich wieder auf die

Hebel. Die Instrumente zeigten den genauen Kurs an. Geschwindigkeiten wurden von einem komplexen System errechnet, für das es auf Erden keinerlei Entsprechung gab, aber ich wußte, daß wir innerhalb sechs oder sieben Stunden in der Polarkolonie ankommen würden.

Zum erstenmal nach langer Zeit fühlte ich mich gut. Dies war der erste Schritt auf meinem langen Weg nach Hause. Ich erwartete voller Zuversicht, daß wir die polare Kolonie erreichen und dort feststellen würden, daß Karsten und ich die Helden der Stunde waren.

Es war erstaunlich, wie leicht es war, die kleine Maschine zu fliegen. Wir bekamen ein paar heftige Windstöße ab, als wir den Äquator überquerten, und stiegen über die Atmosphäre hinauf, um herauszufinden, daß oberhalb der Sandwolken die Sonne wieder farblos war, obwohl noch immer klein und kalt. Wir sichteten die Polarkolonie durch die Blickfenster, als wir noch Meilen entfernt waren, und fingen allmählich an, die Untertasse abzusenken.

Wir schwebten noch etwa achthundert Fuß über der Kuppel, als Karsten, der stiller und stiller geworden war, endlich nach unten wies, auf die oberste Wölbung der Kuppel.

»Schau nur«, sagte er mit gedämpfter Stimme. »Vater, löse deinen Gurt, und komm her. Das mußt du sehen.«

Varzil kam zu uns, als wir über dem Gebiet höher gingen und wieder sanken, und ich stellte fest, daß ich erneut in dem Alptraum gefangen war.

Ich hatte ein großes *Dikri*-Schiff gesehen, als wir ausgesetzt worden waren, in der Marswüste gestanden, den augenblicklichen Tod erwartet und beobachtet hatten, wie sie uns zurückließen. Diese Form war unauslöschlich in meinem Herzen eingegraben.

Und direkt unter uns, über der Kuppel der Konföderation, schwebten mindestens ein Dutzend dieser Formen.

Die Polarkolonie befand sich in der Gewalt der *Dikri*!

12. Kapitel

Wir brauchten nicht abzustimmen. Wir wendeten das Schiff und entfernten uns schnell; und hofften, daß es schnell genug war. Ich hatte keine Ahnung, was geschehen war; und Varzil wußte es auch nicht.

»Es könnte Krieg sein«, sagte er, »oder sie könnten sich vorgenommen haben, die Basis zu – eliminieren. Falls sich kein Personal der Konföderation in diesem Sektor aufgehalten hat, und wenn das Föderationsschiff nach Hause geflogen ist, könnte es sein, daß die Konföderation für einen sehr langen Zeitraum keine Kenntnis von dem Vorfall erhält. Sie könnte einfach annehmen, daß die Polar-Kolonie durch einen Vulkanausbruch oder eine andere Naturkatastrophe ausgelöscht wurde und sich nicht damit beeilen, Ersatzteile zu schicken. Es ist nicht leicht, Freiwillige zu finden, die dazu bereit sind, eine Kolonie auf einer derartig unwirtlichen Welt wiederaufzufüllen.«

Karstens Mund arbeitete. »Werden wir ihnen das durchgehen lassen?« fragte er.

»Mein lieber Sohn, wie könnten wir sie davon abhalten?« fragte Varzil, der wieder sehr alt aussah. »Wir können ohne unsere eigene Ausrüstung mit keinem Schiff Kontakt aufnehmen – weder in diesem noch in einem anderen Sonnensystem. Die Hälfte der Ausrüstung befand sich in der Untertasse, die uns die *Dikri* gestohlen haben, die andere Hälfte ist noch auf der Erde. Du und ich, wir sind vermutlich längst als tot gemeldet; zugleich mit Harret.«

Karsten brauste auf. »Wir könnten mit dieser Untertasse zurück auf die Erde fliegen!«

Varzils Augen blitzten kurz auf, dann sagte er: »Das wäre zu gefährlich.«

Schließlich sagte ich: »Sie haben mir erzählt, daß bereits ein derartiger Flug unternommen worden ist, sogar mit einem kleinen Schiff der Konföderation; und dieses ist größer und stabiler gebaut.«

»Und ich kenne es weniger gut«, sagte Varzil. »Nein, es ist unmöglich. Das einzig sichere ist, zu der Unterkunft zurückzukehren...«

»... und darauf zu warten, daß sich die *Dikri* wieder daran erinnern und kommen, um uns auszuradieren? Mir scheint, daß wir auf jeden Fall tot sind«, sagte Karsten ärgerlich. »Laß uns ihnen doch ein Rennen für ihr Geld liefern! Barry, bist du bereit, es zu versuchen?«

Ich war es nicht. Ich war zu Tode erschrocken, als ich mich daran erinnerte, wie Varzil mir gesagt hatte, es wäre, als wollte man in einem kleinen Boot ums Horn segeln. Aber ebensowenig wollte ich in die Unterkunft zurück, um dort zu hungern, zu frieren und möglicherweise zu sterben.

Ich sagte bestimmt: »Ich habe genug Mathe für einen Winter gelernt!«

»Seid ihr bereit, das Risiko einzugehen, daß wir mit dem *Dikri*-Schiff Fangen spielen müssen, wenn sie uns unterwegs ausfindig machen?« wollte Varzil von uns wissen. Karsten und ich sahen einander an und nickten schließlich; erst einander und dann Varzil zu.

Der alte Mann seufzte.

»Dann habe ich keine Einwände mehr«, sagte er. »Ihr seid beide erwachsen. Ihr müßt fliegen. An Bord sind Rationen von Nahrungsmittelkonzentraten; es sind *Dikri*-Rationen, aber wir werden nicht daran sterben. Ich bin ein alter Mann; ihr seid es schließlich, die die Arbeit tun müssen, also müßt ihr auch entscheiden. Ich bin in euren Händen.«

Karsten und ich sahen einander noch immer an. Es war ein schrecklich großer Schritt, den wir tun mußten.

Endlich sagte Karsten: »Jetzt, wo sie die Polarkolonie eingenommen haben, was werden sie mit dieser Welt anstellen, wenn niemand Bericht erstattet?«

»Und wo werden sie als nächstes zuschlagen?« fügte ich hinzu. Ich wußte inzwischen mehr über die *Dikri*, als ich vor vierzehn Monaten gewußt hatte.

Ich möchte eines klarstellen. Ich wollte nicht den Retter des Universums spielen. Ich wollte nur nach Hause kommen – und ich wollte den *Dikri* die Geschütze vernageln. Ich denke, Karsten empfand in etwa genauso. Wir sahen einander nur an und nickten. Dann fing Karsten an, seine Gurte zu lösen.

»Wir tauschen die Plätze«, sagte er. »Vater, du schnallst dich an. Barry, ich übernehme die Kontrollen für die erste Wache – und du legst den Kurs auf die Erde fest; wir müssen berücksichtigen, daß wir die Umlaufbahnen wechseln.«

Mehr war nicht darüber zu sagen. Ohne daß mehr Aufhebens darüber gemacht worden wäre, wurde die *Dikri*-Untertasse zum interplanetarischen Raumschiff umfunktioniert; und wir waren seine Kommandanten.

Den Kurs auf die Erde festzulegen, war leicht. Was nicht leicht war, war zu wissen, daß wir es auf einem unvertrauten Schiff taten, das für eine derartige Reise eigentlich nicht ausgerüstet war; daß selbst Varzil in bezug auf einen Teil der Energieanlagen sehr unsicher war. Es gibt einen großen Unterschied zwischen Navigation und geschickter Handhabung; ob man in einer solchen Maschine über die marsianische Wüste fliegt, oder ob man sie auf dem langen Flug zwischen Erde und Mars navigiert, wo man durch heikle und unberechenbare Phänomene der solaren Magnetfelder fliegt. Wir würden beide alle Hände voll zu tun haben, um das Schiff diese Route zu lenken, die ein Minimum von vier und ein Maximum von sieben Tagen erfordern würde. Wir würden wenig Zeit zum Schlafen bekommen.

Karsten sprach meine Gedanken laut aus: »Der automatische Pilot kommt nicht in Frage, was bedeutet, daß wir das Ding den ganzen Weg über mit Menschenkraft lenken müssen.«

Menschenkraft war das richtige Wort.

In einer transparenten Kuppel war ein dreidimensionaler Kompaß untergebracht, eingestellt auf die Sonne und Polaris; man mußte gleich ein ganzes Sortiment schwerer Hebel hinauf und hinunter ziehen, um das Schiff in einer Lage zu halten, die sich nach der Körperhaltung seiner Insassen in den drei Dimensionen richtete. Diese Einrichtung war für schnelle und lenkbare kleine Schiffe gedacht, deren Geschwindigkeit und Fähigkeit des schnellen Richtungswechsels bei Flügen im freien Fall nicht begrenzt waren, aber sie war ungenau und schwer zu handhaben, verglich man sie mit der Lenkung einer Untertasse der Konföderation; ich ersah daraus, daß die *Dikri* eine unglaubliche Körperkraft haben mußten.

Noch über eine andere Sache sprachen wir nicht. Schiffe der *Dikri* flogen überall in der näheren Umgebung des Mars herum. Wenn uns eines von ihnen entdeckte – hätten wir es hinter uns gehabt.

Damals wußte ich noch nicht – obwohl ich es leicht hätte voraussehen können –, daß mir die Reise zurück zur Erde zu monatelang, ja sogar jahrelang wiederkehrenden Alpträumen verhelfen würde.

Zuweilen setzte sich Varzil für kurze Zeit in den Sessel des Copiloten, so daß Karsten oder ich eine Mütze voll Schlaf nehmen konnten; aber lange ehe wir den kleinen, graugrünen Ball sichteten, als der sich die Erde dem Betrachter darbot, taumelten wir beide vor Müdigkeit. In meiner Verzweiflung konstruierte ich eine Art Alarmvorrichtung: Wenn mein Kopf nach hinten fiel, schreckte mich ein Summer wieder auf. Zweimal sahen wir ein Aufblitzen auf den Radarschirmen, das, wie wir sicher annahmen, von *Dikri*-Schiffen herrührte; aber entweder hatten wir uns geirrt, oder sie hatten uns nicht gesehen.

Ich saß gerade an den Kontrollen, als die Hebel plötzlich anfingen, sich gegen die Kraft meiner Arme aufzubäumen, und Karsten mir mit blassem Gesicht half, sie in der gewünschten Position zu halten. Unter Keuchen stieß er hervor: »Wir tauchen soeben in das Gravitationsfeld ein... Ich werde die Kraft soweit wie möglich drosseln...«

»Wie läßt sich dieses Ding denn innerhalb der Atmosphäre handhaben? Ich möchte nur ungern in Tibet landen oder mitten im pazifischen Ozean«, keuchte ich. Ohne auf eine Antwort Atem zu verschwenden, deutete er auf den Planetfeld-Detektor hinab, dessen Skala in Breiten- und Längengrade eingeteilt war. Er war nicht sehr genau justierbar. Ich vermutete, daß die *Dikri*, die mit diesen Schiffen vertraut waren, mit Hilfe von etwas flogen, das mit VFR* vergleichbar war, wenn sie wußten, wohin der Flug gehen sollte. Ich war mir nicht einmal des Längen- und Breitengrades von San Francisco sicher.

Der Planet wuchs und wuchs auf dem Sichtschirm, nahm einen immer größeren Teil des sichtbaren Universums ein und schien auf uns zuzustürzen; raste durch den nachtschwarzen Himmel, der sich ganz allmählich erhellte. Es kam mir ein bißchen wie eine Fahrt auf einer zu schnellen Berg- und Talbahn vor. Wir glitten jetzt durch die magnetischen Strömungen im Umfeld des Planeten, drangen rasch in die Atmosphäre ein, tauchten wieder daraus hervor, bevor die Reibung der Luft die Hülle unserer Untertasse zum Verglühen bringen konnte, und verlangsamten allmählich unsere Geschwindigkeit, indem wir die äußere Lufthülle als Bremse benutzten. Es war ein rauher und holpriger Weg, und wir wurden alle drei trotz der schützen-

* VFR = visual flight rules. Sichtflug-Regeln. – *Anm. d. Übers.*

den Gurte wund und trugen blaue Flecken davon. Das Schiff war mit lausigen Kontrollvorrichtungen ausgestattet und lausig zu navigieren; wir steuerten durchgeschüttelt den südlichen Teil des Pazifik am amerikanischen Kontinent an. Mit ein wenig Glück würden wir irgendwo in Kalifornien landen. Wenn wir kein Glück hätten, würden wir vielleicht vom Süden her bis an die Grenze zurückwandern müssen – oder wir würden sogar ein hübsches, langes Bad nehmen müssen, und zwar nicht eben die Art eines Bades, von der wir während all der endlosen Monate auf dem Mars geträumt hatten.

Ich verspürte dieselbe merkwürdige, bedrohliche Klarheit in mir, die ich gefühlt hatte, als ich beinah vor Kälte und Durst in der Wüste gestorben wäre. Die Dinge ereigneten sich zu rasch hintereinander nach all diesen langen, langen, sich mühsam dahinschleppenden Monaten. Ich erwartete nicht, daß ich von dieser Minute an noch eine Stunde lang am Leben sein würde.

Irgendwie brachten wir es fertig, einzutauchen und uns wieder zu erheben, schwankend und fünftausend Fuß hoch über dem Land. Schließlich befanden wir uns nicht mehr über dem Pazifik. Alles, was wir jetzt noch zu tun hatten, war, ein nettes, verlassenes Areal ausfindig zu machen, auf dem wir landen konnten. Und da keuchte Karsten, boxte mir in die Rippen und stieß atemlos hervor: »*Dikri*-Schiffe!«

Sie schwebten vor uns; klein, grau und tödlich, noch eine kurze Weile mit Wendemanövern befaßt, bevor sie auf uns zuschießen würden. Karsten und ich schlugen fast gleichzeitig auf die Hebel und brachten uns eilig fort; aber fast noch bevor wir den Druck der Beschleunigung verspürten, wußten wir, daß wir verloren waren. Sie waren ausgeruht und kannten ihre Schiffe genauestens; sie hatten alle Vorteile auf ihrer Seite. Ich fing an zu glauben, daß wir am besten einen Zusammenstoß provozieren sollten.

Das Schiff schwankte und schlingerte lautlos unter uns. Die Gurte schnitten mir beim Beschleunigungsschub in den Magen. Hinter uns befanden sich die drei *Dikri*-Untertassen; noch waren sie weit achtern, aber sie holten unaufhaltsam auf.

Dann, buchstäblich im letzten Augenblick, brüllte etwas vor unserem Bug auf und schwang wieder unter dem Donnern von Düsen herum. Es waren zwei riesenhafte Militär-Düsenjäger mit Pfeilflügeln; sie waren so groß und seltsam und angenehm vertraut, daß ich schreien wollte; sie röhrten vorüber... Und da sah ich die *Dikri*-Schiffe stoppen, mit diesem unglaublichen, nahezu sofortigen Anhalten mitten im schnellen Flug, das für sämtliche konventionellen Flugzeuge, Düsenjäger oder Raketen so völlig undenkbar ist ... Und die Irdischen kehrten um und wischten wie ein Spuk wieder vorbei.

Ich konnte es kaum glauben. Karsten sagte, wobei er sich bemühte, die trockenen Lippen zu befeuchten: »Gerettet durch eine Formation von S. A. C.*-Flugzeugen. Diese Piloten werden sich einen Spaß damit machen, sie zu jagen, und dann werden sie zurück zur Basis fliegen und sich von ihren Kommandanten verdammte Lügner schimpfen lassen müssen. Ich würde ihnen gerne eine Flasche Whisky schicken, oder einen Rosenstrauch, oder etwas Derartiges!«

Die Düsenjäger verschwanden außer Sicht, während sie die drei Untertassen jagten, und wir senkten unsere Maschine behutsam tiefer und tiefer. Dort lag ein weites, offenes Gebiet mit Ansammlungen niedriger grüner Joshua-Bäume, die jetzt als waberndes Grün zu sehen waren.

Wir zogen die Hebel mit den letzten Kräften, die uns noch verblieben waren, zurück und schafften es, das Schiff auf den Boden zu setzen.

Wir waren wieder auf der Erde. Fünfzehn Monate, nachdem wir sie verlassen hatten; nach dem unglaublichsten Abenteuer, von dem je ein Mensch gehört hat, war ich wieder zu Hause. Ich fühlte mich halbtot und ausgelaugt. »Was jetzt?«

»Jetzt«, erwiderte Varzil, »verstecken wir die Untertasse – die *Dikri* dürfen sie nicht wiederfinden – und versuchen, in die nächste Stadt zu gelangen.« Er bedeutete Karsten, daß er seine Gurte losmachte.

Karsten fragte angstvoll: »Kannst du gehen, Vater?«

»Ich kann alles, was ich tun muß«, erwiderte Varzil und stemmte sich in sitzende Position. Er sah zu Tode erschöpft aus, aber er lächelte; es war ein sehr warmes Lächeln. »Ich habe Ihnen ja gesagt, Barry, daß wir Sie bei der ersten Gelegenheit auf die Erde zurückbringen würden. Ich bedaure, daß es ein wenig länger als vorgesehen gedauert hat.«

* S. A. C. = Strategic Air Command; Strategisches Luftwaffen-Kommando. – *Anm. d. Übers.*

Das hatte es bestimmt. Wir standen dort und lachten wiehernd, bis wir völlig erschöpft waren.

Aber ich war noch immer voller Furcht. Wir trugen *Dikri*-Uniformen, und sie würden als normale Coveralls oder Armee-Anzüge durchgehen, und ich nahm an, daß Varzil ein bißchen Geld hatte. Aber ich wußte nicht einmal, in welchem Staat wir uns befanden, und das Problem der *Dikri*, die mit ihren Untertassen herumflogen, war noch nicht gelöst.

Ich fragte ängstlich: »Was werdet ihr jetzt unternehmen?« Varzil erwiderte: »Wir müssen die Untertasse verstecken; wir werden sie später brauchen. Wissen Sie, ich hatte keinen Transmitter, nicht einmal in dem Haus in Berkeley; es ist verboten, derartige leistungsstarke Transmitter auf einem Planeten ohne offiziellen galaktischen Status aufzustellen. Wir sind mehr oder weniger inoffiziell hier, müssen Sie wissen, um wissenschaftliche Untersuchungen anzustellen; aber das heißt, daß es mir streng verboten ist, etwas zu tun, was mich den Regierungen Ihres Planeten auffällig macht.

Wie auch immer, es sind drei weitere Wissenschaftler hier mit ähnlichen Projekten befaßt, aber sie sind alle nicht im Besitz eines solchen kleinen Schiffes wie meine Untertasse, die von den *Dikri* geraubt wurde. Wenn ich einen von ihnen erreichen kann, könnte ich ein Signal von den Empfängern auffangen, die sie wohl haben werden. Empfänger sind zugelassen, wie Sie daraus entnehmen können. Das Signal würde mir verraten, ob sich ein Schiff der Konföderation im System befindet oder wann eines ankommen wird; und dann kann ich mit der *Dikri*-Untertasse zu einem Rendezvous mit ihm aufsteigen und meinen überfälligen Bericht machen – und dann nach Hause fliegen.«

Der Plan hatte meiner Befürchtung nach nur einen Fehler. »Wird Ihr Konföderationsschiff denn zu einem Rendezvous im All mit einem Schiff der *Dikri* bereit sein? Werden sie Sie nicht abschießen, weil sie denken, daß Sie ein *Dikri* sind?«

Karsten sagte geduldig: »Sie werden niemanden abschießen, Sie werden wohl denken, wir wären *Dikri*, die eine Konferenz wünschen oder sich ergeben wollen. Sie werden überrascht sein, aber sie werden uns nicht verletzen, und sobald wir an Bord sind, werden sie ihren Irrtum erkennen.«

Inzwischen mußten wir zunächst die anderen Wissenschaftler von Varzils Heimatwelt ausfindig machen; und ich machte mir ganz schön große Sorgen. Ich sagte: »Das erste, was *ich* tun muß, ist, meine Eltern anrufen. Ich war länger als ein Jahr vermißt, und sie müssen denken, daß ich tot bin – oder in die Fremdenlegion eingetreten oder etwas Ähnliches.« Ich fühlte mich schwach und ein wenig zittrig. Was sollte ich Ihnen denn nur sagen?

Die Untertasse war selbstverständlich auf Räder montiert, so daß wir sie leicht in die Büsche fahren konnten.

Der Fahrer eines vorbeikommenden Lastwagens nahm uns drei ohne Fragen zu stellen mit. Ein paar vorsichtig gestellte Fragen belehrten mich darüber, daß wir in Texas waren. *Gut*, dachte ich beklommen, *wir haben Kalifornien nur um ungefähr neunhundert Meilen verfehlt*.

Der Lastwagenfahrer ließ uns im Randbezirk einer kleinen texanischen Stadt aussteigen, deren Namen ich nicht genau verstanden hatte. Aber ehe ich meine Familie anrufen konnte, so wurde mir klar, mußte ich herausfinden, wo ich war! Wir standen eine Weile sprachlos, als uns allmählich bewußt wurde, daß wir zurück auf der Erde waren.

Es war entsetzlich heiß. Wir hatten uns so an die bittere Kälte auf dem Mars gewöhnt, und an die sogar noch heftigere Kälte des ungeheizten Raumschiffes, daß wir alle uns schwach fühlten und uns der Schweiß die Gesichter hinablief. Ich wurde nur sehr langsam mit der Tatsache vertraut, daß ich mich in Sicherheit befand, daß ich wieder zu Hause war und daß ich in wenigen Minuten die Stimmen meiner Eltern hören würde. Ich fühlte mich seltsam gerührt; das war das Ende von etwas, denn es war unwahrscheinlich, daß ich Karsten und Varzil je wiedersehen würde.

Endlich brach Karsten das ungewohnte, gespannte Schweigen zwischen uns. Er sagte:

»Entschuldigt, daß ich in diesem schicksalhaften Augenblick so prosaisch werde, aber ich bin hungrig. – Vater, du hattest ein wenig amerikanisches Geld, als wir aufgebrochen sind; haben die *Dikri* es dir geraubt?«

»Sie haben nichts gestohlen«, erwiderte Varzil. »Es ist so lange her, daß ich es beinahe vergessen habe. Ich schlage vor, daß wir nach einem Mahl Ausschau halten.«

Als wir uns in einem kleinen Café ein opulentes und buntes

Essen bestellten, zogen wir keine Aufmerksamkeit auf uns; so glaubte ich jedenfalls. Ich ging zum Telefon und versuchte, die Nummer meiner Eltern in Berkeley durchzuwählen, aber ich hörte das Telefon in einem leeren Haus klingeln und fühlte mich vor Frustration beinah krank. Ich sagte mir zwar immer wieder: *Ich habe jetzt vierzehn Monate lang gewartet, und ich kann wohl noch ein paar Stunden länger warten*, aber es half nichts.

Karsten sah sich immerfort ängstlich um; schließlich wies ihn Varzil scharf an, endlich still zu sitzen. »Du benimmst dich wie ein kleines Kind«, sagte er.

Karsten murmelte beinah unhörbar: »Etwas beobachtet uns durchs Fenster. Ich glaube, es ist ein Wandler.«

»Du hast *Dikri* im Kopf«, sagte ich ärgerlich zu ihm. »Wenn sie überhaupt an uns denken, glauben sie, daß wir alle längst tot auf dem Mars liegen.«

»Ja, selbst wenn sie uns landen gesehen haben«, stimmte mir Varzil zu. »Sie müssen geglaubt haben, daß wir welche von ihnen wären.« Er sah müde aus, müde bis an den Rand der Erschöpfung.

Ich haßte die Vorstellung, daß er wieder das *Dikri*-Schiff zu ihrem Mutterschiff zu fliegen versuchte. Ich haßte es, an den bevorstehenden Abschied zu denken; trotzdem war ich zugleich begierig darauf, nach Hause zu kommen. Mir wurde klar, daß ich sie vermissen würde, und ich ärgerte mich über mich selbst, daß ich die ganze Sache so nüchtern betrachtete.

Ich aß mein Brathähnchen mit Verbissenheit und starrte nur auf meinen Teller. In wenigen Minuten würde ich erneut versuchen, Berkeley anzurufen.

Da sagte Karsten mit scharfem Flüstern: »Da ist das – der Mann schon wieder!«

Ich drehte mich rasch um. Der Mann war klein, untersetzt, und schien uns anzustarren. Ein *Dikri* in seiner menschlichen Erscheinungsform? Oder nur ein gewöhnlicher häßlicher Mann? Vermutlich sahen wir in den abgetragenen *Dikri*-Uniformen wie drei verkommene Tramps aus.

Karsten sagte hastig: »Vater! Bist du bewaffnet? Die Stäbe müßten hier im planetaren Feld wieder funktionieren ...«

»Sprich nicht so laut!« befahl Varzil. »Was ist los mit dir, Karsten? Ja, ich habe eine von den *Dikri*-Waffen aus der Untertasse mitgebracht. Ich werde sie jedoch hier nicht benutzen!« Er bezahlte mit einem Scheck für das Essen, und wir verließen das kleine Café.

Es fing schon an, dunkel zu werden; die Sonne hing groß und rot über dem flachen Horizont zwischen den niedrigen Gebäuden. Varzil sagte: »Möglicherweise müssen wir hier die Nacht verbringen, falls Barry seine Eltern nicht gleich erreicht. Und was uns betrifft, wir müssen feststellen...«

Er brach ab, denn hinter uns sagte eine belegte Stimme, über deren Herkunft es keinen Zweifel geben konnte: »Bewegt euch nicht!«

Ich bewegte mich dennoch. Ich hätte es wissen müssen. Karsten schrie: »Rellin!« mit einer Stimme voller Haß und Abscheu.

Der *Dikri* sah selbstgefällig aus, wenn man menschliche Gefühle in solch ein Gesicht hineininterpretieren konnte. Er sagte: »Ich suche hier nach einem kleinen Schiff, das nicht zugelassen ist. Und ich entdecke dabei einen alten Feind. Nein, Varzil...« Er richtete die Waffe in seiner Hand auf den alten Mann. »Ich bin neugierig, wie du hierher gekommen bist. Du scheinst mein böser Geist zu sein. Jedenfalls, weil du schon längst für tot gehalten worden bist...«

»Meine Leiche«, sagte Varzil sanft. »Wie willst du sie hier durch die Straßen tragen, oder wie willst du erklären, wieso ich hier tot aufgefunden werde, Monate, nachdem ich bereits für tot gehalten worden bin?«

Rellin zögerte nur einen Moment, aber in diesem Moment sprang ich. Ich dachte: *Wenn ich ihn verletzen kann, wenn ich ihn dazu bringen kann, daß er den Trick, sich in einen Drachen zu verwandeln, hier auf der Straße ausführt, wird er nicht wagen hierzubleiben, wo jedermann ihn finden kann.*

Im selben Moment, als Rellin vor meinem Absprung zurückwich, zog Varzil seine Waffe und feuerte. Es gab einen blendenden, blauen Blitz, und ich fühlte einen sengenden Schmerz mein Bein hinabrasen.

Karsten rief: »Hilfe! Hilfe!« und ich hörte das Geräusch laufender Füße, Schreie und Gebrüll. Rellin war rückwärts gegen einen Laternenpfahl gestolpert, und sein Fleisch wand sich, bewegte sich, aber möglicherweise als Folge der Furcht behielt er die humanoide Gestalt bei. Er knurrte tief in der Kehle; ich wappnete mich gegen die schreckliche Verwandlung in einen Drachen; aber statt dessen wandte er sich Karsten zu und erhob seine Waffe.

Ich schrie: »Nein, Rellin!« und fiel ihn an.

Etwas knallte mir auf den Kopf wie tausend Tonnen TNT; und ich trudelte Millionen Meilen in den freien Weltraum und verschwand.

TEIL III

13. Kapitel

Mein Kopf fühlte sich an, als wollte er zerspringen. Ich öffnete die Augen und erblickte Karsten, der sich über mich gebeugt hatte; seine Augen waren ängstlich und bekümmert.

Ich sagte: »Ich scheine dort zu sein, wo ich hingegangen bin.«

Er sagte leise und furchtsam: »Barry, Rellin ist gegangen – und hat das Mädchen mit sich genommen! Bist du in Ordnung? Hast du den Schlüssel noch?«

Mein Kopf drehte sich, als ich mich aufsetzte. Die Zeit schien mir ständig zu wechseln, Vergangenheit und Gegenwart gingen ineinander über; und ich erinnerte mich, wo ich war: In einem Motel in Abilene, mit Lisa Bernard...

Lisa! Lisa war fort – und Rellin hatte sie in seiner Gewalt! Karsten sagte mit bleichem Gesicht: »Ich konnte sie nicht zurückhalten; Rellin sagte, er würde das Mädchen töten, wenn ich ihn nicht gehen ließe.«

Ich kämpfte mich auf die Füße. »Wohin sind sie gegangen?«

»Ich vermute, daß Rellin auf dem Weg zu der Untertasse ist. Du weißt schon – wo wir sie versteckt haben, außerhalb der Stadt. Das ist der Grund, weshalb ich hierbleiben mußte, um mich zu vergewissern, daß sie niemand von deinem Planeten gefunden hat. Rellin hat meinen Vater in der Gewalt, Barry; ich glaube, er hat ihn an Bord versteckt!«

Verwirrt zwang ich mich zu einem Entschluß. »Lisas Wagen steht draußen! Komm mit; wenn du den Weg zu der Untertasse kennst, kann ich sie verfolgen!«

Wir rannten zum Wagen; glücklicherweise hatte Lisa den Zündschlüssel stecken lassen, und Sekunden später rasten wir über den Highway aus der Stadt. Indem ich Karstens Anweisung folgte, schwenkte ich bald in eine Landstraße ein, die in südliche Richtung führte.

Karsten sagte: »Du erkennst mich jetzt!«

»Ja; aber wie bin ich in das Krankenhaus gekommen?«

Karsten informierte mich umgehend. »Als du hingefallen bist, richtete Rellin seine Waffe auf uns – aber offenbar hatte jemand den Kampflärm gehört und die Polizei gerufen. Wir hörten Sirenen, und Rellin rannte fort. Mein Vater und ich liefen ebenfalls davon; wir hatten Angst, daß man uns befragen würde. Ich wußte ja, daß sie dich finden und sich um dich kümmern würden. Ich fürchtete, Rellin würde uns nachkommen und den Schlüssel abnehmen, also steckte ich ihn in die Hosentasche deines Coveralls... Hier, schlag diese Richtung ein.«

Ich trat auf das Gaspedal, und Lisas Wagen heulte auf. Bei dem Gedanken daran, daß sich Lisa in der Gewalt der *Dikri* befand, fühlte ich mich krank und erschüttert. Sicher, Varzil hatte mir erzählt, daß sie es normalerweise nicht wagten, die Eingeborenen der Planeten unter Beobachtung anzutasten – zu denen auch die Erde gehörte –, aber Rellin hatte bereits mehrere Gesetze gebrochen, und er konnte leicht verzweifelt genug sein, um zu beschließen, daß ein toter Zeuge besser als ein lebender war.

Ich sagte: »Bist du die ganze Zeit über hier gewesen?«

»Ja; mein Vater brach nach dem Kampf mit Rellin zusammen und wurde ernsthaft krank. Ich mußte einen Ort finden, an dem wir bleiben konnten und wo ich für ihn sorgen konnte. Glücklicherweise fanden wir einen Landsmann, der sich hier aufhielt, um Meteore zu untersuchen, und er schickte uns ein bißchen Geld für die Auslagen. Ich habe zweimal versucht, dein Heim in Berkeley telefonisch zu erreichen und eine Botschaft loszuwerden, aber ich konnte niemanden erreichen. Ich fand über das Krankenhaus heraus, daß jemand gekommen war, um dich nach Hause mitzunehmen. Vater war sehr krank; wir konnten nicht einmal in Erwägung ziehen fortzugehen, und darüber hinaus hattest du ja auch den Schlüssel für die Untertasse.«

»Jetzt geht es ihm besser, oder?«

»O ja«, erwiderte Karsten, »aber er ist noch nicht wieder ganz bei Kräften. Er braucht Pflege und Ruhe; und er darf sich nicht aufregen. Er hat zu viel mitgemacht.«

Das trifft auch auf dich zu, dachte ich, als ich Karstens bekümmertes Gesicht in der Dunkelheit betrachtete, aber ich sprach es nicht aus. Ich fragte nur: »Wie werdet ihr denn nach Hause kommen?«

»Mein Vater ist Wissenschaftler; ein Bekannter hat mir gesagt, daß gleich hinter der Mondumlaufbahn ein Schiff der Konföderation stationiert ist; es hatte sich während der vergangenen Monate von dort entfernt, um euren Satelliten aus dem Weg zu gehen, die ihr auf den Mond geschossen habt, aber inzwischen ist es wieder zurückgekommen. Wenn wir die Untertasse hätten, und den Schlüssel...«

»Wir werden uns verdammt noch mal um die Untertasse kümmern«, stieß ich zwischen den Zähnen hervor. »Wo ist das Versteck?«

»Fahr an dieses Baumwollfeld«, wies mich Karsten an, »und mach besser die Scheinwerfer aus!«

Ich tat, was er vorgeschlagen hatte, und drosselte zugleich die Fahrgeschwindigkeit. Wir näherten uns einer Baumgruppe, die von Buschwerk umstanden war, und ich hielt an. Karsten stieg aus, schloß die Tür sehr leise hinter sich und wies mit der Hand.

»Die Untertasse ist dort versteckt«, flüsterte er, »und Rellin muß das Mädchen mit an Bord genommen haben.«

Wir kämpften uns durch das Gebüsch, schützten uns so gut es ging vor den stechfreudigen Moskitos und erschraken vor den Geräuschen unserer eigenen Schritte.

Dort hob sich die Form der Untertasse von der Finsternis ab; ein schwärzerer Schatten in der Dunkelheit der Nacht. Falls sich Varzil und das Mädchen darin befanden, hätten sie in bezug auf unsere Möglichkeit, sie zu befreien, ebensogut auf dem Mars sein können. Und doch mußten wir es versuchen.

Lisa war die erste freundliche Stimme gewesen, die ich in jener grauenvollen Zeit vernommen hatte, als ich mich selbst verloren hatte. Und Varzil; Varzil hatte uns während unseres Zuges durch die marsianische Wüste, der mir selbst in der Erinnerung wie ein Alptraum vorkam, am Leben erhalten.

Und jetzt, da ich die *Dikri*-Untertasse wiedersah, jetzt, da ich mich an jene schreckliche Prüfung durch Kälte, Hunger und Schmerz erinnerte, wollte ich mich auf der Stelle umdrehen und fortlaufen; und zu Karsten wollte ich sagen: *Dies ist nicht mein Kampf; ich bin durch einen bloßen Zufall in diese Sache hineingezogen worden; und diesmal werde ich mich heraushalten.* Aber wenn ich danach handelte, wußte ich, daß ich etwas Wichtigeres als das Gedächtnis verlöre. Karsten sagte nichts; ich schwieg ebenfalls und versuchte, unsere Chancen auszurechnen.

Verrückt genug war unser Vorgehen, um erfolgreich zu sein. Wenn wir Glück hatten, würde uns Rellin nicht erwarten. Er würde glauben, daß er mit seinen unfreiwilligen Gästen in Ruhe und Frieden abheben und über sie verfügen könnte, wie es ihm beliebte. Meinen eigenen Einfall, die Polizei zu rufen – oder die Luftwaffe, verwarf ich beinah sogleich wieder. Sicher, wenn sie die fliegende Untertasse direkt vor ihren eigenen Augen sähen, würden sie nicht umhin können, an sie zu glauben. Vermutlich würden sie sogar helfen, Lisa zu befreien.

Aber was wäre danach? Es würde politische Komplikationen geben; möglicherweise sogar einen interplanetaren Krieg! Wir hier auf der Erde waren einfach noch nicht reif für eine galaktische Zivilisation.

Wir machten ein paar vorsichtige Schritte auf die Rampe. Niemand schoß auf uns.

Ich flüsterte: »Bist du sicher, daß Rellin hier ist?«

»Er ist schon vorher hergekommen.«

Wir gingen weiter die Rampe hinauf. Ich bebte innerlich. Angenommen, Rellin – der bestimmt einen eigenen Schlüssel für das Raumschiff hatte – beschloß, uns ein für alle Male abzuschütteln, indem er startete, während wir den halben Weg auf der Rampe zurückgelegt hatten? Wir erreichten die Tür und versuchten, sie zu öffnen.

Sie war verschlossen.

Es spielte keine Rolle; ich hatte den passenden Schlüssel bei mir. Aber wenn wir einfach so hineingingen...

Plötzlich schoß mir eine glänzende Idee durch den Kopf. Ich erinnerte mich an die Kontrollen eines *Dikri*-Schiffes, die Varzil mir gezeigt hatte. Rasch stieß ich den Schlüssel in das Außenschloß.

»Die Sicherheitsvorrichtung«, erläuterte ich Karsten. »Erinnerst du dich? Alle Luken müssen zu und verschlossen sein. Wenn der Schlüssel im Türschloß steckt, dann ist diese Luke nicht verschlossen – und Rellin darf nicht starten!«

Wir ließen das Schloß blockiert und stahlen uns den engen metallenen Korridor entlang. Mit einem seltsamen Gefühl des déjà-vu erkannte ich meinen Traum. Es war kein Wunder, daß ich geglaubt hatte, mich einige Zeit in einem Unterseeboot aufgehalten zu haben!

An der Kabinentür blieben wir stehen. Ich hörte drinnen einen Schrei und bereitete mich darauf vor hineinzustürmen, aber Karsten hielt mich zurück.

»Laß mich los! Lisa...«

»Wir können Rellin nicht überfallen, sonst tötet er meinen Vater und das Mädchen«, sagte Karsten. »Aber ich habe eine Waffe...« Er zeigte mit den dünnen Glasstab, den ich schon in jener Nacht in Berkeley gesehen hatte. »Wir müssen die beiden irgendwie aus dem Schußbereich bringen.«

Unentschlossen standen wir auf dem Korridor. In meinem Kopf nahmen alle möglichen irrsinnigen Pläne Gestalt an und wurden wieder verworfen: Feuer an die Untertasse zu legen, zu schreien und uns zu verstecken, bis er herauskam, um nach uns zu suchen...

»Ich habe es«, flüsterte ich und nötigte Karsten auf die zweite Tür zu. Ich erinnerte mich daran, daß diese Tür in einen Raum führte, in dem Ersatzteile gelagert waren und Liegen standen.

»Wenn Rellin merkt, daß das Schloß blockiert ist, und er nicht starten kann, wird er herkommen, um nachzusehen...«.

Wir standen eng gegen die Innenseite der Metalltür gepreßt, als die Lampen anfingen zu flackern und an- und auszugehen. Rellin bereitete den Start vor, und ich war jetzt sicher, daß Karsten in bezug auf Rellins Pläne recht hatte: Er hatte vor, die Erdatmosphäre zu verlassen und sich im Raum seiner Gäste zu entledigen. Ich wappnete mich gegen die aufkommende Furcht und die flackernden Lichter.

Wenn unsere Annahme falsch war, wenn Rellin sich nicht die Mühe machte, nach dem blockierten Schloß zu suchen, wenn er trotzdem startete; dann würden wir umhergeschleudert werden; ohne Haltegurte, wie Eier in einem Güterwagen.

Wieder flackerten die Lampen; es gab ein leise winselndes metallisches Geräusch; die Tür knarrte... und der scheußliche Drachenkopf – entsetzlich unpassend über einem gewöhnlichen Geschäftsanzug, der sich über die groteske Gestalt des *Dikri* spannte – platzte herein.

Karsten schrie auf und feuerte zweimal rasch nacheinander; das unmenschliche, grauenhafte Wutgeheul erscholl, und der *Dikri* wirbelte mit der ihm eigenen, unwiderstehlichen Kraft herum und stürmte auf uns los.

Karsten feuerte erneut; ich krümmte mich zusammen und rannte hart mit dem Kopf gegen Rellin an. Er ging unter erneutem Aufheulen zu Boden, wo er sich wand und mit den Gliedern zuckte.

Ich fragte: »Ist er tot?«

»Nein«, stieß Karsten zwischen den Zähnen hervor, »aber laß mir nur ein wenig Zeit.«

Er stellte sich breitbeinig über Rellin. Ich aber ließ ihn allein und stürmte in die Kabine.

Varzil hing schlaff in den Gurten; als er meiner ansichtig wurde, sprach er matt meinen Namen aus; aber ich hatte nur Augen für Lisa, die weiß und mit entsetztem Gesichtsausdruck ebenfalls gefesselt im Sessel saß. Ich band sie los und half ihr auf die Beine.

»Fassen Sie Mut«, sagte ich mit rauher Sanftheit. »Die Marine ist gelandet, und die Situation ist voll in unserer Hand; oder so etwas Ähnliches. Schreien Sie nicht, geben Sie mir nur einen Ihrer Nylonstrümpfe oder etwas Derartiges. Wir müssen jemanden verschnüren.«

Eines mußte man diesem Mädchen lassen. Sie stellte auch nicht eine einzige der Millionen Fragen, die ihr auf der Zunge gebrannt haben müssen. Sie beugte sich nur hinab und zog einen dieser weißen Krankenschwesternstrümpfe aus, den ich Karsten überbrachte.

»Hier«, sagte ich, »die unübertroffene Zugkraft dieser Dinger dürfte selbst einem wütenden *Dikri* widerstehen. Binde das verdammte Ding zusammen.«

Varzil versuchte schwächlich, seine eigenen Gurte zu lösen und ich sagte: »Gehen Sie und helfen Sie Karsten, oder er wird das Ding erdrosseln, und ich kann mir nicht vorstellen, daß Sie das möchten.«

»Nein«, erwiderte Varzil grimmig. »Rellin wird mit uns zum Hauptquartier der Konföderation zurückkehren und sich der Anklage wegen Mordes und versuchten Mordes stellen; und die Konföderation wird sich mit den *Dikri* bei der Polarkolonie befassen.«

Ich hielt Lisa zurück, so daß sie den Drachen nicht sehen mußte, aber als ich den Kopf in den Korridor steckte, sah ich, daß Rellin wieder sein menschliches Aussehen hatte, mit einem blutenden Gesicht und zerrissenem Anzug; nur noch ein großer, schlaffgesichtiger Mann – ein Mann, den ich bereits kannte – kurz: es war Roland. Ich hatte nicht mehr an ihn gedacht. Mein Unterbewußtsein hatte ihn aber nicht vergessen. Es war von allem ausgeleert worden, bis auf die Furcht.

»Oh«, sagte Lisa, die hinter mir auf den Korridor gekommen war, verwundert, »das ist ja Mister Roland. Dann war es ja gar nicht Ihr Vater, Barry!« Sie starrte mich an. »Was für ein verrücktes Spiel mit internationalen Spionen...«

»Ich habe keine Ahnung«, erwiderte ich. »Ich war nichts als ein unschuldiger Zeuge.«

Augenblicklich wagte ich es nicht einmal zu versuchen, es ihr zu erzählen. Sie verdiente ein paar Erklärungen; aber die Wahrheit war, daß alles, was ich hätte sagen können, für den Moment zu phantastisch geklungen hätte.

Ich sagte: »Lisa, würden Sie hinausgehen und in Ihrem Wagen warten? Ich werde in einer Minute bei Ihnen sein.«

Ich stand inmitten der Kabine, als die beiden anderen Rellin in einem Sessel fesselten, wobei sie ihn sorgfältig festbanden, so daß er sich nicht befreien konnte, wenn er seine Kraft zurückerhalten würde. Varzil holte den Schlüssel aus dem Schloß der Außentür und sagte: »Wir müssen jetzt fliegen. Wir haben keine allzugroße Eile, denn das Mutterschiff der Konföderation wird für die nächsten vierzehn Tage in diesem System bleiben, aber ich gebe zu, daß ich begierig bin, auf heimisches Territorium zurückzukehren. Und jetzt, wo ich weiß, daß Sie sicher sind, Barry, hält uns nichts mehr hier zurück.«

Ich sah die beiden an und bedauerte, mich von ihnen verabschieden zu müssen. Wir waren durch so vieles gemeinsam gegangen; sie schienen mir näherzustehen als selbst meine Familie. Ich hatte sie wiedergefunden, und jetzt sollte es unwiderruflich abschiednehmen heißen. Meine Kehle zog sich zusammen, und ich brachte kein Wort hervor.

Karsten schien ebenfalls bewegt zu sein. Er schluckte hörbar und sagte: »Warum willst du nicht mit uns kommen? Wir könnten eine Erlaubnis für dich erwirken...«

Für einen Augenblick war die Versuchung stark in mir. Ich hatte erst den ersten Schritt ins All getan. Es gab soviel, das ich nicht kannte. Die Sterne sehen zu dürfen... Dann schüttelte ich entschieden den Kopf. Ich konnte das meiner Familie nicht antun; nicht noch einmal.

Varzil sagte: »Barry, halten Sie Ihre Augen offen. Ich werde Ihren Namen einigen unserer übrigen Kontakte in diesem Sternsystem geben; es gibt einige wenige Eingeborene dieses Planeten, die von unserer Existenz wissen; es ist hilfreich für uns, hier Freunde zu haben. Und außerdem...«, ein Lächeln breitete sich auf seinem erschöpften Gesicht aus, »... in ein paar Jahren werde ich zurückkommen. Ich habe meine Arbeit hier noch nicht beendet.«

»Und wenn er nicht zurückkommt«, sagte Karsten bestimmt, »werde ich es tun; und dann werde ich mich mit dir treffen!« Er streckte die Hand aus, und dann umarmte er mich plötzlich heftig. »Ich werde dich vermissen«, sagte er. »Ich werde dich ganz schrecklich vermissen!«

Mir würde es genauso gehen. Mit den beiden ging ein großes Stück aus meinem Leben dahin.

Meine Augen brannten, als ich die Rampe hinabstolperte – allein; ich hörte, wie die Tür der Untertasse verschlossen wurde, metallisch, unwiderruflich –, und mich für immer aus der Welt ausschloß, in der ich mein Abenteuer erlebt hatte.

Als ich Lisas Wagen erreichte, hatte ich mich wieder in der Gewalt. Sie rutschte vom Lenkrad weg, als ich ankam, und sagte: »Fahren Sie. Ich kann nicht fahren, wenn ich keine Schuhe anhabe.«

Schweigend ergriff ich das Lenkrad und starrte hinauf zu der Kette blau, gelb, grün und rosa blinkender Lichter, die sich lautlos erhob, höher und höher schwebte und schließlich entschwand. Dann schaltete ich den Motor des Wagens ein und die Scheinwerfer, und wir fuhren fort. Lisa schwieg auf dem ganzen Weg bis in die Stadt.

Endlich sagte sie: »Dieses irrsinnige Flugzeug, das die hatten; es sah fast wie eine fliegende Untertasse aus!«

Ich wußte, was ich zu sagen hatte.

»Seien Sie nicht dumm! Schließlich haben Sie darin keine kleinen grünen Männchen gesehen, oder?«

»Wollen Sie in das Motel zurück, wo Sie gewohnt haben?« fragte sie. Es hörte sich wie der absolute Gegensatz zu dem an, was ich erlebt hatte. Ich wandte ihr das Gesicht zu und lachte. »Nein. Ich habe keinen Anlaß, dahin zurückzukehren. Ich kann ebensogut das Flugzeug nach Berkeley nehmen.« Dann bremste ich den Wagen, fuhr an den Straßenrand und lachte ihr begütigend in das enttäuschte Gesicht.

»Ich werde wiederkommen«, versprach ich. »Ich habe jetzt etwas gefunden, wegen dessen es sich lohnt wiederzukommen.«

Es war lange, lange her, seit ich zuletzt ein Mädchen geküßt hatte. Es war ungefähr die Zeit gewesen, als ich angefangen hatte, zurück zu mir selbst zu finden.

EPILOG

Es regnete in San Francisco, als das Flugzeug landete, und sie waren alle dort, um mich zu begrüßen: Vater, der übers ganze Gesicht grinste; Nina, die schrecklich froh aussah, mich zu sehen; und Win, schlank und sehr ernsthaft. Als ich sie alle erblickte, erkannte ich erst, wie froh ich war, wieder zurück zu sein, und auch, wie sie darum gebangt haben mußten, daß ich erneut verschwände und sie niemals mehr von mir hören würden.

Ich mußte meinen Vater wirklich bewundern. Er hatte gewußt, daß ich möglicherweise nicht zurückkommen würde, aber dennoch hatte er mich gehen lassen. Bei einer solchen Familie mochte ich sogar fähig sein, ihnen eines Tages zu erzählen, was tatsächlich geschehen war.

Aber nicht jetzt. Sie hatten schon genug durchgemacht; und dieses Wissen wäre zuviel für sie gewesen. Für den Moment mußte es ihnen genügen, daß ich zurück war – und mir selbst auch.

Mein Vater hielt die Wagentür auf; Nina stieg hinten ein, so daß Win und ich beide vorne sitzen konnten. Das war eine Sonderbehandlung für uns als kleine Kinder gewesen, und ich fühlte mich gerührt, beugte mich in den Wagen und küßte Nina auf die Wange. Sie tätschelte mich, dann ließ sie mich los, und ich stieg ein, um Win am Fenster sitzen zu lassen.

Vater startete den Wagen, dann fragte er: »Hast du denn herausgefunden, was du erfahren wolltest, Barry?«

Ich nickte und grinste ihn an. »Ja, ich habe es erfahren.« Ich wußte, daß ich ihm nicht mehr erzählen mußte. Eines Tages, wenn ich es über mich brächte, würde ich es tun, und das wußte er; bis dahin, wußte ich, würde er nicht fragen, wenn ich schwieg. Ich fühlte mich ganz wundervoll. Ich war zu Hause.

Es war Win, die schließlich fragte: »Wo bist du die ganze Zeit *gewesen*, Barry? Was hast du herausgefunden?«

Ich blinzelte ihr zu, legte den Arm um sie und drückte sie an mich. »Ich wurde tatsächlich«, sagte ich todernst, »von einer fliegenden Untertasse geraubt, und man hat mich auf den Mars verschleppt... und ich mußte so lange warten, bis wir eine Untertasse stehlen und untertauchen konnten.«

»Ach, *du*!« sie wand sich aus meinen Armen und starrte aus dem Fenster; dann kicherte sie unterdrückt, kuschelte sich wieder an mich und legte mir den Kopf auf die Schulter. »Was habe ich nur getan, um einen Bruder wie dich zu bekommen?«

Es war Nina, die sich vom Rücksitz her vorbeugte und mir die entscheidende Frage stellte. Sie nahm meine freie Hand in ihre Hände, diejenige, die nicht um Win lag und fragte: »Aber... bist du wirklich wieder ganz in Ordnung, Barry?«

»Ja«, erwiderte ich; und ich wußte, daß es stimmte. Ich hatte das verlorene Jahr wiedergewonnen; ich hatte mich verloren und wiedergefunden; und jetzt war es an der Zeit, die nächste Angelegenheit in Angriff zu nehmen. Karsten würde eines Tages zurückkehren – und dann würde es überall eine Menge fliegender Untertassen geben.

»Ja«, sagte ich noch einmal. »Ja, mir geht es gut.«

Trommeln in der Dämmerung

Horoskop von
SYDNEY OMARR
Löwe: Mardee Haskell
Geboren am 6. August 1945, drei Uhr früh,
in Denver, Colorado

Fast wäre Mardee bei ihrer Geburt gestorben; Saturn stand in der Nähe des Mondes und beinahe über ihrem Krebsaszendenten. Das Trauma, beinahe erstickt zu sein, hat seine Spuren hinterlassen, auch wenn sie es nicht zeigt. Manche halten sie für besitzergreifend, selbstsüchtig, immerzu die Aufmerksamkeit auf sich lenkend. Ihr Astrologe weiß es besser.

Mardee ist eine sinnliche Frau mit bezaubernden Augen, sie ist kreativ, künstlerisch veranlagt, temperamentvoll, hat eine melodische Stimme, neigt zur Gewichtszunahme und gibt ihren Leidenschaften nach – Essen, Sammeln von Kunstgegenständen und Antiquitäten... Sie war öfter als einmal ernsthaft verliebt, blickt auch auf eine gescheiterte Ehe zurück.

Vielleicht sind es nur Neider, die behaupten, Mardee raffe Besitztümer und Menschen. Sie mag nicht gerade sparsam erscheinen, der Krebseinfluß (Aszendenten: Mond und Saturn) veranlaßt sie jedoch, für schlechte Zeiten zu sparen und Vorräte zu horten: neben Wasser und Brot auch Kaviar und Champagner – hier macht sich der Einfluß des Löwen bemerkbar.

Im allgemeinen ist Mardee sanft, jedoch wird sie für eine ihr wichtige Sache kämpfen. Sie kann überzeugen und ist gewöhnt, sich durchzusetzen; sie ist eine selbstsüchtige Liebhaberin, die darauf wartet, daß ihre Sinne stimuliert werden. Das gleiche für ihren Partner zu tun, hält sie aber nicht für nötig. Mardee weiß, was sie tut, haßt sich manchmal selbst dafür, ›verzogen‹ zu sein, sträubt sich jedoch dagegen, wenn ein anderer ihr das einreden will.

Ihre Mutter ist sanft, gerecht, attraktiv: eine Waage. Ihr Vater war aggressiv und meist mit den Ansichten und Handlungen seiner Tochter nicht einverstanden. Jedoch gab er ihr gewöhnlich nach, ganz gleich, wie schwer es ihm fiel.

Unsere Heldin steckt ihre Nase gerne in anderer Leute Angelegenheiten. Mars, Herr im zehnten Haus, befindet sich in ihrem zwölften im Sternzeichen des Zwillings (Uranus ebenso) und charakterisiert jemanden, der Zugang zu Geheimnissen erlangt, es versteht, Ängste und Zweifel zu vertreiben, bei einer magischen Seance das Tischtuch wegzieht, gerne im Hintergrund die Fäden in der Hand behält, es liebt, als Frau voller Geheimnisse angesehen zu werden, vertrauliche Bekenntnisse sammelt, den Ablauf des Geschehens bestimmt – davon trifft manches auf sie zu und bildet eine für sie gefährliche Atmosphäre.

Im Jahre 1973 ist sie in mysteriöse Umstände verwickelt – da gibt es geheime Riten, und Mardee, ob sie will oder nicht, befindet sich mittendrin. Gerüchte könnten möglicherweise über sie in Umlauf geraten (gemäß ihrer Planetenverschiebungen). Zu Beginn fände Mardee das wohl amüsant; bald wäre sie jedoch sehr erschrocken – und das zu Recht. Sie könnte Gegenstand einer Untersuchung sein. Auf alarmierende Weise könnten diese vertraulichen Aufzeichnungen harte, jedoch bizarre Wirklichkeit werden. Setzt Mardee ihre bezwingende Stimme und ihre hypnotischen Augen ein, könnte sie sich mit ihrer Hilfe der scheinbar sicheren Gefangennahme oder gar Vernichtung entziehen.

Personen der Sternzeichen Zwilling, Waage und Skorpion spielen wichtige Rollen in ihrem Leben. Sie hat etwas gesammelt, das manchen Sekten- oder Kultanhängern geheiligt zu sein erscheint. Wenn sie nur wüßte, worum es sich handelt, würde sie es vermutlich aufgeben – willentlich oder sonstwie.

Mardee ist im Innersten konservativ, legt Wert auf äußeren Eindruck, verachtet aber Theatralik. Nach außen hin ist sie gewöhnlich kühl, ruhig und zurückhaltend, innerlich aber wie ein kochender Wasserkessel, neugierig und voller Leben. Mardee manipuliert gern, ihre Absichten aber sind gut; sie fühlt sich allmächtig in dem Sinne, daß sie weiß, sie kann an den Fäden ziehen, um für jeden Beteiligten die besten Ergebnisse zu erreichen. Erstaunlicherweise hat sie dabei häufig recht.

Mardee kann, wenn es die Situation verlangt, dramatisch sein und ihr augenblickliches Problem mit einer großen Geste lösen, im Ruhmesglanz sich tatsächlich selbst aufgeben, auf eine Weise, die einerseits Aberglauben ausscheiden läßt, andererseits den Glauben an das Übernatürliche bestärkt.

Ein Streitgespräch zwischen Mardee und ihrer Mutter steht zu Beginn dieser außergewöhnlichen Geschichte. Mardee wird bald nach Haiti fahren, dem Land ihrer Vorfahren, dem Land des Voodoo.

1. Kapitel

Durch das Fenster sah man den trüben herbstlichen Nieselregen fallen. Mardee Haskell faßte nach dem Brief in ihrer Jeanstasche und dachte an die warme, helle Sonne von Haiti, die Trommeln und Tänze und Blumen einer tropischen Insel.

»Haiti!« sagte ihre Mutter ärgerlich. »Warum solltest du nach Haiti fahren wollen? Du bist nie dort gewesen. Da wartet nichts auf dich!«

Mardee versuchte, ihre Stimme unbeschwert klingen zu lassen. »Ist das nicht ein guter Grund hinzufahren? So erhält es einen Anstrich von Abenteuer!«

»Abenteuer!« Marie-Claire Haskells Stimme grollte voller Verachtung. »Es gibt dort nichts als Armut, Unwissenheit und Aberglauben! Und Böses – überall Böses!«

Mardee wandte sich zum Fenster. Draußen der graue Nieselregen. September. Eine Vorahnung von Winter. Schmutziger Matsch auf den Straßen New Yorks. Und das endlose Vorsprechen.

Und hier war eine Chance, dem Winter dieser ›Freudenstadt‹ zu entkommen; im Scherz hatte jemand aus Kansas New York diesen Namen gegeben.

»Mutter, ich verstehe dich nicht. Sie ist die Schwester deiner eigenen Mutter – und sie ist alt und krank und braucht dich. Sie besitzt dieses enorm große Gut...«

Mardee schaute sich im engen Apartment um, das wohl sauber gehalten war wie die meisten Apartments in New York, jedoch armselig wirkte. Die Tante ihrer Mutter besaß ein Gut in Haiti, so alt, so schön, so in Geschichte verwoben, daß Sebastian Wright – *der* Sebastian Wright, Regisseur wohl eines Dutzend preisgekrönter Filme – Haus und Grund für seinen nächsten Film gepachtet hat. Mardee hatte dies nie in der Familie ihrer Mutter vermutet; Marie-Claire hatte nur einmal, und dann kurz, über Haiti gesprochen.

»Ich versteh' das nicht. Sie will unsere Hilfe, solange die Filmleute auf dem Gut sind. Du hast immer so viel auf die Familie gegeben, Mutter!«

»An dem Tag, an dem ich deinen Vater traf, Marie-Louise, wurde ich zu einem Mitglied *seiner* Familie. Das ist die einzige Familie, die ich habe, und für sie will ich tun, was immer ich kann und hergeben, was immer ich habe. Aber Emilie Thibaud ist keine gute Frau. Sie hat kein gutes Herz.« Kaum wahrnehmbar tauchte der französische Akzent, den sie nie verloren hatte, wieder in der Stimme der älteren Frau auf. »Cap Dominique ist ein böser Platz. Ich werde nie dorthin zurückgehen. Du solltest es auch nicht, *petite*.«

Mardee zuckte mit den Schultern. »Die Flugzeugtickets sind dabei, und ein Winter in den Tropen. Was hab' ich zu verlieren?«

Aber sie wußte, was ihre Mutter sagen würde, und wehrte sich innerlich gegen die Worte, bevor sie ausgesprochen waren.

»Du hast Ted zu verlieren«, sagte ihre Mutter leise. »Du weißt, er wird für dich da sein, bis die Entscheidung endgültig ist, er wird warten und hoffen, daß du zurückkommst.«

Mardee wandte sich ab. Aus dem Nieseln war kalter, prasselnder Regen geworden. »Er kann warten, bis die Hölle friert«, sagte sie.

»Marie-Louise! Dreh dich um und schau mich an, Mädchen!«

Mardee drehte sich um und sah mit Verwunderung Tränen in den Augen ihrer Mutter.

»*Cherie*, wirst du diesen Mann wirklich gehen lassen? Er liebt dich!«

Mardee hatte sich geschworen, darüber nicht mehr zu diskutieren. Wozu auch? Dennoch antwortete sie und fühlte dabei Ärger in sich hochsteigen: »Liebt mich. Ja. So sehr, daß er mich in eine Schachtel sperren und darin verrotten lassen will! Er möchte irgendein dummes Häschen, das seine Kleidung in Ordnung hält, an der Oberschule unterrichtet und sich hin und wieder ein Jahr freinimmt, um Kinder in die Welt zu setzen.«

»Jeder Mann will das«, sagte ihre Mutter mit zitternder Stimme. »Glaubst du etwa, du könntest das ausschlagen? Glaubst du, irgendeine Karriere wäre einen Mann wie Ted wert?«

»O nein. Als er mich auf der Bühne sah, sagte er nur, er fühle sich wie ein Zuhälter, der sein bestes Pferd herumreicht; so viel bedeutet ihm meine Karriere!« Aufgeregt umklammerte sie den Brief in ihrer Tasche, bemühte sich, an Tropensonne, Calypsotrommeln und Jasminduft zu denken, an irgend etwas, bloß nicht an Teds Ausdruck, aber er ihr *das* ins Gesicht geworfen hatte. Flucht. Dieser Brief verhieß Flucht, und dazu war sie bereit.

»Und für ein Stück, das noch nicht einmal vier Monate lief, hast du Ted verlassen und deine Ehe einer Karriere zuliebe ruiniert, aus der vielleicht nie etwas wird?« Ihre Mutter schüttelte den Kopf in ärgerlicher Verwunderung. »Ted hätte nichts gegen eine *anständige* Karriere. Was ist daran falsch, Theaterwissenschaften zu unterrichten? Irgend etwas, das zu *seiner* Karriere paßt. Ted hat eine Zukunft, Marie-Louise, eines Tages könntest du stolz auf ihn sein. Gerade fünfunddreißig und schon Professor! Er wird es zu etwas bringen!«

»Ich kann nicht mein Leben damit verbringen, stolz auf Ted zu sein und mir vorzumachen, das wäre ein Ausgleich dafür, auf nichts in meinem Leben stolz sein zu können. Ich will eine eigene Karriere, nicht einen Anteil an Teds.«

Ihre Mutter hob stolz ihr Kinn. »Ich hatte eine Karriere, und eine gute, aber ich war stolz darauf, die Frau deines Vaters und deine Mutter zu sein!«

»Siehst du nicht, daß das etwas anderes ist? Du hattest eine schöne, normale, bürgerliche Karriere. Lehrerin.« Sie starrte wieder in den strömenden Regen. »Über Ted oder meine Ehe werde ich nicht mehr reden. Das ist vorbei. Ich kann mein Leben nicht so einschränken, nur weil es dich glücklich machen würde, mich mit einem erfolgreichen Mann verheiratet zu sehen!«

»Daran bin ich wohl schuld«, sagte Marie-Claire seufzend. »Hätte ich dich nicht hier wohnen lassen, hättest du zu ihm zurückgehen müssen, als das Stück abgesetzt...«

»Nein. Ich hätte auf der Straße geschlafen, bevor ich zu ihm zurückgegangen wäre, und das wußtest du.« Mardee zog den Brief mit der bunten ausländischen Marke aus der Tasche. Flucht. Ein ehrenhafter Abgang. »Sie sagt, wir sollten ihr ein Telegramm schicken, welchen Flug wir nehmen, und sie wird uns in Port-au-Prince abholen lassen.« Der Name allein zauberte schon exotische Bilder hervor.

»Du *wirst* kommen, nicht wahr, Mutter?«

»Nein, das werde ich nicht.« Mardee kannte von Kindheit an diese hartnäckig angehobenen Schultern. »Als ich fortging, sagte ich Tante Emilie, daß ich niemals wiederkehren würde. *Jamais. C'est fini!*«

Mardee erkannte die Verwirrung ihrer Mutter an ihrem Sprung ins Französische. »Aber, Mutter, warum, warum willst du den Winter in New York anstatt in der Karibik verbringen?«

»Hier bin ich meine eigene Herrin! Ich sagte ihr, ich würde niemals zurückkommen, niemals, und jetzt, nach all diesen Jahren, versucht sie, mich zu locken und dich mit Versprechungen zu ködern, mit ihrem Reichtum ... Das ist böse! Es ist nutzlos, ich werde nicht gehen, ich werde ihr widerstehen!« Es war solch ein Sturzbach raschen Französischs, daß Mardee Schwierigkeiten hatte, ihm zu folgen.

»Aber was meinst du damit, Mutter? Sie ist eine alte, kranke Frau, und wir sind ihre einzigen Verwandten – wie kannst du ihr absagen?«

»Du kannst mich nicht täuschen«, erwiderte ihre Mutter ärgerlich in schnellem Französisch, »was bedeutet dir schon Emilie Thibaud? Dieser berühmte Produzent, dieser Sebastian Wright, zu dem zieht es dich wie eine Motte zur Flamme! Du glaubst, wenn er dich sieht, wird er dich an die Hand nehmen, dich entdecken, aus dir einen großen Star machen – oder?«

Mardee fühlte ihre Wangen heiß werden. Konnte es schaden, herauszufinden, was ein großer Regisseur an einer großartigen Schauspielerin schätzt? War es so schlecht, einen wichtigen Mann der Filmszene persönlich kennenlernen zu wollen? Sebastian Wright hatte schon viele junge Schauspielerinnen auf kometenhafte Ruhmes- und Erfolgsbahnen gelenkt. Würde er überhaupt wissen, daß Mardee Schauspielerin war? Sie wäre dort als Hosteß ihrer Großtante. Nichts weiter.

»Mutter, Großtante Emilie hat uns eine Reise nach Haiti angeboten und eine Gelegenheit, ihr wirklich nützlich sein zu können. Wann hast du eigentlich das letzte Mal Urlaub gemacht?«

»Einen solchen Urlaub brauche ich nicht«, entgegnete Marie-Claire, »und du auch nicht. Du möchtest eine Schauspielerin sein, Marie-Louise – Mardee.« Sie wählte bewußt den Künstlernamen. »Nun gut, dann *sei* eine Schauspielerin. Was geschieht, wenn du jetzt drei Monate freinimmst, deine Kontakte und Vorstellungsgespräche vernachlässigst? Verhält sich so eine professionelle Schauspielerin, daß sie drei Monate während der Theatersaison nichts dafür tut, ihre Karriere auszubauen?«

Mardee wußte, daß ihre Mutter recht hatte, aber die Herbstproduktionen waren schon besetzt, und sie war noch nicht einmal in Erwägung gezogen worden; nur zweimal war sie zum Vorsprechen gebeten worden. Sie erklärte, für sie gäbe es doch nur Atelierjobs bis nach Weihnachten. In Haiti hätte sie wenigstens die Gelegenheit zu einem wichtigen beruflichen Kontakt: Sebastian Wright.

»Aber es ist über alle Maßen gefährlich, Marie-Louise. Haiti ist ein teuflischer Platz! Du darfst nicht hin! Ich sage dir, du darfst nicht! Es ist gefährlich für dich, Marie-Louise, du bist von dem Blut – *non.*« Marie-Claire unterbrach sich plötzlich, wandte sich ab. Sie hatte ihre Fassung wiedergewonnen, als sie fortfuhr: »Ich habe dich gewarnt. Deine Großtante ist keine gute Frau, und Cap Dominique ist kein guter Platz.«

»Aber wie kannst du so reden? Was meinst du damit, *es ist gefährlich, du bist von dem Blut ...* Mutter, du kommst doch von Haiti!«

»Es ist nicht schlecht, aus Haiti zu stammen, doch je weiter davon weg, desto besser. Emilie Thibaud ist keine gute Frau, sie hat kein gutes Herz. Aber du bist kein Kind mehr, Marie-Louise, und du hast es klar genug ausgedrückt, daß du auf meinen Rat nicht hörst. Wenn du gehen mußt, dann mußt du gehen. Aber ich habe damit nichts zu tun. Und ich werde nichts weiter sagen, wenn jemand nicht auf mich hört.«

Sie verließ den Raum. Mardee beobachtete sie nachdenklich. *Es ist gefährlich, du bist von dem Blut. Was konnte sie nur damit gemeint haben?*

Nichts. Altersschwachsinn. Aberglauben. *Die Gelegenheit lasse ich nicht sausen, nur weil sie abergläubisch ist!* Mardee versank wieder in einen hellen Traum von Sonne, Blumen, Trommeln und tropischen Tänzen, jedoch stimmte die Unruhe ihrer Mutter sie etwas bedrückt. *Weswegen war sie so ängstlich?*

Drei Tage darauf fiel immer noch der kalte Regen, als der Jet vom Kennedy-Airport abhob und rasch durch die Wolken dem Sonnenschein entgegenstieg. Entschlossen schob Mardee alles beiseite, ihrer Mutter ärgerliches, vorwurfsvolles Schweigen, Teds Anruf vom Abend zuvor – alles. Sie hatte drei Monate

Haiti vor sich, um zu entspannen, auszuruhen, über ihr Leben und ihre Karriere nachzudenken und zu entscheiden, was sie weiterhin machen sollte. Sie erinnerte sich an einen Spruch, den sie in einem Souvenirladen am Flughafen gesehen hatte: HEUTE IST DER ERSTE TAG VOM REST DEINES LEBENS. Genauso fühlte sie sich, während sie in den strahlenden Sonnenschein schaute, als ob sie schon in den Tropen wäre.

Das Flugzeug war nur zur Hälfte besetzt. Die meisten Passagiere waren Frauen mittleren Alters in teurer Garderobe. Mardee betrachtete neidisch ihre Bekleidung. Zu dieser Jahreszeit waren die meisten New Yorker Geschäfte voll mit Wintersachen, bis auf die Mode-Boutiquen der teuren Warenhäuser, die weit über Mardees einfachem Budget lagen. Sie hatte Tante Emilies Erste-Klasse-Ticket in eins der Zweiten umgewechselt (und Mardee, die den Luxus liebte, hatte sich sehr gegen diese Notwendigkeit gesträubt), und doch blieb ihr nur ein Taschengeld für eine Sommergarderobe, und die würde sie sich in Haiti besorgen, nicht im teuren New York.

Auf der anderen Seite des Mittelgangs blätterte ein junger Mann in einem Magazin, runzelte die Stirn und legte es beiseite. Mardee nahm eine Ausgabe der *Time*, die ihr die Stewardeß gegeben hatte, in die Hand und lehnte sich herüber. »Die habe ich schon gelesen, wenn Sie tauschen möchten...«

Er nahm seine Zeitschrift hoch und lächelte. Sie war nicht in den Plastikeinband der Fluglinie eingeschlagen. »Wenn es Sie wirklich interessiert...«

Es war ein glänzendes, technisch anspruchsvolles Fotojournal. Mardee lachte. »Es tut mir leid, aber das geht weit über meinen Horizont. Ich kann gerade einen Film in eine Instamatic einlegen!«

Er grinste. Was für ein erfreuliches Lächeln, dachte Mardee.

»Das geht auch über meinen. Ich kann mit einer Kamera umgehen – ich habe einmal für eine Zeitung gearbeitet –, aber dieses ganze technische Zeug kapier' ich nicht. Es ist nicht das, was ich erhoffte. Ich weiß noch nicht einmal, ob es ein Magazin *gibt* für das, was ich suche.«

»Was brauchen Sie denn?« fragte Mardee, aber da schob sich gerade eine Stewardeß durch den Gang, drückte ihr eine Menü-Karte in die Hand und fragte sie, ob sie vor dem Lunch einen Cocktail haben wolle. Mardee lehnte ab, und die Stewardeß ging weiter. Der junge Mann beugte sich herüber und sagte: »Der Gang wird bald mit Getränke- und Servierwagen verstellt sein. Haben Sie was dagegen, wenn ich herüberkomme und neben Ihnen sitze?«

Er stellte sich auf seine langen Beine und glitt auf den Sitz neben ihr. Er ist nicht gerade besonders hübsch, dachte Mardee, jedoch waren seine Zähne weiß und ebenmäßig, und seine unregelmäßigen Züge sympathisch. Sein Haar war lockig und kurz geschnitten. Er war, wie sie bemerkte, der einzige Mann im Flugzeug, der nicht Anzug und Krawatte trug. Außerhalb ihrer eigenen Schlafzimmer hätte man die meisten von Teds Freunden nie ohne Jacke und Krawatte sehen können. Er war auch kein langhaariger, ungekämmter Künstlertyp; seine Jacke aus grober Baumwolle und seine verzierten Jeans sahen ganz gut an ihm aus, nur ein wenig abgetragen. Seine Bekleidung war bequem und individuell, sein Benehmen lässig.

Voller Ablehnung schwenkte er das glänzende Fotojournal. »Das ist fast alles nur über den Kauf von Zubehör und Kameras. Ich hoffte auf Hinweise, wie man Illustrationen arrangiert, Kamerawinkel und so weiter, für ein Buch, das ich schreibe. Vor dem Abflug hat mir der Kameramann, der mit mir kommen wollte, wegen seines kranken Kindes abgesagt, und in den nächsten zehn Tagen kann er mich nicht begleiten, vielleicht kommt er überhaupt nicht. Ich kann schon eine Kamera bedienen, aber ich brauch' mir nicht vorzumachen, ich könnte eine ernsthafte Dokumentation zusammenstellen, das weiß ich jetzt genau, nachdem ich all das gelesen habe.« Damit warf er das Magazin auf den Sitz.

»Sie schreiben ein Buch? Sind Sie Schriftsteller?«

»Journalist. Da gibt's einen Unterschied.« Er grinste. »Alles, was du brauchst, um dich selbst als Schriftsteller zu bezeichnen, ist eine Schreibmaschine aus dem Leihhaus und ein Gedicht, das vor vier Jahren von der Zeitschrift der texanischen Geflügelzüchtervereinigung angenommen wurde. Ein Journalist hat gewöhnlich etwas Arbeit geleistet.«

»So habe ich es noch nie gesehen.«

»Ich auch nicht. Da bin ich erst jetzt drauf gekommen. Es ist halt so, wenn ich den Leuten erzähle, ich wäre ein Schriftsteller, dann stellen sie mir immer Fragen wie ›Oh, haben Sie schon etwas publiziert?‹. Da könnten sie gleich auch einen, der sich als

Klempner bezeichnet, fragen, ob er wüßte, an welchem Ende man eine Kneifzange anfaßt.«

Mardee lächelte voller Verständnis. »Das kenn' ich auch. Manche Frauen nennen sich selber Schauspielerinnen, weil sie in ein paar Stücken an einer Schauspielschule oder in einer Theatergruppe der Kirchengemeinde aufgetreten sind. Ich hasse es, meinen Beruf zu nennen.«

Er betrachtete sie genauer. »Ich glaube, ich sollte Ihr Gesicht kennen. Aber ich schaff' es nie, ins Theater oder ins Kino zu gehen – entweder sammle ich vor Ort Informationen oder tipp' etwas herunter, hinter eine Schreibmaschine geklemmt, oder versuch', meinen Schlaf aufzuholen. Und wenn ich den Fernseher abends anstelle, zur Entspannung, wenn ich im Bett bin, dann wirkt das wie Schlaftabletten.«

Mardee kicherte. »Das ist besser als Schlaftabletten. Wenn Sie die Gewohnheit aufgeben wollen, gibt's keine Entzugserscheinungen.«

»Da ist etwas dran. Was haben Sie denn am Theater gemacht?«

Er schien wirklich interessiert. Sie erzählte ihm von ihrem vierjährigen Vertrag als Schauspielerin und Tänzerin in Hollywood, der kleinen Rolle in der Wiederaufführung von *Detective Story*, den beinah vier Monaten als Jessica in *Folly Garden*.

»So ein Pech«, empfand er mit ihr. »Ich hörte, es sei ein gutes Stück, aber ich habe es verpaßt. Mein Freund, der gewöhnlich Pressekarten bekommt, war nicht in der Stadt.«

Die Stewardeß kam und nahm ihre Bestellung für den Lunch auf, und er sagte: »Machen Sie Ferien auf Haiti?«

Sie lachte. »Schau' ich wie eine Frau aus, die um diese Jahreszeit Urlaub machen kann? Nein, ich geh' als Haushälterin zu meiner Großtante. Sie hat das Haus voller Leute, und es geht ihr nicht gut...« Sie stellte fest, daß sie ganz ungezwungen mit einem jungen Mann redete, dessen Namen sie noch nicht einmal kannte. Nun gut, so etwas geschieht eben mal im Flugzeug, aber dennoch... Sie stellte sich vor: »Ich heiße Mardee Haskell.«

»Mardee. Was für ein seltsamer, ungewöhnlicher Name.«

»Ursprünglich Marie-Louise«, bekannte sie, »aber eine Numerologin sagte mir, das passe überhaupt nicht zu mir und ich würde nie Glück haben, wenn ich ihn nicht änderte. So half sie mir, einen Künstlernamen zu finden, der mir entspricht, und gleich hatte ich meinen ersten Durchbruch; nach allem muß er also die richtigen Schwingungen besitzen.«

Er schaute überrascht drein. »Glauben Sie an all das Zeug – Astrologie, Numerologie?«

»Ich weiß nicht, ob ich's tu' oder nicht, aber eines ist sicher, daß ich grade zu der Zeit mehr Glück hatte, als ich meinen Namen gesetzlich ändern ließ.« Ted hatte das auch nicht verstanden, ihre Weigerung, seinen Namen zu benutzen, ihr Drängen auf eine eigene Telefonbucheintragung unter ihrem Künstlernamen. Sie weigerte sich, an Ted zu denken. »Vielleicht suchte ich nur nach einer guten Entschuldigung, um meinen Namen zu ändern.«

»Wo wir von Namen sprechen, meiner ist Brian Dawes. Und ich hatte einen guten Grund, zu fragen, ob Sie abergläubisch sind. Ich arbeite an einem Buch über das moderne Haiti, und wenn man Haiti sagt, dann denken die Leute an – was fällt Ihnen dabei ein?«

»Calypso-Tänze«, antwortete Mardee, »Voodoo, Zombies, Sklavenaufstände und Zauberdoktoren.«

Er schaute ärgerlich und enttäuscht, und Mardee beeilte sich zu sagen: »Wissen Sie, Brian, ich weiß wirklich *gar nichts* über Haiti.«

»Und das bestätigt meine Ansicht. All das sensationelle, dekadente Zeug hat die westliche Welt davon abgehalten, Haiti ernst zu nehmen. Eine schwarze Republik in der westlichen Hemisphäre, die einzige außerhalb Afrikas.«

»Hat sich Haiti wirklich sehr verändert?« Ihre Mutter hatte gesagt, es sei ein teuflischer Platz.

»Nein. Ich glaube nicht, daß es sich verändert hat. Aber die Journalisten, die dorthin kamen, waren weiß und konnten schwarze Politik und Wirtschaft nicht für voll nehmen. Und Voodoo und Zombies machen einen besseren Umsatz als Geschichten über Malariaforschung und die Tatsache, daß Haiti mehr Kaffee erzeugte als Brasilien heute.«

»Wollen Sie damit sagen, es gäbe eine Verschwörung, die Leute daran zu hindern, Haiti ernst zu nehmen?«

»Das klingt paranoid, nicht wahr? Nein, aber vom geschichtlichen Ablauf her ist es der Stil der Weltpresse gewesen, die Vorstellung zu vermitteln, daß diese dummen, unwissenden, abergläubischen Schwarzen keine ernstzunehmende Republik haben könnten. Wenn sie damit aufhören würden, den Schund über Voodoo und Zombies zu drucken, müßte man sich ja Haiti anschauen und sehen, was dort wirklich vor sich geht... Aber ich halte hier eine Rede, Verzeihung. Ich höre schon damit auf. Vorträge, Volksreden und Essen vertragen sich nicht.«

Die Bedienung reichte ihnen die Tabletts mit dem heißen Essen.

»Sieht gut aus«, sagte Brian.

Mardee probierte. »Nicht schlecht«, erwiderte sie.

Sie rückten etwas voneinander ab und aßen in vertrautem Schweigen. Schließlich seufzte Mardee und wischte den letzten Schokoladenkrümel der exzellenten Torte ab.

Brian sagte: »Ich sehe gern einer Frau beim Essen zu. Als ich hörte, Sie seien Schauspielerin, habe ich schon befürchtet, Sie wären eine von denen, die an einem Salatblatt knabbern und mich wie einen gierigen Freßsack ausschauen lassen.«

Mardee lachte. »Ich liebe gutes Essen. Ich hatte niemals Sorgen um meine Figur. Was für Gaumenfreuden gibt's auf Haiti?«

»Nun, es ist sicher kein Ort, um eine Diät durchzuhalten. Zumeist französische Küche, mit tropischen Spezialitäten, neunzig Arten von Früchten – und einem Kaffee, der mich für dieses Zeug verdorben hat«, fügte er hinzu und schob die Tasse fort, die die Stewardeß gebracht hatte. »Wenn Sie eine Tänzerin sind, dann möchten Sie wohl alle die Tänze sehen: den Calypso, den Merengue, den Limbo, alles Tänze aus Afrika.«

»Ich hoffe«, sagte Mardee, »aber meine Großtante wohnt außerhalb von Port-au-Prince.«

»Da haben Sie aber Glück. Wollte man Haiti nach Port-au-Prince beurteilen, dann wäre das, wie wenn man die USA zu kennen glaubte und nur West-Hollywood gesehen hat. Ich werde die meiste Zeit in Port-au-Prince zu tun haben, für mein Buch, aber ich möchte auch ins Landesinnere fahren.«

»Kennen Sie Haiti gut?«

»Ziemlich gut. Vor vier Jahren fuhr ich hin, um eine Geschichte über Malariavorsorge zu schreiben, und ich bin seitdem immer irgendwie zurückgekommen.«

Die Bedienung kam und nahm ihre Tabletts. Mardee brachte das Gespräch noch einmal auf den Anfang ihrer Unterhaltung.

»Meinen Sie, das war alles nur Sensationsgier? Gab es irgendwelche Zombies? Voodoo, gibt es das nicht wirklich?«

Mardee spürte, daß er darüber nicht reden wollte, aber sie fühlte, sie mußte es wissen. Warum nannte Marie-Claire Haiti einen ›bösen Platz‹? Warum hatte sie ihn mit neunzehn Jahren verlassen, um nie zurückzukehren, zitternd vor Furcht allein bei dem Gedanken?

»Zombies? Ich weiß nicht«, antwortete Brian. »Ich habe nie einen gesehen und niemanden getroffen, der einen gesehen hatte, aber fast ein jeder sagt, er habe einen Mann gekannt, der jemanden kannte, der einen gesehen habe. Und irgendeiner nahm die Geschichten darüber ernst genug, um ein haitisches Gesetz zu erlassen. Es ist illegal, einem eine Droge zu geben, die ihn zu einem Zombie macht, oder auch, einem Zombie Arbeit zu geben.«

Mardee starrte ihn an. »Ernstlich, Brian? Gibt es wirklich so ein Gesetz?«

»Im Ernst. Das steht im Gesetzbuch, obwohl ich nicht glaube, daß in den letzten dreißig, fünfzig Jahren deshalb jemand verurteilt wurde. Ich glaube nicht, daß Zombies wiederbelebte Leichen sind oder so etwas. Aber etwas muß dran sein. Streich den ganzen Mist der Sonntagsblätter, und was bleibt, ist eine Droge, die die Gehirnfunktionen zerstört und Leute willenlos macht. Für einen skrupellosen Plantagenbesitzer, der eine Menge Leute braucht, die völlig unqualifizierte Feldarbeit leisten, für den ist ein Zombie oder ein schwachsinniger Schwarzer, dessen Gehirn ausgeschaltet ist, die perfekte Arbeitskraft. Er macht seine Arbeit, er vergeudet keine Zeit beim Schwatzen, alles, was er braucht, ist eine Schüssel mit irgendeinem Fraß und ein Platz zum Schlafen. Er wird niemals einer Gewerkschaft beitreten oder um eine Lohnerhöhung anfragen. Er ist nicht wirklich tot, aber so gut wie. Ich kenne Fabrikbesitzer, die gerne eine solche Droge hätten.« Einen Augenblick lang schaute er recht grimmig.

»Und Voodoo, Brian, ist das auch eine Lüge?«

»*Voudoun*«, sagte Brian, das Wort französisch aussprechend. »Das ist nur allzu wirklich, es ist die alte, noch überlebende afrikanische Religion. Heutzutage meist als Show für die Touristen. Ein paar unwissende Bauern im Landesinnern rennen vielleicht noch zu ihrem örtlichen Zauberdoktor, wenn mit der

Ernte oder ihrem Sexualleben etwas schiefläuft. Aber das gibt's auch in Spanisch Harlem, wenn man sich umschaut. Überall gibt es das, wo es Leute ohne Bildung gibt. Das nimmt keiner mehr ernst.«

Mardee war nicht so sicher, aber Brians Standpunkt in bezug auf Aberglauben war so unnachgiebig, daß sie diesen Punkt nicht weiter verfolgen konnte. Die Stewardeß teilte Kopfhörer für den Film aus, und sie lehnten sich zurück.

Es war ein Film über Berge und Skifans. Das Thema interessierte Mardee nicht. Sie wollte statt dessen die Stewardeß nach einer Illustrierten fragen, als sie eine Zeile im Vorspann zu Gesicht bekam: BUCH UND REGIE: SEBASTIAN WRIGHT.

Ihre Neugier war geweckt. Der Star war eine junge Frau, die ihr aus den Jahren als Vertragsschauspielerin in Hollywood flüchtig bekannt war. *Wenn er eine solche Leistung aus Lorna Patten herausholen kann, dachte sie, dann nennt man Sebastian Wright zu recht ein Genie!*

Vielleicht könnte sie den Drehort besuchen und ihm bei der Arbeit zuschauen, dachte sie. Von einem solch renommierten Regisseur gab es immer etwas zu lernen.

Brian war fast gleich zu Beginn des Films eingeschlafen. Als dieser auf sein Ende zusteuerte, streckte er sich und schüttelte sich halb reuevoll, halb belustigt.

»Verdammt! Jetzt ist es schon wieder passiert, dabei hatte ich mir gesagt, daß ich diesmal wach bleibe und Ihnen Gesellschaft leiste. Da müssen mir ja die Frauen weglaufen!«

»Sie haben nicht viel versäumt«, erzählte ihm Mardee. Ihre Bewunderung für die schauspielerische Leistung und die Regie hatte nichts mit dem Script zu tun, das ziemlich einfallslos gewesen war. Es fiel ihr auf, daß sie mit Brian viel mehr gelacht hatte als mit irgend jemandem in der letzten Zeit.

Das Flugzeug verlor nun an Höhe, und die Stimme des Kapitäns kündigte an, daß sie über der Stadt Port-au-Prince kreisen und in wenigen Minuten landen würden. Als Brian von seinem reservierten Platz eine Kameratasche und eine Reiseschreibmaschine holte, fiel es Mardee plötzlich ein, daß, wenn das Flugzeug in wenigen Minuten landete, sie ihn nie wiedersehen würde.

Ein Mann, der sie zum Lachen brachte – und den mußte sie ausgerechnet in einem Flugzeug kennenlernen! Männer wie ihn hatte sie in New York nicht gekannt. Die meisten waren Schauspieler, in ihr eigenes Spiegelbild verknallt, oder Ballettknaben, die an einer Frau nur als Tanzpartnerin interessiert waren, oder solche Typen, die auf billiges Vergnügen aus waren. Und wenn sie einmal einen netten, aufrichtigen, freundlichen Mann kennenlernte, der Einfälle hatte und der sie zum Lachen brachte, dann mußte das ausgerechnet ein zufälliger Nachbar im Flugzeug sein!

Doch schließlich ist das eines der Dinge, auf die es bei der Frauenemanzipation ankommt – Frauen müssen nicht mehr darauf warten, daß der Mann den ersten Schritt unternimmt! Als die Passagiere sich im Gang zu drängeln begannen, schaute Brian zu ihr herüber, und sie streckte ihm ihre Hand entgegen.

»Brian, wo stecken Sie in Port-au-Prince? Ich weiß, Sie sind beschäftigt, und ich werde das auch sein, aber Sie scheinen die Insel so gut zu kennen. Ich würde sie mir gerne mit Ihnen zusammen anschauen, wenn Sie dafür Zeit haben und Tante Emilie mich entbehren kann.«

Über sein Gesicht ging ein befreites Lächeln. »Sie sind ein Schatz, Mardee. Ich wollte schon meinen ganzen Mut zusammennehmen, um Sie zu fragen, ob ich Sie wiedersehen kann, ohne dabei wie jemand dazustehen, der sich an einsame Frauen heranmacht! Das ist das Hotel, in dem ich in den nächsten Tagen unterkomme.«

Er gab ihr eine Karte. »Wo lebt denn Ihre Großtante?«

»In der Nähe eines kleinen Dorfes, das Cap Dominique heißt«, antwortete Mardee.

Er pfiff durch die Zähne. »Das ist weit draußen auf dem Land! Wie wollen Sie denn dort hinkommen? Busse fahren nicht, da bleibt nur übrig, sich einen Esel auszuleihen! Ich habe einen Freund in Port-au-Prince, der hat einen uralten Wagen, aber die Karre läuft, mehr kann man nicht verlangen auf diesen Straßen. Wie wär's, wenn ich Tom anrufe, mir die Karre ausleihe und Sie rausfahre?«

»Das wäre toll«, sagte Mardee bedauernd, »aber sie schrieb in ihrem Telegramm, daß sie jemanden zum Flughafen schicken würde. Doch ich werde Sie anrufen, Brian, das verspreche ich.« Sie nahm ihre Handtasche, das Verabschieden fiel ihr schwer. Zusammen standen sie im Gang, seine Hand leicht auf ihrem Arm.

»Wie heißt Ihre Großtante?«

»Emilie Thibaud«, sagte Mardee.

Brians Kinnlade fiel herab. Er schnappte nach Luft und sagte: »Guter Gott!«

Mardee schaute überrascht auf. »Ich habe sie nie getroffen, und meine Mutter hat mir nicht viel von ihrer Familie erzählt. Hat sie einen schlechten Ruf oder so etwas?«

»Nein, nein, nicht das. Sie ist völlig respektabel, eine Katholikin, die der Kirche spendet und so weiter – Mardee, schauen Sie, wissen Sie noch nicht einmal, daß die alte Madame Thibaud die vermutlich reichste Frau der Insel ist? Die meisten großen Ländereien sind heute im Besitz von amerikanischem Kapital oder internationalen Gesellschaften, aber Maison Dominique ist eine der ältesten Pflanzungen auf Haiti. Mardee, ich hatte keine Ahnung...«

Mardee schüttelte verwirrt den Kopf. »Das ist mir alles neu! Ich glaube, ich *brauche* Sie als Führer!«

Brian lachte verlegen. »Gut, ich rufe Sie an. Aber warnen Sie besser Ihre Großtante. Ich glaube nicht, daß sie einen gewöhnlichen, arbeitenden Menschen mit einer Schreibmaschine unterm Arm empfängt.«

»Brian, machen Sie sich nicht lächerlich«, sagte sie herzlich, nahm seine Hand, und nach einem Moment brachte er zögernd ein Grinsen zustande.

Die Stewardeß wünschte ihnen einen ›Schönen Urlaub‹, und sie traten ins Sonnenlicht hinaus.

Sonnenlicht. Sogar die Sonne schien – einen blendenden Augenblick lang – eine neue Sonne zu sein, eine neue Qualität zu haben. Mardee trug selten eine Sonnenbrille – die hielt sie immer für ein Klischee aus Hollywood –, empfand sie jedoch hier im Tropenlicht Haitis als ganz angebracht. Sie bemerkte, daß Brian schon eine aus seiner Tasche gezogen und auf seine Nase gesetzt hatte.

Mardee blinzelte im grellen Sonnenschein und stieg unsicher die Gangway hinunter. Den heißen Asphalt spürte sie durch die Schuhsohlen brennen. Sie würde ein paar dünnere Kleider brauchen und fragte sich, ob Brian ein paar gute Geschäfte kennen würde. Mardee lächelte über sich selbst, als sie merkte, daß ihr ein Wiedersehen mit Brian schon als sicher erschien.

Bevor sie die Tür erreichte, auf der in drei Sprachen GEPÄCKABHOLUNG geschrieben war, trat ein großgewachsener Mann auf sie zu.

»Marie-Louise Haskell?«

Sie verstand gleich, daß dies jemand sein mußte, den ihre Großtante geschickt hatte, um sie abzuholen. »Ich gebrauche lieber den Namen *Mardee*«, sagte sie, »aber es stimmt, so heiße ich.«

»Mardee«, sagte er lächelnd und streckte ihr seine Hand entgegen. »Ich bin Sebastian Wright.«

Er war gekommen, um *sie* abzuholen? Verwirrt schüttelte Mardee seine Hand, fühlte den harten Griff muskulöser Finger, bemerkte den Kontrast zwischen ihrer dunklen Hand und der seinigen, die ganz weiß, gar nicht sonnengebräunt war.

Er war ein großer Mann, überragte sie wie ein gigantischer Baumriese; er mußte größer als zwei Meter sein, mit einer gewaltigen Mähne weißen Haares und einem mageren, starkknochigen Gesicht. Seine Augen lagen tief in ihren Höhlen, in ihnen blitzte ein Schimmer von Eis. Sie ließ seine Hand los. Ihre eigene Hand fühlte sich kalt an.

Mardee hatte aus dem Brief geschlossen, daß ihre Großtante sie hergebeten hatte, um bei den Vorbereitungen für die Gäste zu helfen. Aber anscheinend befanden sie sich alle schon in Maison Dominique.

Sebastian Wright nahm ihren Arm. »Mein Wagen ist draußen.«

Im Flughafengebäude hielt sie, durch die relative Dunkelheit nach dem Flimmern draußen geblendet, Ausschau nach Brian, aber er war schon verschwunden. Nun gut, die Karte mit dem Namen seines Hotels steckte in ihrer Handtasche. Sie ließ sich von Sebastian durch das Terminal führen, wieder in den Sonnenschein hinaus.

»Wie viele Taschen haben Sie? Haben Sie ein Mädchen mitgebracht?«

Mardee erwiderte blinzelnd: »Nein.« In was für eine Welt war sie geraten!

»Madame lebt, glaube ich, immer noch in der Zeit, da eine junge Frau nicht unbehütet reiste.« Er winkte einem Träger, und ihre Tasche, die sie im Flugzeug dabei hatte, und ihre Gepäckquittungen wurden ihr aus den Händen genommen.

Zwei große Autos hielten im Halteverbot vor der Ankunftshalle. Eines war beschriftet: MAISON DOMINIQUE. Mardee ging darauf zu; Wrights Hand auf ihrem Arm zog sie sanft daran vorbei.

»Das ist für die Aushilfskraft«, mit einer Handbewegung deutete er auf den Cadillac. »Sie werden Ihr Gepäck bringen – und Ihr Mädchen, wenn Sie eines hätten. Hier ist mein Wagen.« Mit der einen Hand, die fest auf ihrer Schulter ruhte, führte er sie zu einem glänzenden, hellgrauen Wagen, den sie staunend als einen Rolls-Royce Silver Cloud erkannte. Sie hatte vorher noch nie einen zu Gesicht bekommen. Das Lenkrad war auf der rechten Seite, und es war ein ungewohntes Gefühl, auf den linken Sitz zu klettern und Sebastian Wright sich über den Schaltknüppel beugen zu sehen. Mardee sank in die hellbraune, weiche Lederpolsterung und dachte etwas bitter amüsiert: ›*O Lord, all das für Captain Haskells kleines Mädchen!*‹ Ihr zweiter Gedanke war: ›*Und Mutter hat das alles verlassen und nie zurückgeschaut!*‹

Nie zurückgeschaut. Nicht einmal.

Langsam steuerte Wright den Wagen durch den Flughafenverkehr, ein heilloses Durcheinander von Taxis, Autos, Lieferwagen und anderen Fahrzeugen. Ohne sie dabei anzuschauen, sagte er: »Ich hoffe, Sie sind nicht allzu ermüdet nach Ihrem Flug, Mardee.«

»Überhaupt nicht, Mr. Wright.«

»Sebastian, bitte«, verbesserte er. »Das höre ich gern. Madame hat ein kleines Dinner Ihnen zu Ehren geplant, und wir bekommen Madame nur selten zu sehen.«

»Madame – meine Großtante?«

»Ja. Tatsächlich erinnert sie mich sehr an eine Herzogin aus der Familie der Romanoff, die ich vor vielen Jahren einmal in New York traf. Echter Adel, sogar bis zum französischen Akzent.«

»Französisch – ich dachte, die Romanoffs waren Russen.« Sebastian Wrights Lächeln ließ sie sich linkisch und unwissend fühlen. »Stimmt. Aber in den Tagen vor der russischen Revolution sprach jede russische Adlige französisch, gewöhnlich sogar besser als ihre Muttersprache. Ich fürchte, ihr jungen Leute habt wenig Sinn für Geschichte.« Leichthin fuhr er fort: »Madame ist der Inbegriff der Gastfreundschaft, sie hat uns einen Großteil ihres Hauses zur Verfügung gestellt, sie selber aber lebt die meiste Zeit zurückgezogen, wie eine Hoheit, so daß wir als ihre Gäste sie nur manchmal zu Gesicht bekommen. Es ist ein unschätzbares Privileg, mit Madame zu dinieren. Wenn ich mich nicht irre, war ihr Küchenchef einmal in einem der großen Hotels auf Martinique angestellt.«

Mardee war froh, daß sie Abendkleider dabei hatte, doch mochten sie für derartige Anlässe noch nicht einmal geeignet sein. Sie rief sich ins Gedächtnis: *Großtante Emilie hat nach mir geschickt, um ihr Haus zu führen, nicht um ihre Dinnertafel zu schmücken!* Auf jeden Fall, was bedeutete es schon für diesen weißen Mann, was sie anzog? O ja, er war freundlich, aber bei all seinem Respekt für Madame war sie, Mardee, doch nur eine weitere Person vom angeheuerten Hilfspersonal.

Sie wünschte, er hätte sie als Jessica in Folly Garden sehen können, dann schalt sie sich selbst für diesen Gedanken. Sie war hier nicht als Schauspielerin, und je schneller sie sich dessen besann, um so besser!

»Meine Großtante hat nach mir geschickt, weil sie krank ist, aber sie erwähnte keine Einzelheiten. Woran leidet sie?«

»Madame scheint für eine Frau ihres vorgerückten Alters eine ausgezeichnete Gesundheit zu haben«, antwortete Wright. »Vielleicht hat sie wie viele ältere Damen etwas von einem Hypochonder an sich. Oder sie wünschte vielleicht nur die Gesellschaft einer jungen Verwandten.«

Aber warum, wunderte sich Mardee, hat sie dann Mühen und Kosten nicht gescheut, sie überhaupt herzuholen? Dann zweifelte sie wieder. Für die Mühen hatte ihre Tante jede Menge Diener, und für die Kosten – sie vermutete allmählich, daß die Kosten ihrer Tante nicht mehr ausmachten als ihr, Mardee, die Ausgabe für ein Eis. Ihre Großtante konnte es sich leisten, sie und ihre Mutter, sei es auch nur aus einer Augenblickslaune heraus, herkommen zu lassen.

Aber welches Motiv hätte sie möglicherweise haben können? ›Nach all diesen Jahren versucht sie, dich mit ihrem Reichtum zurückzulocken...‹

Ungeduldig verscheuchte Mardee die Erinnerung an Marie-Claire Haskells Worte.

Sie waren jetzt aus dem Flughafenverkehr heraus und fuhren durch enge Straßen, beidseitig gesäumt mit schmutzigen Hütten, die aus Teerpappe und Treibholz notdürftig zusammengenagelt waren, mit Dächern aus plattgehämmerten Blechkanistern oder Stroh; halbnackte, in Lumpen gekleidete Kinder hockten im trockenen Gras der Vorhöfe. Mardee blickte enttäuscht weg und erinnerte sich daran, ein Land niemals nach den Vorstadtslums seiner größten Stadt zu beurteilen. Und tatsächlich flitzte der große Wagen nach ein paar Minuten einen langen, grünen, baumbestandenen Boulevard hinunter, zu dessen beiden Seiten herrliche Villen und große öffentliche Gebäude standen.

»Mardee«, sagte Sebastian Wright, »ich hatte gehört, Ihr Name sei Marie-Louise.«

»Ja. Mardee ist mein Künstlername.«

»Ein Künstlername?« Die buschigen weißen Augenbrauen waren, wie sich Mardee fest einredete, höflich interessiert angehoben. Unverbindlich antwortete sie: »Ich war früher Tänzerin, und zusammengesetzte Namen machen sich nicht gut auf einem Theaterprogramm.«

»Mardee Haskell«, wiederholte Sebastian, und seine hohe Stirn zog sich leicht in Falten. »Ich glaube mich zu erinnern, warten Sie einen Moment. Standen Sie jemals auf einer Bühne? In San Francisco, ja – eine Wiederaufführung von *Detective Story*. Ja – Sie spielten die Rolle der Teenager-Verbrecherin, die Rolle, die Julie Harris in dem Film spielte, richtig? Ich habe nur die Hälfte der Vorstellung gesehen. Ich hatte gedacht, einen der Männer für eine kleine Rolle in Snowfire verpflichten zu können, aber es war unmöglich, so blieb ich nur eine kurze Zeit. Ich erinnere mich, Ihren Namen im Programm gelesen zu haben, und ich war recht angetan von dem, was Sie machten, aber Sie waren zu jung für Snowfire.«

Mardee warf ihm einen kurzen Blick zu. »Sie besitzen ein erstaunliches Gedächtnis, Mr. Wright.« Er schien leicht ärgerlich, und sie beeilte sich hinzuzufügen: »Sebastian.«

»Ich vergesse niemals ein Gesicht, eine Vorstellung und eine Beleidigung«, sagte er lächelnd. »Ich habe so eine Art geistige Akte angelegt für jede Rolle, die ich einmal gesehen habe, von jedem Schauspieler, der sie gespielt hat und von jeder Schauspielerin.« Aber er sprach nicht weiter, und Mardee fühlte sich etwas unzufrieden. Er hatte sich an ihre Vorstellung erinnert, ja, aber er hatte auch klargemacht, daß er sich an jede Vorstellung erinnerte!

Sie waren nun außerhalb der Stadt, und der Rolls fuhr jetzt langsamer eine schmutzige Straße entlang, durch eine grüne Landschaft, zwischen Feldern mit ihr unbekannten Kulturen. »Zuckerrohr«, sagte Sebastian, der ihren Blick aufgefangen hatte. »Das wächst entlang der Küste. Die Kaffeepflanzungen liegen auf den Hügeln im Landesinnern, wo es kühler ist.«

Dunkle Gestalten in Baumwollhemden und bunten Baumwollkleidern bewegten sich in den schnurgeraden Reihen. Mardee sah eine der Gestalten sich aufrichten und den vorüberfahrenden Rolls anstarren, wobei sie sich mit einem Taschentuch die Stirn wischte; den Luxus der Air Condition empfand Mardee plötzlich beinahe schuldbewußt.

»Haben wir es noch weit?«

»Ungefähr – ich bin noch immer wacklig bei der Umrechnung von Meilen und Kilometern, aber ich denke, es sind noch ungefähr zwanzig Meilen bis ins Innere, und die Straßen sind sehr schlecht. Deswegen ist Cap Dominique auch so geeignet für unseren Film, denn es ist noch genauso wie vor hundert Jahren. Wo die Straßen besser sind, ist alles modernisiert worden.« Der Wagen fuhr jetzt langsam über eine Straße, deren Schlaglöcher von der Federung nur abgemildert, nicht gänzlich aufgefangen werden konnten. Sie fuhren durch kleine Siedlungen, mit Hütten aus Teerpappe und roh gezimmerten kleinen Häusern, abgedeckt mit zusammengenageltem Büchsenblech. In nichts als Lumpen gekleidete, barfüßige Kinder und Hühner stoben in lärmenden Wolken vor dem Auto auseinander. Es hätte ein Dorf in Afrika sein können.

Mardee erinnerte sich, daß sich auf Haiti die Sklaverei nur wenige Jahre gehalten hatte, bis zu dem Aufstand, der es zu einer Republik machte. Es war kein Wunder, daß afrikanische Kultur hier leichter überleben konnte.

Es war ein wenig dunkler geworden, und Mardee blickte, von dem langen Flug in ihrem Zeitgefühl unsicher geworden, aus dem Fenster, um zu sehen, ob die Sonne unterging, aber es waren nur große Wolken, die die Sonne verdeckten. Sie sank in ihren Sitz zurück.

»Müde?« fragte Sebastian. »Die Sonne wird Sie hier schnell ermüden, bis Sie daran gewöhnt sind. Sie sind hier in den Tropen. An unseren ersten Drehtagen brachen zwei Kameraleute mit einem Sonnenstich zusammen, und es gab mehrere

Fälle von völliger Erschöpfung durch die Hitze. Ich mußte anordnen, daß jeder dunkle Gläser und Sonnenhüte aufsetzt, wenn er nicht gerade vor der Kamera steht, und daß alle Salztabletten einnehmen. Auch hier in den Bergen, wo es ziemlich kalt werden kann, brennt die Sonne grausam, und das Flimmern ist noch schlimmer.«

Mardee konnte es sich kaum vorstellen, daß es hier auch kalt werden konnte. »Ich habe ein wenig über den Film gelesen, den Sie gerade machen, aber es war nur der übliche Zeitungsklatsch. Darf ich wissen, worum es dabei geht?«

»Haben Sie Rory Kilbrides Novelle *Black Emperor* gelesen? Nein? Nun, da geht's um die Sklavenrevolte auf Haiti und einen schwarzen Emporkömmling, Henri-Christophe, der ein paar Jahre an der Macht war, bevor Haiti Republik wurde.«

»Es tut mir leid, aber ich weiß nicht viel von Haitis Geschichte«, bekannte Mardee.

»Es ist eins der faszinierendsten Kapitel in der Geschichte der Neuen Welt. Sie wissen vielleicht, vermute ich, daß die Landkarte der Vereinigten Staaten anders ausschauen würde, hätte Napoleon es geschafft, einen Stützpunkt auf Haiti zu errichten; er versuchte es zweimal, aber es gelang ihm nicht. Die meisten Historiker denken, daß ihn sein Fehlschlag auf Haiti dazu veranlaßte, seine Idee von einem Imperium in der Neuen Welt aufzugeben und in dem Louisiana-Vertrag das Territorium zu verkaufen, das es unserem Land ermöglichte, sich von Ozean zu Ozean zu erweitern.« Sein Grinsen war ansteckend. »Vielleicht ist das nicht das Wichtigste, das jemals in Amerika geschah, aber es war sicherlich eine Weichenstellung. Ich bin erstaunt, daß Sie nicht mehr über die Geschichte Haitis wissen – Ihre Mutter wurde hier geboren, nicht wahr?«

»Ja, aber sie ging sehr jung fort, und ich habe die Schule verlassen, bevor ›Schwarze Geschichte‹ überhaupt in den Lehrplan aufgenommen war.«

»Ihre Großtante war am Thema dieses Films sehr interessiert«, sagte Sebastian. »Ich sah Maison Dominique ganz durch Zufall und wußte, das ist der perfekte Drehort; von der Insel ist schon so viel zugebaut oder modernisiert. Zu Beginn reagierte sie sehr zornig auf jedes meiner Angebote, und bei Madames großem Reichtum konnte ich ihr auch kein verlockendes finanzielles Angebot machen. Schließlich flog ich hin und bat sie um ein persönliches Gespräch, dem sie dann zustimmte, und als sie von dem Thema des Films hörte, wurde sie sehr entgegenkommend. Wie ich Ihnen bereits erzählte, hat sie uns einen Flügel ihres Hauses zur Verfügung gestellt und uns damit die große Schwierigkeit erspart, täglich von Port-au-Prince hierher zu kommen.«

»Ist schon einmal ein größerer Film über Haiti gedreht worden?«

»Nicht seit *The Comedians.* Als ich bekanntgab, daß ich einen Film über die Revolution hier drehen wollte, wollte jeder schwarze Schauspieler und jede Schauspielerin von Rang dabei mitmachen. Donna Royce und Paul Barry spielen die Hauptrollen, und Kip Tybalt unterzog sich sogar der beträchtlichen Mühe, aus einem bereits unterzeichneten Vertrag auszusteigen, weil er diesen Film für sich als schwarzen Schauspieler als besonders wichtig empfand.«

»Kip Tybalt?« Mardee wollte es nicht glauben. »Aber er ist doch ein Weißer!«

»Das habe ich auch geglaubt«, sagte Sebastian. »Wie er es darstellt, hatte ihn niemand gefragt, und er selber sprach nicht darüber. Aber nach seinem zweiten Film hätte er auch ein Vulkan aus *Star Trek* sein können, und es wäre jedem egal gewesen. Er wurde aber, sagt er, auf Haiti geboren, und das hat ihn in seiner Sicht der Welt beeinflußt.« Er streckte sich vorsichtig; der Raum hinter dem Lenkrad, so luxuriös er auch war, war zu klein für diesen enorm großen Mann. »An Tybalts politischen Aussagen bin ich nicht interessiert, aber es war ein glücklicher Umstand für mich – er ist einer der besten Schauspieler und wird die Kinokassen zum Klingeln bringen.«

Das konnte sich Mardee vorstellen. Sie hatte den berühmten Kip Tybalt immer für den männlichsten weißen Schauspieler Hollywoods gehalten; jetzt mußte sie ihr vorschnelles Urteil revidieren.

Von Westen zogen Wolken auf, die den Himmel bedeckten. Der Rolls holperte und schlingerte über halb überwachsene, schlammige Straßen, kam zwischen Bäumen und vielfarbig blühenden, wuchernden Klettergewächsen, die Mardee nicht kannte, beinahe zum Stehen. Von irgendwoher hörte sie ganz schwach den Klang einer Trommel in der hereinbrechenden Dunkelheit: eine afrikanische Trommel, die unaufhörlich, dumpf und eindringlich schlug. Sie schloß die Augen, um besser zu hören; es schien ihr, als ob die Trommel in einer Sprache zu ihr spreche, die sie – noch – nicht verstand.

Sebastian deutete ihr Verhalten falsch.

»Müde? Es ist nicht mehr weit. Dies ist das Dorf Cap Dominique, es ist weniger als eine halbe Meile von Madames Eingangstür entfernt, es war einmal Teil der ursprünglichen Pflanzung, und hier«, der Rolls fuhr eine langgezogene Einfahrt entlang, »hier ist Maison Dominique. Willkommen zu Hause, Mardee.«

Es war ganz dunkel geworden; Blitze zuckten aus den niedrigen Wolken, unheimlich beleuchtet vom Licht des Sonnenuntergangs. Wenige schwere Regentropfen fielen, wie um ein Herannahen drohenden Unheils anzukündigen. In einem Aufleuchten sah Mardee eine lange Reihe weißer Säulen, die Vorderfront des Maison Dominique.

Aber – gütiger Himmel, das ist ja ein Palast! war ihr erster Gedanke. Mardee hatte niemals so etwas erwartet. Ein großes Haus, ja, ein schönes Haus, aber das? Oder war es vielleicht einfach das unheimliche Wetterleuchten, das kam und ging, oder die Erinnerung an Marie-Claires ›*Es ist ein teuflischer Ort . . .*‹

Sebastian half ihr aus dem Wagen; der zweite Wagen hielt ebenfalls, und ein Chauffeur reichte ihr Gepäck heraus. Selbstkritisch machte sie sich Gedanken darüber, was sie wohl von ihren schäbigen Koffern halten würden.

Wieder zuckte ein greller Blitz, und ein gewaltiger Donnerschlag schien den Himmel auseinanderreißen zu wollen. Mardee setzte ihren Fuß auf die unterste Stufe, als eine seltsame Ahnung sie zögern ließ. *Ich will da nicht hineingehen,* dachte sie, und dann, voll unerwarteter Panik, *ich sollte wirklich besser gar nicht eintreten . . .* In ihren Ohren war ein merkwürdiges, wasserfallähnliches Rauschen, oder war das nur ein Echo der Trommeln, die sie immer noch schwach hörte, von irgendwoher? Sie rieb ihre Augen, unterdrückte die Panik. *Was ist nur los mit mir?*

Mit einemmal brach das Gewitter mit Wind und starkem Regen los, und Sebastian ergriff fest ihren Arm und eilte mit ihr die Treppe hoch. Auf der obersten Stufe erstarrte sie plötzlich wie in einem Schock, der sie in Sebastians Arme fallen ließ. Auch er hatte innegehalten, und einen Augenblick lang verloren beide die Balance; für eine Sekunde schien eine geisterhaft umrissene Form, eine erhobene Waffe bedrohlich schwenkend, den Eingang zu versperren. Mardee schnappte voller Entsetzen nach Luft, und Sebastian richtete sie mit einem Griff um ihre Taille wieder auf.

»Was war das?« Auch Sebastians Stimme klang unsicher.

»Nur ein Schatten«, sagte Mardee, denn die Figur war verschwunden, hatte sich vielmehr in Sebastians Schatten aufgelöst, der im Lichte einer Kerosinlampe, die jemand innerhalb des Eingangs hielt, schwankte.

»Gott sei Dank haben Sie das auch gesehen. Ich glaubte, einen Mann mit einem Gewehr zu sehen – ach, alles nur Geschwätz aus Angst vor dem eigenen Schatten.« Sein Lachen klang hoch und brüchig vor Erleichterung. Er hielt sie immer noch um die Taille gefaßt; Mardee rückte von ihm ab.

»Natürlich, dieser Ort soll doch von Geistern heimgesucht sein«, fuhr Sebastian fort und sprach schnell weiter, um damit zu verbergen, daß er wirklich sehr erschreckt war. »So etwas redet man natürlich über jedes Haus in der Neuen Welt, das älter als hundert Jahre ist... Sie haben keine Angst vor Gespenstern, oder, Mardee?«

»Es wäre doch schrecklich einfach, hier an Gespenster zu glauben, nicht wahr?« antwortete sie zitternd. Mit Sebastians Hand auf ihrem Arm ging sie durch die Tür in das Maison Dominique.

2. Kapitel

Sebastian teilte Mardee mit, daß die Filmleute alle in dem anderen Flügel untergebracht waren. Er übergab sie einem vornehmen Butler in einem dunklen Anzug, der Mardee an ihre Kindheit erinnerte, als er sie in seinem weichakzentuierten Französisch als *Mamselle* ansprach und ihre Koffer sicher in die Hand nahm. Er führte sie durch dunkel getäfelte Korridore, die mit weichen Teppichen ausgelegt waren, und eine Treppenflucht hinauf, die sie diesmal an eine Filmkulisse erinnerte, bis sie an die Tür einer Zimmersuite gelangten.

»Madame ruht gerade, Mamselle. Sie läßt sich bei Ihnen entschuldigen und bittet Sie, ihr und ihren Gästen beim Dinner Gesellschaft zu leisten.«

Er setzte ihre Taschen ab und ging fort. Eine kleine Frau in dunklem Kleid und weißer Schürze trat durch eine rückwärtige Türe ein.

»Mamselle Marie-Louise?«

Mardee wunderte sich schon, wie lange sie brauchte, um sich *daran* zu gewöhnen.

»Mein Name ist Fleur, Mamselle. Madame hat mich geschickt, Ihnen aufzuwarten, als sie hörte, daß Sie kein eigenes Mädchen mitgebracht haben. Sie sagt, wenn Ihnen aus irgendeinem Grund diese Zimmer nicht zusagen, sollen Sie es mir oder Robert« – sie gab dem Namen die weiche französische Aussprache Robair – »mitteilen, und es würden Ihnen andere Räume zur Verfügung gestellt.«

Mardee nahm an, daß Robert der würdevolle Butler war. Fleur fuhr fort: »Madame dachte, daß diese Räume Ihnen gefallen könnten, denn es sind die gleichen, die Ihre Mutter als junges Mädchen bewohnte, als sie in Maison Dominique lebte.«

Sie machte eine Pause, als ob sie eine Antwort erwartete. Mardee sagte: »Das war sehr freundlich von ihr.« Hier also war Marie-Claire Thibaud aufgewachsen! Es waren Zimmer für ein junges Mädchen, ja, eine *jeune fille,* und Mardees anspruchsvollen Augen erschienen sie ein bißchen altmodisch; trotzdem waren sie auch hübsch und elegant – die Wände in einem kühlen, gelblich-weißen Farbton; die Fenster mit Musselin- und elegant drapierten blauen Seidenvorhängen, die Möbel weiß, mit Goldfarbe verziert. Dekoration und Möblierung hätten aus einem Museum stammen können oder aus einem französischen Palast vor der Revolution. Prinzessin Marie Antoinette hätte in solchen Räumen ihr Schicksal erwarten können! Das Bett war mit weißen Vorhängen verhangen; einen Augenblick später stellte Mardee fest, daß sie aus Moskitonetzstoff waren. Sie befand sich jetzt in den Tropen! Es gab noch einen großen Kleiderschrank, einen weißen, elegant geschwungenen Frisiertisch und in einer Ecke ein altes Prie-Dieu mit einem schweren, dunklen Kruzifix.

Dieser Gegenstand versetzte Mardee einen Schock. Ihre Mutter war eine Katholikin, natürlich; Mardee selbst war zwar mit der Kirche aufgewachsen, doch hatte sie schon seit langem aufgehört, ihren Glauben zu praktizieren. Sie hatte gelegentlich ihre Mutter zur Messe begleitet, doch ihre Scheidung machte dem ein Ende.

Mardee fühlte sich jetzt das erste Mal unbehaglich bei diesem Besuch und dachte daran, daß Brian von ihrer Großtante als einer frommen Katholikin gesprochen hatte, und dabei kannte er sie nicht einmal. Würde ihre unbekannte Großtante von ihr erwarten, eine fromme, praktizierende Katholikin zu sein?

Nun gut, das konnte man später klären. Sie ging daran, das luxuriöse Badezimmer zu erkunden, das mit seinen eleganten Marmorkacheln und Wasserhähnen in der Form von Delphinen eindeutig aus dem letzten Jahrhundert stammte. Die Toilette war mittels einer alten Kette zu spülen, und das Wasser floß laut und rostfarben. Doch im Waschbecken lief sogar heißes Wasser, und die hohe Badewanne auf Klauenfüßen war wie für Queen Victoria selber geschaffen.

Als Mardee in das Schlafzimmer zurückging, verstaute Fleur gerade den mageren Inhalt ihrer Koffer in dem großen Kleiderschrank. Mardee setzte sich auf das hohe Bett mit dem Moskitonetz und schaute Fleur dabei zu, wie sie in ihren weichen Slippern umherlief, die Falten in ihren Kleidern glattstrich und sie auf seidenbezogene Bügel hing.

»Ich lasse Ihnen ein kühles Bad einlaufen, Mamselle. Und wenn Sie mir sagen, welches Kleidungsstück Sie für heute abend wählen, werde ich es für Sie bereitlegen, während Sie sich erfrischen.«

Etwas in Mardee war überwältigt von all diesem Luxus; nach einer Kindheit in Militärwohnungen und einem kurzen Erwachsenendasein in den finanziell schwierigen Umständen einer unbekannten Schauspielerin. Aber tief in ihrem Inneren empfand sie diesen Luxus auch als ihr angestammtes Recht, und sie spürte ein schwaches Gefühl der Ablehnung ihrer Mutter gegenüber. *Ich hätte in diesem Luxus aufwachsen können! Warum hat Mutter ihn aufgegeben?*

Nun gut, für den Augenblick würde sie diese märchenhafte Umgebung rückhaltlos genießen! Lange ließ sie sich in der eleganten Badewanne von duftendem Wasser umschmeicheln und betrachtete die kunstvolle Form der Stuckdecke mit ihren Ornamenten und Putten. Fleur hatte ihr einen Bademantel zurechtgelegt; Mardee zog ihn an, legte sich auf das Bett und beobachtete die kleine Frau, wie sie mit einem schweren altmodischen Bügeleisen ihre Kleider bügelte. Sie fühlte sich müde und weit weg, als ob dies ein seltsamer Traum wäre und sie sich immer noch im Flugzeug befände und sich dies alles nur vorstellte.

Das beeindruckende Auftreten Sebastian Wrights beschäftigte noch ihre Gedanken. Wie hatte er sie gesehen? Als die Nichte der reichsten Frau Haitis, die Nichte seiner Gastgeberin? Als eine Gelegenheitsschauspielerin, die auf sich aufmerksam machen wollte? Als eine begehrenswerte Frau, die er erobern, an sich ziehen, ausnutzen wollte?

Fleur hatte den Inhalt ihrer Kleidertaschen auf den Tisch neben dem Bett gelegt. Sie nahm die Karte mit Brians gekritzelter Adresse und dem Namen seines Hotels in die Hand. Morgen würde sie ihn anrufen. Er war lustig und gutaussehend und viel eher auf ihrer Wellenlänge als Sebastian Wright! Es gab keinen Grund zu glauben, daß Sebastians Galanterie mehr als ein Wunsch war, einen guten Eindruck auf seine Gastgeberin zu machen, die Herrin von Maison Dominique.

Brian. Man konnte ihn vorzeigen, sicherlich; ihre Großtante könnte schwerlich etwas gegen einen respektablen Journalisten einwenden, der ein Buch über das neue Haiti schreibt. Und er brachte sie zum Lachen! Sie konnte sich vorstellen, wie er lachen würde beim Anblick dieses Prunkes aus vergangenen Zeiten! Wie er lachen würde bei der Vorstellung, es gäbe hier Gespenster!

»Möchten Sie jetzt ein Kleid für das Abendessen auswählen, Mamselle?«

Mardee hatte drei Abendkleider mitgebracht. Schöne Kleider waren ihre Schwäche; sie wußte, daß sie viel zu viel dafür ausgab. Sie besaß einen blumengeschmückten Seidenkaftan in der Farbe von Herbstblättern; ein flammendrotes Kleid aus ihren Tagen als Tänzerin, so knapp geschnitten, wie der Anstand es gerade noch erlaubte, das sich ihr wie eine zweite Haut anschmiegte; und das romantische, in Weiß und Gold gehaltene Tanzkleid, das sie im zweiten Akt von *Folly Garden* getragen hatte.

Im ersten Impuls wollte sie das flammendrote Kleid wählen – *das wird sie erschlagen!* –, erinnerte sich jedoch daran, wie Sebastians Augen ihr gefolgt waren, und errötete.

»Das weiß-goldene, denke ich.« Als sie es gekauft hatte, war es ihr als zu jugendlich bescheiden, zu unschuldig für eine Frau ihres Alters erschienen. Ein Kleid für die naive Debütantin, die sie in *Folly Garden* spielte. Ein Kleid für die Rolle einer Naiven. Ein Kleid, das zu diesem Zimmer paßte. Und ihre Großtante Emilie war eine alte Frau. Das rote Kleid würde sie vermutlich für nicht schicklich halten. Sie könnte es tragen, wenn sie mit Brian in Port-au-Prince tanzen ginge, aber für das Abendessen mit einer alten Dame war das weiße Kleid das am besten geeignete.

Ein Schlüpfer in dieser Hitze schien unmöglich; sie glitt in ein Bikini-Höschen und stieg mit nackten Füßen in die Goldsandalen, die zu dem Kleid paßten. Ihr Nylonbademantel klebte unangenehm am Körper. Als Mardee ihn auszog, bemerkte Fleur: »In diesem Klima ist ein Bademantel aus Baumwolle angebrachter, Mamselle.«

»In ein paar Tagen möchte ich einen kaufen.« Alle trugen sie Baumwolle in diesem Klima, wie Mardee gesehen hatte, und kein Wunder! Fleur half ihr in das weiße Kleid und schloß es am Rücken. Mardee setzte sich an den Frisiertisch, um ihr Haar in Ordnung zu bringen. Fleur stellte sich hinter sie und streckte schweigend ihre Hand nach Mardees Kamm und Bürste. Als Mardee zögerte, sagte sie: »Ich bin eine sehr gute *Coiffeuse*, Mamselle, meine Mutter war Madames eigenes Mädchen, und sie lehrte mich alles, was sie wußte. *Sie* lernte in einem Pariser Salon.«

Mardee übergab ihr beides lachend. »Sie werden mich zu sehr verwöhnen, Fleur!« Sie beobachtete im Spiegel, wie die schmalen, dunklen Hände sich an ihrem Haar zu schaffen machten. »Sind Sie schon länger mit Madame, meiner Tante, zusammen?«

»Mein ganzes Leben, Mamselle, und vor mir meine Mutter. Ihre Mutter und ich spielten als kleine Mädchen miteinander.« Zum ersten Mal war ihrer Stimme ein wenig persönliches Interesse anzumerken. »Ich hoffte, sie wiederzusehen, Mamselle, aber man versteht natürlich, daß sie nicht zurückkehren will, nachdem ...« Mit einem kleinen Seufzer brach sie ab.

»Fleur, ich habe nie gewußt, warum meine Mutter Haiti verließ. Wollen Sie es mir erzählen?«

»Es ist nicht meine Art, über persönliche Affären in der Familie meiner Arbeitgeber zu schwätzen«, antwortete Fleur sanft und bestimmt. »Ich hoffe, Madame ist wohlauf und glücklich. Ich hörte, daß sie einen Amerikaner geheiratet habe.«

»Ja, doch mein Vater ist schon vor zehn Jahren gestorben. Sie ist Leiterin eines kleinen Colleges in New York City.«

»Marie-Claire, Leiterin eines Colleges!« wiederholte Fleur. Mardee fragte sich, was hinter diesem undurchdringlichen Gesicht vor sich ging. Diese Frau hatte ihre Mutter gekannt, war mit ihr aufgewachsen, wußte, was sie mit neunzehn Jahren von Haiti vertrieben hatte, wußte, was sie allein bei dem Gedanken an eine Rückkehr vor Furcht die Hände ringen ließ. Aber sie würde nicht darüber reden.

Fleur trat zurück, um Mardee so zu frisieren, daß die Haltung ihres schmalen Kopfes auf ihren Schultern und die Kurve ihres anmutigen Halses betont würden. Sie befestigte kleine goldene Ohrringe in den durchbohrten Ohrläppchen und sagte: »Mamselle sind schön, schöner als alle diese Filmstars.«

Jetzt, da es wirklich soweit war, fühlte sich Mardee nervös und unwohl. Zögernd sagte sei: »Fleur, glauben Sie, ich werde meiner Großtante gefallen?«

»Das glaube ich schon, Mamselle. Sie sind ein Ebenbild von Marie-Claire als jungem Mädchen«, antwortete Fleur, und Mardee war überrascht. Ihre unauffällige, von Arbeit gezeichnete Mutter in den eintönigen Kleidern einer Lehrerin – war sie jemals schön gewesen, als verhätschelte Tochter? Eine schwache Empfindung von Ärger straffte ihr Rückgrat, als sie die langgeschwungene Treppe hinunterging.

Ein oder zweimal lief Mardee in die Irre, dann entdeckte sie den Grand Salon. Er wirkte auf sie wie aus einem Film, mit einem langen Tisch aus dunklem Holz, gedeckt mit glänzendem Silber und Kristall, in warmes Licht getaucht von schimmernden Kristallüstern. Überall flackerte Kerzenlicht, von den Leuchtern, den Anrichten und Fensternischen. Der Sturm war vorüber, jedoch erfüllte das Wetterleuchten ab und an den Raum mit Schatten. Am entfernten Ende des Raumes, am Kopf der langen Tafel, saß eine alte Frau allein in einem dunklen Kleid. Sie hob eine schmale Hand und winkte.

»Komm hierher, mein Kind«, sprach sie auf französisch, und Mardee trat auf sie zu. »Du bist sehr hübsch. Ich hätte dich überall als Marie-Claires Tochter erkannt. Ich bin Emilie Thibaud. Du kannst mich Tante Emilie nennen, wenn du möchtest.«

Mardee kam langsam näher. Sie sagte, ihr Französisch sorgsam abwägend: »Wie geht es dir, Tante Emilie?«

»Mir geht es gut, wie gewöhnlich. Warum kam Marie-Claire nicht mit dir?«

Mardee schaute in das runzlige Gesicht, das über dem Halskragen aus makellosen Rüschen an eine vertrocknete Pflaume erinnerte. Sie antwortete langsam, wohl wissend, daß sie die ablehnenden Worte ihrer Mutter, die in ihrem Kopf wie ein lautes Echo tönten, nicht äußern konnte. »Sie – sie konnte nicht fort, sie erhielt keinen Urlaub.«

»Sie arbeitet?« klang es mit einer Spur von Verachtung, wie von einer ›Romanoff-Herzogin‹, als die Sebastian sie bezeichnet hatte. »Bitte sage mir, was für eine Arbeit findet sie in all den Jahren so viel wichtiger, als sich mit ihrer – Familie auszusprechen?«

Aber sie möchte sich nicht aussprechen, Madame, sie sagte, Sie wären keine gute Frau, Sie hätten kein gutes Herz... Mardee sagte langsam: »Sie ist Leiterin eines Junior-Colleges.«

»Marie-Claire, Leiterin eines Colleges!«

Fast die gleichen Worte hatte Fleur gesprochen, doch in einem Ton der Bewunderung; Emilie Thibaud sprach sie voll ätzender Verachtung. Um sie in Schutz zu nehmen, sagte Mardee: »In den USA ist es nicht leicht für eine Farbige, eine sinnvolle Arbeit zu finden.«

»Dann sollte sie auch nicht in einem solchen Land leben«, gab Madame kurz angebunden zurück. »Nun gut, ich habe sie wissen lassen, daß sie hier willkommen ist, jederzeit hätte sie zurückkehren können. Damit können wir das Kapitel ja abschließen. Dein Französisch ist exzellent, Marie-Louise.«

»Mein Vater war in der Air Force; er war in Frankreich stationiert, bis ich zwölf Jahre alt war. Gleich nach dem Krieg hat er meine Mutter in Frankreich kennengelernt.«

»Ein Soldat? Und wie alt bist du, Marie-Louise? Deine Mutter hielt es nicht für nötig, mich von deiner Geburt zu benachrichtigen; ich mußte es durch andere Quellen in Erfahrung bringen.«

»Sechsundzwanzig, Madame.«

»Und du bist noch nicht verheiratet?«

Sie ist eine überzeugte Katholikin. Sie würde die Scheidung

nicht billigen, dachte Mardee. Und Ted war auch kein Katholik, da würde sie die ganze Heirat nicht gutheißen. Sie antwortete »Nein« und ließ es dabei.

»Komm, setz dich neben mich, *ma chérie*, unsere Gäste werden gleich hier sein. M'sieur Wright, nehme ich an, hat dir etwas über den Film erzählt, den sie hier drehen?«

»Er sagte mir, er handle von der Geschichte Haitis, ja.«

»Von der Revolution. Diese Pflanzung gab es schon damals, es war eines der wenigen großen Häuser« – sie benutzte das Wort *châteaux* –, »das seit jener Zeit bewohnt blieb und vor dem Verfall gerettet wurde. Deine Vorfahren, *chérie*, Schwarze und Weiße, lebten hier seit 1781, als Sebastien Thibaud Maison Dominique für seine Familie errichten ließ. Er wurde hier mit seiner Familie während des Sklavenaufstands von 1791 massakriert, als die Plantagenbesitzer und viele der *affranchis*, der befreiten Farbigen, auf grausamste Weise ermordet wurden. Auf diesem Grund wurden Sebastien Thibauds weiße Frau und seine Kinder ermordet, aber er hatte auch eine *affranchie*, die ihm Kinder geboren hatte, und es war ihr Sohn, der Maison Dominique erbte. So gründete sich unsere Familie auf Skandale und Bastarde, wie so viele andere«, sagte sie mit gepreßtem Lächeln, »aber seitdem ist es ruhig um uns geblieben, wir sind gute Katholiken. Hast du schon davon gehört, *ma chère*, daß es auf Haiti ein Zeichen von Adel ist, wenn jemand behaupten kann, daß seine Vorfahren über fünf Generationen hinweg gesetzlich verheiratet waren?«

»Ermordet – auf diesem Grundstück?« Mardees Stimme konnte man das Entsetzen anhören.

»Du weißt nicht, wie verdorben diese Männer waren, *petite*, sonst hättest du die Grausamkeit verstanden, mit der sich die Schwarzen erhoben, um sie alle auszulöschen. Es war nur Zufall und Glück, sowie der Schutz durch irgendeinen einflußreichen Mann unter den Revolutionären, daß Sebastien Thibauds *affranchie* überleben durfte. Die Bauern und Sklaven jener Tage waren ebenfalls gewalttätige Verbrecher, schlimmer noch als ihre weißen Herren.« Ihr Mund zog sich voll Abscheu fest zusammen. »Sogar heute erzählen sie einander noch gotteslästerliche Geschichten, daß das Maison von Geistern bewohnt sei, und sie hängen sich Amulette um, um den Toten zu vertreiben, den Geist des Besitzers, obgleich der Priester das viel besser könnte. Sie sind völlig unwissend, aber ich versuche, meine Pflicht als Katholikin zu erfüllen, indem ich die Besten unter ihnen ausbilden lasse. Ich hoffe, du bist eine gute Katholikin und frei von Aberglauben, Marie-Louise.«

»Ich denke nicht, daß ich besonders abergläubisch bin.«

Die alte Frau streichelte ihre Hand. Ihre schwer mit Ringen geschmückten Finger waren so weich wie verwelkte Rosenblätter, und Mardee fragte sich, ob diese Frau in ihrem ganzen Leben jemals auch nur die leichteste Arbeit damit verrichtet hatte. Beinahe bedauernd gedachte sie der Hände ihrer Mutter, die von ihrem mühevollen Leben rauh geworden waren.

»*C'est bon*. Aber hier kommen unsere Gäste, *ma chère*.«

Als der alte Butler sie in den Salon bat, sagte Madame: »Mr. Wright hast du schon getroffen.«

Sebastian beugte sich über Madame Thibauds Hand. »Madame, es ist mir eine große Freude.«

»Ganz meinerseits, M'sieur«, antwortete sie in exzellentem Englisch, mit einem kaum wahrnehmbaren französischen Akzent. »Bitte setzen Sie sich. Ich möchte Ihnen allen meine *petite nièce* vorstellen, Marie-Louise Haskell.« Sie hatte ein wenig – nicht viel – Schwierigkeiten mit dem Nachnamen. »Möchten Sie nicht Ihre anderen Gäste vorstellen?«

Leise fügte sie, nur für Mardee, hinzu: »Natürlich sind Schauspieler und Schauspielerinnen *un peu déclassé*, aber nachdem ich M'sieur Wright eingeladen hatte, muß ich notwendigerweise auch seine Kollegen akzeptieren.«

Sebastian Wright begann mit Paul Barry, einem dunkelbraunen, schwergewichtigen Mann mit kurzem Haarschnitt, den sie, wie sie sich erinnerte, in einem populären schwarzen Horrorfilm gesehen hatte. Er verbeugte sich respektvoll vor Madame und reichte Mardee seine Hand.

»Donna Royce, sie ist der Star unseres Films«, fuhr Sebastian fort, und Mardee schaute in das bezaubernde, beinah katzenhaft anmutende Gesicht der bekanntesten schwarzen Schauspielerin des amerikanischen Theaters. Herablassend berührte sie leicht Mardees Finger.

»Margaret Sandifer.«

Die berühmte Charakterschauspielerin war eine weiße Frau mittleren Alters. Sie sprach zu Tante Emilie: »Wie freundlich von Ihnen, Madame, Ihr Haus und Grundstück für unseren

Film zu öffnen«, und an Mardee gerichtet fügte sie hinzu: »Was für ein hübsches Kleid, und wie kühl sie darin ausschauen in dieser tropischen Hitze!« Mardee erriet aus der distanzierten, hoheitsvollen Würde, mit der sie sich ausdrückte, daß sie die Schauspielerin war, die Napoleons Schwägerin spielen sollte, und daß sie schon damit begonnen hatte, ihre Rolle, auch ohne daß die Kamera lief, zu spielen, wie es Schauspielerinnen eigen ist.

»Kip Tybalt.«

Er beugte sich höflich über Madames Fingerspitzen. Dann richtete Mardee, atemlos, ihre Augen auf das berühmte Profil und fühlte den warmen Druck seiner Hand. Als Vertragsschauspielerin, die ab und an in seinem eigenen Studio kleinere Rollen zu übernehmen hatte, hatte er sie nie auch nur angesehen, ihr nicht einmal ein höfliches Hallo zugerufen. Jetzt nahm er ihre Hand und schenkte ihr sein berühmtes Lächeln. Sie war mehr auf der Hut als bei Sebastian; sie hatte genügend Schauspieler gekannt, um zu wissen, wie wenig männlicher Charme bedeutete, wenn es darum ging, jemanden zu beeindrucken. Er erschien noch attraktiver als auf der Leinwand. Er war kein großer Mann, nur um weniges größer als sie selber. Sebastian überragte ihn wie ein riesiger Redwood einen jungen Stamm. Aber er war breitschultrig und muskulös und bewegte sich mit der Grazie eines Tänzers. Seine Hände waren lang und schön.

Sebastian, der wohl auf Bitten ihrer Großtante die Sitzverteilung vornahm, plazierte sie zwischen sich selbst und Tybalt. Donna Royce saß gegenüber, und Mardee fing ihren besitzergreifenden Blick auf Sebastian auf.

Ich habe gehört, daß die meisten Stars, die er entdeckt, seine Geliebten werden. Manchmal heiratet er sie sogar für eine Weile. Aber, dachte sie verwirrt, Donna Royce war bekannt genug, um das nicht nötig zu haben! Oder war Sebastian so eitel, daß er es nicht vertragen konnte, wenn er den Star seines gegenwärtigen Films nicht eroberte?

Es gab noch einen Gast, einen dunklen Typ, mit weicher Stimme und klerikalem Halskragen. Sein Händedruck war weich und leblos. Tante Emilie stellte ihn vor als Père Etienne, Pastor von Cap Dominique.

Robert servierte von Geschirr, das auf einer Anrichte heißgehalten wurde und von schattenhaften Gestalten, die sich mal innerhalb, mal außerhalb des Lichtkreises des Kerzenleuchters bewegten, wiederaufgefüllt wurde. Es gab gegrilltes Fleisch in einer köstlichen Soße, dazu Bohnen einer seltsamen Färbung, Süßkartoffeln mit einem Geruch von reicher, dunkler Melasse, dünne Scheiben rosaglänzenden Schinkens und Früchte von ungewohnter Form und ungewöhnlichem Aroma.

Kip Tybalt flüsterte ihr zu: »Kennen Sie die haitische Küche? Sie ist eine superbe Kombination der französischen Tradition mit Spezialitäten der Karibik.«

»Es schmeckt ausgezeichnet.« Es fiel Mardee nicht leicht, ihren Tischnachbarn richtig einzuordnen. Sie hatte immer an Kip Tybalt als den schönsten Weißen auf der Filmleinwand gedacht. Jetzt saß er neben ihr und machte Tischkonversation. Und überhaupt, er war kein Weißer, sondern von ihrer eigenen Rasse. Er sah zehn Jahre jünger aus als in den Filmen; Mardee schätzte ihn auf ihr eigenes Alter. Nach allem, was man wußte, war seine Laufbahn ein kurzer, ein meteorenhafter Aufstieg zu großem Ruhm. Sein zweiter Film schon brachte ihm den begehrten Oscar. Jetzt hatte er einen Vertrag gekündigt, der ihm sicher den zweiten gebracht hätte, um in diesem Film über Haiti mitzuwirken – sicher, um seine schwarze Identität zu betonen. War es ein politischer Akt, wie Sebastian es sah? Oder galt das allein der künstlerischen Befriedigung, mit Sebastian Wright zu arbeiten? Bei Schauspielern konnte man nie wissen.

Donna lächelte über den Tisch hinweg Mardee an.

»Sebastian«, ihre Stimme schnurrte beim Klang seines Namens, »erzählte mir, Sie seien auf der Bühne gestanden, Mardee. Was haben Sie gemacht? Ich habe den Namen nie gehört.«

Mardee lächelte. »Da wäre ich schon sehr überrascht, wenn Sie ihn kennen würden. Ich spielte etwa ein Dutzend kleiner Rollen in Filmen, jede noch unbedeutender als die vorangegangene. Harem-Tänzerinnen, Passanten, Statisten in Massenszenen. Letztes Jahr spielte ich die Jessica in *Folly Garden*, aber das Stück lief nur vier Monate.«

»So ein Pech«, sagte Margaret Sandifer aufrichtig, »aber als ich noch als Teenager im Varieté arbeitete – ich hasse es zu sagen, wie lange das zurückliegt –, hatten wir ein Sprichwort: Je besser das Stück, desto weniger Vorstellungen. Läuft es fünf Jahre, kannst du absolut sicher sein, daß es nichts taugt.« Sie lachte leise und angenehm. »*Folly Garden* lief nur so kurz, daß es einen künstlerischen Wert gehabt haben muß.«

Paul Barry kicherte und sagte: »Was für eine Schande, daß man mit künstlerischen Erfolgen noch nicht einmal die Miete zahlen kann! Zwischen zwei Engagements konnte ich mir die Vorstellung einmal ansehen, und ich hielt sie für verdammt gut – Entschuldigung«, fügte er hinzu mit einem Blick von Tante Emilie zu dem Priester, »für hervorragend. Und Sie, Miß Haskell – oder darf ich Mardee sagen, weil wir hier doch alle Kollegen sind – waren ein ausgesprochener Lichtblick. Ich habe die Kritiken gelesen.«

»Mit den Kritiken ist es genau umgekehrt«, warf Margaret Sandifer ein. »Erhält ein Stück überschwengliche Kritiken, bleibt das Publikum in Scharen zu Hause, wird es von den Kritikern verrissen, stehen die Leute jeden Abend an der Kasse Schlange.«

Sebastian lachte. »Sie versuchen ja, wie ein zynischer alter Fuchs zu klingen, Maggie!«

Donna schnurrte: »Wie tapfer von Ihnen zuzugeben, daß Sie alt genug sind, sich ans Varieté erinnern zu können, Miß Sandifer! Ich kann mich nicht daran erinnern – das war vor meiner Zeit.«

»Bis zu einer gewissen Anzahl von Jahren ist das Alter ein Vorteil für eine Schauspielerin«, erwiderte Margaret, »wie bei feinen Violinen oder Wein. Hat man natürlich die Fünfunddreißig überschritten und spielt immer noch die romantischen Hauptrollen, sollte man sein Alter besser niemanden wissen lassen. Ich begann jedoch schon mit dreißig, Charakterrollen zu spielen, so hatte ich mein Alter nie zu verbergen.« Sie lächelte süß und fuhr fort: »Ich würde lieber zugeben, zweiundsechzig zu sein, um die Leute staunen zu hören, wie gut ich mich gehalten hätte, als zu behaupten, ich sei neununddreißig, und sie würden nur noch über die Anzahl meiner Schönheitsoperationen spekulieren.«

»Mir könnten Sie nicht weismachen, Sie seien schon zweiundsechzig, Maggie«, sagte Paul Barry.

Margaret kicherte. »Tatsächlich bin ich schon siebenundsechzig, mein Sohn, aber erzählen Sie das nicht weiter!«

Schnell das Thema wechselnd, sagte Donna Royce: »Sie verwenden den Namen Mardee? Wie hübsch!«

»Ich hielt Marie-Louise für zu lang«, erklärte Mardee, wie schon Sebastian gegenüber. Sie würde doch nicht am Tisch ihrer Großtante und vor dem Priester die Numerologin erwähnen!

»Manche Leute geben ihren Töchtern die fürchterlichsten Namen, nicht wahr?« fragte Donna. Mardee hielt sie für eine der schönsten Frauen, die sie je getroffen hatte, doch gab das Kleid aus Goldlamé einen zu tiefen Blick in ihren Ausschnitt frei, und Père Etienne, der direkt neben ihr saß, schien nicht zu wissen, wohin er schauen sollte, während Tante Emilie am Kopfende des Tisches jedesmal, wenn sie in Donnas Richtung schaute, leicht, doch erkennbar ihre Augenbrauen hob. Mardee war plötzlich froh, daß sie das unauffällige Weiß-Goldene anhatte. Mochte es auch an einer Frau in den Zwanzigern zu bescheiden wirken, so konnte doch ihre ältliche Tante und Gastgeberin oder ein Dorfpriester keinen Anstoß daran nehmen.

Urteilte sie zu hart über Donna Royce? Warum sollte sie sich einer ältlichen Dame anpassen, die noch im viktorianischen Zeitalter lebte? Doch dann stockte sie. Das Goldkleid war bis zu den Schenkeln hochgeschlitzt und gab eine hervorragende Sicht auf Donnas lange Beine; sogar in Las Vegas wäre es für gewagt befunden worden.

Und eine Schauspielerin wie Donna Royce hat sicherlich Dutzende von Kleidern, die sie zum Tee beim Papst anziehen könnte! Dies hat sie mit Absicht angezogen.

»Mardee klingt charmant und paßt zu Ihnen«, sagte Kip Tybalt. »Donna, binden Sie es den Leuten auf die Nase, was auf Ihrem Geburtsschein steht? Ich wette, es ist so entsetzlich wie *Beulah Mae*!«

»Das bleibt ein Geheimnis zwischen mir und meiner Mama«, erwiderte Donna lachend. »Die Mütter sollten erst einmal bedenken, wie die Namen, die sie für ihre Töchter aussuchen, in der Öffentlichkeit ankommen!«

»Das Thema sollte die Frauenemanzipation sicherlich aufgreifen«, stimmte Mardee ihr zu und wandte sich wieder zu Kip. »Ich nehme an, *Ihr* Name ist ein Künstlername? *Tybalt* – wie bei Shakespeare?«

»Das haben Sie aber schnell erraten«, gab er gutmütig zurück.

Tante Emilie, die mit dem Essen auf ihrem Teller herumspielte, sagte mit trockener, räuspernder Stimme: »Es gibt wichtigere Erwägungen bei einer Namensgebung. *Marie-Louise* ist ein gutkatholischer Name, der Name einer Heiligen. *Mardee* – das ist überhaupt nichts!«

»Ich bin sicher, daß Sie recht haben, Madame«, sagte Margaret Sandifer, »aber für die Bühne wählt man einen Namen, der Auge und Ohr anspricht. Ich wurde *Grâce Gertrude* genannt, da paßt mir *Margaret* besser. Und lieber *Sandifer* als *Van Bleigenberg!*«

»Der Himmel bewahre uns, Maggie«, lachte Sebastian. »Kein Wunder, daß du ihn geändert hast!«

Die alte Frau am Tischende lächelte nicht. Sie sagte: »Niemand könnte gegen *Margaret* etwas einwenden, Madame. Aber *Donna* ist überhaupt kein christlicher Name. Ist er vielleicht die weibliche Version von *Donald*? Oder eine Abwandlung von *Diana*, einem heidnischen, gar nicht christlichen Namen?«

Donna Royce lächelte verlegen und murmelte: »Es tut mir leid, aber ich habe keine Ahnung, Madame.«

Der Priester versuchte, Frieden zu stiften. »Sie vergessen, Madame, daß Protestanten ihren Kindern nicht den Namen eines Heiligen zu geben brauchen, wie es Katholiken tun. Ich glaube, Miß Royce ist keine Katholikin?«

»Nein, Reverend«, sagte sie, »aber mein Vater war ein Baptistenprediger, der jede Menge Kinder auf Namen taufte, die ein Heiliger nicht trägt. Er sagte, Gott kennt ihre Namen, auch wenn die katholische Kirche sie nicht kennt – keine Beleidigung, Reverend.«

»Das habe ich auch nicht so aufgefaßt«, antwortete der Priester. »Das ist eine anerkannte und akzeptable Ansicht, die ich selber auch teilen kann.«

»Gut, wir haben alle unsere eigenen Ansichten«, begann Kip, als die alte Dame wieder unterbrach.

»Was Sie angeht, M'sieur Tybalt, so fürchte ich, daß mir *Kip* eher ein Hundename zu sein scheint – kein Name für einen Mann, auch nicht für einen Schauspieler!«

Ihre Stimme klang voller Verachtung, doch ließ sich Kip dadurch nicht aus der Ruhe bringen.

»Wieso, Madame, mein Taufname würde Père Etienne jedenfalls gefallen. Ich heiße *Christophe*, im amerikanischen Kino konnte das aber niemand richtig aussprechen, und mein Agent schlug *Kip* vor, weil das einfacher klingt als *Chris* und leichter behalten wird.«

»Christophe.« Ihre Augen verengten sich. »Ihre Aussprache ist die eines Franzosen, M'sieur.«

»Französisch ist meine Muttersprache, Madame.«

Der Raum fiel kurz in Schweigen, als Robert, kaum hörbar hinter ihren Rücken tretend, die Teller abdeckte.

»Robert, bring den Herren Brandy.«

Wieder herrschte Schweigen. Sebastian nippte an der weißlichen Flüssigkeit und murmelte etwas Zustimmendes. Von irgendwo, durch das Schweigen, schien Mardee wieder weiche Rhythmen zu vernehmen. Die Trommeln, die sie zuvor gehört hatte, irgendwoher...

In der Hitze des Raumes konnte sie fühlen, wie Kälteschauer ihr Blut langsam gefrieren ließen. Fremdartige Trommeln, die mit eindringlichem Rhythmus riefen...

»Trommeln«, rief Donna Royce, als sie vom Tisch in die Kerzenlichtschatten traten. »Sind das Voodoo-Trommeln?«

Madame Thibaud lachte. »*Mais non*, Mamselle Royce, das sind Trommeln in Cap Dominique. Irgendeine arme Familie begeht eine *bamboche*, eine Feierlichkeit, einen Geburtstag oder Festtag. Trommeln spielen zum Tanz, nichts anderes.«

Margaret Sandifer sagte: »Welche Enttäuschung! Ich wollte die Voodoo-Trommeln hören, über die man so spricht.«

Père Etienne bemerkte ungehalten und streng: »So etwas wie *Voudoun* gibt es nicht, Madame Sandifer. Das ist eine erfundene Lüge, mein Volk zu beleidigen, nicht mehr.«

Kip runzelte die Stirn, schien etwas sagen zu wollen und blieb doch still. Mardee dachte, daß Brian beinah das gleiche gesagt hatte. Und doch war ihr, als schlügen die Trommeln in ihrem Blut, in mysteriösem Rhythmus, pochend, sie rufend... Mardee lehnte sich an ein Möbel, redete sich gut zu, nicht zu phantasieren.

»Trommeln werden Sie überall auf Haiti hören«, sagte der Priester gerade. »Die Trommeln gehören zu unserer Musik, die vor zweihundert Jahren mit den Sklaven aus Afrika hierhergebracht wurde und intakt erhalten blieb.«

Sebastian warf ein: »Wie die alte Volksmusik von Schottland

und den Hebriden. Auf den britischen Inseln findet man sie heute nirgendwo mehr, aber in Nova Scotia und Appalachia haben Musikwissenschaftler sie noch erhalten vorgefunden.«

»Ganz genau, M'sieur Wright. Am hellen Tage werden Sie es gleichfalls hören«, fuhr der Priester fort. »Touristen, die von den Hügeln her das dumpfe Schlagen der Trommeln hören, stellen sich alles mögliche dabei vor und verbinden in ihrem Kopf den Klang mit teuflischen und gotteslästerlichen Legenden, dabei ist die Wahrheit wie meistens ganz einfach: eine *coumbite* oder ein *coup de main*, Sie würden wohl Arbeitsbrigade dazu sagen, versammelt sich zur Arbeit auf den Feldern. Sogar in Ihren industrialisierten Ländern hat man herausgefunden, daß die Arbeiter in den Fabriken mit Musik besser arbeiten, und Afrikaner wußten das schon lange, lange vor der industriellen Revolution, daß die Menschen am besten zu ihrer eigenen Musik arbeiten.«

»Schlagen die Trommeln jetzt auch deswegen, Father?« fragte Sebastian.

»Zu dieser Stunde, M'sieur? Nein, eine arme Familie feiert, wie Madame sagt, eine *bamboche*, eine Party, trinkt *clairin*, den lokalen Rum, und vergnügt sich beim Tanz. Jeder spielt die Trommel, ob Mann, Frau oder Kind. Es ist ihre Musik, und jetzt ist die Zeit, sich zu zerstreuen. Es lebt ein hartes Leben, mein armes Volk.«

Mardee verschloß ihre Ohren gegen das unaufhörliche Schlagen. Nur eine arme Familie, wie die, die sie auf der Straße gesehen hatte, in einer der Elendshütten, ein Huhn im Kochtopf, feiert einen Geburtstag oder ein Fest; was für ein lächerliches Gefühl, durch ein geheimnisvolles Rufen ließen sie ihr Blut pulsieren! *Ich bin von haitischem Blut, afrikanischem Blut. Die Trommeln sprechen zu mir...* das zu glauben ist leichter, ja, und einleuchtender.

Ihr war, als seien die Trommeln nicht mehr zu hören, und doch klang ihr Rhythmus in ihrem Kopfe weiter... Nein. Was sie jetzt vernahm, waren Kip Tybalts Finger, die einen komplizierten Rhythmus auf dem Holz des Mahagonitisches anschlugen. Kip bemerkte ihren Blick, fuhr auf, lachte und schloß seine langen, schmalen Finger zur Faust zusammen. »Entschuldigung«, sagte er, wieder lachend, »Gewohnheit. Ich war einmal Bongo-Drummer in einer Band.« Er steckte seine Hand in die

Tasche, aber Mardee hatte den Verdacht, daß sein ganzer Körper angespannt sei und mit dem Rhythmus vibrierte.

Tante Emilie fragte: »M'sieur ist Franzose?«

»Haitianer, Madame«, antwortete Kip.

»Und Ihr Familienname, M'sieur?«

»Ihrem eignen nicht unähnlich, Madame – *Thibault*, anstelle von *Thibaud*. Ich glaube, es ist einer der häufigeren Namen auf den französischen Inseln.«

»Stimmt, M'sieur. Es ist sogar möglich, daß wir irgendwie miteinander verwandt sind«, erwiderte sie huldvoll, und Mardee lächelte. Madame mochte Schauspieler für *déclassé* halten, Kip Tybalts Charme gegenüber war sie aber keineswegs immun. Kip Tybalt – Christopher Thibault.

Mardee ging zum Fenster und blieb dort stehen, preßte ihre schmerzende Stirn gegen die Scheibe. Plötzlich fühlte sie sich so müde, daß sie kaum aufrecht stehenbleiben konnte. Schon wieder bildete sie sich ein, die Trommeln zu hören, irgendwo dort draußen, unter dem geheimnisvollen Mond.

Kip Tybalt sprach hinter ihr sanft: »Sie können sie auch hören. Sie sind immer noch da, Sie wissen es.«

Sie nahm sich mühsam zusammen, ihr angespanntes Gesicht zum Lächeln zu bringen: »Aber Père Etienne hat uns gewarnt, mit ihnen irgend etwas Mysteriöses in Verbindung zu bringen.«

Kip stand nah hinter ihr; als ob sie sich umarmten, konnte sie ihre Gesichter, ihre zwei Körper in dem antiken Glas sich spiegeln sehen. Sie konnte seine Wärme in der Dunkelheit fühlen. Er sprach ganz sanft: »Der Priester weiß vielleicht nicht alles, *ma belle.*« Die Berührung seiner Hand auf ihrem Arm schien ihr wie ein heißes Feuer durch den ganzen Körper zu gehen. *Schreib ihn ab, er ist ein Schauspieler, der seinen Charme einsetzt. Wie sogar bei Tante Emilie. Natürlich ist er attraktiv und sexy, schließlich ist das sein Geschäft!* Doch Mardee fühlte sich atemlos, unbehaglich. Warum empfand sie durch die leichte Berührung seiner Hand, als ob die Trommeln noch um sie beide schlügen, in seinem Blut wie in ihrem eigenen...?

Kip starrte an ihr vorbei in die Dunkelheit und sagte: »Vielleicht ist es nur die Nacht, die ihnen so viel Magie und Zauber verleiht.« Das war jetzt überhaupt nicht an Mardee gerichtet; vielmehr schien er in die Nacht selbst hineinzusprechen, oder mit sich selbst. So leise, daß sie sich anstrengen mußte, ihn zu verstehen, fuhr er fort: »Da liegt eine Magie im Klang der Trommeln. Sie sind vielleicht die älteste Form menschlicher Kommunikation. Vielleicht ahmten die frühesten Vorfahren des Menschen vor Millionen Jahren, irgendwo in Afrika, bevor die Sprache zu ihnen kam, die Geräusche der Nacht nach, den Donner, die Rufe der großen Affen, die die Dschungel mit ihnen teilten, schlugen mit Steinen und Hölzern und allem, was sie finden konnten. Vielleicht reagieren wir alle deswegen so auf Trommeln, weil sie ins Blut der menschlichen Rasse eingegangen sind.« Dann lächelte er sie an, und ihre Augen trafen sich im schwarzen Spiegelglas des Fensters. »Oder die Magie befindet sich im menschlichen Geist und hat nichts mit den Trommeln selbst zu tun.«

»Ich wünschte, die Trommeln wären näher«, sprach Donna hinter ihnen. »Da könnte man großartig zu tanzen! Hier gibt es keine Tanzmusik, und die Nightclubs in Port-au-Prince sollen randvoll mit amerikanischen Touristen sein!«

Abrupt zerriß ihre prosaische Stimme den magischen Faden, der sich zwischen ihnen gespannt hatte. Mardee rückte ein wenig ab von Kip, als Madame Thibaud gewinnend vorschlug: »Wenn es Ihnen gefällt, könnten wir die Trommeln von Cap Dominique für morgen abend einladen, ihre Kunst vorzuführen. Sie würden gerne zum Tanz aufspielen, nicht wahr, Père Etienne?«

»Bestimmt, Madame, und es gäbe ihnen eine Gelegenheit, sich ein wenig Geld für den Kauf kaum erschwinglicher Luxusgüter zu verdienen, wie einen neuen Anzug, ein Paar Schuhe – oder für einige Kürbisgefäße, Mamselle Royce; sie würden die ganze Nacht für Ihr Tanzvergnügen spielen.«

»Könnten wir das nicht an einem Abend machen?« bettelte Donna Royce, die sich an Sebastians Arm gehängt hatte.

Sebastian sprach in feierlicher Höflichkeit: »Wenn das arrangiert werden könnte, Pater, wäre ich glücklich, sie für ihre Bemühungen ausreichend zu entschädigen.« Er lächelte Donna zu und drückte ihre Hand unter seinem Arm in gleichfalls besitzergreifender Geste. »Alles, um meine Herzdame glücklich zu sehen.«

Mit einemmal fühlte sich Mardee sehr erschöpft. Sie führte ihre Finger an die Lippen, um ein Gähnen zu unterdrücken, doch Madame entging das nicht.

»Du bist müde. Du hattest einen langen Tag, *ma chère.*«

Sebastian nahm diesen Wink schnell auf. »Und wir als arbeitende Menschen müssen schon bei Tagesanbruch auf sein, Madame, wenn wir nicht hoffnungslos hinter unserem Zeitplan bleiben wollen.«

Sie reichte ihm ihre Fingerspitzen, und er beugte sich darüber. Dann war Mardee allein mit Tante Emilie, die dem Priester noch eine gute Nacht wünschte. Er verbeugte sich ebenfalls, dankte für das ausgezeichnete Dinner und verließ den Salon.

»Ein erfreulicher Abend, *chérie,* und ich bin froh, dich hier zu haben. Ich fühle mich fremd unter diesen *blancs* und Amerikanern, und ich bin glücklich, jemanden meiner eigenen Familie, von meinem eigenen Blut, mir nahe zu wissen. Hat es dir gefallen, *petite*?«

»Es war ein schöner Abend, Tante Emilie. Ein Haus wie dieses habe ich nie gekannt – so luxuriös...«

»Es ist dein Zuhause, Marie-Louise, und dein Erbe. So schnell werde ich Marie-Claire nicht vergeben, daß sie dich all die Jahre von mir ferngehalten hat. Nicht jede alte Frau hat am Ende ihres Lebens eine junge Verwandte um sich. Ich bin sehr alt, Marie-Louise, zu alt für all das. Wenn die Leute zu mir sagen ›Madame müssen hier nach dem Rechten schauen‹, dann möchte ich wieder in der Lage sein können, ihnen zu sagen: ›Gehen Sie damit zu *Mamselle,* sie wird sich darum kümmern.‹« Sie beugte sich vor und küßte mit ihren blassen Lippen, weich wie eine Berührung von tropischen Blüten, Mardees Wangen. »Ich bin sehr müde, *p'tite,* möchtest du mir noch ein Glas Wein einschenken?«

Mardee ging zum Tisch und entdeckte, daß die geräuschlosen Diener alles Geschirr und alle Spuren des Dinners schon abgetragen hatten; nur die Brandy-Karaffe stand noch da, ihr geschliffenes Glas blinkte im Kerzenschein wie Juwelen. Mardee sagte: »Sie haben ihn abgeräumt. Möchtest du etwas Brandy, Tante Emilie?«

Die alte Frau schaute entrüstet: »Ich und Brandy? Das ist kein Getränk für eine Dame, Marie-Louise!«

»Ich dachte nur, weil du so müde ausschaust, Tante Emilie...«

»Ein paar Tropfen, nicht mehr.« Als sie das Glas an ihre

Lippen setzte, schaute sie beinahe schuldbewußt. »Würdest du bitte diese Glocke läuten, *chérie*?«

Ihr Ton klang weich und hallte lange nach, und nach wenigen Minuten betrat eine große, kohlschwarze Riesin von einer Frau das Zimmer. Mißbilligend schaute sie auf das zerbrechliche Glas in Tante Emilies Hand, und die alte Frau setzte es schnell ab. In kläglichem Tonfall sagte sie: »Ich bin sehr müde, Fifine. Bring mich zu Bett. *Bon nuit*, Marie-Louise.«

»Gute Nacht, Tante Emilie. Gute Nacht, Fifine.«

Die Riesin schaute ärgerlich auf Mardee und äußerte etwas auf *créole*. Sich schwer an die große Frau lehnend, schlurfte die alte Frau aus dem Raum, und Mardee fiel es zum ersten Mal auf, wie alt und zerbrechlich ihre Großtante war.

Es war irgendwie eine Illusion, was die alte Frau um sich schuf: ein Zauber, ein Glanz im alten, strikten Sinne des Wortes. Der Akzent, die Kleidung, ihr Benehmen – eine Herzogin des *ancien règime. Aber wenn sie allein ist, läßt sie ein wenig nach, weil sie so alt, so schwächlich ist.* Und diese alte Frau hatte Marie-Claire gefürchtet, sie teuflisch genannt?

Robert glitt lautlos in das Zimmer. »Gibt es noch irgend etwas heute abend, Mamselle?«

»Nichts, vielen Dank, Robert. Madame ist mit Fifine zu Bett gegangen. Ich gehe jetzt hoch.«

»Soll ich das Haus schließen und alles für die Nacht bereiten, Mamselle?«

Das ist es, was Tante Emilie gemeint hatte. Daß, wenn Diener und Leute Madame um Anordnungen angingen, sie ihnen sagen könnte, Mamselle werde sich darum kümmern. Sie sagte zu dem alten Butler, der offensichtlich auf Befehle wartete: »Ja, schließen Sie das Haus wie gewöhnlich, machen Sie alles sicher.«

»Sonst noch etwas, Mamselle?«

»Nein, danke.« Plötzlich merkte Mardee, worauf er noch wartete. »Das ist alles. Gute Nacht, Robert.«

Und so, dachte Mardee, als sie die Treppe zu ihrem Zimmer hinaufging, hatte Emilie Thibaud nichts von den teuflisch vagen Absichten an sich, die ihr Marie-Claire zugeschrieben hatte, absolut nichts. Sie war einfach alt und schwach und brauchte sie, brauchte wirklich jemanden aus ihrer eigenen Familie, um dieses große Haus zu führen, um nach den Dienern zu schauen.

Und ich bin ihre einzige lebende Verwandte. Sie schalt sich dafür, berechnend zu sein, doch wollte der Gedanke sie nicht verlassen.

Fleur hatte noch auf sie gewartet; tapfer ihr Gähnen verbergend, half sie ihr beim Entkleiden und hing das weiß-goldene Kleid in den Schrank. Aber nachdem Mardee sie zu Bett geschickt hatte, konnte sie keinen Schlaf finden. Das große Haus lag in Schweigen, und doch schien sie immer noch die eindringlichen Rhythmen der Trommeln vernehmen zu können, ein Klang, der gerade noch zu hören war, eher eine Schwingung als ein Geräusch. Stundenlang lag sie wach, strengte sich an, es noch zu hören oder sicherzugehen, daß es nicht mehr da war, und schließlich stand sie auf, begann sich im Raum nach Lesestoff umzuschauen. Aber sie fand nichts als ein französisches Gebetbuch.

Unten müßte sich etwas zum Lesen finden lassen. Ein Haus dieser Größe hat bestimmt eine Bibliothek, und wären auch alle Bücher Tante Emilies auf französisch, so wären sie doch interessanter als das Gebetbuch. Sie warf einen Bademantel über ihr Nachtkleid und ging leise die Treppe hinunter. Die Hallen schienen so weit und leer, daß sie einen Moment lang erschrak. Was wanderte sie auch mitten in der Nacht in einem fremden Haus umher?

Aber Tante Emilie hatte gesagt, *›Es ist dein eigenes Zuhause, Marie-Louise‹*, und Mardee entschloß sich, sie beim Wort zu nehmen.

Irgendwie nahm sie am Fuß der Treppe eine falsche Richtung und fand sich bald darauf hoffnungslos verloren in einem langen Korridor, den sie vorher nicht gesehen hatte. Als sie aus ihm heraus in einen großen Raum trat, dachte sie einen Moment, es wäre der Grand Salon, denn in seiner Mitte stand ein langer Tisch. Aber darüber war kein Kerzenleuchter, und an einem Ende war eine Feuerstelle, das Feuer heruntergebrannt, und eine dunkle Gestalt stand davor.

Mardee merkte, daß sie irgendwie in den anderen Flügel eingedrungen sein mußte, in dem die Filmleute untergebracht waren. Schon wollte sie so leise, wie sie gekommen war, kehrtmachen, als sich die dunkle Gestalt, die am Kaminsims lehnte, aufrichtete, umschaute und sie erblickte.

»Mardee! Ist etwas nicht in Ordnung?« Und sie erkannte Kips Stimme.

»Nichts als mein Richtungssinn«, antwortete Mardee verlegen lachend. »Ich kam herunter, um ein Buch zum Lesen zu finden, und hab' mich irgendwie verlaufen. Tante Emilie hätte mir eine Karte zeichnen lassen sollen!«

»Es ist ein verwirrendes Haus«, sagte Kip. »Einmal stolperte ich oben in ein paar Zimmer, die wohl neben den Räumen Ihrer Großtante liegen, und ihr Mädchen schaute mich an, als hätte ich mir eine ziemlich unerlaubte Freiheit herausgenommen – was ja auch stimmte –, unbeabsichtigter Weise.« Er hatte Jacke und Krawatte abgenommen und trug ein weißes T-Shirt, in dem er jünger und ungezwungener ausschaute. »Ich konnte nicht schlafen, obwohl der ganze Rest der Besetzung und die Kameraleute schon in ihren Betten liegen.« Sein Lachen war schwach, klang etwas verächtlich. »Ich bildete mir ein, die Trommeln wieder von irgendwo zu hören, und sie hielten mich wach.«

»Sie auch?«

»Ich stamme ebenfalls aus Haiti, und es gab eine Zeit, da ich – nun, da ich die Trommeln zu spielen pflegte, obwohl ich noch ein Junge war, als ich mein Dorf verließ. Aber soll ich Ihnen nicht zeigen, wie Sie zu dem Grand Salon zurückfinden?«

»Ja, bitte. Ich würde mich zu Tode erschrecken, wenn ich in die Quartiere der Dienerschaft eindränge und Robert mich für einen Einbrecher hielte, dem er mit einem Schrotgewehr oder ähnlichem nachsteigen müßte!«

Er lachte. »Es gibt keine Diebe auf Haiti. Oh, vielleicht in Port-au-Prince, wo man reiche Touristen ausrauben kann, aber nicht in den Dörfern. Aber kommen Sie, ich kann Ihnen zeigen, wo die Bibliothek ist. Ich habe mich dort auch gelegentlich umgeschaut, obgleich ich fürchte, daß es nur französische Bücher darin gibt.« Er nahm eine Kerze vom Kaminsims und entzündete sie an dem ausgehenden Feuer. Ihr fiel auf, daß er barfuß war. Er brachte sie zur Halle zurück.

»Sehen Sie, hier haben Sie die falsche Kurve genommen. Dort«, er zeigte es ihr, »ist der Grand Salon, und hier die Bibliothek. Sie besteht hauptsächlich aus Balzac, Dumas, Victor Hugo – liegt Ihnen etwas an den Gedichten von Ronsard, oder an Marcel Proust?« Er untersuchte die Bücherborde mit dem Kerzenlicht. »Sie lesen doch Französisch, hoffe ich. Es gibt nicht viele englische Bücher hier.«

»Ich ging in Frankreich zur Schule.«

»Leben Ihre Eltern in Frankreich?«

»Nein, ich wurde in Denver geboren, aber mein Vater war Captain der Air Force, nach dem Krieg war er in Frankreich stationiert. Ich ging in Marseilles zur Schule, und auch in der Normandie, bis ich zwölf war.«

Er drehte sich um und lächelte sie an. »So kamen Sie auch als eine Fremde in die Staaten? Da können Sie nachfühlen, wie es mir erging, als ich dorthin kam.«

»Ich fühlte mich wirklich fremd, jahrelang war ich das einzige schwarze Mädchen in meiner Schule, dazu mit einem französischen Akzent«, erwiderte Mardee bedauernd. »Ich glaube, damals habe ich mich entschieden, Schauspielerin zu werden, als ich meine Mutter darum kämpfen sah, ihren Akzent zu verlieren und mir klar wurde, daß du nicht eine, sondern ein Dutzend Stimmen haben kannst, wenn du nur willst.«

»Das kann ich nur zu gut verstehen«, sagte Kip. Sein Gesicht schien gedankenvoll im Schatten des Kerzenlichts. Nichts lag mehr darin von dem überlegenen Charme, den er am frühen Abend gezeigt hatte; er schaute jünger und sorgenvoll aus. »Ich war Trommler und Tänzer auf Martinique, als man mir eine kleine Rolle in einem amerikanischen Film anbot. Ich sprach noch nicht einmal französisch, ich sprach *créole*, den Dialekt von Haiti. Englisch lernte ich schnell, doch am Anfang verstand ich nicht so viel, daß ich gemerkt hätte, daß sie mich für einen Weißen hielten – es war nicht so, daß ich irgend jemanden betrügen wollte.« Er schien bekümmert. Dann lachte er plötzlich auf, selbstbewußt, und wandte sich zu den Regalen. »Vielleicht werde ich Ihnen eines Tages die Geschichte meines Lebens erzählen, jetzt ist dazu nicht die Zeit. Hat es gerade wieder gedonnert?«

Mardee lauschte und sagte: »Diese Tänzer werden sicher ganz naß.«

»Oh, ich glaube, jetzt dürften sie wohl drinnen sein. Hier neben Proust stehen die Novellen von Colette. *Le Blé en Herbe, Claudine en Mènage, La Vagabonde*... Die hielt man einmal für ziemlich skandalös, als Ihre Großtante noch eine *jeune fille* war, natürlich, aber heutzutage kann man sie sogar Schulmädchen in die Hand drücken. Dennoch muß sie in ihren jungen Jahren recht aufgeschlossen gewesen sein. Was möchten Sie haben?«

»*La Vagabonde* habe ich schon auf englisch gelesen, jetzt

versuch' ich's auf französisch«, erwiderte Mardee und nahm den dünnen Band entgegen. Er begleitete sie noch zurück den Korridor entlang.

»Verlaufen Sie sich nicht noch mal. Diese Treppe hoch... *Mais, comment...*«, brach Kip mitten im Satz ab. »*Regardez.*«

Die Tür stand weit offen, unverriegelt. Ungehalten sagte Mardee: »Auf Madames Order habe ich Robert angehalten, für die Nacht abzuschließen!«

»Das tat er auch, Mardee, den ich sah ihn seine Runde machen.«

»Ich dachte, Sie hätt'en gesagt, es gäbe keine Diebe auf Haiti«, erwiderte Mardee scharf. »Würden Sie dann bitte abschließen und die Tür verriegeln, Kip?«

Kip zögerte und sprach dann: »Verzeihung, Mardee, es geht mich ja nichts an, aber das würde ich nicht. Der alte Robert hat vermutlich eine *petite amie* im Dorf, oder er ging nur hinaus, um zu den Trommeln zu tanzen. Lassen Sie es, Mardee, warum sollten wir dem alten Knaben Schwierigkeiten bereiten? Ich bin sicher, mehr hat das nicht zu sagen, wirklich.«

»Glauben Sie wirklich?«

»Gewiß«, erwiderte Kip, und sie lachte.

»Nun gut, ich hätte es niemals erfahren, wenn ich nicht runter gekommen wäre, und Robert dachte wahrscheinlich, was Mamselle nicht weiß, tut ihr nicht weh. Da kann sich der alte Mann gleich unbemerkt wieder hereinschleichen.«

Er streckte ihr seine Hand entgegen, und sie zögerte einen Moment auf den Stufen, ihm ihre zu reichen. »Gute Nacht, Mardee, hoffentlich können Sie jetzt schlafen.«

»Werde ich bestimmt. Obwohl, um sicher zu gehen, hätte ich vielleicht einen Band von Proust mitnehmen sollen.«

Sein leichtes Lachen klang wohltuend in der Dunkelheit. »Ich halte Ronsard für ein wirksames Mittel gegen Schlaflosigkeit. Besser nehme ich gleich eine Ausgabe davon mit.«

»Gute Nacht, Kip«, sagte Mardee und ging die Treppe hinauf. Diesmal fand sie ihr Zimmer ohne Schwierigkeiten, stieg ins Bett und schlug *La Vagabonde* auf. Doch hatte sie zum Lesen keine Lust mehr. Endlich waren die Trommeln verstummt. Sie lag und überdachte den vergangenen Tag. Sebastian Wright. Kip, dessen männliches Gesicht sich über sie beugte, als er sie *ma belle* nannte. Und dann fiel ihr, fast schuldbewußt, Brian ein.

Zwei interessante Männer an einem Tag! Sie langte nach Brians Karte, steckte sie als Lesezeichen in *La Vagabonde*, löschte das Licht und blickte lächelnd in die Dunkelheit. Sie dachte an Kips anziehendes Lächeln und sagte sich fest: *Laß das, Mardee. Der Schauspieler in ihm setzt nur seinen Charme ein.* Aber in der Nacht schien Kip aufrichtiger, jünger, wirklicher.

Come on, ermahnte sie sich selbst. Ihr Typ war doch wirklich Brian. Morgen rufe ich ihn an, dachte sie noch, als sie in den Schlaf fiel.

Die Trommeln hatten wieder zu schlagen begonnen. Sie hörte sie im Halbschlaf. Ob sie ihr ein Zeichen gaben?

3. Kapitel

Mardee schlief lange; sie erwachte bei hellem Sonnenschein und erblickte Fleur, die sich leise im Zimmer bewegte.

»Ich habe Ihren Kaffee gebracht, Mamselle.«

Der Kaffee war schwarz und sehr stark und erinnerte Mardee an den kräftigen französischen Kaffee ihrer Kindheit. Auf einem Teller türmten sich ungewohnte tropische Früchte und heiße, knusprige Croissants. Mardee aß und trank mit gutem Appetit und suchte dann nach der Karte mit der Adresse und Telefonnummer von Brians Hotel. Jetzt, da sie selber die palastähnlichen Verhältnisse auf Maison Dominique gesehen hatte, konnte sie verstehen, daß er nur ein wenig unwillig die ersten Schritte unternehmen wollte.

»Ich würde gerne telefonieren, Fleur. Wo steht das Telefon?« Sich an den nur von Kerzen erleuchteten Salon erinnernd, fragte sie gleich hinterher in plötzlich aufkommendem Verdacht: »Ich nehme doch an, es *gibt* hier ein Telefon?«

»Aber gewiß doch, Mamselle«, versicherte ihr Fleur. »In der großen Eingangshalle steht diese modernste Errungenschaft. Robert wird Ihnen gerne den Apparat und seine Bedienung vorführen.«

Das Telefonzimmer war ein kleiner, stilvoll getäfelter Raum unterhalb der großen Haupttreppe, und Mardee mußte lächeln beim Anblick der ›modernsten Errungenschaft‹, eines altertümlichen, hochgabeligen Telefons der Art, wie sie gerade in New

York in eleganter Ausführung wiederentdeckt wurde; aber als sie sich mit dem Hotel verbinden ließ, klang Brians Stimme im zinnverkleideten Hörer erstaunlich klar.

»Mardee! Wie schön, von Ihnen zu hören! Ich wollte schon nicht mehr mit einem Anruf rechnen, da Sie doch jetzt anfangen, bei der Oberschicht zu verkehren – so ist das die angenehmste Überraschung, die ich mir vorstellen kann. Wann kann ich Sie wiedersehen?«

»Es tut mir leid, aber heute nicht. Es ist schon Mittag, und den Nachmittag wird meine Großtante schon für mich verplant haben. Aber jeder andere Morgen wäre recht. Ich habe ein paar Einkäufe in Port-au-Prince zu erledigen, meine Kleider taugen nur für einen gewöhnlichen nördlichen Sommer, nicht für die Tropen. Kennen Sie Geschäfte, wo ich die Sachen finden könnte, die ich brauche?«

»Dutzende«, erwiderte er heiter, »und eine neue Stadt kann man beim Einkaufen gut kennenlernen.«

»Wissen Sie schon, wann Ihr Kameramann kommen wird?«

Brian schien erfreut, daß sie sich daran erinnerte. »Gestern habe ich schon ein kleines Vermögen für ein Ferngespräch ausgegeben, um das herauszufinden. Bis er herkommt, hänge ich doch sehr in der Luft, aber daran bin ich bei meiner Arbeit gewöhnt – ich wandere herum und schnuppere die Atmosphäre, dann setze ich mich hin und schreibe es mir von der Seele. Und dabei hätte ich gerne Gesellschaft. Wie wär's, wenn ich mir den Wagen ausleihen und Sie morgen einladen würde? Wir machen Ihre Einkäufe, und ich führe Sie ein wenig herum.«

»Das muß ich erst mit Tante Emilie besprechen«, bremste sie ab, »aber wenn ich bis zum Mittagessen nicht zurückgerufen habe, bleibt es dabei.«

»Schön. Ist zehn Uhr zu früh?«

Als Mardee in ihr Zimmer zurückkehrte, reichte ihr Fleur eine Einladung von Sebastian Wright, sich am Nachmittag beim Filmen der Massenszenen in Cap Dominique bei ihnen umzuschauen. Sie war an Madame Thibaud gerichtet, doch Fleur klärte sie auf.

»Madame befindet sich *un peu souffrante*, dachte jedoch, daß Mamselle sich das vielleicht anschauen wolle. Sie bittet Sie, sich ganz nach Ihrem Belieben, so oder anders, zu zerstreuen, und ihr zur Dinnerzeit Gesellschaft zu leisten.«

»Sollte ich nicht in der Nähe bleiben, wenn Madame sich nicht wohl fühlt?«

»*Mais* ganz bestimmt *non*, Mamselle«, sagte Fleur. »Madame drückte sich ganz eindeutig aus, daß sie nichts brauche, und daß Sie sich ganz nach Ihren Wünschen unterhalten sollen. Es ist nur eine leichte *malaise*... Ich glaube, wegen des Sturms hat sie nicht gut geschlafen.«

Und wegen der Trommeln, dachte Mardee. Sie, genau wie Kip, war lange von ihnen wach gehalten worden. Sie schaute auf die Nachricht, worin Sebastian sich für die Einladung zur heißesten Tageszeit entschuldigte, doch machten es die Scriptanweisungen notwendig, zu dieser Stunde zu filmen; wenn die Damen dabeisein wollten, müßten sie sich sorgsam gegen die Sonne schützen.

»Ich brauche eine Sonnenbrille, Fleur. Wo kann ich eine herbekommen?«

»Ich fürchte, Mamselle müssen warten, bis wir nach Port-au-Prince schicken können; für Haushaltsbesorgungen fährt der Wagen täglich dorthin, doch an diesem Morgen war er schon fort, bevor Mamselle aufwachte.« Sie schaute zweifelnd. »Vielleicht gibt es eine in dem kleinen Geschäft von Cap Dominique, wo die Arbeiter einkaufen, aber eigentlich nichts für eine Lady wie Mamselle.«

Mardee lachte. »Sonnenbrillen sind Sonnenbrillen, Fleur. Gibt es jemanden, den wir schicken können, oder kann ich nach Cap Dominique laufen?«

»In der Hitze, Mamselle? Nicht einen Augenblick sollten Sie an so was denken!« Sie klang entrüstet. »Mein Henri wird sie für Mamselle holen.«

Sie verschwand und kehrte kurz darauf wieder zurück in Begleitung eines kleinen, barfüßigen Jungen in abgetragenen Baumwollfetzen.

»Er wird nach Cap Dominique laufen und eine Sonnenbrille holen.«

Das Kind im Alter von etwa zehn Jahren verbeugte sich scheu vor Mardee und murmelte etwas Unverständliches.

»Sprich französisch«, schalt ihn Fleur, »Mamselle versteht kein *créole*, und was würde der gute Pater dazu sagen?«

»Ihr Sohn, Fleur?«

»Mein Jüngster, Mamselle, ein Lausejunge. Jetzt aber ab mit

dir«, ermahnte sie ihn, und der Junge lief davon; ein paar Minuten später sah ihn Mardee aus dem Fenster, wie er in die Richtung von Cap Dominique rannte. Besorgt sagte sie: »In der Hitze sollte er nicht so schnell rennen!«

»Der da, der gedeiht in der Sonne wie ein Salamander, Mamselle. Ich schick' ihn in die Unterrichtsstunden zum Pater, er wird lesen und schreiben lernen und etwas aus sich machen.« Ein müdes, stolzes Lächeln zeigte sich in ihrem Gesicht. »Er wird kein Taugenichts werden, der sich auf den Zuckerrohrfeldern oder in den Kaffeepflanzungen abplagt wie seine Brüder.«

Mardee dachte an ihren eigenen Vater, der sie immer wieder dazu anhielt, das beste aus ihrer Schulbildung zu machen. *Und dabei kam Mutter aus diesen Verhältnissen, und sie hat uns nichts davon erzählt!* Der Kontrast berührte sie schmerzhaft. Air Force Captain Zachary Haskell hatte sein Ziel erreicht – wie weit hatte er es gebracht, von einer Kindheit in Alabama –, doch er war ein Sohn armer Leute, und er hatte Mardee zu der Gewißheit herangezogen, daß sie für ihren Lebensunterhalt arbeiten müsse.

Der kleine Henri kam aus einer Armut, die Zachary Haskells Kindheit in glänzendem Licht erscheinen ließe. Haiti, Land der Kontraste – zu viele Kontraste! Nach haitischem Maßstab hatte Fleur eine gute Arbeit, im Dienst einer der reichsten Frauen Haitis, und doch lief ihr Sohn barfuß und in Lumpen herum, und sie machte sich Sorgen, ihn vielleicht nicht vor der Arbeit in den Zuckerrohrfeldern bewahren zu können. Mardee kämpfte mit diesem bitteren Gefühl von Ungerechtigkeit. Wieso ging es ihr so gut? Und ein noch seltsamerer Gedanke kam ihr: Wäre sie hier aufgewachsen, in dem, was Tante Emilie als ihr Erbe bezeichnete, würde sie das für selbstverständlich halten und nie eine Ungerechtigkeit darin sehen, daß sie so reich und Fleur so arm war.

Irritiert brachte Mardee ihr demokratisches Bewußtsein zum Schweigen. Tante Emilie beutete niemanden aus. Sie gab den armen Haitianern Arbeit, wo sie doch sonst auf ihren kleinen Farmen ein Hungerdasein fristen müßten. Sie zahlte sie gut.

Sicher, sie zahlt sie gut. So gut, daß Fleur ihrem zehnjährigen Sohn keine Schuhe überziehen kann, obwohl es in diesem Land von Hakenwürmern nur so wimmelt!

Dann dachte sie: Was für ein Unsinn, ich habe noch nie einen

Zehnjährigen gekannt, der sich freiwillig Schuhe anziehen würde. Sie wandte sich an Fleur, die leise im Zimmer aufräumte. »Hörten Sie die Trommeln in der Nacht, Fleur?«

»Trommeln, Mamselle?« Doch in ihren Augen war ein Flakkern, das die unschuldige Frage Lügen strafte.

»Trommeln. Die ganze Nacht durch.«

»Mamselle muß geträumt haben«, erwiderte Fleur fest. »Ich vernahm nur den Sturm.«

Und tatsächlich war es in der Morgenstille des Maison Dominique, in der nur weiche Vogelrufe ans Ohr drangen, schwer zu glauben, daß in der vorigen Nacht der Klang von Trommeln ihr Blut schlagen und pochen ließ.

»Oh, aber da *waren* Trommeln«, sagte der kleine Henri, der mit einem Päckchen in der Hand das Zimmer betrat. »Die Trommeln gingen die ganze Nacht, und es wird erzählt, *le gros blanc* sei wieder im Sturm gesehen worden, um zum Kampf gegen...«

»*Tais-toi*«, zischte Fleur. »Sei still, du Bengel, ich will das dumme Geschwätz nicht hören!«

Also hatten *doch* Trommeln geschlagen, sie hatte nicht geträumt oder phantasiert! Mardee sagte: »Wer hat die Trommeln gespielt, Henri? Und wer oder was ist *le gros blanc*?«

»Sei ja still«, fuhr Fleur wieder dazwischen, und sie ließ auf *créole* einen wahren Sturzbach an Schmähungen folgen. »Der Pater hat dir verboten, diesen Geistergeschichten zuzuhören oder sie gar zu wiederholen!«

»Schimpfen Sie ihn nicht, Fleur, schließlich habe ich ihn gefragt«, sprach Mardee. »Ich interessiere mich...«

»Nichts als Aberglauben und Unsinn«, sagte Fleur streng. »Haiti wäre ein Land voller Geister, wenn hier jeder, der in jenen dunklen, blutigen Tagen umkam, fluchend herumliefe.«

Henri drückte sich von ihr weg und sprach in verletzter Würde: »Ich habe aber nicht von Geistern, sondern von Trommeln gesprochen. Die ganze Nacht spielten sie für die Toten, und zu *ce diab'*, und man sagt, die weiße *mamaloi* sei erschienen, um zu den Trommeln zu tanzen, und zur Beschwörung...«

»Schweig, schweig, du Nichtsnutz!« In großer Rage schlug Fleur auf das Kind ein, daß es auf seinen Beinen wankte. »Wo ist Mamselles Sonnenbrille, oder hast du sie gar vergessen wegen diesem unnützen, lästerlichen Schwachsinn?«

Weinend und seine geschlagenen Wangen reibend, fischte Henri sie hervor. Mardee nahm sie entgegen; sie fühlte sich unwohl dabei, daß ihre Fragen dem Kind eine solche Bestrafung eingebracht hatten. Sie hatte ihm eine Fünfdollarnote mitgegeben, nachdem sie sich versichert hatte, daß amerikanisches Geld angenommen würde. Jetzt schüttete er ihr einen Haufen Wechselgeld in die Hand; sie erinnerte sich, daß der amerikanische Dollar etwa fünf bis sechs haitische Gourde wert war. Sie gab ihm ein paar Münzen.

»Für dich, Henri, und vielen Dank.«

»Mamselle ist zu freigebig.« Fleur schaute immer noch steif und ärgerlich drein. »Wenn Mamselle ihm eine halbe oder eine Gourde geben möchte...«

»Nein, es ist schon recht so. Es war ein langer Weg in der heißen Sonne. Ich besteh' darauf.« Anders konnte sie ihr Bedauern für die schweren Schläge, die ihm ihre Fragen eingebracht hatten, nicht ausdrücken. Aber warum mußte Fleur sich so aufregen? Jedes alte Haus hatte mit einer Geistergeschichte aufzuwarten, und gewöhnlich ging man mit einem Achselzukken darüber hinweg. Vage erinnerte sich Mardee, gelesen zu haben, daß eine *mamaloi* eine Voodoo-Priesterin sei, doch Père Etienne behauptete natürlich, so etwas gäbe es nicht. Henri hielt das Geld in seiner Hand und blickte zu seiner Mutter um Erlaubnis; schließlich nickte sie brummelnd, und er lief mit leuchtenden Augen fort.

Fleur sagte: »Mamselle ist zu gut zu meinem frechen Jungen.«

Dann strömten wie in einer Flut die Worte aus ihr. »Mamselle, Sie haben ein gutes Herz! Sie sind Marie-Claires Tochter, und Sie müssen gut sein! An diesem teuflischen Ort sollten Sie nicht bleiben! Gehen Sie sofort weg, zurück in die Staaten! Sofort, Mamselle! Es ist gefährlich für Sie!«

Mardee stand und starrte sie an. »Was meinen Sie, Fleur? Ich bin gerade erst angekommen, und meine Großtante braucht mich!«

»Die, die braucht nichts und niemanden, Mamselle! Mamselle, ich flehe Sie an, aus Liebe zu Marie-Claire, die mir eine Freundin war in meiner Kindheit, ich beschwöre Sie, gehen Sie fort, Mamselle! Hier ist es gefährlich für Sie! Mamselle ist vom Blute...«

An der Tür war ein leichtes Klopfen zu hören. Fleur sprach nicht mehr weiter und öffnete mit einem verschwiegenen Blick auf Mardee die Tür, in der der alte Butler Robert zu sehen war. Mardee fragte sich, ob er sie belauscht hatte, jedoch war seinem Gesicht davon nichts anzumerken.

»M'sieur Wright befindet sich unten, wenn Mamselle bereit ist, ihn zu begleiten.«

Mardee folgte Robert mit einem besorgten Seitenblick auf Fleur, deren Gesicht, wie aus Furcht, stumpf und eingefallen schien. *Wird sie deswegen in Schwierigkeiten geraten?* wunderte sie sich. *Was konnte sie gemeint haben?*

In der Halle brachte Sebastians Stimme Mardee wieder aus dem Reich des Aberglaubens und seltsamer Warnungen zurück in die wohlbekannte professionelle Welt des Theaters und der Schauspieler, die ihr so vertraut war.

»Wie ich sehe, haben Sie sich eine Sonnenbrille beschafft. Gut, die Sonne ist wirklich stechend. Heute beginnen wir mit der Aufnahme der Massenszenen in Cap Dominique, und anstatt die Statisten einzufliegen, haben wir allen Leuten in der Gegend angeboten, bei diesen Szenen mitzumachen. Hier entlang, kommen Sie«, fügte er hinzu und brachte sie zum Wagen. »Es tut mir leid, daß Madame sich nicht wohl genug fühlt, uns zu begleiten, aber«, und dabei drückte seine Hand die ihre ein bißchen zu bedeutsam, »es ist mir gleichfalls eine Freude, Sie bei mir zu haben.«

Mardee errötete und dachte: *Ich habe wohl eine Vorliebe für ältere Männer, seit ich mich damals in meinen Geschichtslehrer in der Schule verknallt habe. Aber den hier ernst zu nehmen, wäre nicht gerade schlau. Der flirtet nur; die Royce hat ihn sich geangelt, geknebelt und gebunden. Dagegen komme ich nicht an – wo ich doch nicht einmal sicher bin, ob ich das wollte!*

»Einen Penny für Ihre Gedanken!« sagte Sebastian, indem er sich im Fond neben sie setzte und dem Chauffeur das Zeichen zum Abfahren gab.

»Inflationspreis«, erwiderte Mardee lächelnd. »Soviel sind sie gar nicht wert.«

Cap Dominique lag nur eine halbe Meile entfernt; kurz darauf fuhr der große Wagen auf die Hauptstraße der kleinen Stadt. Tatsächlich war die Hauptstraße die einzige Straße, die es dort gab – ein verbreiterter Abschnitt des schmalen Weges, mit einem halben Dutzend Holzhäusern, einem kleinen Geschäft, einem noch kleineren Laden, weiß gestrichen, mit dem Schild APOTHECAIRE, und einer Bude, in der Hühnerfutter verkauft wurde. Am anderen Ende der Straße, in der Nähe der Tankstelle mit farbenfroher Pumpe, stand ein Fuhrpark schwerer Lastwagen, aus denen von aufeinander eingespielten Teams schnell und routiniert Kameras und Ausrüstung geladen wurden, sowie ein großer Wohnwagenanhänger mit der Aufschrift WRIGHT PRODUCTIONS.

»Umkleideräume auf Rädern«, sagte Sebastian. »Garderobefrauen und Maskenbildner kümmern sich jetzt um die Schauspieler. Und dort drüben...« Er wies auf lange Bänke, die unter den Bäumen aufgestellt waren, und wo Masken- und Kostümbildner sich mit wohl einer Hundertschaft von Männern, Frauen und Kindern befaßten. »Die ganze Stadt Cap Dominique und ein paar Arbeiter von den Hügeln werden hier zu Sklaven und Freigelassenen aus den Revolutionstagen gemacht.«

Er ging mit Mardee zu dem mit Seilen abgesperrten Platz. Nur wenige Schritte davon entfernt war ein Haufen Coca-Cola-Schilder abgestellt, und Mardee bemerkte kichernd, wie wenig es in Cap Dominique nur bedurfte, das 20. Jahrhundert vergessen zu machen. Sebastian nickte. »Für den Film ist das ideal. Alles, was wir brauchten, waren Kostüme, und die haben sich auch nicht viel verändert. Männerhemden haben mehr Knöpfe, und die Männer tragen Armeehosen aus Khakistoffen und Blue Jeans, die nicht so schnell ausbleichen. Die Kleider der Frauen waren ein bißchen länger, nicht viel; außer in Port-au-Prince habe ich noch keinen wirklich kurzen Rock gesehen.«

Er zeigte auf eine Gruppe barfüßiger Frauen und Mädchen, die in zerlumpten und ausgeblichenen Kleidern aus bedruckter Baumwolle steckten.

»Jede dieser Frauen könnte, was sie in diesem Film trägt, überall auf dem ländlichen Haiti tragen, und niemand würde was bemerken. Der Hauptunterschied liegt in den Farben. In jenen Tagen war es leicht, Arme von Reichen am Grade der Leuchtkraft ihrer Kleider zu unterscheiden. Die heutigen Anilinfarben bleichen kaum, aber damals konnte man ganz gut erkennen, wie alt die Klamotten waren, und die Höhe seines Einkommens daran messen.«

Mardee fragte: »Was haben Sie denn gemacht, daß die Kleider so ausgebleicht wie damals ausschauen?«

»Daran haben ein paar Leute monatelang gearbeitet«, antwortete Sebastian. »Ich ließ ganze Stapel von billigem Baumwollstoff in den altmodischen Farben von damals färben, dann wurden sie geschneidert und durch Waschmaschinen gejagt, so daß wir jetzt alle Farbstufen haben. Sie können bemerken, daß die Kleider der Kinder die verblichensten sind, denn gewöhnlich wurden die abgetragenen Kleider der Erstbesitzer für Kinder zurechtgeschnitten.« Er lächelte auf seine attraktive Weise und sagte: »Ich würde gern hierbleiben und mit Ihnen reden, doch jetzt warten die Kameraleute auf mich. Sie können von hier aus alles sehen.«

Unter den Bäumen standen ein paar Aluminiumklappstühle, und Mardee erblickte Kip Tybalt in einem offenen, verblichenen Hemd und verblichenen Hosen. Er war barfuß. Neben ihm stand Paul Barry, in dunklem Übermantel und Hosen, gekräuselten Manschetten und Rüschenkragen sowie Stiefeln bis zu den Knien. Beide Männer hießen Mardee mit einem Lächeln willkommen.

»Wie haben die es damals bloß geschafft, in diesen Kleidern nicht zu zerfließen?« wollte Paul wissen. Er strich sich vorsichtig über die Stirn, und schon kam ein Maskenbildner herbeigerannt, der ihm mit Kamm und dunklem Puder zu Leibe rückte. Kip lachte.

»Ich glaube, sie sind zerflossen«, sagte er freundlich. »Kopf hoch, Paul, du bist der Gouverneur der Kolonie, und bei all diesem goldenen Zierrat macht doch ein bißchen Schweiß nichts aus.« Er schaute hoch und lächelte. »Schön schauen Sie aus und noch so frisch, Mardee. Hier, kommen Sie in den Schatten.«

Paul Barry sagte: »Auf diese Weise erhält Wright seinen Ruf für wirklichkeitsgetreue Darstellung. Aber ich träume jetzt ganz sehnsuchtsvoll von einem Studio der Universal-International, mit Air-Condition, gekühlten Getränken und Eimern voller Eis. Ganz zu schweigen von einem Ankleideraum mit Ventilator! Für dich ist es ja okay, Kip, du bist ein freigelassener Sklave, der barfuß und mit offenem Kragen herumlaufen kann!«

Kip lachte. »Oh, ich habe mein Lehrgeld auch schon bezahlt. Wright erspart dir wenigstens die gepuderte Perücke, bis du vor der Kamera stehst! Ich erinnere mich, daß ich bei dem letzten historischen Film jeden Tag stundenlang im Kostüm herumstehen mußte, um auf den Star zu warten, der immer zu spät auftauchte. Genauso«, fügte er mit grimmigem Blick auf die Anziehkabine hinzu, »wie mit unserer lieben, lieben Donna. Wäre sie doch nur selbst hier draußen, anstatt mit uns nach ihrer Laune umzuspringen...«

Paul zuckte mit den Schultern. »Ich habe Schlimmere gekannt als Donna. Sie hat immer noch ein paar Manieren übrig. Sicher ist Donna alles ein wenig zu Kopf gestiegen, jetzt, wo sie mit Sebastian zu Premieren und in teure Nightclubs geht, und dann all die Klatschspaltenschreiberlinge, die ihr Make-up-Girl bestechen, um herauszufinden, mit wem sie schläft. Sie wird schon noch von ihrem hohen Roß heruntersteigen.«

»Dafür hatte sie genügend Zeit«, grummelte Kip. »Ein wenig professionelle Höflichkeit würde ich schon schätzen. Warum zum Teufel läßt Sebastian ihr das durchgehen...«

Paul Barry grinste. »Das weißt du so gut wie ich.«

Kip winkte ab. »Mardee, ich bin überrascht, daß Sebastian nicht vorschlug – vielleicht hätte es Sie amüsiert, ein Kostüm überzuziehen und sich in der Menge herumzutreiben. Daran haben Gäste am Drehort oft Spaß, und an Orten wie diesem würde schon niemand zur Gewerkschaft rennen, weil Sie einem Mitglied einen Tag Arbeit wegnähmen – guter Gott, schaut einmal, wer hier kommt! Marie Antoinette, nehme ich an?«

»Wohl kaum«, protestierte Margaret Sandifer. Das Haar auf ihrem Kopf war hochgesteckt. Sie trug ein kostbares Kleid aus silberblauem Brokat, wie aus dem 17. Jahrhundert. Sie keuchte ein wenig. »Wie konnten die Frauen nur in diesen engen Miedern *atmen*?«

»Vielleicht konnten sie es nicht«, sagte Kip, »deswegen sind sie vermutlich aus der Mode gekommen. Maggie, Sie schauen großartig aus!«

Die Charakterschauspielerin lächelte. »Vorausgesetzt, ich verwelke nicht wie ein Salatblatt, bevor ich vor der Kamera stehe.«

Paul Barry sagte: »Ich wünschte mir gerade, wir wären alle in einem Studio mit Air-Condition in Hollywood, aber wahrscheinlich wäre das nicht authentisch genug für den großen Meister!«

»Darauf sei gepfiffen!« lachte Margaret. »Daß wir hier auf Haiti drehen, hat nichts mit Wirklichkeitstreue zu tun. Das liegt an der ganz einfachen Tatsache, daß Hollywoods Statisten, die in der Gewerkschaft organisiert sind – wieviel ist es jetzt? –, sechzig Dollar am Tag bekommen. Und wieviel löhnt Sebastian dem Haufen?«

»Jedem zehn Gourdes«, gab Kip zu. »Wenig mehr als zwei Dollar.«

»Ausbeutung«, bemerkte Paul Barry.

»Was heißt hier Ausbeutung!« protestierte Kip. »Das sind zwei Tageslöhne in den Kaffeepflanzungen. Dabei ist im Augenblick keine Erntezeit, und es gibt nirgendwo Arbeit. Also müssen diese Leute nicht so viele Mahlzeiten auslassen zwischen der einen Ernte und der nächsten, und ein paar von den Kindern kriegen Schuhe. Alles ist relativ. In Hollywood wäre Wright ein ganz gewöhnlicher Ganove, von den Gewerkschaften auf die schwarze Liste gesetzt; hier ist er ein öffentlicher Wohltäter, der die Segnungen des Kapitalismus unters Volk bringt.«

Von Regieassistenten über Megaphone auf französisch gerufen, liefen jetzt die Kinder auf der Straße zusammen. Eine alte Kutsche in hellen Farben mit den Lilien Frankreichs an den Wagenschlägen und einem Kutscher in gepuderter Perücke auf dem Bock rollte die Straße entlang und wirbelte dabei große Staubwolken auf.

»Bringt die Kutsche hier weg!« schrie jemand. »Wartet, bis der Wasserwagen durch ist, damit der Staub sich legen kann! Hey, Mr. Wright, machen Sie mal den Bastarden klar, daß sie wieder von der Straße müssen!«

Margaret sagte: »Ein Filmgelände bei International wäre sicherlich viel *ruhiger*!« Sie hob acht Meter Brokatstoff, um voller Jammer ihre Silberschuhe mit hohen roten Absätzen zu betrachten. »Diese verflixten Schuhe drücken immer noch. Ich habe sie zweimal ändern lassen, aber ich hoffe, sie lassen mich nicht weit damit laufen!«

Kip wandte sich um. Ironisch bemerkte er: »Und hier geruht endlich unser Star, sich mit seinem Gefolge unter uns zu begeben.«

Mardee sah Donna vom Caravan kommen, hinter ihr eine Maskenbildnerin mit einem Armvoll Spangen, Tüchern und Make-up-Flaschen und einer Garderobenfrau als Nachzüglerin.

Margaret sagte: »Das Zeug werden wir alle noch brauchen, wenn es nicht bald losgeht.« Mit einer automatischen Bewegung drehte sie an ihrem Handgelenk, dann lachte sie über sich selber. »Ein Kostüm aus dem siebzehnten Jahrhundert, und ich versuche, meine Uhr aufzuziehen!«

»Achtzehntes«, sagte Kip, »und wen kümmert's, solange Sie das nicht vor der Kamera tun! Haben Sie eine Uhr, Mardee?«

Sie schaute nach. »Halb vier.«

»Bislang im Zeitplan.« Kip schaute besorgt nach Süden, wo sich am Horizont langsam eine Wolkenbank auftürmte. »Was hält Sebastian noch auf? Können sie denn nicht diese verflixte Kutsche in Bewegung bringen, oder was?«

Donna trat mit beleidigtem Blick auf sie zu. »*Manche* Leute haben nichts als Ärger mit ihrer Garderobe! Schauen Sie mal, was Sie tragen und was ich anhabe!« Sie wies auf ihr langes, zerlumptes, farbloses Baumwollkleid, mit *ganz* tiefem Ausschnitt.

Margaret sagte: »Mein liebes Mädchen ...«

»Und nennen Sie mich nicht *Mädchen*, weiße Lady!«

Paul hielt vor Schreck die Luft an. Kip sagte: »Hey Donna ...«, Margaret jedoch hob ihre aristokratischen Augenbrauen, kühl und unbewegt.

»Meine liebe *Miß Royce*, ich entschuldige mich wirklich, daß ich Ihre Hautfarbe einen Augenblick vergaß und mit Ihnen wie mit einer Kollegin sprach!«

»Lassen Sie das, Donna«, sagte Kip, »in diesem Film geht es nicht um die Hautfarbe, auch wenn Sie darauf bestehen. Wir sind auf Haiti, nicht in Harlem. Seien Sie also nicht streitsüchtig.« Sein Lächeln war ansteckend. »Was haben Sie denn für Sorgen?«

»Die Kostümausstattung behandelt mich hier wie ein häßliches Entlein. Schauen Sie sich mal den Fetzen an, den ich tragen muß! Ich werde mich bei Sebastian beschweren!«

»Meine Liebe«, sagte Margaret sanft, »haben Sie das Script sorgfältig gelesen? Einmal abgesehen von allen anderen Erwägungen, ist gerade die Einfachheit Ihres Kleides ein Ausdruck des Charakters. In diesem Aufzug schaue ich wie eine aufgedonnerte Hexe aus, und das ist es natürlich auch, was ich bin. Die Absicht ist, daß Sie – oder Angélique – schön genug sind, um auch in Lumpen zu erstrahlen.«

Donna schaute immer noch beleidigt. Schlecht gelaunt wandte sie sich an Mardee. »Was machen Sie hier eigentlich?«

»Mr. Wright lud mich ein – und meine Tante –, die Massenszenen zu beobachten.« Mardee merkte, daß sie sich verteidigte, aber auch, daß Donnas Feindseligkeit eine Art von Kompliment war. Wäre sie wirklich unbedeutend, hätte Donna sie ignoriert, wie sie es mit der abwartenden Maskenbildnerin mit ihrem Haufen von Kämmen und Tüchern tat.

Sebastian trat aus der Menge auf sie zu, die, von zwei Regieassistenten angeleitet, sich auf der Straße zu verteilen begann. Unauffällig trat Mardee etwas beiseite. Sie empfand schon ein merkwürdiges Bedauern, daß sie nicht mitmachte, nur aus Höflichkeit der Gastgeberin gegenüber als Zaungast am Drehort eingeladen war.

Sebastian blickte Donna ärgerlich an. »Wer hat dich in das Ding gesteckt? Der Ausschnitt ist gute zehn Zentimeter zu tief. Warum hast du sie nicht zur Hölle gejagt?«

Sie verzog ihren schönen Mund. »Sie wollten es bis hier oben hin lassen«, verächtlich zeigte sie mit ihrem Finger auf ihren Hals, »und darüber noch so eine Art Taschentuch. Ich sagte ihnen, zur Hölle damit, das ist kein Film über Hexenverfolgungen im puritanischen Salem!«

Sebastian lächelte gutmütig. »Hey, dies ist meine Show, Schätzchen.« Er winkte der Kostümbildnerin. »Der Ausschnitt ist zu tief. Nur eine *poule* wäre in jenen Tagen so ausgegangen.«

Verärgert sagte Donna: »Ich mag es so, wie es ist. Was ist überhaupt eine *poule*?«

»Eine Hure, Darling«, erwiderte Sebastian, und zur Kostümbildnerin sprach er: »Bringen Sie das mal zehn Zentimeter höher.« Mürrisch stapfte Donna mit ihrem Fuß auf den Boden, als die Frau mit Schere und Faden an ihr zu arbeiten begann. »Jeder schaut gut aus in dieser Szene, nur ich schau aus wie jemand aus der Müllgrube! Machst du dir Sorgen wegen der Sittenapostel, oder was ist los?«

»Ich mache mir Sorgen wegen *dir*, Donna«, sagte Sebastian milde. »Angélique soll ein anständiges Mädchen sein, eine respektable Bauersfrau. Du willst doch nicht wie eine Stadtnutte ausschauen, die mal schnell im Heu turnen will, oder?«

Donna wurde wütend. Sie ergriff die Hand der Kostümbildnerin, um sie daran zu hindern, das Kleid wieder hochzunähen.

»Ich will auch nicht wie eine Nonne ausschauen! Habe ich denn dabei nichts mitzureden? So, wie es ist, gefällt's mir!«

Die Frau trat zurück und blickte auf Sebastian wegen weiterer Anweisungen.

»Verdammt, Donna«, explodierte Sebastian, »wenn ich du wäre, würde ich es mir zweimal überlegen, ob ich die ganze Welt wissen lassen möchte, daß meine einzigen Talente zehn Zentimeter vor meiner Brust hängen!«

Donna verbarg ihr Gesicht in ihren Händen und brach in Tränen aus. Tief Luft holend, weinte sie laut wie ein Kind. Sebastian stand daneben und betrachtete sie verärgert.

»Sweetheart«, sagte er zuletzt ganz weich, »ich habe nicht gemeint...«

»*Rede* nicht weiter mit mir!« heulte Donna. »Geh *weg*!«

»Donna, Liebe, weine nicht, ich habe nur gemeint, ich wollte, daß du wie eine Lady ausschaust!«

Sie wandte sich von ihm ab und rannte schluchzend und den einfachen Rock mit ihren Händen hochziehend auf den Caravan zu. Sebastian folgte langsam, und Mardee sah ihn an die Türe pochen.

»Donna! Liebling, laß mich herein! Sweetheart, bitte, laß mich doch mit dir reden...«

Kip lachte, daß ihm die Augen tränten. Er sagte zu Mardee: »Nehmen Sie das bloß nicht ernst! Nur ein Streit zwischen Liebenden!« Er ging nicht auf Margarets warnenden Blick ein und fuhr fort: »Wenn sie es nicht die ganze Welt wissen lassen wollen, sollten sie den Kampf in ihrem Kämmerlein austragen.« Er fuhr sich über den Kopf, machte eine Grimasse und rief einen Maskenbildner zu sich. »Sebastians Liebesleben ist mir egal, ebenso Donnas. Aber ich werde fuchsteufelswild, wenn das bedeutet, daß ich hier den ganzen Nachmittag herumstehen und schwitzen muß!«

Ein Regieassistent trat auf sie zu und sagte:

»Würden Sie diese Stühle dort drüben hin zu den anderen Bäumen stellen? Wir müssen die Kutsche wenden, Mr. Tybalt...«

»Ich habe nichts dagegen, den Platz zu wechseln«, sagte Kip, »aber ich werde keine Stühle rumtragen, dabei bleibts. Nehmen Sie sich einen Ihrer Männer dafür. Nein, Paul«, er machte dem anderen Mann ein Zeichen, »laß du auch deinen Stuhl stehen!«

Der Mann hob seine Brauen. »Wie ein bißchen Erfolg einem Schauspieler zu Kopf steigen kann!«

»Ach was, Erfolg«, sagte Kip. »Ich bin im Kostüm und will nicht schwitzen.« Er lächelte gewinnend. »Überhaupt, wozu zahlen Sie denn die Leute von der Requisite?«

Der Regieassistent schaute unwillig und sagte: »Wenn man es so genau nimmt, sind diese Stühle keine Requisiten. Wenn ich sie bäte, persönliches Eigentum von Schauspielern zu tragen, könnte ich Schwierigkeiten mit der Gewerkschaft bekommen!«

Mardee lachte laut heraus. »Das ist doch idiotisch!« Sie nahm Kips leichten Klappstuhl in die eine Hand und Margarets in die andere. »Wohin wollen Sie die haben?«

Der Assistent sagte es ihr, doch dann schien ihm etwas aufzufallen. »Wer sind Sie? Unbefugte Gäste sollen sich hier doch nicht...«

»Sie ist nicht unbefugt«, sagte Sebastian, der gerade vom Caravan herüberkam. »Ich habe sie eingeladen. Mardee, um Himmels willen, Sie müssen doch nicht diese Dinger herumschleppen!« Er griff sich den noch übriggebliebenen Stuhl und balancierte alle drei an ihren neuen Platz. »Was ist bloß los mit euch, einen Gast am Drehort anzustellen?«

Mardee lachte. »Ich habe nichts dagegen. Ich arbeite nicht, habe kein Kostüm zu ruinieren und gerate nicht in einen Konflikt mit der Gewerkschaft. Betrachten Sie es als Teil der Gastfreundschaft Maison Dominiques.«

»Sebastian, wann wird endlich losgelegt? Wir zerfließen schon langsam. Ein bißchen Schweiß erhöht die Echtheit, aber allzuviel...«, sagte Kip.

»Richtig. Haben Sie die Kutsche schon gedreht? Wenn Donnas Make-up fertig ist, fangen wir sofort an.« Sebastian ging fort. Die Regieassistenten bewegten sich in der Menge der Statisten, teilten sie in kleine Gruppen auf und wiesen ihnen Plätze entlang der Straße. Mardee konnte Bruchstücke ihrer Anordnungen vernehmen.

»Ihr drei dort, ihr geht langsam die Straße herunter. Redet in *créole* miteinander... Egal, was ihr sagt, es wird eh nicht aufgenommen, schaut aber natürlicher aus. Wenn die Kutsche kommt, seht ihr auf und rennt, was ihr könnt, um ihr aus dem Weg zu kommen. Fertig, Miß Sandifer?«

Sorgsam wurde Margaret in die Kutsche geholfen, damit sie nicht über ihren riesig weiten Rock stolperte. Ein Maskenbildner fummelte noch an Pauls gepuderter Perücke.

Mardee hörte den Regieassistenten sagen: »Sie schauen nur aus dem Fenster, ohne jedes Interesse. Diese Leute bedeuten ihnen gar nichts.«

Der Schauspieler nickte. Helfende Hände hoben ihn in die Kutsche. Sebastian wandte sich an Kip: »Wo ist der Junge, den Sie für diese Szene gefunden haben? Sie wissen doch, ich kann die Leute noch nicht auseinanderhalten.«

Kip überblickte die Menge und rief. Ein magerer, barfüßiger Junge rannte aus der Gruppe lachender Kinder auf sie zu, und Mardee erkannte Henri, Fleurs jüngsten Sohn. Er grinste Kip an und ließ einen aufgeregten Redeschwall auf *créole* folgen.

Sebastian fragte: »Versteht er, was wir von ihm wollen?«

»O ja.« Kip sprach mit Henri, und der kleine Junge nickte ernsthaft.

»Okay, wir sind soweit. Wenn die Kutsche die Straße herunterrollt, dann muß er versuchen, sich direkt vor sie zu stürzen, auszurutschen, hinzufallen und dort liegenzubleiben, als ob er glaube, die Kutsche rolle direkt über ihn. Sagen Sie ihm, daß er keine Angst zu haben braucht. Mein bester Stuntman sitzt auf dem Kutschbock, und die Pferde kommen ihm nicht näher als zwei Meter. Aber er muß wie zu Tode erschrocken *ausschauen*, als ob er sicher wäre, unter ihre Hufe zu geraten – alles klar?«

Kip wiederholte die Anweisung, und Sebastian nickte.

»Dann kann's losgehn.«

Kip sagte: »Ich geh' mit ihm und vergewissere mich, daß er alles versteht, nur für den Fall, daß Jerry« – er wies auf den Regieassistenten – »einen Anfall kriegt.«

Sebastian lächelte dankbar. »Das ist wirklich nett, Kip. Es macht's doch schwerer, wenn man nicht seine Sprache spricht, aber ich brauchte ein nettes Kind, nicht einen verzogenen Kinderstar.«

Kip ging auf die Straße, seine Hand ruhte auf Henris Schulter, wie wenn sie alte Freunde wären. Und dabei hatte sich Kip zuvor geweigert, einen federleichten Stuhl in die Hand zu nehmen, aus Furcht, sein Kostüm durcheinanderzubringen! Die Kutsche rumpelte wieder die Straße hinunter. Als Mardee schon glaubte, daß Sebastian ihre Anwesenheit vergessen habe, sagte er: »Schaut gut aus, der Junge. Kip hat ihn für mich gefunden. Meine Theorie ist, daß gutes Aussehen bei Kindern nur auf das Vorhandensein von Intelligenz zurückzuführen ist, und wenn du ein Kind hast, das genau das hinkriegt, was du ihm erzählst, dann macht sich das auch auf der Leinwand gut. Deswegen arbeite ich lieber mit normalen Kindern, soweit ich kann. Die Kinderdarsteller von Hollywood sind nur ...« Abrupt brach er ab. »Gut. Hier ist Donna. Schau, du stellst dich in die Menschenmenge – nein, dort hinten –, schau, *hinter* die Frau im roten Schal. Man muß dich aber sehen können.«

Donna schien immer noch mürrisch. Ihre Füße waren nackt, ihre Brüste züchtig verborgen. Donna war schön, ohne ihre Goldkette, den Ausschnitt, ohne allen äußeren Glanz, doch Mardee fragte sich zum zweitenmal, wie alt die Frau wirklich war.

»Wenn Kip anfängt, die Menge anzustacheln, dann schiebst du dich vor, verstanden? Zwänge dich durch all diese Leute, komm ganz nach vorne, ganz nah an die Kutsche. Wir machen eine Aufnahme von Paul, wie er dich vollkommen gefühllos betrachtet, du schaust ihn aber nicht an, sondern hältst deine Augen auf Kip gerichtet, du hast Angst, daß er in Schwierigkeiten kommt ...« Donna nickte. Sie wirkte ernsthaft, ganz professionell, war nicht länger mehr eine Frau, die mit ihrem Liebhaber streitet, sondern Schauspielerin, die aufmerksam den Anweisungen ihres Regisseurs zuhört.

Mardee dachte, *ich kann eine Menge dabei lernen, diesen Leuten zuzuschauen*. Eine Gelegenheit, Sebastian Wright bei der Arbeit zu beobachten, war wie eine Meisterklasse in Schauspielkunst. Die Szene mit Donna wurde ein halbes dutzendmal geprobt, bis sie ganz nach Sebastians Vorstellung ausfiel – und er war ein pedantischer Perfektionist. Schließlich begannen sie, die Szene abzudrehen. Sie beobachtete die vertraute Prozedur mit der in Kreide festgehaltenen Einstellungs- und Szenennummer, den langweiligen Wiederholungen und Retakes. Henris Nummer wurde schnell und gut abgedreht, und Kip kam zurück in den Schatten, gesellte sich zu Mardee und sagte: »Es ist eine echte Erfahrung, mit Sebastian zu arbeiten.«

»Das sehe ich auch«, gab Mardee zurück.

»Von ihm kann ich mehr lernen als von drei anderen Regisseuren«, vertraute Kip ihr an.

Henri lungerte in ihrer Nähe im Schatten. Mardee sagte: »Sie kennen Henri?«

»*Mais naturellement*. Er ist der jüngste Sohn meiner ältesten Schwester.«

Mardee war überrascht.

»Fleur ist Ihre Schwester?«

»Niemand anders.« Er schien lächelnd die Freude über ein gemeinsam geteiltes Geheimnis auszukosten. »Ich wurde in Cap Dominique geboren. Natürlich verlasse ich mich auf Sie, Mardee, daß Sie Madame dies Geheimnis nicht mitteilen. Sie wäre niemals bereit, mich, den Sohn einer Bediensteten, zu empfangen.«

»Natürlich behalte ich das für mich«, sagte Mardee. Ihr fiel Fleurs dunkle *cafe-au-lait*-Hautfarbe ein, und sie fügte hinzu: »Ich glaube nicht, daß das irgend jemandem auffiele.«

Er schüttelte seinen Kopf. »Fleur und ich haben verschiedene Väter. Ich habe meinen Vater nicht gekannt, vermutlich war er hier als Seemann während des Krieges auf einem der Schiffe stationiert. Wahrscheinlich ein *Blanc* – ziemlich sicher sogar, wenn ich mich im Spiegel anschaue. Und weil ich deswegen auch ein Bastard bin, kann mich Fleur nicht leiden. Meine alte *maman* ebenfalls nicht, denn auf ihre alten Tage ist sie beinahe so fromm geworden wie Fleur oder Madame. Sie hielten mich immer für einen Wilden und für einen Schandfleck, und so habe ich mich auch dementsprechend aufgeführt. Nur meine alte *grandmère*, die eine *bocor*, eine Kräuterkundige war ...« Er brach ab und schaute verlegen zum Himmel hoch. Das Sonnenlicht war nicht länger mehr so grell, denn am südwestlichen Himmel sammelten sich dicke Wolken, und er gab einen beunruhigten Pfiff von sich.

»Schauen Sie sich das an! Sebastian wird ja rasen wie ein Verrückter! Wenn Donna uns nicht aufgehalten hätte, hätten wir die ganze Geschichte schon vor Stunden im Kasten gehabt.« Und tatsächlich eilte Sebastian gerade auf sie zu, mit einem Gesichtsausdruck, der den Gewitterwolken am Himmel geradezu abgeschaut war.

»Kip, jetzt aber Bewegung!«

»Ich warte auf *Sie*, Sebastian.« Auch er hatte Mardee vergessen, war ganz auf die Arbeit konzentriert. Was hatte er von seiner Großmutter erzählen wollen?

Er deutete auf die dicken Wolken, die die Form eines Ambosses angenommen hatten. »Mir gefällt dieses Wolkenzeichen, das sich über der französischen Aristokratie zusammenzieht. Das bedeutet natürlich noch mal Retakes mit Donna. Geht aus dem Weg, wir drehen das noch mal, okay?«

Noch einmal rollte die schwere Kutsche die Straße hinunter. Kip schob einen Mann in der Menge beiseite und sprang auf die Straße, direkt vor die Kutsche; Mardee war erstaunt über seine Veränderung, noch bevor er irgendein Wort gesagt hatte. Aus dem ruhigen, unterhaltsamen, scheuen Mann, der eben noch ein lustiges Gespräch mit ihr geführt hatte, war plötzlich ein aufregender Star geworden, wie sie ihn von der Leinwand her kannte. Er schien sogar größer, muskulöser geworden zu sein. Er hatte seinen Arm gehoben, die Faust geballt, und sie konnte die Wut *fühlen*, die er in dieser einfachen Geste zum Ausdruck brachte.

»Tyrannen!« schrie er. »Euer Tag wird kommen...«, und dann brach er ab, laut lachend.

Jemand schrie: »Schnitt!«

Sebastian rief: »Verdammt, was ist denn jetzt passiert?« und eilte zu Kip auf die Straße. Er schaute ärgerlich aus. Kip bemühte sich, sein Gesicht unter Kontrolle zu bringen.

»Sebastian, ich habe Ihnen gesagt, daß ich das nicht mit ehrlich überzeugtem Gesicht bringen kann. Ich hab's versucht, verdammt, ich hab's wirklich probiert, aber – guter Gott, machen Sie das selber einmal!« In grotesk übertriebener Parodie mimte er in hohem Falsetton: »Tyrannen, Euer Tag wird kommen!« und mußte wieder hilflos lachend abbrechen. »So geht es nicht«, brachte er endlich hervor. »*Grand Dieu* – das klingt wie irgendein – irgendein Untertitel aus einem Douglas-Fairbanks-Film! *Tyrannen!*« Vor lauter Lachen liefen ihm Tränen das Gesicht hinab. »Sebastian, tut mir leid, ich habs versucht, aber ...«

»Schauen Sie einmal, Kip...«

»Ich weiß. Sie sind der Regisseur. Aber so kann man das nicht spielen. Es ist völlig unmöglich, daß man diese Zeile mit ernstem Gesicht vorträgt und dann auf eine Wirkung auf der Leinwand hofft; versuchen Sie es selbst!«

»Ich seh das ein«, sagte Sebastian schließlich; seine Lippen hatten schweigend den Ausruf nachgeformt. »Im Script machte sich das nicht so blödsinnig.«

»Vergessen wir das Script, Sebastian. Das ist was zum Lesen, hier hört man die Worte nicht. Der Schreiber bedenkt allein, wie die Worte auf dem Papier wirken, das reicht ihm. Aber wenn ich es sage, kommt es *lustig* raus. Lächerlich. Ich brauche einen Text, der überzeugt, wenn ich ihn ausspreche, etwas, das nicht komisch klingt, auch wenn man es herausschreit.«

Sebastian dachte darüber nach. »Kip, Sie wissen, daß ich es Ihnen nicht schwermachen will. Sie wissen, was Sie vertreten können und was nicht. Aber was könnten Sie dann rufen? Das ist schließlich ein historischer Film. Sie wollen doch nicht wie irgendein radikal-revolutionärer Hippie klingen, oder?«

Kip nickte langsam und bedächtig: »Wie wär's, wenn ich so etwas rufe wie: *Wie lange geht das hier noch so weiter?* Sie schneiden den ersten Teil und beginnen dort, dann eine Einstellung von Donna, wenn Sie wollen, dann geht es mit der nächsten Rede weiter. Die Zeile mit dem Tag, der bald kommen wird, wird gestrichen, und weiter geht's mit der folgenden. Sie wissen schon, was ich meine. *Unser Elend werdet ihr nicht immer mißachten können*, blah, blah, blah – Sie wissen, welche Stelle ich meine...«

Sebastian biß sich nachdenklich in die Lippen. »Wir können es so versuchen. Wenn es nicht geht, werden wir Cappy noch einmal an die Stelle dransetzen müssen.«

»Gut«, sagte Kip, »jetzt werde ich das aber erst einmal ausprobieren.«

Sebastian gab dem Kamerateam und dem Regieassistenten ein Zeichen und stellte sich etwas abseits. Wieder der Sprung, die zum Himmel gereckte geballte Faust.

»*Wie lange...*«

Im Donnerschlag gingen seine weiteren Worte unter. Sebastian fluchte.

»Verdammt! Schnitt!«

»Noch mal von vorn?«

Sebastian blickte auf den düsteren Himmel. Ein paar dicke Regentropfen platzten auf die staubige Straße. Er schüttelte den Kopf.

»Hat keinen Sinn. Das Licht ist weg. Bringt die Kutsche und die Kostüme rein, bevor alles aufgeweicht wird, und ruft die Leute für morgen elf Uhr zusammen. Kip, können Sie sich morgen früh um neun mit Cappy zusammensetzen?«

»Sicher doch.«

Die Leute von der Maske und den Kostümen schwärmten um die Statisten. Immer noch fielen nur vereinzelte Tropfen, doch das Grollen des Donners schien die Luft zu erfüllen. Donna Royce kam aus der Menge, und Sebastian trat verärgert auf sie zu.

»Verdammt, Donna, du hast es schon wieder fertiggebracht, uns einen ganzen Drehtag durch irgendeine blödsinnige Laune zu schmeißen! Mach das noch ein einziges Mal, und ich pack' dich in das erste Flugzeug, das hier rausfliegt, und kabel Eartha Kitt, um ihr deine Rolle anzubieten! Fang bloß nicht wieder an zu schreien! Das hatten wir schon einmal heute!«

»Warum hackst du auf mir rum? Kip hat uns länger aufgehalten als ich. Sich so wegen seinem Text aufzuführen!«

»Kip ist ein Schauspieler!« gab Sebastian scharf zurück. »Er wollte das Bestmögliche aus sich herausholen. Aber dieser verdammte Streit, wieviel du von deinen Brüsten zeigen kannst! Du weißt ganz genau, wenn es um Kunst und Darstellung geht, bin ich ganz auf der Seite des Schauspielers. Deine Egotrips sind etwas anderes!«

»Geh zur Hölle!« schrie Donna. »Versuch ja nicht, mir zu erzählen...«, aber Sebastian hatte sich schon umgedreht und war fortgegangen.

Mardee fühlte sich sehr verlegen, für Donna wie für sich selbst. Sie versuchte, in der sich zerstreuenden Menge fortzukommen, doch Sebastian holte sie ein.

»Nach all dem wäre es ein wenig peinlich, mit den Schauspielern im Studiowagen zurückzufahren. Das trag' ich lieber mit mir alleine aus. Möchten Sie nicht durch die alte Pflanzung zurücklaufen? Ich liebe diese Landschaft, auch wenn ich nicht genau weiß, warum.«

Benutzte er sie, um Donna eifersüchtig zu machen? Und sollte sie dabei mitmachen? Oder war es einfach so, wunderte sich Mardee, daß es nach einem anstrengenden Tag für ihn eine Erleichterung sein mußte, in der Gesellschaft von jemandem zu sein, der mit dem Film nichts zu tun hatte und in die Spannungen zwischen den Schauspielern nicht verwickelt war?

»Danke, ich komme mit.«

Sie ließen sie alle hinter sich, die Grüppchen der Arbeiter und Statisten, der Masken- und Kostümbildner, der Männer von der

Requisite, die sich mit der Kutsche abmühten. Unter dem sich verdunkelnden Himmel fiel es schwer, noch etwas zu erkennen; Mardee nahm ihre Sonnenbrille ab und steckte sie in die Tasche.

Schweigend gingen sie einen engen Pfad, der von Cap Dominique wegführte. Als sie auf einen von Bäumen gesäumten Weg stießen, sagte Sebastian:

»Vermutlich fragen Sie sich, warum ich einen Film über Haiti machen will.«

»Überhaupt nicht, es ist eine faszinierende Idee.«

»Aber das würden Sie doch wohl nicht von einem weißen Produzenten erwarten?« provozierte er sie.

»Ich glaube, darüber habe ich noch nicht einmal nachgedacht«, antwortete sie aufrichtig.

»Ich weiß, daß ich mich dabei in der Defensive befinde«, gab Sebastian zu, »weil ich nämlich immer auf die gleichen Reaktionen gestoßen bin. Ihre Großtante konnte es auch nicht verstehen, warum ich einen historischen Film über Haiti machen wollte, und ich wußte nicht, wie ich es ihr erklären sollte. Ich weiß es immer noch nicht.«

Er betrachtete die tropischen Bäume am Wegrand; in atemberaubender Farbenpracht flog plötzlich ein leuchtender Vogel ganz niedrig vor ihnen her. »Vor vier Jahren kam ich hierher, nach einer Lungenentzündung. Man könnte sagen, ich habe mich in diesen Ort verliebt – die Szenerie, die Töne, die Gesichter, die Trommeln – in den magischen Zauber, wenn man es so sagen will. Die Stimmen der Menschen, die Lieder der Vögel, die Blumen – ich wüßte nicht, wo ich anfangen sollte. Der Klang der Trommeln in der Nacht, die Gerüche auf dem Markt. Ich wußte, ich würde nie zufrieden sein, bevor ich das alles nicht in einem Film festgehalten hätte, damit die Leute es so sehen und lieben könnten, wie ich es liebte.« Er schwieg einen Moment.

Mardee antwortete mit leiser Stimme: »Nein, ich glaube, ich weiß, was Sie meinen. Dieser Ort würde jedem ans Herz wachsen.«

Still gingen sie in der Dämmerung. »Haiti war mir zur zwanghaften Idee geworden. Ich wollte mehr daraus machen als einen Urlaubsfilm. Zuerst dachte ich an einen Film über Voodoo; ich las Seabrooks *The Magic Island*. Darin lag ein gewaltiger Reiz für mich.«

»Warum haben Sie es dann nicht gemacht?«

»Ich konnte dafür keine Gelder auftreiben. Ganz egal, wem immer in der Filmindustrie ich es auch vorschlug, jeder dachte gleich an Monsterfilme, billige Science-Fiction oder ähnliches, wie *Frankenstein und seine Zombies*, in der Art etwa.« Er machte ein verbittertes Gesicht. »Ich stehe nun wirklich nicht ohne Geld da, hätte aber für meinen Film wesentlich mehr Kapitalunterstützung benötigt. Dann bekam ich Rory Kilbrides Roman *Black Emperor* in die Hände; ich glaube, das habe ich Ihnen schon erzählt. Es war nicht das, was ich wollte, aber ich wußte, daß sich daraus ein gutes Drehbuch schreiben ließe; eine Rohfassung habe ich erst einmal selbst besorgt, dann setzte ich einen Profi an das Buch und schaffte es, das nötige Kapital aufzutreiben. Dane Capwell hat das Drehbuch geschrieben, und ich kam hierher, um mich nach Schauplätzen umzuschauen.«

Er schien versunken und angespannt zugleich zu sein. Mardee dachte, *er ist verliebt in diesen Ort, mit seinem Film und seiner ganzen Vorstellung von Haiti.* Sturmwolken zogen sich zusammen, und einen Moment lang glaubte sie, irgendwo in der Ferne wieder die Trommeln zu hören – oder war es nur das Donnergrollen von weit her?

»Das wird der Film des Jahrhunderts«, sagte er und fügte lachend hinzu: »Bescheidenheit ist nicht eine meiner Tugenden, wie Sie deutlich sehen können.«

Sie waren zu einer von Bäumen umgebenen Lichtung gekommen. Sebastian hielt an und sagte: »Dieses ganze Land gehörte einmal, wie mir Père Etienne erzählte, als er mich das erste Mal hier herumführte, zu der alten Pflanzung. Ich weiß nicht, wieviel sich davon noch in den Händen der Familie Ihrer Großtante befindet. Ich habe einige Szenen in den Zuckerrohrfeldern gefilmt, mit Leuten in Kostümen, und ich machte auch Aufnahmen von der alten Destillerie. Ich weiß noch nicht, ob ich das verwenden kann, aber ich hatte das Gefühl, daß ich das einfach haben mußte.« Er zeigte auf zusammengefallene Ruinen. »Das war die alte Zuckerrohrmühle; in den Revolutionstagen wurde sie niedergebrannt. Auf der anderen Seite von Cap Dominique steht jetzt eine neue.«

»Das alles gehörte Tante Emilies Vorfahren?«

Sebastian nickte. »Einen Teil der Geschichte erzählte sie mir am ersten Abend. Der ursprüngliche französische Besitzer der

Plantage hatte, noch vor der Revolution, seine weiße Frau und seine Kinder hierhergebracht. Jedoch hatte er wie die meisten Weißen in jener Zeit der Sklavenhaltung auch eine schwarze Geliebte, eine *placée*, und ein paar Kinder von ihr. Damals war das überhaupt nichts Ungewöhnliches.«

»Nein, ich glaube nicht...«

Sebastian stand still und schaute in die Ferne. Nach einer längeren Pause sprach er langsam weiter. »Diese Geschichte hatte mich unglaublich gepackt. Seit ich das erste Mal nach Haiti gekommen war, war ich sicher, einmal einer solchen Geschichte zu begegnen, und ich empfinde es als tragisch, daß ich mich schon zu sehr in den Kilbride-Roman verstrickt habe. Das hier ist doch viel realistischer...« Seine Stimme war immer leiser geworden. Schließlich sagte er: »O ja, Ihre Großtante würde es als Zumutung empfinden, wenn ich mich an ihrer Familiengeschichte versuchen wollte.«

»Sie wollten mir doch mehr von der Familiengeschichte erzählen«, erinnerte ihn Mardee.

Er fuhr leicht auf, wie wenn er einen Moment vergessen hätte, daß sie noch da war. »Oh. Ja. Gut. Als die Revolution ausbrach, wurden die weiße Frau und die Kinder des französischen Pflanzers von den Sklaven ermordet, er auch, glaube ich, doch bin ich da nicht sicher. Und seine schwarze Geliebte, die man vielleicht seine zweite, rangniedere Ehefrau hätte nennen können, wäre vermutlich ebenfalls mit ihren Kindern umgebracht worden. Die aufständischen Sklaven behandelten die Schwarzen, die zu ihren weißen Herren, den Mischlingen und Freigelassenen hielten, genauso grausam wie sie mit den Weißen verfuhren. Keiner weiß wie, aber auf irgendeine Weise entkam gerade diese schwarze Frau mit ihren Söhnen dem Gemetzel. Man glaubt, daß sie einen Liebhaber oder einen Bruder unter den Anführern des Aufstands gehabt hat, und deswegen hat man ihr Leben verschont. Danach blieb Maison Dominique in ihrem Besitz, und sie haben es all die Jahre hindurch halten können. So kommt es, daß sie zu den ältesten Familien des schwarzen Adels auf Haiti zählen.«

Er hatte innegehalten und wandte sich um, um Mardee anzuschauen. Dann ging er verlegen weiter und bemerkte: »Jetzt ist es schon richtig dunkel. Und ich fürchte, daß es bald regnen wird.«

Nebeneinander gingen sie den schmalen Weg entlang. Plötzlich wandte sich Mardee zur Seite.

»Was für ein hübsches, kleines Haus!« rief sie.

Es war ein kleines, altes Steinhaus. Die Fensterläden waren offensichtlich schon viele Jahre lang verschlossen, und wenn auch die Vorderseite mit den rankenden Trieben der Bougainvillea zugewachsen war, so war es doch so solide gebaut, daß die Wände und das Dach noch völlig erhalten waren. Aber ein Steinhaus, hier? Es hatte ein merkwürdig europäisches Aussehen. Mardee stand und schaute es an, von Neugier und einer unerklärlichen Aufregung gepackt, die sie einen Augenblick später als *Furcht* identifizierte. Wiedererkennen und Furcht. Sie sagte, und sie merkte, daß sie flüsterte: »Warum lebt hier niemand?«

»Es war für *sie* gebaut«, antwortete Sebastian. Seine Stimme hatte einen merkwürdig weit entfernten Klang, als ob sie, dachte Mardee, durch mehrere Schichten dicker, muffiger Luft zu ihr dränge. Oder war es nur die drückende Luft des herannahenden Sturms? »Wer würde heute darin leben wollen, nach jenen Vorfällen?«

Beinahe angstvoll schaute Mardee zu ihm hoch. Ihr war es eigentlich nie aufgefallen, wie groß er war oder was für eine harte, grausame Linie seine Kiefer bildeten. Sie schloß ihre Augen und es kam ihr vor, als ob irgendwo in der Luft ein seltsames, hohes Summen sei, wie wenn jeder andere Ton verstummt wäre. Sie ging von ihm weg und schritt schnell auf das kleine Haus zu. Ihre Füße traten auf holprige, zerbrochene Schieferplatten, die bis zur Eingangstür führten. In dem angsteinflößenden, singenden Schweigen war Sebastian ihr nachgegangen, und Mardee empfand eine plötzliche Panik. Automatisch griff sie mit ihren Händen nach der Tür, fühlte einen Riegel unter ihren Fingern, poliertes Silber – *woher weiß ich, daß es Silber ist?* – und bewegte ihn.

Ein gewaltiger Donnerschlag und grelle Blitze schienen mit einemmal den Himmel spalten zu wollen, enthüllten dabei halbbewußte Visionen von einem furchtbaren Geschehen jenseits...

Fast gleichzeitig setzte ein starker Regen ein, und Sebastian packte Mardee und zog sie unter den schützenden Giebel. Sie wehrte sich in panischer Angst, und die Tür schwang auf. Ihr

Herz schlug bis zum Hals, als sie sich von ihm losreißen konnte. Der Donner hatte das seltsam hohe Summen nicht zum Schweigen gebracht. Um sie herum schien alles still und ruhig, auch wenn ein gedämpftes Trommeln und Rasseln des anhaltenden Regengusses leise zu hören war.

Schmutz, Feuchtigkeit und Spinnen hatte sie erwartet. Aber das Haus war wetterfest und trocken, und es lag nur wenig Staub. Tief staunend zog sie die Luft ein. Der Raum war groß und seine Aufteilung schön, der Fußboden war aus Hartholz, und am anderen Ende befand sich ein steinerner Kamin, mit blau-weißen Delfter Kacheln rundum eingefaßt.

Sebastian flüsterte: »Das ist ja unbezahlbar«, aber Mardee hörte nicht hin. Schlafwandlerisch trat sie auf den Kamin zu, blieb ruhig dort stehen, wobei ihre Hände über die Kacheln glitten. Draußen hämmerte der Regen, doch drang sein Klang nur wie durch mehrere Schichten des Schweigens an ihr Ohr. Erstaunt fragte sie sich: *Was in aller Welt geschieht mit mir?* Sebastian sprach, aber sie hatte seine Anwesenheit vergessen. Die Türeingänge zeigten Reste von Vergoldung, jetzt waren sie von Rauch geschwärzt. Mardee sprach halblaut zu sich selbst: »Die Küche ist da hindurch, und das Schlafzimmer. Und der alte Marmortisch steht noch da, am Fenster.« Wie in einem Traum bewegte sie sich zu ihm hin, legte zärtlich ihre Hände auf die alte, schwarze Marmorplatte.

Er hatte sie für sie machen lassen. Er hatte ihr all diese schönen Dinge gebracht, um ihr zu beweisen, daß er sie nicht weniger liebte und schätzte als seine weiße Frau und seine Kinder aus Frankreich. Hier, an diesem Fenster, mußte sie gesessen und auf ihn gewartet haben, an diesem hübschen kleinen Platz, den er ihr bereitet hatte, grad außerhalb der Sicht des großen Hauses.

Sebastian war ihr zum Fenster gefolgt. Er legte seine Hände auf ihre Hände, und Mardee schaute mit einer seltsamen Mischung von starker Ablehnung und Faszination herab auf seine bleichen Finger auf ihren eigenen dunklen Fingern. *Genau so. Der Kontrast.* Aber sie fühlte sich wie gelähmt, unfähig, sie wegzuziehen.

Sie muß meine Ahnin gewesen sein. Meine Ur-Ur-Ur-Großmutter. Ein Kind, das Kind von Sklaven. Oder vielleicht unter dem freien Himmel Afrikas geboren und in Terror, Schmerz und Furcht hierhergebracht, in Erniedrigung und Entsetzen. Und dann ihren eigenen

Leuten weggenommen und von dem weißen Mann hierher verschleppt, der ihren Körper, ihren Geist, ihre Seele besaß...

Hatte sie ihn geliebt oder gehaßt, diesen Fremden, der sie gebrauchte, sie verwöhnte, sie mit hübschen Dingen umgab, für sie diesen schönen Ort schuf, der nur ihr gehörte, obwohl er sie doch für nur eine Handvoll Süßigkeiten oder billig glänzenden Schmuck hätte haben können?

Mardee fühlte schmerzhafte Tränen in ihren Augen aufsteigen. Sie war noch immer ohne Orientierung, ohne Halt, ohne Widerstand, als Sebastian sie bei den Schultern nahm und sie sanft zu sich herumdrehte. Er sprach zu ihr, aber sie hatte Schwierigkeiten, seine Worte zu verstehen. Sie war nicht ganz sicher, in welcher Sprache er redete, aber sie glaubte, ihn flüstern zu hören: »Weine nicht. Du bist hier sicher. Keiner wird dir etwas antun.«

Sie fühlte, wie er sie in seine Arme nahm, daß ihr Kopf nach hinten fiel unter seinem Kuß, seinen Mund auf ihrem, wie sich seine Arme spannten, versuchten, ihrem widerstandslosen Körper eine Reaktion abzuringen...

Die Tür öffnete sich; ein Schatten fiel über sie, und Mardee erwachte plötzlich mit einem Schrei des Entsetzens. Im Donnern und trommelnden Regen verging der summende Ton, und Kip Tybalt stand da und starrte sie an, verlegen und bestürzt.

Von Kopf bis Fuß zitternd stand Mardee da, hatte die Hände über ihren Mund geschlagen. Langsam sprach Kip: »Ich dachte, ihr müßtet hier vor dem Regen Schutz gesucht haben. Ich ließ den Studiowagen zurückfahren, um euch zu holen – Mardee, sind Sie in Ordnung?«

Der Schock des plötzlichen Wiedereintretens in die Gegenwart ließ Mardee in Stößen keuchen. Plötzlich fiel ihr ein, daß ihr Entsetzensschrei einen sehr merkwürdigen Eindruck gemacht haben mußte. Kip schaute auf Sebastian mit erhobenen Augenbrauen. Ob er ernstlich dachte, Sebastian habe sie attakkiert? Oder glaubte er, sie bei heimlichem Liebesspiel überrascht zu haben? Das Schweigen dauerte; Mardee hatte die verrückte Vorstellung, sie sollte vorspringen, sich zwischen sie werfen, sie auseinander halten... Bebend sagte sie: »Sie haben mich erschreckt, so hereinzuplatzen, Kip. Ich dachte – ich dachte...« Plötzlich wußte sie, *was* sie gedacht hatte. »Ich glaubte, Sie hätten ein Gewehr!« Sie versuchte zu lachen. »Dieser Ort hat mich angesteckt!«

Kip sagte nichts, streckte nur die Hand aus, zeigte darin eine Taschenlampe. Sie fühlte sich ganz klein werden. Es war zu dunkel, um etwas zu erkennen, aber die Verachtung in seinen Augen konnte sie sich vorstellen. Die erfolglose Schauspielerin, die es dem berühmten Regisseur unmittelbar nach einem Streit mit seinem Star leichtmacht. Der Mann ihrer Hautfarbe, der mit unverhüllter Verachtung auf die selbstsüchtige Opportunistin schaut, die die unsichtbare Linie nur zu ihrem eigenen Vorteil zu überschreiten versucht.

Mardee brachte es nicht fertig, sich zu verteidigen. Das hieße, diese Beschuldigung ernst zu nehmen.

Sebastian legte einen Arm fest um sie und sagte: »Fühlen Sie sich wieder wohl, Mardee? Sie war einer Ohnmacht nahe – es ist staubig und heiß hier. Gibt's etwas, womit wir unsere Köpfe bedecken können, wenn wir zum Wagen laufen?«

Kip zuckte mit den Schultern. »Ich glaube, das müssen Sie schon so schaffen.«

So müssen sie sie angeschaut haben, die anderen Sklaven. Voller Haß und Verachtung für die Frau, die sich mit ihrem Feind zusammengetan hatte, die das Bett mit ihrem Besitzer teilte, seine Kinder gebar. Die Sklaven töteten auch die Mulatten und die Freigelassenen.

Mardee wollte herausschreien *Es ist nicht so, wie Sie denken;* doch ihre Scham ließ sie schweigen. Bis sie das Auto erreichte, nach kurzem Sprint durch den Regen, war sie schon bis auf die Haut durchnäßt, aber es war ihr völlig gleich. Stumpf saß sie zwischen Kip und Sebastian. Als Sebastian seine Hand auf die ihre legte, zog sie sie schnell weg.

Sie zitterte. Bei klarerem Bewußtsein, und um allen Zauber abzuschütteln, sagte sie sich, daß es nichts zu bedeuten habe. Sie war eine erwachsene Frau, selbstverantwortlich und welterfahren genug, um zu wissen, daß es keinen Grund gab, sich schamvoll zu verkriechen, weil sie bei einer Umarmung mit einem Mann überrascht worden war, den sie noch nicht einmal gut kannte. Nicht mehr war es gewesen als ein Augenblick füreinander empfundener Sympathie, ein Impuls, entstanden in dem Moment, da sie miteinander die seltsame, romantische Geschichte des kleinen Steinhauses nachempfanden. Die nagende Erinnerung an die furchteinflößende Stille, und daran, wie sich Sebastian *verändert* hatte, wischte sie beiseite – es war die Atmosphäre, redete sie sich ein, der Zustand, in dem sie sich befand. In der Dunkelheit des Wagens schaute sie von der Seite her auf Sebastian: groß, lächelnd, überlegen, ganz ein Mann dieses Jahrhunderts. Eine Art bizarrer Tagtraum war es gewesen, nichts anderes.

Und doch hatte sie kurze Zeit lang Furcht vor ihm gehabt, war widerstandslos in seinen Armen gelegen, ohne jedes Verlangen, voller *Angst*, sich seinen Küssen zu entziehen...

Als der Studiowagen vor Maison Dominique vorfuhr, hatte sie einen Teil ihrer Fassung wiedergewonnen. Eine verrückte, phantastische Episode war es gewesen; ja, weil sie sich so intensiv hineinversetzt hatte in ihre Vorfahrin, in diese schon seit zweihundert Jahren tote Frau, dieses Kind von Sklaven, die ihr Leben als Herrin von Maison Dominique beendete. Sie schuldete Kip Tybalt keinerlei Erklärungen für ihr Verhalten! Ihr lag an seiner Achtung, seiner Freundschaft, aber wenn sie sie wegen einer solchen Kleinigkeit schon verlieren konnte, wollte sie sie erst gar nicht haben.

Robert begrüßte sie in der Halle, mit leicht vorwurfsvollem Blick auf ihr tropfnasses Kleid und ihre wild ins Gesicht hängenden Haarsträhnen. Sie zwang sich dazu, ihrer Stimme einen belanglosen Klang zu geben.

»Das Wetter draußen hat es in sich, Robert«, sagte sie. »Ich gehe sofort hoch, mich umzuziehen. Bitte schicken Sie Fleur sogleich zu mir.«

Robert schüttelte seinen Kopf.

»*C'est impossible, je regrette*... Ich werde Melanie zu Mamselle schicken; sie ist willig, wenn auch nicht so erfahren wie Fleur. Mit Ihrer Erlaubnis möchte ich auch Mamselle einen heißen Rum bringen lassen, damit sie sich nicht eine Erkältung zuzieht.«

»Das klingt gut«, erwiderte Mardee, der es jetzt erst auffiel, wie sehr sie zitterte vor lauter Kälte. »Aber was ist mit Fleur geschehen? Ist sie bei Madame?«

»Nein, Mamselle«, erwiderte Robert steif, »ich glaube, ein Mitglied von Fleurs Familie ist krank geworden, und sie ist in ihr Dorf zurückgekehrt, um es zu pflegen.«

»Oh, wie schade!« Ihr erster Gedanke galt dem kleinen Henri. »Aber am Nachmittag sah ich Henri in Cap Dominique, er schien ganz gesund...«

»Mehr weiß ich auch nicht, Mamselle.« Sein Gesicht blieb

verschlossen und undurchdringlich. Sie dachte: *Er hörte mich mit Fleur reden, und wie sie mich drängte, fortzugehen. Ich möchte wetten, daß er Fleur fortgeschickt hat, weil sie sich beim Reden so gehen ließ.* Aber während sie noch nachsann, wie sie ihn darauf ansprechen könnte, sagte Robert: »Mamselle werden es mir verzeihen, aber Sie sollten keine Erkältung riskieren und nicht in feuchten Kleidern herumstehen.«

Mardee ging hinauf in ihr Zimmer, stieg aus dem nassen Hosenanzug und ließ sich selber ein heißes Bad einlaufen. Es war ärgerlich, daß sie nicht so viele Kleider mitgebracht hatte, und sie hatte damit gerechnet, daß Fleur ihr diesen Anzug gleich wieder herrichtete. Sie lag noch in der Badewanne, als die angekündigte Melanie eintraf, ein Teenager in schlecht sitzender Hausmädchenuniform, die an ihr unpassend aussah, als sei sie in aller Eile hineingesteckt worden. Ihr volles Gesicht und ihre rundliche Gestalt ließen Mardee vermuten, daß sie in wenigen Jahren ganz schön fett sein würde. Von Fleurs zupakkender Umsichtigkeit hatte sie nichts an sich, sondern sie bewegte sich umständlich und schlurfend, und ihre Fingernägel waren nicht ganz sauber. Jedoch hatte sie den heißen Rum gebracht, und Mardee trank ihn langsam in kleinen Schlucken und fühlte, wie sich seine Wärme in ihrem Körper ausbreitete. Aber als Mardee die Aufmerksamkeit des Mädchens auf den Anzug lenkte, hob Melanie ihn nur mit ungeschickten Händen vom Boden auf und bemerkte unsicher, daß sie ihn in die Küche bringen und sehen würde, was sich damit machen ließe. Offensichtlich kannte sie sich in solchen Dingen noch weniger aus als Mardee, und nachdem sie gegangen war, wünschte Mardee, daß sie ihn selber im Badezimmer ausgewaschen und die Flekken behandelt hätte, um ihn dann auf Fleurs kleinem Bügelbrett zu glätten. Aber mit Dienern im Haus – wäre das wohl richtig gewesen? Mardee war sich nicht sicher.

Sie leerte ihren Rum, spielte mit dem Gedanken, Melanie bei ihrer Rückkehr um ein zweites Glas zu bitten und setzte sich an den Toilettentisch, um ihr Haar in Ordnung zu bringen, das von der schwülen Luft ganz zerzaust war. Hierbei vermißte sie ebenfalls Fleur, doch hatte Mardee als Schauspielerin gelernt, ihre Haare unter allen Bedingungen selber in Form zu bringen. Sie machte sich an die nicht einfache Arbeit und mühte sich immer noch damit ab, als es an die Tür klopfte.

Sie vermutete, es sei Melanie und rief ein wenig ungeduldig: »Die Tür ist offen. Hast du jemanden gefunden, der mit meinem Hosenanzug umgehen kann?«

Aber nicht Melanies träge, junge Stimme antwortete. »Nein, ich möchte mit Ihnen reden.« Mardee wandte sich verwirrt um, denn Donna Royce stand in der Tür.

Mardee war überrascht und fühlte sich sehr im Nachteil – kämpfte sie doch gerade in einem Durcheinander von Kämmen, Lockenwicklern und Festiger mit ihren Haaren. Sie stand von ihrem Toilettentisch auf und sagte: »Sie entschuldigen, ich dachte, es wäre mein Mädchen. Möchten Sie nicht hereinkommen, Miß Royce?«

Sie hatte nicht die geringste Idee, was Donna Royce von ihr wollte. So sagte sie nur: »Bitte setzen Sie sich, Miß Royce. Soll ich einen Drink für Sie kommen lassen?« Denn was immer sie auch unter Tante Emilies Dach wollte, Mardee würde ihr die gleiche Art von Gastfreundschaft erweisen wie ihre Großtante.

Donna blieb stehen. »Es wird nicht lange dauern, und du kannst dir deine aufgesetzte Höflichkeit sparen, Marie-Louise, oder Mardee, oder wie du dich sonst nennst.«

Mardee dachte: *Oh, wenn du mir so kommst, sollte es da nicht besser Miß Haskell heißen, oder?* Aber sie wußte, daß Donna mit dieser affektierten Art, ihren Namen zu vergessen, sie herabsetzen wollte, nur war das so doch wirklich nicht geschickt. Aus irgendeinem Grund mußte die Royce einen Besen an ihr gefressen haben. »Um was geht es, Miß Royce?«

»Und die *Miß Royce* kannst du auch weglassen; so viel älter als du bin ich nicht«, erwiderte Donna wütend. »Ich bin nur gekommen, um eins klarzumachen: *Hände weg von Sebastian!*«

Schockiert fand Mardee, daß das einzige, was ihr dazu einfiel, zu frivol und vulgär wäre, um es Donna zu erwidern. Stattdessen sagte sie: »Da sind keine Hände wegzunehmen, glauben Sie mir. Sebastian hat kein Interesse an mir, und ich versichere Ihnen« – dabei war sie sich dessen nicht sicher –, »daß ich keins an ihm habe. Und ohnehin...«

»Er steht auf mir, richtig«, fiel ihr Donna ins Wort, und Mardee mußte den Impuls zurückhalten, zu erwidern: *Wie schön für dich*. Die Dinge, die sie Donna Royce doch lieber nicht sagte, dachte sie in sarkastischem Bedauern, würden eine merkwürdige Unterhaltung ergeben!

Sie wählte ihre Worte sorgfältig. »Miß Royce – Donna –, ich bin sicher, Sie machen einen Fehler. Sebastian ist höflich zu mir, weil ich die Nichte seiner Gastgeberin bin, und ich bin ganz sicher, das ist auch alles. Sie haben keinen Grund zur Eifersucht.«

»Wer sagte, ich sei eifersüchtig?« wollte Donna wissen.

»Beides geht nicht zusammen. Wenn Sie nicht eifersüchtig sind, wovor warnen Sie mich dann?« fragte Mardee.

Donna verbarg ihr Gesicht in ihren Händen und begann zu weinen. Konsterniert schaute Mardee auf sie, dann legte sie, verwirrt und in plötzlichem Mitgefühl für diese alternde, unsichere Frau, einen Arm um Donnas Schultern. »Was läßt Sie glauben, daß Sebastian das geringste Interesse an mir hätte?«

»Denken Sie, ich kenne ihn mittlerweile nicht? Glauben Sie, ich könnte mir nichts zusammenreimen? Als Sie und er aus dieser kleinen Hütte kamen, was habt ihr dort gemacht?« verlangte Donna unter Schluchzern zu wissen.

»Aber...« Auch jetzt konnte Mardee keine Erklärung für den Impuls finden, der sie in Sebastians Arme getrieben hatte. Sie versuchte, die Erinnerung an Sebastians Mund auf dem ihren zu verdrängen, und antwortete fest: »Ich war hysterisch. Der Platz hat mich in Panik versetzt. Er versuchte, mich zu beruhigen, das ist alles. Gütiger Gott, Donna, Sebastian ist alt genug, um mein Großvater zu sein!«

Noch bevor sie ihre eigenen Worte hörte, merkte sie, daß sie in Wahrheit versuchte, sich selbst, genau wie Donna, zu überzeugen. Schluchzend sagte Donna: »Glauben Sie, das spielt dabei eine Rolle?«

»Vielleicht nicht«, antwortete Mardee, die es bald nicht mehr ertragen konnte. »Jedenfalls bin ich kein Darling für alte Männer, noch dazu, wenn der alte Mann ein Weißer ist! Überhaupt, ich habe schon jemanden, was läßt Sie glauben, ich bräuchte Ihren, am Ende gar als Geschenk? Wenn er wirklich Ihrer ist, soll er's doch bleiben!«

Donna schaute ihr scharf ins Gesicht. »Sind Sie verheiratet oder so was?«

»Stellen Sie sich vor, ja«, sagte Mardee und merkte, daß das die Wahrheit war. Die Scheidung würde erst in zehn Tagen ausgesprochen, auch wenn Ted noch nicht einmal wußte, wo sie war.

»Da ist ein Mann, den ich auf der Reise hierher im Flugzeug kennenlernte, und morgen werde ich ihn sehen – ich werde Sie sogar vorstellen. Er ist jung, und ein Schwarzer, und er hat mit diesem verdammten, blöden Business überhaupt nichts zu tun«, schloß sie dankbar im Gedanken an Brians gesunden Menschenverstand. »Glauben Sie, ich wüßte nichts Besseres, als mich mit einem *Schauspieler* anzulegen?«

Donna schaute sie auf eine Weise an, daß Mardee schon wieder vor Mitleid für die Frau zerfloß. »Meinen Sie das ernst?«

»Natürlich meine ich das«, sagte Mardee sanft, »und ich denke, Sie waren schön dumm, sich auch nur eine Minute lang deswegen Sorgen zu machen.«

So plötzlich, wie sie gekommen war, wandte Donna Royce sich auf ihrem Absatz und verließ das Zimmer. Mardee fühlte sich genauso erschlagen wie vorhin, als sie aus dem Regen in ihr Zimmer zurückgekommen war.

Die ganze Angelegenheit wurde ihr zu kompliziert. Mardee wußte, daß sie sehr, sehr froh war, am nächsten Morgen Brian wiederzusehen.

4. Kapitel

Am nächsten Moren um zehn Uhr wartete sie in der großen Eingangshalle auf Brian; ihre Freude war durch den heftigen Regen, der an den Fenstern und Paneelen nur so herunterfloß, nicht zu trüben. Neugierig dachte sie daran, wie die Massenszenen, die für elf Uhr vormittags angesetzt waren, wohl abgedreht werden sollten, und als Sebastian durch die Halle kam, fragte sie ihn danach.

»Ich habe sie abgesagt«, antwortete er, und Mardee bemerkte – halb bedauernd, halb erleichtert –, daß sein Tonfall nicht mehr als eben höflich klang. Sie bedauerte die Minuten ihrer gemeinsamen Vertrautheit nicht, in denen sie ihn – in einer außergewöhnlichen Situation – als romantisch und heftig erlebt hatte. Dennoch wußte sie genau, daß sie sich auf keinen Fall mit einem Weißen – egal wie reich oder einflußreich – in eine Beziehung einlassen wollte. Anders als ihre versklavte Ahnin, die in diesem kleinen Cottage gelebt und auf den Mann gewartet hatte, der sie liebte und mit Geschenken überhäufte, hatte sie, Mardee, eine echte Wahlmöglichkeit.

Mit der gleichen kühlen Höflichkeit also fragte sie ihn: »Kann es denn nicht aufklaren?«

»Aber sicher. Um elf Uhr ist dieser Regen vorbei, aber der Boden ist viel zu naß und schlammig, um irgendwelche Dreharbeiten durchzuführen. Ich habe der Mannschaft freigegeben. Die meisten von uns fahren in die Zivilisation nach Port-au-Prince, und ich kam nur vorbei, um Sie zu fragen, ob Sie mitkommen wollen.« Hastig fuhr er fort: »Der Studiobus fährt ungefähr zwei Dutzend Leute von der Technik, Kamerapersonal und so, in die Stadt. Donna und ich nehmen den Rolls; es gibt also genügend Platz. Paul und Margaret wollen Einkäufe erledigen, aber ich weiß, sie würden sich freuen, wenn Sie mitkämen.«

Er stellte es unmißverständlich klar, daß dies keine persönliche Einladung war. Gleichzeitig schien er dezent, aber eindeutig deutlich machen zu wollen, daß Donna und er über Nacht ihren Streit begraben hatten. Das ›Wie‹ konnte Mardee leicht erraten. Es war ein ausgesprochen angenehmes Gefühl, unbeschwert erwidern zu können: »Nein, danke. Ein Freund kommt heute morgen zu Besuch; er müßte jeden Moment hier sein. Trotzdem, vielen Dank.«

Bildete sie sich ein, daß er leicht enttäuscht dreinschaute? »Nun, Sie sind jederzeit herzlich eingeladen. Wir leben hier so isoliert, daß wir uns gegenseitig jede Fahrmöglichkeit als Selbstverständlichkeit anbieten. Ich hoffe, es geht Madame gut?«

»Ich habe sie heute zwar noch nicht gesehen, aber ich habe keinerlei Veranlassung, etwas anderes anzunehmen.« Mardee erinnerte sich an Tante Emilies Worte, als sie sie gestern um die Erlaubnis bat, heute einkaufen und bummeln zu gehen. Die alte Dame hatte sie – wenn auch höflich – lang und breit über Brian ausgefragt. (Im Flugzeug hast du ihn getroffen? Einen Journalisten? Eine von diesen unmöglichen Personen, die diese Sensationsstories über *Voudoun* und Zombies schreiben? Er ist doch kein Weißer, oder, *ma chère*?) Als Mardee jedoch von Brians Buch erzählte, schien Tante Emilie beeindruckt und angetan.

»Natürlich gehst du, *chérie*, und amüsier dich. Du mußt unbedingt unsere schöne Insel kennenlernen, auch wenn ich dich leider nicht begleiten kann. Und bring diesen jungen Mann zum Dinner mit hierher.« Mardee argwöhnte, daß diese Einladung auf die beschützende Fürsorglichkeit der alten Dame zurückzuführen sei, die wohl einen Blick auf den Bekannten der Nichte werfen und sich seines untadeligen Charakters vergewissern wollte. Auch kam ihr der Verdacht, daß dies ebenso Tante Emilies subtile Art sein könnte, Mardee selbst zu prüfen – war dieser Bekannte jemand, den sie selbst freiwillig der Familie würde vorstellen wollen? Nun, Brian entsprach diesen Anforderungen – auch allen anderen –, und so nahm sie diese Einladung an seiner Statt dankend an.

Sebastian schaute durch die regenbeschlagenen Scheiben. »Das ist bestimmt Ihr Freund«, mutmaßte er. Der uralte, verbeulte VW-Käfer, der keuchend und stotternd durch die schlammige Auffahrt daherkam, konnte nur der von Brian als ›Vehikel‹ beschriebene Wagen sein. Selbst Robert zeigte eine höflich unterdrückte Spur von Herablassung, als er Brians triefenden Regenmantel entgegennahm. Mardee hatte fast vergessen, wie jung Brian aussah oder wie heruntergekommen, aber sie war fest entschlossen, sich von dem Snobismus eines Butlers nicht aus der Ruhe bringen zu lassen.

»Brian, ich freue mich so, daß du es geschafft hast; man hat mir erzählt, die Straßen hier seien entsetzlich – besonders bei Regen!«

»Entsetzlich ist mit Sicherheit eine Untertreibung«, erwiderte er, nahm ihre Hand und lächelte. »Ich denke ernsthaft darüber nach, dem ›Vehikel‹ Schwimmunterricht zu erteilen. Mein Gott, was für ein herrschaftlicher Sitz. Bei meiner Ankunft dachte ich schon, ich wäre irrtümlich bei einer Art Nationalmuseum gelandet. Das also ist der Familiensitz deiner Großmutter?«

»Der Besitz der Schwester meiner Großmutter«, verbesserte sie.

Brian zuckte mit den Schultern. »Das ist die gleiche Generation. In Port-au-Prince hörte ich, daß Emilie Thibaud wie eine nationale Institution verehrt und geschätzt wird. Der Ort, an dem eine solche Kostbarkeit behütet wird, ist doch so eine Art Nationalmuseum, so daß ich gar nicht so falsch lag. Wie gehts denn der Berühmtheit bei einem solchen Regen?«

Mardee lachte. Brian war so erfrischend in seiner gradlinigen Schnoddrigkeit und seiner Fähigkeit, sie immer zum Lachen zu bringen. Nach der überreizt-aufgeladenen Atmosphäre der letzten Tage empfand sie Brian wie eine willkommene frische Brise, die alle Wolken wegblies. »Brian, du bist unmöglich.«

Ernst werdend meinte er: »Ich wollte deiner älteren Verwandten gegenüber nicht respektlos wirken. Ich fühle mich hier ein bißchen fehl am Platz, das ist alles. Ich bin, wie du weißt, nur ein einfacher Arbeiter, und diese Pracht ist nicht meine Welt.«

Und, so dachte Mardee, *diese Unbekümmertheit soll eigentlich überspielen, wie eingeschüchtert und überwältigt du dich eigentlich fühlst.* »Dies alles ist schon ein bißchen viel, nicht wahr? Es ging mir bei meiner Ankunft genauso – wie wenn eine einfache Landpomeranze zum ersten Mal und auch noch barfuß einen Palast betritt.«

»Werde ich deine Großtante sehen? Ich habe zwar meine besten Sachen angezogen, aber ich besitze nicht einmal Anzug und Schlips – Leute wie ich haben so was nicht.« Er sagte dies zwar so leicht dahin, aber er sah doch recht bekümmert aus; und Mardee bemühte sich schnell, ihn zu beruhigen.

»Ich bin sicher, daß ihr egal ist, was du anhast. Sie möchte, daß du mit mir zum Dinner kommst.«

»Ich habe schon einen verrückten Tag ausgesucht, um mit dir durch die Gegend zu fahren. Mein Vehikel schaffte es zwar durch den Schlamm hierher, aber es wird eine heikle Sache werden, ihn wieder zu starten. Feuchtigkeit ist für keinen Motor gut – und ganz besonders für diesen nicht.«

»Komm mit herein und trink einen Kaffee. Bis Mittag soll es wieder schön werden, zumindest sagte mir das Sebastian.« Sie erwähnte seinen Namen, und es fiel ihr ein, daß er sich immer noch in der Eingangshalle aufhielt. Warum eigentlich ist er nicht in seinen Teil des Hauses zurückgegangen? Sie machte die beiden miteinander bekannt. Brian lehnte die Einladung zum Kaffee ab. »Der Kaffee auf Haiti ist sehr stark. Wenn ich mehr als eine Tasse am Tag trinke, bin ich total überdreht. Der Kaffee in den USA ist vergleichsweise was für Kinder; man vergißt, daß Kaffee ursprünglich als Droge betrachtet wurde.« Er lachte leise. »In zwei von drei Fällen habe ich echte Probleme, den Wagen wieder flottzubekommen. Ich schlage deshalb vor, wir machen uns auf den Weg.«

Der Käfer verweigerte jedoch jegliche Zusammenarbeit. Er hustete, spuckte – und starb wieder ab. Das ging so einige Zeit lang, und Brian fluchte leise vor sich hin.

»Ich habe einen Misttag und ein Mistauto erwischt, Mardee. Vielleicht sollte ich doch einen Kaffee versuchen in der Hoffnung, daß die Kontakte trocken werden – dann läuft er nämlich einwandfrei. Andernfalls muß ich einen Abschleppwagen antelefonieren.«

»Mach dich nicht selbst nervös, Brian. Mit Sicherheit gibt es hier irgendwo ein Auto, das Tante Emilie mich benutzen läßt. Robert sollte eigentlich Näheres wissen.« Aber bevor sie das Auto hinter sich gelassen hatten, kam Sebastian herbei. »Ärger mit dem Auto?« fragte er liebenswürdig. »Warum laßt ihr das Auto nicht einfach stehen und fahrt mit Paul und Margaret? Der Wagen kann in der Zwischenzeit richtig austrocknen.«

Brian zögerte. »Ich müßte Tom anrufen. Ich habe mir den Wagen von einem Freund ausgeliehen ...«

Sebastian grinste. »Ich hoffe, seine Freundschaft ist zuverlässiger als sein Auto.«

Donna Royce in einem extravaganten hell-seidenen Regenmantel, trat neben Sebastian, grüßte Mardee höchst kühl mit einem leichten Nicken und verschwand mit Sebastian zu dessen silbernem Rolls.

»Möchtest du lieber mit dem Studiowagen fahren, oder sollen wir noch warten, bis die Kiste wieder anspringt?«

»Ich möchte lieber jetzt los. Wir haben so einfach mehr Zeit zur Verfügung.«

»Dein Wunsch ist mir Befehl«, sagte er galant, aber als sie in den schon wartenden Cadillac stiegen, konnte sie sehr wohl bei ihm eine leichte Enttäuschung bemerken. War er so ernsthaft daran interessiert gewesen, sie allein für sich zu haben? Zwar war dies auch ihr Wunsch gewesen, dennoch wußte sie den Luxus des Studiowagens durchaus zu schätzen. Die Vorstellung, aus dem Wagen mit der Aufschrift ›Wright Productions‹ auszusteigen, als sei sie einer der Stars, schmeichelte ihr. *Ich bin doch eine eitle, selbstsüchtige und verwöhnte Person*, dachte sie.

Doch war es auch eine Freude, Brian mit Paul und Margaret bekanntzumachen. Sie nahmen ihn mit Herzlichkeit auf – wie es für hart arbeitende Schauspieler, vom Übermaß an Publicity noch nicht arrogant geworden, der ebenso hart arbeitenden Presse gegenüber üblich ist.

»Arbeiten Sie für eine Zeitung, Mr. Dawes?« fragte Paul Barry.

»Brian«, antwortete dieser. »Nein. Wie allgemein bekannt ist, ist die Sklaverei abgeschafft.« Und mit einem grimmigen Grinsen fuhr er fort: »Aber ein Full-time-Job bei einer Zeitung kommt der Sklaverei immer noch recht nahe! Nein, ich schreibe ein Buch über das moderne Haiti.«

Und Margaret wollte wissen: »Kann man denn das neue Haiti überhaupt begreifen, ohne das alte richtig zu kennen?«

Brian nahm diese Frage ernst. »Nein, keine Gegend dieser Welt kann ohne ihre Geschichte verstanden werden. Nichts in Haiti erscheint verständlich, wenn man außer Betracht läßt, daß dieser Staat aus einer Sklavenkultur entstand; eine Sklavenkolonie, die erfolgreich einen Aufstand durchführte, sich wieder zu der afrikanischen Kultur bekannte, die man ihnen zuvor weggenommen hatte. Haiti ist in der Neuen Welt wahrscheinlich das, was einer ursprünglichen afrikanischen Kultur am nächsten kommt.«

»Und wie bewerten Sie den französischen Einfluß?« fragte Margaret. »Wenn dies wirklich eine afrikanische Kultur ist...«

»Ich habe nicht gesagt, daß dies eine afrikanische Kultur sei«, stellte Brian freundlich richtig. »Ich sagte, daß dies eine Kultur ist, die in der westlichen Hemisphäre dem am nächsten kommt, und dies deshalb, weil in der gesamten Karibik Haiti am schnellsten sich wieder seiner afrikanischen Herkunft besinnen und sich diese wieder aneignen konnte. Aber jede Kultur nimmt Anteile der Eroberer auf und verarbeitet sie. Der britische Einfluß in den Neu-England-Staaten zum Beispiel ist sehr stark – vom Schulwesen bis zur Hochkultur. Wie auch immer, ich habe einen bestimmten Grund, warum ich mich mehr mit dem modernen Haiti beschäftige. Es ist einfach, das moderne Haiti zu ignorieren, indem man sich auf seine Geschichte konzentriert, die nun wirklich fast nur Tyrannei und Aufstände kennt. Ähnlich wäre es, wenn man den amerikanischen Bürgerkrieg als Vorwand benutzte, um die USA aus den Vereinigten Nationen zu werfen!«

Mardee wandte sich an Paul Barry: »Kommt Kip Tybalt auch in die Stadt?«

Erst als sie die Frage schon gestellt hatte, wurde ihr bewußt, wie peinlich es ihr war, ihm wieder zu begegnen. Ob er sie wirklich verachtete?

Paul schüttelte den Kopf. »Kip bleibt zu Hause. Er wollte sich mit dem Drehbuchautor zusammensetzen, um mit ihm seine Vorstellung von dieser Kutschenszene auszuarbeiten. Sie erinnern sich an die Szene, mit der Kip diese Schwierigkeiten hatte? Er sagte, er wolle den Tag dransetzen, etwas auf die Beine zu stellen, das sich ohne Lachreiz abdrehen ließe.«

»Oh.« Erleichterung durchströmte Mardees ganzen Körper – und eben dies alarmierte sie beträchtlich. *Warum eigentlich sollte es mir so viel bedeuten, was Christopher Thibault von mir denkt,* dachte sie, und dann erst fiel ihr auf, daß sie statt seines Künstlernamens seinen richtigen gebraucht hatte. Sie schwieg, während der Wagen durch den sintflutartigen Regen schlidderte, über die unbefestigten Straßen und vorbei an den triefnassen Zuckerrohrfeldern. »Schwer vorstellbar, daß wir gestern noch in der Sonne brieten«, meinte Paul. »Und heute nachmittag wird es wieder so heiß«, erwiderte Brian. »Sicherlich hat das Klima von Haiti zu dieser alten Redensart inspiriert.«

»Welche? Jeder beschwert sich über das Wetter, aber niemand macht etwas dagegen?«

»Nein.« Brian lachte. »Falls du das Wetter nicht magst, warte ein bißchen – es ändert sich bald.«

Im Wagen kam Gelächter und fröhliche Unbekümmertheit auf, nur Mardee war schweigsam und grübelte über ihre gerade gemachte Erkenntnis. Wollte sie wirklich, daß Kip sich in sie verliebte? War sie denn wirklich so verwöhnt und auch launisch, daß sie seine Bewunderung haben mußte, weil er so gutaussehend und ein berühmter Star war?

Nein. Ich kann nur den Gedanken nicht ertragen, daß er glaubt, ich hätte Sebastian angemacht. Donna dachte das auch. Und wieder fühlte Mardee den überschäumenden Ärger, als sie sich der unerfreulichen Szene mit Donna erinnerte.

Und ich hatte angenommen, Donna sei mehr an Kip interessiert. Er sieht so viel besser aus. Er ist ebenso berühmt. Und jünger ...

»Du bist so schweigsam, Mardee«, brach Brian in ihre Gedanken ein und erinnerte sie an ihre Pflichten. Es war nun wirklich mehr als unhöflich, dem einen Mann träumend nachzuhängen, während man mit einem anderen beisammen war. Sie rief sich entschieden zur Ordnung und beteiligte sich an dem allgemeinen Gespräch. Paul und Margaret hatten vor, sich einige der bekannteren Sehenswürdigkeiten anzuschauen, und fragten ihrerseits Mardee nach ihren Plänen.

»Ich weiß nicht«, erwiderte sie lächelnd. »Brian ist mein Reiseführer.«

Mittlerweile fuhren sie durch die Vororte von Port-au-Prince, und Mardee registrierte die schockierenden Gegensätze: reizvolle Häuser im Pfefferkuchenstil – holzgeschnitzte Verzierungen auf drei-, vierstöckige viktorianische Häuser aufgesetzt – und daneben die verwahrlosten Wohnbereiche aus Hütten mit Dachpappe, eingestürzten Bretterbuden mit nacktem, festgetretenem Lehmboden, vielleicht einem kümmerlichen Gemüsegarten. Dazwischen wie gerupft aussehende Hühner und manchmal eine Ziege, die unter wackligen Hühnerställen kauerte.

Ganz plötzlich, wie wenn man einen riesigen Wasserhahn zudreht, hörte der Regen auf. Nur wenige Minuten später erschien die Sonne, und unter sich auflösenden Wolken enthüllte sich ein Himmel, so tief und intensiv blau, daß die Vorstellung, nur wenige Minuten zuvor habe es geschüttet, unglaubwürdig erschien.

Gegensätze, dachte Mardee. *Überall Gegensätze. Im Wetter, zwischen arm und reich. Gegensätze auch in mir ...*

Auf Brians Wunsch hielt der Wagen in einer Straße der Innenstadt, und sie stiegen aus. Als der Cadillac dann wegfuhr, sich langsam durch die Menge, durch Schub- und Eselskarren und Autos hindurchschlängelte, schaute Brian sie leicht ironisch an. »Endlich allein«, meinte er und ergriff ihre Hände.

»Oh, Brian, das tut mir leid – hättest du wirklich lieber mit deinem Vehikel fahren wollen?«

Er lachte und wies auf die Menge um sie herum. Die so plötzlich hervorgebrochene Sonne schien die gesamte Bevölkerung von Port-au-Prince auf die Straße gebracht zu haben.

»Sollte ich dich wirklich für mich allein haben wollen«, und er täuschte ein gemeines, niederträchtiges Grinsen vor, »allein für meine heimtückischen, ruchlosen Pläne – die Hauptstraße von Port-au-Prince würde ich mir dafür sicherlich nicht aussuchen. Komm, Mardee, wir wollen deine Einkäufe erledigen, dann haben wir den Rest des Tages für uns zum Bummeln.«

Mardee blickte in sein rundes, fröhliches Gesicht und beschloß, alles und jeden aus ihren Gedanken zu verbannen und den Tag mit Brian zu genießen. Sie nahm seinen Arm und hakte sich bei ihm unter.

»Das Zimmermädchen meiner Großtante versicherte mir, daß man in diesem Klima nichts anderes tragen könnte als einen baumwollenen *robe-de-chambre*. In einfachem Englisch, Brian, ist dies schlicht ein Bademantel, und selbst meine Erfahrungen reichen mittlerweile so weit, daß Nylon auf der Haut zu tragen eine Zumutung ist. Wo finde ich ein Geschäft für Baumwollkleidung?«

»Ich kenne mich bei Damenunterwäsche nicht so aus, und ich würde das auch nicht zugeben, wäre es anders«, sagte Brian, »aber es gibt immer und überall ein Woolworth.«

»In Port-au-Prince?«

»In jeder größeren Stadt der Welt. Ich erinnere mich, sogar in Hongkong eins gesehen zu haben.«

»Ich bin nicht auf diese tropische Insel gekommen, um meine Einkäufe bei Woolworth zu machen«, erklärte Mardee mit Bestimmtheit.

»Aus dir wird nie eine richtige Touristin«, stellte Brian fest. »Von der Minute an, in der du den Boden der USA verläßt, wird erwartet, daß du deine Zeit damit verbringst, den nächsten McDonald oder das nächste Steak-Haus zu suchen – diese verrückten ausländischen Gerichte kann man ja nicht essen. Natürlich kaufst du auch nur die vertraute Zahnpasta. Weißt du das alles etwa nicht?«

»Was für einen Sinn hat es dann überhaupt, das Land zu verlassen, wenn ...« Mardee unterbrach sich und lachte: »Brian, du machst dich über mich lustig!«

»Aber nein! Ich war einmal beruflich in Mexiko City und machte auch diese offizielle Rundreise: die Pyramiden, die Ruinen der Azteken, die Monumente der Conquistadoren, die berühmten spanischen Kathedralen – schlicht alles. Und bei jedem Halt gab uns der Führer eine kurze Einführung und fragte dann: ›Irgendwelche Fragen?‹, und jedes Mal – und ich schwöre dir, Mardee, daß diese Geschichte nicht erfunden ist – und jedes Mal machte sich so eine fette Lady bemerkbar und wollte wissen: ›Wo bekomme ich hier eine Coca-Cola?‹«

Mardee lachte, abgestoßen und amüsiert zugleich. »Gab er ihr eine Antwort?«

»Nur die ersten drei Mal – aber sie wurde ihrer Fragerei nie überdrüssig. Also, Mardee, ich rufe jetzt meinen Freund an und frage ihn, wo seine Frau ihre Sachen kauft.« Er stoppte und zögerte sichtlich. »Aber vielleicht ist das für dich nicht gut genug? Ich meine, vielleicht möchte deine Tante, daß du Sachen kaufst, die mehr dem Stil ihres Hauses entsprechen, und vielleicht suchst du die Art von Geschäften, in denen Toms Frau ihre Sachen kauft...«

»Ich muß arbeiten«, sagte Mardee, »und für mich ist das gut genug. Sollte das meiner Großtante nicht passen, so ist das ihre Sache.«

Brian wirkte erleichtert und ging los, um anzurufen. Sie landeten in einer kleinen Boutique, wo eine lebhafte Französin Mardees Aussehen bewunderte und eine Vielzahl hübscher Baumwollkleider vorzeigte und – während Brian draußen vor dem Geschäft wartete – dem Klima angemessene Unterwäsche. Mardee kaufte drei Kleider und ausreichend Wäsche. Zusätzlich erstand sie noch ein leuchtendgelbes Baumwollkleid mit Sonnenblumenmuster – auf Vorschlag der Verkäuferin wechselte sie aus ihrem Kunststoff-Hosenanzug in diesen kühlen Baumwolldreß – und fühlte sich merklich erleichtert. Brians Augen leuchteten auf, als er sie so sah.

»Niemand wird dich jetzt noch für eine Touristin halten können. Komm, wir kaufen dir jetzt noch auf dem Markt einen Strohhut und machen uns dann auf, die Stadt zu besichtigen.«

Seine Lebensfreude wirkte ansteckend; lachend folgte ihm Mardee. Beim Verlassen des Geschäftes flötete die Verkäuferin ein freundliches ›*Bonjour, M'sieur, Madame*‹, und abrupt blieb Brian stehen, nahm ihre Hände und schaute ihr tief in die Augen.

»Weißt du«, sagte er mit auffallend zärtlicher Stimme, »sie dachte, wir wären verheiratet.«

»Ich weiß«, antwortete Mardee und fühlte sich angenehm erröten.

»Das klang ganz schön. Vielleicht könnte ich mich sogar daran gewöhnen«, sagte er und lächelte dabei in einer Weise, die sich von seinem sonst so forschen Lachen abhob. Mardee senkte ihren Blick, und Brian streichelte sanft ihre Wange. »Vielleicht solltest du dich auch daran gewöhnen«, meinte er, doch bevor dieser ernste Augenblick hätte peinlich werden können, holte er tief Luft und sagte: »Jetzt erst mal den Strohhut!«

In ihrem späteren Leben war es dieser Tag mit Brian, an den

sie sich am deutlichsten erinnern konnte. Diesen Tag, an dem Brian ihr sein Haiti zeigte, das alte wie das neue, konnte sie immer und jederzeit in ihr Gedächtnis zurückrufen und so die darauffolgenden Schatten, den späteren Horror bannen. Von einem seiner zahlreichen Freunde, die ein Journalist offenkundig überall auftun kann, lieh er sich ein Auto und sie fuhren nach Cap Haitien, wo das alte, steinerne Fort hoch über den Klippen und dem Ozean hockt, wo der halbirre Imperator, Henri-Christophe, die Massen erwartete, die ihn absetzen wollten und die dieser letztlich doch um den Erfolg brachte, indem er sich selbst seine berühmt gewordene goldene Kugel in den Kopf schoß.

»Er ist einer der Gründe, warum ich Schwierigkeiten habe«, sagte Brian. »Wer an ihn denkt, kann sich ernsthaft kaum mehr ein schwarzes Königshaus vorstellen. Natürlich war er verrückt, aber der weiße Durchschnittsleser denkt: ›Was kann man schon von einem schwarzen Ex-Sklaven erwarten, der sich selbst zum Imperator ausruft?‹, und dann zieht er seine bekannten Schlußfolgerungen. Niemand nimmt einen schwarzen Präsidenten ernst.«

»Nun, sie hatten ja auch wirklich einige ziemlich schlimme hier, oder? Wenn ich nur an diesen alten Diktator denke, der kürzlich starb, Duvalier...«

»Papa Doc? Er war ein Tyrann, das stimmt. Aber aus irgendwelchen Gründen mochten ihn die Leute.«

»Ja«, erwiderte Mardee ernsthaft, »aber versucht nicht jeder Diktator sein Regime auf diese oder jene Art zu legitimieren? Ich hörte, wie einige Leute Mussolini lobten, weil er dafür Sorge trug, daß die Züge pünktlich fuhren. Gibt es denn überhaupt eine vernünftige Legitimation für eine Diktatur?«

»Ich weiß nicht, Mardee. Den Leuten hier sind die demokratischen Institutionen, Wahlen und eine repräsentative Regierungsform, ziemlich egal. Ich wüßte gerne, ob überhaupt irgendwer dafür Interesse aufbringt. Die meisten wollen ein friedfertiges Leben – und von welcher Regierung auch immer nicht belästigt werden.«

»Das ist dieses alte reaktionäre Argument«, hielt ihm Mardee entgegen. »Was du damit in Wahrheit sagst, ist, daß diese Leute unreif für eine Demokratie seien.«

»Nein«, sagte Brian und warf einen Blick hinauf auf die

gespenstischen Steinmassen über ihnen – Monument des Ehrgeizes eines wirren Ex-Sklaven. »Old Henry-Christophe wollte sein Volk ehrgeizig vorantreiben, doch dieses kannte keinen Ehrgeiz – und rebellierte. Maréchal Pétion – der andere große Ex-Sklave und Führer – unternahm nicht viel für sein Volk, aber er ließ es nach seiner eigenen Fasson glücklich leben. Er zwang es zu nichts, außer daß die Menschen sich selbst am Leben erhalten mußten. Er erbaute keine Monumente zu eigenem Ruhm und Nutzen. Vielleicht ist es nicht die Demokratie, die die Leute nicht wollen. Vielleicht mögen sie nur diese Ellbogenmentalität nicht, diesen Wettlauf der Ratten, diesen Zwang und die Sucht nach dem großen Erfolg. Vielleicht ist es für die Menschheit wichtiger, in der Sonne zu liegen, Rum zu trinken und zu den Trommeln zu tanzen. Und sollte die weiße Rasse uns faul und hedonistisch heißen, warum sollten wir nicht dagegen halten, daß die Welt seit Tausenden von Jahren so gut fährt – und dies ohne größere Sorgen und Atombomben.«

»Glaubst du das ernstlich, Brian?«

»Ich weiß nicht, was ich glaube.« Brian wandte sich von der Zitadelle ab und begann den Weg zurück zum Auto. »Ich weiß es wirklich nicht. Etwas muß an dieser Lebenseinstellung dran sein, oder warum glaubst du, kommen Millionen von Touristen hierher und wollen dies genießen – und sei es auch nur in ihrer Einbildung, gleichsam ›second-hand‹? Und dennoch, es gibt auch hier die zweite Seite: Krankheit, Dummheit und Dauerarmut, weil es zu viele Menschen gibt, die an dem festhalten, was sie haben, statt auch hergeben zu können. Ich bin weder Kommunist, noch Anarchist. Ich kann ein Auto und eine Kamera gut gebrauchen, und ich bin bereit, hart zu arbeiten, um mir derartiges leisten zu können. Und ich mag auch keine bissigen Kommentare über die sogenannte Bourgeoisie hören.«

Er lachte und fuhr fort: »Vielleicht schreibe ich deswegen. Ich möchte mehr als ein Leben leben, um zu erfahren, was das beste ist.«

Mardee fand sich äußerst angeregt und herausgefordert von diesem neuen, ernsthaften Brian. Sie stellte fest, daß sie diesen mindestens ebenso mochte wie den, der sie zum Lachen bringen konnte. »Glaubst du, Theaterspielen ist eine frivole Angelegenheit?«

Er schüttelte den Kopf und lehnte sich gegen den Wagen.

»Aber überhaupt nicht. Auch das ist eine Möglichkeit, mehr als ein Leben zu leben. Und dies den Leuten zu zeigen, so denke ich, macht sie zumindest nachdenklich.«

»Selbst Komödien wie *Folly Garden*?«

»Aber sicher. Nichts, was die Fantasie anregt, kann schlecht sein. Schulen und diese ganzen Sozialeinrichtungen scheinen mir von Kindheit an Imagination und Fantasie zu erdrücken. Sie nennen es zwar ›die notwendige Anpassung an und Integration in die bestehende Realität‹ – oder so ähnlich. Aber Theater – und ebenso Filme, Comic strips, auch Science-fiction und alles andere dieser Art – ist wie Gras, das durch Zement und Beton seinen Weg nach oben findet; die Mauer in und um den Menschen. Der Mensch lebt aus seiner Fantasie, seiner Einbildungskraft und seiner Kreativität – ohne sie gleichen wir den Labormäusen in ihren Labyrinthen oder den berühmten Pawlowschen Hunden, die – da entsprechend dressiert – schon beim Klang einer Glocke Speichel abzusondern beginnen!«

Seine nicht aggressive Leidenschaft war gewinnend. Mardee lächelte und meinte:

»Einige Behavioristen meinen, daß da auch noch etwas mehr wäre.«

»Diese Leute tun mir leid«, erwiderte Brian und öffnete die Wagentür. »Laß uns frivol sein und dekadent, in der Sonne sitzen, Rum trinken und den Trommeln zuhören. Wir essen, trinken und sind glücklich – morgen müssen wir dann wieder arbeiten!«

Während sie die Klippen hinabfuhren, die Zitadelle des verrückten Imperators hinter sich lassend, warf Mardee noch schnell einen Blick zurück und wünschte, sie hätte dies unterlassen. Ein brütender Schatten lag über den dunklen Klippen, und für einen kurzen Augenblick vermeinte Mardee, wie durch einen langen, dunklen Tunnel einen Blick in die blutige und gewalttätige Vergangenheit Haitis geworfen zu haben. Und wieder hörte sie das hohe, merkwürdige Summen in ihrem Ohr – gleichsam als stünde die Zeit still, als wären alle Geräusche um sie herum verstummt, als wäre sie nicht sie selbst... Verschreckt rutschte sie näher an Brian heran und schob ihren Arm unter seinen. Er wandte sich ihr ein bißchen zu und lächelte. Er war warm, er war heute; in seiner Nähe gab es die dunkle, schreckerfüllte Vergangenheit nicht.

»Ich würde ja gerne meinen Arm um dich legen, aber auf einer solchen Straße braucht man beide Hände fürs Steuer«, sagte er bedauernd. »Manchmal wünschte ich mir, noch so unbeschwert wie ein Teenager sein zu können. Die fahren mit einer Hand am Steuer, die andere um ihr Mädchen gelegt – und der Zustand der Straße kümmert sie nicht.«

Mardee lachte hell und fühlte, wie der drohende Schatten aus der Vergangenheit von ihr wich. »Du konzentrierst dich auf das Fahren«, ermahnte sie ihn. »Ich nehme den Willen für die Tat – und im übrigen bin ich auch kein Teenager mehr. Erzähl mir was von deinem Buch, Brian. Wie gehts voran? Hast du irgendwo einen Fotografen für deine Bilder ausgraben können?«

»Ausgraben? Meine liebe Mardee, habe ich dir nicht erzählt, daß es hier immer noch verboten ist, einen Zombie zu beschäftigen?« Er lachte und in seinem Lachen verschwanden auch die letzten Reste der Vergangenheit. »Noch nicht, aber morgen werde ich jemanden interviewen, der eine neue Zuckerrohrfabrik eröffnet, eine Kooperative kleiner lokaler Zuckerrohranbauer, und der eine neue Methode entwickelt hat, billiger Rum herzustellen – was auch mehr Arbeitsplätze bedeuten könnte.«

»Moment mal. Eine Zuckerfabrik für billigeren Rum? Macht man Rum aus Zucker?«

»Aus Zuckerrohr«, erklärte er. »Die Basis von Rum ist Melasse, dieses schwarze, süße Zeug, das du Sonntag morgens immer auf die Pfannkuchen schmierst.«

»Denk daran«, erwiderte sie fröhlich, »ich bin in Frankreich aufgewachsen. Ich habe deshalb eine Menge verpaßt – wie zum Beispiel Pfannkuchen zum Frühstück; in Frankreich heißen sie Crêpes, und man ißt sie ausschließlich als Nachtisch. Nie werde ich meine Enttäuschung vergessen, als ich meinen ersten amerikanischen Pfannkuchen aß.«

»Wenn du mit französischer Küche aufgewachsen bist«, versprach er, »wirst du dich bestimmt über das Lokal freuen, in das wir essen gehen werden.«

In einem Straßencafe unter hängenden Jasminranken nahmen sie ein ausgedehntes spätes Mittagessen zu sich, nippten an Rum-Mix-Getränken und hörten den Musikern zu, die zur Unterhaltung der Touristen aufspielten. Das Essen war, wie Brian versprochen hatte, ausgezeichnet, und er selbst unterhielt sie blendend mit amüsanten Geschichten von seinen Reisen als Korrespondent seiner Zeitung.

»Ich wollte immer schon reisen«, träumte sie schließlich. Aber er, plötzlich ernst geworden, schüttelte den Kopf.

»Das klingt lustig, ich weiß. Aber nur im nachhinein. In Wirklichkeit ist das ein Leben aus dem Koffer, und während du auf den nächsten Flug wartest, ißt du, was es so gerade gibt. Ich möchte jetzt eigentlich mehr die Sachen schreiben, bei denen ich länger an einem Ort bleiben kann. Mich irgendwo niederlassen und Leute kennenlernen, die nicht heute hier und morgen schon wieder woanders sind. Ich war meiner Meinung nach schon zu lange auf Achse, und ich glaube, es ist an der Zeit, ein bißchen Moos anzusetzen.«

»Und wo möchtest du dich niederlassen? In den Staaten?«

Er schüttelte seinen Kopf. »Ich glaube nicht. Ich habe die Nase voll von der Hektik und Umbarmherzigkeit der Weißen. Vielleicht hier. Ich mag das Klima, man braucht nicht viel Geld zum Leben, und interessant kann es hier auch werden. Ich bin mir nicht sicher. Es kommt darauf an. Auf vielerlei«, sagte er und verfiel in Schweigen.

Der Geruch des Jasmins, der zwingende Rhythmus der Trommeln, die von jenseits des Platzes herüberklangen, versetzten Mardees Gedanken wieder zurück in jene Nacht, in der sie sie zum ersten Mal gehört, in der sie den fordernden Ruf der Trommeln zum ersten Mal in Körper und Seele gespürt hatte. Zunehmend wurde sie unruhiger und war erleichtert, als Brian aus seinen Träumereien auffuhr und sagte: »In einer Stunde sind wir mit dem Studiowagen verabredet. Hättest du Lust, die verbliebene Zeit auf dem Eisernen Markt zu verbringen? Er ist zwar eine Touristenattraktion, aber man sieht auch ein bißchen von dem wirklichen Haiti.«

»Den Eisernen Markt? Verkaufen sie dort ausschließlich Eisen?«

»Du bist von einer provokanten Unwissenheit«, sagte Brian. Als sie aufstand, streifte er ihre Wange mit einem leichten Kuß. »Was mach ich bloß mit dir? Ich muß dir wohl die notwendige Bildung beibringen. Komm mit – es ist der größte öffentliche Markt in Port-au-Prince.«

Eine Stunde lang streiften sie durch den Basar; Mardee bewunderte die aus alten Kondensmilchdosen fein durchstochenen und filigran bearbeiteten Kerzenhalter, die Stände mit den Holzschnitzereien, Fischnetzen, den vielen Kerzen und den schreiendbunten Heiligenstatuen. Daneben gab es den typischen Touristenkram wie Ansichtskarten, Sonnengläser, farbige Lampen aus Glas und die Straßenmaler mit ihren schnell hingeworfenen Kreide- und Pastellskizzen. Kleine, barfüßige Kinder, einige nicht älter als fünf oder sechs Jahre, umringten Mardee und boten ihre Schmuckgegenstände an: Papierblumen, Ketten aus süß riechenden Samenkörnern und Bohnen, kleine Schnitzereien. Sie sahen zerlumpt und die meisten herzerweichend ausgehungert aus. Die verlangten Preise waren lächerlich niedrig und die Kinder wiederum so ernst bei der Sache und richtig bestürzt, als sie halbherzig versuchte, sie wegzuscheuchen, so daß sie letztlich doch für ein paar Pfennige eine Handvoll dieser Sachen kaufte. Die Schnitzereien und Kaffeebohnen-Halsketten sind amüsante Souvenirs, dachte sie bei sich, und die Papierblumen zu diesem Preis kann man leicht in die nächste Mülltonne werfen.

Schließlich vertrieb Brian die Kinder in flüssigem *Créole* und tadelte Mardee belustigt ob ihrer Weichherzigkeit.

»Ich weiß, Brian, aber sie sehen so ausgehungert aus, so richtig dünn und hungrig – und es sind doch nur Pfennige«, protestierte sie. »Alles zusammen nicht einmal ein Dollar.«

»Ich weiß«, gab er zu. »Mich rühren sie auch.«

»Ich wünschte, die Menschen in Harlem, die sich für wirklich arm halten, könnten erfahren, wie die Menschen hier leben.«

»So kann man das sehen, aber auf der anderen Seite haben diese Kinder frische Luft und Sonne, niemanden, der sie in Schulen zwingt, die wie Gefängnisse sind, niemanden, der sie anschnauzt, Sachen zu lernen, die sie ohnehin nicht brauchen. Niemand, der ihnen vorhält, sie seien unfähig, überhaupt etwas zu lernen, oder der sie tadelt, weil sie keinen Ehrgeiz hätten, erwachsen zu werden und reich. Niemand treibt sie – ihrer schwarzen Hautfarbe wegen – in eine Rechtfertigungshaltung; die Weißen sind hier die verachtete Minderheit. Kein weißer Polizist, der sie schikaniert, keine Jugendbanden und kaum Jugendkriminalität. Vielleicht müssen sie hier und da hungern, aber selbst die Ärmsten können irgendwo ein paar Süßkartoffeln anbauen und sich ein paar Hühner halten. In ihrem Alter hätte ich gerne mit ihnen tauschen mögen!«

Er strich mit seiner Hand leicht über die Handvoll Halsketten aus Kaffeebohnen, die billigen Holzfiguren, die Papierblumen. »Auch dies können sie in Harlem nicht mehr. Die wenigen Cents, die sie so ihrer Mutter nach Hause bringen, reichen für ein gutes Essen. In Harlem erlauben die Jugendschutzgesetze derartiges nicht und verdammen sie damit in die Abhängigkeit von der Wohlfahrt. Ist ein junges Mädchen in Harlem hungrig, so kann sie nichts anbieten als sich selbst – und es gibt genug Zuhälter, die dann auch dafür sorgen.«

Einen Augenblick schaute Brian verbittert aus, dann lächelte er und meinte: »Schau, hier ist ein Laden mit Trommeln. Hast du jemals so viele gesehen?«

Es gab gigantische Trommeln, so groß wie Brian, die *Congas* hießen, und die kleinen, zweiseitigen *Bongos*; er zeigte ihr eine Art gezackter Kürbisse, die man *Giuray* nannte, und *Maracas*, die mit Stäben geschlagen werden und die sie eigentlich für ein mexikanisches Instrument gehalten hatte. Einige der Trommeln waren umgebaute Ölkanister, andere wieder waren aus Holz oder Kürbis. Es gab kunstvoll dekorierte und solche, die bemalt waren und mit Blumen, sogar mit Federn geschmückt. »Diese«, so erklärte er ihr, »sind Voodoo-Imitationen – für Touristen. Die echten sind noch fantasievoller.«

Sie schlenderten weiter und besichtigten alles von feinem Steingut bis zu billigstem amerikanischen Plastikramsch. An einer Ecke des Marktes hatte eine Band zu spielen begonnen. Vier zerlumpte Männer, barfuß, in blauem Arbeitszeug und zerlöcherten Strohhüten, spielten eine Gitarre und drei Trommeln. Vor ihnen lag ein Hut, in den manchmal ein Tourist ein oder zwei Münzen hineinwarf. Mardee konnte nicht feststellen, ob sie besonders viel Geld einnahmen, aber ihre Begeisterung war ansteckend. Kleine Kinder begannen zwischen den Ständen zu tanzen, und Mardee selbst verspürte erneut den Ruf der Trommeln in sich.

Kip hatte gesagt, *die Trommeln seien in unserem Blut*. Stimmte dies denn wirklich? Die Trommeln weckten in ihr den Wunsch zu tanzen, so wie wohl seinerzeit zu den Trommeln die Frauen getanzt haben mochten, als sie noch versklavt waren. Nur an den Sonntagen waren sie frei, hatten sie die Zeit, ihre Trommeln zu schlagen und ihre Lieder zu singen, die sie von Afrika, in ihren Herzen gehütet, mitgebracht hatten...

Mardee schüttelte unwillig ihren Kopf. Schon wieder wurde ihr bewußt, daß der dunkle Zauber sie gefangennahm. Sie versuchte, ihre Aufmerksamkeit auf ein besonders häßliches Set Plastikgeschirr, mit Donald-Duck-Figuren versehen, zu konzentrieren, welches hierher so gut paßte wie eine Toilettenbürste in ein Orchideenfeld. Aber es hielt sie fest in der modernen Zeit, im Heute...

Dennoch, der bezwingende Sound der Trommeln ließ die Gegenwart, den Markt um sie herum für einen kurzen Moment in den Hintergrund treten, und sie fand sich wieder in einer Menge zusammengedrängter Männer und Frauen in heruntergekommener Kleidung, gedrängt um die gleichen Stände, die hier schon seit zweihundert Jahren standen. Die Trommeln waren die gleichen, und ihr Schlag war das einzige, das sie hörte; dick bedeckte der Staub ihre nackten Füße...

»Mardee?« Brian klang besorgt. »Ist alles in Ordnung? Oder macht dir die Hitze zu schaffen? Sollen wir uns in den Schatten setzen und warten, bis uns der Wagen abholt?«

Entschieden rief Mardee sich in die Wirklichkeit zurück. »Ich weiß nicht, wann ich wieder einmal nach Port-au-Prince kommen werde, und ich möchte nichts versäumen! Schau die silbernen Ketten und Halsschmuck dort drüben. Laß uns hinübergehen.«

»Natürlich.« Brian führte sie zu der Auslage, die sie im Auge hatte. Dennoch schweiften Mardees Gedanken nochmals zurück in die Vergangenheit. Diese junge Frau, ihre Ahnin – war sie manchmal zu diesem Markt gekommen, einmal im Jahr vielleicht, zu Karneval, und was mag sie mit den wenigen gesparten Münzen einer *affranchie*, einer Freigelassenen, gekauft haben? Was wohl mochte ihr gefallen haben?

»Es tut mir leid, Brian«, sagte sie, und wiederum zwang sie sich von diesem Sog in die Vergangenheit frei. »Was sagtest du? Meine Gedanken waren völlig woanders.«

»Ich sagte, ich würde dir gerne ein kleines Geschenk als Erinnerung an diesen Tag kaufen. So viel Spaß wie heute hatte ich schon lange nicht mehr. Magst du eine dieser kleinen Silberketten oder Perlen? Auch die Katzenaugen würden sehr gut mit deinem gelben Rock harmonieren.«

»O nein, Brian, das muß nicht sein«, protestierte sie. Aber er bestand darauf mit einer Fröhlichkeit, die mehr als alles andere die gewinnendste Eigenschaft seiner Person war.

»Ich mag aber. Wer weiß...« Er spielte mit einer der Silberketten. »Vielleicht gibt es so eine Art männlichen Urinstinkt – Frauen mit Silber zu behängen.«

»Brian!« Mardee protestierte richtig erschrocken. Dann erst sah sie das Lachen in seinen Augen. »Nun denn, wenn du mir unbedingt etwas schenken willst – wie wär's mit einer dieser Halsketten aus Samenkörnern?«

»Ich kann mir wirklich etwas Ordentlicheres als diesen Kram leisten«, sagte er, und ganz deutlich konnte Mardee sehen, wie verletzt er war. »Käfer fressen dieses Zeug gern, und in der Nässe hier fault es von heute auf morgen – eine solche Kette hält nicht einmal bis zu deiner Heimreise. Ich dachte an etwas Hübsches, etwas, was du als Erinnerungsstück behältst. Es soll diesen Tag zurückrufen, so oft und so lange du willst.«

Seine Ernsthaftigkeit rührte sie, und sie hakte sich bei ihm ein. »Brian, um an diesen Tag zu denken, benötige ich nichts. Ich werde ihn nie vergessen. Aber über ein Souvenir würde ich mich wirklich freuen. Es war ein wunderschöner Tag.«

Ob die Freigelassene in jenem Steinhaus die Geschenke ihres schwarzen Liebhabers mit denen ihres weißen Herrn, der sie gekauft hatte, verglichen und sie verachtet hatte?

Mardee blinzelte, schüttelte ihren Kopf ein bißchen und betrachtete Brian in seiner Jeanshose und seiner Denimjacke, seiner spiegelnden Sonnenbrille. Seine unerschütterliche, moderne Art. Ihn mit alten Tragödien oder morbiden Fantasien über die Vergangenheit in Verbindung zu bringen, war unmöglich. Er war gesund, modern – wirklich.

»Ich mag hübsche Sachen, Brian. Danke.«

Er legte seinen Arm um ihre Schultern. »Such dir aus, was dir am besten gefällt, aber misch dich nicht ein, wenn ich zu handeln beginne. Ich kenne die Tricks, und Touristen werden immer übers Ohr gehauen und bezahlen zuviel.«

Mardee wühlte in dem Haufen von Hals- und anderen Ketten herum. Dann jedoch fiel ihr Blick auf einen befremdlich wirkenden Anhänger aus rotem Stein. Sie wußte nicht genug über Schmuck, um sicher entscheiden zu können, ob es Granat oder ein Karneol war. Ohne zu zögern, streckte sie ihre Hand aus und stellte fest, daß er nicht an einer Silberkette hing, sondern an einer Schnur aus kleinen Perlen – aus Porzellan oder Keramik – mit in regelmäßigen Abständen etwas größeren Perlen. Vage erinnerte sie dieses Schmuckstück an einen Rosenkranz – lediglich ohne das Kreuz oder ein sonstiges religiöses Symbol. Der Anhänger selbst war eine geschnitzte Figur, die sie auf Anhieb nicht identifizieren konnte.

»Das mag ich«, sagte sie und betrachtete fasziniert die roten Perlen.

Kritisch runzelte Brian die Stirn. »Viktorianischer Kitsch.«

»Es ist älter«, widersprach sie. »Und es ist schön.« Sie begutachtete die kleine geschnitzte Plastik – sie war sich fast sicher, daß es eine menschliche Figur sein müßte. »Es ähnelt der Venus von Willendorf, oder einer alten Madonna.«

Brian lachte ungläubig. »Das Ding da – eine Madonna? Das ist ja beinahe Gotteslästerung, Mardee!«

Sie jedoch beharrte auf ihrer Meinung. »Es könnte sehr gut eine afrikanische Version einer Madonna sein. Brian, ich mag, nein, ich liebe es. Es ist das, was ich haben möchte.«

»Das ist grotesk«, meinte Brian und zog die Nase kraus. »Schlimmer noch – das ist peinlich. So etwas kaufen die Touristen in Tanganjika oder sonstwo als Eingeborenenkunst.« Mit einem leichten Lächeln musterte er sie. »Möchtest du nicht vielleicht doch lieber dieses wunderschöne silberne Kreuz mit dem Alexandriten, das ich dich bewundern sah?«

»Ich mag das hier wirklich lieber«, versuchte Mardee ihn zu überzeugen. »Irgendwie gehört es hierher zu diesem alten Markt, zu Haiti. Und es ist mein Geburtsstein, Brian.«

»Du bist eine eigenwillige Person«, sagte er und streichelte sanft ihre Wange. »Aber wenn du es unbedingt möchtest, dann sollst du es auch bekommen.«

Mardee hörte zu, während er in einem derart fließenden *Créole* zu handeln begann, daß sie kaum etwas verstehen konnte. Einmal warf er sogar den Hänger verächtlich wieder auf den Ladentisch und wandte sich zum Gehen. Schon wollte sie empört protestieren – fast schockiert über ihre unverständlich starke Sehnsucht nach diesem verrückten kleinen Schmuckstück –, dann jedoch sah sie den Schalk in seinen Augen und wußte, daß auch dies nur Teil des Spiels war. Eine Minute oder zwei später legte er etwas Geld hin – alles in allem ein recht kleiner Betrag – und nahm die Kette endgültig an sich. Er legte sie Mardee um den Hals.

Schon wollte sie protestieren: »Es ist doch keine Halskette, es gehört an die Wand.« Aber sie hielt sich zurück. Brian hatte den Schmuck für sie als Halskette gekauft; sie würde sie also als solche tragen. Aber vor ihrem Auge stand schon als perfektes Bild, wie sie in dem kleinen Steinhaus, die Kette in der Hand, sich zu dem Haken bei der blau-weiß gefliesten Feuerstelle bewegt, wie sie die Kette dort aufhängt, so daß die Sonnenstrahlen sich in den Steinen brechen und blutrote Strahlen durch das Zimmer werfen... Schnell machte sie sich von dieser Vorstellung frei; Brian küßte sie auf ihre Nasenspitze, und sie lächelte zu ihm auf.

»Vielen herzlichen Dank, Brian. Sie ist wunderschön.«

Aber es wäre schon interessant zu wissen, dachte sie bei sich, *ob es wirklich einen derartigen Haken neben dem Kamin gibt und ob das Sonnenlicht sich in dieser Weise in den Steinen brechen würde...*

»Da ist der Studiowagen«, unterbrach Brian ihre Gedanken. »Ich hoffe, deine Großmutter fühlt sich nicht verletzt, weil ich für ein Dinner nicht ordnungsgemäß gekleidet bin.«

Sie nahm seine Hand. »Sicher nicht, Brian.«

Die Fahrt zurück nach Cap Dominique verlief ruhig und gedämpft. Mardee saß da mit geschlossenen Augen, an Brian gelehnt, und verspürte als Reaktion auf die Hitze und die Anstrengung des Tages einen leichten Kopfschmerz. Brian, Paul und Margaret unterhielten sich über ihre Unternehmungen des Tages. Margaret hatte eine Hafenrundfahrt gemacht mit – wie sie es ausdrückte – siebentausend kreischenden Touristinnen!

Paul hatte den Tag damit verbracht, sämtliche Rumsorten und Rum-Mixgetränke zu probieren. Er war nicht richtig betrunken, doch ziemlich angeheitert.

»Was habt ihr zwei so getrieben?« fragte Margaret, und Brian berichtete.

»Ist das nicht der Platz, wo dieses riesige Kastell steht? Wir sahen es vom Wasser aus. Ich verstehe nicht, warum Sebastian dort nicht eine oder zwei Filmszenen drehen will – ich habe noch nie einen so imposanten Platz gesehen.«

Paul lachte gutmütig. »Du hast in der Schule nicht gut aufgepaßt, Maggie. Das Ding wurde erst nach der Revolution gebaut.«

»Aber ich dachte, einer der freigelassenen Sklaven habe es

gebaut – derjenige, der sich dann später als Imperator oder so was bezeichnete.«

»Auch das war erst später«, sagte Paul. »Er baute es als Bollwerk Haitis gegen Frankreich. Er war davon überzeugt, daß sie wieder zurückkämen und die Insel angreifen würden. Man sagt, der Bau habe weit über hundert Menschenleben gekostet. Die Franzosen kamen jedoch nicht, und die befreiten Sklaven rebellierten – genauer, sie rebellierten zum zweiten Mal. Er erschoß sich dann.«

Brian lachte. »Dieses Gerede über rebellierende Sklaven erinnert mich an einen alten Witz. Vielleicht kennt ihr ihn: Jemand stürzt aufgeregt zum König und schreit: ›Sire, die Bauern empören sich. Sie verbreiten Angst und Schrecken!‹ Der König hebt indigniert eine Augenbraue und meint: ›Schrecklich empörend.‹« Margaret brach in Gelächter aus. »Den werde ich das nächste Mal, wenn wir wieder eine Massenszene drehen, Sebastian erzählen!«

Die Dunkelheit brach schon herein, als sie mit dem Wagen vor Maison Dominique ankamen. Direkt vor ihnen rollte der Rolls aus, und Sebastian, sein weißer Haarschopf ein leuchtender Fleck in dem Zwielicht, half gerade Donna aus dem Wagen. Mardee dachte, mit diesem weißen Haar sieht er wie ein Geist aus, wie *le gros blanc* in Person. Sebastian bemerkte den Cadillac und kam zu ihnen herüber.

»Mardee, Brian. War es ein schöner Tag?«

»Vielen Dank für die Mitfahrgelegenheit«, erwiderte Brian.

»Oh, jederzeit«, meinte Sebastian etwas zu herablassend, und Mardee spürte einen unbestimmten Ärger in sich aufsteigen. Es war ihr Ausflug und der von Brian; sie ärgerte sich über Sebastians Art, mit der er sie als seine Gäste behandelte. *Dieser Mann hat ein Ego, das reicht für sieben.*

»Kommt doch mit, und wir trinken noch etwas«, bot Sebastian an. »Wir haben bis zum Essen noch etwas Zeit – Madame hält sich strikt an die kontinentalen Essenszeiten.«

Mardee selbst hätte gerne abgelehnt, aber Brian hatte schon dankend angenommen. Nicht ganz sicher war sie sich jedoch, ob dies ihr zu Gefallen geschah oder weil er selbst begierig war, die berühmte – und betörende – Donna Royce kennenzulernen. Jetzt ihren Widerspruch anzumelden, hätte ausgesehen, als scheute sie den Vergleich mit ihr!

5. Kapitel

Ihr Gepäck übergab sie Robert und bat ihn, es in ihr Zimmer bringen zu lassen. Dann ging sie mit den anderen zu dem Flügel des Hauses, den Madame Thibaud ihren Gästen zur Verfügung gestellt hatte. Sie erinnerte sich, daß sie in diesem Raum in ihrer ersten Nacht mit Kip gesprochen hatte. Im Kamin brannte ein großes Feuer, und Margaret, die ihre Päckchen auf den langen Tisch gelegt hatte, wandte sich an den Diener und fragte verwundert: »Mitten im Sommer ein offenes Feuer, Jean-France?«

In seinem gebrochenen Englisch antwortete er: »Es ist sehr feucht hier, Madame. Das Feuer hält die Möbel trocken, so daß die Feuchtigkeit sie nicht zerstört. Außerdem ist so ein Feuer im Dunkeln recht angenehm, finden Sie nicht, Madame?«

Alle luden inzwischen ihre Berge von Souvenirs und Päckchen ab. Auch Margaret hatte den Kindern jede Menge dieser Papierblumen und Kaffeebohnen-Halsketten abgekauft, und Donna hatte eine dieser dekorierten und mit Federn geschmückten Trommeln in der Hand.

Kip kam herein, gähnte und streckte sich. »Du hättest mitkommen sollen, Kip«, sagte Margaret.

»Port-au-Prince bietet mir nichts Neues, Margaret, *chérie*. Im übrigen habe ich den ganzen Tag gearbeitet.«

»Du lieber Himmel«, warf Sebastian ein. »Du hättest den Tag ausspannen sollen wie alle anderen, Kip. Ich bin kein Sklaventreiber.«

»Um ehrlich zu sein, es hat mir Spaß gemacht«, meinte Kip. »Cappy und ich haben den ganzen Vormittag gearbeitet – ich denke, wir haben diese Rede jetzt im Griff –, den Nachmittag über habe ich gelesen. Viel Zeit dafür gibt es ja sonst nicht. Hallo, Mardee«, fügte er mit einem Lächeln hinzu, und Mardee fühlte ihre Erleichterung bis zu den Zehenspitzen. Irgendwie hatte sie erwartet – oder befürchtet –, daß er sie immer noch mit Geringschätzung strafte.

Aber ohne Zweifel hatte er heute morgen Sebastian mit Donna wegfahren sehen. Sie stellte Brian vor, und der Star war ausnehmend freundlich und erwies sich mit intelligenten Fragen als sehr an Brians Buch interessiert. Selbst Donna war bemüht, sich von einer angenehmeren Seite zu zeigen. So erkundigte sie sich bei Mardee: »Hast du auch den ganzen Tag mit Schaufensterbummeln und Einkaufen verbracht?«

»Ja. Ich habe ähnliche Souvenirs gekauft wie Margaret. Die Kinder wirkten so ernst und ausgehungert, so daß ich nicht widerstehen konnte. Außerdem habe ich mir für dieses Klima angemessenere Kleidung gekauft – Nachthemden oder Kleider aus Nylon kann man hier einfach nicht tragen.«

»Das ist hier ein echtes Problem«, stimmte Donna ihr zu, und für eine kurze Zeit unterhielten sie sich über Modefragen, bis Brian und Kip zu ihnen traten, und Mardee sich an ihr Andenken erinnerte. Sie nestelte es hervor. »Brian hat dies für mich auf dem Markt erstanden.«

Margaret reckte ihren Hals, um es in Augenschein nehmen zu können. »Was für ein hübscher Stein. Ein Granat?«

»Ich vermute eher: ein Karneol.«

Donna kniff die Augen zusammen. »Es ist – komisch«, sagte sie und runzelte die Nase. »Eine häßliche kleine Figur.«

»Das Wort dafür ist *ethnologische Kunst*, Miß Royce«, sagte Brian lachend. »Was für ein drolliges Souvenir haben Sie denn auf dem Markt erstanden?«

Donna ergriff die bemalte und federngeschmückte Trommel. »Ich werde sie in meinem Apartment in Beverly Hills an die Wand hängen.«

Gutmütig schmunzelte Kip. »Das ist natürlich eine Imitation für die Touristen. Aber für all die Hollywood-Typen, deren Welt lediglich von Palm Springs bis nach Las Vegas reicht, dürfte dieses Stück Anlaß für irre Diskussionen werden.« Er ergriff die Trommel und schlug sie leise mit seinen langen, schmalen und gebräunten Fingern. Sie hatte einen angenehm warmen Ton.

»Das ist eine gute Trommel. Wieviel hast du dafür bezahlen müssen?«

»Mit dem haitianischen Geld kenne ich mich nicht so aus. Um die vierzig bis fünfzig Dollar.«

»Für touristischen Kitsch ist das zuviel. Du hättest dir von einem der Einheimischen helfen lassen sollen. Andererseits hat sie wirklich einen schönen Klang. Sie ist ausgesprochen gut gearbeitet.« Er drehte sich um, prüfte die Kordel, die das eingefärbte Leder an den bemalten hölzernen Bauch der Trommel spannte. Plötzlich fuhr er zusammen, schaute verwirrt, trug sie näher ans Licht und stand da, einige kleine Markierungen an der Seite der Trommel sorgfältig prüfend. Mardee hörte ihn vor sich hinmurmeln: *Gran' Maître!*

Kip drehte das Licht stärker auf und setzte sein Glas ab. Erneut wendete er die Trommel und begann eine gründliche Untersuchung. Er prüfte die Federn, zögernd, dann seufzte er und setzte sie behutsam auf einen Stuhl, gleichsam als sei er besorgt, sie anzurühren.

»Weißt du überhaupt, was du da hast, Donna?«

»Du nanntest es touristischen Kitsch.«

»Ich habe mich geirrt – entsetzlich geirrt. Das ist ein Original, dem die Trommeln für die Touristen natürlich nachgebaut sind. Das hier ist eine *boula* – eine rituell geweihte Voodoo-Trommel, wie sie in den echten Zeremonien benutzt werden.« Er sah schlecht aus, weiß im Gesicht. »Woher hast du sie?«

Sie schaute ihn verwirrt an. »Ich kaufte sie auf dem Markt in dem Trommelgeschäft. Sie hatten Dutzende von diesen. Die hier hatte ein paar hübsche Federn mehr, und die Farben gefielen mir. Das ist doch nur eine auffallend lustige Trommel.«

Bedauernd schüttelte Kip seinen Kopf. »Leider nein. Wahrscheinlich gehörte sie in die Sammlung eines alten *houngan*, und seine Familie hat sie ahnungslos nach seinem Tode für vielleicht ein paar Kürbisse verkauft. Irgendwie gelangte sie dann in dieses Geschäft, und auch der Eigentümer hat ihren wahren Charakter nicht erkannt.« Er sah sichtlich erregt aus. »Sie muß zurückgebracht werden, Donna. Wir sollten uns bemühen herauszufinden, wer sie angefertigt hat oder zu welchem *óumphor* sie gehört.«

Mit offenem Mund starrte Donna ihn an. »Du bist verrückt, Kip! Hör mit dem Unsinn auf!«

Margaret warf ein: »Erzählte uns der Priester nicht vor einigen Tagen, daß so etwas wie Voodoo überhaupt nicht existiert, daß das lediglich eine der Schauergeschichten der Weißen sei?«

»In diesem Punkt irrte er sich. Ich weiß von diesen Dingen mehr als er. Schau Donna...«

Trotzig ergriff sie die Trommel. »O nein, nichts da«, sagte sie – und dies in einem von ihrer sanften Theater- und Filmstimme sehr unterschiedlichen Tonfall. »Ich habe sie gekauft und werde sie behalten. Ist sie echt, um so besser! Ich sehe schon die Gesichter meiner Freunde, wenn ich ihnen erzähle, daß dies eine echte Voodoo-Trommel ist!«

Kip schaute bestürzt. »Donna, das kann nicht dein Ernst sein! Verstehst du nicht, daß dies ein geweihter, religiöser Gegenstand ist, der *loa* geweiht – den Voodoo-Göttern, zumindest jedoch seinen Heiligen?«

Sie zuckte mit den Achseln. »Glaubst du, mich kümmert dieser Humbug? Das ist doch keine ernstzunehmende christliche Religion!«

»Donna, ich bitte dich inständig – rede nicht so«, flehte Kip sie an. »Voodoo ist eine wirkliche, sehr lebendige Religion. In diesem Teil der Welt ist Voodoo die Religion des Volkes, sein gelebter Kontakt mit der jenseitigen Welt und ...«

»Heidnischer Unsinn«, entgegnete sie ungerührt. »Was bedeutet mir diese Religion? Ich bin Christin!«

»Mais, mon Dieu!« An diesem Punkt war Schluß mit Kips sprachlicher Selbstkontrolle.

Sebastian schaltete sich ein, in leise, fast plauderndem Ton, um die Spannung aufzufangen, meinte er: »Ich wußte gar nicht, Kip, daß du abergläubisch bist, aber ich bin sicher, daß Donna in keiner Weise deine religiösen Gefühle verletzen oder jemandes Religion lästern will. Was sollte mit der Trommel geschehen, Kip?«

»Die Trommel müßte rituell geläutert, neu geweiht und ihrer spezifischen *loa* zurückgegeben werden.«

»O nein, das gibts nicht«, wiederholte Donna, verärgert und uneinsichtig. »Ich habe sie gekauft, sie bezahlt, und ich werde sie behalten!«

Kips Hände waren zu Fäusten geballt. Mardee, die unmittelbar am Rande der Gruppe stand und außerhalb des Gesprächs, war die einzige, die bemerken konnte, wie sehr Kip um Selbstbeherrschung ringen mußte. »Hör zu, Donna! Ich kaufe jede Trommel nach deiner Wahl – ohne jegliches Preislimit. Du kannst dir eine anfertigen lassen, wenn dir das lieber ist. Laß mich diese nehmen und ihrem Besitzer zurückbringen. Trommeln dieser Art sind keine gewöhnlichen Trommeln.«

»Aber das ist jetzt meine Trommel«, bestand Donna unbeeindruckt. »Und ich möchte keine andere. Laß es sein, Kip, ich bin nicht umzustimmen.«

Kip wandte sich an Sebastian. »Kannst du nichts erreichen? Das grenzt an Blasphemie.«

Nach einem Moment des Zögerns meinte Sebastian: »Er hat

dir ein großzügiges Angebot gemacht, Donna. Du hattest die Trommel als Souvenir gekauft, und Kip wird dir genau dies besorgen. Wir sollten unseren Star bei Laune halten.«

Donna schaute arg mißmutig und verärgert: »Warum nimmst du Partei für ihn. Und wieso weiß er all das? Du bist doch nicht irgend so ein Voodoo-Priester, Kip?«

Mit einem leicht gequälten Lachen versuchte er, die Situation herunterzuspielen: »Sehe ich etwa so aus?«

Niemand, dachte Mardee, könnte weniger mit den dunklen Seiten und Geheimnissen der Vergangenheit in Verbindung gebracht werden als Kip. In makelloser, maßgeschneiderter Abendgarderobe, rasiert und manikürt, war er der vollendete Weltmann.

»Ich bin Haitianer, wie du weißt«, sagte er, »und all diese Dinge sind hier für jedermann von allgegenwärtiger Bedeutung. Ich möchte nicht zusehen, wie die Religion meiner Großmutter entwürdigt wird. Du würdest mich für alle Zeiten verpflichten, Donna, solltest du mir gestatten, diese Trommel zu ersetzen.«

Ihre schließliche Zustimmung kam widerwillig. Sebastians Augen glänzten. »Ich wußte überhaupt nicht, daß du etwas von diesen Dingen verstehst, Kip. Kennst du jemanden, der konkret etwas mit Voodoo zu tun hat? Ich vermute, dies alles ist sehr geheim – aber ich würde zu gerne einiges filmen...«

»Ernsthaften Anhängern der Voodoo-Religion erschiene ein solches Ansinnen als obszöne Blasphemie. Ich kenne niemanden – momentan zumindest –, der selbst mir die Anwesenheit gestatten könnte, ganz zu schweigen – entschuldige, Sebastian! – dir, einem *blanc.*«

Sebastians Lachen klang unecht. »Ich vermute, es ist nur mehr als fair, daß auch ich einmal Opfer rassistischer Vorurteile bin. Aber sicher haben doch schon Weiße an Voodoo-Zeremonien teilgenommen. Und du selbst, Kip, siehst doch auch wie ein Weißer aus.«

»Als Kind hat man mich dies auch empfindlich spüren lassen!«

Mardee, die die Spannung wieder ansteigen spürte, mischte sich ein. »Wenn wir vor dem Dinner noch einen Drink zu uns nehmen wollen, Sebastian...«

Sebastian erinnerte sich seiner Pflichten als Gastgeber. »Ich lasse die Getränke kommen. Möchte jemand lieber Scotch oder Sherry? Oder für alle Rum?«

Paul wollte Scotch, Brian und Kip Rum. Bedeutungsvoll schaute Sebastian Donna an, bis diese schmollend ein Glas Sherry verlangte, und Mardee schloß sich ihr an. »Noch einen Rum und ich schlafe über dem Abendessen ein.«

Die Unterhaltung entspannte sich. Brian erzählte Sebastian etwas über sein Buch und wurde eingeladen, für einen Tag die Dreharbeiten zu verfolgen. »Gibt es Vorurteile seitens der schwarzen Bevölkerung in Cap Dominique, daß Sie – ein Weißer – einige der dunklen Kapitel der Geschichte Haitis aufrühren?«

»Ich glaube nicht«, meinte Sebastian nach sorgfältigem Nachdenken. »Niemand hatte Einwände, und vielleicht überzeugte die Tatsache, daß ich schwarze Schauspieler von internationalem Rang verpflichtet habe. Außerdem mache ich einen seriösen Film. Bei einem kitschigen Horrorfilm oder einer Schlafzimmer-Komödie mit Folklore-Einlagen und derartigem hätte es möglicherweise Widerstände gegeben, auch wenn man mich des Geldes wegen hätte drehen lassen. Ich hoffe, die Menschen hier wissen, daß ich ihr Land liebe und versuche, der Welt die wirkliche Schönheit und Bedeutung Haitis zu zeigen.« Er wandte sich auch an Kip und fuhr fort: »Deshalb empfinde ich das Filmen einer Voodoo-Zeremonie auch nicht als Entweihung, vielmehr als Chance, die Zuschauer über ihre abergläubischen Vorurteile aufzuklären und zu zeigen, was ursprünglich, ehrwürdig und schön ist!«

»Ich denke, ich weiß, was du meinst«, erwiderte Kip bedächtig. »Aber ich weiß wirklich nicht, wie ich dir momentan helfen kann.«

Brian schaltete sich ein: »Ich habe mich ebenfalls umgehört, und – ohne Ihnen nahetreten zu wollen, Sir – für mich sind Erkundigungen dieser Art leichter. Zweierlei habe ich herausgefunden. Ich entdeckte eine Kirche, in der neben den sonstigen katholischen Heiligen auch Voodoo-Heilige verehrt werden. Ich habe aber dem Priester Verschwiegenheit zugesichert, da er ansonsten befürchten muß, von der Kirche exkommuniziert zu werden. Zum anderen habe ich eine Einladung zu einer Voodoo-Zeremonie erhalten, die in Abständen öffentlich auf der Bühne vorgeführt wird und...«

»Scheiße!« unterbrach Kip ihn ungehalten. »In Paris laden sie dich auch zu einer Satansmesse ein, mitten auf der Place Pigalle sogar, fünftausend Francs knöpfen sie dir dann für etwas ab, was zu einem Viertel des Preises in jeder *bouge* zu sehen ist!«

»Du lieber Himmel«, protestierte Brian. »Halten Sie mich für derart naiv? Das ist keine billige Show, sondern eine historische Vereinigung, die sehr gewissenhaft und genau die Tänze und Zeremonien auf der Bühne präsentiert. Zwar nicht echt, aber wohl das Beste, was ein Außenseiter zu sehen bekommen kann. Ich werde es in meinem Buch erwähnen. Bis jetzt habe ich allerdings noch keinen Fotografen ausgegraben« –, mit einem Seitenblick auf Mardee verbesserte er sich schmunzelnd: »aufgegabelt. Die Vorstellung wird von der Universität finanziert, und sollten Sie das filmen wollen, Wright, so bin ich sicher, daß Sie die Genehmigung erhalten werden.«

»Dawes, ich mache Ihnen einen Vorschlag«, antwortete Sebastian. »Verschaffen Sie mir eine Einladung, und ich stelle Ihnen einen meiner Kameramänner zur Verfügung. Sie können für Ihr Buch aber auch jede von Ihnen gewünschte Aufnahme als Dia erhalten. Okay?«

Brian strahlte. »Einverstanden!«

Die Drinks kamen. Mardee nippte an ihrem Sherry, und Brian trat zu ihr. »Du bist da mit Sicherheit in eine tolle Gesellschaft geraten.«

Ausgelassen prostete sie ihm zu. »Das ist Showbusineß.«

»Ich mag Wright. Er ist ehrlich, und ich glaube, er will wirklich den Leuten ein positives Bild von Haiti vermitteln.«

»Ich mag ihn auch«, stimmte Mardee zu. »Ich glaube aber auch, daß seine Liebe zu Haiti ihn zu seiner Affäre mit Donna verführte und ebenso zu seiner Flirterei mit mir. Wir alle sind Teil des Zaubers von Haiti.«

»Hältst du ihn wirklich für so romantisch?« zweifelte Brian.

»Ich denke schon«, meinte sie und erinnerte sich des Gesprächs mit ihm, als er sie durch den Besitz führte; die Art, in der er von seinem letzten Film schwärmte, der Schönheit des Eises und des glitzernden Schnees. Ebenso erinnerte sie sich der Presseberichte über seine damalige intensive Romanze mit einer internationalen olympischen Eisläuferin. »Er lebt nur in der Gegenwart, völlig aufgegangen in seiner jeweiligen Passion.«

»Und wahrscheinlich ist alles gleich schnell vorbei«, meinte

Brian mit einem Blick auf Donna Royce, die sich besitzergreifend an Sebastians Arm gehängt hatte.

Brian hat recht, und sollte sich Donna ernsthaft in ihn verliebt haben, so tut sie mir leid. Ist der Zauber verflogen, der Film beendet, dann wechselt er ohne einen Blick zurück Thema, Gegenstand und Leidenschaft. Vor ihrem Auge erschien das wütende Gesicht Donnas, als die ältere Frau sie aufforderte, die Finger von Sebastian zu lassen. *Warum eigentlich verschwende ich meine Gedanken an sie?*

Brian erriet ihre Überlegungen und meinte: »Er ähnelt dem Komponisten Puccini. Der war immer in diese oder jene Frau verliebt. Meistens Sängerinnen seiner Opern. Und als seine Frau ihm einmal seiner Liebesaffären wegen Vorhaltungen machte, erwiderte er: ›Ich verliebe mich nicht in irgendeine Frau. Ich liebe Manon, Mimi und Tosca – und für eine kurze Zeit sind diese Frauen meine eigenen Geschöpfe...!‹« Er brach ab. »Hey – wieviel hat Barry eigentlich schon getrunken?«

Er war Mardee eigentlich nicht nüchtern vorgekommen, aber entweder war das letzte Glas genau das eine zuviel gewesen, oder der Wechsel von Rum zu Scotch war ihm nicht bekommen.

Er stand über Donnas in Vergessenheit geratene Trommel gebeugt und brabbelte laut und betrunken vor sich hin. »Wenn diese Trommel eine Seele hat – hey, Leute, hört mal her! –, sollten wir ihr dann nicht ein Trankopfer darbringen, wie seinerzeit den alten Göttern Griechenlands? Das mußte ich einmal in einem Film machen. Aber das geht hier natürlich nicht mit Scotch. Kip, du hast Rum, gib mir dein Glas.« Er nahm es und bespritzte die Trommel mit dem wohlriechenden Rum. »Im Na–, Namen eines un–, unbekannten Gottes«, parodierte er mit überbetont feierlichem Gesicht. Kip, zornrot im Gesicht, packte Paul bei den Schultern und zerrte ihn weg. »Bist du des Teufels? Was soll das bedeuten?«

Brian stellte sich zwischen Paul und Kip, der vor Wut schier außer sich war. »Er ist betrunken, Tybalt, er meint es nicht so. Gib Ruhe, Paul! Du blamierst dich bodenlos.«

Er zog Barry zum Sofa, wo Paul nur noch »Entschuldigung, Kip« murmelte und einschlief.

Weiß und am Körper zitternd, schüttelte Kip seinen Kopf. »Es wird hier zuviel getrunken«, sagte er. Sein kreolischer

Akzent war plötzlich unverkennbar. »*Blasphème de salaud d'ivrogne!*«

Verärgert meinte Brian: »Das ist abergläubischer Unsinn, Tybalt, und einer der Gründe, warum überall in der Welt Haiti nicht ernst genommen wird. Sind Sie wirklich so ein abergläubischer Narr oder auch nur betrunken?«

Nicht sehr erfolgreich in seinem Bemühen, seine Stimme unter Kontrolle zu bringen, erwiderte Kip: »Sie wissen nicht, wovon Sie reden, Dawes. Zu den Touristen in Port-au-Prince kann man so reden, aber nicht hier in Cap Dominique, wo...« Seine Stimme verstummte erneut, er wandte sich ab, ging zum Kamin und starrte in die Flammen.

Mardee beobachtete ihn – zu ihrer eigenen Überraschung beunruhigt und etwas verärgert über Brian wegen der Art, wie er mit Kip umgegangen war.

Kip ergriff die Trommel und nahm sie beschützend unter seinen Arm. Mardee überkam die verrückte Vorstellung, daß Kip sich der Trommel gegenüber zu entschuldigen versuchte. Sanft begann er mit den Fingerspitzen die Trommel anzuschlagen; so leise, daß Mardee nichts bemerkt hätte, hätte sie es nicht gesehen. Seine schmalen und zarten Finger bewegten sich fast geräuschlos und entwickelten einen in Bann schlagenden Rhythmus. Sie wechselte mit Brian einen fragenden Blick. Wohin führt das?

Mardee konnte es mittlerweile wieder hören – weniger als Musik von außen, denn als Antwort aus ihr selbst heraus; in ihrem Blut. Die Musik schwoll an und begann unmerklich das Zimmer zu erfüllen. Nun wußte Mardee, daß sie wirklich etwas hörte, daß da nicht etwas in ihr war, ein zwingender Ruf... Sie bemerkte, daß Donna, die neben dem Kamin stand, rhythmisch zu dem Trommelschlag sich zu wiegen begann – nicht bemerkte sie jedoch, daß sie dasselbe tat. Aber sie sah, daß Brian, dann Sebastian und Margaret, sich ebenfalls zu der Musik zu bewegen begannen.

Donna, in die Musik verloren, begann als erste sich zu bewegen, dann mit ihren Absätzen rhythmisch auf den Boden zu stampfen. Sebastian ergriff sie bei den Händen, und sie tanzten. Mardee warf ihren Kopf zurück und fühlte, wie Brian ihre Hände nahm, sie in die Mitte des Raumes zog – auch sie selbst im Tanz selbstvergessen.

Die Trommel. Der Schlag der Trommel. Nichts mehr existierte in dem Raum, nichts mehr in der Welt als die Trommel und dieser Rhythmus, der ihr Blut aufwühlte und ihren Körper ohne eigene Kontrolle sich zu dem herausfordernden Schlag bewegen ließ. Zaghaft und verwirrt tauchte weit ab irgendwo in Mardees Bewußtsein noch die Frage auf: *Warum tanzen wir eigentlich so?* Aber sie war nicht wichtig. Nichts war mehr wichtig außer Musik, die ihr Ohr, ihren Geist, ihren Körper erfüllte. Und während sie so tanzte, verschwand der Raum um sie, und sie tanzte im Dunkeln, außerhalb der Zeit, besessen. Dunkle Bilder einer Vergangenheit, die sie in ihrem bisherigen Leben nie bewußt kennengelernt hatte, tauchten in ihrem Geist auf und begannen im endlosen, monotonen und nicht bewußt mehr wahrgenommenen Schlag der Trommel ihr eigenes Leben... Nackte Gestalten sangen unter dem großen Mond – Feuer flackerten durch die Dunkelheit – weitere Trommelrhythmen erhoben sich und fielen ein...

Wie durch einen Nebel, der sich auf ihre Sinne gelegt hatte, konnte sie zwar Kip erkennen, aber das war nicht mehr Kip! Da war nichts als eine Schwärze, eine Kraft, aus der eine fremde, in Bann schlagende Maske mit leuchtenden Augen auftauchte – verzerrt, unwirklich...

In plötzlichem Erschrecken dachte Mardee: *Das ist verrückt, wir alle hier sind verrückt, das ist Wahnsinn...* Sie sah Sebastian, dessen weißer Haarschopf in seinem wilden Tanz nur so herumflog. Brian lachte – in diesem allgemeinen Wahnsinn eine völlig unangemessene Fröhlichkeit. Donna hielt ihre Arme ausgestreckt; ihre Stöckelschuhe hatte sie schon abgestreift und tanzte barfuß, ihre Haare flogen nur so. Margarets graue Haare hatten sich aus ihrem Knoten gelöst und hingen unordentlich über ihre Schultern, während sie sich unbeholfen, steif wie eine alternde Frau, im Kreise drehte. Selbst Kip, die Trommel unter seinem Arm, tanzte. Sein Gesicht verzerrt und bleich, seine Arme und Finger in rasender Bewegung. Mardee fühlte Angst in sich aufsteigen. *Wir sind verrückt, total verrückt, wir müssen dies zu einem Ende bringen...*

Aber obwohl sie immer wieder versuchte, ihre Füße unter Kontrolle zu bringen, bewegte sich ihr Körper weiter in wildem Tanz. Sie geriet in Panik. Ich kann nicht aufhören, niemand kann aufhören, wir werden weitertanzen müssen, bis wir alle an Erschöpfung sterben ... Erinnerungsfetzen jagten durch ihr Hirn; die ekstatischen Tanz-Prozessionen des Mittelalters, das Märchen von den roten Schuhen, in dem Karen bis in alle Ewigkeit tanzen mußte aus Strafe für ihre Gotteslästerung, die tanzende Kuh in Mary Poppins ...

O Gott, hilf uns ... Ich muß das beenden ... Angst erfaßte sie, als sie begriff, daß sie weder Füße noch Körper auch nur für einen Augenblick ruhig halten konnte, solange die Trommel ihren unbezwingbaren Rhythmus schlug, ein Rhythmus, der Raum und Zeit auslöschte ...

»Arrêtez!« Ein hoher, schriller Kommando-Ton stand im Raum. Der Trommelschlag stockte und verstummte.

Mardee, bestürzt und schockiert, taumelte gegen ein Möbel, stützte sich dort ab, schnappte nach Luft und starrte verstört auf Tante Emilies wutgezeichnetes, altes Gesicht. Mitten in dieses schockierte, schuldbeladene Schweigen piepste Margaret völlig unangemessen: »Du lieber Himmel, was ist bloß in uns gefahren?«

Kip lehnte am Kamin. Sein Kragen stand offen, sein Gesicht war schweißüberströmt. Erbarmungswürdig schaute er zu der alten Dame hinüber. Zweimal hob er zu reden an, doch seine Stimme versagte jedesmal.

Madame Thibauds Stimme zitterte vor Empörung. »Ich dulde diese – diese Art Orgie nicht unter meinem Dach! Marie-Louise!« Ihre Augen suchten Mardee. »Warum hast du dieses – dieses Spektakel zugelassen?«

Kip faßte sich, schweratmend sagte er: »Madame, Ihre Großnichte trifft keine Schuld, ich ...«

Donna Royce suchte ihre Schuhe und schlüpfte eher beiläufig in sie. Ihre Stimme klang zwar noch reichlich benommen, aber sie hatte sich als einzige so weit unter Kontrolle, um klar reden zu können. »Madame, wir bedauern diese Störung sehr. Kip begann zu spielen und wir zu tanzen. Dies war sicher nicht beabsichtigt, aber die Musik riß uns mit. Wir hatten Sie um alles in der Welt nicht stören wollen. Es tut uns ausgesprochen leid.«

Schnell übernahm sie die Rolle Sebastians als Gastgeberin.

»Darf ich Ihnen ein Glas Sherry anbieten, Madame? Sicher nicht in der von Ihnen gewohnten Qualität, aber wir alle wollten noch vor dem Essen ...« Unbefangen nahm sie die Karaffe, füllte ein Glas und bot es der augenscheinlich immer noch verärgerten Dame des Hauses an. Mardee, die immer noch zitterte, verspürte Dankbarkeit in sich gegenüber Donna wegen deren verblüffender Ruhe.

Tante Emilie akzeptierte das angebotene Glas; es gab für sie keine andere Wahl! – außer einem offenen Akt der Unhöflichkeit, zu dem eine Frau ihrer Herkunft und Klasse schon physisch fast nicht fähig ist. Kip hatte sich in einer Art zur Seite gedreht, die Mardee vermuten ließ, er wolle die Trommel mit seinem Körper vor ihren Augen verbergen. Dann ließ er sie in einem Akt geplanter Unbeholfenheit ins offene Feuer fallen.

Das alte Holz flackerte kurz auf – dann war es vorbei; und im Handumdrehen war er wieder der charmante, weltgewandte Schauspieler. Mit einer leichten Verbeugung sagte er in seinem perfekten Französisch: »Madame, ich bedaure unendlich, daß unser spontanes Vergnügen Ihre Abendruhe gestört hat. Seien Sie versichert, daß nichts Derartiges wieder vorfallen wird.«

Mardee merkte, wie sie Brians Hände umklammert hielt. Würde Tante Emilie diese Erklärung akzeptieren? Doch was sollte sie sonst machen? Sie könnte doch wohl schlecht ihre Gäste aus dem Haus werfen.

Aber was war denn eigentlich mit ihnen passiert? Eine Art Besessenheit? Kaum versuchte sie sich auf diesen Gedanken zu konzentrieren, als ihr auch schon die ersten Zweifel an der Realität dessen kamen, was vorgefallen war. Nur flüchtig noch erinnerte sie sich, während des Tanzes an eine Art Rausch gedacht zu haben – doch auch diese Reminiszenz verflog so schnell wie ein verrückter Traum bei Tageslicht.

So nahm sie denn die Gelegenheit wahr, auch ihrerseits mit der Befolgung gesellschaftlicher Gepflogenheiten die Situation weiterhin zu entkrampfen, ergriff Brians Hand und führte ihn zu Madame Thibaud.

»Tante Emilie, das ist Brian Dawes.«

Die alte Dame zeigte sich unbewegt, unentschlossen, ob sie sich mit der angebotenen fadenscheinigen Erklärung zufrieden geben oder weitere Aufklärung verlangen sollte. Dann seufzte sie tief auf, bot ihm ihre knochige, zerbrechliche Hand und lächelte.

»Sie haben meiner Nichte einige der Sehenswürdigkeiten unserer schönen Insel gezeigt, M'sieur, und ich habe erfahren, daß Sie ein Buch über die neueren Entwicklungen unseres modernen Haiti schreiben. Während des Essens, das sicher schon angerichtet sein dürfte, werden Sie mir mehr darüber erzählen müssen.« In königlicher Gelassenheit reichte sie ihm ihren Arm. Ihre dunklen, machtvollen Augen schweiften durch den Raum – die ihr so fremd Gebliebenen von der Filmgesellschaft gleichzeitig wahrnehmend wie zurückweisend.

»Ihnen allen wünsche ich eine besonders angenehme Nachtruhe.«

Und erneut entdeckte Mardee an ihr die Züge, die Sebastian ihr als ›herzoglich‹ beschrieben hatte. Brian führte ihre Großtante aus dem Raum. Mardee folgte.

Tante Emilies Koch hatte sich selbst übertroffen – der Service, der Wein, das Essen waren ausgesprochen feudal –, doch Mardee, die immer noch nicht zu sich selbst gefunden hatte, stocherte etwas lustlos in ihrem Essen herum. Mit wachsender innerer Unruhe verfolgte sie das Gespräch, in dem Brian von seinem Buch berichtete. Gelassen und souverän plauderte er über hohe Literatur, neue Methoden der Zuckerrohrernte, gewerkschaftliche Bemühungen für angemessene Löhne für die Arbeiter auf den Kaffee- und Zuckerrohrplantagen.

Tante Emilie hörte ihm mit Interesse zu, stellte auch intelligente Fragen – doch ihren exzellenten Brandy, den sie ihm nach dem Essen anbot, schlug er aus. »Vielen Dank, Madame. Ich muß noch nach Port-au-Prince zurück, und bei den hiesigen Straßen halte ich es für besser, Alkohol und Autofahren zu trennen.«

»Eine sehr lobenswerte Einstellung.« Madame Thibauds Lippen verzogen sich zu einem Lächeln. »Ich habe Léon – einen der Gärtner und ein erfahrener *mécanicien* – gebeten, nach Ihrem Wagen zu schauen, und er versicherte mir, daß dieser nun zufriedenstellend läuft.«

»Ich bin Ihnen sehr verbunden, Madame.« Brian erhob und verbeugte sich. »Wenn Sie gestatten, möchte ich kurz mit ihm ein paar Worte wechseln, bevor ich aufbreche.« Mardee vermutete, daß er ihm ein großzügiges Trinkgeld anbieten wollte. Er entschuldigte sich – versprach, noch einmal zurückzukommen, um sich von Mardee zu verabschieden, und Tante Emilie wandte sich mit einem Lächeln an Mardee.

»Ich bin sehr von deinem jungen Mann angetan, Marie-

Louise. Er wird einen guten Ehemann abgeben. Ich hoffe, du meinst es ernst.«

Überrascht und entrüstet erwiderte Mardee: »Ich kenne ihn doch kaum! Er ist sicher ein netter Mann, aber ich denke noch nicht ans Heiraten!«

Madame Thibaud widersprach: »Es ist höchste Zeit, Marie-Louise. Du bist bald dreißig, also nicht mehr ein *jeune fille*, und...«, dies fügte sie mild hinzu, »... du darfst nicht vergessen, daß ich keine weiteren Verwandten habe. Ich möchte gerne hier in Cap Dominique noch Kinder sehen. Ich selbst habe nicht geheiratet, was ich manchmal bedaure, aber...« Sie sah Mardees Gesicht versteinern und brach ab.

»Nun, wir können dieses Thema ein andermal weiterdiskutieren, *p'tite*. Verabschiede dich von deinem jungen Freund und entschuldige mich. Ich bin sehr müde. Bitte rufe Fifine, sie soll mich zu Bett bringen.«

Mardee tat so, und anschließend trat sie auf die weite Veranda hinaus, um auf Brian zu warten. Er kam die Treppe herauf, stellte sich neben sie und seufzte tief.

»Mardee, danke für den schönen Tag.«

»Ich danke dir«, sagte sie leidenschaftlich. »Durch dich beginne ich Haiti langsam kennenzulernen.«

»Hoffentlich ist dies nur der Anfang«, erwiderte er leise und nahm sie zögernd in den Arm. »Mardee...«

Einen Augenblick genoß sie entspannt die beschützende Kraft seiner Umarmung. Dann – Tante Emilies gelassener Kommentar zu Brian schoß ihr durch den Kopf – sträubte sie sich ein bißchen gegen seine Umarmung. Doch als seine Lippen die ihren fanden, dachte sie: *Warum eigentlich nicht? Es ist dumm, das, was ich für Brian empfinde, abzulehnen, nur weil Tante Emilie ihn akzeptiert!*

Sie preßte sich an ihn und gab sich seinem Kuß hin; zu ihrer Überraschung entdeckte sie, daß ihr Körper auf ihn reagierte. Seit sie aus Teds Wohnung – damals war es auch die ihre gewesen – geflüchtet war, am Tage ihres letzten Streits, hatte kein Mann sie auch nur einen Augenblick lang erregen können.

Nicht einmal Kip? meldete sich hartnäckig ihr Gewissen, aber sie wies diesen Gedanken kurzerhand zurück. Kip ist Schauspieler. Jede Frau, die sich mit einem Schauspieler einläßt, muß mit Schwierigkeiten rechnen. Sie schlang ihre Arme um Brian mit einer Heftigkeit, die den Mann überraschte und – entzückte.

Aber warum hörte sie gerade jetzt wieder diesen eindringlichen und mitreißenden Rhythmus, der ihr schon vorher bis ins Mark gedrungen war? »Brian«, sagte sie und löste sich von ihm, »war da nicht ein Geräusch?«

Einen Augenblick war er still und lauschte. »Nein, ich glaube nicht. Für einen Moment glaubte ich, wieder Trommeln zu hören – vielleicht stimmt das sogar. Überall auf Haiti hört man Trommeln. Das war verrückt heute abend. Massenhypnose nennt man das, glaube ich.«

Er gab ihr einen leichten Kuß auf die Stirn. »Paß auf dich auf. Es ist mir gar nicht recht, jetzt zu gehen und dich in diesem Irrenhaus zurückzulassen. Wer weiß, was alles passiert.«

»Ich dachte, du magst Wright?«

»Das stimmt auch, und außerdem – verzeih, wenn das zu zynisch klingt – ist er eine Top-Adresse in der gesamten Medienwelt. Das ist auch der Grund, warum ich für ihn diese Voodoo-Filmerei arrangiere. Es ist nützlich, ihn mir verpflichtet zu wissen. Darüber hinaus ...« er grinste, »... habe ich dadurch eine gute Ausrede, dich wiederzusehen.«

Mardee reichte ihm beide Hände und sagte leise: »Die brauchst du nicht, Brian, wirklich nicht.«

Wieder nahm er sie in die Arme, sie gab sich seinem Kuß hin, von der heißen und duftgeschwängerten Nacht berauscht.

Tante Emilie weiß es vielleicht nicht, aber sie hat ihren Willen bekommen. Ich meine es ernst mit Brian, viel ernster, als sie eigentlich wissen soll. Und in ihrem Blut pochte unaufhörlich der Rhythmus der Trommeln. Waren sie wirklich vorhanden, oder hörte sie nur das Klopfen ihres Herzens? Seufzend entzog sie sich ihm. »Du solltest jetzt gehen. Du hast noch eine lange Fahrt vor dir, und es ist schon sehr spät.«

»Du hast recht.« Er drückte noch einmal ihre Hand und flüsterte: »Das nächste Mal suche ich einen Platz, wo ich dich ungestört küssen kann, wo nicht Madame Thibauds gesamte Dienerschaft möglicherweise Wache steht.«

Erleichtert über seine lockere Reaktion ging Mardee ins Haus zurück und sah noch die Heckleuchten seines Vehikels in der Dunkelheit verschwinden. In die große Halle gekommen, gab sie dem offensichtlich geduldig wartenden Robert die Anweisung, das Haus abzuschließen und zu Bett zu gehen.

Mittlerweile redet er mit mir in dem gleichen Ton wie mit Madame, dachte sie, *und heute abend erklärte sie mir, ich sei ihre einzig nähere Verwandte und sie wolle Kinder in Cap Dominique sehen.* Der Gedanke, immer hier zu leben, mit Brian, in einem Haiti, das sie zu lieben begann, war angenehm. Schon lange vorher hatte sie entschieden, daß Kinder und Bühnenkarriere nicht zu vereinbaren waren. Über diesen Punkt hatten Ted und sie sich nie einigen können; eine der schweren Belastungen, an denen ihre Ehe gescheitert war.

Aber hier wäre alles ganz anders – hier in Maison Dominique Kinder großzuziehen ...

Melanie döste in einem Sessel am Fenster; sie wachte auf und gähnte vorwurfsvoll. Mardee, die sich grundlos schuldig fühlte, schickte sie zu Bett. Sie schlüpfte aus ihrem braungelben Rock und fühlte etwas Schweres an ihrem Hals hängen. Zum ersten Mal seit Stunden dachte sie wieder an die Halskette – Halskette? – mit dem Madonna-Karneol. Sie nahm sie ab und betrachtete sie; sie war sich fast sicher, daß es eine Art Rosenkranz war. Sie fragte sich, woher sie wohl stamme und warum sie sich auf so unerklärliche Weise von ihr angezogen fühlte. Irgendwie schien ihr die Kette vertraut zu sein – so vertraut wie die Steinhütte ihrer Vorfahrin. Sie schlüpfte ins Bett, die Perlenschnur in der Hand. Ohne wirklich zu wissen, was sie tat, bekreuzigte sie sich und flüsterte: »*En tes mains, Gran'Maitresse ...*« und schlief erschöpft ein.

... Mardee träumte: Vom Schlagen der Trommeln aufgewacht, überkäme sie ein seltsames Gefühl der Unruhe. Das Moskitonetz zog sie zur Seite, das Zimmer erhellt von einem seltsam fahlen Mondlicht, sah sie sich verständnislos um.

Sie war allein. Was machte sie hier? Er hatte sie wieder vergessen. Sie mußte schleunigst in ihre eigene Wohnung zurück, bevor man sie entdeckte und wieder bestrafte. Sie stand auf und suchte mit bloßen Füßen nach ihren Pantoffeln, die nicht da waren. Schnell zog sie sich etwas über und fingerte mit den ungewohnten Knöpfen. Sie wagte kaum zu atmen und stahl sich leise die Treppe hinunter, den Korridor entlang, auf den vertrauten Hinterausgang zu, der in solchen Nächten immer unverschlossen blieb. Sie schlüpfte hinaus in die heiße, tropisch duftende Nacht. Jetzt konnte sie die Trommeln deutlich vernehmen; das Geräusch brachte ihr Blut in Wallung, aber der Priester hatte sich sehr entschieden ausgedrückt. So etwas war nichts für sie – eine Gefahr für ihre unsterbliche Seele. Trotzig umklammerte sie den Rosenkranz und flüsterte, einer Beschwörung gleich: »*Gran'Maitresse*...«

Das war keine Sünde. Sie war die Mutter Gottes, lieblich und rein, die Mutter aller sündigen Menschen. Der andere Priester hatte es ihr genau erklärt... Sprach man von ihr als Maria, der Heiligen Jungfrau, dann war sie die Mutter der Weißen; aber wenn man sie als ›*Maîtresse Erzulie*‹ anredete, dann war sie die liebevolle Beschützerin der Weißen und der Schwarzen – und ebenso von denen, die weder zu den einen noch den anderen gehörten. Eine wie sie.

Schutzsuchend umklammerte sie den Rosenkranz und drückte ihn fest an sich. Sie bewegte sich leise, und plötzlich, wie in einem seltsamen, traumhaften Übergang, befand sie sich auf den Stufen ihres eigenen Hauses, das, wie ER erklärt hatte, für immer ihr gehören sollte, allen Weißen in Saint-Domingue zum Trotz... Sie schob den Riegel zurück und ging hinein. Sicher bewegte sie sich in der Dunkelheit, fand den Haken und hing den Rosenkranz dort auf, wo er auf sie herabsehen und sie zu jeder Tages- und Nachtzeit beschützen würde. Einen Augenblick war sie wegen der Leere und der Ruhe im Haus überrascht. Wie lange war sie fort gewesen? Wie hatte er es wagen können, sie in das Große Haus zu bringen? Würde er heute nacht kommen? Er kam nicht jede Nacht. Sie wußte, er würde – wenn möglich – kommen, und wenn nicht, dann war er mit jener geheimnisvollen und bedrohlichen Sache beschäftigt, die es, wie er ihr versicherte, ermöglichen sollte, daß sie für immer zusammenblieben. Er hatte ihr nicht viel darüber erzählt – und sie wollte auch nicht mehr darüber wissen.

Aber niemand kam; hier in diesem kleinen Haus herrschte nur Stille, seltsame Leere, Blätterrascheln vor dem Fenster und die Trommeln, die Trommeln...

Mardee erwachte, schlug überrascht die Augen auf. Was für ein merkwürdiger Traum, was für ein äußerst merkwürdiger Traum! Sie war ihre eigene Sklaven-Ahnin gewesen, die sich des Nachts aus dem Hause stiehlt, um ihren schwarzen Liebhaber zu treffen, mit dem sie den mächtigen *›blanc‹* betrog, der ihrer beider Herr war... Ein Traum? Schockiert erkannte Mardee, daß sie nicht in ihrem Bett lag. Sie trug ihr neues Baumwollhemd – schief über ihrem nackten Körper geknöpft. Sie war barfuß und befand sich überhaupt nicht mehr im Hause! Mit wilden Augen sah sich Mardee in dem kahlen Raum mit der gefliesten Feuerstelle um. Von Panik erfaßt, sprang sie auf, als sie plötzlich an Spinnen, Schlangen und giftige Insekten dachte. Sie ermahnte sich schnell und erinnerte sich, daß alle Einheimischen hier barfuß gingen – weil es ihnen so gefiel oder aus purer Not – und keine Furcht vor Schlangen und Käfern kannten.

Aber wie war sie hierher gelangt? Ihr Traum fiel ihr wieder ein, und sie kam zu dem einzig möglichen Schluß, daß sie wohl schlafwandelnd hierher gekommen war.

Als erstes mußte sie zurück, bevor man sie suchte und Alarm schlug – was ihrem Ruf schaden konnte, ganz zu schweigen von dem Schrecken, den Tante Emilie durchleben würde.

Wer würde ihr schon die Schlafwandlerin abnehmen, die auf unbekannten Wegen durch ein fremdes Grundstück sicher zu einem kleinen Haus fand, das sie vorher nur ein einziges Mal gesehen hatte? Mardee tastete sich durchs Zimmer. Der Rosenkranz hing an eben dem Haken beim Kamin, wo sie ihn in ihrem Traum hingehängt hatte. Seltsam, im Traum hatte sie genau gewußt, welche Bedeutung er hatte. Zitternd nahm Mardee ihn ab und hängte ihn sich wieder um den Hals. Noch etwas anderes aus dem Traum war Wirklichkeit: Draußen war Trommelgeräusch. Trommeln in der Nacht, ihr mitreißender Rhythmus steigerte sich bis zum Wahnsinn.

Sie trat wieder in die Nacht hinaus; der Klang der Trommeln war nicht zu überhören. Auch wenn sie es sich immer wieder einredete, es seien nur einfache arme Leute in Cap Dominique, die Rum tranken und sich mit ihrer eigenen Musik unterhielten – sie konnte es nicht mehr länger glauben. Nicht, nachdem sie heute Kip beim Trommeln zugehört hatte.

In der Entfernung war ein schwaches Licht zu entdecken und schnellen Schrittes ging sie darauf zu. Gleichzeitig versuchte sie, den Klang der Trommeln mit ihrem eindringlichen und fordernden Locken zu ignorieren.

Sie haben nichts mit mir zu tun.

Ich habe nichts mit ihnen zu tun.

Sie sah sich wieder um, um sich erneut zu orientieren, und mußte erkennen, daß Lichtschimmer und Trommelklang eins waren. Das Licht hatte sie vom Haus weggeführt. Sie befand sich nun am Ende der langen Straße in Cap Dominique – vor sich jenes kahle, große Gebäude, das sie während der Dreharbeiten gesehen hatte. Damals war es mit Brettern verschlagen und verlassen gewesen, jetzt standen die Tore weit offen, und aus jedem Fenster strömte Licht.

Von dort, aus dem Innern des Hauses, kam das Trommeln, die Straße jedoch war dunkel und menschenleer, kein Hund bellte, kein Huhn gackerte.

Das erste, was Mardee im Innern des großen Gebäudes bemerkte, war das Podium mit drei Trommlern. Die eine Trommel war übermannsgroß, ein zerlumpter junger Schwarzer stand auf einer Kiste, um sie zu bedienen. Keinen der Trommler kannte Mardee. In der Mitte des Raumes kniete ein Mann in einem weißen, mit wundersamen Mustern bestickten Mantel. Davor stand eine Säule, um die sich eine riesige Schlange wand – keine echte, aber eine sehr realistische Darstellung aus geschnitztem und bemaltem Holz.

Der kniende Mann zeichnete mit farbigem Puder, den er durch seine Finger rieseln ließ, kunstvolle Muster auf den Boden. Plötzlich stimmte die Menge, die im Saal versammelt war, einen leisen, monotonen Gesang an, der ebenso eindringlich und mitreißend war wie der Rhythmus der Trommeln. Nach und nach konnte Mardee einige Verse verstehen:

Damballa Wedo! Côté où yé!
Damballa Wedo! Côté où yé!
Papa Legba, commande!
Legba commande!
Commande-yo!

Immer wieder wurden diese Zeilen wiederholt; Mardee liefen Schauer über den Rücken. Sie klammerte sich an den Türpfosten, weil sie sonst wie magisch in das Innere des Raumes gezogen worden wäre – und dann? Mardee wußte es nicht. Der monotone, in Ekstase versetzende Gesang verstummte nicht:

Damballa! Wo bist du?
Damballa! Wo bist du?
Papa Legba, befiehl uns!
Legba, befiehl uns!
Gib uns deine Anweisungen!

Der kniende Mann war mit der Ausschmückung des Bodens fertig – blühende, vielfarbige Bäume. Er erhob sich, umklammerte einen seltsam geformten Stab und rief etwas in einem kreolischen Dialekt, der so viele afrikanische Worte enthielt, daß Mardee nichts davon verstehen konnte. Aus dem Hintergrund kamen drei weißgekleidete Frauen den Gang entlanggeschritten, beladen mit Körben voller Blumen. Aus ihrem Versteck konnte Mardee eine von ihnen erkennen – Fifine. Niemand sonst hatte ihre Größe, und ihre harten Gesichtszüge waren nicht zu verwechseln. Was würde Tante Emilie sagen, wenn sie ihre Dienerin hier bei Voodoo-Zeremonien sähe? Und der Priester? Schon seit langem hatte Mardee aufgehört, praktizierende Katholikin zu sein, aber jetzt ertappte sie sich, wie sie sich bekreuzigte und automatisch Worte aus ihrer Kindheit flüsterte:

»Ave Maria, gratia plena, dominus tecum . . .«

Sie schluckte, zwang sich, mit dem Beten aufzuhören, und bemühte sich, nicht mit den Zähnen zu klappern. Die Trommeln steigerten sich zu einem wilden Rufen, der Gesang schwoll ohrenbetäubend an, dann – absolute Stille. In dieses plötzliche Schweigen hinein tanzte eine kleine, fragile, weißgekleidete Person in schwindelerregendem Eifer. Sie sprang und warf ihre Beine, so daß ihre strichdünnen Schenkel zu sehen waren. Vor Freude außer sich, schrie sie in einem Kreolisch, von dem Mardee auch nicht ein Wort verstand. Und dann – in Schock und Entsetzen – erkannte sie Madame Thibaud!

Es war Tante Emilie! Aber wie verändert! Nichts von der herzoglichen Würde war in dieser verrückt herumhüpfenden, schreienden alten Frau in ihrem weißen Voodoo-Dreß wiederzufinden. Mardees Schock ließ sie aufstöhnen, doch niemand hörte sie, denn die Trommeln hatten ihren wilden Rhythmus wieder aufgenommen. Aber auch der Bann, der sie bewegungsunfähig gehalten hatte, war gebrochen. Sie wandte sich ab und floh, von Entsetzen getrieben und ohne jede Rücksicht auf ihre nackten Füße. Zweimal verstrickte sie sich in Ranken und fiel längs hin. Schluchzend lag sie dort, bis sie wieder Kraft gefunden hatte, aufzutaumeln und weiterzulaufen. Irgendwann sah sie Maison Dominique, irgendwie schlüpfte sie durch die unverschlossene Tür – von der sie nun wußte, warum sie diese in ihrem Schlafwandel offen vorgefunden hatte. Ob die gesamte Dienerschaft nachts aus dem Haus schlich, um Voodoo-Riten zu feiern? Zitternd schleppte sie sich die Treppe hinauf, fand das Badezimmer, wo sie ihre völlig verschmutzten Füße säuberte, und fiel ins Bett.

War das alles nur der Traum einer Schlafwandlerin? Schon begann ihre Erinnerung zu verblassen, und voller Erschöpfung fiel sie in einen tiefen Schlaf. Was eigentlich war in Wirklichkeit geschehen?

6. Kapitel

Mardee erwachte spät, und während sie sich einen Moment lang verwirrt in ihrem stillen Schlafzimmer umsah, erinnerte sie sich an nichts als schlechte Träume. Die Erinnerung drang auf sie ein und überwältigte sie wie die durch das Fenster hereinstrahlende Sonne.

Wenigstens einiges davon war wahr. Der Morgenmantel aus Kattun, gestern neu gekauft in Port-au-Prince, lag zerknittert, ramponiert und schmutzig auf dem Boden. Aber war sonst etwas wahr?

Sie könnte schlafgewandelt sein. Sicherlich aber hatte sie sich nicht wie ein Sklave aus diesem Haus weggestohlen, um ihren heimlichen Liebhaber zu treffen. Dieser Teil, zum mindesten, war ein verwirrter Traum gewesen. Aber war der Rest ebenfalls ein Traum gewesen? Sie konnte einfach nicht an die groteske Vorstellung von Tante Emilie glauben, die sich nächtens wegschleicht, um bei Zeremonien zu tanzen, deren bloße Vorstellung sie bei Tage empörte. Außer wenn die alte Frau eine begabte Schauspielerin wäre – oder eine gespaltene Persönlichkeit, die es verdiente, als eines Psychiaters absonderlichster Fall ausführlich beschrieben zu werden!

Wahrscheinlich hatte sie beim Schlafwandeln alles nur geträumt, ausgelöst durch die verworrenen Erinnerungen des Vortages. Der verrückte Kaiser, der eine mächtige Zitadelle gebaut hatte und von seinen eigenen Untertanen zum Selbstmord getrieben wurde: Kip, der die Voodoo-Trommel schlägt und sie alle zu einer tanzenden Ekstase aufpeitscht, eine Massen-Halluzination – oder war dies auch einer ihrer verworrenen Träume gewesen? Mardee schlug die Hände vors Gesicht, plötzlich voller Angst. Sie wußte nicht mehr, was wahr war und was nicht!

Sie war dankbar für den starken Geruch des Kaffees, den die unbeholfene Mélanie mit Obst und Semmeln brachte. Der Kaffee war übergeschwappt, und die Sahne hatte sich über die Semmeln ergossen, so daß eine davon bereits aufgeweicht war, aber das machte nichts. Mardee trank den Kaffee schwarz und hoffte dadurch einen klaren Kopf zu bekommen. Sie war dankbar für Mélanies Schlamperei, als das junge Mädchen herumliegende Kleidungsstücke aufhob und nur kurz den schmutzigen Morgenmantel anschaute, bevor sie ihn auf einen Haufen Wäsche warf. Mélanies Augen sahen müde aus, und Mardee fragte sich, ob sie das junge Mädchen unter den tanzenden Frauen in dem alten, verschlossenen Gebäude in Cap Dominique gewesen war. So viele jener Gesichter waren im Schatten gewesen. Oder war überhaupt nichts davon jemals passiert? Wie könnte sie es je herausfinden? Wollte sie es überhaupt herausfinden?

Um die Gespenster und Erinnerungen zu bannen, zog sie sich an und ging hinunter, aber als sie Robert in der Diele erblickte, wallte die Erinnerung wieder auf. War er der kniende Mann gewesen, der farbigen Puder durch seine Fingerspitzen rieseln ließ und fantastische, obskure Zeichnungen auf den Boden des sonderbaren Tempels machte, wo sich die Schlange um eine Säule wand? Sie fühlte, sie würde es nicht ertragen können, es nie zu erfahren. Wie könnte sie Gesicht um Gesicht Tag für Tag anschauen, sich immer fragend: *Ist dies eines der Gesichter, das ich sah, in jener Nacht, tanzend oder trommelnd?*

Robert schien unruhig unter ihrem forschenden Blick.

»Mamselle wünschen...?«

»Ja«, sagte sie; dies war mindestens klar ihre Aufgabe. Ob sich Robert oder ein anderer der Dienstboten aus dem Haus schlich, um in der Nacht Voodoo-Riten abzuhalten oder nicht, Mardee hatte schon zweimal eine Tür unverriegelt gefunden, nachdem Robert angeblich das Haus verschlossen hatte. Sie sagte: »Robert, sind Sie sicher, daß Sie gestern abend das Haus sorgfältig abgesperrt haben, bevor Sie zu Bett gingen?«

»*Mais certainement*, Mamselle.«

»Dann«, sagte sie, »hat jemand die Gewohnheit, die Türe danach aufzusperren. Gestern nacht war die seitliche Eingangstüre« – sie deutete darauf – »unverriegelt und stand ein wenig offen.« Etwas flackerte in seinem Gesicht, aber so kurz, daß sich Mardee nachher fragte, ob sie es überhaupt gesehen hatte. Oder war es nur der Schock, daß sie ihn beschuldigte, seine Pflicht vernachlässigt zu haben?

»Aber, Mamselle«, sagte er, *»c'est impossible, quoi.«*

Eine glatte Leugnung also. Aber Mardee blieb fest. »Ich sah es selbst, Robert. Und M'sieu Tybalt ebenso.«

»Und haben Mamselle sie wieder verschlossen?« Eine höfliche, unverbindliche Frage, auf die er offenbar die Antwort kannte. Mardee sagte: »Nein, ich glaubte, jemand könnte draußen zu tun gehabt haben, und ich wollte ihn nicht in der kalten Nacht aussperren.« Robert begegnete sanft ihrem Blick. »Als ich heute morgen herunterkam, Mamselle, war die Tür verschlossen und verriegelt wie gewöhnlich.«

»Dann haben Sie keine Erklärung, Robert, warum ich die Türe unversperrt gefunden habe?«

Sein Gesicht war ausdruckslos, sein Ton so höflich, daß sie keinen Anstoß nehmen konnte. »Ist es möglich, daß Mamselle geträumt haben?«

Diese Unverschämtheit verschlug ihr den Atem. Sie öffnete ihren Mund zu einer schroffen Erwiderung, war dann aber erneut betroffen von ihrer eigenen Unsicherheit. Sie hatte sicherlich einen Teil davon geträumt. *Ja*, dachte sie kläglich, *es ist sehr gut möglich, daß Mamselle das ganze verdammte Zeug geträumt hat*. Hatte sie letzte Nacht ihr Bett überhaupt verlassen? Sie gab auf und sagte: »Passen Sie auf, daß dies nicht wieder geschieht, Robert. Ist Madame schon wach?«

»Fifine sagte mir, daß Madame sehr müde ist und heute im Bett bleiben wird«, sagte er. Mardee überlegte. *Müde vom zu vielen Tanzen?* Aber Mardee konnte auch dies nicht fragen.

Würde sie jemals die Wahrheit kennen? Und was könnte sie dann tun? Angenommen, Tante Emilie hatte tatsächlich die Angewohnheit, sich mitten in der Nacht aus dem Haus zu schleichen, um Voodoo-Trommeln zu lauschen, merkwürdige, obszöne kreolische Gesänge zu obskuren afrikanischen Gottheiten zu singen und groteske Tänze zu tanzen? Was ging es Mardee an? Dies war ein freies Land, und die alte Dame war – grimmig umschrieb Mardee ein altes Sprichwort – frei, schwarz und einundachtzig. Es verstieß gegen kein Gesetz, soviel sie wußte. Auf alle Fälle war Mardee keine Polizistin und war nicht aufgefordert worden, sich in die religiösen Praktiken ihrer Großtante einzumischen. Tante Emilie könnte tatsächlich eine alte Heuchlerin sein, die in rechtschaffener Empörung aufschreit, wenn Kip die Voodoo-Trommel schlägt und ihre Gäste tanzen, nur um selbst in derselben Nacht davonzuschlüpfen und nach ihnen zu tanzen. Aber selbst dann war das Sache der alten Lady und ihres Beichtvaters.

Und vielleicht habe ich sowieso alles nur geträumt...

Es erschien noch unwahrscheinlicher, als sie abends am Tisch saß mit ihrer Tante, zerbrechlich und zierlich wie eine vorrevolutionäre Aristokratin. Juwelen funkelten an ihren Fingern und glitzerten in den Falten der Spitzen an ihrem Hals; jede Geste verriet die große Dame. Während Mardee sie beobachtete, entschied sie, daß alles nur ein übler, abscheulicher Traum gewesen war. Das einzige, was sie tun konnte, war, die ganze Sache zu vergessen.

Und in den folgenden Tagen schien es tatsächlich so, als sei es nur ein Traum gewesen. Es gab immer noch Momente, in denen Mardee neugierig einige der Gesichter im Haushalt ihrer Tante ansah, sich fragend, ob dies eines der Gesichter gewesen war, die sie da gesehen hatte, in dem seltsamen Tempel unter der gemalten Schlange... Aber letzten Endes könnte jedes Gesicht in einem Traum auftauchen, sogar das nur einmal gesehene Gesicht eines Fremden. Und es gab andere Dinge, die sie beschäftigten, denn Tag für Tag schien Tante Emilie mehr zu verblassen und zerbrechlicher zu werden. Mardee äußerte ihre Sorge und bat sie, einen Arzt holen zu lassen, aber die alte Frau lächelte und streichelte ihre Wange.

»Kein Doktor kann das Alter heilen, *chérie.*«

Eines Tages jedoch schickte Tante Emilie nach einem Anwalt und schloß sich lange Zeit mit ihm ein; danach ließ der Anwalt Mardee kommen und verlangte, daß sie bestimmte Dokumente unterschrieb. Mardee entdeckte, daß sie von ihrer Tante Vollmacht bekommen hatte, daß es nun ihre Verantwortung war, die Vorräte für den Haushalt zu bestellen, Aufträge zur Reparatur und Erhaltung von Maison Dominique selbst zu erteilen und das kleine Heer der Dienstboten auszubezahlen – Zimmermädchen, Putzfrauen, Wäscherinnen, Köche, Küchenjungen und Gärtner –, die das Anwesen in Schuß hielten. Sie hatte keine Vorstellung davon gehabt, wie kompliziert es war, einen Haushalt zu führen; ihre einzige Erfahrung war die kleine Wohnung, die sie während ihrer kurzen Ehe mit Ted bewohnt hatte. Sie hatte niemals das geringste Talent zu häuslichen Dingen empfunden, aber sie akzeptierte es als eine Herausforderung und begann sogar das Gefühl der Macht zu genießen, das es ihr gab. Sie begann etwas über das Geschäft der Zuckerrohrfelder zu lernen, die Zuckerplantage, die Tante Emilie noch gehörte und die sie leitete – nicht, sagte der Anwalt, weil sie großes Interesse habe, mehr Geld zu verdienen, sondern damit Maison Dominique, wie in allen diesen Jahren, weiterhin den Männern und Frauen der Nachbardörfer eine Anstellung verschaffen könne. Die Haltung des Anwalts war eine Mischung von Ehrerbietung und nachdrücklichem Rat; es war offensichtlich, daß er sie als die rechtmäßige und logische Erbin ihrer Tante betrachtete.

Brian rief sie jeden Tag an und fuhr zwei-, dreimal in der Woche heraus, um mit Mardee und ihrer Tante zu essen. Er arbeitete jetzt hart an seinem Buch und schien eine ungeheure Menge von Zeit, mit seiner Schreibmaschine eingesperrt, in seinem Hotelzimmer zu verbringen, und er unterbrach seine angestrengte Arbeit lediglich wegen seiner Recherchen vor Ort. Er nahm Mardee zu einigen davon mit: eine Parade in Pétionville, wo Dutzende von Gruppen uniformierter Schulkinder die allgemeine Bildung feierten; ein Kollektiv zur Verbesserung der Landwirtschaft, das die konkurrenzfähige Vermarktung von Kaffee entwickelt hatte; das neue Kunstmuseum, das viele Gemälde des berühmten Primitiven Hector Hyppolite ausstellte, der, wie Brian sie informierte, von Beruf ein Voodoo-Priester gewesen war. Er sagte ihr dies ebenso ruhig, als hätte er ihr erzählt, der Mann sei ein Klempner oder Zahnarzt gewesen, so daß Mardee fast weich wurde und ihm von ihrem schlafwandlerischen Traum erzählt hätte – oder war es doch wirklich gewesen? Aber Brian sah so ruhig und vernünftig aus, daß Mardee sich nicht vorstellen konnte, wie sie das Thema anschneiden sollte, ohne daß es verrückt klang.

Das Ende dieser ruhigen Periode kam eines frühen Nachmittags, als Mardee in die Eingangshalle gerufen wurde, um Brian zu begrüßen, der früh und dieses Mal uneingeladen gekommen war. Er nahm ihre Einladung an, im großen unteren Frühstückszimmer mit ihr Kaffee zu trinken.

»Was führt dich her, Brian? Ich dachte, du arbeitest hart, um das Kapitel über landwirtschaftliche Kollektive zu beenden?«

»Das habe ich«, gab er zu, »aber heute schwänze ich.« Er winkte ab, als sie ihm die Sahne anbot, und schlürfte seinen Kaffee schwarz. Er biß mit Appetit in eine Semmel. »Der Koch deiner Großtante schlägt mit Sicherheit den in meinem Hotel! Er backt seine Croissants mit den Überresten vom Ledermarkt. Diese hier sind himmlisch! Eigentlich, Liebling, kam ich, um Sebastian zu sehen. Er hat mich eingeladen, für einen Tag bei seinen Dreharbeiten dabeizusein. Ich habe mit ihm dieses Geschäft arrangiert, über das ich mit ihm gesprochen hatte. Weißt du, was er heute macht?«

»Ich bin nicht sicher«, gab Mardee zu. »Gestern haben sie die Wiederholung der Massenszenen beendet, Stunt-Arbeiten und den Aufstand, der in die Szenen eingeschnitten wird, in denen Port-au-Prince niederbrennt. Damals hieß es natürlich Saint-Domingue. Der eigentliche Brand wird mit maßstabgerechten Modellen gemacht, und ich nehme an, daß daran im Moment ein Mann für Spezialeffekte in Hollywood arbeitet. Aber die Aufstände werden hier gefilmt, live.«

»Nun, es liegt mir fern, den Brand von Saint-Domingue zu stören«, sagte Brian, »aber ich würde ihn gerne sehen.«

»Ich werde ihn fragen, ob er kommen kann...« Sie unterbrach sich, als Robert mit einem Stoß Briefen in seiner Hand hereintrat. Er legte sie ihr vor, und sie sagte: »Würden Sie M'sieur Wright fragen, ob er für einen Moment zu uns kommen kann, wenn er Zeit hat, Robert?«

»Sicher, Mamselle«, sagte er und ging.

Mardee warf einen Blick auf den Stapel von Post und legte ihn beiseite.

Brian sagte:

»Kümmere dich nicht um mich und öffne ruhig deine Post!«

»Es ist wahrscheinlich nichts Wichtiges«, sagte Mardee und

riß einen Umschlag auf, der Marie-Claire Haskells vertraute Handschrift trug. »Meine Mutter hat mir einen Zeitungsausschnitt über die Wiederaufführung von *Folly Garden* geschickt. Ein Kritiker vergleicht meine Jessica mit der jetzigen von Pauline James und meint, daß eine weiße Frau einfach nicht richtig sei für diese Rolle, nach – Hör dir das an, Brian! – ›nach der glänzenden und beherrschenden Darstellung von Mardee Haskell, die letzten Winter am Broadway die Rolle so hervorragend spielte.‹«

»Laß mich sehen«, sagte Brian lachend. »Ich wünschte, ich hätte das gesehen. Glänzend, ja. Beherrschend? Klingt komisch in bezug auf dich.«

Mardee kicherte. »Diese Kritiker«, sagte sie und schlitzte den zweiten Umschlag auf, einen offiziellen mit der Rückadresse eines Anwaltes. Sie starrte den Inhalt so lange an, daß Brian aufsah und sie mit lebhafter Anteilnahme fragte: »Schlechte Nachrichten, Mardee?«

»Nein«, sagte sie betäubt, »gute Nachrichten, nehme ich an. Meine Scheidung ist rechtsgültig. Dies ist nur eine Kopie des Urteils.«

»Ich wußte nicht, daß du verheiratet warst«, sagte er, streckte seine Hand aus und umschloß mit seinen starken Fingern die ihren.

»Ich bin es nicht, nicht mehr.« Sie starrte erneut auf das amtliche Formular, das besagte, daß das Scheidungsurteil zwischen Theodore Matlock und Marie-Louise Haskell aufgrund von Unvereinbarkeit ergangen ist. »Es ist nur – es scheint so endgültig, irgendwie. Ich kann mir nicht helfen zu denken, daß es nichts mit mir zu tun hat, daß Ted und ich zwei fremde Menschen waren...« Sie unterbrach sich, schüttelte ihren Kopf und steckte das Formular wieder zurück in den Umschlag. »Tante Emilie weiß nicht, daß ich verheiratet war. Wir heirateten nicht in der Kirche, und für sie wäre es nicht gültig.«

»Ich werde es ihr nicht erzählen.« Brian hielt immer noch ihre Hände; nach einem Augenblick hob er eine nach der anderen zu seinen Lippen und küßte sie zärtlich. »Hast du ihn sehr geliebt, Mardee?« Langsam schüttelte sie ihren Kopf. »Ich glaube nicht, daß ich ihn je geliebt habe. Wir liebten, was wir für den anderen hielten. Aber keiner von uns beiden kannte den anderen jemals wirklich. Nein, ich liebte ihn nicht, nicht wirklich.«

»Das freut mich«, sagte Brian, blickte plötzlich auf und sah ihr gerade in die Augen. »Wenn du ihn geliebt hättest, hätte ich das Gefühl gehabt, warten zu müssen, um dir einige Dinge zu sagen, die ich dir sehr gerne sagen möchte. Aber nicht gerade jetzt, nachdem Sebastian jeden Moment hereinkommen kann. Ich wollte dir davon erzählen«, fuhr er in jäh geänderten Tom fort, »ich habe das Geschäft vorbereitet, an dem er interessiert war – am ersten Abend, als ich auf einen Drink hier herauskam, erinnerst du dich, sagte er, daß er an einer gestellten Voodoo-Zeremonie interessiert sei. Ich habe für ihn die Erlaubnis bekommen, jeden seines Filmteams mitzubringen, der kommen will. Es ist eine historische Inszenierung, und ich nehme an, daß sie alles daransetzen, daß es authentisch ist. Ich habe dem Professor gesagt, daß Sebastians Film ein seriöser Versuch sei, eine Periode der Haitischen Geschichte in Szene zu setzen, und sie waren ziemlich begeistert. Ich möchte, daß du auch kommst.«

»Ich bin nicht sicher, daß ich es sehen möchte. Erinnerst du dich an Kip und Donna und diese verfluchte Voodoo-Trommel?«

Er lachte. »Sei nicht abergläubisch, Liebling! Tybalt ist ein Schauspieler, er liebt es, sich in Szene zu setzen, er hat auch uns alle aufgeregt.« Als sie in Brians lachendes, sachliches Gesicht sah, schämte sich Mardee plötzlich aller ihrer dunklen Fantasien und Ängste.

»Im modernen Haiti«, sagte Brian belehrend, »ist Voodoo nicht realer als Dracula im Nachtprogramm! Es wird gemacht von irgendeiner afrikanischen Folklore-Gesellschaft, subventioniert von einer der großen Universitäten des mittleren Westens, und vom Lesen ihrer Handzettel schließe ich, daß alles sehr seriös und nüchtern ist. Ich glaube, nicht einmal Kip Tybalt würde daran Anstoß nehmen. Es ist wahrscheinlich fast so langweilig wie ein Weihnachtsspiel der Hirten und Engel in deiner Pfarrschule – es gab doch eines bei dir oder nicht? Am Ende mußte ich immer einer der Engel sein, mit den niedlichen Kreppapier-Flügeln!« Er grinste sie an, ein drolliges, absurdes Grinsen. »Das war der Anfang und das Ende meiner Bühnenambitionen. Erinnere mich daran, dir zu erzählen, wie einmal mein Heiligenschein steckenblieb. Jedenfalls garantiere ich dir, daß du kein einziges Mal erschaudern wirst. Die einzige Gefahr, der du begegnen könntest, wäre, bis zur Ohnmacht gelangweilt und nachher mit dem Popcorn aus dem Saal gekehrt zu werden.«

Mardee lachte. Sie dachte: *Ich muß immer lachen, wenn ich bei Brian bin!* »Wenn es so langweilig wäre, warum würde sich dann jemand den Kopf zerbrechen?«

Sie konnte fast das Achselzucken in seiner Stimme hören. »Frag mich nicht! Aber der alte Wright wollte unbedingt Voodoo sehen, und ich versprach ihm, etwas aufzutreiben, das der Wirklichkeit am nächsten kommt.« Er lachte. »Wenigstens hat er mich nicht gebeten, Zombies herbeizuschaffen!«

Sie lachten noch immer, als Sebastian ins Zimmer trat. Er akzeptierte den Kaffee, den ihm Mardee anbot, bemerkte, daß er in zu großer Eile gewesen sei, um mit der Filmcrew zu frühstücken, und schüttelte Brians Hand.

Brian erklärte ihm, was er arrangiert hatte, und Sebastian wirkte begeistert. »Ist das nicht fantastisch! Morgen abend? Dann müßt ihr beide unsere Gäste beim Abendessen vor der Zeremonie sein.« Er nannte eines der besten Restaurants in Port-au-Prince. Brian warf Mardee einen Blick zu; sie nickte, und er nahm für sie beide an. Nach einem Augenblick sagte Sebastian zögernd: »Es würde mich freuen, Madame in die Einladung einzuschließen, Mardee, aber ich habe ernstlich Zweifel, ob sie zustimmen würde. Erinnerst du dich, wie ärgerlich und entrüstet sie war über Kips Trommeln und wie bestimmt der Priester war in diesem Punkt. Ich möchte nicht ihre religiösen Vorurteile verletzen.«

Mardee erinnerte sich an den Traum, in dem sie ihre Großtante gesehen hatte, die grotesk zum Klang der Voodoo-Trommeln hüpfte und in unflätigem Kreolisch schrie – nein! Nein. Das war nie passiert, sicherlich war das nur ein Traum... »Sie wird langsam sehr alt und schwach, Sebastian. Sie nimmt jetzt keine Einladungen mehr an. Sie erzählte mir kürzlich, daß sie San Dominique seit zehn Jahren nicht mehr verlassen habe.«

Sebastian sah erleichtert aus, obwohl er höflich sein Bedauern über Madames nachlassende Gesundheit ausdrückte. »Aber du mußt kommen, Mardee, als unsere Gastgeberin.«

»Das werde ich, sofern mich Tante Emilie nicht braucht«, versprach sie. »Nach dem Frühstück gehe ich immer hinauf zu ihr, um zu sehen, was es Besonderes zu tun gibt oder ob sie irgendwelche Pläne hat.« Sie erhob sich, ließ Brian und Sebastian am Tisch zurück und sagte: »Ich werde jetzt mit ihr sprechen, Sebastian, und dann kann ich dir Genaueres sagen.«

Diese Unterredung mit Tante Emilie war ein tägliches Ritual. In der Theorie berieten sie sich über den Speisezettel oder über einen der Angestellten, der spezielle Instruktionen benötigte, aber von Tag zu Tag regelmäßiger schloß Madame Thibaud, indem sie mit einem müden Lächeln sagte: »Arrangiere alles, wie du glaubst, daß es am besten ist, *ma petite.*«

Obwohl es schon spät war, fand sie Madame noch im Bett, ihr silbernes Kaffee-Service auf einem Tischchen daneben. Sie knabberte lustlos an einem Stück Obst. Höflich hörte sie sich Mardees Bericht über einige Haushaltsangelegenheiten an. Dann sagte Mardee: »Tante Emilie, Brian und ich wurden eingeladen, morgen abend in Port-au-Prince mit Sebastian und den Mitgliedern seines Teams zu essen, bevor wir zu einer – zu einer Aufführung dort gehen. Würde es dir sehr viel ausmachen, an dem Abend allein zu essen?«

»Morgen?« fragte Tante Emilie, und für einen Moment hoffte Mardee beinahe, daß Madame ihre Anwesenheit hier fordern würde. Trotz Brians Versicherungen war sie immer noch höchst unwillig, sich in die dunklen Fantasien aus Haitis Vergangenheit hineinziehen zu lassen. Aber Madame Thibaud lächelte das Totenkopf-Grinsen, das von Tag zu Tag den Schädel der alten Frau deutlicher hervortreten ließ.

»Aber sicher, *chérie*, geh und amüsier dich. Und bitte vergiß nicht, deinen Freund Brian von mir zu grüßen.« Sie gebrauchte das Wort *ami*, und Mardee erinnerte sich, daß das auch Geliebter heißen konnte. Sie errötete, und Tante Emilie tätschelte ihre Hand.

»Er ist ein sehr feiner junger Mann, Marie-Louise, du darfst ihn nicht zu lange warten lassen.« Plötzlich sah sie erschöpft aus und legte sich auf ihr Kissen zurück. Mardee beugte sich hinunter, um die Wange der alten Frau zu küssen, und schlüpfte aus dem Zimmer.

Während sie oben gewesen war, war Brian eingeladen worden, an diesem Tag beim Drehen zuzusehen, und nun diskutierte er es interessiert mit Sebastian. Brian hatte selbstverständlich angenommen, daß sie sie begleiten würde, und so stimmte Mardee zu, obgleich zögernd. Es gab letzten Endes für sie hier nichts zu tun. Das Haus mit der kleinen Armee von Dienstboten funktionierte im Grunde von selbst. Nach einer Weile fand sie zu ihrer Belustigung heraus, was der Anlaß ihrer Beunruhigung war.

Ich möchte nicht, daß Donna Royce denkt, ich würde wieder eine Show für Sebastian abziehen! Aber was gab es schließlich Besseres, um diesen Eindruck zu zerstreuen, als bei der Gesellschaft mit einem eigenen Mann im Schlepptau zu erscheinen? Sie nahm Brians Hand fast trotzig, als sie hinaus zum Studioauto gingen.

Margaret begrüßte sie herzlich, und Kips Lächeln war atemberaubend. Ärgerlich auf sich selbst dachte sie: *Ein Schauspieler, der Charme versprüht! Brian ist ein Dutzend von seiner Sorte wert!*

Er sagte leise, während Sebastian Brian zeigte, was sie mit den Statisten für die Massenszenen machten: »Du bist uns ausgewichen, *ma belle*. Warum?«

Sie lächelte ihn an und sagte leichthin: »Sei nicht dumm! Schließlich muß ich arbeiten, und Tante Emilie hat mich gebraucht.«

Er senkte seine Stimme. »War Donna gehässig zu dir?«

»Nein, wirklich, alle waren sehr nett, aber die Gesundheit meiner Großtante läßt nach, und ich wollte in ihrer Nähe bleiben.« Sie wechselte schnell das Thema. »Was macht ihr hier, mit all diesen Statisten?«

Er deutete auf einige Holzbarrikaden, die quer über die Straße aufgebaut waren. »Einfach Massenszenen, die in die Trickaufnahmen eingebaut werden, die sie gerade in Hollywood drehen. Ein Double, das ich noch nie gesehen habe, wird die riskanten Sprünge und gefährlichen Szenen machen; für Hollywood haben sie die gleiche Szene wie hier nachgebaut. Aber ich muß hier die Szenen mit der Masse und die Nahaufnahmen machen. Die blenden sie dann ein in die Trickszenen, die mit ihm gemacht werden.«

Er lächelte verzerrt. »Ich nehme an, das ist Ruhm und Glück. Früher habe ich immer meine eigenen Stunt-Szenen gemacht, aber Sebastian sagte mir, daß die Leute von der Versicherung das nicht mehr erlauben. Wenn ich mir nämlich mein berühmtes Gesicht zerkratze oder meine wichtigen Fußgelenke verstauche, dann kommt die ganze Filmerei zum Stillstand.« Er zog eine Grimasse. »Aber es kommt mir immer noch nicht ganz ehrlich vor. Ich nehme an, ich bin im Grunde noch immer ein Dorfjunge aus Haiti.«

Alles, was Mardee antworten konnte, war ein schnippisches, lässiges: »Das ist Showbusineß.« Er zog wieder seine Augenbrauen nach oben.

»Wie gut ich das weiß. Ich vermute, das ist der Preis, den ich zahlen muß, aber das ist ein seltsames Geschäft, das unsere, Marie-Louise...« Er unterbrach sich mit einem bedauernden Lachen: »Ich kann mich nicht an den anderen Namen erinnern. Ich dachte einmal, ich hätte gelernt, gutes Englisch zu sprechen, aber hier, wo man dauernd Kreolisch hört, werde ich wieder zu Christophe und nicht Kip.«

»Macht mir nichts aus«, sagte sie; aus seinem Mund klang Marie-Louise ganz natürlich. Ein Maskenbildner rief ihn, und er lachte wieder. »Nun muß ich mir mein Gesicht blutig schminken lassen. Sie fürchteten, daß es echt wäre, wenn ich meine eigenen Stunt-Szenen machen würde. Werde ich dich später bei dieser Geschichte sehen, die Sebastian arrangiert? Es ist eine schlechte Imitation, aber Sebastian will unbedingt, daß ich komme.«

»Ich werde da sein«, versprach sie, und er ging mit dem Maskenbildner.

Das Drehen war ermüdend und monoton, eine Aufnahme nach der anderen von Menschenmassen, die durch Holztüren strömen und über Barrikaden klettern, Aufnahmen von Türen, die von der Menge eingerannt werden, eine Nahaufnahme nach der anderen von Kips Gesicht, wütend, aufgeregt, blutüberströmt, seine Anhänger antreibend. Nach einiger Zeit verlor Mardee das Interesse daran und ging davon, eine der Straßen von Cap Dominique hinunter. Klein Henri sah zu dem Geländer eines niedrigen Holzzaunes, aus einiger Entfernung zum Drehort, und sie erinnerte sich, daß er der Sohn von Kips Schwester war. Es war nicht überraschend, daß er kam, um seinem berühmten Verwandten zuzuschauen. Sie schlenderte auf ihn zu, und er grüßte sie mit einer kurzen Verbeugung.

»Mamselle trägt noch immer die Sonnenbrille, die ich ihr gebracht habe«, sagt er erfreut. »Wußten Sie, daß ich im *cinéma* war, Mamselle?«

»Ja, ich habe dich gesehen.«

»Ich wäre heute auch da, aber man braucht keine Kinder für diese Kriegsszenen«, sagte er. »Sehen Sie, ich habe neue Schuhe aus Port-au-Prince.« Er streckte seinen Fuß in einem leuchtendroten amerikanischen Turnschuh aus. »Ich habe sie selbst gekauft, von meinem eigenen Geld, das ich beim Film verdient habe, und ich habe eine Milchziege gekauft, so daß *maman* immer Milch für ihren Kaffee hat.«

»Ich bin sicher, daß deine Mutter sehr stolz auf dich ist«, sagte sie freundlich.

Henri zeigte auf Sebastian, der gerade mit Kip sprach. Aus dieser Entfernung waren ihre Worte unhörbar. Kip war schrecklich anzusehen mit seinem blutüberströmten Gesicht, aber Henri sagte wichtigtuerisch: »Mamselle brauchen keine Angst zu haben, es ist kein Blut, nur Schminke. Weiß Mamselle, was sie über *le gros blanc* sagen?«

Der Ausdruck bedeutete nur, das wußte sie: der weiße Boß, der große weiße Mann. Sie sagte nachsichtig: »Was sagen sie, Henri?«

»Sie sagen, er ist der zurückgekehrte *gros blanc*, der zurückgekommen ist, um den Fluch von Cap Dominique zu nehmen. Im Krieg, Mamselle, vor tausend Jahren oder so...« Mardee erinnerte sich, daß Kinder kein Verhältnis zur Zeit haben und daß für sie zweihundert Jahre tausend sein können oder eine Million. *Le gros blanc*, der alte Herr aus Frankreich, der von Sklaven ermordet wurde, sie sagen, daß er das Land hier verflucht hat, bis ein anderer *blanc* im Maison Dominique herrscht. Und nun sagen sie, daß M'sieur Sébastien« – er sprach es Französisch aus – »wiedergekommen ist, um den Fluch wegzunehmen. Wird Mamselle *le gros blanc* heiraten?«

Mardee brach in Gelächter aus. »Nein, wirklich nicht, Henri.«

Er neigte seinen Kopf zur Seite und sah fragend zu ihr auf. »Warum nicht, Mamselle? Er ist reich, und dann würde er auch in Maison Dominique bleiben und den Fluch für immer fortnehmen.«

Sie lachte unbehaglich. »Das ist nicht der Grund, warum Leute heiraten, *petit gosse.* Und *maman* war sehr böse mit dir, weil du Gespenstergeschichten herumerzählst, nicht wahr? Ich denke nicht, daß ich zuhören sollte, glaubst du nicht?«

Er ließ den Kopf hängen und kratzte mit seinem neuen

Turnschuh am Zaun herum. Sie dachte an Fleur, die sie so plötzlich verlassen hatte. Sie vermutete, daß Robert Henris Mutter weggeschickt hatte, weil er gehört hatte, wie sie Mardee warnte, es sei hier gefährlich und sie solle nicht bleiben. Aber sie vermißte Fleurs Kompetenz, ihre Fröhlichkeit, und Mélanie war bei weitem kein Ersatz. Tante Emilie hatte Mardee praktisch die Verantwortung für Maison Dominique übertragen; sicherlich reichte ihre Vollmacht weit genug, um auch die Wiedereinstellung des Hausmädchens ihrer Wahl einzubeziehen! Wenn Robert das nicht guthieß, so war das seine Sache. Sie warf der Kamera-Crew einen Blick zu. Brian stand da mit den Händen in den Taschen, offensichtlich versunken in den Anblick, wie die zerlumpte Menge mindestens zum zehnten Mal durch die berstende Tür brach.

Mardee sagte, plötzlich entschlossen: »Zeigst du mir, wo du wohnst, Henri? Ich würde gerne mit deiner Mutter sprechen. Mach dir keine Sorgen«, fügte sie mit einem Lächeln hinzu, »ich werde ihr nicht sagen, daß du ungezogen gewesen bist und mir gegen das Verbot von Père Etienne Gespenstergeschichten erzählt hast!«

Er grinste scheu. *»Là-bas«*, sagte er. »Wenn Mamselle dort hinuntergeht, auf der anderen Seite der Cinéma-Leute, und dort neben der Kirche rechts abbiegt, wird sie ein Haus finden mit purpurroten Blumen am Spalier und einer kleinen weißen Milchziege, so angebunden, daß sie nicht *mamans* Blumen anknabbern kann. Möchte Mamselle, daß ich ihr den Weg zeige?« bot er an, blickte aber sehnsüchtig hinüber zum Drehort.

Mardee schüttelte den Kopf. »Ich finde schon hin. Bleib hier und schau zu, wenn du willst«, sagte sie, und Henri kletterte glücklich auf seinen Beobachtungsposten auf dem Zaun.

Mardee wanderte in die Richtung, in die er gezeigt hatte. Die Straße von Cap Dominique war menschenleer, sogar der kleine Laden hatte seine Türen versperrt. Sie vermutete, daß die ganze Einwohnerschaft Cap Dominiques Ferien hatte, entweder weil sie als Statisten im Film mitwirkten oder um das unerwartete Spektakel zu beobachten. Ganz am Ende der langen Straße kam sie zu dem festverschlossenen und vernagelten Gebäude, wo sie die Lichter und merkwürdigen Riten gesehen hatte – oder träumte, sie gesehen zu haben –, in der Nacht, als sie schlafwandelte, und ihr Traum... wenn es ein Traum gewesen war. Sie starrte die mit Brettern vernagelten Fenster an und fragte sich, ob sie, wenn die Tür geöffnet würde, den Pfosten in der Mitte, die erstaunlich lebensecht geschnitzte Schlange, die prächtigen Malereien an den Wänden, die Reste der farbigen Muster auf dem schmutzigen Boden sehen würde... Versuchsweise drückte sie die Klinke herunter, aber die Tür war fest verschlossen und verriegelt. Natürlich. Was hatte sie denn erwartet? Wenn dies ein Voodoo-Tempel war, dann war er natürlich gegen Eindringlinge oder zufällige Entweihung verschlossen. Und wenn es ein unschuldiges Lagerhaus oder ein Speicher war, so war es wegen der Diebe versperrt... Aber andererseits hatte Kip ihr gesagt, daß es in den Dörfern keine Diebe gebe. Vielleicht hatte der, dem das Haus gehörte, weniger Vertrauen in seine Mitmenschen als Christophe Thibault!

Mardee ging um das Haus herum zum Hintereingang, durch den sie die Frauen hatte eintreten sehen. Sie fühlte sich töricht, als sie die Hand nach der Türe ausstreckte, und sah sich unsicher um, um zu schauen, ob sie beobachtet wurde. Außer ein paar streunenden Ziegen und einigen scharrenden Hühnern war niemand auf der Straße. Sie drückte die Klinke herunter.

Das Schloß gab nach, und die Tür öffnete sich.

Das Haus war leer. Kahl, sauber und dunkel, das Licht durch die verbarrikadierten Fenster ausgesperrt, war es vollständig leer. Ja, es gab einen Pfosten in der Mitte, der das Dach stützte. Aber es war ein einfacher Holzbalken, ohne eine Spur von Schnitzereien oder einer gemalten Schlange. Die Wände waren einfach gekalkt, ohne eine Spur farbenprächtiger Malereien. Der Fußboden bestand aus gestampftem Lehm, vollkommen sauber gekehrt und eben.

Dann war es also ein Traum gewesen, nichts als ein Traum. Und sie war eingedrungen, wo sie nichts zu suchen hatte. Sie seufzte erleichtert, als sie auf die Straße trat, unter dem ruhig forschenden Blick der Ziegen und Hühner.

Ein Traum... oder war sie zurückversetzt worden in Zeiten, in denen – vielleicht – einmal vor zweihundert Jahren hier ein Voodoo-Tempel gestanden hatte? Aber im Traum hatte sie ihn bevölkert mit jenen, die zur Zeit im Maison Dominique lebten. Ein Traum, ein dummer, abergläubischer Traum, nichts weiter.

Sie strich die Geschichte aus ihrem Gedächtnis, nahm die

Abzweigung bei der Kirche und fand bald das Haus mit dem Spalier voller purpurner Blumen. Eine kleine, schwarzweiße Ziege war in der Tat in einer Ecke des Hofes angebunden; es gab einen kleinen Garten mit sauber gepflegten Reihen von Tomaten, Paprika und anderem Gemüse, das sie nicht kannte. Sie wußte, das sie das richtige Haus gefunden hatte, als sie Fleur sah, die sich über die Reihen mit Tomaten bückte und das Unkraut aus den gepflegten Beeten zog. Sie war barfuß und trug ein rosa-weißes Baumwollkleid und um ihren Kopf gewunden ein bedrucktes Tuch. Mardee, die sich ihrer Zudringlichkeit bewußt war, betrachtete sie einen Augenblick, ohne zu sprechen. Fleur könnte sie schließlich aus eigenem Willen verlassen haben und Krankheit in der Familie nur als höfliche Entschuldigung zur Wahrung des Scheines angegeben haben.

Die Frau blickte auf und rief nach einem kurzen, erschrockenen Atemzug: »Mamselle!«

Mardee trat an das Gatter, und Fleur, mit einigen grünen Blättern in der Hand, richtete sich langsam auf. Sie kam auf die Pforte zu und fütterte die Ziege mit den Blättern.

»Ich war im Dorf, und ich sprach mit Henri. Er erzählte mir, daß er eine Milchziege von seinem eigenen Geld vom Film gekauft hat.«

Fleur lächelte schwach, voller Stolz. »Er ist ein guter Junge.« Abwesend zupfte sie mehr Blätter ab und verfütterte sie an die Ziege.

»Ich kam, um zu fragen, ob du nicht zurückkommen könntest, um im Maison Dominique zu arbeiten, Fleur. Das Mädchen, das ich bekommen habe, ist nicht tüchtig. Robert sagte, daß du uns verlassen hast, um jemanden in deiner Familie zu pflegen, der krank ist. Also bin ich gekommen, um zu sehen, ob etwas zu machen ist. Ich möchte dich gerne als Mädchen haben.« Sie fühlte sich unbeholfen.

Fleurs Lächeln verschwand. »*Gran' Dieu*, Mamselle, Sie sollten sofort weggehen!«

Mardee war schockiert und beunruhigt. »Fort von hier? Weg von deinem Haus, Fleur?«

»Mamselle«, sagte Fleur umständlich mit ihrem eigensinnigen dunklen Gesicht: »Ich stehe zu Ihren Diensten, mein Haus gehört Ihnen, *mais je vous en prie*, Sie müssen von hier fortgehen. Weg von Cap Dominique, fort von der Insel, zurück in die

Staaten, Mamselle. Ich bitte Sie, Mamselle, Ihre Mutter war meine Freundin, als wir Kinder waren, ich flehe Sie um Ihrer Mutter willen an, gehen Sie sofort!«

Mardee war schockiert und bestürzt über die Leidenschaft in Fleurs Stimme. »Aber Fleur, wie kann ich das tun? Meine Großtante ist alt, sie wird von Tag zu Tag weniger, sie braucht mich...«

»Die, die braucht nichts und niemanden, Mamselle. Madame muß alles mit ihrem Gott ausmachen. Aber für Sie – Mamselle, warum hören Sie nicht auf mich? Es ist für Sie gefährlich hier!«

»Was bedeutet das alles, Fleur?« sagte Mardee ungeduldig. »Du hast schon einmal mit so etwas angefangen und dann bist du weggegangen...«

»Ja, Mamselle, ich versuchte, Sie zu warnen, und Robert hörte es und schickte mich fort von dort, so wie früher meine Mutter – unser ganzes Leben lang...«

»Aber ich möchte, daß du zurückkommst, Fleur«, bat Mardee. »Kümmere dich nicht um Robert, ich werde mit ihm sprechen. Aber willst du mir nicht sagen, was du meinst? Wie kann es für mich gefährlich sein?«

»Sie haben das Blut, Mamselle. Ich kann nicht mehr sagen.« Sie blickte sich ängstlich um, und Mardee fühlte, daß sogar hier, auf offener Straße, in der brennenden Sonne, während sie die kleine Milchziege mit einem Horn neugierig stubste, Fleur von Angst erfüllt war. Sie zitterte richtig.

»Lieber Himmel, Fleur, sagt dir dein Priester nicht, daß man nicht abergläubisch sein soll? Du hast Henri geschimpft, weil er Geistergeschichten erzählt; hast du sie selber gehört? Erzähl mir nicht, daß du an Flüche und *morts* und all das glaubst!«

Fleur zitterte sichtlich. Sie sagte mit leiser, flehender Stimme: »Mamselle, sprechen Sie nicht von solchen Dingen, nicht einmal im Spaß!«

Mardee seufzte resignierend. Um dem Gespräch wieder den gesunden Menschenverstand zurückzugeben, sagte sie: »Willst du nicht zurückkommen, um für uns zu arbeiten, Fleur? Du hast selber gesagt, daß du unserer Familie seit langer Zeit gedient hast.«

»Ich kann nicht, Mamselle, ich kann wirklich nicht, ich kann niemals wieder dieses Haus betreten.«

Mardee runzelte die Stirn und schüttelte den Kopf. »Fleur,

du warst die Freundin meiner Mutter. Willst du mir das alles dann nicht um ihretwillen erklären?«

»*Mais* ... Hat Marie-Claire Ihnen denn nichts gesagt?« Fleur zögerte, sichtlich unsicher. »Ich habe kein Recht, mir eine solche Freiheit zu erlauben. Das allerbeste, was Sie tun könnten, Mamselle, wäre, in die Staaten zurückzukehren und sie selbst zu fragen. Vielleicht, nun da Sie es selbst gesehen haben, ist sie bereit, mehr zu sagen, aber ich darf nicht ...« Sie entfernte sich langsam.

»Fleur ...« Die Frau wandte sich nicht nach ihr um. Sie ging in das kleine Holzhaus und schloß die Tür. Mardee stand auf der Straße und fühlte sich abgewiesen und deprimiert. Die Kluft zwischen Fleur und ihr war albern. Sie beruhte auf einem Klassenunterschied, der schon vor Jahrzehnten aufgehört hatte zu existieren. Dennoch war die Kluft vorhanden, und sie konnte nichts tun, um sie zu überspringen. Sie fühlte es deutlicher, als sie je die trennende Hautfarbe empfunden hatte. Sie und Fleur waren beide schwarze Frauen; es sollte keinen derartigen Unterschied geben. In den Staaten hätte ein solcher Unterschied nicht existiert.

Aber dies waren nicht die Staaten. Dies war Haiti, und es gab nichts, was sie tun konnte, um es zu ändern. Mardee ging langsam die verlassene Straße hinunter, einzig beobachtet von der kleinen Ziege.

7. Kapitel

»Ich wünschte, wir würden statt dessen tanzen gehen«, murmelte Brian.

Mardee selbst empfand einen merkwürdigen Zwiespalt. Sie war neugierig und gespannt darauf, selbst zu sehen, was eigentlich hinter diesen aufregenden Geschichten steckte, die sie über Voodoo gehört hatte. Sebastian hatte die Sache mit Stil arrangiert und das feinste Essen bestellt, das im besten Restaurant von Port-au-Prince zu bekommen war, aber für Mardee war es unangenehm gewesen. Sebastian hatte versucht, es so zu drehen, daß Mardee neben ihm saß, und Donna hatte sich – mit ähnlicher Hinterlist, aber nicht so erfolgreich – dazwischengedrängt. Donna trank zu viel – wie eine Dame, aber trotzdem zu viel. Sie hatte einen Aperitif zugunsten eines doppelten Martini abgelehnt und ließ sich während des Essens zweimal nachschenken. Mardee befürchtete nervös, daß es zu Unannehmlichkeiten kommen würde, bevor der Abend zu Ende war.

Warum, fragte sie sich, tat Sebastian das? Wenn er Donna sein Mißfallen zeigen wollte, warum mußte er Mardee mit hineinziehen? Und trotzdem – sie konnte sich nicht helfen – es war schmeichelhaft. Sie gab zu: Sie genoß es, daß Sebastian Wright, der berühmte Produzent, ihr nachstellte. Sie hätte sich niemals angestrengt, um seine Aufmerksamkeit zu erregen, aber nichtsdestoweniger fand sie Gefallen daran!

Donna hatte Brians Bemerkung gehört und nahm sie sofort auf.

»Na, das ist eine Idee«, sagte sie mit leuchtenden Augen. »Warum gehen wir nicht tanzen und lassen den ganzen Voodoo-Unsinn bleiben? Voodoo!« Ihre Stimme klang scharf vor Spott.

»Wer braucht das denn!«

»Ich.« Sebastians Stimme klang verbindlich, aber dabei eiskalt. »Es steht dir natürlich frei, hierzubleiben und zu tanzen, wenn du möchtest. Ich werde die Limousine schicken, die dich, wann immer du willst, nach Maison Dominique zurückbringen kann.«

»Das würde mich fast reizen.« Donna schmollte. »Laßt uns darüber abstimmen! Wer von euch möchte lieber hierbleiben und – und mit mir tanzen und Sebastian allein zu seiner alten Voodoo-Zeremonie gehen lassen!«

Mardee fragte sich: *Weiß sie, was sie macht? Ist sie Sebastians so sicher? Oder probiert sie ihre Macht über ihn aus?*

Es trat eine unbehagliche Stille ein. Kip sagte: »Komm Donna, Sebastian ist unser Gastgeber und hat ein Recht auf seine Pläne...«

Donna warf ihren hübschen Kopf zurück. »Ich habe nicht dich gebeten, zu bleiben und zu tanzen!« Sie blickte über den Tisch und schnurrte: »Brian, würden Sie nicht lieber hierbleiben und mit mir tanzen?«

Ohne Zweifel, Donna Royce war eine der schönsten Frauen der Welt. Mardee fragte sich, ob es einen Mann gab, der einer so direkten Lockung widerstehen konnte. Brian sah Donna mit einem sehnsüchtigen, hungrigen Blick an. »Ich kann mir keinen Mann vorstellen, der nicht lieber mit Ihnen tanzen würde, Miß Royce ...«

»Donna«, schnurrte sie, mit ihrem gewinnenden Lächeln. Er konnte seine Augen nicht von ihr wenden. »Donna – du weißt, ich würde. Aber ich habe das organisiert, und ich muß dabeisein. Geschäft ist Geschäft.«

»Geschäft!« Sie schmollte, und Mardee dachte: *Nicht mehr als eine Frau von hundert sieht hübscher aus, wenn sie schmollt!*

Donna streckte die Hand nach Brian aus, als sie den Tisch verließen. »Du verstehst mich«, murmelte sie, »und wir beide würden lieber tanzen. Laß uns zusammenbleiben, willst du?«

Brian nahm ihren Arm, als sie auf die zwei Limousinen zugingen, die ihre Gesellschaft zum Saal des Folklore-Vereins bringen sollten. Er schien wie betäubt. *Typisch Mann,* dachte Mardee verärgert, *kaum kommt jemand mit einem hübschen Gesicht herein, ist er hilflos!* Mardee war froh zu sehen, daß Kip auf sie zukam. Er sagte mit seinem charmanten Lächeln: »Unsere gütige Hauptdarstellerin hat, wie gewöhnlich, die Dinge nach ihrem Geschmack arrangiert, ohne sich um bestehende Ansprüche zu kümmern. Kein Wunder, daß unsere Donna es nicht für nötig hält, etwas über Hexerei zu lernen – sie braucht sie nicht, um jeden Mann in ihrer Umgebung anzuziehen!«

»Und du bist dagegen immun?« neckte sie ihn.

»›Allzu große Vertraulichkeit erzeugt ...‹« Er ließ das Sprichwort unvollendet. »Ich habe vielleicht schon zuviel von weiblicher Schönheit in Hollywood gesehen. Schönheit, die durch nichts ergänzt wird, wird am Ende langweilig.« Er bot ihr den Arm.

Sebastian, der zurückgeblieben war, um den Kellnern ein reichliches Trinkgeld zu geben, kam auf sie zu und sagte in seiner anmaßenden Art: »Mardee, nun kann ich dich heute abend für mich allein haben!«

Sie sah auf, lächelte, plötzlich sehr selbstsicher. Er war ihr Gastgeber, und sie wollte ihn nicht kränken. Aber sie würde nicht zulassen, daß alles nach seinem Kopf ging. Lustig bot sie ihm einen Arm an und Kip den anderen. Sie sagte: »Wer könnte sich heute abend zwischen euch beiden entscheiden! Ich habe das Glück, euch beide zu haben.«

»*Quelle tact, mon Dieu!*« murmelte Kip lachend, aber Sebastian hörte es nicht. Mardee fühlte sich froh erregt, sich der neidischen Blicke der Gäste in der Hotellobby bewußt, als sie hinausgingen zu den wartenden Limousinen. Sie wußte, daß sie sehr gut aussah, in ihrem orange- und goldgeblümten Seidenkaftan, zwischen dem berühmten Produzenten und dem bestaussehenden Filmstar des Jahrhunderts. *Donna mag eine Schönheit sein,* dachte sie in heimlichem Triumph, *aber ich habe die schönsten Männer – alle beide!* Sogar die anderen Männer der Party, die sich in Junggesellen-Solidarität zusammengefunden hatten – die Kameramänner, der Drehbuchautor, zwei oder drei Männer der technischen Mannschaft, Paul Barry – schienen ein Spalier zu bilden, durch das sie unter bewundernden Blicken hindurchschritt. Später, als sie unter aller Augen aus Sebastians Rolls stieg, wußte sie plötzlich: *So ist es, wenn man ein Star ist und zur Premiere geleitet wird...* Für einen Abend hatte sie Donna Royce in den Hintergrund gedrängt!

Dies, dachte sie, *wird Donna lehren, mir meine Männer auszuspannen...*

Entlang der Wände des großen, viereckigen Saales waren Stühle aufgestellt worden. Brian fand einen Platz neben Donna. Donna trug wieder das goldene Kleid, das auf einer Seite beinahe unanständig bis zum Schenkel geschlitzt war; es zeigte fast alles, was an Donna zu sehen war. Sogar Mardee, mit den verkehrten Hormonen ausgestattet, um die Ansicht gänzlich würdigen zu können – wie es Brian offensichtlich tat –, fand, daß sie die Schönheit der Frau widerstrebend bewundern mußte, so wie sie ein perfektes Gemälde oder eine Skulptur bewundert hätte. Sebastians Gesicht war wie eine Gewitterwolke, und Mardee war dankbar, daß Kip in ihrer Nähe war.

Die Wände waren kahl und weiß gestrichen, aber rund herum waren von einem Fries auf halber Höhe Wandteppiche heruntergelassen worden, mit Malereien jener Art, die gerne als ›primitiv‹ bezeichnet werden. In leuchtenden grellen Farben waren anscheinend sich zusammendrängende Geister dargestellt. Es waren Muster darunter, die an die Malereien auf Donnas Trommel erinnerten.

In der Mitte des Raumes war eine geschnitzte Säule, von der ein Banner herunterhing, auf dem sich eine Schlange in prächtigen Farben wand. Rund um den Saal gab es eine Vielzahl von Seidenfahnen mit kunstvollen Mustern. Sie vermutete, daß jedes davon irgendeine religiöse Bedeutung hatte. In der Halle war es still bis auf das Scharren der Füße der Zuschauer. Kip rutschte unruhig hin und her. Mardee erinnerte sich an den Tag, als er bei Donna gegen die Entweihung der Trommel protestierte. Zweifellos bedeutete dies sehr viel für ihn. Beunruhigte ihn der Gedanke, daß dies hier ebenfalls eine Art der Entweihung sein könnte? Er hatte sie die Religion seiner Großmutter genannt.

Kip murmelte halblaut: »Sie haben sich ziemlich angestrengt, um die Atmosphäre des *'oumphor*, des Tempels des *Voudoun* einzufangen. Jede der Fahnen soll ein *mystère* symbolisieren – diese grün-weiße z. B. repräsentiert den Hl. Jakob auf seinem weißen Pferd. Später werden sie rund um den *'oumphor* getragen, um den Gläubigen ihre psychische Kraft zu verleihen.«

»Sie sind sehr schön«, murmelte Mardee.

Er nickte. »Früher gab es Gläubige, die sich arm gemacht hätten, um den schönsten und prächtigsten *drapeaux*, die köstlichsten Parfums und Ornamente für ihren Tempel zu stiften.«

»Guten Abend, meine Damen und Herren«, sagte eine ruhige Stimme, und Mardee hob ihre Augen. Sie sah einen stämmigen, Brille tragenden Mann in einem dunklen Anzug. »Ich bin Professor Anton Rigby vom Institute of African-Haitian Studies. Wir freuen uns, Sie heute abend hier begrüßen zu dürfen, zu dieser Wiederaufführung einer *Voudoun*-Zeremonie des Rada-Ritus. Die feuerpolizeilichen Bestimmungen zwingen uns, Sie zu bitten, im Saal nicht zu rauchen, und wir ersuchen Sie, während der Zeremonie keine Blitzlicht-Aufnahmen zu machen. Bevor wir beginnen, möchte ich Sie mit den rituellen Requisiten vertraut machen. Der Saal wurde im Stil eines *houmfort* oder *péristyle* dekoriert. Beachten Sie die zentrale Säule, die Damballa geweiht ist, der Schlangengöttin, die den Weg für alle anderen Götter bereitet. Die Malereien rund um das *pèristyle* ...«

Mit einem langen Zeigestab ging er in der Halle herum und erklärte ein Bild nach dem anderen. Mardee folgte dem Vortrag mit etwa ebensoviel Interesse, wie sie einem Lichtbildervortrag geschenkt hätte.

»Das kleine aus Holz und Leder geschnitzte Schiff, das von der Decke hängt, ist das Heilige Boot, und ist der Erzulie Fréda geweiht, die im Pantheon des *Voudoun* die Jungfrau Maria repräsentiert, aber auch die Mondgöttin ...«

Mardee runzelte die Stirn und griff an ihre Halskette aus roten

Perlen, die sie unter dem Kragen ihres Kleides trug. Erzulie. Wo hatte sie diesen Namen schon einmal gehört? Irgendwo, sicherlich...

Leise begannen die Trommeln zu tönen. Eine unsichtbare Hand zog den Vorhang zur Seite und gab hinter dem Professor den Blick auf ein Podium frei, auf dem drei Männer in weißen Anzügen, eine rote Schärpe um die Taille, auf drei Trommeln unterschiedlicher Größe spielten. Professor Rigbys Stimme leierte weiter. Er erklärte ihnen, daß jede der Trommel rituell geweiht und getauft war. Die größte der Trommeln hieß *mamam* und stand in Beziehung zu der Chromosphäre *(Was immer das auch sein mag,* dachte Mardee); die zweite war zweckmäßigerweise als die *seconde* bekannt und stand in Verbindung zu der Photosphäre; und die kleinste hieß *boula* und war verknüpft mit dem Solarkern. Kip hörte mit höflich-interessierter Miene zu. Sebastian, nach vorne gelehnt, war bemüht, jedes Wort aufzufangen. Brian und Donna, am anderen Ende des Saales, hielten sich bei den Händen und hörten überhaupt nicht zu.

»Das *mystère* der Trommeln wird *Papa Houn'-thor* genannt. Alle Musikinstrumente schließen sich zu den Bittgesängen zusammen...«

Professor Rigby fuhr fort, und Mardee wünschte, er wäre still und ließe sie den Trommeln zuhören. Sie versuchte, sich auf deren Klang zu konzentrieren und seine lästige Stimme auszuschalten, die ihnen gerade erzählte, daß der Part des *houngan* oder Oberpriesters heute abend von Professor Pierre Raphael vom Institut dargestellt werden würde, daß der rituelle Stab, den er trug, *asson* genannt wurde und daß andere Teilnehmer an der Zeremonie Mitglieder des Institute of African-Haitian Folklore Studies waren. Er sprach ein wenig über den Zuschuß, den die Universität erhielt und der ihre Studien förderte. Dann war er erfreulicherweise still, und ein anderer Mann – ein anderer Professor, nahm sie an – in langem weißen Ornat trat nach vorne. Der Ton der Trommeln wurde lauter und erfüllte den Saal mit seinen unwiderstehlichen Rhythmen.

In der Mitte des Saales, bei dem Pfosten mit dem Schlangenbanner, kniete er nieder und begann, farbiges Pulver durch seine Finger rieseln zu lassen und damit kunstvolle Muster auf den Boden zu zeichnen. Während er kniete, fast regungslos bis auf seine sich schnell bewegenden Finger, die farbenprächtige

Zeichnungen auf den Boden zauberten und ihnen immer mehr Farben aus seinen kleinen Pulversäckchen hinzufügten, spürte Mardee, wie ihr langsam ein eiskaltes Prickeln die Wirbelsäule hinaufstieg und ihre Arme eine Gänsehaut bekamen.

Sie hatte dies, genau dies, in ihrem bizarren Traum gesehen...

Sie hätte sich denken können, daß es Trommeln geben würde. Sie hätte sich natürlicherweise vorstellen oder erraten können, daß die Wände mit Fahnen und Bildern religiöser Natur bedeckt sein würden. Aber – wenn es ein Traum gewesen wäre – wie konnte sie erraten haben, daß der Priester knien und Muster auf den Boden zeichnen würde, auf den Boden des Tempels, den Kip *'oumphor* genannt und der Professor zu einem *houmfort* gemacht hatte? Sie fühlte, wie die kalten Schauder über ihren Rücken jagten, während die monotone Stimme des Professors erklärte, daß die rituellen Zeichnungen auf dem Fußboden *vévés* genannt wurden und daß jedes dieser einzelnen Symbole in besonderer Beziehung zu einem der *loa* oder Voodoo-Heiligen, die manchmal auch als Götter bekannt waren, stand... Ihre Zähne begannen aufeinanderzuschlagen.

Sie war froh über Kips wärmenden Arm. Es war weit und breit die einzige Wärme. Die Trommeln, wie Klangwellen, schienen mit den eisigen Schaudern, die sie schüttelten, einherzugehen.

Eine rückwärtige Türe öffnete sich, und eine Gruppe von Frauen, alle sauber in weiße Kleider gehüllt, jede von ihnen eine Kerze oder Fackel in der Hand, tanzte in langsamer Prozession herein, umkreiste den Raum. Sie entzündeten Fackeln in rund um den Saal angebrachten Halterungen, bis dieser einem Lichtermeer glich. Der weißgekleidete *houngan* fuhr fort mit seinen wirbelnden Farbmustern. Die Frauen, die alle Lichter angezündet hatten, reichten die Fackeln zurück. Mardee konzentrierte sich nun auf das Geschehen auf der Bühne und versuchte, sich an ihr schwindendes Realitätsbewußtsein zu klammern.

War jene Nacht also Realität gewesen? Ein Teil davon? Oder alles?

Die Trommelmusik steigerte sich zur Ekstase. Die Frauen trugen nun die rituellen Fahnen um den Saal herum. Sie senkten sie feierlich, während sie am Pfosten in der Mitte mit seinem Schlangenbanner vorbeigingen. Der Pseudo-*houngan* auf dem Boden hatte seine *vévés* beendet; sie bedeckten nun gut die

Hälfte des Fußbodens bis hin zu den Stühlen, wo die Zuschauer saßen. Kip hielt Mardees Arm fest an seinen Körper gepreßt. Sebastian hatte sich nach vorne gebeugt; sein Mund stand leicht offen, seine Augen stierten gierig vor Interesse.

Der weißgekleidete *houngan* erhob sich, nahm den *asson* auf und machte geheimnisvolle Zeichen damit.

Die Frauen brachen in einen Gesang aus, einen eigentümlichen, monotonen Singsang:

O bon Legba, ouvre le barriére –
O bon Legba, ouvre le barriére –

Der Gesang ging immer weiter, und Mardee fühlte wieder, wie sie eisiges Prickeln überzog. *Legba, öffne die Pforte! Legba, öffne die Pforte!* Es war nicht der gleiche Gesang. Überhaupt nicht. Aber der Name war derselbe. *Legba.*

Etwas davon muß wirklich...

Professor Rigbys Stimme erklang umbarmherzig über dem Singsang: »Dies ist eine Anrufung von *Legba*, einer der Hauptgeister, die Pforten der Geisterwelt zu öffnen...«

Mardee war dankbar für den nüchternen Bericht. Es half ihr, sich zu vergewissern, daß sie nicht unbemerkt außerhalb des kleinen Gebäudes in Cap Dominique kauerte und das Unglaubliche beobachtete.

Aber gestern habe ich es angeschaut. Es war leer, sauber...

Die Trommeln begannen aufs neue. Irgendwo zuckte ein Blitzlicht auf und erfüllte den Raum mit strahlendem Licht. Mardee fühlte, wie Kip zusammenfuhr. An ihrer anderen Seite nahm Sebastian ihre Hand mit festem, aufgeregtem Griff. Mardee verschwamm alles vor den Augen. Aus irgendeinem Grund erinnerte sie sich an ihren Traum, den Traum, in welchem sie ihre eigene schwarze Ahne gewesen war, die freigelassene Sklavin, die gekauft worden war, freigelassen, bestochen mit schönen Dingen, und sich doch in der Nacht hinausgestohlen hatte, um ihren schwarzen Liebhaber zu treffen... Mardee schloß ihre Augen. Ihr schwindelte. Sie hatten ein anderes Lied in einem so verunstalteten kreolischen Dialekt begonnen, daß Mardee kein einziges Wort unterscheiden konnte. Der Professor erklärte es, aber sie fühlte sich zu schlecht und erschüttert, um zuzuhören.

Es kamen mehr Gesänge. Es gab lange Gebete in *créole* zu verschiedenen Heiligen, sowohl katholischen als auch *voudoun*.

Und immer, immer waren da die Trommeln, im Kontrapunkt zueinander, die miteinander arbeiteten oder jede für sich, in wechselndem, subtilem Rhythmus. Noch nie hatte Mardee so ein Trommeln gehört. Ihr Arm war ganz steif gegen Kips Körper gepreßt. Es schien, als ginge der Schlag der Trommeln durch ihre beiden Körper und verbinde sie...

War auch dies nur Einbildung? Die Trommeln flehten, riefen, befahlen... Sie sprachen zu ihr, forderten eine Antwort...

Es folgte ein langes Gespräch in *créole*. Mardee fühlte, wie sich Kips Arm in dem ihren anspannte, starr wie im Tode. Ein weißgekleideter Meßdiener brachte ein Huhn herein: einen normalen, rotgefiederten Hahn, der sich ein wenig gegen den Griff des Mannes sträubte. Der *houngan* nahm das Huhn zwischen seine Hände und machte rituelle Zeichen darüber. Er setzte es im Mittelpunkt eines der *vévés* nieder, einem reichverzierten Muster von roten und blauen Blättern. Es blieb reglos sitzen, und Mardee fiel ein Karnevalstrick ein, der ihr einmal gezeigt wurde und bei dem ein Huhn so hypnotisiert wurde, daß es völlig still saß und sich nicht mehr bewegte. Es war natürlich vollkommen harmlos, hatte überhaupt nichts mit Zauberei zu tun... aber doch ließ sie die Totenstille der Kreatur erzittern.

Die Trommeln verkündeten Tod. Die Trommeln verkündeten Opfer. Der *houngan* nahm ein Messer in die Finger. Mardee schloß zitternd ihre Augen. Es gab ein großes Geflatter und Gekreische – und jemand schoß ein Blitzlicht-Foto.

Mardee fühlte Kip wie vor unterdrücktem Lachen zucken. Seine Augen trafen die ihren für einen Moment, den Schimmer eines Lächelns widerspiegelnd. Zwei der Meßdiener hantierten mit einer Schüssel und dem Hühnerblut, und von neuem brach ein großer Gesang los, aber der Bann war gebrochen.

Professor Rigby leitete die letzten Gesänge, das Trommeln und die Fackelprozessionen rund um den Saal mit Wohlgerüchen und Fahnenschwenken. Er dankte allen für ihr Kommen und erinnerte sie, daß Spenden an das African-Haitian Institute jederzeit willkommen waren. Sebastian stieß einen erleichterten Seufzer aus und ging hinüber, um mit dem Professor zu sprechen, während sich der Saal von Zuschauern leerte. Mardee stand neben Kip, immer noch seine Hand umklammernd. Sie hatte aufgehört zu zittern. Es war ihr übel.

Brian und Donna kamen auf sie zu. Brians Augen suchten die

Mardees mit einem fragenden, reumütigen Blick. Donna rümpfte angewidert ihre Nase und sagte: »Yak! Wie grob!«

Sebastian schlenderte auf sie zu. »Ich habe um Erlaubnis gebeten, das nächste Mal filmen zu dürfen. Er sagte, es würde ihn freuen.«

»Ist deine Neugierde befriedigt, Sebastian?« Kips französischer Akzent war sehr deutlich.

»Ich war enttäuscht«, sagte Sebastian langsam. »Es schien irgendwie – unwirklich. Es gab einen Moment ungebändigter Kraft kurz vor dem Blutopfer. Aber dann, dieses Blitzlicht...« Er zuckte mit den Schultern. Er wendete sich an die Frauen und fragte: »Wie habt ihr es gefunden?«

Donna zog eine vielsagende Grimasse. »Ich wußte, ich hätte bleiben und tanzen sollen. Wenn es mit Voodoo seit langem vorbei ist, dann kann ich nur sagen, welch ein Glück!«

Sebastians Gesicht verzog sich wie im Schmerz. »Und doch hatte ich das Gefühl, es hätte etwas... etwas sehr Aufwühlendes sein können. Wenn es richtig gemacht worden wäre. Kip, du weißt, was ich meine, nicht wahr? Mardee?«

Mardee schluckte. »Das Trommeln, das war echt, das war das Beste daran. Und auch wenn – wenn der Professor seinen Mund gehalten hätte...« Sie runzelte die Stirn, versuchte zu erklären, was es plötzlich wirkungslos gemacht hatte. »Kips Trommeln neulich in der Nacht war besser. Für Kip war es wirklich gewesen. Dies hier war nur – Theater.«

Brian sagte ruhig: »Ich hatte euch natürlich gewarnt, daß dies nur nachgespielt war.«

Sebastian sagte ungeduldig: »Jetzt bin ich frustrierter denn je.«

»Es tut mir leid...«

»Lieber Gott, Dawes, ich gebe dir keine Schuld, ich bin nicht undankbar! Aber es zeigte mir, wieviel mehr es hätte sein können!« Er schüttelte seinen Kopf, so daß ihm sein weißes Haar um den Kopf flog. »Ich werde mich niemals zufriedengeben, bevor ich nicht das Echte gesehen habe!«

»Gott behüte«, sagte Donna, »das kam dem Echten weit näher, als mir lieb ist! Wie das Kind über die Pinguine sagte, das hat mir mehr über Voodoo beigebracht, als ich in meinem Leben je wissen wollte!«

Sebastian ignorierte sie. Seine Züge waren vor Frustration

angespannt. Mardee dachte, *das ist seine eigentliche Leidenschaft, der wahre Kern seiner Liebe zu Haiti.* Er sagte: »Kip, du weißt über diese Dinge Bescheid. Könntest du das authentischer in Szene setzen?«

»Vielleicht, aber ich würde das nicht tun«, sagte Kip. »Damit soll man nicht spielen. Die Darbietung des Professors, *eh bien, bon,* sie hatte keine Kraft, keine – keine Weihe, und das ist gut so. Seltsame Dinge können passieren...«

»Du sprichst von psychischer Kraft, Kip?«

»Nein, es ist eine subtilere Kraft... die Macht, die unsichtbare Dinge in den Herzen und Köpfen der Menschen, die dabei sind, aufrührt. Das ist der Zauber des *voudoun*«, sagte Kip, nach Worten suchend. »Die Leidenschaften und die Raserei, die es in den Seelen derer weckt, die hören und sehen und sich darauf einlassen. Du kannst nicht daran rühren aus Neugierde, Sebastian!«

»Es ist nicht aus Neugierde«, sagte Sebastian und sein Gesicht zog sich wie im Schmerz zusammen. »Ich muß es einfach wissen! Sag mir, was daran schlecht ist, Kip! Du weißt es, nicht wahr?«

Kip sah unglücklich aus. Er war in die Falle gegangen. Er fluchte leise. »Nicht hier«, sagte er und sah sich in dem sich leerenden Saal um.

»Also, dann im Auto.« Sebastian stürmte hinaus in die kalte Nacht, um das Auto und den Fahrer zu suchen.

Kip schloß die Augen. Er wirkte unglücklich. Er sagte zu Mardee mit zitternder Stimme: »Was soll ich tun? Es ist nicht bloße Neugierde, ich weiß, es ist ihm ernst. Und doch...«

Sie sagte, bedrückt von seinem Elend: »Wenn du es ihm nicht sagen möchtest, Kip, so kann dich kein Mensch dazu zwingen! Sag ihm, es ist eine religiöse Angelegenheit.«

»Wenn ich das Gefühl hätte, daß es nur eitle Neugierde wäre, oder wenn ich glauben würde, daß er es nur ausbeuten will, dann würde ich genau das tun«, sagte Kip mit bebender Stimme, »doch ich weiß, was an ihm echt ist. Ich kann es nicht beschreiben, diese Notwendigkeit, die Wahrheit zu kennen, die Suche – ich fühle, daß es nicht richtig ist, ihm das zu verweigern. Und was er sagte, ist wahr – daß er mithelfen kann, die alten, bösen Überzeugungen und den Aberglauben zu beseitigen...«

Mardee sagte sehr sanft: »Kip, wie kommt es, daß du so viel darüber weißt?«

Sie waren allein auf der Straße. Brian und Donna waren in ein anderes Auto verschwunden; Sebastian war auf der Suche nach dem Rolls. »Ich habe dir erzählt – daß ich ein Bastard bin. Meine Mutter – sie wurde eine gläubige Katholikin. Ich erinnerte sie immer an ihren – an ihren einzigen Fehler, das eine Mal, wie man in *créole* sagte, als ihr Fuß ausrutschte. Meine *grand' mère*, sie war ein *bocor*, ein Kräuter-Doktor. Sie war auch eine *mambo* – eine Priesterin des *voudoun*. Als ich ein Junge war, schien sie die einzige zu sein, die mich mochte. Sie lehrte mich alles, was sie wußte. Es war ihr größter Wunsch, daß ich ein *houngan* werde – und dann starb sie, und ich kehrte zurück, um bei meiner Mutter zu leben, und sie ließ mich alles, was ich von meiner *grand' mère* bekommen hatte, verbrennen. Ich war fünfzehn und bereits ein *hounsicanzo* – ein Eingeweihter, halb verwandelt, wie sie sagen. Aber meine Mutter und Fleur und der Pfarrer, alle zusammen, sie überzeugten mich, daß es böse war. Sie gaben mir das Gefühl, von den Träumen der alten Frau verführt worden zu sein. Ich fühlte – ich weiß nicht, wie ich es dir sagen soll, Mardee – einen ganz schrecklichen Umschwung, was diese Dinge betraf!«

Im schlechten Licht der Straßenlaterne sah er blaß und abgezehrt aus. »Ich verließ die Insel. Ich arbeitete auf einem Schiff, um meine Überfahrt nach Martinique zu bezahlen. Ich wurde Schlagzeuger, dann Tänzer, zum Schluß Schauspieler. Ich dachte, ich hätte es vergessen.«

Er streckte seine Hände wie zu einer Bitte nach Mardee aus. Voll Mitgefühl umschloß sie sie mit beiden Händen.

»Ich habe nicht vergessen«, sagte er leise. »Ich habe das Blut. Dies ist meine Welt, Mardee, wie weit ich auch immer herumgekommen sein mag. Ich kann es nicht vergessen! *Gran' Maître* – sie ist noch sehr wirklich für mich, die unsichtbare Welt!«

Er umschloß sie mit seinen Armen, nicht fest, sondern so, daß sie nah beieinander standen, seine Stirn die ihre berührte, seine Lippen so leicht auf den ihren, daß es nicht einmal ein Kuß war.

»Es ist immer noch da, noch wirklich für mich... nicht das heute abend, das ist Blödsinn, zum Lachen... Aber was es in mir geweckt hat, in meinem Herzen, in meinem Blut. Ich glaube, als Donna neulich diese verfluchte Trommel kaufte, war sie zu mir geschickt worden, um mich an das zu erinnern, was ich war, was ich bin, daß ich niemals frei sein werde...«

»Kip – Christophe – nein«, flehte Mardee, die fühlte, wie ein Zittern ihn von Kopf bis zu den Füßen ergriff. »Das ist nur die Vergangenheit. Die Zukunft kannst du bestimmen...«

»Ich bin nicht sicher«, sagte er verzweifelnd. *»Gran'Dieu*, warum bin ich je zurückgekommen?«

Sebastian ging mit langen Schritten auf sie zu. »Das Auto wird in einer Minute hier sein.« Sein Gesicht verdunkelte sich, als er sie nahe beieinander stehen sah, aber er sagte nur, während sie langsam auseinander gingen: »Kip, ich muß es wissen, ich muß es in den Film bekommen. Die Leute müssen erfahren, daß es wirklich existiert. Wirklich, nicht wie diese Sache, die wir heute abend gesehen haben – du weißt, was für eine Blasphemie das war.«

»Du hast recht, *Sébastien*. Es ist eine Beleidigung für die Anhänger der Religion meiner Großmutter, daß einige Menschen glauben könnten, daß dies, dies alles ist, was an *voudoun* dran ist.«

»Dann wirst du mir helfen, das Echte zu finden?« forderte Sebastian, dessen Augen vor Aufregung blitzten.

Kip preßte Mardees Hand so fest, daß er ihr weh tat, und sagte: »Gut, *Sébastien*. Ich werde es versuchen. Ich kann nichts versprechen – es ist Jahre her – aber ich werde es versuchen.«

8. Kapitel

Am nächsten Morgen brachte Mélanie zusammen mit dem Kaffee und den Semmeln eine Botschaft von Sebastian an Mardee. Er wolle sie einladen, bei der Wiederholung der Massenszenen zuzuschauen, die am ersten Tag wegen Regen und Gewitter abgebrochen worden waren.

Mardee war in einer seltsamen Stimmung. Sie zog ihr schönstes Kleid an, steckte sich winzige Rubin-Ohrringe an und ging hinunter, um die anderen zu treffen. Wenn sie überhaupt an Brian dachte, dann nur flüchtig, mit einem Funken Verachtung. *Ich hätte nie gedacht, daß er so dumm sein würde, Donna ernst zu nehmen!* Hinter ihren Gefühlen steckte natürlich auch ein bißchen verletzte Eitelkeit. Wenn Brian Dawes so ein Typ war, der hinter einer berühmten Schauspielerin herlief, deren Begabung in ihrem Busen lag, dann konnten auch noch andere dieses Spiel spielen!

Noch einmal waren die Straßen von Cap Dominique zum Schauplatz eines Sklavenaufstandes umgewandelt worden. Männer, Frauen und Kinder in verblichenen Sklavenkleidern füllten die Straßen. Sebastian stand am Ende der Straße, sein weißer Haarschopf ragte deutlich aus der Menge heraus.

Gerade half man Paul und Margaret in die Kutsche, aber Kip wartete noch auf seine Aufnahmen. Sie sah Henri an seiner Seite und wie sie miteinander in *créole* redeten. Irgendwie fand sie es schön, daß er seinen kleinen Neffen nicht abwies, obwohl er nur das Kind eines der Dienstmädchen von Madame war. Er kam ihr schnell entgegen und nahm herzlich ihre Hände. Sein Blick sagte ihr, daß er sie lieber küssen würde, aber daß dies wegen der Zuschauer weder die Zeit noch der Ort dazu war. Die Freude in seiner Stimme, als er sagte, »Ich bin glücklich, daß du gekommen bist«, war ein Versprechen.

Ich habe mir immer geschworen, mich nie mit einem Schauspieler einzulassen. Was ist mit mir geschehen?

Henri machte eine kleine Verbeugung und fragte: »Spielt Mamselle auch in dem großen *cinéma*?«

Sie schüttelte den Kopf und lachte. »Nicht in diesem.«

»Schade«, sagte Kip und hob seine Augenbrauen. »Irgendwie glaube ich, daß du deiner Arbeit mehr Aufmerksamkeit schenken würdest als Mamselle Donna. Wieder hat sie ihr Privileg als Star in Anspruch genommen und alle warten lassen.«

Mardee war an diesem Morgen zu glücklich und beschwingt, um gegen Donna gehässig zu sein. »Beim letzten Mal war Sebastian beinahe wütend genug, um etwas Drastisches zu tun. Ich hoffe, Donna weiß, wie weit sie gehen kann.«

Henri sagte in seinem gebrochenen Englisch: »Er kommt, *le gros blanc*...«

Kip lachte in sich hinein. »Ich frage mich, wie Sebastian reagieren würde, wenn er wüßte, daß ihn all diese Leute als die Erfüllung einer alten Prophezeihung betrachten.«

Mardee erinnerte sich an das, was Henri gesagt hatte an dem

Tag, als sie mit Fleur gesprochen hatte. »Oh, sicherlich sind es nur die Kinder...«

»Nicht ganz. Vergiß nicht, das ist eine alte Geschichte, ich hörte sie hier selbst als Kind. *Le gros blanc*... sie erzählen sich, er habe sie verflucht, als er starb, er habe ein Gelöbnis getan, einen magischen Pakt mit einem der *mystères*, daß er das Land heimsuchen und verfluchen würde, bis er wiederkomme, um zu herrschen. Und nun gibt es hier wieder einen *blanc*, einen großen weißen Boß, der hier die ganze Verantwortung hat. Was wäre also simpler? Er ist *le gros blanc*, der in eigener Person gekommen ist, zurückgekehrt, um den Fluch wegzunehmen, und alles ist gut von nun an bis in alle Ewigkeit. *Eh bien*, siehst du!«

Mardee lachte. »Es scheint auf der Hand zu liegen, nicht wahr? Ich glaube, Sebastian wäre sogar erfreut darüber.«

»Das würde mich nicht überraschen«, sagte Kip, als Sebastian mit langen Schritten auf sie zukam. Er sah ärgerlich und ungeduldig aus.

»Wo zum Teufel bleibt Donna?«

»Ich habe sie nicht gesehen, Sebastian. Sie war weder im Auto bei der Mannschaft noch in den Umkleideräumen. Vielleicht hat sie verschlafen.«

»Bis halb zwölf?« Sebastian runzelte die Stirn, während er auf seine Uhr sah. »Okay. Kip, wir werden deine Ansprache drehen und ihre Aufnahmen später machen.« Er rief einen der Helfer herüber und sagte: »Schick den Rolls zu Miß Royce und bitte sie, uns mit ihrer Anwesenheit möglichst noch vor Mittag zu beehren.« Sein Mund hatte einen harten Zug angenommen, der jedoch schmolz, als er sich herumdrehte, um Mardee zu begrüßen.

»Was für ein Vergnügen, dich zu sehen! Kip – wo ist dein Maskenbildner? Auf der Seite deines Kinns ist ein Fleck.« Der Mann kam herüber mit seinen Schwämmen und Tüchern und bemühte sich, Kips Aussehen in Ordnung zu bringen. Sebastian sah mit einem Auge zu und sagte: »Ich wünschte, ich wüßte eine Möglichkeit, um eine Voodoo-Sequenz in diesem Film unterzubringen. Ich habe Cappy gebeten, morgen zu mir zu kommen, um es zu besprechen. Wenn Voodoo so sehr Teil des Lebens der Sklaven war, dann ist es nicht besonders ehrlich, es aus dem Film auszusparen. Und denk daran, was wir aus einer Trommelsequenz machen könnten...« Er verstummte und dachte nach. »Vielleicht könnten wir eine Szene einbauen, in der Kip auf den Trommeln spielt.«

»Ich bin sicher, die African-Haitian-Folklore-Leute würden sich glücklich schätzen, dich mit Beratern zu versehen«, murmelte Mardee.

Sebastian rümpfte verächtlich seine Nase. »Ich nehme an, die tun ihr Bestes, aber ich werde nichts akzeptieren, was nicht total echt ist, nicht für diesen Film... Kip, können wir einige Meter drehen, wie du auf den Trommeln spielst?«

»Das mußt du bestimmen, Sebastian. Schaut, Donna weilt unter uns.«

Donna kam langsam auf sie zu. Sie sah blaß und müde aus; Mardee fragte sich, ob sie einen Kater hatte, nachdem sie gestern abend so viel getrunken hatte. Sie trug Straßenkleidung; hautenge weiße Hosen, eine dünne Bluse und einen breitkrempigen Sonnenhut. Sebastian drehte sich um, um sie anzusehen, und Mardee zuckte zusammen. Sie hatte schon den Ausdruck gelesen: ›Sein Gesicht wurde schwarz vor Ärger.‹ Aber dies war das erste Mal, daß sie es gesehen hatte. Sebastians Gesicht verzerrte sich und wurde blau vor Wut.

»Verdammt, warum bist du nicht im Kostüm und Make-up?«

»Weil ich heute nicht arbeite, deshalb! Ich bin krank.«

»Kater?« fragte er scharf. Sein Gesicht verdunkelte sich.

»Krank«, sagte Donna stur. »Und ich werde heute nicht arbeiten, und du weißt ebensogut, was mit mir los ist, wie ich selbst!«

»Hol dich der Teufel, Donna«, sagte er ungeachtet der Zuschauer. »Das hättest du mir auch sagen können, bevor ich die gesamte Crew zusammenholen ließ!«

»Das ist dein Problem«, sagte sie gleichgültig und begann sich abzuwenden. Er ergriff sie bei den Schultern und flüsterte ihr etwas zu; sie riß sich mit einem spöttischen Lachen los.

»Es sieht so aus, als hättest du ein Problem, mein Junge!« Sein Gesicht war todernst. Er sagte mit leiser Stimme zu Donna: »Du wirst uns nicht noch einmal so einfach einen Drehtag kosten. Verschwinde und hol dein Kostüm, und wenn du in zehn Minuten hier bist, dann werde ich kein Wort mehr darüber verlieren. Ich meine es im Ernst, Donna. Treib mich nicht weiter!«

»Geh zum Teufel«, sagte Donna, warf ihren schönen Kopf zurück und lachte. »So kannst du mit mir nicht reden. Du weißt, warum ich heute nicht arbeite, und dagegen kannst du gar nichts machen. Nichts, mein Junge – nichts!«

Sebastian ging einen Schritt auf Donna zu, und noch einen. Mardee dachte, wenn Sebastian sie mit diesem Blick angeschaut hätte, wäre sie davongelaufen. Aber Donna blieb stehen und lachte.

»Du bluffst, Sebastian. Warum scherst du dich nicht zum Teufel?«

Weiß sie, was sie tut? fragte sich Mardee, doch sah es für einen Augenblick so aus, als hätte sie Sebastian gestoppt. Er ließ die Hände sinken, die erhoben gewesen waren, wie um Donna erneut zu packen oder sie zu schlagen. Für einen langen Moment stand er völlig unbeweglich.

Dann sagte er ganz langsam: »Okay, Donna, du hast es herausgefordert, diesmal hast du zuviel riskiert. Verschwinde! Du bist gefeuert.«

»Gefeuert?« Sie blinzelte noch immer lachend, und Mardee erkannte, daß die Frau sich der Tiefe und des Ernstes von Sebastians Zorn nicht bewußt war. »Verdammt, das kannst du nicht machen, hör auf zu bluffen!«

Das angestaute Blut war langsam aus Sebastians Gesicht gewichen. Er sagte mit ruhiger, schneidender Stimme: »An dem Tag, an dem es etwas, irgend etwas gibt, das ich bei Wright Films nicht tun kann, werde ich den Laden zumachen und aufhören. Seit zwei Minuten, Miß Royce, sind Sie eine gewesene Angestellte der Wright-Productions, und Sie befinden sich unbefugt auf diesem Gelände. Und jetzt verschwinden Sie von hier!« Donna bewegte sich nicht, und er sagte leise, aber mit tödlicher Drohung: »Bring mich nicht dazu, dich wegtragen zu lassen, Donna. Bitte!«

Ihr Gesicht verfiel allmählich, als sie erkannte, daß er jedes Wort ernst gemeint hatte. Sie drehte sich um, immer noch herausfordernd, und sagte: »Das werden wir schon sehen. Das kannst du nicht tun. Ich habe vertragliche Rechte...«

»Fein, sage deinen Rechtsanwälten, sie sollen sich mit meinen in Verbindung setzen«, sagte er und wendete ihr den Rücken zu. Donna blickte zögernd auf seine abgewandten Schultern, und Mardee konnte sehen, wie sie innerlich um einen Appell, um eine Kapitulation, um Entschuldigung rang, aber sie alle wußten, daß es zu spät war. Sebastian hatte sich in seine Wut verrannt. Donna sah Mardee an und sagte gehässig: »Du hast das gemacht, nicht wahr?« Aber sie ging davon, bevor Mardee antworten konnte.

Sebastian wendete sich befriedigt Kip und Mardee zu. »Hol sie der Teufel, das hatte ich schon seit Tagen tun wollen! Sie ging einfach einen Schritt zu weit! Bist du ebenso erleichtert wie ich, Kip?«

Kip sah erschrocken aus. »Um Gottes willen, Sebastian, ich weiß, Donna kann einen verrücktmachen, aber warum machst du das mitten im Film? Was machen wir nun mit Angélique? Warum denkst du nicht noch ein wenig darüber nach und gibst allen die Chance, sich ein wenig zu beruhigen? Du hast ihr einen Schrecken eingejagt, sie wird sich nun sicher benehmen!«

Sebastian schüttelte den Kopf. »Dazu ist es viel zu spät. Sie hat sowieso nie gepaßt. Sie verstand niemals die Mystik von Haiti, die besondere Atmosphäre dieses Ortes. Sie gehört in einen Nachtclub in Las Vegas! Glücklicherweise wird es keine Schwierigkeit machen, einen perfekten Ersatz zu finden, Mardee« – er drehte sich mit einem Schwung zu ihr, und er lächelte – »du weißt, was ich will. Wirst du die Hauptrolle in dem größten Wright-Film aller Zeiten spielen?«

Mardee riß die Augen auf. Ihr stockte der Atem.

Als sie wieder sprechen konnte, sagte sie: »Das ist nicht dein Ernst, Sebastian!«

Er kam und nahm sie bei den Schultern. Am Drehort war alles zum Stillstand gekommen, alle beobachteten Sebastian.

Er sagte, während er sich über sie beugte: »Ich war nie in meinem Leben ernster. Du – du bist ein Teil von Haiti, du bist Haiti – zusammen, du und ich, werden wir den größten Film machen, der je gemacht worden ist, den einen, der all die Schönheit und Wirklichkeit dieser so anderen Welt zeigt – Mardee, du wirst es tun! Du mußt!« Sein Gesicht war dem ihren so nahe, daß sie seinen warmen Atem spüren konnte. »Seit gestern nacht – ich konnte nicht schlafen, ich blieb wach, um mir alles zu überlegen, um ein neues Konzept für diesen Film zu finden. Ich brauche die unsichtbare Wahrheit, eine lebendige Wirklichkeit – Mardee, ich kann das nicht ohne dich machen!« Seine Stimme zitterte vor Intensität. »Du bist Haiti, du bist die wahre Seele dessen, was ich tun möchte... Sag, daß du mir helfen wirst, Mardee! Ich brauche dich so sehr...«

Sein Gesicht war verzerrt. Mardee wußte plötzlich in ihrem Inneren: *Das ist nicht persönlich gemeint. Es geht ihm nicht um mich, es ist nur ein Teil seiner Besessenheit, seiner Liebesaffäre mit Haiti...*

Und doch war es eine fast unwiderstehliche Versuchung. Eine Hauptrolle in einem Sebastian-Wright-Film...

Und um Donna zu beweisen, daß sie die ganze Zeit über recht hatte. Mardee konnte auch Marie-Claire Haskells spöttische Stimme hören: *Was bedeutet dir Emilie Thibaud? Es ist der berühmte Produzent, dieser Sebastian Wright, der dich wie das Licht die Motte anzieht...*

Sanft entzog sie sich seinen Händen. »Sebastian, ich verstehe, was du zu sagen versuchst. Aber ich kann unmöglich eine so große Entscheidung so ohne weiteres treffen. Ich muß darüber nachdenken. Ich muß mit meiner Großtante darüber sprechen. Kann ich« – ihre Stimme bebte plötzlich – »kann ich heute abend mit dir darüber sprechen? Nachdem ich Gelegenheit hatte, mir klarzumachen, daß es wahr ist?«

Widerstrebend ließ er sie gehen. »So lang wie du brauchst. Aber nicht zu lange, hoffe ich. Ich möchte lieber auf dich warten, als jemanden zu holen, der auch wieder nicht paßt.« Er holte tief Atem und richtete sich auf. »Kip, glaubst du nicht, daß Mardee für Angélique besser paßt, als Donna je gepaßt hätte?«

Kip schaute Mardee bittend an. »Ich weiß nichts über Mardee als – als Schauspielerin. Es ist kein Geheimnis, daß Donna und ich nie gut miteinander auskamen. Es wäre sicher leichter, mit Mardee zu arbeiten. Aber als Schauspielerin...«

»Ich weiß, was für eine Schauspielerin sie ist«, sagte Sebastian, und Mardee erinnerte sich erstaunt, daß er sie tatsächlich einmal gesehen hatte. Und was hatte er gesagt? Daß er niemals eine schauspielerische Leistung, ein Gesicht, eine Beleidigung vergaß... Donna hatte das zu spät herausgefunden.

»Kip, wir werden heute deine Rede aufnehmen und die Menge um die Kutsche und die Szenen mit Angélique für einen oder zwei Tage sein lassen, bis uns Mardee eine Antwort gibt, und wir alle geschäftlichen Einzelheiten arrangieren können. Sei in fünf Minuten bereit, ja?« Er eilte hinüber zum Kamerateam, plötzlich wieder ganz geschäftsmäßig.

Mardee stand zitternd da und fragte sich, ob sie träumte. Kip griff nach ihren Händen und sagte mit stockendem Atem: »Ich kann mit Sebastian nicht konkurrieren, Mardee.«

Erschüttert und voll Angst ließ es Mardee geschehen, daß er sie an sich zog. Was war in ihrem Leben passiert, was war plötzlich so anders geworden? Sie flüsterte: »Das wirst du niemals müssen, Christophe.«

Er flüsterte, sein Gesicht nah bei dem ihren: *»Je t'aime.«* Sie sagte mit zugeschnürter Kehle: »Ich weiß, Christophe.« Und dann – sicherlich war das ein bizarrer Traum, in dem alles erlaubt war und nichts konsequent oder logisch sein mußte: »Ich liebe dich auch.«

Sebastian hatte sich umgedreht und beobachtete sie aus einiger Entfernung, und plötzlich, ohne zu wissen warum, hatte Mardee Angst. *Warum? Was kann er uns tun?* Aber Sebastian sprach nur mit einem Regieassistenten, der durch seine Lautsprecheranlage sagte: »Mr. Tybalt, fertig zur Aufnahme, bitte.«

Er schrak zusammen und löste sanft seine Hände aus den ihren. »Später, *chérie*«, und Mardee schaute ihm nach, wie er davoneilte, leichtfüßig, dunkel, feingliedrig, sich bewegend mit der Anmut eines Tänzers.

Das kann nicht wahr sein. Ich liebe Brian, Brian ... Was geschieht mit mir? Und doch sah sie Kip nach, als er sich entfernte, und ihr Herz war in Aufruhr, in einer Erregung, die sie noch nie gekannt und nicht für möglich gehalten hatte. Sie wußte, sie konnte hier nicht stehenbleiben und ihm nachsehen, oder jedem würde klar sein, wie es in ihrem Herzen aussah. Sie drehte sich weg und ging schnell den Weg entlang, der zum Maison Dominique führte.

Es ist wie Zauberei. Hexerei.

Voodoo?

Sie kam an dem kleinen Haus vorbei, in dem ihre Ahne gelebt hatte, wohin sie, halb sich erinnernd, eines Nachts im Schlaf gegangen war. Das schien sehr lange her zu sein. Einer Eingebung folgend, berührte sie den mattsilbernen Türgriff und trat ein. Sie stand da mit ihren Händen gegen die blauweißen Kacheln des Kamins gelehnt und ließ absichtlich ihre Gedanken treiben, sich dem seltsamen, traumähnlichen Bewußtseinszustand öffnend, den sie schon einmal empfunden hatte ... hier, auf dem Marktplatz, ein-, zweimal mit Sebastian.

Auch sie war hin- und hergerissen, zwischen dem weißen Mann, der ihren Körper besaß, der sie gekauft hatte, und dem Mann ihrer eigenen Rasse. Wie war ihr Name? Wie war sie wirklich, diese Frau?

Aber das traumgleiche Bewußtsein blieb ihr fern; heute, mit der strahlenden Sonne, die durch das staubige Glas flutete, war dies nur ein altes, steinernes Haus, voller Erinnerungen, aber leer, frei von Gespenstern. Mardee ging hinaus, schloß hinter sich die Tür und ging zurück zum Maison Dominique.

Später an diesem Nachmittag, klopfte Robert leicht an ihre Tür. Er stand im Türrahmen und sagte: »Mamselle, Madame ist krank. Sie bittet Sie, heute abend allein zu essen und sie zu entschuldigen.«

Plötzlich war Mardee beunruhigt. »Haben Sie einen Doktor kommen lassen, Robert?«

»Madame will nichts davon hören, Mamselle.«

»Was fehlt ihr, Robert? Wissen Sie es?«

Der alte Mann sah müde aus, betrübt. Mardee hatte das Gefühl gehabt, daß etwas Finsteres um den glatten, kleinen Butler war. Nun erschien er alt und bemitleidenswert. Sie dachte: *Er liebt Madame wie alle; sie ist hier der Mittelpunkt in jedermanns Leben.*

»Mamselle, sie ist *fatiguée . . . épuisée pour la vie*. Es gibt keinen Arzt, der das heilen kann, Mamselle.«

Sie ist müde, erschöpft vom Leben . . . Mardee sagte betrübt: »Ich werde gehen und nach ihr sehen, Robert«, und er lächelte und sagte still: »Ihr Anblick wird ihr guttun, Mamselle. Sie sind alles, was sie auf der Welt hat.«

Sie hatte Gewissensbisse. Sie war hierher auf Ferien gekommen und wegen einer Chance, Sebastian Wright zu treffen. Nun, da sie den Gegenstand ihres heimlichen Ehrgeizes erreicht hatte und mit dem Wissen konfrontiert wurde, daß sich Madame wahrscheinlich zum Sterben bereitmachte, war sie bedrückt und bekümmert. Sie hatte begonnen, die alte Frau zu lieben. Als sie zu Tante Emilies Räumen ging, fühlte sie, wie ihr die Tränen in die Augen stiegen. *Was geschicht mit mir in letzter Zeit? Warum bin ich so gefühlsduselig?*

In Madames Zimmer waren die Vorhänge zugezogen, und das Lächeln der alten Frau, die im Schatten lag, war mehr denn je das eines Totenkopfes.

»*Bonjour, petite.* Wie hübsch du heute bist, fast als wenn du verliebt wärst...«

Tante Emilie hatte wirklich etwas von einer Hexe an sich! Oder zeigte sich bei Mardee tatsächlich ein Unterschied, war es so offensichtlich? Sie beugte sich hinunter, um die verwelkte Wange zu küssen.

»Tante Emilie, laß mich einen Doktor holen. Wenn es keinen Doktor im Dorf gibt, muß sicher einer in Port-au-Prince sein...«

Die alte Frau winkte mit einer schwachen Geste ab. »Ich möchte keinen der Ärzte von dem großen Krankenhaus haben, um mich zu beschämen...« Auf Mardees erstaunten Blick hin brach sie ab und sagte verdrießlich: »Meine Gedanken schweifen heute ab – gegen das Alter ist kein Kraut gewachsen, Marie-Louise. Komm, setz dich her, erzähl mir, was geschehen ist. Hast du dich gut amüsiert auf der Veranstaltung in Port-au-Prince?« Aber ihr scharfer Blick ruhte auf Mardees Gesicht, und Mardee hatte das unheimliche Gefühl, daß die alte Frau genau wußte, was für eine Veranstaltung es gewesen war. Aber wie konnte sie?

»Es war ein langweiliger Abend, Tante Emilie, ein Besuch bei einer Folklore-Gesellschaft. Alles in allem glaube ich, daß die meisten von uns es vorgezogen hätten, zum Tanzen gegangen zu sein.«

»*Eh bien,* so ist es mit jungen Leuten. Und womit hast du dich heute unterhalten, *p'tite?*«

Nun wußte sie, daß sie es Madame sofort sagen mußte. Aber warum hatte sie das wunderliche Gefühl, daß Madame bereits Bescheid wußte, daß die dunklen, scharfen Augen in dem knöchernen Gesicht auf ihre Neuigkeiten warteten...? »Sebastian Wright wurde unzufrieden mit Donna Royces Arbeit. Er hat sie entlassen und mich gebeten, ihre Rolle im Film zu übernehmen.«

Tante Emilie gab kein Zeichen der Überraschung. Sie nickte langsam, Mardees gespenstisches Gefühl bestätigend, daß sie es irgendwie gewußt hatte. »Donna Royce... das ist diese vulgäre Frau in dem unanständigen Kleid? Ich fragte mich schon die ganze Zeit, wie M'sieur Wright, der ein Mann mit Geschmack und Feingefühl zu sein scheint, eine solche als seinen Star gewählt haben konnte. Es ist natürlich möglich, daß sie seine Geliebte war«, grübelte die alte Frau.

Sie ist wirklich eine Hexe... Dann befahl sich Mardee, nicht so dumm zu sein. Donna war nicht gerade feinfühlig, und es mußte unter dem Personal zum allgemeinen Klatsch gekommen sein.

»Tante Emilie, ich hatte dir nicht erzählt, daß ich Schauspielerin war. Ich wußte, du betrachtest Schauspieler und Schauspielerinnen als *déclassé*...«

»Glaubst du, ich wußte es nicht, Marie-Louise? Als es Marie-Claire unterließ, mich von deiner Geburt zu informieren, *ma chère*, habe ich meine Zuflucht zu anderen Arten der Information genommen – meine Welt ist größer, als du glaubst«, sagte Madame, und Mardee überlegte verwirrt, ob die alte Frau von Hellseherei oder Privatdetektiven sprach. »Aber sicher, *chérie*, mußt du bei diesem Film mitwirken. Das ist, was ich für dich wünschte, und nun, siehst du, hat sich alles von selbst ergeben... *c'est un mystère*...«

»Ich muß mit Brian sprechen und fragen, was er davon hält...«

»Brian.« Die Frau tat ihn mit einem Schulterzucken ab. »Er ist nicht für dich bestimmt, *p'tite*.«

»Tante Emilie, ich dachte, du magst ihn. Du sagtest, er würde mir ein guter Ehemann sein.«

»*Oui*, das habe ich gesagt... aber da ist mehr als das, es ist wichtiger, als du denkst, es ist der Grund, warum ich dich kommen ließ.« Ihre Augen waren glasig und schweiften umher, ohne sich auf Mardee zu richten.

»Du weißt nicht... Du hast das Blut, aber ich habe dir noch nichts gesagt. Ich werde es tun, wenn die Zeit gekommen ist... noch nicht jetzt...«

»Tante Emilie, was meinst du?«

Die alte Frau winkte sie neben sich. »Komm her, setz dich zu mir, *chérie*«, und Mardee wußte mit einem Frösteln der Angst, daß die alte Frau sie nicht sehen konnte. Ängstlich sagte sie: »Tante Emilie, du mußt mich einen Doktor holen lassen!« Aber Madame Thibaud – mit ausdruckslosen und tränenden Augen – konnte sie auch nicht hören.

»Unsere Familie steht unter einem Fluch, *p'tite*... Seit zweihundert Jahren standen wir unter dem Schatten von *le gros blanc*... Er schwor, er würde zurückkehren... Auch jeder von uns hat ein Versprechen getan, wir schützen uns selbst, aber wann wird es je enden? Es könnte schon alles vorbei sein, aber Marie-Claire… Vielleicht war es klug von ihr zu gehen, aber nun ist es an dir zu handeln, ich bin alt, alt… Du wirst nicht weggehen, wirst uns jetzt nicht allein lassen, Marie-Louise?«

Die alte Frau saß kerzengerade in ihrem Bett, ihr leeres Gesicht verzerrt, und Mardee bemitleidete die Verrückte, in die sich ihre Tante verwandelt hatte – war das der Grund, warum Tante Emilie stets in ihrem Zimmer blieb? –, und sagte zärtlich: »Ich werde dich nicht verlassen, Tante Emilie.«

»Und du darfst nicht diesen *nègre*, Brian, heiraten. Er ist ein guter Kerl, aber damit würde alles von vorne beginnen… Ich hatte mir ausgedacht, daß du M'sieur Sébastien heiratest, aber er ist zu alt für dich, *p'tite*. Und dann, als der andere mir seinen Namen nannte… Christophe Thibault… und er ist ein *blanc*… Er ist ebenfalls ein Nachkomme von *le gros blanc*, so wie wir auch, Marie-Louise, und wenn du ihn heiratest, so wird Maison Dominique wieder in der Hand eines *blancs* sein, und dann ist mit dem Fluch des Blutes für immer Schluß…«

Mardee begann zu sprechen: »Aber Kip ist kein *blanc*…« Doch sie erkannte, daß das Tante Emilies umnebeltem Verstand egal war. Und eines stimmte: Thibaud, Thibault, das war alles derselbe Name. Christophe Thibault war, wie sie auch, Nachkomme eines Franzosen, der vor Hunderten von Jahren Kinder mit seiner weißen Frau und mit seiner *affranchie*, seiner schwarzen Geliebten, gezeugt hatte. Er war also ihr entfernter Verwandter.

»Du mußt ihn heiraten, Marie-Louise… Du wirst ihn lieben, *tout s'arrangera*, ich werde darauf achten, aber du sollst ihn heiraten…«

Behutsam, bemüht, die alte Frau durch die Berührung zu beruhigen, beugte sie sich vor und küßte sie. »Mach dir keine Sorgen, Tante Emilie. Wer weiß, vielleicht werde ich Christophe eines Tages tatsächlich heiraten.« Die alte Frau hörte sie und lag still lächelnd da.

Aber was wird aus Brian? fragte sie sich, und der Gedanke machte sie niedergeschlagen.

9. Kapitel

An diesem Abend brachte Robert ihr eine Botschaft: »M'sieur Sebastian wünscht heute abend mit Ihnen, wann immer es Ihnen angenehm ist, zu sprechen, Mamselle.«

»Bitte ihn her, um mit mir zu Abend zu essen.« Sebastian wollte ihre Antwort, wollte die geschäftlichen Details mit ihr besprechen. Ihre Intuition veranlaßte sie, ihn hier zu treffen, auf sicherem Grund, als Herrin von Maison Dominique, als seinesgleichen, seine Gastgeberin. Robert sah beunruhigt aus, und sie sagte scharf in Französisch: »Worauf warten Sie noch? Übermitteln Sie ihm unverzüglich meine Antwort!«

»*Certainement,* Mamselle«, sagte er und ging. Sie hörte ihn etwas brummeln über *le gros blanc* und fragte sich gereizt, ob sie diese Art von abergläubischem Unsinn denn niemals los sein würde. Hatte Tante Emilies Verrücktheit alle in diesem Hause angesteckt?

Sicherlich konnte niemand Sebastian – der sich höflich und weltgewandt über ihre Hand beugte, so wie er das auch bei Tante Emilie am ersten Abend getan hatte – mit Aberglauben, mit irgendeinem unheilbringenden *mort* der hiesigen Legende in Verbindung bringen!

»Wir waren enttäuscht, daß du nicht geblieben bist, um bei den Aufnahmen zuzuschauen, Mardee. Kip gab die Vorstellung seines Lebens!«

»Es tut mir leid«, sagte sie mit echtem Bedauern.

»Ihm auch. Und auch mir«, sagte er, seine Augen fest auf sie gerichtet, und sie bedauerte plötzlich, das tief ausgeschnittene rote Kleid mit den Pailletten angezogen zu haben. Sie hatte es noch nie getragen und es heute abend angezogen, um alleine zu Abend zu essen, da ihre Tante nicht dabei war, um daran Anstoß nehmen zu können. Als sie die Einladung an Sebastian schickte, hatte sie es vergessen. – Hatte sie wirklich? Oder hatte sie ihm unbewußt zeigen wollen, daß sie nicht weniger schön und sexy als Donna war? Sie hatte letzten Endes viel Zeit gehabt, um es gegen etwas weniger Aufreizendes auszutauschen!

»Ich bin wirklich dankbar für diese Einladung, Mardee. Wie du dir vorstellen kannst, ist die Situation ziemlich unangenehm. Donna – du weißt, wie gehässig sie sein kann, sie ist nicht davon abzubringen, daß du alles angezettelt hast...«

»Ich kann sie verstehen, Sebastian. Bei alledem ist es natürlich, daß sie gegen mich Erbitterung empfindet.«

»Ich glaube, das ist es, was ich am meisten an dir bewundere, Mardee, deine Fähigkeit, dich in andere Personen hineinzuversetzen. Kannst du dich auch in meine Position versetzen und kannst du dir vorstellen, wie überdrüssig ich Donnas Launen und ihrer Aufgeblasenheit, ihres vornehmen Getues und ihres Temperaments bin? Der Art und Weise, wie sie alles ausnützt? Weißt du, sie hat damit nicht erst begonnen, nachdem du hierher kamst. Frag Kip, wenn du willst, wie oft sie uns einen Drehtag gekostet hat.« Er war blaß und wütend. »Dieser Film ist wichtiger für mich als alles andere, was ich je gemacht habe, und als sie anfing, das zu gefährden, war es höchste Zeit für sie zu gehen.«

Mardee konnte das ebenfalls verstehen, und doch tat ihr irgendwie das Herz wegen Donnas Abgang weh. Donna, unsicher und stolz, hatte sich gezwungen gefühlt, Sebastians Liebe immer wieder auf die Probe zu stellen, und am Ende hatte sie die zerbrechliche Illusion zerstört, die alles war, was Sebastian an sie band. Sie war froh, das Thema zu wechseln.

»Ich glaube, Robert versucht uns zu sagen, daß unser Abendessen auf dem Tisch steht. Laß uns sehen, was Madames Koch zubereitet hat! Bei einem solchen *artiste* erdreistet man sich nicht, Mahlzeiten zu bestellen. Man nimmt seine Schöpfungen entgegen.«

Robert hatte, zu Mardees Erleichterung, ihre Plätze nah beieinander an einer Ecke der riesigen Tafel gedeckt. Sie hatte absurde Visionen von ihr an der einen und Sebastian am anderen Ende der Tafel gehabt, und wie sie sich über die gesamte Länge des Tisches hinweg gegenseitig anschreien oder Handzeichen geben mußten... *Wenn es Brian wäre, würde ich ihm das erzählen, und wir könnten gemeinsam darüber lachen.* Würde sie Brian je wiedersehen? Nach gestern nacht, als er sie wegen Donna sitzenließ, und nach der Art, wie sie sich, allen nur zu sichtbar, mit Kips Aufmerksamkeit getröstet hatte, würde er vielleicht nicht einmal mehr anrufen. Sie war überrascht, daß dieser Gedanke bei ihr das Gefühl einer schmerzhaften Lücke hinterließ.

Robert servierte ihnen, stets in der Nähe bleibend, eine köstliche Kombination von Reis und Krabben. *Natürlich, dachte sie, das ist, was sie kopieren, wenn sie irgendein Gebräu ›Krabben auf kreolische Art‹ nennen. Das ist das Original.*

Als sie mit den ›Krabben auf kreolische Art‹, mit dem Salat und dem köstlichen Schokoladenpudding fertig waren, sagte Sebastian: »Und nun spann mich nicht länger auf die Folter, Mardee. Du wirst mir helfen, nicht wahr? Mit dir wird das der größte Film meiner Karriere sein!«

»Sebastian, bist du sicher, daß du das möchtest? Ich bin unbekannt, weißt du. Brauchst du nicht jemanden, der – der besser für die Kinokassen ist?«

Er schüttelte hochmütig seinen Kopf. »Du wärst nicht die erste Unbekannte, die ich zum Star mache. Und was große Namen betrifft – gut, Kips Name kann an erster Stelle im Titel erscheinen, das ist genug an Attraktionen. Hast du mit Madame gesprochen?«

»Ich habe es versucht. Aber ich fürchte, sie wird senil; sie schien kaum zu verstehen, was ich sagte.«

»Wenigstens hat sie dann keine unüberwindlichen Einwände!«

So sehr es sie auch reizte, gleich zuzusagen, war Mardee doch Profi genug, um zu sagen: »Du weißt, ich kann mit dir das Geschäftliche nicht besprechen, Sebastian. Du mußt dich mit meinem New Yorker Manager in Verbindung setzen...«

Der lachte. »Wer ist dein Manager? Lonnie Cameron, nicht wahr?« sagte er, sie damit überraschend. »Er versorgte mich mit Talenten für meine ersten Off-Broadway-Produktionen nach dem Krieg – nach Hitlers Krieg. Ich vergesse immer, daß für deine Generation ›der Krieg‹ Korea oder sogar Vietnam bedeutet. Lonnie ist ein guter Kerl. Er wird für dich einen fairen Vertrag aushandeln, und ich werde mit ihm nicht allzu lange streiten müssen. Ich habe noch niemals etwas so sehr gewollt, wie diesen Film mit dir als Angélique zu machen.«

Sie sagte leichthin: »Du solltest mich das eigentlich nicht wissen lassen, nicht wahr?«

»Ich vertraue dir«, sagte er und ergriff ihre Hände. »Dieser Film wird der Höhepunkt meiner Karriere sein, er wird uns alle berühmt machen...«

»Du solltest solche Sachen nach dem Brandy sagen, Sebastian.« Sie bedeutete Robert, ihn einzuschenken. Sebastian berührte ihr Glas mit dem seinen und sagte »Auf die Zukunft.«

Sie wiederholte seine Worte, bevor sie ihre Lippen an den Rand des Glases setzte. Geräuschlos räumten Robert und seine schattenhaften Helfer ab. Sie erhob sich mit dem Glas in der Hand und ging zum Fenster. Sie hatte an ihrem ersten Abend in diesem Haus hier gestanden und den Trommeln zugehört. Kip war hinter sie getreten und hatte sie *ma belle* genannt... Wieder waren da draußen in der Nacht Trommeln, ein leiser, unwiderstehlicher Ruf.

Sebastian sagte leise: »Ich hatte heute ein langes Gespräch mit Cappy. Ich fange an, von dem Film ein völlig neues Konzept zu haben. Was ich letzte Nacht sah – das war lächerlich, eine Karikatur der echten Sache, aber, Gott, wie hat es mir Appetit auf die echte gemacht! Ich fühle, ich habe mein ganzes Leben lang auf das gewartet, als ob alle meine früheren Filme nur dazu dagewesen wären, mir die Erfahrung zu vermitteln, um diesem gerecht werden zu können!« Seine Augen funkelten im Kerzenlicht. »Magie – Zauberei – die Macht des Unbewußten.« Er kippte den Brandy hinunter wie Wasser und goß sich den nächsten ein.

»Hör, Mardee, hör auf die Trommeln da draußen, die versuchen, mir alles über die Welt des Unsichtbaren zu sagen, zu der sie sprechen...«

Sie sagte langsam, beeindruckt von seiner Intensität: »Dieses Gefühl hatte ich in der allerersten Nacht, als ich hierherkam.«

Er lehnte nahe bei ihr. »Aber sie sprachen niemals zu mir, nicht vor der Nacht, als du kamst. Ich war verliebt in Haiti, ja, mit all seinen Geheimnissen und seiner Romantik, aber als du kamst, war es, als ob – ein Licht angedreht worden wäre, eine elektrische Strömung. Ich bin kein abergläubischer Mensch, Mardee, aber wenn ich einer wäre, so würde ich sagen, daß mich das Schicksal herschickte, um hier auf dich zu warten, um bereit gemacht zu werden für das Drama meines Lebens. Bei deiner Ankunft würde der Vorhang hochgehen...«

Der Brandy begann auf ihn zu wirken; Mardee wußte und war sich deshalb böse, daß sie ihn in gewisser Weise dazu eingeladen hatte; durch das extrem aufreizende Kleid und ihre Einladung, mit ihm allein zu dinieren. Es wäre kein Problem gewesen, auch Kip einzuladen oder sogar Margaret. Sie konnte mit Sebastian fertig werden, aber sie hoffte, nicht seinen Stolz verletzen zu müssen. Sie ging ein wenig außer Reichweite.

»Wie fühlt sich Kip mit seinem neuen Co-Star?«

»So aufgeregt wie ich. Und er hat zugesagt, mir zu helfen, etwas über die wirklichen Voodoo-Riten herauszufinden – er ist heute abend in das Dorf gegangen, um einen Anfang zu machen.«

Armer Kip. Wie er es haßt. Sie erinnerte sich an die Verzweiflung in seinem Gesicht, sein hilfloses Widerstreben.

»Horch auf die Trommeln«, sagte Sebastian. »Laß uns hinausgehen, um sie besser zu hören.«

Robert wartete in der Eingangsdiele. »M'sieur gehen?« Mardee sagte: »Nein, M'sieur und ich werden ein wenig draußen spazierengehen.«

»Es ist sehr schlecht, draußen in der Nachtluft herumzugehen. Mamselle dürfen nicht...«

Mardee lachte. »Mamselle dürfen nicht in der Nachtluft herumgehen, und Mamselle dürfen nicht in der Sonnenhitze herumgehen. Soll Mamselle ihr ganzes Leben drinnen verbringen?«

Er verbeugte sich, aber er sah besorgt aus, und Mardee dachte: *Er möchte nicht, daß ich da hinausgehe, er hat Angst vor dem, was ich sehen oder hören könnte. Vielleicht sollte ich einfach hingehen, nun, da ich vollkommen wach bin, und sehen, was da wirklich los ist. Wenn es eine Familie ist, die ein – was ist ihr kreolisches Wort? – ein ›bamboche‹ macht, dann werden sie mich dazu einladen und sich geehrt fühlen, Madames Nichte zu unterhalten. Und wenn es keines ist...* Aber sie fand, daß sie darüber nicht nachdenken sollte.

Der Mond stand hoch und voll am Himmel, ein plumper, neugeprägter Silberdollar am dunklen Himmel. Die Trommeln waren rund um sie herum in der Nacht zu hören. Das Gras war feucht. Mardee stolperte in ihren hochhackigen Sandalen, und Sebastian nahm ihren Arm.

»Horch auf die Trommeln«, sagte Sebastian leise. »Stell dir vor, wie der Klang der Trommeln auf dich zukommt in einem verdunkelten Theater; nicht ein einziger Schimmer auf der Leinwand, nur der Schlag der Trommeln. Dann, durch kleine Blitze, wie Fackellicht, fängst du an, die Umrisse der Trommeln zu sehen, und dunkle Figuren, rot eingefaßt vom Licht des Feuers. Aber noch immer kein Licht, nur Formen und Schatten, und die Trommeln, und die Andeutung einer Bewegung... und dann, plötzlich, in der Dunkelheit mit dem Hintergrund der Trommeln, glühende Buchstaben. *Sebastian Wright präsentiert – Kip Tybalt und Mardee Haskell, in...*« Er brach ab und packte sie hart am Arm. »Kannst du es dir nicht vorstellen?«

»Es klingt wundervoll«, sagte sie leise, aber der Klang ihres Namens zusammen mit dem Kips hatte sie in einen seltsamen, dunklen Tagtraum versetzt, und obwohl Sebastian fortfuhr, den Film zu beschreiben, hörte sie kaum hin. Sie lauschte freundlich, murmelte beifällig bei ihr angebracht erscheinenden Gelegenheiten, aber ihre Gedanken folgten ihm nicht. Mardee hob den Blick und sah, daß sie, anstatt auf Cap Dominique und die Trommeln zuzugehen, irgendwie wieder zu dem Steinhäuschen gekommen waren, wo ihre Vorfahrin, die schwarze *affranchie*, gelebt hatte.

Sie mußte dies getan haben... freundlich einem Mann zuhörend, der sie liebte, sie begehrte, zu ihr von weit entfernten Dingen sprach, die nichts bedeuteten, während ihr Sinn und ihr Herz einem anderen entgegenpochten... Sie standen im flutenden Mondlicht vor dem kleinen Haus, und es schien ihr, als ob Sebastians Augen im Dunkeln wie Katzenaugen schimmerten. Er legte seinen Arm um sie. Sie stand einen Moment an ihn gelehnt, passiv, in einem Traum aus der Vergangenheit; dann, als sein Griff drängender wurde, zudringlicher, erstarrte ihr das Blut. Sie ergriff ärgerlich seine Hände und riß sich von ihm los. Sie hörte, wie ihre Stimme bebte, als sie sagte: »Das ist nicht Teil des Geschäfts, Sebastian!«

Der Mond bestrahlte sein Gesicht, und in diesem Licht sah Mardee mit plötzlicher Angst ein Gesicht, das sie noch nie zuvor gesehen hatte. Sie wußte mit erschütternder, absoluter Gewißheit, daß dies nicht der Sebastian war, den sie kannte, sondern ein Mann, der von den Träumen der Vergangenheit gefesselt war, in ihnen verloren... Aus diesem alptraumgleichen Bewußtsein heraus hörte sie ihn mit einer Stimme sagen, die sie nie zuvor gehört hatte: »Was unterstehst du dich? Du gehörst mir! Ich kann mit dir machen, was ich will...«

Sainte Vierge, was soll ich tun, was soll ich nur tun, wie kann ich ihn da heraus holen! Mardee bemerkte kaum, daß sie wieder in der Sprache ihrer Kindheit dachte, wußte kaum, ob sie sie selbst war oder ihre Ahne... Sie klammerte sich an sich selbst, an das zwanzigste Jahrhundert, und versuchte, die Erinnerung an die seit Jahrhunderten toten Vorfahren zu unterdrücken. Sie dachte fieberhaft nach, als sich seine Arme hart um sie schlossen und sich sein Mund drängend dem ihren näherte. Sie entschlüpfte seinen Armen, warf ihren Kopf zurück und sagte in dem härtesten und nüchternsten Ton, der ihr zur Verfügung stand: »Wenn das der Preis ist, um in Ihrem Film zu spielen, Mr. Wright, dann fürchte ich, bin ich nicht daran interessiert. Es sind nicht alle Schauspielerinnen käuflich, nicht einmal schwarze.«

Es war wie eine kalte Dusche; sie sah, wie es ihm eine Ohrfeige versetzte, fühlte, wie sein Gesicht kämpfte zwischen wüstem Ärger und einem plötzlichen, erschreckenden Zweifel. Dann, nach einem kurzen Augenblick, war er wieder der Sebastian, den sie kannte.

Er schüttelte seinen Kopf in bestürzter Zerknirschung.

»O Gott, Mardee, ich weiß nicht, was mich überkam...«

Die Trommeln hatten aufgehört. In der Stille klang sein Atem laut, und seine Worte überstürzten sich mit Entschuldigungen.

»Ich schwöre, ich habe nicht – es hat mich – mich nur fortgerissen – Mardee, bitte vergib mir – o Gott, Mardee, schau mich nicht so an...«

Zu ihrer großen Verlegenheit fiel er sogar vor ihr im Mondlicht auf die Knie. »Ich muß eine Minute lang verrückt gewesen sein. Ich weiß nicht, was ich mir gedacht habe – bitte verzeih mir...«

War das, fragte sich Mardee, einer der Gründe, warum sich Frauen manchmal Männern hingaben, die sie nicht liebten? Das Gefühl der Macht, das Wissen, daß die Männer in ihren Händen hilflos waren? War es also das gewesen, was ihre schwarze Vorfahrin für den Mann empfunden hatte, der sie besaß und doch in gewissem Sinn ihr Gefangener gewesen war?

»Steh auf, Sebastian, sei nicht dumm. Du hast ein wenig zuviel von Tante Emilies Brandy getrunken, das ist alles. Oder vielleicht hat dieser Ort einfach eine Art unheimlichen Einfluß auf uns. Das letzte Mal, als wir hierher kamen – erinnerst du dich? – begann ich, dir die Ohren vollzuheulen. Natürlich verzeihe ich dir!«

Er stand mühsam auf. »Dieser Ort hat jedenfalls einen seltsamen Einfluß auf mich, soviel ist sicher! Um Gottes willen, Mardee, denk bloß nicht, daß ich versucht habe, aus einer geschäftlichen Verbindung Vorteile zu ziehen. Guter Gott, du bist schön, du bist begehrenswert, aber du bist auch die Frau, die ich als Star in meinem Film haben möchte, und ich würde das niemals durch einen unerwünschten Annäherungsversuch gefährden! Es gibt keine Frau auf der Welt, die das wert wäre!«

»Ich glaube, wir sollten besser zum Maison Dominique zurückkehren!« Während sie zurückgingen, dachte Mardee an die seltsame Veränderung, die sie in Sebastians Gesicht wahrgenommen hatte. Einen Augenblick lang war er überhaupt nicht mehr Sebastian gewesen. Aber wer war er gewesen? *Les gros blanc*? Ihr schauderte bei diesem Gedanken – und bei den Konsequenzen.

Aber seine Entschuldigung war ernst gemeint gewesen, und als sie die Lichter des großen Hauses zu sehen begannen, fuhr er noch damit fort.

»Du bist sehr schön, Mardee. Aber ich bin keiner jener Regisseure, die ihren Stars nachstellen. Guter Gott, das war schon vor dreißig Jahren abgedroschen! Die Rolle gehört dir, wenn du sie haben willst, sie würde dir auch gehören, wenn du mich für mein Benehmen geohrfeigt hättest! Ich hätte es dir nicht verübelt!« Sein Lächeln war geringschätzig. »Ja, es hat Gerede gegeben, und natürlich blasen die Zeitungen das vollkommen unangemessen auf – ich verliebe mich manchmal in meine Hauptdarstellerinnen. Und ...« Er befeuchtete seine Lippen und sagte zögernd: »Mardee, wirst du mir glauben, wenn ich dir sage, daß dies das erste Mal ist, daß ich jemals – jemals – einen Annäherungsversuch gemacht habe, der – sichtlich unwillkommen war? Normalerweise warte ich, bis ich unmißverständliche Zeichen von der betreffenden Frau erhalte. Das ist die Wahrheit.«

Oder du denkst, es ist die Wahrheit, sagte sie zu sich selbst. Es gab wahrscheinlich nicht viele Frauen, die einen Annäherungsversuch von Sebastian Wright abweisen würden. Nicht nur hatte er den größten Namen im Filmgeschäft, sondern er war – Ehre, wem Ehre gebührt – ein gutaussehender, sinnlicher, attraktiver Mann. Sie konnte sich selbst kaum verstehen, da ihr von neuem bewußt wurde, wie attraktiv er war. War es Stolz gewesen? Wollte sie die Auszeichnung für sich, die einzige Frau zu sein, die Sebastian Wright abgewiesen hat? Sie streckte ihm ihre Hände entgegen und sagte: »Vergiß es, Sebastian. Schließlich« – sie lächelte – »ist es ein Kompliment und keine Beleidigung. Sind wir Freunde?«

Er führte ihre Hände behutsam an seine Lippen.
»Freunde, Mardee.«

Als Sebastian gegangen war, hielt sich Mardee noch ein wenig in der Diele auf, zu rastlos, um zu schlafen. Sie wußte, daß sie stundenlang wach liegen würde, sich herumwälzend, ein Opfer unruhiger Träume. Robert kam, und sie sagte zu ihm, er solle absperren und zu Bett gehen. Aber selbst nachdem er gegangen war, blieb sie zurück. Nach einiger Zeit fiel ihr auf, daß sie wartete – aber worauf?

Sie fühlte sich merkwürdig allein. Sie dachte daran, zum Telefon zu gehen, um Marie-Claire Haskell in New York anzurufen und ihrer Mutter von Sebastians Angebot zu erzählen, in dem Film die Hauptrolle zu spielen. Aber Marie-Claire hatte ihr vorgeworfen, gerade dies zu wollen. Und wen gab es sonst noch, den sie anrufen konnte? Brian? Er würde schlafen oder an seiner Schreibmaschine arbeiten.

Sie hob den Kopf in dem Glauben, daß die Trommelschläge wieder begonnen hätten... Nein. Es war jemand, der an die riesige Eingangstür klopfte. Um diese Stunde? Mardee ging hin und fragte durch die Tür: »Wer ist da?«

»Mardee? *C'est Christophe.*«

Sie fühlte den Adrenalinstoß und das Rasen ihres Herzens und befahl sich selbst, vernünftig zu sein. »Ich kann diese Tür nicht öffnen, sie ist zu schwer. Komm zum Seiteneingang!«

Wie sie vermutet hatte, war der Riegel zurückgeschoben, die Tür unverschlossen. Nun, des alten Robert nächtliche Amouren waren nicht ihre Sache, und Diebe oder Einbrecher gab es keine in Cap Dominique. Sie öffnete die Tür, und Kip, blaß und eingefallen, kam herein. Beim Anblick seines kummervollen Gesichts stellte sie keine Fragen; sie breitete ihre Arme aus, und er kam zu ihr und hielt sie fest wie in einem verwirrten, blinden Appell. Sie stand da, eins mit ihm, ihr Mund dem seinen ergeben. Doch da war noch immer diese Verschwommenheit in ihrem Kopf...

Sie war es schließlich, die sich bewegte und seufzte.

»Darling, komm herein! Laß mich die Tür schließen. Kip, Liebling, was ist los? Laß mich dir einen Brandy geben.«

Er nahm hastig einen, zwei Schlucke, wie um sich zu stärken, und trank dann langsamer, das Glas in seinen zitternden Fingern haltend. Sie drückte ihn in einen Sessel und setzte sich auf die Armlehne. Er trank seinen Brandy aus, stellte das Glas ab und lehnte sein Gesicht gegen ihre Schulter. Sie wartete, und endlich, mit langem, erschauerndem Seufzer, hob er den Kopf.

»*Gran' Maître* – wie einen diese Dinge gefangen halten! Als ob ich erst gestern weggegangen wäre und nicht vor fünfzehn Jahren... Ich wußte, daß es einen *'oumphor* im Dorf geben mußte. In jener ersten Nacht erkannte ich das Trommeln wieder, wenn nicht sogar den Trommler. Es war nicht schwer, sie zu finden; ich kannte schließlich alle Worte, alle Erkennungszeichen. Ich mußte nur aufpassen, daß mich der Pfarrer nicht sah, oder meine Schwester... Ich mußte ihrem Haus ausweichen.«

Er schwieg so lange, daß Mardee soufflierte: »Du hast gefunden, was du gesucht hast...«

»O ja.« Er seufzte schwer. »Es gab alte Leute, die sich an meine *grandmère* erinnerten, mich erkannten – ich war ihr *confiance* gewesen, ihr Meßdiener, würdest du sagen, obwohl ich noch nicht den *asson* genommen hatte. Ich kann Sebastian verschaffen, was er verlangt.«

Sie legte ihre Arme um ihn. »Du möchtest es nicht tun, Christophe, nicht wahr?«

Er schüttelte seinen Kopf. »Nein. Es gibt einen weisen Ausspruch eines eurer amerikanischen Schriftsteller – daß man nicht wieder zurück nach Hause gehen kann.«

»Warum sagst du ihm dann nicht, daß er sich zum Teufel scheren soll, Kip?«

Er schloß seine Augen und sagte mit einem müden Lächeln: »Ich vermute, ich bin einfach nicht diese Art von Mann, die irgend jemandem sagen kann, er soll sich zum Teufel scheren. Sebastian ist ein guter Freund. Ich glaube, er wäre ein schlechter Feind... Und dann ist da noch mehr. Es schien mir wichtig, das zu tun, zu meinen eigenen Vorfahren zu stehen, nicht mehr zu versuchen, als weißer Mann bestehen zu können. Aber ich brach meine Brücken ab. Mein alter Manager sagte sich von mir los, und nun ist mein Glück an Sebastians Erfolg gebunden – und an seinen guten Willen.«

Mardee wünschte, sie hätte Kip etwas von ihrer eigenen Entschlossenheit und Stärke einflößen können. Sie waren beide von Sebastian abhängig, das konnte eine gefährliche Verwundbarkeit bedeuten. *Vielleicht sollte ich Sebastian sagen, daß er sich zum Teufel scheren soll!*

»Möchtest du diesen Film nicht machen, Christophe?«

»So wahr mir Gott helfe, doch, ich möchte es. Wie es Sebastian gelingt, einen an seinen Träumen teilhaben zu lassen! Es wird ein großer Film sein. Kein lebender Schauspieler – schon gar kein schwarzer – kann diese Chance vorübergehen lassen. Wie könnte ich ihm verweigern, was er braucht, um den Film groß zu machen?«

»Das kann ich verstehen«, sagte sie mit leiser Stimme. Auch sie spürte, daß ihr Schicksal irgendwie mit Sebastians Träumen verknüpft war. »Es ist für mich mehr denn je wirklich geworden. Nun mit dir als einem Teil davon.« Ihre Lippen trafen sich zu einem langen Kuß, und eine Zeitlang erschien es Mardee, als ob sich alle Zweifel verflüchtigt hätten. Das war wirklich. Alles andere war verworren, dunkel, geheimnisvoll wie der Rhythmus der Trommeln, die sie immer noch irgendwo zu hören schien... Oder war es nur das Pochen des Blutes in ihren Adern, das Rasen ihres Herzens? War es jemals etwas anderes als das gewesen? Sie ließ Kip sie wieder an sich ziehen, bis selbst der Klang der Trommeln schwieg...

Später – lange Zeit später, als sich die Räder der Welt wieder zu drehen begonnen hatten – fragte ihn Mardee: »Du sagst, du kannst Sebastian zu dem verhelfen, was er möchte. Was erschreckt dich so, Christophe? Ist es nur, daß du fürchtest, selbst wieder hineingezogen zu werden?«

»Nicht nur das«, sagte er zögernd. »Sebastian ist so fanatisch. Es könnte für ihn, einen *blanc*, gefährlich sein. Ich bin in Haiti geboren, ich weiß, was ich tue. Aber er...«

»Liebling, ist das nicht nur ein Vorurteil? Es hat sicher andere weiße Männer gegeben, die sich ohne Gefahr mit Voodoo befaßt haben...«

»Ich wünschte, ich könnte auch so denken. Ich verstehe seine Motive nicht, nicht ganz; ich glaube nicht«, er sagte das zögernd, »daß ich jemals einen *blanc* verstehen werde, obwohl ich jahrelang wie einer gelebt habe. Ich fürchte mich vor Sebastian, Mardee, und ich fürchte mich vor dem, was er tun wird, wenn er von – von uns erfährt.«

Sie wurde zornig. »Sebastian hat keinen Anspruch auf mich!« Tief in ihrem Herzen, sogar vor ihr selbst verborgen, loderte eine winzige Flamme von Verachtung. Sie liebte Kip, aber sie war bestürzt über seine Schwäche. Sie erkannte, sie hatte in Wirklichkeit gewollt, daß er Sebastian trotzt... *sich stellt zwischen mich und Sebastian*... Sie zwang sich zurück in die Realität. Welch verrückter Gedanke war das? Unbarmherzig verspottete sie sich selbst: *Was bin ich für ein Narr! zu wünschen, von einem starken Mann beherrscht zu werden, der mich mitreißt*... Will das irgendeine Frau heutzutage wirklich? Unsinn! Sie lehnte sich hinüber und gab ihrem Geliebten einen langen, reumütigen Kuß. Er nahm ihr Gesicht in seine Hände; sie ergriff die langen, schlanken Finger und küßte sie.

Er lächelte und sagte: »Wofür ist das?«

»Weil ich dich liebe«, flüsterte sie, und nur zu sich selbst fügte sie hinzu: *trotz allem*...

Er bewegte sich träge und murmelte: »Ich sollte gehen, *chérie*, dein Ruf...« Sie kicherte. »Glaubst du, es kümmert mich, was Robert und diese schwachsinnige Melanie von mir denken?«

»Nein, aber mich«, sagte er sanft. »Das ist nun auch deine Welt, mein Liebling. Du solltest dich in acht nehmen, wenigstens ein wenig.«

»Vermutlich hast du recht.« Sie seufzte und küßte ihn wieder, aber als sie ihn zum Seiteneingang brachte, um ihn nach einem langen Kuß widerwillig gehen zu lassen, war die Tür immer noch unverriegelt. Robert war nicht zurückgekehrt; und welcher nächtlichen Beschäftigung er auch immer nachging, sie war noch nicht beendet.

Nun, dachte Mardee, innerlich lächelnd, als sie die Tür hinter ihrem Geliebten schloß: *Ich werde nicht auf Roberts Liebesleben neugierig sein, wenn er nicht auf meines neugierig ist!*

10. Kapitel

Madame Thibaud hütete mehrere Tage lang das Bett, und als sie wieder erschien, wirkte sie zerbrechlicher als zuvor, so als ob ein einziger Hauch des tropischen Windes sie wie eine Kerze auslöschen würde.

Für Mardee waren diese Tage voll wahnsinniger Aufregung. Brian kam mehrere Male zu ihr heraus, fand sie aber so verstrickt in Ferngespräche mit ihrem Manager, Verträgen, die zu unterzeichnen waren, das Durcheinander mit Donnas Kostümen, die ihr angepaßt werden mußten, daß sie wenig Zeit hatte für ihn. Nachdem die eigentlichen Dreharbeiten nach dem umgeschriebenen Script begonnen hatten, kam er eines Abends heraus, um ihr ein Exemplar einer New Yorker Zeitung zu bringen, die er in Port-au-Prince gekauft hatte.

»Du machst Schlagzeilen, ein Leitartikel auf der Feuilleton-Seite«, sagte er und reichte sie ihr aufgeschlagen. »Donna Royce ersetzt durch Mardee Haskell in Wright-Epos auf Haiti.«

Sie ergriff sie und las aufgeregt. Dann sah sie seinen Kommentar zu der Geschichte: »Oh, Brian, hast du das gemacht?«

»Richtig. Ich berichte hin und wieder, wenn es hier Neuigkeiten gibt. So bezahle ich meine Miete, daran wirst du dich gewöhnen müssen. Ich habe einiges Geld gespart, aber der Pressedienst des Syndikats zahlt gut, und ich schreibe kleine Artikel für ein halbes Dutzend Zeitungen in den Staaten. Ist Donna zum Festland zurückgekehrt?«

Mardee schüttelte ihren Kopf, abgeneigt, darüber zu sprechen. »Ich habe kein Interesse an Sebastian Wrights Liebesleben, und das ist sein Problem!«

»Trotzdem ist es hart für Donna, seinen Ex-Star und ich nehme an, auch seine Ex-Geliebte.«

Mardee sagte mit bissiger Betonung: »Ich habe bemerkt, daß auch du nicht abgeneigt warst an dem Abend bei der Folklore Society!«

Er ergriff ihre Hände und sagte: »Sei nicht dumm, Liebling. Donna ist schön, sicherlich. Aber sie ist nicht mein Typ. Ich plage dich auch nicht wegen Sebastian – oder Kip Tybalt –, obwohl er sehr viel besser aussieht als ich. Muß ich auf ihn eifersüchtig sein?« Mardee fühlte ihr schlechtes Gewissen erwachen. War sie in Kip verliebt? Oder war das nur wie die Vernarrtheit eines Teenagers, die wie im Traum vorübergehen würde? Sie sagte, und ihre Stimme zitterte: »Ein Grund, warum meine erste Ehe zerbrach, war – mein Mann sagte, er habe sich wie ein Zuhälter gefühlt, wenn ich auf der Bühne Liebesszenen mit anderen Männern spielte.« Selbst jetzt noch war die Erinnerung unerträglich.

Er legte seinen Arm um sie und sagte sanft: »Mach dir darüber keine Sorgen, Liebes. Ich bin nicht auf irgendeinen Schauspieler mit einem hübschen Gesicht eifersüchtig. Tybalt scheint auch ein netter Kerl zu sein. Und ich weiß, daß dich der Film so vollkommen in Anspruch nimmt, daß es schwer für dich ist, im Moment an irgend etwas anderes zu denken.« Er küßte sie, ein heftiger Kuß, der sie atemlos und zittern machte. »Aber wenn die Zeit kommt, vergiß nicht, daß ich dir einige sehr wichtige Dinge sagen muß. Im Augenblick mach weiter und genieße die Aufregung. Hast du schon das neue Drehbuch gesehen? Erzähl mir doch davon!«

Sie sagte, um ihrer beider Anspannung zu verringern: »Warum kommst du nicht und sprichst mit Sebastian darüber? Vielleicht ist sogar eine Geschichte für dich drin.«

»Gute Idee«, sagte er und war somit eingeladen, mit Sebastian und dem Drehbuchautor zu Abend zu essen und über das Drehbuch zu reden. Brian hatte noch nie fiktive Texte geschrieben (»Außer«, sagte er, »während eines Hunger-Winters, als ich keine Arbeit bekommen konnte, und Pornographie schrieb, um die Miete zahlen zu können, aber das ist eine andere Geschichte.«), aber er hatte einen scharfen Verstand und hörte sich das neue Konzept der Geschichte mit Interesse an.

Es enthielt noch viel des alten Stoffes, gab aber dem Film eine völlig neue Wendung. Nach dem neuen Konzept, das Sebastian und der Drehbuchautor Capwell ausgearbeitet hatten, hatte der ehemalige Sklave, der sich selbst zum Kaiser gemacht hatte, seine Macht durch seine Verbündung mit der unsichtbaren Welt der Voodoo-Götter gewonnen und hatte am Ende die Gunst seines Volkes verloren und wurde in den Wahnsinn und Selbstmord getrieben, weil er sich von der unsichtbaren Welt, die hinter seiner Macht stand, losgesagt hatte.

Brian war bewegt von der Kraft des Scripts – Dane Capwell hatte ihm eine Kopie zur Durchsicht gegeben. Aber noch runzelte er unsicher seine Stirn, während er mit dem Manuskript auf den Tisch klopfte.

»Wie geschichtstreu ist dieses Zeug?«

»Wahrscheinlich nicht sehr«, gab Sebastian zu. »Wir wissen so wenig von Henri-Christophes Leben, daß wir keine Möglichkeit haben, den Hintergrund seiner Motivation aufzuhellen. Und das ist die Art wirksamer Geschichte, die wir brauchen.«

Brian runzelte die Stirn. »Das ist eines der Dinge, die ich versucht habe, mit meiner Arbeit zu bekämpfen; diese Art von Sensationslust, die der Welt die Wahrheit über Haiti verschleiert. Ich dachte, du brennst darauf, den Leuten das Echte an Haiti zu zeigen.«

»Aber kannst du nicht verstehen«, protestierte Sebastian, »daß es wirklichere Dinge gibt als bloße Fakten? Als Künstler – und Filmemachen ist eine Kunst – muß ich mich mit emotionalen Wahrheiten auseinandersetzen, mit den inneren Wirklichkeiten, die hinter den Fakten stehen. Der Künstler hat den Job, neue Mythen zu erschaffen, von denen die Welt zehren kann.«

Brian schaute zweifelnd. »Warum nicht einfach sagen, wie es ist – oder in diesem Fall, wie es war?«

»Es gibt Wichtigeres als das, wie es war«, sagte Sebastian mit einer Beredsamkeit, die sie beide gegen ihren Willen packte, »und das ist, es auf eine Weise zu erzählen, die die Leute inspirieren wird, sie zum Denken anregt, zum Fühlen, zum Hoffen und zum Träumen, und zu versuchen, eine bessere Welt zu schildern als die wirkliche. Das ist, worum es bei der Kunst eigentlich geht – jedenfalls geht es mir, in allem was ich mache, darum. Den Menschen Träume zu geben, von denen sie leben können.«

Brian nickte langsam, und Mardee erinnerte sich, was er an jenem Tag gesagt hatte, als sie im Schatten von Henri-Christophes Burg gestanden hatten. *Der menschliche Geist besteht aus Fantasie und Einbildungskraft und Inspiration, ohne die wir genausogut Versuchsratten sein könnten, die in Labyrinthen umherlaufen.* Er sagte ernst zu Sebastian: »Ich glaube, es ist eine Menge an dem, was du sagst.«

Als er sich an diesem Abend von ihr verabschiedete, stand er eine lange Weile nach ihrem Gute-Nacht-Kuß da, sie einfach festhaltend, und sah auf sie herunter in dem glänzenden Licht des abnehmenden Mondes. Sie standen auf der langen Veranda, umgeben von Jasminduft, der die tropische Nacht durchdrang. Zuletzt sagte er zärtlich: »Ich liebe dich, Mardee. Aber jetzt weiß ich, warum du von dem Film so gefangengenommen bist und warum du keine Zeit für mich hast.«

»O Brian«, protestierte sie, aber er brachte sie zum Schweigen, indem er ihre Lippen mit einem Kuß verschloß. »Ich weiß, daß das im Augenblick für dich wichtiger ist als ich. Sonst wärst du nicht der Mensch, der du bist. Und das ist ein Grund, warum ich dich liebe.«

»Brian, ich bin so froh, daß du das verstehen kannst, so froh...«

»Ich liebe dich, Mardee«, wiederholte er. »Und vor allem weiß ich, daß du die Art von Frau bist, die verstehen wird, daß mir manchmal das, woran ich arbeite, wichtiger ist als jede Frau. Es ist für mich wichtig, daß das für beide gilt. Ich würde dich lieben, auch wenn du keine Schauspielerin wärst – aber ich würde dich auf eine andere Weise lieben.« Er küßte ihre Lider. »Ich mag die Vorstellung, daß du ein Teil dieser schönen Sache sein wirst, die Sebastian macht. Wir haben viel Zeit für den Rest.«

Sie seufzte tief und zufrieden, und zum ersten Mal, seit Ted Matlock ihr seine Verhöhnungen ins Gesicht geschleudert hatte, fühlte sie sich frei und glücklich. Hier war ein Mann, der sie akzeptieren konnte, so wie sie war, der nicht ständig verlangte, daß sie ihn an die erste Stelle setzte. Irgendwie, obwohl sie ihn nicht fragte, fühlte sie, daß er etwas in sich hatte, das sogar verstehen und mitfühlen konnte, auf welche Weise Kip Teil dieses Traumes war. Im Laufe der Zeit, als sie sich einzufühlen begann in die Rolle der Angélique, der Frau, die den Exsklaven geliebt hatte, der Haitis erster Kaiser werden sollte und der auf der Höhe seiner Macht so tragisch ums Leben kam, ergab sich Mardee dem Traum und dem Glanz. Je mehr sie die Technik des Schauspielers, das Künstlertum hinter der Rolle spürte, desto vertrauter wurde ihr der sanfte, verletzliche, sensible Mann hinter dem Schauspieler. Sie waren selten allein, aber in diesen seltenen Augenblicken wußte sie, daß es mit ihm ebenso war.

– *Einige Schauspielerinnen sagen, sie verlieben sich immer in den Hauptdarsteller. Mir ist das nie zuvor passiert.* Sie spürte, daß es auch Kip niemals vorher passiert war.

Was würde er wohl sagen, wenn er wüßte, daß Tante Emilie möchte, ich solle ihn heiraten...

Sie war am Drehort in jener Nacht, als Sebastian ihn filmte, trommelnd, so wie er es in jener Nacht getan hatte, als der Zauber von Donnas Trommel sich ihrer aller bemächtigt hatte. Sie fragte sich, ob es die Kraft dieses Zaubers, dieser Besessenheit war, die Sebastian für seinen neuen Traum von dem, was der Film werden sollte, entbrennen ließ, für das Porträt seines

Kaisers als eine Art Priester der verborgenen Welt, Herrscher der Menschen, aber ein Sklave seiner eigenen dunklen Götter... Aber während sie Kip beobachtete, wie er trommelte, hatte sie Angst.

Es ist zu wirklich für Kip. Zu wirklich auch für Sebastian...

Sie selbst war in keiner derartigen Gefahr. Ihre eigene Rolle war eine schöne und unwiderstehliche, eine Rolle, wie sie sich jede Schauspielerin ersehnen würde, aber sie enthielt keine solch mythische Realität. Sie konnte sie berühmt machen, würde es wahrscheinlich. Aber jene, die etwas davon verstanden, würden wissen, daß es Kips Film war, der entscheidende Markstein seiner Karriere. Er war ein großer Schauspieler, aber für den Rest seines Lebens würde man sich seiner in dieser Rolle erinnern; er würde Geschichte machen. Der Oscar, der ihm sicher war, würde nur den kleinsten Teil der künstlerischen Erfüllung dieses Filmes darstellen. Er würde nie wieder an diese Leistung heranreichen. Und jeder am Drehort wußte das und behandelte ihn mit Ehrfurcht, verglich ihn insgeheim, in Gesprächen untereinander, mit Olivier als Hamlet, mit Orson Welles, mit den größten Schauspielern der Vergangenheit und Gegenwart.

Die Dreharbeiten schritten schnell voran. Nur einige wenige Szenen waren noch zu filmen, als eines Morgens Mardee in den Wagen kam, der den Schauspielern als transportable Umkleidekabine gedient hatte, und aufgeregte Stimmen aus Kips Kabine hörte. Sie klopfte, und er rief sie herein. Er saß vor seinem Spiegel, aber es war kein Maskenbildner anwesend. Sebastian stand mit finsterem, ärgerlichem Gesicht hinter ihm.

»Du weichst aus, Kip. Du hast es versprochen, und ich nehme dich beim Wort.«

Kip drehte sich mit seinem Stuhl zu ihm um. Er hatte die goldspitzenbesetzte Uniform an, die er in einigen der letzten Szenen trug. »Wie kann ich dich davon überzeugen, daß du das nicht brauchst? Du hast eine Realität in dem Film, eine künstlerische Qualität, die – du hast es selbst gesagt – wichtiger ist als bloße Tatsachen. Jetzt das Original zu sehen, würde dich nur verwirren.«

»Aber es ist gerade die Kenntnis der Wirklichkeit, die der Kunst ermöglicht, sie zu übertreffen«, argumentierte Sebastian. »Ich kann nicht weitermachen, ohne die Realität zu kennen.

Verdammt, Kip, ich will mit dir nicht über Ästhetik diskutieren! Du hast es versprochen!«

Der Mann ließ seinen Kopf sinken. Er klang ausweglos und verzweifelt. »Sebastian – mein Freund –, wenn es dir nicht so viel bedeuten würde, würde es mich nicht so erschrecken. Es könnte für dich gefährlich sein.«

Sebastian starrte ihn voll ärgerlicher Verachtung an. »Von allen fadenscheinigen Ausflüchten, die ich je hörte, ist diese deiner am wenigsten würdig!«

Kip sprang auf, und die zwei Männer standen sich gegenüber. Kip wie eine gereizte Katze, die zum Sprung ansetzt, Sebastian, ihn überragend, riesig in der beengten Umkleidekabine. Mardee fühlte, wie sie ein erschreckendes, ihr wohlbekanntes Grauen ergriff.

Warum spürte sie diesen Zwang vorzuspringen, sich mit ihrem Körper zwischen die wütenden Männer zu werfen? Wieder wurde sie von dem Entsetzen des *déjà vu* gepackt, dem Gefühl, daß irgendwo, irgendwann, sie konnte sich nicht erinnern wann, dies alles schon einmal geschehen war, daß sie einander so schon einmal gegenübergestanden hatten, bereit, sich gegenseitig an die Gurgel zu springen und bis zum Tod zu kämpfen. Welchen der beiden wollte sie beschützen? Sie konnte einen Schrei nicht zurückhalten.

»Nein, hört auf! Kip – Sebastian – was ist los?«

Sebastian sagte verletzend: »Unser Voodoo-Experte hat sich gedrückt.«

»Das nehme ich nicht hin!« Kips Stimme war wütend. »Kannst du nicht verstehen, daß das gefährlich ist? Du wärest nicht der erste *blanc*, der tiefer in die Welt des *voudoun* hineingerät, als er glaubte.«

»Fadenscheinige Entschuldigungen!« höhnte Sebastian.

»Wenn du dich als Zuschauer damit befassen würdest, ohne zu fordern, daran teilzunehmen, Sebastian«, flehte Kip.

»Denkst du, ich habe Angst?«

»Der Mensch, der sich einem *mystère* ohne Angst nähert, ist ein Narr. Aber wenn du immer noch entschlossen bist, diesen Wahnsinn durchzuziehen...«

»Wenn du dazu in der Lage bist, ja!«

»Auf deine Verantwortung also«, schleuderte ihm Kip voller Wut entgegen. »Morgen abend also!«

Sebastians Wut war plötzlich verflogen; er starrte Kip voll Erstaunen und Ehrfurcht an. »Meinst du das wirklich?«

Langsam, erschöpft, nickte Kip, mit einem tiefen Seufzer ausatmend. »Ich werde nicht verantwortlich sein, was immer auch geschieht, Sebastian.«

Nun, da er seinen Kopf durchgesetzt hatte, war Sebastian wieder vollkommen freundlich. »Mach dir keine Sorgen, Kip. Ich werde dir dankbar sein, so lange ich lebe!«

Kip lächelte trübe, aber er antwortete nicht. Als Sebastian gegangen war, wendete er sich Mardee zu und schüttelte kummervoll seinen Kopf. »Ich hätte ihm niemals ein solches Versprechen geben sollen. Ich muß verrückt gewesen sein.«

»Christophe – mein Liebster –, wovor hast du Angst?«

»Besessenheit.« Auf ihren ungläubigen Blick hin sagte er ruhig: »Dies ist das Wesen von *voudoun*, daß der, der sich dem Gott, dem *loa*, nähert, von ihm besessen wird. Unsere Götter sind keine Abbilder in der Kirche, Mardee, die an der Wand hängen und zu denen man beten kann, wenn man dazu Lust hat. Sie sind echt und manifestieren sich in der Seele und dem Körper und Geist des Beters. Ihnen kann man nicht befehlen. Sie kommen, wie es ihnen beliebt.«

Mardee fühlte, wie ihr Blut über der ruhigen und sachlichen Art und Weise, in der er sprach, zu Eis erstarrte. Sie flüsterte: »Christophe – bist du besessen gewesen?«

»Natürlich – ich war ein *hounsi-canzo* – ein Geweihter.« Er sah elend aus. »Ich werde es nicht wieder riskieren. Ich weiß, wie – wie ich es bekämpfen kann, wenn es nicht zur richtigen Zeit kommt. Sebastian – er begrüßt es, und für ihn kann der Weg in den – den Wahnsinn führen. Für ihn könnte es vielleicht keine Rückkehr geben. Er ist unwissend.«

Sie schloß ihn in die Arme, bemüht, ihn zu trösten. »Sebastian ist ein erwachsener Mann. Er hat das Recht, seine eigenen Risiken einzugehen.«

»Vermutlich hast du recht.« Er küßte sie, aber der Schrecken wich nicht aus seinem Gesicht. Zuletzt zitierte er flüsternd: »*Wehe dem, durch den Ärgernisse kommen ... Denn es müssen zwar Ärgernisse kommen, doch wehe dem Menschen, durch den das Ärgernis kommt ...* Mardee, ich möchte dafür nicht verantwortlich sein! Ich möchte nicht!«

Es ist gefährlich für dich. Du hast das Blut. Mit einem seltsamen Aufblitzen der Erkenntnis wußte Mardee, was ihre Mutter gemeint hatte. Als sie sich in das unschuldige, weiße Gewand ihrer ersten Nacht hüllte, fragte sie sich, ob es jemals eine Zeit gegeben hatte, da sich Marie-Claire für eine solche Zeremonie weiß kleidete. Was konnte ihre Mutter sonst für immer von der Insel vertrieben haben, wenn nicht der mysteriöse Schrecken der *loa*?

Sie vertrieb ihre Furcht mit einer anderen Erinnerung. Kip hatte gesagt oder angedeutet, daß es für Sebastian gefährlich war, weil er nicht das Blut hatte. Es konnte nicht in beiden Richtungen gelten. Und Kip hatte keine Angst um sich selbst. Für ihn war es etwas Bekanntes; etwas, dem man sich mit Demut und Ehrfurcht nähern mußte, aber doch etwas, das er gekannt hatte, seit er ein Knabe war.

Mardee selbst fürchtete sich, war entgegen ihrer Vernunft erfüllt von Schrecken. Alles war vermischt mit der Hollywood-Version von Schwarzer Magie, Voodoo-Zauberern, Zombies. Um dies zu verdrängen, klammerte sie sich an die Erinnerung an das African-Haitian Folklore Institute und dessen Aufführung. Es war eine religiöse Zeremonie, eine Messe, nicht mehr und nicht weniger, mit Gesängen und feierlichen Riten und Weihrauch und Kerzenlicht und einem wirklichen, keinem symbolischen Blutopfer. Nichts, vor dem man sich zu fürchten brauchte. Sicherlich nicht so Böses, daß es ihre Seele gefährden konnte. Sie konnte Fleurs Abscheu verstehen: Fleur war eine gläubige Katholikin, für die alle anderen Religionen ein Werk des Teufels waren. Aber Mardee brauchte diese Angst nicht zu teilen. Es war eine andere Religion, das war alles. Was die mysteriöse Erscheinung der Götter oder *loa* betraf – nun, sie würde es glauben, wenn und falls sie es sähe!

Die Tür zwischen den beiden Teilen des Hauses in der unteren Diele stand offen, und sie hörte hinter der Türe zu ihrer Überraschung und Bestürzung die rauhe, flehende Stimme von Donna Royce.

»Sebastian, ich möchte mit dir nur für eine Minute sprechen…«

»Gibst du niemals auf, Donna?« Seine Stimme war erfüllt von ärgerlicher Verachtung. »Ich habe dir gesagt, daß ich mich um alles kümmern würde, aber daß du von hier verschwinden sollst. Es ist vorbei. Du kannst in ein Hotel in Port-au-Prince ziehen oder zurückfliegen in die Staaten. Du hast genug Geld. Was zum Teufel versprichst du dir davon, daß du hierbleibst?«

»Du weißt, was ich will«, klagte sie. »Ich liebe dich!«

Er stieß einen obszönen Fluch aus, bei dem Mardee zusammenzuckte. »Schluß damit! Ich möchte, daß du von hier verschwindest, und zwar sofort.«

»Es ist dieses Mädchen, diese Mardee!« Mardee hatte niemals eine so haßerfüllte Stimme gehört. »Sie hat das gemacht...«

»Stell dich nicht dümmer als du bist, Donna. Du hast es selbst verursacht, und du weißt es. Ich habe keine Zeit für so etwas, und wenn du etwas gegen diese Klemme tun willst, in der du steckst, dann hast du auch nicht mehr allzuviel Zeit. Verdammt noch mal, mach, daß du wegkommst – noch heute abend!«

»Sebastian«, bettelte sie.

»Schluß damit, fahr zur Hölle!« Es gab ein dumpfes Klatschgeräusch hinter der Tür, und sie hörte Donna schmerzvoll aufschreien. Dann Sebastians Stimme, leise und voller Haß:

»Donna, wenn du das noch einmal versuchst, dann wird es dir leid tun, je geboren zu sein. Und wenn du noch hier bist, wenn ich zurückkomme, dann wirst du diese Nacht für den Rest deines Lebens bedauern. Verflucht, laß mich gehen!«

Mardee drückte sich an die Wand, als die Tür aufgerissen wurde und Sebastian herauseilte. Er sah sie nicht, und sie war dankbar dafür. Sie stand zitternd in der Diele, als er hinausgegangen war. Sie hatte gewußt, daß Sebastian ein heftiges Temperament hatte, aber diese Brutalität raubte ihr den Atem.

Kip kam durch die untere Diele. Sie trat aus dem Schatten und ergriff seinen Arm. »Was ist los, Mardee? Du zitterst!«

»Sebastian – ich hörte ihn mit Donna...«

»Ich habe es gehört. Es ist eine schlimme Sache«, sagte er ruhig. »Sie will nicht gehen, und sie ist überzeugt, daß du an allem schuld bist.«

»Ich würde es ihr nicht verübeln, wenn sie in ein Abbild von mir Nadeln stecken würde!«

Er schaute sie befremdet an und sagte: »Still, still, *ma chère*, nicht einmal im Scherz darfst du jemals solche Dinge sagen, nicht hier!«

»Christophe«, sie wisperte, »das ist für dich wirklich, nicht wahr?«

»Mehr, als du jemals wissen kannst.« Er nahm ihr Gesicht in seine Hände. »So bin ich, Mardee, dies ist die Welt, aus der ich komme. Ich kann ihr entsagen. Wenn das alles vorbei ist, können wir von Haiti weggehen, du und ich, und niemals wiederkehren, wenn du möchtest. Aber im Augenblick – bin ich so, ist es wirklich für mich.«

Sie stand nahe bei ihm, zu ihm aufsehend. »Wenn es für dich wirklich ist, Christophe, dann möchte ich, daß es auch für mich wirklich ist. Mein Lieber – ich möchte teilhaben an dem, was du bist, selbst wenn es nur dieses eine Mal ist.«

»*Gran' Dieu* – Mardee – meine Geliebte«, flüsterte er und umarmte sie so fest, daß es ihr wehtat. »Alles was ich bin – alles was ich habe, alles was ich je sein werde...«

Er strich mit seinen Fingern über ihr Gesicht, verhielt einen Augenblick an ihrem Hals, und seine Finger berührten die Halskette, die sie unter ihrem weißen Kleid trug. Er zog sie heraus. Seine Finger untersuchten erschüttert das grob geschnitzte Abbild. »*Mais* – was ist das, Mardee?«

Mardee selbst konnte den Impuls nicht erklären, der sie dazu gebracht hatte, es anzulegen. Sie sagte, es betastend: »Ich – ich hatte einmal einen Traum darüber! Es schien etwas – etwas damit zu tun zu haben...«

»Aber – ich dachte, du weißt nichts über die *mystères* – weißt du denn, was das ist?«

»Ich weiß es nicht, Kip. Ist es etwas Frevelhaftes, soll ich es abnehmen?« In diesem Augenblick bedeutete ihr Brians Geschenk wenig.

Er schloß seine langen Finger ehrfurchtsvoll um das kleine geschnitzte Stück aus rotem Stein. »Frevelhaft? *Gran' Dieu* nein! Es ist ein Rosenkranz, Liebste, ein Rosenkranz, Erzulie geweiht, die – die Heiligste ist, die große Mutter, die – die *Sainte Vierge*. Nur sie allein weiß, wie es zu dir gekommen ist, *ma bien-aimée*, aber ich kann mir nichts Passenderes vorstellen.« Er hob es hoch und berührte es für einen Augenblick mit seinen Lippen. »Wenn irgend etwas dich beschützen kann, dann ist es das. Möge sie uns segnen.«

Er schob den kleinen Rosenkranz unter ihr Kleid, zwischen ihre Brüste; seine Finger verweilten da für einen Augenblick, um sie zu liebkosen, und er beugte sich nieder, um sie noch einmal leidenschaftlich zu küssen, bevor er sich losriß und sagte: »Wir müssen gehen. Wir können sie nicht warten lassen... wenn sie schon warten müssen.«

11. Kapitel

Es war das Holzhaus, das sie gesehen hatte, mit verschlossenen Läden, verschlossen und leer, am Rand von Cap Dominique. Natürlich. Sie hatte gewußt, daß es das sein würde. Was immer sie in jener Nacht gesehen hatte – schlafwandelnd, im Halbtraum, in einer hellseherischen Vision –, es war etwas Wahres daran.

Die wirklichkeitsnah geschnitzte Schlange ringelte sich wieder um den Mittelpfosten; Seidenfahnen, Banner und Heiligenbilder waren an der Wand aufgereiht. An einer anderen Wand befanden sich die Trommler mit ihren Trommeln; die mannshohe *maman*, die kleinere *seconde* und die kleine, die Kip als *boula* oder *catà* bezeichnet hatte. Sie hatten bereits mit ihrer pulsierenden Musik begonnen, und Mardee fühlte, wie das Trommeln sie ergriff, sich ihrer bemächtigte, ihr tief in den Geist und ins Blut drang.

Sebastians Augen waren halb geschlossen, auch er war von den Trommeln mitgerissen. Das Gebäude füllte sich langsam mit Männern und Frauen, schäbig, aber sauber und ordentlich gekleidet, wie Kirchgänger. Alle Frauen waren in Weiß. Es schien Mardee, daß die ganze Bevölkerung von Cap Dominique und einige der Leute von den umliegenden Farmen heute abend hier sein mußten. Wie in aller Welt konnte das dem Pfarrer verborgen bleiben? Oder wußte er davon?

Einige von ihnen sahen neugierig zu Sebastian herüber: dem hochgewachsenen weißen Mann, barfuß, mit einem weißen Hemd und weißen Leinenhosen bekleidet. Sie schauten auch zu Mardee, aber mit weniger Neugierde.

Es ist gefährlich für dich. Du hast das Blut...

Aber was für eine Gefahr konnte es geben?

Die Tür öffnete sich; zwischen zwei Frauen, die Fackeln trugen, trat der *houngan* herein, den rituellen Stab, den *asson* tragend, von dem Mardee wußte, daß er die Wirbelsäule und der Schädel einer Schlange war. Sie sah ohne Überraschung, daß der *houngan* Robert war, der kleine Butler. Natürlich. Eine der Frauen, die die Fackeln trugen, war ihr eigenes Kammermädchen Melanie. Sie blickte herüber zu Mardee mit einem seltsamen, stolzen Grinsen.

Natürlich. Sie erwarten es. Ich bin nun eine von ihnen.

Die Trommeln hielten sie gefangen; sie bewegte sich nach ihrem Rhythmus, nicht sehr, doch genug, um sie zu fesseln, um bewußte Gedanken abzuhalten. Später erinnerte sie sich an die leuchtend roten und blauen blattartigen Muster, die Robert in großen Schwüngen auf den Boden streute, wie das Pulver durch seine behenden Finger rieselte und das *vévé* wie eine riesige Blume von ungeheurem und schönem Wuchs unter diesen geschickten Händen entstand. Sein Gesicht war glatt, unpersönlich, traumartig.

Mardee wußte, daß er sie nicht sah; er blickte in ihre Richtung, aber sie war sicher, daß er überhaupt nichts auf dieser Welt sah.

Durch die rückwärtige Tür kamen zwei Frauen, die samtene Fahnen, bestickt mit glitzernden Pailletten, trugen. Zwischen ihnen, rückwärts gehend, sie anführend, einen langen alten Säbel in der Hand, befand sich ein Mann: schlank, geschmeidig, sich in einem kunstvollen Tanz bewegend, in Kreisen drehend, während die Frauen folgten. Mann und Schwert schienen sich wie eins zu bewegen, sich drehend, fortschreitend in geschmeidiger, tänzelnder Bewegung.

Bis er an ihr vorbeikam, merkte Mardee nicht, daß der tanzende Mann Christophe Thibault war.

Rund um den Saal gingen das Schwert und die Banner, verneigten sich feierlich vor jedem Gemälde, grüßten den *houngan* und die *vévés*, umkreisten dann den Mittelpfosten, erst langsam, dann schneller und schneller, sich wieder und wieder im Gruß verneigend, wenn er an den Trommeln vorbeikam. Mardee war wie betäubt von den Glocken und Trommeln, dem Klingeln der rituellen Instrumente. Christophe verbeugte sich, um die Säule in der Mitte zu küssen; dann brach der große, überwältigende Gesang aus, der Gesang, den sie in ihrem Traum gehört hatte. Traum?

Damballa Wédo! Côté où yé!
Damballa Wédo! Côté où yé!
Papa Legba! Commande...

Weiter und weiter ging der Sing-Sang, hypnotisierend, endlos. Gesang folgte auf Gesang, und Mardee, betäubt, konnte ihnen nicht länger folgen. Sie umklammerte die kalten Perlen an ihrem Hals. Kip war irgendwo in diesem schwindelerregenden Gemisch von Vision und Klang. Ihr Kopf pulsierte, so daß sie nicht mehr wußte, wo sie war oder warum sie hier war. Feuer wurden angezündet, und der Raum begann hin und her zu wogen und zu schwanken, durch den Rauch und den Geruch, von Weihrauch oder Parfum hindurch. Ab und zu taumelte jemand von seinem Platz hoch und begann, sich in einem Tanz zu drehen: taumelnd, stolpernd, zuckend, aber irgendwie nie in die Nähe der Feuer kommend, niemals mit jemandem oder etwas zusammenstoßend. Betäubt und verwirrt sah Mardee unter den Tänzern einen großen *blanc* mit einem zerrauften weißen Haarschopf, kreisend und taumelnd. Sie dachte: *Es ist er, le gros blanc... Er ist verrückt, und Verrücktheit macht unverletzlich, aber es wird eine Zeit kommen, da selbst das ihn nicht schützen wird... Ich liebe ihn nicht, ich hasse ihn nicht einmal, ich gehöre nicht zu ihm, aber er weiß es noch nicht...* Mardee zwickte die Augen zu, um sich wachzurütteln. Hatte sie beim überwältigenden Lärm der Trommeln geschlafen? Sie konnte Sebastian mit zurückgeworfenem Kopf unter den Tänzern sehen. Etwas blickte aus seinen Augen, das sie nie zuvor gesehen hatte... *Etwas, das nicht der Sebastian Wright war, den sie kannte.*

Sie hatte es schon zweimal gesehen, bei dem kleinen Steinhaus... War es das, was Kip befürchtet hatte?

Der Klang der Trommeln veränderte sich erneut. Die rückwärtigen Türen öffneten sich, und durch sie hindurch kamen tanzend drei girlandengeschmückte Frauen. Eine war eine Fremde, klein und dick. Eine war die dürre Riesin, Fifine. Aber es war die dritte, behangen mit Halsketten und Girlanden, der der *houngan* und die Meßdiener Platz machten, vor der sie sich mit tiefer Ehrerbietung verneigten wie vor einem Gott. Sie hörte um sich herum das geflüsterte Wort *mambo*. Dies war die Hohepriesterin, die Besessene, die Göttin... Mardee sah ohne Überraschung den zerbrechlichen, mageren Körper, das totenkopfähnliche Grinsen von Madame Thibaud. Aber Tante Emilie war über alle Maßen verändert. Ihr zerbrechlicher Körper schien sich mit der Energie einer Besessenen zu bewegen, als sie tanzte und sie mit feierlichen Gesten segnete. Einer nach dem anderen fielen sie vor ihr auf die Knie, und auch Mardee fiel nieder und fühlte, wie ein tiefer Schauder sie ergriff.

Diese Frau war nicht Tante Emilie... Gespaltene Persönlichkeit? Besessen von einem Gott? Etwas war in ihren Körper gefahren, das die Persönlichkeit von Madame Thibaud überschattete... Ihr ganzer Körper prickelte mit der Annäherung des Übernatürlichen.

Die *mambo* rief laut mit einer Stimme, die zugleich bekannt und unbekannt war. Aber die Sprache war *créole*, und Mardee konnte kein Wort verstehen. Es lief ihr eiskalt den Rücken hinunter. Sie fühlte, sie sollte aufstehen und voll Schrecken davonlaufen, aber ihre zitternden Knie hätten sie nie tragen können. Der Gott in menschlicher Gestalt, der *loa*, die *mambo*, Tante Emilie... was immer es war... hielt über ihr inne. Mardee beugte sich zum Boden und umklammerte ihren Rosenkranz an ihrem Hals. Sie hörte einen leisen Ton, ein Flüstern wie das Rascheln von Blättern.

»Ce diab' a yé...«

Kip hatte ihr erklärt, daß das Wort *diab'* in *créole* nicht das gleiche bedeutete wie das französische Wort *diable*, Teufel. Es konnte jede Art von Kraft bedeuten; ein Geist, eine Macht, ein Heiliger, ein Gespenst... Sie keuchte angstvoll und wartete. Es schien Stunden, Tage, Jahre zu dauern, bevor die Macht von ihr weggegangen war, sich von ihr zurückgezogen hatte. Nicht wissend, was sie tat, flüsterte sie halblaut, übertönt vom Klang der Trommeln: *»Erzulie – Gran' Maîtresse...«* und wußte, daß sie niemals zuvor echte Angst gekannt hatte.

Es war vorbei. Mardee wußte, daß sie weinte. Dann rief dieses Etwas, diese Macht, die von Tante Emilies Körper Besitz ergriffen hatte, aus:

»Regarde! Regarde-yé! C'è le gros blanc«, wirbelte herum und zeigte auf Sebastian. Nach und nach beruhigte sich das Tanzen, kamen die Tänzer in einem Kreis um Sebastian zum Stehen, der da stand, sein weißes Haar ins Gesicht hängend, seine Stirn schweißbedeckt.

Und dann, mit einer Stimme, die sich in Mardees Brust zu

bohren und mit eiskalten Fingern ihr Herz zusammenzupressen schien, sprach das Etwas – in Englisch! Es war eine alte, eingerostete Stimme, der Tante Emilies vollkommen unähnlich: der rauhe, tiefe Bariton eines Mannes.

»Dem, der bittet, wird gewährt«, sagte es. »Du hast gebeten ... *le gros blanc* warst du, *le gros blanc* bist du, *le gros blanc* wirst du bis zum letzten Tag deines elenden Lebens sein ... Sie ist schwanger vom anderen, und du hast sie mit deiner Brutalität sogar zu der Sünde der Verzweiflung getrieben, und nun stirbt sie. Und wie du einmal die Frau deiner eigenen Welt in die Verzweiflung und den Tod getrieben hast, so wird es wieder sein, aber dieses Mal wird es nicht dein wertloses Leben sein, das sie dir nehmen!«

Das Ding in Tante Emilies Körper brach in ein mächtiges, heiseres, schallendes Männerlachen aus.

»Schaut und staunet! Es ist *le gros blanc*, der gekommen ist, um diesen Ort von seinem Fluch zu befreien ...«

Es folgte ein lautes Keuchen und ein Schreckensschrei. Vor ihren Augen erzitterte das Etwas wie vom Blitz getroffen. Es taumelte, erbebte und fiel mit einem schrillen Schrei der Länge nach zu Boden.

Die Trommeln hatten aufgehört. Die Stille im *houmfort* glich dem Tod. Dort, wo das von Göttern besessene Ding gewesen war, lag nur noch eine zerbrechliche, kleine alte Frau. Mardee rannte hin und kniete bei ihr nieder. Es war nun wieder Tante Emilie, zart, würdevoll, verwirrt. Sie flüsterte schwach: »Wie bin ich hierher gekommen?« Sie schaute mitleiderregend auf zu Mardee.

»Marie-Charlotte«, flüsterte sie, »bring mich heim.«

Mardee nahm die alte Frau in ihre Arme. Madame starrte verstört im *houmfort* herum. Sie wimmerte. »Aber das ist alles schon einmal geschehen, und Marie-Charlotte ist tot ... Marie-Claire, bist das du? Bist du zu mir zurückgekehrt nach all diesen Jahren, *ma fille?* Bist du zu mir zurückgekommen, um mir zu verzeihen, mein Kind?«

Schluchzend preßte Mardee die alte Frau an ihr Herz. Sie flüsterte durch Tränen: »Ich bin zurückgekommen – *maman*.«

Und dann fühlte sie, daß das alte Herz aufgehört hatte zu schlagen und daß Emilie Thibaud tot in ihren Armen lag.

12. Kapitel

Alle Türen und Fenster von Maison Dominique waren hell erleuchtet. Die Trommeln waren zu einem Trauermarsch zu Ehren der Frau geworden, die so lange ihre Herrin, ihre Priesterin gewesen war. Robert hatte sie zurückgetragen, noch immer in seinen rituellen Gewändern.

»Wohin sollen wir sie legen – Madame?«

Nach einem Augenblick begriff Mardee, daß die Frage an sie gerichtet war. Maison Dominique gehörte nun ihr. Es war ein beängstigender Gedanke.

»In ihr eigenes Zimmer.« Sie ging voran, die dürre Fifine weinte hinter ihr. Von irgendwoher war Fleur gekommen. Herbeigezogen von den Trommeln? Wissend, ohne daß es ihr gesagt worden war? Es war gleichgültig.

»Mamselle«, sagte Fleur, »ich werde sie für ihr Grab vorbereiten. Keiner dieser Heiden darf sie berühren.« Sie bekreuzigte sich. Auch sie weinte; Mardee bemerkte es aus einem Winkel ihres Bewußtseins. »Laß mich Père Etienne holen.«

Mardee suchte in der Menge nach Kip, der blaß und erschüttert war und noch immer seine rituellen Kleider trug. »Soll ich? Der Pfarrer...«

»Laß ihn holen«, sagte Kip still, »er wird wissen, daß Gottes Gnade keine Grenzen kennt.«

Père Etienne kam, faltete der alten Frau die Hände über der Brust, beugte sich über sie und murmelte leise auf Französisch. Als er gegangen war, schien Fleur getröstet zu sein.

»Er erteilte ihr die bedingte Absolution. Nur Gott kennt den Zustand ihrer Seele, und Er ist gnädig.«

Mardee hatte sich erschüttert und erschöpft in einen Stuhl fallen lassen. Kip hatte ihr einen Brandy gebracht. Fleur erklärte alles, aber ihre Worte ergaben keinen Sinn.

»Es war der Wahnsinn, der von ihr Besitz ergriffen hatte. Sie glaubte manchmal, daß *le gros blanc* ihre Familie verflucht hatte. Nicht M'sieur Wright, Mamselle, sondern der längst verstorbene Franzose, von dem wir alle abstammen... ja, Christophe und ich auch«, fügte sie hinzu und blickte traurig auf ihren Halbbruder. Kip ging zu Fleur und legte seinen Arm um sie; sie lehnte sich einen Augenblick gegen ihn, dann stellte sie sich seufzend auf ihre Zehenspitzen und küßte seine Wange. »Immer wieder, seit Madame eine junge Frau war, so erzählte mir meine Mutter und unsere *grand mère* ... ergriff sie dieser Wahnsinn, und sie hatte die gotteslästerliche Einbildung, daß nur sie uns vor dem *mort* schützen konnte – es war unsere *grand-mère*, die sie verdarb, so wie sie später Christophe verdarb.«

Kip sagte ruhig: »Ich habe nicht das Gefühl, verdorben worden zu sein, *ma sœur*.«

»*N'importe* ... Hin und wieder, wenn Madame Emilie getrunken hatte, hatte sie – ihre wahre Religion vergessen, und ihre Stellung, und sich den anderen im *'oumphor* angeschlossen ... und es gab andere Sachen, die sie machte ... Es war nicht ihre Schuld, sie war nicht sie selbst.«

Nicht sie selbst. Das leuchtete Mardee ein; es war ein klarer Fall von Persönlichkeitsspaltung, von der Art, die das Buch und der Film *Three Faces of Eve* berühmt gemacht hatte. Eine große Dame, die ›Herzogin Romanoff‹. Die andere eine Voodoo-Priesterin, eine *mambo*.

»Sie dachte, ich sei Marie-Claire ... nannte mich *ma fille*.« Fleur nickte traurig. »Marie-Claire erfuhr die Wahrheit, Mamselle, und das trieb sie fort. Immer, seit sie ein Kind war, glaubte Marie-Claire, daß sie ein Kind vom Madame Emilies Schwester, Marie-Charlotte, sei. Madame Emilie – sie war wirklich Mamselle Emilie, aber nachdem das Kind geboren war ...« Sie suchte nach einer Erklärung. »Marie-Charlotte und ihr Mann waren kinderlos, wissen Sie, und sie ließen es zu, daß man glaubte, Marie-Claire sei ihr Kind. Aber als Marie-Claire es erfuhr, konnte sie nicht verzeihen ...«

Arme Mutter, dachte Mardee. Stolz auf ihre Familie und ihr Erbe, und dann erfahren zu müssen, daß sie selbst unehelich war, das Kind einer Verrückten, wahrscheinlich empfangen im Wahnsinn, nach einem Ritus wie diesem, ihr Vater unbekannt ... Kein Wunder, daß sie nicht zurückkehren wollte. Und doch konnte Mardee diese Frau, die, wie sie nun wußte, ihre Großmutter gewesen war, nicht in Grund und Boden verdammen. Die Welt hatte sich verändert. Ein furchtbarer Skandal, der bis zum Tode verborgen bleiben mußte – in Tante Emilies Tagen. Sogar als Marie-Claire ein Mädchen war, eine Tragödie, die eine junge Frau auf Nimmerwiedersehen aus ihrem Heim vertreiben konnte. Aber jetzt? Die Welt hatte sich verändert. Mardee fand es gar nicht mehr schrecklich, außer wegen all der menschlichen Leiden, die damit zusammenhingen. Eines Tages würde vielleicht sogar Marie-Claire dies erkennen.

Und Tante Emilie – *Nein, nicht meine Tante, meine Großmutter* – war glücklich gestorben, im Glauben, daß Marie-Claire zurückgekommen war, um ihr zu verzeihen.

Plötzlich stürmte Sebastian ins Zimmer und rief: »Mardee!«

Sie sah ihn erschrocken an. Kip erhob sich zornig: »In Gottes Namen! Sebastian, in dieser Familie hat sich ein Todesfall ereignet. Was fällt dir ein, hier so hereinzubrechen?«

Sebastian schluckte heftig. Er war so weiß wie sein Hemd. »Es tut mir leid, aber – ich muß telefonieren, wir brauchen einen Doktor, einen Krankenwagen – es ist Donna, sie hat Schlaftabletten genommen, ich glaube, sie stirbt.«

»*Sacré-Dieu*«, sagte Kip halblaut. »Ich rufe den Krankenwagen, Sebastian, wir müssen einen von Port-au-Prince holen…« Er drehte sich um und rannte die Treppe hinunter.

Sebastian sagte heiser: »Ich schwöre, sogar als ich wußte, daß Donna schwanger war, dachte ich nicht, daß das heutzutage so etwas Besonderes wäre…«

Mardee schauderte, als ob es ihr eiskalt den Rücken hinunterliefe. Wieder hörte sie die harte, grobe Männerstimme, die von Tante Emilies Lippen kam: *Du hast sie mit deiner Brutalität sogar zu der Sünde der Verzweiflung getrieben, und nun stirbt sie…* Sebastian trat auf sie zu und streckte seine Hände nach ihr aus; sie wich vor ihm zurück. Sie sagte kalt: »Besser du gehst und bleibst bei Donna, Sebastian.«

Er ließ seine Hände sinken und ging mit verzerrtem und blassem Gesicht.

Die Nacht schien endlos. Nach langer Zeit hörte Mardee ein Martinshorn und ging hinunter, um dem Krankenwagen zuzusehen, wie er versuchte, in der Einfahrt zu wenden, zu beobachten, wie sie den deckenverhüllten Körper von Donna Royce hineintrugen. Sebastian, blaß und still, fuhr mit dem Krankenwagen mit. Mardee empfand quälendes Mitleid.

Ich wollte ihn nicht, Donna. Ich wünschte, ich hätte dich dazu bringen können, mir zu glauben!

Kip sah krank und erschüttert aus. Fast die ganze Nacht über saß sie mit ihm im großen Salon, und während sie sich an seine Hand klammerte, wußte sie nicht, wer von ihnen wen tröstete, wer es am meisten brauchte. Einmal sagte sie: »Christophe – was war das, das heute abend durch Tante Emilie sprach?«

Seine Stimme war stumpf und betäubt. »Ich bin nicht sicher, aber ich glaube, es war Baron Samedi, der Herr der Toten... einer der größten der *loa*.«

Mardee erschauderte und war still.

Während der langen Stunden dieser Nacht, in denen sie die entfernten Trommeln hörte, die zu einem Trauermarsch für die Tote geworden waren, verschwamm Mardees Geist in einem seltsamen Halbtraum: die Erinnerung war über sie hereingebrochen, das *déjà vu*. Sie war ihre eigene Vorfahrin, die *affranchie*... ihre Rivalin war tot, nun würde *le gros blanc* zu ihr kommen und sie zur Herrin im Haus ihrer Rivalin machen... Und doch sehnte sie sich nach ihrem Geliebten... Und dann wachte Mardee ein wenig auf, fühlte Kips Hand in der ihren und wußte, daß die Stunde noch nicht gekommen war...

Nach einer endlosen Zeit begann grau und blaß die Dämmerung durch die hohen Fenster hereinzukriechen. Robert kam und zog die Jalousien herunter, wie es einem Haus geziemte, in dem es einen Todesfall gegeben hatte.

»Möchte Madame ein Frühstück? Möchte M'sieur etwas nehmen?« Er hatte sich seiner zeremoniellen Kleider entledigt und trug wieder den dunklen Anzug eines Butlers. Tante Emilie hatte hier nicht die einzige gespaltene Persönlichkeit!

»Ich glaube, Kaffee würde mich nur wachhalten, Robert, Christophe?« Sie sah Kip an, der immer noch die Kleidung des *houmfort* trug. Er schaute grau und erschöpft aus, und Zärtlichkeit überwältigte sie. Sie war so viel stärker. Es war ihre Pflicht, ihn zu beschützen, ihn zu bewahren vor aller Härte des Lebens. Sie schüttelte ihren Kopf, um ihn von dem seltsamen *déjà vu* zu befreien. Wann hatte sie sich schon früher so seltsam gefühlt? Es machte sie rasend, daß sie sich nicht erinnern konnte.

Er schüttelte seinen Kopf. »Nein, nein, ich könnte nichts essen.«

»Du kannst hier nichts mehr tun, Liebling. Geh schlafen!«

»Ich bleibe bei dir, Liebes«, protestierte er. »Es muß den anderen gesagt werden, daß Madame tot ist und daß Sebastian mit Donna im Krankenwagen mitgefahren ist. Aber du mußt ausruhen, Mardee. Überlaß alles hier mir.«

Zum Sterben müde, fast unfähig zu stehen, ließ Mardee Kip

sie an sich ziehen und sie zärtlich küssen. Langsam ging sie hinauf.

Fleur kam ihr auf dem Treppenabsatz entgegen. »Ich habe Madame für ihr Begräbnis vorbereitet, Mamselle. Möchten Sie kommen und sich von ihr verabschieden?«

In ihrem Zimmer lag Emilie Thibauds Körper auf der seidenen Steppdecke wie im Schlafe. Fleur hatte sie gewaschen, die verschmierten Farben und die Bemalung der Zeremonie beseitigt, ihr das dunkle Kleid mit den Spitzenrüschen am Hals angezogen. Eine Herzogin der Romanoff lag tot da... Mardee bückte sich und küßte die kalten Lippen. Fleur weinte, aber Mardees Kehle war zu sehr zugeschnürt für Tränen. Sie schwankte, von plötzlicher Schwäche ergriffen, und Fleur sagte mitleidig: »Komm, *p'tite!*« Sie hatte das formelle Mamselle vergessen. Sie brachte Mardee in ihr Zimmer, zog ihr das verfleckte und ramponierte weiße Kleid aus, ließ ihr ein Bad einlaufen, hob sie sanft heraus und hüllte sie in ihr Nachthemd. Sie steckte Mardee ins Bett und zog die Vorhänge zu, und Mardee, betäubt und erschöpft, schloß ihre Augen.

Ihr letzter bewußter Gedanke war: *Es ist alles vorüber.* Sie konnte nicht ahnen, daß der wirkliche Schrecken noch kommen sollte.

Sie träumte. Sie träumte, daß sie wieder im großen Haus erwachte, wissend, daß er sie hierher gebracht hatte. Es war unrecht, unschicklich, nachdem die Herrin tot dalag; sie mußte sofort nach Hause gehen. Sie wickelte sich in ein Kleid und ging leise hinaus in die dämmerige Diele. Eine Tür war geschlossen; sie umklammerte den Rosenkranz an ihrem Hals, flüsterte ein Gebet, aber sie fürchtete sich nicht. Die tote Frau war eine Christin gewesen, und die geisterten nicht wie andere *morts.* Sie trug ihrer Rivalin nichts nach. Die tote Frau hatte Macht gehabt und war die Ehefrau gewesen. Aber sie selbst war geliebt worden...

Die Diele war leer, die Jalousien heruntergezogen, wie es schicklich war, wo es einen Todesfall gegeben hatte. Sich wie ein Geist bewegend, ging sie im Licht des Sonnenuntergangs über den Rasen, hin zu ihrem eigenen Haus.

Er hatte irre geredet, ihr gesagt, sie solle nun Herrin im großen Haus sein, aber das konnte niemals geschehen. Eine

Zeit würde kommen, wenn es hier keine *blancs* geben würde, und einmal, so hatte ihr Geliebter ihr gesagt, hatte man sich erzählt, daß jede Frau, die zu den *blancs* gehörte, ebenfalls sterben würde.

Sie tastete nach Zunder, um Feuer anzumachen, aber nichts schien an seinem gewohnten Platz zu sein; das kleine Haus war dunkel, kalt und leer, wie die Wohnung eines Geistes. Hatte die Revolte begonnen? Waren schon alle tot? Nein, denn jemand kam...

Mardee erwachte plötzlich und fand sich in ihrem Nachthemd am staubigen Kamin des kleinen Steinhauses stehen, das einmal der *placée*-Herrin des Plantagen-Besitzers gehört hatte, und Sebastian Wright trat durch die Türe.

Immer noch von ihrem Traum betäubt – war sie wieder schlafgewandelt? – starrte sie ihn an, nicht wissend, ob er Sebastian Wright oder *le gros blanc* war. Waren sie dazu verdammt, die ganze alte Tragödie zu Ende zu spielen? War sie selbst ein Gespenst oder ihre eigene Vorfahrin?

»Sie ist tot«, sagte Sebastian hart. »Tot! Ich hatte seit langer Zeit aufgehört, sie zu begehren, aber sie konnte es nicht glauben...«

Sie wiederholte flüsternd: »Tot«, und ihre Verwirrung war so groß, daß sie nicht wußte, ob er von Donna sprach oder von der Frau des alten Plantagen-Besitzers.

»Jetzt, jetzt ist es an dir und mir, unser Leben gemeinsam zu führen. Komm schnell, sie dürfen uns hier nicht finden!« Im Dämmerlicht war sein Gesicht häßlich, blaß, das Gesicht eines Weißen, ein Geist, ein Fremder. »Schnell, rund um uns ist Tod! Sie haben mich einmal getötet, aber sie werden es nicht noch einmal tun. Schau, was ich hier habe...« Als Mardee auf die Pistole blickte, war sie plötzlich hellwach und wieder sie selbst, zurück im zwanzigsten Jahrhundert.

Aber Sebastians Gesicht, das auf sie herunterschaute, war nicht das vertraute, zivilisierte Gesicht des Filmproduzenten. Es war das Gesicht eines Fremden, derb, ausschweifend; das Gesicht eines Mannes, der, wie Mardee mit Entsetzen realisierte, seit 200 Jahren tot sein mußte! Dies war *le gros blanc*, der eine, der ihr eigener entfernter Vorfahre gewesen war, verwünscht oder wahnsinnig oder behext, so daß er glaubte, daß sie die schwarze Herrin war, für die er dieses Haus gebaut hatte...

»Sebastian!« sagte sie hart. »Mr. Wright, wachen Sie auf, legen Sie die Pistole weg! Sind Sie verrückt geworden?«

Sie sprach Englisch. Er antwortete mit tiefer Stimme, in Französisch, fast stammelnd. »Wovon sprichst du? Weißt du denn nicht, daß sie nach mir suchen? Ich habe sie getötet.« Seine Stimme sank, und er lachte tief und schrecklich. »Aber sie töten jeden, ich werde sagen, daß sie es waren, die sie töteten, und nun bin ich frei von ihr, und du und ich werden zusammen weggehen ....«

Seine Stimme war ein tiefes, gespenstisches Kichern, und Mardee erinnerte sich an die *loa*... *Und wie du einmal die Frau deiner eigenen Welt in die Verzweiflung und den Tod getrieben hast* – hatte *le gros blanc* denn seine weiße Frau ermordet, hoffend, es auf seine rebellierenden Sklaven schieben zu können, so daß er frei bleiben würde und mit seiner schwarzen Geliebten nach Frankreich fliehen könnte? War dies das schreckliche Geheimnis des Fluches, und hatte Sebastians Schuld wegen Donna und seine Verantwortung für ihren Tod – denn sie mußte tot sein – dieser absurden Besessenheit Tür und Tor geöffnet? Kip hatte ihn gewarnt: *Für Sebastian könnte es vielleicht kein Zurück geben...*

Wie konnte sie ihn da herausholen? Sie konnte sich nur eines vorstellen, mit dem sie es schaffen würde. Sie holte aus und schlug ihn hart ins Gesicht.

Sein Gesicht zog sich zusammen und verdunkelte sich vor Wut. Einen Augenblick lang dachte sie, er würde die Pistole auf sie richten; statt dessen schob er sie in seine Tasche und ergriff sie grob.

»Du wirst mich nicht so behandeln, du Luder«, tobte er. »Du gehörst mir, und ich werde dir zeigen, wer der Herr ist...«

Sie wehrte sich schwach, aber mit einer Hand riß er ihr Nachthemd in der Mitte entzwei und stieß sie gegen den Kamin. Nun hatte Mardee wirklich Angst. Hatte er vor, sie zu vergewaltigen oder sie zu ermorden? Sie schrie auf, wehrte sich verzweifelt, als er sie zurückzwang, sie zu Boden stieß, über ihr kniete. Sie hörte das Echo ihrer eigenen Schreie in ihren Ohren.

Die Tür hinter ihnen wurde aufgestoßen, und Kip stürmte herein. Er riß Sebastian von ihr weg. »Verdammt, laß sie in Ruhe, du dreckiger *blanc*!« Sein Angriff war so leidenschaftlich, daß er Sebastian tatsächlich zu Boden warf. Er beugte sich über Mardee und schaute erschreckt auf ihr zerrissenes Kleid. »*Mais, mon Dieu* – hat er dir etwas getan, *chérie*?« Er half ihr behutsam auf die Beine. Niedergeschmettert, abermals erschüttert vom *déjà vu* – dies war schon früher geschehen, sicherlich geschah das wieder –, lehnte sie sich an ihn, und die zwei Zeitebenen überschnitten sich schwindelerregend in ihrem Gehirn. Auf der einen Ebene war ihr vollkommen klar, wer sie war und was geschah – daß sie hierher gekommen war, während sie schlafwandelte, daß ihr Regisseur plötzlich wahnsinnig geworden war und versucht hatte, sie zu vergewaltigen, daß sie von ihrem Partner gerettet worden war...

Und doch, in irgendeiner tieferen Realität war sie jene vergangene freigelassene Frau, deren rasender schwarzer Geliebter hereingestürmt war, um sie zu befreien von den verhaßten Umarmungen des weißen Mannes, der sie alle besaß, der nun zahlen mußte für seine Verbrechen und für die Verbrechen aller anderen weißen Männer...

Wer war sie? Wer waren jene? Schrecken ergriff sie.

Sie wußte, daß alle *blancs* sterben mußten. Aber er war so freundlich zu ihr gewesen, hatte sie mit schönen Dingen überschüttet, er hatte sie auf seine eigene Weise geliebt... Und nun würde sich ihr Geliebter auf ihn stürzen und ihn töten und den Todesfluch, der sie während all dieser Jahre verfolgt hatte, wegnehmen... Nicht wissend, wer sie war oder in welcher Zeit sie lebte, packte sie Kips Arm. »Töte ihn nicht!« flehte sie.

»Ihn töten? *Chérie*, bist du verrückt? Aber du mußt kommen – schau, du bist halbnackt, *pauvre fille, quelle salaud...*«

Voller Angst und Scham hielt sie ihr zerrissenes Kleid um ihren Körper gerafft zusammen. Kip schob sie behutsam zur Tür. »Ich werde zurückkommen und mich mit Sebastian später beschäftigen. Im Augenblick...«

Hinter Kip, im Dunkel des Zimmers, erhob sich Sebastian auf seine Knie. »Ihr Teufel habt mich einmal getötet«, wütete er, »aber nicht dieses Mal, dieses Mal bin ich bewaffnet!«

In plötzlichem Schrecken schrie sie auf.

»Paß auf, Christophe – er hat eine Pistole!«

Das Krachen des Schusses erfüllte das kleine Haus wie das Krachen von Donner. Er traf Kip mitten in die Brust; der taumelte zurück und fiel, lag ausgestreckt da mit einem roten Fleck, der sich auf seiner Brust ausbreitete, und seine Augen waren bereits glasig wie im Tode. Mardee glaubte, sie hätte gehört, wie er sprechen wollte, aber dann wich das Leben aus seinem Blick, und er lag still da, mit toten Augen, die hinauf zur staubigen Decke starrten.

»Er ist tot!« keuchte sie und starrte voller Schrecken Sebastian an. Aber als er sich erhob und auf sie zu torkelte, immer noch mit grobem, verzerrtem Gesicht, ergriff sie Panik, und sie begann, wie wahnsinnig, stolpernd und schreiend, wild um Hilfe schluchzend zu rennen. Sie lief die Stufen von Maison Dominique hinauf, schrie nach Robert, nach Fleur, nach irgend jemandem – aber da war nichts und niemand. Wo waren sie alle? Dann hörte sie die gedämpften Trommeln und wußte: Sie begraben Madame Thibaud auf ihrem angestammten Grund. Und sie war nicht dort, ihre Enkelin...

Sie stolperte in eine kleine Kammer unter der Treppe. Irgendwie mußte sie Hilfe finden... Sie mußte zweimal wählen, bevor ihre unsicheren Finger gehorchten, aber endlich hatte sie das Hotel, und einen Augenblick später kam Brians besorgte Stimme durch das Telefon.

»Mardee? Was ist passiert, Liebling?«

»Oh, Brian – Brian – Tante Emilie ist tot, und Sebastian – Sebastian ist wahnsinnig, er hat ihn getötet...«

Am anderen Ende schnappte Brian nach Luft. »Wen getötet?«

»Christophe – Kip Tybalt...«

»Mein Gott«, sagte Brian und atmete tief ein. »Liebling, was geschieht da draußen?«

»Alles – alles – Sebastian, er ist verrückt, er hat Kip ermordet...«

»Moment mal«, sagte Brian. »Liebling, ich werde in fünfzehn Minuten da sein...«

Sie hörte sich in einem Anfall von hysterischem Lachen sagen: »Fahr das Auto nicht in den Straßengraben!«

»Das Auto hol der Teufel!« Brian hängte ein.

Sie saß auf den Eingangsstufen, hielt ihr zerrissenes Nachthemd um sich gerafft, unwillig, in dem dunklen Haus zu bleiben, wo ihre Großmutter tot gelegen hatte, wo alle ihre Verwandten während all dieser dunklen und blutigen Jahre geboren wurden und starben. *Der Geist ist zur Ruhe gekommen,* dachte sie, *nach zweihundert Jahren ist le gros blanc wiedergekommen.*

Und dieses Mal wurde er nicht ermordet, er ermordete den anderen...

Wahnsinnige Ängste wirbelten in ihrem Kopf herum. *Werden wir alle wiederkommen in zweihundert Jahren, werden wir all dies wieder durchleben müssen? Wer wird dann wen töten, wer wird getötet werden?* Ihre Zähne klapperten.

Tante Emilies letzte Worte, durch den *loa*, der in sie gefahren war, Baron Samedi oder ein anderer ... *und le gros blanc wirst du bleiben bis zum letzten Tag deines elenden Lebens* ... Der *loa* hatte die Wahrheit gesagt. Sebastian würde niemals wieder er selbst sein. Kip war tot. Kip – er hatte ihr einmal von Männern erzählt, die von einem *mort* besessen waren, die in ein örtliches Irrenhaus eingesperrt waren, wenn nicht irgendein *houngan* entdecken konnte, was der Geist wollte, der in ihn gefahren war, und den Mann befreien konnte ... aber für Sebastian würde es niemals solche Freiheit geben. Zu der zivilisierten Anstalt, in welche man ihn bringen würde, würde kein *houngan* jemals Zugang haben und erfahren, was ihn quälte ...

Ein Martinshorn heulte, und ein Krankenwagen fuhr mit Schwung in die Einfahrt. Brian sprang herab, gefolgt von zwei Männern in Ärztekitteln. Er rannte auf Mardee zu und hielt sie fest.

»Liebling ...«

»Oh Brian!« Sie hängte sich voll Entsetzen an ihn, und durch das Entsetzen hindurch freute sie sich über seine Stärke. Er war da. Er war gekommen. Er liebte sie ...

»Ich habe Ärzte mit den Zwangsjacken und allem mitgebracht«, sagte er. »Wright ist ein wenig zu stark für mich, um mit ihm fertig zu werden. Und du hast mir gesagt, er habe eine Pistole.«

»Hat er Sie angegriffen, Mamselle?« fragte einer der Männer. Er blickte mitleidig auf ihr zerrissenes Nachthemd.

Sie errötete, und Brian zog seine grobe Drillichjacke aus und legte sie ihr um.

»Ja«, murmelte sie, »er versuchte, mich zu vergewaltigen. Ich glaube, er dachte, ich sei – sei jemand anderes ...« Um ihre Beherrschung ringend sagte sie: »Ich werde Ihnen zeigen, wo er ist. Aber seien Sie vorsichtig ...«

»Wir sind daran gewöhnt, mit geistesgestörten Menschen umzugehen, Mamselle«, sagte einer der Ärzte höflich.

Langsam – ihre Füße weigerten sich beinahe vorwärtszugehen – ging sie zum letzten Mal den Weg hinunter zu dem kleinen Steinhaus, wo Kip tot lag und Sebastian noch immer über dessen totem Körper kauerte. Als sie sich näherten, brüllte er: »Nicht dieses Mal! Ihr schwarzen Teufel werdet mich dieses Mal nicht bekommen!« und ein Schuß schwirrte durch die Bäume. Einer der Ärzte schrie auf und faßte sich an seinen Arm.

Es war nur ein Kratzer, der kaum blutete, aber es ließ sie zurückweichen. Sebastian schrie: »Ich habe euren verdammten Anführer gekriegt, und nun werde ich euch alle kriegen!«

Plötzlich wußte Mardee, was sie tun mußte. Sie fürchtete sich zu Tode, aber sie wußte, daß niemand sonst es tun konnte. Sie ging an den Ärzten vorbei.

»Sébastien«, rief sie mit französischem Akzent.

»Mamselle, *non*...« Einer der Männer ergriff sie von hinten.

»*Laissez-moi passer*«, sagte sie. »Ich weiß, daß er mir nichts tun wird.« Sie ging direkt durch die Tür des Steinhauses. Sebastian Wright kniete noch immer gekrümmt und murmelnd über Kips Körper.

»Sébastien«, sagte sie auf Französisch, »es ist Zeit zu gehen.«

Sein Blick war leer. Er sah auf und murmelte. »Sie werden uns töten...«

»*Non*«, sagte sie sanft, »dies sind treue Männer, die gekommen sind, um – um dich an einen sicheren Ort zu bringen. Sie werden dir helfen...« Sie hatte begonnen zu sagen, wie sie nun wußte, daß sie früher gesagt hatte: *Sie werden dir helfen zu fliehen;* aber sie konnte ihn jetzt nicht belügen. Hatte sie – oder ihre entfernte Ahne – ihren weißen Herren verraten und seinem Tode ausgeliefert? »Sie werden dich an einen sicheren Ort bringen, und niemand wird dir etwas tun. Gib mir die Pistole, *mon gros.*«

Gehorsam legte er sie in ihre Hand. Sie fühlte ihr Gewicht und ihre Kälte mit Erschrecken. Er hob seinen Kopf, sein weißes Haar leuchtete wie ein Rauhreif in der Dunkelheit, aber sie konnte sein Gesicht nicht sehen.

»Und wirst du mit mir kommen, Brigitte?« fragte er mit einer Stimme, die die Stimme des Sebastian war, den sie gekannt hatte, und doch wieder nicht. Sie streckte ihre Hand nach ihm aus, den Tränen nahe.

»Ich werde mit dir hinauskommen«, versprach sie.

Sie blinzelte im Licht der Taschenlampe, die einer der Männer hielt.

»Ich denke, er wird nun mit Ihnen ohne Widerstreben mitgehen.« Sie übergab die Pistole einem der Ärzte. »Geh mit den

Männern, *mon gros blanc*«, sagte sie mit brechender Stimme. Tränen strömten über ihre Wangen.

Sie kamen und packten ihn bei den Armen, und er ging mit gesenktem Kopf mit ihnen. Sie konnte sein Gesicht nicht sehen, aber als er an ihr vorbeiging, sagte er: »Brigitte«, mit schrecklicher Sehnsucht. Er griff nach ihr; sie packten ihn fester. Sie sagte mit vor Tränen erstickter Stimme: »Tun Sie ihm nicht weh – bitte, tun Sie ihm nicht weh.« Und als sie ihn in den Krankenwagen stießen und an Riemen und Gurten zerrten, hörte sie wieder seinen Schrei, der seine Kehle zerriß: »Brigitte!« Dann brach er in schreckliches Schluchzen aus. Sie brach neben Kips Körper zusammen und ließ ihrem Schmerz freien Lauf.

Nach einer langen Zeit fühlte sie, wie Brian sie hochhob und wegtrug. Er sagte ernst: »Was für eine Tragödie! So jung und so gutaussehend, und solch ein guter Schauspieler. Ich habe ihn sehr gemocht, obwohl ich ihn so selten sah. Du warst ein wenig in ihn verliebt, nicht wahr, Mardee?«

Sie nickte, ohne zu sprechen. Sie konnte weder Brian noch irgendwem sonst jemals erklären, was das mit Kip Tybalt gewesen war. War es Wirklichkeit gewesen oder ein Zauber, den der schönste Mann, den sie je gekannt hatte, über sie geworfen hatte, und ihre gemeinsame Arbeit im Film, oder... oder die Gefühle einer Frau, die seit zweihundert Jahren tot war und sich nach dem Geliebten ihrer eigenen Rasse sehnte und gegen den weißen Mann rebellierte, dem mehr von ihr gehörte, als sie je gewußt hatte, bevor sie sah, wie er vor ihren eigenen Augen zerstört wurde?

Lassen wir es dabei bewenden. Einmal hatte Sebastian gesagt, daß es Wirklichkeiten gibt, die tiefer gehen, die mehr innere Wahrheit besitzen als bloße Fakten. Für solch ungeheure Wirklichkeiten würde es nie Worte geben. Etwas in ihrem Herzen würde für immer Christophe Thibault gehören und ihn betrauern, aber außer den kurzen, förmlichen Worten, die sie eines Tages bei einer Untersuchung sagen würde, würde sie nie wieder seinen Namen aussprechen. »Ja«, sagte sie, »ich war ein wenig verliebt in ihn.«

Die wirkliche Tragödie war nicht Kip Tybalt. Er war auf der Höhe seiner Karriere gestorben, edel und tragisch, seine Partnerin vor der drohenden Vergewaltigung durch einen Wahnsinnigen schützend. Er würde betrauert werden und unvergessen bleiben.

Die wirkliche Tragödie war der Film, den Sebastian niemals machen würde; die Vision von Haiti, die nun niemand jemals teilen oder sehen würde. Und er konnte nicht einmal als tot betrauert werden. Er würde weggesperrt und vergessen sein; vergessen, Jahre bevor eines Tages das leere Etwas, das einmal Sebastian Wright gewesen war, endlich sterben würde, irgendwo eingesperrt in einer Station für Unheilbare ... Es war darum und nicht wegen Kip, daß sie weinte, aber es gab keine Möglichkeit, dies Brian zu sagen. Brian – oder irgend jemandem sonst.

»Schon gut, schon gut, mein Liebes«, flüsterte er und hielt sie fest an sich gepreßt. »Du hast noch mich. Und ich werde dich, sobald ich kann, von hier wegbringen.«

Sie erkannte, daß er nicht einmal wußte, daß Maison Dominique ihr gehörte. Und daß es ihm egal war. Das würde niemals anders sein. Er war bei ihr, reich oder arm, und er würde bleiben.

»Komm!« Er deutete auf die sonnenüberfluteten Fenster von Maison Dominique. »Die Sonne ist aufgegangen. Es gibt heute eine Menge zu tun, und du solltest mir besser erzählen, was zum Teufel hier überhaupt vorgefallen ist!«

Lange Zeit später, über einem Kaffee, den ein ernüchterter Robert für sie aufgetrieben hatte, nachdem alles das erklärt worden war, was erklärt werden konnte, hatte Brian noch eine Frage.

»Ich frage mich«, sagte er nachdenklich, »ob ihr Name wirklich Brigitte war – die schwarze Sklavin, die alles hier erbte. Ich glaube nicht an Besessenheit oder so etwas ähnliches. Ich weiß selbstverständlich nur zu gut, daß der alte Wright einfach seinen Verstand verlor. Aber ich frage mich doch, ob ihr Name Brigitte war ...«

Mardee antwortete nicht. Mit der Erinnerung an jenen letzten, verlorenen Schrei nach »Brigitte!«, der noch trostlos in ihrem Gemüt nachhallte, war sie sicher; sie hatte den Schock des Wiedererkennens tief in ihrer eigenen Seele gefühlt. Aber es würde niemals irgendeinen Beweis geben; nichts als ihre eigene innere Gewißheit. Als Brian sagte: »Ich nehme an, niemand wird das jemals wissen«, sagte sie nichts.

Als ihr weißer Geliebter ermordet zu ihren Füßen lag ... fühlte sich

Brigitte so? Oder hatte sie alle ihre Liebe und allen Haß zuletzt abgelegt? Sie lebte viele Jahre lang mit ihren Söhnen im Maison Dominique... den Söhnen ihres weißen und ihres schwarzen Geliebten. Herrschend, wo sie ein Sklave gewesen war. Wie viele Gespenster hatte Maison Dominique mit ihr geteilt? Und hatte sie sie gefürchtet... oder sie willkommen geheißen?

Mardee atmete tief ein und schob das silberne Kaffeeservice weg.

»Ich muß Mutter in New York anrufen.« Vielleicht würde Marie-Claire nach so vielen Jahren des Exils vergeben können und nach Hause kommen. Sie würde mit der Lüge von Tante Emilie Schluß machen und einfach sagen: *Maman, ta mère est morte...*

Aber es war immer noch sehr früh. Marie-Claire würde noch schlafen. Sie sagte zu Brian: »Du solltest besser die Geschichte durchtelefonieren. Du hast hier Presse-Verbindungen, und deine Freunde werden dir niemals vergeben, wenn jemand anders die Story zuerst bekommt.«

»Mein Gott«, sagte er überrascht, »ich hatte es ganz vergessen, aber es sind tatsächlich Neuigkeiten! Donna Royce tot – Kip Tybalt tot – Sebastian im Krankenhaus – die reichste Frau auf Haiti tot.« Er unterbrach sich verdrießlich und zog sie schnell an sich. »Es muß Liebe sein«, sagte er und gab ihr einen schnellen Kuß. »Wenn ein Zeitungsmann vergißt, eine Geschichte dieses Ausmaßes durchzugeben, dann ist es Liebe, ohne Zweifel.«

»Brian, du bist unmöglich«, sagte sie unter plötzlichen Tränen.

»Nun, es hat noch Zeit bis zum Frühstück«, gab er zurück, bückte sich dann und küßte sie wieder, sanft, die Tränen mißverstehend. »Ich werde die Sache so anpacken, daß es keinen Familienskandal gibt, Liebes. Nach alledem ist es nun auch meine Familie. Ich werde mich um die Presseleute kümmern.«

Und noch unter Tränen lächelte sie. Eines Tages würde dies vorüber sein. Eines Tages würde sie wieder zu sich kommen. Und eines Tages würde er sie sogar wieder zum Lachen bringen.

Astrologische Nachbemerkung

Mardee Haskell besitzt die Schönheit, Eleganz, Extravaganz und den luxuriösen Geschmack ihres Tierkreiszeichens – verbunden mit den typischen Fehlern des Löwens, einem Hang zur Gewinnsucht und einer Tendenz, jedermann in ihrem Umkreis zu beherrschen. Sogar die Farben, mit denen sie sich umgibt – rot, orange, gelb (selbst wenn sie ein einfaches weißes Kleid trägt, muß es mit Gold aufgeputzt sein) – verraten das feurige Kind der Sonne. Löwe mit dem Aszendenten Venus gibt ihr eine Auffälligkeit, durch die sie überall sofort Beachtung findet. Es ist nicht wirklich überraschend, daß sie die berühmtere Donna Royce sofort in den Schatten stellt. Donna ist ein Wassermann, und für Mardee repräsentiert sie den sofortigen Anstoß, die Triebkraft zu konkurrieren, den Ansporn, Mardee selbst aus vorübergehender Selbstverleugnung herauszuholen.

Aber Mardee ist kein typischer Löwe. Mit Mars und Uranus im Sternbild des Zwillings stellt sie in gewisser Weise eine Frau dar, die mit sich selbst uneins und auf der Suche nach ihrer Identität ist. Der Aszendent Krebs macht sie impulsiv, allzu freigebig, immer dazu fähig, sich in die Lage der anderen Personen zu versetzen. Sie hat keinen Sinn für ihre schwarze Identität und denkt an sich selbst meistens als an einen Menschen, dessen Hautfarbe zufällig schwarz ist, mehr denn als an ›eine schwarze Frau‹; ihr Aszendent Krebs macht sie auch empfindlich gegen Stereotypen, so daß sie es übelnimmt, klassifiziert zu werden. Für den häufig arroganten Löwen besitzt sie außerordentliches Taktgefühl; ihre Kindheit in Frankreich, einem Waage-Land, hat in ihr den Takt und die Liebenswürdigkeit des Aszendenten Krebs gefördert.

Mardee ist und wird immer von älteren Männern angezogen sein, vor allem solchen, die in der Lage sind, ihr den Luxus zu bieten, nach dem ihre Löwenseele hungert, oder ihre hochstrebenden Ambitionen zu fördern. Sebastian Wright ist ein stolzer, leidenschaftlicher Skorpion; Mardee ist sinnlich und romantisch zu ihm hingezogen. Aber, wie in allen solchen Fällen, kommt es zu einem sofortigen Machtkampf, um zu sehen, wer dominieren wird. Und wie alle Frauen mit einem beherrschenden Saturn in ihren Diagrammen, ist Mardee zu praktisch und introvertiert, um sich Sebastians starkem Willen zu unterwerfen. Jede Liebesbeziehung zwischen ihnen würde ein ständiger Kampf zwischen Sebastians herrischer Natur und Mardees völliger Unfähigkeit sein, sich irgend jemandem zu unterwerfen. Der Mond im Wassermann in Mardees Diagramm geht mit ungewöhnlicher Einbildungskraft und einem starken kreativen Impuls einher; es ist kein Wunder, daß sie an Sebastians romantischem Traum Feuer fängt.

Aber Mardee ist ein potentieller Superstar; und jeder Mann, der vorhat, in ihrem Leben von Bestand zu sein, würde das fraglos akzeptieren müssen. Mardees Weg führt nicht zu Heim und Herd. Von allen drei Männern, mit denen sie verstrickt ist, könnte nur Brian – die nachgiebige, lässige, leichtfertige und charmante Waage – dies bei einer Frau tolerieren. Brian wird es nichts ausmachen, in Grenzen beherrscht zu werden, weil er keinen persönlichen Ehrgeiz hat und Mardees Karriere seine Selbsteinschätzung nicht gefährden wird. Er wird immer ihren Ärger überwinden, indem er sie zum Lachen bringt, und er wird oft seinen Kopf durch bloßen Charme durchsetzen. Es wird niemals einen direkten Machtkampf geben; der Waage-Mann setzt sich durch, nicht weil er es verlangt, sondern weil er sich mit dem Winde biegt. Er ist vermutlich der einzige Mann, den sie je getroffen hat, der Mardee dazu bringen kann, irgend etwas zu tun, das sie nicht tun will. Sebastian stachelt alle ihre Löweninstinkte zum Kampf an; bei Brian ist ihr niemals bewußt, daß sie kämpft, bis sie entdeckt, daß er sie mit Charme dazu gebracht hat, ihm seinen eigenen Willen zu lassen.

Natürlich macht Mardee wie alle Löwen alles eine Nummer zu groß und auf die großartige Tour. Aber diese Tendenz zur Übertreibung zerstört sie beinahe. Der Okkultismus hat eine fatale Faszination für sie. Ihre Dickköpfigkeit und ihre Saturn-Tendenz zur Skepsis würde leicht zu durchbrechen sein; Eitelkeit, nicht Aberglaube, könnte sie dazu veranlassen, ›Mardee‹, durch ›Marie-Louise‹ zu ersetzen, aber die Entdeckung, daß das mit ihren ersten wirklichen Ferien zusammentrifft, würde sie für Okkultismus und das Unsichtbare anfällig machen. Obwohl sie praktisch ist, würde sie schnell der Faszination des Unsichtbaren des Universums erliegen. Und dies bringt sie unter den Einfluß von Voodoo – und von Sebastian, dem Skorpion, der durch unsichtbare Ketten an das Unsichtbare gefesselt ist.

Während der Periode dieses Buches hat der Planet Saturn gerade ein Haus neben Mardees Himmelsmeridian durchlaufen und provoziert, was als Rückschlag auf allen Ebenen erscheint: Konflikt mit ihren Eltern, Beeinträchtigung ihrer Karriere, das Auseinanderbrechen ihrer ersten Ehe, die berufliche Enttäuschung der Absetzung ihres ersten Theaterstückes am Broadway. Die Vorherrschaft von Saturn zwischen August und Dezember 1973 deutet auf Kampf hin und auf eine Verbindung mit einem älteren Mann, sowohl beruflich als auch persönlich. Der Transit von Neptun macht das Eindringen des Übernatürlichen zu dieser Zeit fast unvermeidbar.

Sebastian ist, wie alle Skorpion-Männer, auf allen Ebenen stark zum Okkultismus hingezogen. Sinnlich, romantisch und einflußreich kann er sie hinsichtlich ihrer Sucht nach Eleganz und Luxus verwöhnen und ihr die Befriedigung ihrer ausgeprägten Ambitionen bieten. Aber es ist Sebastians starker Hang zum Okkultismus, welcher ihn am Ende zerstört. Er ist Perfektionist, der sich ewig über technische Details den Kopf zerbricht; und während er große berufliche Geduld hat, hat er kein Verständnis für Egotrips – außer seinen eigenen. (Er ist unfähig zu lieben; Sexualität und seine eigene leidenschaftlich-romantische Fantasie nehmen bei Sebastian den Platz der Liebe ein. Solange Donna Royce Teil dieses Traumes ist, hat sie ihren Platz in seinen fixen Ideen und wird zum Teil davon. Als sie ihre Wassermann-Eitelkeit und Unsicherheit gegen seinen starken Willen setzt, verliert sie ihn und zerstört sich selbst.) Sebastians Wille und Antrieb, seine Fähigkeit, total von dem in Anspruch genommen zu sein, was ihn in diesem Moment fesselt, birgt auch den Keim zu seiner Zerstörung. Er gibt sich nicht damit zufrieden, die Oberfläche von Haiti zu kennen; kein Skorpion ist je zufrieden mit der Oberfläche. Er muß dessen tiefste Mysterien durchdringen und erlaubt so, daß es einen verhängnisvollen Einfluß auf ihn gewinnt. Wahnsinn ist stets eine Bedrohung für den besessenen Skorpion, und so fällt er der uralten Tragödie zum Opfer.

Zu dieser explosiven Mischung kommt Christophe Thibault: Kip Tybalt, der Zwilling, der geteilte Mann, im totalen Widerstreit zwischen seinem schwarzen und seinem weißen Erbe, bemüht, die Vergangenheit des Bastards, der Schande, des Voodoo abzustreifen... und doch wird er unvermeidlich zurückgezogen, wie alle im Zeichen des Zwillings Geborenen, zu seinen eigenen tiefsten Ursprüngen. Er kann weder mit seiner Vergangenheit leben, noch sie völlig ablegen. Zwischen Löwen und Zwilling besteht eine ambivalente Faszination, der Konflikt zweier potenter Künstler. Sowohl Waage als auch Zwilling ist ein Luftzeichen. Brian, die ruhige Waage, liefert den Sauerstoff, den Lebensatem, um das Feuer des Löwen in Mardee in Gang zu halten; aber der explosive, sprunghafte, unbeständige Kip entfacht das Feuer zur Raserei. Mardee ist fasziniert und überwältigt; ihr eigener Mars im Zwilling und der Uranus ihrer Geburt, der ein Schlüssel zu ihrer verborgenen psychischen Seite ist, liegen nah bei der Sonne von Kips Geburtsstunde und deuten auf eine starke, obwohl nur vorübergehende Leidenschaft hin. Es ist ihre Fantasie, die auf Kip reagiert, mehr noch als Mars, der stets der Schlüssel zu der sexuellen Leidenschaft einer Frau ist.

Und doch sind Kip und Mardee zur Enttäuschung verdammt. Ihr ganzer Sinn und ihr Herz sind gefesselt von seiner Einbildungskraft, seiner Intensität und dem Schrei nach ihrer Vergangenheit – die uralte Tragödie, die sie verbindet. Kip ist keine Führerpersönlichkeit; wie alle Zwillings-Schauspieler kann er eine solche sehr gut kopieren, aber er selbst ist zu unentschlossen, zu leicht von der Fantasie beeinflußbar, zu schwach. Mardee hätte ihn fortwährend verwundet und versucht, ihn zu beherrschen – eine unmögliche Aufgabe mit einem schwer faßbaren Zwilling, der niemals genau dort ist, wo man ihn vermutet. Kip und Mardee hätten unaufhörlich miteinander gestritten, und sie hätte ihn unerträglich verletzt und zerstört; wie sie ihn auf eine Weise tatsächlich zerstörte, indem sie ihn in den Konflikt mit Sebastian hineinzog.

Brian ist ihr wahrer Gefährte, der die Stärke und Biegsamkeit hat, um ihre Schwäche auszugleichen, die innere Stärke, sich nicht von ihrem Ehrgeiz oder ihrer Karriere bedroht zu fühlen. Er ist der einzig passende Partner für einen Löwen ›Superstar‹. Zuweilen wird sie ihn langweilig finden; sie wird ihm wahrscheinlich untreu oder nur auf ihre eigene Art treu sein. Doch wird er immer das eine Beständige in ihrem Leben bleiben, weil er auf seine eigene, nachgiebige Weise – gutmütig wie er ist – stärker ist als sie. Kein lebender Mann kann einen Löwen ›für immer und ewig‹ glücklich machen; Glück ist für einen Löwen etwas, das niemals in den Händen eines Menschen liegt, sondern von innen kommen muß, von ihrer eigenen persönlichen und beruflichen Erfüllung.

Brian wird an das Ideal so nahe heranreichen, wie es nur irgendein Mann könnte. Und er wird sie zum Lachen bringen.

Die Teufelsanbeter

1. Kapitel

Die Beschriftung der Tür, in dezenten Messingbuchstaben, lautete: JAMES C. MELFORD, CHEFLEKTOR. Das leidlich hübsche Mädchen im Vorzimmer lächelte, drückte auf einen Knopf und murmelte: »Mr. Melford? Haben Sie ein paar Minuten Zeit für Mr. Cannon?« Sie lauschte einen Augenblick, lächelte wieder, diesmal ein wenig herzlicher, und sagte: »Bitte nehmen Sie Platz, Mr. Cannon. Mr. Melford wird Sie gleich empfangen.«

Der Mann, der vor dem Schreibtisch stand – lang, dünn und etwas gebeugt, das Gesicht wie von einem alles überschattenden Gram gefurcht und abgehärmt –, wandte sich mit einer hastigen Bewegung zur Seite und ließ sich ungelenk auf ein mit Kunstleder bezogenes Sofa nieder. Er nahm eine Zeitschrift vom Tisch, blätterte sie aber nicht einmal durch, sondern ließ die umgebogenen Seiten zwischen Daumen und Zeigefinger herausspringen, als wolle er ein Kartenspiel mischen, dann legte er sie wieder aus der Hand. Er reckte den Hals, blickte suchend im Büro umher und runzelte die Stirn wie einer, der etwas verlegt hat und sich vergeblich darauf zu besinnen sucht.

Was es auch war, es war nicht da oder blieb seinem Blick verborgen. Auf einer Ecke des Schreibtisches stand ein kleiner grüner Christbaum aus Plastik, geschmückt mit blauen Glaskugeln und roten Schleifen. In einem Regal neben dem Schreibtisch waren ein paar Dutzend buntfarbene Taschenbücher aufgereiht, die Neuerscheinungen des Blackcock-Verlages. Sein Blick blieb kurze Zeit an zwei in der oberen Reihe ausgestellten Titeln hängen: *Die wahre Geschichte der Zauberei* und *Voodoo in der modernen Welt* von John Cannon. Wie vor Schmerzen kniff er die Augen zu, und die junge Frau hinter dem Christbaum hob flüchtig den Kopf. »Ist Ihnen nicht gut, Mr. Cannon?«

»Doch – doch, danke«, sagte er und streckte entschlossen die Hand nach der Zeitschrift aus. Er hielt sie, ohne sie aufzuschlagen, und seine Finger umklammerten sie, als müsse er sich zwingen, stillzusitzen. Die Sekretärin beobachtete ihn noch eine kurze Weile, dann läutete das Telefon und lenkte ihre Aufmerksamkeit ab, und Cannons Griff lockerte sich. Er seufzte leise auf.

Die Tür zum inneren Büro schwang auf, und ein jüngerer Mann mit gelockertem Schlips und offenem Hemdkragen, dessen dichtes blondes Haar in krausen Locken den Kopf umstand, kam durch die Türöffnung auf den Besucher zu. Ein herzliches Lächeln lag auf seinen Zügen.

»Hallo, Jock, schön, Sie zu sehen. Möchten Sie nicht hereinkommen?« Seine Stimme war so herzlich wie sein Lächeln. Er streckte dem anderen die Hand hin, und Cannon, der sich linkisch vom Sofa erhob, lächelte seinerseits und entspannte sich ein wenig. Er folgte Melford in sein Büro.

Der Raum war hell, geräumig und anspruchslos, mit einem großen, einfachen Schreibtisch, der überhäuft war mit Papieren, Büchern und Manuskripten; weitere Manuskripte, teils in Schachteln, teils in dicken Manila-Umschlägen, waren auf Regalen zu beiden Seiten gestapelt. An den Wänden hingen bunte, auffallend grelle Gemälde, offensichtlich die Originale einiger im Verlag erschienener Taschenbuchtitel. Auf einem Ablageschrank stand eine kleine Bronzestatuette, in deren Sockel die Inschrift SCIENCE FICTION WORLD AWARD 1967 eingraviert war. Eines der Gemälde zeigte einen grünen Teufel mit glutroten Augen und gewaltigen Hörnern; Melford sah den Blick seines Gastes darauf ruhen und lächelte erneut, als er hinter seinen Schreibtisch ging.

»Ja, das ist *Der Teufel in Amerika*. Immer noch einer unserer Bestseller; wir denken an eine Neuauflage im Frühjahr – vorausgesetzt, Ihr Agent und ich können uns zu vernünftigen Bedingungen einigen. Bitte, setzen Sie sich. Nehmen Sie doch Platz.« Er ließ sich in seinem Bürosessel nieder und deutete auf einen Stuhl. »Zigarette? Wie geht es Ihnen, Jock? Sie sehen ein bißchen mitgenommen aus. Als ich letzte Woche Ihren Agenten anrief, sagte er, Sie seien auf dem Land, um sich zu erholen. Was ist los, mein Lieber? Leute unseres Alters sollten eigentlich keine Erholung nötig haben!«

Unter der Wirkung dieses munteren Geplauders lächelte Cannon nervös. »Nichts von Bedeutung, glaube ich. Vielleicht ein Anflug von Hongkong-Grippe. Ja, ich war ein paar Tage in Massachusetts... dachte, ich könnte in der Ruhe vielleicht besser arbeiten. Aber nach ein paar Tagen fing die Ruhe an, mir auf die Nerven zu gehen.« Wieder kam das schüchterne, unsichere Lächeln zum Vorschein.

»Sie hören sich an wie meine Mutter«, bemerkte Melford lächelnd. »Immerzu redet sie von den guten alten Zeiten. Aber als letztes Jahr der Stromausfall war und sie und Barbara ein paar Mahlzeiten auf dem Spirituskocher oder über dem Kaminfeuer kochen mußten, hätten Sie sie schimpfen hören sollen! Ich muß allerdings sagen, daß Barbara gut damit fertig wurde. Übrigens fragte sie mich erst vor ein paar Tagen nach Ihnen. Also, was gibt es?«

»Probleme«, sagte Cannon zögernd.

Melfords Miene blieb freundlich, aber eine leichte Falte erschien zwischen seinen Brauen. »Sollte es sich um Geld handeln, Jock – jetzt ist die tote Saison, aber vielleicht würde die Rechnungsabteilung einen weiteren Vorschuß genehmigen.«

»Ach du lieber Gott, nein, ich bin nicht pleite«, sagte Cannon schnell. »Jedenfalls nicht schlimmer als gewöhnlich. Nein, ich bin nicht wegen Geld gekommen, Jamie. Freilich könnte ich welches gebrauchen, wie jeder andere auch um diese Zeit, aber wenn es das wäre, was ich will, hätte ich meinen Agenten zu Ihnen geschickt.« Er lachte nervös. »Nein, es ist etwas anderes. Sie haben das Manuskript des neuen Buches bekommen, nicht wahr?«

»Gewiß. Es muß hier irgendwo sein.« Melford zog eine große Schachtel mit dem Etikett einer der größeren literarischen Agenturen zu sich heran, nahm den Deckel ab und holte ein umfangreiches Manuskript heraus. »Wir sollten uns zum Titel noch etwas einfallen lassen, Jock; *Hexerei im New York unserer Tage*... das ist kein schlechter Titel, aber er ist ein wenig umständlich, und außerdem erinnert er an William Seabrook – Sie wissen schon, *Hexerei und ihre Macht in unserer Zeit*. Die Leute würden denken, sie hätten es schon gelesen, und es nicht kaufen. Und das wäre schade, denn es ist ein verdammt gutes Buch, Jock. Es hat mir gefallen... vergaß sogar, Korrekturen anzubringen, als ich es durchging.«

»Sie haben es schon gelesen?«

»So ist es. Wir werden es kaufen – warum sollte ich Ihnen das nicht ganz offen sagen. Wahrscheinlich werden wir Ihrer Agentur den Vertrag noch vor dem Wochenende zuschicken. Ich kann mit der Rechnungsabteilung sprechen und zusehen, daß Sie den Vorschuß rechtzeitig bekommen, um Ihre Weihnachtseinkäufe zu erledigen.«

»Die Sache ist die«, sagte Cannon mit sichtlicher Selbstüberwindung, »daß ich über das Buch nicht gerade glücklich bin.«

Melford schürzte die Lippen, was ihn zehn Jahre älter aussehen ließ und gar nicht zu seinem jungenhaften Gesicht paßte. »Warum nicht, Jock? Es ist ein gutes Buch – gewiß nicht schlechter als Ihre anderen Arbeiten. Gewiß, es geht ein bißchen weit, und ich kann nicht sagen, daß ich Ihnen abnehme, was Sie über diese – wie sagen Sie – Hexenversammlungen und ihr unheimliches Treiben hier in New York geschrieben haben, aber derartige Sensationseffekte sind natürlich verkaufsfördernd, und ich glaube nicht, daß sehr viele Leute sie ernst nehmen werden, genausowenig wie sie Bela Lugosi in *Dracula* im Spätprogramm ernst nehmen. Ausgenommen ein paar Verrückte selbstverständlich.«

»Das ist eben das Problem«, sagte Cannon. »Anscheinend bin ich, ohne es zu bemerken, jemandem auf die Zehen getreten. Ich habe Schwierigkeiten bekommen...«

Melford schmunzelte. »Ich kann mir denken, daß alle hiesigen Hexen Nadeln in Ihr Bild stecken werden.«

»Würde mich nicht wundern.«

Jamie blickte auf. »Sie meinen das im Ernst, Jock?«

Cannon knetete seine langen, nervösen Finger. »Ja. Ich habe befürchtet, daß Sie mich auslachen würden.«

»Keineswegs, lieber Freund. In dieser Stadt gibt es so viele Verrückte von jeder Sorte, daß sich immer Leute finden, die an fast allem, was wir herausbringen, glauben Anstoß nehmen zu müssen. Erinnern Sie sich an diesen Report über das Laster auf unseren Straßen? Ob Sie es glauben oder nicht, irgendein Verein von Verrückten, der sich ›Liga für sexuelle Freiheit‹ nennt, rief mich eine Woche lang jeden Tag an und behauptete, damit hätten wir für weitere zehn Jahre eine vernünftige Gesetzgebung in diesem Land verhindert, und was weiß ich. Und diese Biographie von... na, wie hieß er denn noch – Sie wissen schon, dieser entlassene General –, ganz gleich, die John Birch Society rief uns an und nannte uns einen schmutzigen Haufen von radikalen Roten und Schlimmeres.« Er setzte sein freundliches, aufmunterndes Lächeln auf. »Nun kriegen also auch Sie es mit derlei Verrückten zu tun? Gott, nehmen Sie es als ein Kompliment... es zeigt, daß Sie ein bekannter Mann sind. Wer macht sich schon die Mühe, einen Niemand zu verleumden?«

Seine Worte schienen wenig geeignet, Cannons innere Unruhe zu beschwichtigen. »Es wirkt irgendwie so *real*«, sagte er. »Und dann, als ich letzte Woche krank wurde ...« – sein Lachen klang hohl, »... fing ich an, mir Gedanken zu machen.«

»Passen Sie auf«, setzte Melford an, aber das Läuten des Telefons unterbrach ihn. Er beugte sich vor, nahm den Hörer ab und sagte: »Hier Melford.«

Seine Miene verfinsterte sich zusehends. »Ja, Cannon ist hier bei mir... was soll das heißen? Was? Wer spricht dort überhaupt? He, Sie...« Er nahm den Hörer vom Ohr und hielt ihn von sich. Der Summton des Freizeichens war deutlich hörbar.

»Irgendein Verrückter«, sagte er zornig. »Ein obszöner Lümmel. Vermutlich ein Anruf von der Art, die Sie bekommen haben, Jock.«

»Wenn es bei den Anrufen geblieben wäre«, sagte Cannon, und dann öffneten sich die Schleusen. »Damit fing es an. Eine bösartig flüsternde Stimme, weder Mann noch Frau, nur eine – eine Flüsterstimme, die mir alle möglichen schrecklichen Dinge androhte, sollte ich das Buch vollenden. Darum ging ich aufs Land. Ich dachte, dort würde ich Ruhe davor haben. Aber dann kamen Briefe, und einmal lag ein blutverschmiertes totes Huhn vor meiner Tür und einmal ein Bild... ein Bild von einer schmuddeligen kleinen Puppe, in der Nadeln steckten...« Seine Stimme versagte, und er schüttelte sich. Oder es schüttelte ihn.

Melford sah ihn entgeistert an. »Wahnsinnig!« murmelte er.

»Ja, ich dachte wirklich, ich würde den Verstand verlieren.«

»Großer Gott, ich meine nicht Sie, Jock. Ich meine das üble Gelichter, das zu derlei imstande ist. Sehen Sie, Jock, in meinen Augen ist es entweder ein dummer Scherz – und zwar von der geschmacklosesten Sorte –, oder es steckt ein Verrückter dahinter, der dieses Zeug ernst nimmt und versucht, Sie so zu erschrecken, daß Sie die Nerven verlieren. Aber gebrauchen Sie doch mal Ihren Verstand, Mann! Solange Sie nicht zulassen, daß er Ihnen auf die Nerven geht, kann er Ihnen mit all diesem Hokuspokus nichts anhaben!«

»Da bin ich nicht so sicher«, sagte Cannon leise. »Seabrook nahm diese Dinge ernst. Er wußte von Leuten, die durch das, was Sie Hokuspokus nennen, tatsächlich umgebracht worden sind.«

»Wilde... abergläubische Eingeborene, die daran glaubten... Ich habe sein Buch auch gelesen. Das alles kann einem keinen Schaden zufügen, es sei denn, man glaubt daran.«

»Auch dessen bin ich nicht so sicher«, sagte Cannon. »Ich habe mich seit fünf Jahren mit diesen Dingen beschäftigt, habe recherchiert und alles zugängliche Material durchgearbeitet, ich habe inzwischen acht Bücher darüber geschrieben. Ich beginne es ernst zu nehmen – verdammt ernst. Das geht auch aus meinen Büchern hervor, und ich glaube, dies ist der Grund, warum sie hinter mir her sind.«

Melford betrachtete seinen Freund mit beunruhigtem Stirnrunzeln. Er war zu gutmütig und zu wohlerzogen, um irgend etwas, was den Älteren so sehr aus der Fassung bringen konnte, mit einem Lachen und einem Scherz abzutun; und doch sagte ihm sein skeptischer Verstand, daß das alles dummes Zeug sei. Er erklärte – und sein Tonfall spiegelte dieses Dilemma wider –: »Nun, Jock, ich weiß wirklich nicht, was ich dazu sagen soll. Ich hätte nie gedacht, daß ausgerechnet Sie sich von so etwas würden unterkriegen lassen. Waren nicht Sie es, der in seinem ersten Buch vier Dutzend betrügerische ›Medien‹ bloßstellte?«

»Ja«, antwortete Cannon. »Erst später wurde mir klar, daß es ein paar gab, die ich nicht als Schwindler bloßstellen konnte. Und diese konnten nicht alle bloß zu schlau gewesen sein, so daß ich ihnen nicht hätte auf die Schliche kommen können. Erst später kam mir auch der Gedanke, daß niemand die Mühe auf sich nehmen würde, psychische Phänomene vorzugaukeln, wenn es solche in der Realität nicht gäbe.«

»Also, dazu kann ich nichts sagen«, erwiderte Melford ein wenig ungeduldig. »Das ist nicht mein Gebiet. Ich weiß nur, daß die Bücher sich gut verkaufen und daß es in diesem Land eine ungeheure Anzahl von Menschen gibt, die alles lesen, was sie über das Thema bekommen können – einschließlich jedes neuen John Cannon. Aber schließlich sind Sie es, der verfolgt wird, nicht ich. Ich kann Anrufe wie den eben mit einem Achselzucken abtun, aber Sie mögen unter stärkerem Druck stehen. Trotzdem hoffe ich, Sie werden sich nicht einschüchtern lassen, Jock.«

»Das hoffe ich auch. Aber«, fügte er ein wenig unsicher hinzu, »ich weiß einfach nicht, was ich tun soll. Der Brief, den ich heute früh erhielt...«

Er zog ein Stück Papier aus der Tasche, entfaltete es und legte es auf den Schreibtisch. Beide beugten sich darüber.

Das Blatt war mit unregelmäßigen Blockbuchstaben beschrieben:

ZIEHEN SIE IHR NEUES BUCH ZURÜCK UND RETTEN SIE IHR LEBEN – ODER MACHEN SIE SICH AUF DEN TOD GEFASST, JONATHAN LAWRENCE CANNON.

Melford schüttelte den Kopf. Seine Lippen waren zornig zusammengepreßt. »Diese Leute scheinen jedenfalls den Namen zu kennen, mit dem Sie Ihre Verträge unterschreiben«, war sein einziger Kommentar.

»Ich nehme an, Sie werden das Buch nicht... zurückziehen wollen?«

»Haben Sie den Verstand verloren? Ich halte es für Ihr bisher bestes. Sagen Sie, Jock, wie steht eigentlich Ihre Frau zu alledem?«

»Ich habe versucht, es ihr zu verheimlichen«, antwortete Cannon. »Das ist mir soweit auch gelungen, mit Ausnahme des toten Huhnes. Sie selbst entdeckte es, und es war ein Schock für sie. Bess ist eine gute Kameradin; für das Buch über Voodoo ist sie mit mir zu Fuß durch ganz Haiti gezogen, also wußte sie sofort, was es bedeutete. Natürlich hat sie nur eine Antwort.« Er lächelte matt. »Rückkehr in den Schoß der Kirche. Ich sagte ihr, daß dies darauf hinauslaufen würde, Aberglauben mit Aberglauben zu bekämpfen – als ob Weihwasser und ein Rosenkranz einen Fluch vertreiben könnten.«

Jamie lachte laut. »Nun, wenn das eine wirklich ist, muß das andere auch wirklich sein«, meinte er. »Vielleicht sollten Sie Feuer mit Feuer bekämpfen. Es wäre schwierig, Ihnen mit einem Fluch das Leben schwerzumachen, wenn Sie zur Messe gingen, nicht wahr?«

Cannon sagte mit ruhiger Würde: »Ich selbst bin nicht religiös, aber ich respektiere Bess' Religion zu sehr, um mich in solchen Dingen zu verstellen.«

Das ernüchterte Melford etwas. »Da haben Sie wohl recht. Aber ich respektiere die Vernunft zu sehr, um mich von ein paar Verrückten einschüchtern zu lassen und das Buch zurückzuziehen, und ich denke, Sie sind im Grunde derselben Meinung. Sie sollten sich ein paar Tage freinehmen. Sie sehen müde aus, Sie sind krank gewesen, und wahrscheinlich sind Ihre Nerven überreizt. Ich könnte heute noch die Rechnungsabteilung anrufen und veranlassen, daß sie Ihnen den ersten Vorschuß sofort anweisen, so daß Sie ein paar Tage verreisen und Ihre Nerven sich beruhigen können. Lassen Sie sich ärztlich untersuchen; wenn der Arzt sagt, daß Ihnen nichts fehlt, werden Sie über Ihre Besorgnisse und Ängste den Kopf schütteln. Es wird schon in Ordnung kommen, Jock; Sie würden mir nie verzeihen, wenn ich zuließe, daß Sie sich von ein paar Narren einschüchtern lassen!« Er stand auf und streckte die Hand aus. »Ich muß Sie jetzt fortjagen, lieber Freund, weil ich um fünf mit Barbara zum Cocktail verabredet bin. Grüßen Sie Bess und sagen Sie ihr, daß sie in den nächsten Tagen Barbara anrufen möge – wir könnten wieder einmal gemeinsam zum Abendessen ausgehen. Und ich werde Ihnen den Scheck ausstellen lassen. Einverstanden?«

Cannon stand auf und verweilte in unschlüssigem Zögern, aber Melfords ermunternder Händedruck und seine freundlichen Worte machten es ihm offensichtlich unmöglich, noch einmal auf sein Anliegen zurückzukommen. Als die Tür sich hinter ihm geschlossen hatte, schüttelte Melford bedauernd den Kopf, murmelte ein leises: »O je, der arme Kerl!« und nahm sich wieder das Buchmanuskript vor. Lächelnd schrieb er eine Notiz für seine Sekretärin, damit sie den Vorschuß bei der Rechnungsabteilung beantrage. Es machte ihm Freude, einem seiner Autoren eine Gefälligkeit erweisen zu können, und Cannons bedauernswerter Zustand hatte ihn tief bewegt.

Draußen im Treppenhaus stand John Cannon wartend vor dem Aufzug, das Gesicht schmerzlich verzogen, und preßte die linke Hand an sein Herz. Er zog den zerknitterten Brief aus der Tasche und starrte ihn an, dann schloß er die Augen.

2. Kapitel

Es gibt Tage, dachte Barbara Melford, an denen man am besten gar nicht erst aufsteht.

Dies war, weiß Gott, ein solcher Tag. Am Anfang, bevor sie zur Arbeit gegangen war, hatte der fast schon zur Gewohnheit gewordene Zusammenstoß mit ihrer Schwiegermutter gestanden: Die alte Mrs. Melford brachte es einfach nicht fertig, sich spitzer Bemerkungen über die gute alte Zeit zu enthalten, als die Frauen zu Haus geblieben waren und den Haushalt geführt hatten. Es war Barbara gelungen, die Entgegnung zu unterdrükken, die ihr auf der Zunge gelegen hatte: daß, solange Mrs. Melford da war, um sich dieser Dinge anzunehmen, niemand die Chance hatte, auch nur mit dem kleinen Finger in die Haushaltführung einzugreifen. Dennoch nagte es an ihr. Dann hatte sie sich den Vormittag über bemüht, mit einem verzogenen, plärrenden und außerdem erkälteten kindlichen Fotomodell und dessen unmöglicher Mutter fertig zu werden. Als sie das Arrangement endlich so hingekriegt hatte, wie sie es wollte, war eine der Studiolampen durchgebrannt, und sie hatte sich beim Auswechseln der Birne die Finger verbrannt. Am Nachmittag hatte ein plötzlicher Regenschauer zur Folge gehabt, daß ein Mannequin mit nassem Haar ins Studio gekommen war. Es hatte erst getrocknet und frisch gelegt werden müssen, bevor sie anfangen konnten. Und zu allem Überfluß fühlte sie sich wie von einem bösen Fluch verfolgt. Verdammt, dachte sie, als sie ungeduldig in ihre Jacke fuhr, wären Jamie und ich nicht verheiratet, würde ich inzwischen schon zum vierzigsten Mal schwanger sein. Mir ist es gleich – ich bin nicht sonderlich erpicht darauf, ein Kind zu kriegen, wenn Mutter Melford sich vom ersten Tag an über meinen Bauch beugt. Aber der arme Jamie wird wieder enttäuscht sein und wahrscheinlich wieder damit anfangen, daß ich zu Dr. Clinton gehen solle, obwohl sie mir letztesmal sagte, es sei besser, sich keine Gedanken zu machen und noch ein Jahr zu warten, bevor wir die ganze Testreihe wiederholen.

Der eisige Wind und die plärrende Darbietung von Weihnachtsliedern durch drei halberfroren aussehende Angehörige der Heilsarmee, die entmutigt vor dem Kaufhaus am Ende des Blocks sangen, drangen gleichzeitig auf sie ein, als sie auf die Straße trat. Sie suchte in der Tasche nach Kleingeld und warf es ihnen in die Sammelbüchse und bemerkte zu spät, daß sie mit dem Geld ihre letzte U-Bahn-Wertmarke hineingeworfen hatte. Verflixt und zugenäht, sie brachte es einfach nicht fertig, die Marke unter den Augen der armen Kerle wieder herauszufischen. Stirnrunzelnd ging sie weiter zu der Ecke, wo sie sich nach der Arbeit gewöhnlich mit Jamie traf.

Und wie gewöhnlich war er schon da, stattlich in seinem dicken Tweedmantel und der Persianermütze, die sie ihm zu seinem letzten Geburtstag geschenkt hatte, und sein Anblick erwärmte ihr das Herz. Ein netter Zug an Jamie, daß er niemals sarkastische Bemerkungen über Frauen machte, die sich verspäteten; er wußte, wie es in einem Geschäft zuging, wo man den ganzen Tag mit temperamentvollen Leuten arbeitete, von denen jeder einzelne einem den ganzen Zeitplan durcheinanderbringen konnte.

»Hallo, Liebling.« Sie hängte sich bei ihm ein, und gemeinsam gingen sie weiter. »Guten Tag gehabt?«

»Es geht. Sehen wir zu, daß wir aus diesem Wind rauskommen. Ich könnte was zu trinken vertragen. Und du?«

»Kaffee, danke. Ich glaube, ich kriege meine Periode.«

»Ach du liebe Zeit. Tut mir leid, Schatz.« Zu ihrer großen Erleichterung sagte er nichts von Dr. Clinton. Sie gingen die Stufen hinunter ins Restaurant, setzten sich und gaben ihre Bestellung auf. Ihr Blick fiel auf ihre beiden Ebenbilder in einem Wandspiegel, und wieder dachte sie, wie ansehnlich Jamie war und wie glücklich sie sich schätzen konnte, ihn zu haben. Es hatte, weiß Gott, nicht an hübscheren Frauen gefehlt, die ihn gern genommen hätten. Sie sah sich selbst in der einfachen Seemannsjacke mit dem Schottenrock und den hohen modischen Stiefeln, das kurzgeschnittene, krause dunkle Haar in einen Schal mit dem gleichen Schottenmuster gehüllt. Barbara, die in der Modebranche arbeitete und deren Glanz und Flitter von innen kannte und allem Modischen als unecht mißtraute, bevorzugte Einfachheit und Qualität und fand sich selbst eher nett aussehend als hübsch.

Die Getränke kamen; Barbara löste den Schal und fuhr sich mit den Fingern durchs Haar. »Was für ein Tag!«

»Schlimm?«

»Du sagst es. Ich denke ernstlich daran, die Arbeit mit Kindern unter zehn in Zukunft abzulehnen. Ich weiß, das ist nicht fair – die meisten sind nette Kinder, aber in unserer Branche scheint der Anteil an verzogenen, quengeligen Fratzen besonders hoch zu sein... Ich habe mir vorgenommen, die Agentur zu verständigen, daß ich Peggy Andrews nicht wieder haben will – oder wenigstens nicht zusammen mit ihrer Mutter. Das Dumme ist, daß sie genau wie die unsterbliche Alice aussieht, und das scheint ein Typ zu sein, der die Herzen aller Werbeleiter zum Schmelzen bringt. Es ist genauso schlimm wie mit den kleinen blonden Jungen, die wie Christopher Robin aussehen.«

Jamie lächelte. »Da hast du die ganze Theorie der Jungschen Archetypen in ein paar Worten, Liebling. Aber erzähl mir nicht, daß dich der Ärger mit einem ungezogenen Kind so mitgenommen hat.«

»Ach nein. Es kam einfach eins zum anderen, und das den ganzen Tag hindurch, und als ich dann noch merkte, daß ich die Periode kriege, gab mir das den Rest.« Sie lachte auf. »Vielleicht steckt jemand Nadeln in mein Bild.«

Er zog ein Gesicht. »Au! Fang du nicht auch noch davon an.«

»Was ist los, Jamie?« fragte sie, da sie hinter der scherzhaften Grimasse echte Besorgnis bemerkte.

Er sagte: »Jock Cannon kam heute zu mir«, und gab ihr einen kurzen Abriß seines Gesprächs mit dem Autor.

»Wie schrecklich!« sagte sie beunruhigt. »Er ist ein so stiller, netter Mensch! Jamie, glaubst du, daß seine Ängste berechtigt sind?«

»Nun, ich glaube nicht, daß er verhext ist, Barbara. Überleg doch selbst einmal«, sagte er ein wenig kurz angebunden.

»Das meinte ich nicht«, erwiderte sie. »Heute erst las ich einen Zeitungsartikel über ein Mädchen, das eine Hexe war – das heißt, das eine Hexe zu sein behauptete. Diese Person praktizierte tatsächlich Hexerei und alles mögliche. Und dann kommt mir diese Sybil Leek in den Sinn, die Bücher über Hexerei geschrieben hat. Nicht zu reden von alledem, was in Jocks Büchern steht...«

»Absurd«, sagte Jamie lachend. »Nein, ich fürchte lediglich, daß der arme alte Jock auf dem besten Weg ist, einen Nervenzusammenbruch zu erleiden. Er ist ein empfindsamer, leicht zu beeindruckender Mensch, und die jahrelange intensive Beschäftigung mit all diesen Dingen, über die er schreibt, hat ihn allmählich so weit gebracht, daß er selbst nicht mehr weiß, was Wirklichkeit und was Hirngespinste sind.«

»O nein! Du meinst, er habe sich das alles bloß eingebildet? Ich habe von Leuten gehört, die geistig zerrüttet waren und sich selbst anonyme Briefe schrieben...«

»Nein, nein, das meine ich nicht. Ich will sagen, daß er die

Belästigung durch ein paar Verrückte – oder geschmacklose Witzbolde – zu ernst nimmt und ohne Sinn für jede Proportion aufbläht. Ich kann mir wirklich nicht denken, daß man mit all diesem Unsinn tatsächlich jemanden töten kann, aber wenn der arme alte Jock es zu ernst nimmt, könnte er sich eines Tages in der Heilanstalt beim Zusammenfalten von Papierservietten wiederfinden.«

»Sei still!« Barbara verzog das Gesicht.

»Entschuldige«, sagte Jamie schnell. »Ich vergaß...«

»Ist schon gut. Nur, der arme Jerry...« Sie biß sich auf die Lippe und versuchte, die quälende Erinnerung an ihren einzigen Bruder zu verdrängen. Er hatte einen ernsten Zusammenbruch erlitten, und die Ärzte hatten seine Einweisung in ein Krankenhaus vorgeschlagen. Jamie hatte sich bereit erklärt, die Kosten eines befristeten Aufenthalts in einem Nervenkrankenhaus zu übernehmen, aber Mrs. Melford hatte so eindrucksvoll darüber gesprochen, welch schreckliche Schande es für die Familie bedeuten würde, falls jemand erfahren sollte, daß die Frau *ihres* Sohnes einen geisteskranken Angehörigen hatte – natürlich sei niemand aus *ihrer* Familie jemals in einer Irrenanstalt gewesen, wie sie es beharrlich nannte –, daß Jamie abgewartet und versucht hatte, Jerry aufzumuntern und ihm einzureden, daß er ›darüber hinwegkommen‹ werde.

Vier Wochen später hatte Jerry sich erschossen.

Barbara sagte, etwas gezwungen: »Sieh mal, ich verstehe den Standpunkt deiner Mutter. Sie gehört einer früheren Generation an und erkennt nicht, daß die Zeiten sich geändert haben. Sie war wirklich bemüht, mich vor einer Situation zu bewahren, die sie aufrichtig als eine schreckliche Schande ansah. Sie sagte mir wieder und wieder, daß sie nur an die Zukunft des armen Jerry denke, sollte jemals bekannt werden, daß er in der ›Irrenanstalt‹ war. Ich habe ihr verziehen, ehrlich – ich bin mir dessen ganz sicher. Aber ich hatte nur einen Bruder. Und ich hoffe nur, daß, sollte Jock Cannon durch diese leidige Geschichte den Verstand verlieren, seine Frau sich entschließen kann, ihn rechtzeitig in ein Krankenhaus zu bringen.«

»Oh, ich glaube eigentlich nicht, daß es soweit kommen wird«, erwiderte er. »Schließlich ist es nicht so, daß er sich dies alles nur eingebildet hätte. Ich habe auch einen der Anrufe erhalten, gerade als er bei mir war: die widerwärtigste, unflätigste Sprache, die du dir nur vorstellen kannst, Androhungen für den Fall, daß ich Jocks Buch veröffentliche. Aber ich bin anonyme Anrufe gewohnt und Jock eben nicht. Er muß aus der Stadt... Abstand gewinnen.«

Aber Barbara war erbleicht. »Angenommen, diese Leute tun auch dir an, was sie mit Jock gemacht haben?«

Er lachte leise. »Und wenn schon? Laß sie tun, was sie wollen, Liebling; ob sie mich verfluchen oder für mich beten, das eine kann mir nicht mehr schaden als das andere. Komm schon – wir leben in einer modernen Zeit! Und außerdem bin ich derjenige, der jeden Tag Science-fiction und Gruselgeschichten lesen muß!«

Sie holte tief Atem. »Aber warum sollten sie ihn verfolgen?«

Jamie zuckte die Achseln. »Ich bin kein Psychiater, nehme aber an, daß es in dieser Stadt einige Narren gibt, die Hexerei praktizieren oder zu praktizieren glauben, und denen nicht gefällt, daß Jock diese Dinge an die Öffentlichkeit bringt. Aber horch mal, warum sollten wir uns hier mit diesem deprimierenden Thema belasten? Laß uns ein ordentliches Steak bestellen, und zum Teufel mit dem Haushaltsgeld.«

Sie lächelte ein wenig. »Das hört sich gut an.«

»Ich gehe rasch Mutter anrufen«, sagte Jamie und stand auf.

Barbara sagte mit einem Anflug von Schuldbewußtsein: »Meinst du nicht, daß wir sie einladen sollten, mit uns zu essen?«

Er lächelte unbekümmert. »Das glaube ich nicht. Wie ich sie kenne, hat sie die Küche gern für sich allein, genauso wie wir gern unter uns sind. Ich rufe nur schnell an. Bin gleich zurück.«

Barbara entspannte sich, nippte an Jamies Whisky und dachte an ihre Schwiegermutter. Gut, daß es keine wirklichen Hexen gibt, ging es ihr durch den Sinn, sonst hätte Mutter Melford mich längst zum Teufel gehext.

Es war so demütigend, mit der Schwiegermutter nicht auszukommen. Man kam sich wie jemand aus einem drittklassigen Fernsehspiel vor, irgendwie lächerlich und altmodisch, nicht wie eine intelligente junge Frau im letzten Drittel des 20. Jahrhunderts.

Jamie glitt wieder auf seinen Platz ihr gegenüber. »Mutter ist wohlauf«, sagte er. »Fröhlich wie ein Spatz auf den Pferdeäpfeln. Sie hat selbst Besuch zum Abendessen. Es scheint, daß Dana Becker wieder in der Stadt ist.«

Barbara lachte schwach. »Ich sagte dir ja, daß ich heute einen schlechten Tag habe«, meinte sie, dann knüpfte sie an den Gedanken an, der ihr gekommen war, während er telefoniert hatte. »Gut, daß es in Wirklichkeit keine Hexen gibt, sonst hätte Dana dich mit Hexenkunst umgarnt. Alles andere hat sie ja weiß Gott versucht.«

Auch er lachte unbehaglich. »Komm schon, Barbara«, sagte er, »es ist nicht deine Art, zu sticheln, und außerdem – das alles liegt weit zurück. Und das arme Mädchen kann schließlich nichts dafür, daß Mutter sie ins Herz geschlossen hatte und unbedingt zur Schwiegertochter haben wollte. Schließlich habe ich dich geheiratet. Und da sie Mutters Freundin ist, werden wir sie wohl von Zeit zu Zeit sehen müssen. Dana mag dich übrigens. Das hat sie mir gesagt.«

So siehst du aus, dachte Barbara, war aber vernünftig genug, die Bemerkung für sich zu behalten. Sie begnügte sich damit, daß sie sagte: »Nun, ich gönne Mutter ihre Freundinnen, solange sie nicht versucht, dich doch noch mit ihnen zu verkuppeln.« Dabei ließ sie es bewenden.

Das Essen wurde serviert, und während sie mit der Gabel im Salat stocherte, kam ihr wieder in den Sinn, wie sie selbst Dana in die Familie eingeführt hatte. Dana war von einer Agentur für Fotomodelle geschickt worden und hätte für Werbeaufnahmen mit Miniröcken Modell stehen sollen. Noch vor der ersten Aufnahme war sie in der Hitze der Atelierlampen ohnmächtig geworden und zusammengebrochen. Barbara, die sich mit Mannequins auskannte und wußte, wie sie ihre Gesundheit mit Hungerkuren und Dexadrin ruinierten, hatte eine Tasse Suppe kommen lassen. Und da sie im anschließenden Gespräch zu der Ansicht gekommen war, daß Dana intelligent sei und sich auch für die technische Seite der Fotografie interessierte, hatte Barbara sie zu einer Verabredung mit Jamie mitgenommen, den sie damals noch nicht sehr gut kannte und schon gar nicht als zukünftigen Ehemann betrachtet hatte.

Das war ein Fehler, dachte Barbara zynisch, wie die meisten weiblichen Freundlichkeiten Fehler waren. Es hatte sich herausgestellt, daß Danas Mutter eine alte Schulfreundin von Jamies Mutter war. Dana stattete ihr einen Höflichkeitsbesuch ab, und ehe Barbara wußte, wie ihr geschah, war Dana eine liebe Freundin der Familie, ein gehätschelter Schützling von Mrs. Melford. Und zu ihrem Schrecken hatte Barbara bald erkannt, daß Mrs. Melford keine andere als Dana zur Schwiegertochter ausersehen hatte.

Jamie war kein Muttersöhnchen und hatte den Stürmen, Bitten, Schmeicheleien und weiblichen Listen seiner Mutter beharrlich widerstanden. Nur Barbara begriff, was für ein langer und harter Kampf es war, und als sie und Jamie endlich geheiratet hatten und Mutter Melford huldvoll nachgegeben und versucht hatte, den Anschein zu erwecken, sie heiße Barbara als Schwiegertochter willkommen, hatte sie sich nicht täuschen lassen. Die ältere Frau hegte eine tiefe Abneigung gegen sie und hatte ihr niemals vergeben.

Dana war damals so anständig gewesen, die Stadt zu verlassen, aber nun war sie wieder da. Wenn Mutter Melford dieser... dieser Hexe hilft, meine Ehe zu zerstören, dachte Barbara zornig, dann... dann... Sie lachte unvermittelt und nahm einen Bissen von ihrem Steak.

»Was gibt es zu lachen?«

»Wenn Dana wiederkommt, werde ich Jocks Buch noch einmal durchlesen und einen Liebeszauber bereiten müssen, damit sie dich nicht mir stehlen kann!«

»Na, hör mal«, sagte Jamie lachend und machte sich über sein Steak her.

Es ging auf neun Uhr, und sie saßen noch bei Schaumspeise und Kaffee, als der Kellner an den Tisch trat und sich entschuldigend verneigte. »Mr. Melford? Ein Anruf für Sie – sehr dringend, glaube ich. Sie können ihn hier am Tisch entgegennehmen, wenn Sie möchten.«

Jamie machte ein verdutztes Gesicht, als das Telefon gebracht und angeschlossen wurde. »Hoffentlich ist Mutter nicht krank; außer ihr weiß niemand, daß ich hier bin«, bemerkte er, bevor er die Hand von der Muschel nahm und sich meldete.

Die Stimme am anderen Ende war ihm vollständig unbekannt. »Mr. Melford? Hier spricht die Notaufnahme vom Städtischen Allgemeinen Krankenhaus. Wir haben hier einen Patienten, der vor kurzem von der Straße hereingebracht wurde. Es handelt sich um einen Mr. Cannon, wie wir feststellen konnten, aber wir haben keine Anschrift von ihm oder seinen Angehörigen, und der Patient ist nicht ansprechbar und ruft nur immer wieder nach Ihnen. Wir haben Ihre Privatnummer in seiner Brieftasche gefunden, und jemand dort sagte, Sie seien in diesem Restaurant zu erreichen.«

»Ich kann Ihnen seine Anschrift geben«, sagte Jamie zögernd. »Oder wäre es Ihnen lieber, wenn ich seine Frau verständige? Natürlich werde ich auch hinkommen, wenn er mich braucht.«

»Das müssen Sie entscheiden, Mr. Melford. Aber wenn Sie Mr. Cannons Frau verständigen könnten, wäre ich Ihnen dankbar. Wir haben hier eine Menge zu tun.«

»Könnten Sie mir sagen, was...«, setzte Jamie an, aber die Verbindung war bereits unterbrochen. Er legte langsam den Hörer auf. »Der Teufel soll mich...!«

»Jamie, was ist denn los?«

»Wenn man vom Teufel spricht...«, sagte er. »Der arme Jock Cannon – er ist überfahren oder niedergeschlagen worden oder so was. Das war ein Anruf vom Krankenhaus. Sie wußten seine Anschrift nicht, aber er hatte unsere Nummer bei sich.«

»Wie schrecklich, Jamie!«

»Ich sollte zum Krankenhaus fahren«, sagte er unruhig. »Sie sagten, er rufe ständig nach mir. Der arme Kerl. Hoffentlich ist es nicht allzu schlimm. Und die arme Frau. Ich sollte sie anrufen...«

»Sie wird nicht ein noch aus wissen«, sagte Barbara nüchtern. »Ich könnte sie anrufen, Jamie, und sie vielleicht mit einem Taxi abholen und mit ihr zum Krankenhaus fahren. Du wirst dort nicht viel ausrichten können.«

»Gut. Schließlich, wenn er in schlechter Verfassung ist... Ich weiß nicht, ob sie noch andere Verwandte oder enge Freunde in der Stadt haben«, sagte er, und Barbara, die ihn dafür liebte, dachte bei sich, wie ähnlich es ihm doch sehe, für eine bloße Bekanntschaft alle möglichen Unannehmlichkeiten auf sich zu nehmen. Er haßte Krankenhäuser, und doch war er bereit, an einem eiskalten Winterabend hinzufahren, nur weil ein Verletzter seinen Namen genannt hatte. Daß sie ihm das Problem mit Bess abnahm, war das mindeste, was sie tun konnte. Sie beugte sich über den Tisch und gab ihm einen flüchtigen Kuß auf die Wange.

»Dann lauf zu, Liebling; nimm ein Taxi, das geht schneller. Und sorge dich nicht. Jeden Tag werden Leute niedergeschlagen und werden wieder gesund. Ich werde Bess anrufen und mit ihr nachkommen.«

Er nahm seinen Mantel vom Haken und fuhr mit jener unnachahmlichen rollenden Schulterbewegung hinein, die keine Frau nachahmen kann, dann ging er zum Stand des Kassierers, um die Rechnung zu bezahlen, und hinaus. Barbara griff nach ihrer Handtasche und bereitete sich auf die unerfreuliche Aufgabe vor, einer Frau, die sie nicht sehr gut kannte, zu sagen, daß ihr Mann verletzt und womöglich dem Tode nahe im Krankenhaus lag.

Als sie die Telefonnummer nachschlug, kam ihr wie ein kleiner und ungebetener Eindringling der Gedanke in den Sinn, daß Jock Cannon sich erst heute über Verfolgung beklagt und Befürchtungen geäußert hatte. Ach, Unsinn, sagte sie sich mit Entschiedenheit. Du fängst an, wie eine Schreiberin von Detektivgeschichten zu denken. So etwas gibt es im wirklichen Leben nicht. Er ist auf dem Eis ausgerutscht, oder ein Autofahrer hat ihn angefahren und einfach liegen gelassen, oder ein Strolch hat ihm eines übergezogen, weil er an seine Brieftasche wollte... Es geht schon ohne diesen hysterischen Unsinn schlimm genug zu!

3. Kapitel

Vom East River blies jetzt ein eisiger Wind herüber, und die böigen Regenschauer hatten sich in Graupeln verwandelt. Die Treppenstufen vor dem Krankenhaus waren schlüpfrig, und Melford glitt aus, konnte mit knapper Not einen Sturz vermeiden und fragte sich mit einer Verwünschung, wie zum Henker er in diese Situation geraten war.

Er fand schließlich den Eingang zur Notaufnahme, erkundigte sich und vernahm, daß Mr. Cannon bereits auf eine der Stationen gebracht worden sei. Ein noch sehr junger Assistenzarzt geleitete ihn zum richtigen Aufzug, und Melford fragte ihn, um welche Art von Unfall es sich gehandelt habe.

»Soviel ich weiß, war es kein Unfall; ich hielt es anfangs für einen Herzanfall«, antwortete der Arzt. »Der Aufzug wird Sie zum siebenten Stock bringen, Mr. Melford.« Er trat einen Schritt zurück, die Tür des Lifts schloß sich, und Melford blieb mit der Frage, welche weiteren Komplikationen es gegeben hatte, allein.

Der Korridor lag in einem von der Nachtbeleuchtung spärlich erhellten Halbdunkel, und eine junge Krankenschwester erklärte ihm mit gedämpfter Stimme, daß sie ihn, wenn er Mr. Melford sei, gleich zu Mr. Cannon führen könne. Sie geleitete ihn durch den stillen Korridor, vorbei an geschlossenen Türen, zu einem Raum, durch dessen Türspalt heller Lichtschein drang.

Er sah sofort, daß Jock Cannons Bett ringsum abgeschirmt war. Sie hatten ihn unter ein Sauerstoffzelt gelegt. Er lag mit geschlossenen Augen in den Kissen, und Melford glaubte, er schlafe. Mit einem unbehaglichen Gefühl setzte er sich auf den einzigen, harten Stuhl neben dem Bett und überlegte, ob Bess rechtzeitig eintreffen werde, wie schlecht es Jock gehen mochte und ob dies alles wirklich nötig sei.

Cannon regte sich unruhig und öffnete die Augen, doch sein Blick wanderte unstet umher und schien Melford nicht wahrzunehmen. Er bewegte die Arme unter der klaren Folie des Sauerstoffzeltes und stieß undeutlich murmelnd hervor: »Nein, nein. Laßt mich gehen. Was wollt ihr von mir? Warum verfolgt ihr mich?«

Melford beugte sich näher. Ihm war die ganze Sache peinlich und unangenehm, aber er ergriff eine der Hände, die außerhalb des Sauerstoffzelts auf der Decke lagen und sagte: »Beruhigen Sie sich, Jock. Sie sind hier in guten Händen.«

»Melford – wo ist Melford?« murmelte Cannon. »Muß es ihm sagen! Jamie!«

»Ich bin hier, Jock«, sagte Melford mit erhobener Stimme.

Der unstet schweifende Blick kam für kurze Zeit auf ihm zur Ruhe, und Cannon sagte: »Dachte schon, Sie würden nicht mehr kommen. Sie haben mich! Jamie, ich sage Ihnen, sie haben mich. Ich sah das Messer im Herzen, spürte es! Verstehen Sie, daß es wichtig war, über das Buch zu sprechen? Sie müssen es zurückziehen.«

»Dummes Zeug, Mann!« erwiderte Melford in aufmunterndem Ton. »Sie haben mir das schon gesagt. Aber das macht nichts; Sie haben es vergessen, und darauf kommt es jetzt nicht an. Ruhen Sie sich jetzt aus, und sehen Sie zu, daß Sie wieder gesund werden. Ihre Frau wird gleich bei Ihnen sein.«

»Bess...« Wieder ging eine unruhige Bewegung durch den Liegenden, der um Atem zu ringen schien. Sein Gesicht verzog sich, wirkte blutunterlaufen und dunkel. »Sie tauften es – in meinem Namen... Fühlte das Messer, und dann... mein Herz! Mein Herz!«

Er fantasiert, dachte Melford bei sich. Denkt immer noch an diesen blödsinnigen Brief. Verdammte Bande von Übergeschnappten. Jock murmelte und stöhnte; eine Schwester kam herein, fühlte ihm den Puls und sagte leise: »Sie müssen bitte darauf achten, daß Sie ihn nicht aufregen, Mr. Melford; er ist sehr krank.«

Melford nickte und lehnte sich zurück. Die Schwester wandte sich zum Gehen. Plötzlich richtete sich Cannon unter Mühen auf, griff blindlings nach den Stützen des Sauerstoffzeltes. Es geriet ins Wanken; die Schwester eilte zurück und hielt es fest. Er schnappte nach Luft, sein zuckendes Gesicht lief beinahe purpurfarben an, während er sich an die Brust griff. Dann stieß er einen langen, gequälten Schrei aus.

»Nein! Nein! Das Messer... das Messer... der Dämon – laß mich los! Laß mich...«

Die Schwester sagte in ihrem berufsmäßig munteren Tonfall: »Aber Mr. Cannon, niemand tut Ihnen etwas zuleide. Sie müssen jetzt still liegen, oder wir müssen Sie anschnallen.«

Aber Cannon hörte sie nicht; er schlug mit den Armen um sich, so daß das Sauerstoffzelt zu zerreißen drohte, und die Schwester drückte das Notrufsignal. Zwei weitere Schwestern eilten herbei, erfaßten die Lage mit einem Blick, und innerhalb weniger Minuten lag Cannon angeschnallt auf dem Rücken und kämpfte vergeblich gegen die breiten Gurte an, die ihn niederhielten. Ein Arzt kam herein, warf dem Patienten einen besorgten Blick zu und wandte sich zu Melford. »Wissen Sie nicht, daß Sie den Patienten nicht aufregen dürfen?«

Melford öffnete den Mund zu einer Entgegnung, aber die Schwester kam ihm zuvor. »Er sagte kaum ein Wort, Doktor; ich war hier. Mr. Cannon fing plötzlich an zu schreien und um sich zu schlagen.«

»Ich möchte ihm nicht noch mehr Beruhigungsmittel geben; es könnte sein, daß sein Herz das nicht aushält.« Er beugte sich stirnrunzelnd über den keuchenden Patienten und setzte ihm das Stethoskop auf die Brust. Nach längerem Abhorchen richtete er sich auf und sagte: »Konnten Sie seine Frau verständigen, Mr. Melford?«

»Meine Frau bringt sie her.«

»Sehr gut. Rufen Sie mich sofort, wenn irgendeine Veränderung eintritt, Schwester.« Er ging; die Schwester schrieb etwas auf das Krankenblatt, dann nahm sie auf einem anderen Stuhl bei der Tür Platz. Es wurde still im Raum. Nur das leise Zischen des Sauerstoffs und die keuchenden Laute des angestrengt atmenden Patienten waren zu hören. Melford wäre am liebsten hinausgegangen und hätte eine Zigarette geraucht, um sich zu beruhigen, wollte Jock aber für den Fall, daß er wieder nach ihm rufen oder das Bewußtsein erlangen sollte, nicht allein lassen.

Minuten verstrichen. Dann bewegte Cannon den Kopf von einer Seite zur anderen. »Jamie! Jamie!« murmelte er. »Ich kann Sie nicht sehen. Kommen Sie, bitte.«

Melford blickte unbehaglich zur Schwester hin. Sie nickte zurück und sagte leise: »Gehen Sie zu ihm. Versuchen Sie, ihm Mut zu machen.«

»Ich bin hier, neben Ihnen, Jock. Bess wird gleich kommen. Barbara bringt sie her.«

»Das Buch... Sie dürfen nicht...«

»Sorgen Sie sich jetzt nicht darum, alter Freund. Ruhen Sie sich aus.«

»Verdammt noch mal«, keuchte Cannon, »hören Sie zu, Mann. Ich sterbe, das weiß ich. Sie haben mich... sie werden auch Sie kriegen. Ich versuchte, gegen eine Macht anzukämpfen, die größer ist, als ich es bin, gegen die niemand allein ankommt. Spüren Sie sie auf, Jamie, aber veröffentlichen Sie das Buch nicht, ehe sie alle weg sind.«

»Jock, Sie dürfen nicht sprechen und sich aufregen«, erwiderte Melford. »Versuchen Sie, sich zu entspannen.«

»Versprechen Sie mir, daß Sie ihnen das Handwerk legen werden! Verdammt, behandeln Sie mich nicht wie ein Kind. Vielleicht werde ich nicht mehr viel sagen können! Ich habe zuviel geschrieben... Kapitel fünf... Pater Mansell... Houston Street. Die haben vielleicht auch Lucille auf dem Gewissen.«

Seine Augenlider zuckten, schlossen sich, öffneten sich wieder. »Versprechen Sie! Versprechen Sie es mir, Jamie. Lassen Sie nicht zu, daß diese Verfluchten auch noch andere umbringen.«

Hilflos und mit dem Gefühl, auf einen Verrückten eingehen zu müssen, sagte Jamie: »Natürlich verspreche ich es. Wenn Ihre Frau kommt, wird es Ihnen gleich besser gehen.«

Die Schwester sagte leise von der Tür her: »Mrs. Cannon ist da, Mr. Melford.«

Hinter ihr sagte die leise, ängstliche Stimme Bess Cannons: »Darf ich zu ihm, oder würde es ihm schaden, Schwester?«

»Ich glaube nicht, daß es in dieser Situation von Nachteil für ihn wäre, Mrs. Cannon. Gehen Sie nur zu ihm.«

Melford stand auf, wandte sich um, gab Bess wortlos die Hand und führte sie zum Bett.

»Jock, Lieber«, sagte sie leise.

Sein Blick ruhte auf ihr, er lächelte und lag still, und Melford zog sich dankbar zur Tür zurück.

Er hatte Bess Cannon kaum ein Dutzend Male gesehen und insgesamt wohl weniger als hundert Worte mit ihr gewechselt. Sie war eine sanfte kleine Frau, rundlich, pausbackig und schon über die Jugendjahre hinaus, eine Frau, deren wenig einprägsames Gesicht in der Erinnerung immer verschwommen blieb, friedlich und einfach. Nun sah sie müde aus und als hätte sie geweint, aber sie war sehr ruhig, und Melford war froh darüber; er war auf alles gefaßt gewesen.

Sie wandte den Kopf und sagte in freundlich gedämpftem Ton: »Glauben Sie nicht, Sie müßten gehen, Mr. Melford. Aber vielleicht könnten Sie den Anstaltspfarrer rufen ... Ich habe mit dem Arzt gesprochen.«

Melford ging durch den Sinn, daß Cannon kein Katholik war, doch dann fiel ihm ein, daß Jock in seinem Delirium einen Pater Mansell erwähnt hatte. In Fällen ernster Erkrankung kam es nicht selten vor, daß die Menschen sich wieder auf den Glauben besannen, welchen sie in besseren Zeiten abgelegt hatten. »Selbstverständlich«, sagte er und ging leise hinaus zur Stationsschwester. »Mr. Cannon möchte Pater Mansell sprechen.«

Die Schwester sah ihn verwundert an. »Pater Mansell? Er möchte seinen eigenen Priester? Wir rufen ihn gern, wenn Sie uns die Nummer geben können, aber wenn er sehr krank ist, sollte ich vielleicht lieber unseren Hauskaplan rufen. Pater

Masters würde sofort kommen; er könnte in sechs oder sieben Minuten hier sein. Das Pfarrhaus Unserer lieben Frau vom Vollkommenen Frieden ist nur einen Block entfernt.«

»Ja, ja, selbstverständlich.«

»Später kann Mrs. Cannon immer noch ihren Gemeindepfarrer rufen, wenn sie es wünscht. Ich werde den Pater sofort verständigen.« Sie nahm den Hörer auf, und Melford machte sich auf den Weg zurück zum Krankenzimmer. Barbara erschien in der Tür zum Wartezimmer und winkte ihn zu sich. »Wie geht es ihm, Jamie?«

»Nicht sehr gut, fürchte ich. Sie haben nach dem Geistlichen geschickt. Jock delirierte; sie mußten ihn im Bett angurten.« Es fiel ihm schwer, seine Gedanken von Jocks Worten zu lösen. Wahnsinn, gewiß, aber beängstigend zusammenhängend und logisch. War es wirklich möglich, daß ein Haufen Verrückter in diesem modernen Zeitalter mit ihren Hexenbeschwörungen und ähnlichem Unfug Menschen umbringen konnten? Selbst wenn man voraussetzte, daß diese sie fürchteten und halb an ihre Macht glaubten?

Nein. Bösartige Suggestion war möglich, ja; und für jeden, der einen Mitmenschen damit peinigte, war der Galgen zu gut. Aber das konnte nur ein böser Zufall sein und Jock Cannons Herzbeschwerden verschlimmern, sie aber nicht verursachen. Nein.

Wenn man das glaubte, wäre das Leben irrsinnig, chaotisch. Unmöglich.

»Müde, Barbara? Du kannst ein Taxi nehmen und heimfahren, wenn du möchtest. Ich bleibe einstweilen noch, falls ...« Er ließ den Rest ungesagt. Bis zu diesem Augenblick hatte er nicht glauben können, daß Jock sterben würde.

»Geh lieber hinein und sieh zu, ob du Bess helfen kannst.«

Plötzlich zerriß ein Schrei die Stille der Krankenhauskorridore, ein gräßlicher, langgezogener Schrei. Melford stockte der Atem. Dann faßte er sich, murmelte: »Bess!« und eilte zur Tür des Krankenzimmers, doch als er eintrat, sah er, daß Bess still dastand und Jock, der den Kopf aufgerichtet hatte, bei der Hand hielt.

Das Gesicht des Kranken war zu einer Maske von Entsetzen, Qual und Angst verzerrt, die Augen quollen aus ihren Höhlen. »Teufel!« schrie er mit überschnappender Stimme. »Nein, nein, nicht meine Seele! Das Messer... das Messer... sie haben mich getötet! Sie werden mich umbringen! Ich sehe sie... das Messer... ah!«

Sein Kopf fiel auf das Kissen zurück. Der Arzt eilte hinzu, stieß Bess unsanft beiseite und beugte sich über das Bett. Dann richtete er sich auf – nicht mehr in Eile.

»Entschuldigen Sie, Mrs. Cannon«, sagte er leise. »Ich nehme an, Sie werden dies erwartet haben. Sein Herz... war er seit längerem krank?«

Sie starrte ihn verständnislos an, und während sie es tat, zerfloß ihr Gesicht langsam und gerann in einer anderen Form. Sie schluckte und brachte mühsam hervor: »Sind Sie verrückt, Doktor? Er war in seinem Leben nicht einen Tag krank. Vor zwei Wochen erst hatte er sich gründlich untersuchen lassen – für eine Versicherung, wie er sagte. Der Arzt erklärte ihm – ich war dabei und hörte es selbst –, daß er das Herz eines Dreißigjährigen habe. Ich – ich kann es einfach nicht glauben.«

Melford, dem die Empfindungen und Gedanken wirr durch den Sinn schossen, konnte es auch nicht. Kein Wunder, daß Jock kaum zugehört hatte, als er ihm eine ärztliche Untersuchung vorgeschlagen hatte. Er war wie betäubt. Wenn das Herz vor zwei Wochen noch vollkommen gesund gewesen war...

Bess sagte: »Er hatte Angst. Doktor, gibt es eine Möglichkeit, daß andere ihm dies angetan haben könnten?«

»Nein. Nein, es war sein Herz, Mrs. Cannon«, sagte der Arzt, um einen besänftigenden Ton bemüht.

»Aber das kann nicht sein – sie haben ihn umgebracht!« rief Bess aus. »Er fürchtete sich. Immer wieder sagte er, sie würden ihn früher oder später umbringen...«

Eine melodische Männerstimme fragte von der Tür: »Kann ich helfen?« Bess wandte sich um und sah einen älteren Mann mit dem Kragen eines katholischen Geistlichen, der eine kleine Tasche bei sich trug. Er stellte sie auf den Boden und wollte näher treten; Bess sagte benommen: »Er ist tot, Pater. Er starb – gerade vor einer Minute.«

Der Priester trat zum Bett und machte das Kreuzzeichen über dem Toten. Er murmelte leise auf lateinisch, drückte Cannon die Augen zu und zeichnete ihm das Kreuz auf die Stirn. Dann wandte er sich zu den anderen um. »Es tut mir sehr leid, Mrs. Cannon. Ich kam, sowie man mich rief.«

»Er war nicht katholisch«, sagte Bess in der tonlosen Sachlichkeit ihres Schocks. »Ich hatte immer gehofft... Pater, man hat ihn umgebracht – mit Schwarzer Magie! Sie haben Jock ermordet!« Ihre Stimme begann hoch und schrill anzusteigen, und der Priester trat schnell zu ihr und nahm sie beim Arm.

»Aber bitte, liebe Frau, Sie dürfen in der Gegenwart des Toten nicht solch blasphemische Reden führen«, sagte er mit einiger Strenge, und Bess kam schweratmend wieder zur Ruhe. Sie eilte an Jocks Seite. Er lag friedlich da, sein verzerrtes Gesicht hatte sich geglättet und im Tode entspannt, und nachdem sie es lange betrachtet hatte, bekreuzigte sie sich, legte eine Hand vor die Augen und wandte sich ab. Ihr Mund zuckte, aber sie sagte nichts und ließ sich vom Priester hinausführen.

Es war nach zwei, als Jamie und Barbara die Tür ihrer Wohnung in Greenwich Village aufsperrten. Sie hatten noch mit dem Arzt gesprochen und Bess beigestanden, als diese die notwendigen Papiere unterschrieben hatte, hatten sie mit einem Taxi nach Hause gefahren und von dort mit Jocks Schwester in Connecticut telefoniert.

Barbara hatte sich erbötig gemacht, bei ihr zu bleiben, aber Bess, mittlerweile ganz gefaßt, hatte davon nichts wissen wollen und gemeint, daß sie es allein in der Wohnung aushalten werde, bis Margaret, Jocks Schwester, mit dem nächsten Zug käme. Also hatten sie sich endlich von ihr verabschiedet und ein auf Fahrgastsuche durch die Straßen kreuzendes Taxi gefunden, das sie nach Hause gebracht hatte.

Als Barbara in der winzigen Diele ihren Mantel aufhängte, erschien ihr der ganze Abend alptraumhaft und unwirklich. Kaum hatte Jamie von Cannons Verfolgungswahn gesprochen, da war schon mit unglaublicher Schnelligkeit wie in einer übernatürlichen Verkettung der Anruf aus dem Krankenhaus gekommen. Und dann sein Tod. Nicht, daß sie an Hexerei glaubte, aber das Ganze vermittelte ihr ein schauerliches Gefühl. Jamie sah grau und erschöpft aus, und sie nahm ihm sanft den Mantel aus der Hand und hängte ihn weg. »Möchtest du noch etwas trinken, bevor du zu Bett gehst, Liebling? Heiße Milch... irgendwas?«

»Ich werde auch so schlafen.« Jamie nahm ihren Arm, und sie gingen in das kleine Wohnzimmer, wo sie verdutzt stehenblieben. Barbaras momentane Verwirrung ging über in Gereiztheit. Das Doppelbett war aus dem Sofa herausgeklappt, und auf ihm lag unter einer leichten Häkeldecke eine schlafende Frau, von der nur eine Masse blonden Haares und der Halsteil eines blauen Flanellnachthemdes zu sehen war. Plötzlich richtete Dana Becker sich auf und blinzelte die beiden an. Das diffuse Licht der Straßenbeleuchtung draußen legte einen schwach schimmernden Widerschein auf ihr Haar.

»Oh... Barbara. Entschuldigt, ich hatte geschlafen.« Sie schüttelte den Kopf, als müsse sie sich besinnen. Barbara, die gewaltsam eine verdrießliche Miene unterdrückte (Das hat gerade noch gefehlt!), sagte in einem Ton, von dem sie hoffte, daß er angemessen herzlich klinge: »Hallo, Dana. Ich hatte nicht erwartet, dich hier anzutreffen, sonst wären wir leiser hereingekommen.«

Dana zeigte ihr hübsches und Verzeihung heischendes Lächeln. »Um Gottes willen, mach dir deswegen keine Gedanken, Barbara! Woher hättest du es wissen sollen! Ich habe Mutter Melford gesagt, daß ich nur im Weg sein würde, aber sie wollte unbedingt, daß ich bleibe. Du weißt, wie ungern sie allein ist.«

Barbara wußte nichts dergleichen, und sie hatte ganz vergessen, wie sehr es sie verdroß, wenn Dana die alte Frau als Mutter bezeichnete, mochte es auch Mrs. Melfords Wunsch sein. Schließlich aber konnte sie eine Besucherin im Nachthemd nicht um zwei Uhr früh hinauswerfen. Sie sagte: »Nun, schlaf weiter, Dana. Es tut mir leid, daß wir dich gestört haben; wir werden uns bemühen, leise zu sein.«

Statt sich wieder hinzulegen, stand Dana auf. Das bescheidene Nachthemd, bis zum Hals zugeknöpft und mindestens fünf Nummern zu groß für sie (augenscheinlich eins von Mrs. Melford), verlieh ihr das kindliche Aussehen eines kleinen Mädchens in Mutters Kleidern. »Ihr seid so lange ausgeblieben, daß sie sich sorgte! Wart ihr in einen Unfall verwickelt?«

Jamie sagte: »Nein, aber ein Freund von uns erkrankte, und ich wurde zu ihm ins Krankenhaus gerufen, wo wir aufgehalten wurden; und dieses elende Winterwetter trug seinen Teil dazu bei, daß es so spät wurde.«

»Mein Gott, ja, was habe ich mir Sorgen gemacht«, sagte die alte Mrs. Melford von der Tür her. Ihre kaum mittelgroße, aber füllige Gestalt steckte in einem dicken, flauschigen rosa Morgenmantel, und ihr breites, aufgeregtes Gesicht war eingerahmt von aufgelösten grauen Haarflechten. »Warum hast du nicht angerufen, Jamie? Ich sah dich schon tot auf der Straße liegen; ich war drauf und dran, alle Krankenhäuser der Stadt anzurufen.«

»Nein, Mutter, es ist schon gut, es war bloß kein Telefon in der Nähe«, sagte Jamie etwas lahm, und Mrs. Melford schürzte die Lippen. »Und Barbara konnte auch nicht anrufen?«

»Ich mußte mich um die Frau des Erkrankten kümmern, Mutter«, sagte Barbara und ärgerte sich, daß sie sich in der Defensive fühlte. Sie kam sich wie eine grausame Schwiegertochter vor, die Verschwörungen anzettelte, um eine alte Dame in Aufregung und Sorgen zu halten.

Dana sagte mit großen Kinderaugen: »Ich hoffe, dem armen Mann geht es besser.«

»Nun, das hängt davon ab, wie man es sieht«, sagte Jamie kurz. »Er ist tot.«

»Jemand, den ich kenne?« fragte Mrs. Melford.

»Nein. Einer meiner Autoren«, sagte Jamie. »Und wenn es dir nichts ausmacht, würde ich jetzt gern zu Bett gehen. Ich bin ziemlich müde und muß morgen arbeiten.«

»Ich hätte Dana nicht bitten sollen, daß sie bleibt«, sagte Mrs. Melford und seufzte. »Es hält dich nur auf, läßt dich nicht einschlafen, ist dir lästig...«

»Ach, Mutter«, erwiderte Barbara ungeduldig, »niemand hat etwas dagegen, wenn du Gäste hast, das weißt du. Dana ist willkommen und kann bleiben, solange sie will. Wir werden morgen früh gastfreundlich sein, wenn wir nicht so müde sind, das ist alles.« Sie ging ins Schlafzimmer, biß sich auf die Lippen und schloß die Tür in dem Wissen, daß sie wieder die Geduld verloren hatte und daß Jamie die Sache als eine mutige Anstrengung seiner Mutter betrachtete, sich angesichts der schlechten Laune seiner Frau mit Freundlichkeit zu behaupten. Sie tut es jedesmal, kam ihr der Gedanke: Wenn ich nicht achtgebe, werde ich noch einen Verfolgungswahn entwickeln, wie der arme Jock ihn hatte, und sie mußte ein wenig kläglich lächeln.

Ihr Schlaf war unruhig, ihre Träume durchzogen von Bess Cannons tragisch starrer Trauermaske und dem wilden Aufschrei ihrer Anklage, und einmal, als sie aus dem Schlaf aufschrak, hörte sie Jamie unzusammenhängendes Zeug murmeln und wußte, daß auch er mit Alpträumen zu kämpfen hatte. Sie erwachte spät, unwillig, sich einem kalten, elenden grauen Tag zu stellen, ganz zu schweigen von Danas Gegenwart am Frühstückstisch, wo sie fröhlich aus einem geborgten, zu weiten Morgenmantel herauslächeln würde. Mrs. Melford, die das Frühaufstehen zur Tugend erhoben hatte, hatte die Verfügungsgewalt über die elektrische Kaffeemaschine, was Barbara zum hundertstenmal zu der lieblosen Betrachtung anregte, daß ebendies sie daran hinderte, allein zu zweit mit Jamie zu frühstücken, woraufhin sie sich reuig ermahnte, daß man von der alten Frau schließlich nicht erwarten könne, daß sie mit ihren lebenslangen Gewohnheiten breche und nur zu ihrer, Barbaras Bequemlichkeit, länger schlafe.

Sie ließ sich eine Tasse Kaffee eingießen und bat Dana um die Zuckerschale, um mühsame Bekundungen der Gastfreundschaft durch nüchterne Selbstverständlichkeit zu überspielen. Jamie kam verdrießlich und übernächtigt herein, einen kleinen Schnitt vom Rasieren auf der rechten Wange.

Mrs. Melford gab ihm seinen Kaffee und beugte sich über seine Stuhllehne, um ihn auf die Stirn zu küssen. »Du hast mir gar nicht erzählt, was gestern mit dem armen Mann geschehen ist, Jamie.«

»Da gibt es nichts zu erzählen. Er starb an einem Herzanfall. Aber es könnte die Verhandlungen um sein nächstes Buch schwierig machen, weil der Vertrag noch nicht unterzeichnet ist. Aber ich glaube mich zu erinnern, daß er und seine Frau in Gütergemeinschaft lebten, also wäre es vielleicht am besten und rein juristisch am günstigsten, wenn ich Bess dazu bewegen könnte, den Vertrag gleich zu unterschreiben. Sie wird den Vorschuß gebrauchen können. Allerdings ein makabrer Gedanke, daß er für Jocks Begräbnis ausgegeben werden muß.«

»Ist es jemand, dessen Bücher ich gelesen habe, Jamie?«

»John Cannon. Er schreibt – schrieb, sollte ich wohl sagen – populär aufbereitete Sachbücher über Zauberei, Hexenkunst und dergleichen.«

Mrs. Melford sagte mit einem Schaudern: »Wie ungesund! Solch krankhaftes Zeug! Warum mußt du solche Dinge veröffentlichen, Jamie?«

Er seufzte. »Weil sie sich gut verkaufen. Röste mir noch eine

Scheibe Toast, Barbara, sei so gut. Heute werde ich mit einer höllischen Verspätung ins Büro kommen.«

Dana saß über ihre Kaffeetasse gebeugt, als wolle sie, wie Barbara unfreundlich dachte, sich darüber in Trance versetzen. Warum, fragte sie sich, konnte Dana in einem alten, vier Nummern zu großen Morgenmantel verführerischer aussehen, als sie es in einem eng anliegenden Kleid und sorgfältigem Makeup tun würde? Es wäre nicht schwierig, sie abzuwehren, wenn sie sich in Jamies Gegenwart verführerisch zurechtmachen würde: das wäre offensichtlich, und man könnte darüber lachen. Aber so ... es schien ihr selbst paranoid, daß sie es unter diesem Blickwinkel sah.

Das Telefon läutete, und Dana zuckte zusammen, schien aus ihrer Trance aufzuschrecken. »Ist es für dich, Dana?« fragte Barbara. »Erwartest du einen Anruf?«

»Wie? O nein, ich – nein, nicht, daß ich wüßte«, sagte sie, hob den Kopf und zeigte eine klare, ruhige Stirn. Es läutete wieder, und sie sagte klagend: »Möchtest du, daß ich für dich abnehme, Jamie?«

»Ich gehe schon.« Barbara stand auf und beugte sich über die Anrichte, um nach dem Hörer zu greifen. »Hier Melford.«

»Mrs. Melford? Ist Ihr Mann da? Können Sie ihn bitte rufen? Hier Wayne«, sagte die junge Stimme am anderen Ende, und Barbara winkte Jamie und reichte ihm den Hörer. »Ärger im Büro, wie es scheint.«

Jamie lauschte eine kleine Weile stirnrunzelnd, dann sagte er ungläubig: »Was? Das kann doch nicht ... Ich komme gleich«, sagte er und sprang auf. Schon im Begriff aufzulegen, rief er in den Hörer: »Haben Sie die Polizei verständigt? Nein? Warum nicht, zum Teufel?« Damit legte er auf und lief hinaus, um sich anzuziehen.

»Was gibt es, Jamie?« rief Barbara ihm nach.

»Heute nacht ist bei uns eingebrochen worden«, erwiderte Jamie, fuhr in die Jacke und kam zurück, um seinen heißen Kaffee in zwei Schlucken auszutrinken. »Und nur ein Ding scheint zu fehlen.«

Und ehe Barbara die nächsten Worte hörte, wußte sie, wie sie lauten würden. Als er sie aussprach, schien es wie ein Echo in ihren Ohren: »Jocks Manuskript.«

4. Kapitel

Die Büros des Verlages waren nicht allzu geräumig, und die Anwesenheit von zwei stämmigen uniformierten Polizisten beengte Jamie in seinem Büro auf das äußerste. Im Vorzimmer war das Bücherregal umgeworfen, und Jamies Sekretärin blickte auf die am Boden verstreuten Taschenbücher. Offensichtlich juckte es sie in den Fingern, sie aufzuheben, aber die Polizisten hatten sie gebeten, alles unberührt zu lassen, bis sie ihre Ermittlung beendet hätten.

Jamie sah das Material auf seinem Schreibtisch durch und blickte zu seinen Besuchern auf. »Nein. Sonst scheint nichts zu fehlen: bloß dieses eine Manuskript.«

»Der Wert?«

»Das ist schwierig zu beantworten. Wir hatten die Absicht, Cannon dreitausend für die Taschenbuchrechte zu zahlen, was bedeutet, daß die Erben mindestens diesen Betrag verloren haben, sofern sich nicht irgendwo in seinem Haus ein zweiter Durchschlag findet. Wir hatten natürlich gehofft, sehr viel mehr damit zu verdienen; im allgemeinen lassen wir von Cannons Büchern eine Erstauflage von fünfundsiebzigtausend drucken, bei einem Ladenverkaufspreis von fünfundsiebzig Cents. Sie können daraus ersehen, daß es ein ziemlich wertvoller Besitz war.« Während er diese Erläuterungen gab, waren seine Gedanken schon anderswo. Bei den mutmaßlichen Zusammenhängen.

Sie hatten sich nicht mit leeren Drohungen begnügt, sondern ernst gemacht. Sie – wer immer die Leute waren, die versucht hatten, Jock zu Tode zu ängstigen – waren offensichtlich entschlossen, die Veröffentlichung dieses Buches um jeden Preis zu verhindern.

»Fällt Ihnen jemand ein, der einen besonderen Groll gegen Sie hegen könnte, Mr. Melford?« fragte der jüngere Polizist. Er war dunkelhaarig und schmal, der andere breitschultrig und groß.

»Einen Groll? Ach so.« Jamie schaute auf die zerschlitzte Schreibunterlage auf seinem Schreibtisch, das zerrissene Foto von Barbara, die zerschlagene Schreibgarnitur und die abgerissenen und verstreuten Kalenderblätter. »Ich verstehe. Die Schreibgarnitur ist keine zehn Dollar wert, aber die Vorstellung, daß jemand seine Wut daran auslassen würde... nein, ich wüßte wirklich niemanden. Das heißt, ich will nicht behaupten, daß alle mich lieben, schon gar nicht Autoren, deren Manuskripte ich ablehnen muß, aber die meisten Leute nehmen solche Zurückweisungen sehr professionell hin.« Er nagte an seiner Unterlippe und überlegte, ob die Polizisten ihn für verrückt halten würden, wenn er ihnen sagte, was er dachte.

»Können Sie sich mit dem Autor in Verbindung setzen, Mr. Melford?«

Jamie schüttelte den Kopf. »Nicht ohne ein Medium. Er starb gestern abend. Ich war zugegen.«

Die beiden spitzten sichtlich die Ohren. Der Dunkle sagte: »Gestern abend? Haben Sie Gründe, an ein Verbrechen zu glauben, Mr. Melford?«

»Selbstverständlich nicht«, sagte er gereizt. »Er starb an einem Herzanfall, im Städtischen Krankenhaus, in Anwesenheit eines Arztes und einer Krankenschwester sowie seiner Frau und mir. Aber es ist eine böse Koinzidenz, und ich denke, daß der Groll John Cannon gegolten haben könnte.«

»Können Sie das näher erklären?« fragte der Dunkelhaarige und schrieb mit seinem Kugelschreiber etwas in sein Notizbuch.

»Er lebte in letzter Zeit in Furcht vor Verfolgung«, sagte Jamie zögernd, auf richtige Wortwahl bedacht, »weil irgendwelche... Verrückten ihn mit Anrufen verfolgt und gedrängt hatten, daß er dieses Buch zurückziehen solle. Sie spielten ihm ein paar böse Streiche und drohten ihm schlimme Folgen an, falls er an der Veröffentlichung festhalten würde.«

»Hört sich nach mehr als grobem Unfug an«, sagte der Polizist und schrieb wieder.

»Übrigens bekam auch ich einen dieser Anrufe«, sagte Jamie. »Gestern.«

»Drohungen? Stieß der Anrufer Drohungen gegen Sie aus?«

»Das kann man wohl sagen«, sagte Jamie.

»Das ist ja eine eigenartige Sache«, sagte der Polizist. »Von welcher Art waren die Drohungen, Mr. Melford? Was sagte er?«

»Ich gebrauche diese Art von Sprache nicht«, sagte Jamie mit einem Blick zu seiner Sekretärin, die ganz Ohr war, »aber insgesamt drohte er mir mit den obszönsten Ausdrücken alle denkbaren körperlichen Übel an und gab mir zu verstehen, daß ich nicht in der Lage sein würde, äh – eine Familie zu haben.«

Die Lippen des Polizisten zuckten entweder vor Abscheu oder in nervöser Verlegenheit, und bevor er den Kugelschreiber ansetzte, sagte er: »Dann schreibe ich ›Androhung von Körperverletzung, Kastration‹. Wird das reichen?«

»Das kommt so ungefähr hin«, meinte Jamie.

»Nun, wissen Sie, ob der verstorbene Autor Familie hatte?«

»Nur seine Frau. Sie hatten keine Kinder«, sagte Jamie. »Seine Frau kann diese Drangsalierungen bestätigen. Soviel ich weiß, hat man ihr tote Tiere und ähnliches Zeug vor die Haustür geworfen.« Er preßte die Lippen zusammen und dachte: Verdammt, ich muß Bess' Manuskriptkopie besorgen – sie sagte einmal, daß Jock immer drei Durchschläge mache – und herausfinden, was genau drin steht, daß diese Verrückten es so mit der Angst zu tun bekommen. Und dann, verdammt noch mal, fuhr er in Gedanken aufgeregt fort, muß ich sehen, wie wir das publizistisch auswerten können. Wenn das ein Buch ist, dessen Erscheinen jemand – und sei es eine Bande von Psychopathen – um jeden Preis zu verhindern sucht, dann ließe sich auf eben diesem Umstand eine wirkungsvolle Werbekampagne aufbauen!

Er schämte sich etwas über den Gedanken, der ihm als nächstes durch den Sinn ging: Angenommen, sie hätten Jock tatsächlich ermordet, das wäre erst ein Hammer...

Hol's der Teufel, ich würde gern darauf verzichten, wenn dafür der arme Jock jetzt in dieses Büro marschieren könnte.

Er unterzeichnete eine Strafanzeige gegen Unbekannt wegen Einbruchdiebstahls, Beleidigung, Erpressung und angedrohter Körperverletzung. »Ich gehe davon aus, daß dies alles zusammenhängt«, erklärte der Polizist. »Aus diesem Grunde möchte ich mit Mrs. Cannon sprechen, obwohl ich mir denken kann, daß sie so kurz nach dem Tod ihres Mannes nicht in der Stimmung sein wird, Auskünfte zu geben. Vielleicht können Sie uns dabei vermittelnd unterstützen. Jedenfalls werden wir mit Ihnen in Verbindung bleiben, Mr. Melford.«

»Kann ich hier aufräumen lassen?«

»Selbstverständlich, wir sind fertig«, sagte der zweite Polizist, und als die beiden gegangen waren, ließ Jamie seine Sekretärin aufräumen. Er selbst kehrte an den Schreibtisch zurück, legte die Arme auf die ruinierte Schreibunterlage und machte ein finsteres Gesicht. Er mußte die dritte Manuskriptkopie besorgen und sofort im Bürosafe verschließen, denn es war nicht auszuschließen, daß auch die unbekannten Verfolger von ihrer Existenz wußten und versuchen würden, sie in ihren Besitz zu bringen. Dann mußte er eine Pressenotiz an die Zeitungen geben und den Verleger konsultieren, einen gewissen Andrew Burns, der sich sonst nicht allzu aktiv mit den Tagesgeschäften befaßte, aber seine Zustimmung zur Auswertung dieser Geschehnisse in der Verlagswerbung geben mußte. Eine Schwierigkeit war, daß er Bess Cannon nicht gut vor der Beerdigung wegen der Manuskriptkopie bedrängen konnte ... aber da kam ihm ein Gedanke. Durch den Summer der Sprechanlage rief er seine Sekretärin, die von den am Boden verstreuten Büchern aufsprang, und sagte: »Lassen Sie das Zeug liegen, und stellen Sie mir die Merritt-Conners-Agentur durch. Ich möchte jemand sprechen, der über die Cannon-Titel im Bilde ist.«

Einige Minuten später hatte er Roy Merritt am Apparat und kam, nachdem man sich der beiderseitigen Trauer über Jocks frühzeitigen Tod versichert hatte, gleich zur Sache: »Sie haben nicht zufällig eine Fotokopie von Cannons letztem Manuskript machen lassen?«

Roy Merritt lachte argwöhnisch. »Es ist gut, daß ich ein ethisch denkender Mann bin, Melford; es könnte sein, daß Jocks Zeug nach seinem Tode groß in Mode kommen wird. Schon heute früh rief mich jemand an – Sie wissen, daß die Meldung von Jocks plötzlichem Tod in der Zeitung steht, nur als Kurznotiz auf Seite zwölf – und dieser Jemand deutete an, daß für dieses neueste Manuskript vielleicht ein besseres Angebot kommen würde, als wir es von Ihnen haben, und daß ich es noch ein paar Wochen zurückhalten solle.«

»Verstehe.« Jamie dachte bei sich, daß er damit hätte rechnen müssen. »Nun, Sie brauchen den Atem nicht anzuhalten. Ich glaube, ich weiß, wer dahintersteckt. Jemand rief mich an und versuchte mir beizubringen, daß ich auf die Veröffentlichung verzichten solle.«

Merritt hörte sich schweigend seine Geschichte an, dann sagte er: »Ist Ihnen jemals aufgefallen, daß Jock in letzter Zeit ein bißchen nachgelassen hatte, daß er alt wurde?«

»Offen gestanden, nein«, antwortete Melford gereizt. »Das letzte Buch ist nicht schlechter als die anderen.«

»Bloß scheint er angefangen zu haben, selbst daran zu glauben«, sagte Merritt. »Natürlich darf man nie vergessen, daß Jock ein schlauer Bursche war. Früher hatte er als Pressechef gearbeitet, wußten Sie das? Ich hätte ihm zugetraut, daß er versuchen würde, durch eine Masche wie diese das Interesse der Öffentlichkeit auf sein Buch zu lenken. Ist Ihnen der Gedanke auch schon gekommen?«

Er war es nicht, und nach einem Augenblick der Verblüffung ließ Jamie die Idee fallen und entgegnete trocken: »Sicherlich ist er nach seinem Tode nicht in dieses Büro eingebrochen, oder? Es sei denn, hier geht wirklich etwas Übernatürliches vor.«

»Cannon war ein guter Kerl, Gott gebe ihm die ewige Ruhe; er hätte es für eine harmlose Reklamemasche halten können. Aber Sie wollen sagen, daß diese Leute, wer immer sie sind, auch hinter meiner Kopie her sein könnten?«

»Ich weiß es nicht«, sagte Jamie. »Ich wünschte, ich wüßte es. Aber ich an Ihrer Stelle würde die Manuskriptkopie in den Bürosafe stecken, Merritt, nur für den Fall, daß Bess Cannon ihre Kopie einbüßt. Was hier vorgeht, ist verdammt eigenartig, und lieber lasse ich mir nachsagen, ich sei ein alter Pedant, als daß ich diesen Schweinekerlen die Befriedigung verschaffe, den Druck dieses Buches verhindert zu haben.«

»He, he«, sagte Merritt. »Sie nehmen die Sache wirklich ernst?« »Und ob ich sie ernst nehme!«

»Sie glauben doch nicht – großer Gott, Sie glauben doch nicht, jemand hat Jock umgebracht?«

»Glaube ich nicht«, sagte Jamie durch die Zähne. »Nicht direkt. Aber es könnte sein, daß sie ihn zu Tode geängstigt haben, und in Anbetracht dessen, daß er zuletzt daran zu glauben schien, halte ich das für durchaus möglich. Leuten, die sich solch schmutzigen Psychoterror ausdenken und ihn mit der Überzeugung, daß sie andere damit zerstören können, anwenden, muß das Handwerk gelegt werden.«

»Das ist wohl richtig«, sagte Merritt zögernd. »Es wäre schlimm genug, andere in dieser Art und Weise zu ängstigen, auch wenn man selbst nicht daran glaubt. Aber wenn es so ist, wie Sie sagen, und diese Leute an ihre Macht glauben, dann ist der Galgen noch zu gut für sie!«

Als Merritt aufgelegt hatte, lehnte Jamie sich zurück, die Hände hinter dem Kopf verschränkt, und versuchte, sich wieder auf Cannons verwirrte letzte Worte zu besinnen. Kapitel fünf. Er nahm sich vor, dieses Kapitel mit besonderer Sorgfalt zu lesen. Und dann hatte er einen Pater Mansell erwähnt. Jamie zog das Telefonbuch von Manhattan hervor und ging den Buchstaben M durch.

Es gab sieben Mansells, von Anthony J. bis Roberta, M. D. Dann schlug er in den Gelben Seiten unter Geistliche, katholisch nach, fand aber keinen Mansell aufgeführt. Aber nicht alle Geistlichen hatten eine separate Eintragung in den Gelben Seiten, und dieser Mansell mochte als Hilfsgeistlicher in einem Pfarrhaus sein – oder ein Priester der orthodoxen oder Episkopatskirche – und keine eigene Eintragung haben. Nach kurzem Zögern wählte Jamie die Nummer eines Priesters, mit dem er einmal zu tun gehabt hatte, als der Verlag eines seiner seltenen religiösen Bücher herausgebracht hatte.

Obschon überrascht, zeigte sich Pater Cassidy erfreut, wieder von Melford zu hören, und fragte, ob er etwas für ihn tun könne.

»Eigentlich handelt es sich nur um eine technische Auskunft. Ist ein Geistlicher immer in den Gelben Seiten als Priester aufgeführt?«

»Nein, keineswegs, es sei denn, er legt Wert darauf. Warum? Überprüfen Sie etwas für einen Roman?«

»Nein; ich versuche den Freund eines Freundes ausfindig zu machen«, antwortete Jamie. »Wissen Sie, ob es in der Diözese einen Pater Mansell gibt?«

»Mansell.« Der Priester wiederholte den Namen langsam, dann kam eine gewisse Schärfe in seine Stimme und er fragte zurück: »Was veranlaßt Sie zu Ihrer Frage?«

»Wie ich sagte, es handelt sich um den Freund eines Freundes. Ein Freund von mir ist gestorben und bat mich, Pater Mansell zu verständigen.« Das kam der Wahrheit nahe genug.

»Ich verstehe. Es gab einen Pater Mansell, unten im Pfarrhaus von St. Barbara. Er ist nicht mehr dort.«

»Mansell ist kein alltäglicher Name, aber – sagen Sie bloß nicht, er ist auch tot?« Sollten alle Fährten in Sackgassen enden?

»Eigentlich nicht«, sagte Pater Cassidy. »Tatsächlich ist es ein ziemlich kitzliger Fall; Pater Mansell verließ die Kirche vor einiger Zeit. Ich weiß nicht, wo er sich jetzt aufhält.«

Jamie überlief ein Frösteln; aus einem von Cannons früheren Büchern erinnerte er sich, daß ein der Priesterwürde entkleideter Geistlicher ein Hauptakteur bei der Schwarzen Messe war. Er ermahnte sich, seiner Fantasie Zügel anzulegen, konnte sich aber nicht enthalten zu fragen: »Dann ist dieser Mann ein aus der Kirche ausgestoßener Geistlicher?«

»Heutzutage ziehen wir es vor, zu sagen, daß er in den Laienstand versetzt wurde«, antwortete Cassidy mit einem Unterton von Widerwillen. »Das bedeutet, daß es ihm verboten ist, die Heiligen Sakramente zu spenden.«

»Dann ist er nicht mehr Priester?«

»Ein Priester ist immer ein Priester. Aber man könnte sagen, er wurde exkommuniziert. Aber ich möchte mich nicht der Verbreitung von Klatsch schuldig machen: er war der Freund Ihres Freundes? War dieser katholisch?«

»Nein«, sagte Jamie, »ein Schriftsteller. Ich vermute, daß dieser Mansell ihm bei irgendwelchen Untersuchungen oder Materialbeschaffung geholfen hat.«

»Und nun möchten Sie ihn vom Tode Ihres Freundes verständigen? Ich weiß nicht, ob er noch in der Stadt ist«, sagte Pater Cassidy, »aber es kann nicht schaden... sein Vorname war Walter, wie ich mich erinnere. Ich kannte ihn nur flüchtig.«

Aber nachdem Jamie wieder aufgelegt hatte und überlegte, was er mit dieser Information anfangen solle – im Telefonbuch von Manhattan gab es keinen Walter Mansell –, läutete sein Telefon und er hörte die Stimme, die zu hören er diesen ganzen Morgen halb erwartet und halb gefürchtet hatte. »Mr. Melford? Es tut mir leid, Sie zu stören, nachdem Sie so freundlich gewesen sind. Hier spricht Bess Cannon...«

»Sie stören nicht. Was kann ich für Sie tun?«

Die Stimme war hoch, schrill und verängstigt. »Sie haben mit mir angefangen! Ach Gott, das Telefon läutete, und sie sagten... sie sagten... sie hätten Jock umgebracht, und nun sei... sei ich an der Reihe.«

Er schüttelte ungläubig den Kopf, während der Zorn in ihm aufstieg. »Haben Sie ihnen gesagt, daß Sie das Manuskript nicht mehr haben, daß es in meinem Besitz sei?«

»Ich... sie wußten alles...« Die Stimme am anderen Ende

stockte, brach plötzlich in Schluchzen aus. »Sie sagten, sie hätten Ihre Kopie, und nun wollten sie meine. Ich soll sie heute abend vor meine Tür legen und nicht hinausschauen, den Vertrag auf keinen Fall unterschreiben...«

Jetzt setzte Jamie seinen Zorn in die Tat um. Er klemmte sich das Telefon zwischen Schulter und Unterkiefer und griff nach seinem Scheckbuch. »Ich spreche ungern über geschäftliche Dinge, solange Jock noch nicht einmal unter der Erde ist, aber so darf es nicht weitergehen, Bess. Ich fahre gleich zu Ihnen und bringe einen Vertrag mit. Den können Sie unterschreiben und mir alle Manuskriptkopien überlassen, die Sie haben.«

»Fürchten Sie nicht...?« quäkte Bess.

»Ich fürchte diese... diese Verrückten sowenig wie den Wind, der draußen bläst«, sagte Jamie und hoffte, daß das überzeugender klang, als er sich fühlte. »Halten Sie die Stellung, bis ich komme, Bess, und legen Sie alle Kopien für mich bereit. Sollten Sie eine als Erinnerungsstück behalten wollen, werde ich dafür sorgen, daß Sie sie zurückbekommen, sobald das Buch in Druck gegangen ist. Aber einstweilen werde ich das Material an mich nehmen. Sollen diese Leute zu mir kommen, ich werde ihnen schon Bescheid geben!«

Er legte wieder auf – plötzlich kam es ihm vor, als hätte er den ganzen Vormittag am Telefon verbracht – und wies seine Sekretärin an, einen Standardvertrag für Jocks letztes Buch auszuschreiben. Den ausgefüllten Vordruck in der Hand, eilte er wenig später aus dem Büro, hörte wieder das Telefon läuten und merkte erst, nachdem er außer Hörweite war, daß er an diesem Tag bei jedem Läuten halb unbewußt die höhnische, sadistische Stimme des Anrufers vom Vortag zu hören erwartet hatte.

Die Aussicht, mit der frisch verwitweten Bess Cannon zu sprechen und noch dazu geschäftliche Vereinbarungen zu treffen, erfüllte ihn keineswegs mit Vorfreude, um so weniger als man ihm später den Vorwurf machen könnte, er habe eine arme, vom Schmerz über den plötzlichen Tod ihres Mannes überwältigte Frau kaltblütig übers Ohr gehauen, aber dies durfte so nicht weitergehen. Es gab Gesetze gegen solcherlei Belästigungen und Drohungen, nur waren sie schwierig durchzusetzen – eine Bekannte hatte vier Monate lang unter obszönen Anrufen gelitten und schließlich den Telefonanschluß abgemeldet –, und es war besser, wenn die Manuskriptkopie nicht in Bess' Händen blieb. Mich abzuschrecken, dachte er entschlossen, wird die Bande schwere Mühe kosten.

Ein paar Stunden später, als die Eiseskälte des Dezemberabends sich auf die Stadt herabsenkte, verließ er die Wohnung der Cannons. Zwei Pappschachteln, die ursprünglich Schreibmaschinenpapier enthalten hatten und in denen nun zwei Kopien des Manuskripts verwahrt waren, steckten unter seinem Arm. Er fühlte sich erschöpft und bedrückt; Bess Cannon hatte so verweint ausgesehen, so abgehärmt und aufgerieben und war doch so tapfer und still gewesen. Er wünschte sich ein Glas Hochprozentiges zum Aufwärmen, ein gutes Abendessen und dann die Nervenstärke, diese ganze unerfreuliche Geschichte erst einmal für längere Zeit vergessen zu können. Und doch war zumindest an letzteres nicht zu denken; im Gegenteil, als erstes mußte er das Manuskript noch einmal durchlesen, diesmal gründlicher. Das erstemal hatte er es als Lektor und im Hinblick auf die Erwartungen des Leserpublikums gelesen. Diesmal kam es ihm auf den Stoff selbst an; er war nicht bloß neugierig, er mußte wissen, was darin so brisant war, daß es Leute gab – mochten sie auch Verrückte sein –, die deswegen den Autor, seine Frau und den Verleger derart brutal und hinterhältig verfolgten. Und Jock Cannon hatte ihn, ehe er kurz vor seinem Tod ins Delirium gesunken war, auf Kapitel fünf hingewiesen: Diesem Kapitel mußte demnach eine Schlüsselrolle zukommen.

Jamie nahm sich vor, Kapitel fünf eingehend und kritisch zu studieren.

Jetzt aber war er zu müde, um damit anzufangen. Eine nahezu schlaflose Nacht lag hinter ihm, dazu der Streß dieses unangenehmen Tages. Wenn das so weitergeht, dachte er nervös, werde ich selbst noch glauben, daß Jock starb, weil sie ihn bedrohten – oder sogar, daß sie ihn mit ihrem Hokuspokus umbrachten. Bess glaubt es schon jetzt.

Er entsann sich, wie ihre Hand bei der Unterzeichnung des Vertrags gezittert hatte, verdrängte die Erinnerung aber mit dem Bewußtsein, daß er nunmehr der gesetzliche Eigentümer des Manuskripts war – oder wenn nicht er, so doch der Verlag.

In der Diele seiner Wohnung war es warm und einladend, aus der Küche drang einladender Duft, und auf der Wohnzimmercouch lag Barbara zusammengerollt unter einer Häkeldecke.

Sie sprang auf, um ihn mit einem Kuß zu begrüßen. »Nein, ich bin nicht krank oder was; ich fühlte mich heute morgen bloß so übermüdet und matt, daß ich nur für ein paar Stunden ins Atelier ging und die Termine für heute nachmittag absagte. Mutter sagte, sie würde das Abendessen machen und ich solle mich ausruhen.« Sie erhob sich auf die Zehenspitzen und flüsterte ihm ins Ohr: »Dana ist noch hier...«

»Oh, nun...«

»Es macht mir wirklich nichts aus«, sagte Barbara lustig. »Ich glaube, Mutter fühlt sich einsam. Oder sie möchte Dana an jemand verheiraten. Gibt es in deinem Verlag nette Junggesellen, Jamie?«

»Nicht älter als zwanzig Jahre«, sagte er lächelnd und legte die Schachteln mit dem Manuskript auf die Anrichte. Hier waren sie wenigstens sicher. »Richtig, da haben wir Brandon, der mit seiner Frau in Scheidung lebt. Aber glaubst du, Dana würde gern zwei fünfzehnjährige Zwillinge als Stieftöchter haben?«

»Nicht so laut!« quietschte Barbara, an ihn geschmiegt. »Sie wird dich hören.« Dann wurde sie wieder sachlich: »Jamie, hattest du heute früh nicht auch das Gefühl, daß Dana auf das Läuten des Telefons wartete?«

»Eigentlich nicht. Aber ich wartete selbst darauf. Ich glaube, ich erwartete neuen Verdruß. Wir scheinen es mit Psychopathen zu tun zu haben, Barbara, aber tue mir einen Gefallen und laß uns jetzt nicht davon sprechen. Die Sache wollte mir den ganzen Tag nicht aus dem Kopf, und nun liegt das Manuskript hier...«, er zeigte zu den zwei Schachteln auf der Anrichte, »... und da kann es bleiben, bis ich einen Aufwärmer getrunken, zu Abend gegessen und trockene Füße habe. Was ist los mit dir, Frau? Wo bleiben Pfeife und Filzpantoffeln?«

Barbara wandte sich lachend ab. »Würdest du an ihrer Statt mit Scotch vorliebnehmen?«

Das Abendessen war eine herzhafte Mahlzeit, eine zu dem eisigen Wetter vorzüglich passende zarte, wohlduftende und kräftige Hammelkeule, und Jamie spürte, wie seine Nerven sich allmählich beruhigten, als er den Frauen zuhörte, wie sie friedlich über Kräuter und Gewürze plauderten. Sogar seine Mutter war zu Barbara freundlicher als sonst und erklärte, sie habe eigentlich gehofft, ihr mehr über die Verwendung von Kräutern beizubringen.

»Ich wünschte, ich wüßte mehr darüber«, sagte Barbara, »aber meine Küche ist einfach. Ich weiß, Mutter, sie kommt an die deine nicht heran, aber sehen wir die Dinge, wie sie sind: was kannst du mit einem gegrillten Steak Besseres tun als schwarzen Pfeffer darauf streuen? Kräuter und feine Soßen sind für verfeinerte Speisen, und so weit bin ich mit meiner Küche noch nicht.«

»Die Lehre von den Kräutern ist sehr alt«, sagte Dana. »Mich hat sie immer fasziniert, obwohl ich nicht viel koche. Mutter Melford hat mich alles gelehrt, was ich weiß.«

»Sicherlich wird eines Tages jemand davon seinen Nutzen haben«, sagte Jamie jovial. »Für eine Frau, die gut kocht, ist jeder zu haben. Dieses Hammelfleisch ist ein Gedicht, Mama«, fügte er pflichtbewußt hinzu.

»Und du wirst heute abend im Wohnzimmer über niemanden stolpern«, sagte seine Mutter. »Ich habe die Couch in meinem Zimmer für Dana hergerichtet. Es macht euch doch nichts aus, wenn sie hierbleibt, solange sie auf Wohnungssuche ist, nicht wahr?«

»Ach, Mutter Melford«, sagte Dana hilflos. In ihrem schwarzen Pullover und dem ebenfalls schwarzen Rock sah sie zerbrechlich und wunderschön aus. »Das sollten Sie nicht sagen. Was in aller Welt sollte der arme Jamie darauf erwidern, wenn es ihm doch etwas ausmachte?«

»Natürlich macht es uns nichts aus«, sagte Barbara, und nur Jamie bemerkte, daß ihr Lächeln ein wenig gezwungen war. »Wahrscheinlich werde ich dir sogar ein paar Aufträge besorgen können, Dana. Und Mutter wird sich freuen, Gesellschaft zu haben, wenn ich nicht da bin. Vielleicht kann sie dich dann in der Kräuterkunde unterweisen; du wirst sicherlich eine gelehrigere Schülerin sein, als ich es wäre. Mein Gedächtnis ist nicht das beste; ich kann mich kaum darauf besinnen, daß man Ingwer in den Honigkuchen tut und Knoblauch in die Tomatensoße. Alles, was ich über Knoblauch weiß, stammt aus *Dracula*: er hält Vampire fern, wenn ich mich recht entsinne, nicht wahr, Jamie?«

»Nicht nur Vampire, sollte ich meinen«, antwortete er lachend. »Bist du noch nie Mitte August mit der U-Bahn gefahren? Kein Wunder, daß es in New York keine Vampire gibt, mit all den italienischen Lokalen, die ihre Knoblauchausdünstungen in die Luft lassen. Übrigens hat auch Jock in einem seiner Bücher etwas über Knoblauch geschrieben.«

»Dann muß ich etwas von einem Vampir haben«, sagte Dana lachend. »Denn ich kann Knoblauch nicht ausstehen, und nicht einmal das beste Deodorant wird mit dem Geruch fertig. Gewiß, er soll gesund sein...«

»Ist es nicht so, daß viele Italiener an den bösen Blick glauben? Das könnte der Grund dafür sein, daß sie soviel Knoblauch in ihre Salami und ihre Spaghettisoßen tun«, meinte Barbara. »Vielleicht glauben sie, daß es gegen den bösen Blick hilft...«

»Barbara!« Mrs. Melford schüttelte sich. »Wir sind beim Essen! Kannst du dir zum Tischgespräch kein angenehmeres Thema als Vampire ausdenken?«

Barbara lächelte. »Entschuldige, Mutter. Die Idee mit den Vampiren gefällt mir irgendwie. Alles, was ich darüber weiß, sind die alten Filme im Nachtprogramm, mit Bela Lugosi, und ich persönlich fand ihn irgendwie nett – netter jedenfalls als Valentino. Er kann mein Blut jederzeit haben. Verzeih, Mutter, ich möchte dir wirklich nicht den Appetit verderben.«

Dana warf taktvoll ein: »Ich kann mich noch gut erinnern, wie es bei uns zu Hause im Winter nach Gewürzen und Kräutern duftete, wenn gebacken wurde.«

»Mmm«, sagte Barbara, »ich mich auch. Meine Mutter machte immer deutsche Lebkuchen und alle Arten von würzigem schwedischem Weihnachtsgebäck. Ich möchte, daß meine Kinder einmal in dieser wunderschönen Tradition aufwachsen. Jamie, wir werden uns bald nach einem Christbaum umsehen müssen.«

Mrs. Melfords Mund zog sich ein wenig zusammen. »Man sollte meinen, Barbara, daß du in unserer modernen Zeit die Wohnung nicht mit abergläubischem Zeug vollstopfen wirst! Heutzutage nimmt niemand mehr die Religion so ernst.«

»Weihnachten ist nicht bloß ein religiöses Fest«, sagte Jamie in der Hoffnung, den unausweichlichen Zusammenstoß abzuwenden, aber Barbaras Antwort klang ärgerlich: »Ich bin kein religiöser Mensch, aber ich wünschte, ich wäre es, und ich möchte, daß meine Kinder einmal Respekt vor der Religion haben.«

Mrs. Melford biß sich auf die Unterlippe, blickte zuerst zu Jamie und dann zu Barbara, sagte dann aber nur: »Zeit genug, dir darüber Gedanken zu machen, wenn du Kinder hast«, woraufhin sie sich ans Abräumen machte.

Barbara saß da und starrte wortlos auf ihren Teller. Zuletzt überwand sie sich und sagte: »Hast du vom Büro Arbeit mit nach Haus gebracht, Jamie?«

»Ja, ich muß da noch etwas durchsehen...« Er spürte einen Widerwillen, auf Einzelheiten einzugehen, und setzte beiläufig hinzu: »Ein paar Manuskripte. Es tut mir leid; ich würde den Abend gern gesellig verbringen. Aber mit den Engpässen und dem Arbeitsdruck im Büro...«

»Natürlich mußt du«, sagte Barbara schnell. »Wir könnten ein schönes Kaminfeuer machen, und du mixt dir einen Drink und gehst an die Arbeit. Draußen ist eine so elend kalte Nacht, daß ein Feuer genau das richtige für dich ist.«

Jamie willigte ein, verführt von der schlichten Gemütlichkeit der Vorstellung. Ein knackendes Kaminfeuer, ein stilles Zimmer, etwas Gutes zu trinken; das versprach Licht statt des Unsinns zu verbreiten, den er vorher gedacht hatte, angestachelt von überreizten Nerven und einem leeren Magen. Er küßte seine Mutter leicht auf die Stirn, als sie aus der Küche zurückkam, um die Teller abzuräumen. »Dein Hammelfleisch kann jedem die Grillen vertreiben, Mutter. Es war großartig.«

»Laß mich das Geschirr spülen, Mutter«, sagte Barbara. »Du hast gekocht.«

»Nein, ich muß darauf bestehen«, sagte Dana. »Es ist nicht mehr als recht und billig. Du bleibst hier, Barbara, und trinkst ein Glas mit Jamie, bevor er sich an die Arbeit macht. Was machen deine Kopfschmerzen?«

Barbara zuckte mit der Schulter, ging zum Kamin und kniete nieder, um die Scheite für das Feuer zurechtzulegen. »Ungefähr gleich. Ich habe Aspirin genommen, aber das scheint nicht...«

»Du solltest zum Arzt gehen, Barbara«, sagte Mrs. Melford von der Küchentür. »Nicht nur deswegen...«

»Es hat nichts zu sagen, Mutter. Kein Grund, ein Aufhebens zu machen. Jamie, kannst du mir ein Zündholz bringen?«

Nach einer vergeblichen Suche auf dem Kaminsims ging

Jamie in die Küche, um eins zu holen. Als er die Küchentür aufstieß, hörte er Dana ernsthaft sagen: »Es muß einfach etwas geschehen!« worauf Mrs. Melford erwiderte: »Ich werde das schon machen; vertraue mir, mein Kind.« Sie fuhr herum, als sie die Tür aufgehen hörte, dann entspannte sie sich erkennbar. »Ach, Jamie! Was möchtest du? Du weißt«, fügte sie in scherzendem Ton hinzu, »daß ich von Männern in der Küche nichts halte.«

»Barbara braucht Zündhölzer. Die vom Kaminsims sind ausgegangen«, sagte Jamie. Der leicht parfümierte Geruch des Spülwassers, die noch in der Luft schwebenden Düfte von Hammelfleisch und Gewürzen trugen zu seiner friedlich-ruhigen Stimmung bei. Er nahm die Zündhölzer mit und kniete neben Barbara nieder, um das Feuer anzuzünden, schob den Augenblick, da er den Inkubus des Manuskripts wieder auf sich nehmen mußte, noch einmal hinaus.

Er legte den Arm um sie. »Du siehst furchtbar abgespannt aus, Schatz. Du solltest dich früh schlafen legen.«

Barbara erhob sich matt. Ihre Lippen waren farblos, und ihre Augen hatten einen beinahe verstörten Ausdruck. »Vielleicht tue ich das auch«, meinte sie. »Das Aspirin scheint überhaupt nicht gewirkt zu haben; ich erinnere mich nicht, jemals solche Kopfschmerzen gehabt zu haben.«

»Komm, ich schenk' dir noch ein Glas ein«, schlug Jamie vor. Er hob die Flasche und hielt inne, als Dana hereinkam. »Möchtest du auch eins, Dana?«

»Wenn Barbara wirklich starke Kopfschmerzen hat, sollte sie lieber keinen Alkohol trinken«, sagte Dana, kam näher und beugte sich über Barbara, die vornübergebeugt dasaß, den Kopf zwischen den Händen. »O weh, du siehst ja schrecklich aus, Barbara. Dein Gesicht ist regelrecht grau!«

»Hör mal«, sagte Jamie vage beunruhigt und aus seiner angenehmen Stimmung aufschreckend, »soll ich einen Arzt rufen, Barbara, oder dich zu Dr. Clinton fahren?«

»Nein, nein«, erwiderte sie gereizt. »Ich möchte nur, daß ihr aufhört, solch ein Aufhebens davon zu machen! Kann ich nicht in Ruhe und Frieden Kopfschmerzen haben?« Ihre Stimme bebte, als sie zu lachen versuchte, und sie legte ihre Hände an die Schläfen.

Danas liebliches Gesicht war sehr mitfühlend. »Du Arme,

komm mit. Mach dich fertig zum Schlafen, dann werde ich dir Nacken und Hinterkopf massieren. Das ist das beste gegen Kopfschmerzen, besser als all deine Pillen und Pulver, und innerhalb von zwanzig Minuten wirst du schlafen wie ein Murmeltier. Komm mit.«

Dana führte die kaum noch Widerstrebende hinaus. Jamie setzte sich ans Feuer und betrachtete die aufspringenden Flammen. Innerhalb von fünfzehn Minuten kam Dana auf Zehenspitzen aus dem Schlafzimmer und schloß die Tür leise hinter sich.

»Sie ist fest eingeschlafen«, sagte sie.

»Das war lieb von dir, Dana.«

»Ich tue es gern, aber es ermüdet«, sagte sie. »Jetzt könnte ich ein Glas vertragen, wenn ich darf.«

Jamie schenkte ihr ein. Er hatte das Gefühl, daß sie darauf wartete, daß er etwas sagte, aber ihm fiel nichts ein. »Tut mir leid, daß ich so ungesellig sein muß, Dana«, sagte er schließlich. »Ich wünschte, ich brauchte mich nicht mit diesen verdammten Manuskripten zu befassen, aber es geht nicht anders.«

»Laß dich durch mich nicht daran hindern; deine Mutter und ich haben genug Gesprächsstoff.« Dana nahm ihr Glas und trug es in Mrs. Melfords Schlafzimmer. »Hört mal«, protestierte Jamie, »ihr braucht nicht alle aus dem Wohnzimmer zu gehen«, aber sie war schon fort.

Stille kehrte ein, unterbrochen nur vom leisen Zischen und Knistern des Kaminfeuers. Jamie nahm sich das Manuskript vor und dachte geistesabwesend an Dana. Es überraschte ihn ein wenig, daß Barbara, die normalerweise nicht zur Eifersucht neigte, sich in ihrer Gegenwart so unsicher und verfolgt fühlte. Dana war ein liebes und nettes Mädchen und wünschte augenscheinlich mit ihnen beiden befreundet zu sein, warum also konnte Barbara es nicht so sehen und akzeptieren? Vielleicht würde sie sich sicherer fühlen, wenn sie schwanger wäre. Er hatte es mit Kindern nicht sonderlich eilig, wollte aber einmal welche haben. Vielleicht sollte er zum Arzt gehen und sehen, ob nicht er der unfruchtbare Teil war, dachte er und erinnerte sich sogleich mit Abscheu an die drohende Stimme am Telefon und was sie gesagt hatte. Aber wozu sollte es gut sein, sich um Verrückte zu sorgen?

Das Manuskript war mittelstark, ungefähr zweihundertfünfzig Schreibmaschinenseiten auf dem vertrauten, billigen weißen Kopierpapier, das er von Jocks früheren Büchern her kannte. Es war sorgfältig geschrieben, wenn auch nicht so gut, wie eine Stenotypistin es gemacht hätte, und wies die häufigen Streichungen und Korrekturen auf, an die man sich als Lektor rasch gewöhnt. Jamie zog einen Bleistift aus der Westentasche (nach zwölf Jahren Verlagslektor hatte er beinahe verlernt, ohne einen Bleistift in der Hand zu lesen, und ertappte sich nicht selten bei der Korrektur selbst von typographischen Fehlern in gedruckten Büchern) und begann zu lesen.

> Dies ist die Geschichte einer seltsamen Reise, einer Reise zu den Irregeführten, den Verrückten, den Besessenen – und auch zu jenen, die wirklich unbekannte Kräfte besitzen: zu den Hexen und den Hexenmeistern unserer Tage. Nicht in alte Schlösser, nicht in spukhafte viktorianische Häuser, sondern in Wohnblocks, in die Intellektuellenwohnungen, vielleicht in Ihrer Nachbarschaft, wo die modernen Hexen und Hexenmeister mit Schwarzer Magie und Beschwörungen des Bösen ihrem üblen Wirken nachgehen.

Die ersten Kapitel erzählten ein paar allgemein bekannte Geschichten von Magie und Voodoo, von stellvertretend ermordeten Wachspuppen, und Jamie dachte bei der Lektüre, daß diese Dinge für jeden, der sich auf dem speziellen Gebiet informiert hatte, durchaus nichts Ungewöhnliches darstellten. Cannon hatte gegen Ende seines Lebens mehrere Jahre mit Forschungen und Recherchen auf den Gebieten psychischer Phänomene, Spukerscheinungen und dergleichen verbracht, und wenn er seine Informationen bisweilen herausputzte, um einen ›guten Stoff‹ daraus zu machen, war Jamie der letzte, der ihn deswegen getadelt hätte. Aber gegen Ende des dritten Kapitels, in dem er die angebliche Arbeitsweise einer modernen Gesellschaft für Schwarze Magie beschrieb, die sich als Studiengruppe folkloristischer Überlieferung ausgab, merkte er auf und las stirnrunzelnd weiter:

> Meine Informantin war früher Mitglied einer Schwarzen Loge gewesen, nach einem verbreiteten Mißverständnis Hexenversammlung genannt, doch nachdem sie den Abgrund

der Verworfenheit und des Schreckens kennengelernt hatte, in welchen die Mitglieder normalerweise sinken, hatte sie sich von der Gruppe abgewandt. Sie berichtete mir von ihren Versuchen, in ein Kloster einzutreten oder, sollte dies mißlingen, ihr Leben freiwilliger Sozialarbeit zu widmen und auf diesem Weg zu versuchen, etwas von der Schuld wiedergutzumachen, die sie durch ihre Beteiligung an den furchtbaren Praktiken der Loge auf sich geladen hatte. Aber vier Monate, nachdem ich sie kennengelernt hatte, und nach einer langen, in Furcht und von bis zur Besessenheit gesteigerten Zwangsvorstellungen beherrschten Zeit (ich gebe zu, daß ich anfangs dachte, sie sei im Begriff, den Verstand zu verlieren), starb sie an etwas, was die Ärzte Herzversagen nannten. Da sie noch im Sterben von einem unsichtbaren Messer schrie, das ihr Herz durchbohre, habe ich gelegentlich an der Richtigkeit der offiziellen Diagnose gezweifelt.

Was immer die Wahrheit über den Tod des armen Mädchens ist, es muß festgehalten werden, daß sie verfolgt wurde. Sie zeigte mir Briefe, die sie erhalten hatte.

Jamie schüttelte bekümmert den Kopf. Kein Wunder, daß Jock in Todesangst gelebt hatte! Er überging den kurzen Bericht über das angebliche Aufnahmeritual des Mädchens in die Schwarze Loge und überflog einen weiteren Abschnitt, worin dargestellt wurde, wie Rauschgiftsüchtige mit dem Versprechen unbegrenzten Drogenkonsums in die Gruppe gebracht und dann, weil die Drogenabhängigkeit ihr Gewissen zerstört hatte, für bestimmte Praktiken gebraucht worden waren, für die andere Mitglieder zu zimperlich waren. Namen wurden nicht genannt, doch abgesehen davon gab das Buch eine bemerkenswert eingehende Darstellung von Bösartigkeiten und Verbrechen, die offenbar um ihrer selbst willen begangen wurden.

Ich fragte einen anderen Informanten, einen früheren Priester, der sich der Gruppe angeschlossen hatte und offenbar Gefallen an der Vorstellung fand, ihre ›Arbeit‹ weiteren Kreisen bekanntzumachen, weshalb sie offenbar unschuldige Personen so grausam angriffen.

»Ich verbrachte meine Jugend unter dem Druck der Lügen der Religion und der Furcht vor dem Höllenfeuer«, erklärte

> er mir. »Ich glaubte, daß ich in die Hölle kommen würde, wenn ich eine Frau berührte, wenn ich auch nur respektlos von den neurotischen alten Scheusalen von Nonnen spräche, die an meiner Schule lehrten, wenn ich einer Anwandlung von Zorn oder Lust nachgäbe; dies alles waren angeblich Sünden, die Mord und Gewalttat an Verwerflichkeit kaum nachstanden. Heute habe ich gelernt, einem neuen Gott zu dienen, einem Gott, der den Fehlern und Schwächen des Menschen Zugeständnisse macht, und endlich lerne ich zu leben. Bevor ich sterbe, werde ich Vergeltung an jenen üben, die mich lehrten, daß das Leben nichts als Schuld und Furcht sei.«

Jamie fragte sich, ob dies der Pater Mansell sei, über den Cassidy gesprochen hatte und dem sein geistliches Amt entzogen worden war. Sicherlich war im Namen der Religion Böses begangen worden; und diejenigen, die unter den manchmal extremen Auswüchsen gelitten hatten, mochten selbst geistig unausgeglichen geworden sein. Der Autor fuhr fort:

> Geld, Macht und die Befriedigung persönlicher Begierden werden jedoch am häufigsten als Gründe für die Aktivitäten der Anhänger der Schwarzen Magie genannt, und dies mag erklären, daß sie vor nichts zurückschrecken, um das Ziel ihres Verlangens zu erreichen oder alle zu beseitigen, die ihnen im Weg stehen. Das unglückliche Mädchen, meine erste Informantin, erzählte mir, daß sie in drei Fällen in einem Meditationskreis gesessen habe, wo ein Dutzend Männer und Frauen alle Gedankenkräfte auf einen reichen Verwandten oder Bekannten eines Mitglieds konzentriert hätten, um jenen zur Änderung eines Testaments oder zu Schenkungen zugunsten des Mitglieds zu veranlassen. Ob außerdem eine Form der Hypnose angewandt wurde, um das Opfer gefügig zu machen, weiß ich nicht, aber die Bemühungen hatten offenbar Erfolg. Der Erblasser starb wenige Wochen nach der Änderung des Testaments. Im fünften Kapitel werde ich mehr über Todesfälle berichten, die durch Schwarze Magie bewirkt wurden.

Wieder Kapitel fünf. Jamie blätterte weiter, übersprang den dazwischenliegenden Teil und las:

In der Weißen wie in der Schwarzen Magie gibt es ein gemeinsames Prinzip des geringsten Einsatzes, nach dem materielle Ziele materielle Methoden verlangen, immaterielle Ziele immaterielle Methoden. Einer Schwarzen Loge kann es gelingen, jemand durch die Auslösung astraler Ströme zu töten, zuvor aber muß die Widerstandskraft des Opfers herabgesetzt werden. So spezialisiert man sich darauf, das Opfer mit Schrecken zu konfrontieren, die auf seine Psyche zugeschnitten sind: Obszönitäten für den rein Denkenden, Blasphemien für den Frommen, sadistische Quälereien von Tieren (bisweilen auf den Namen des Opfers getauft). Suggestion ist die am häufigsten eingesetzte Kraft, ist aber in einem Maße unerbittlich, wie es dem Normalbürger, der sich unter Suggestion nicht viel mehr als die relativ harmlose Wiederholung von Werbespots im Fernsehen vorzustellen vermag, die den Betrachter zum Kauf einer bestimmten Zahnpasta veranlassen, kaum denkbar erscheint. Und wenn die harmlosen Methoden der Werbeagenturen schon so wirkungsvoll sind, dann kann man sich leicht vorstellen, wie rasch und vollständig ein Opfer durch diese unnachsichtige Verfolgung zerbrochen werden kann. Ich weiß nicht, ob die aufgebotenen Kräfte »Teufel« sind oder nicht, aber sie sind zweifellos real.

Zum Beispiel...

Jamie hob den Kopf und lauschte aufmerksam. Irgendwo in einer anderen Wohnung hatte ein Hund wie rasend zu bellen angefangen. Und hinter ihm war ein eigentümlich raschelndes Geräusch zu vernehmen. Er wandte sich um, sah nichts, und seine Miene verfinsterte sich; war er bereits im Begriff, sich Jocks Schreckensvorstellungen zu eigen zu machen? Es stellte sich der vage Gedanke ein, daß bald Mitternacht sei und er wie jemand reagiere, der nachts eine Schauergeschichte liest: er kriegt das Grausen. Er schüttelte den Kopf und beugte sich wieder über das Manuskript.

Die Methoden der Dämonenbeschwörung sind in jedem Zauberbuch zu finden, aber wie Shakespeare sagte: »Aus den gewaltigen Tiefen kann ich die Geister rufen. Wahrhaftig, das kann ich, und wie ich kann es ein jeder, aber werden sie kommen, wenn du sie rufst?« Daß sie nicht kommen, liegt daran, daß niemand als die eingeweihten Meister der Schwarzen Magie die geeignete Methode zum Aussprechen der »barbarischen Namen der Anrufung« haben. Diese Namen sind in einer mündlichen Überlieferung, die von einem Eingeweihten zum nächsten weitergegeben wurde, größtenteils bis heute geheimgehalten worden. Die Technik entspricht jener, die in dem sogenannten tantrischen Yoga gebraucht wird und deren geläufigstes Beispiel das wohlbekannte Phänomen von Carusos hohem C ist, welches ein dünnes Weinglas zerbrechen ließ. Die Worte werden nicht nur mit dem ganzen konzentrierten Zielbewußtsein der Persönlichkeit deklamiert, sondern mit dem speziellen Vibrato hochtrainierter Stimmen, was jedoch nicht mit Lautstärke verwechselt werden darf. Es bedeutet vielmehr, daß der gesamte Körper des Geisterbeschwörers als Resonanzkörper dient und mit jeder Silbe in Schwingungen gerät, die bis in die Handflächen und Fußsohlen spürbar sind. Ohne diese Technik ist man in der gleichen Lage wie der Priester, der die Opferung im Gottesdienst mit den Worten »Komm, seligmachender, allmächtiger ewiger Gott, und segne dieses Opfer« beschließt, und niemand in der Gemeinde ist überrascht, wenn Er nicht kommt.

Wieder hob Jamie den Kopf. Ein kalter Luftzug schien über ihn hinzuwehen. Draußen im Treppenhaus hörte er ein seltsames, schleifendes Geräusch. Dann geschah mehreres auf einmal.

Das Telefon schrillte laut. Gleichzeitig läutete die Türglocke der Wohnung dreimal in rascher Folge, ein schnelles Dringdring-dring, das Jamie in automatischer Reaktion aufspringen ließ. Er griff zum Telefon.

»Hier Melford«, sagte er scharf. »Hallo?«

»Werfen Sie einen Blick vor Ihre Tür«, sagte eine Stimme, und sofort war die Verbindung unterbrochen. Jamie murmelte einen Fluch, schritt hinaus in die Diele und riß die Wohnungstür auf.

Er war nicht überrascht, daß der Korridor leer war. Ein kalter Luftzug wehte aus dem Treppenhaus herauf. Er blickte finster umher, wollte die Tür wieder schließen und hielt ein, als er sah, daß etwas auf dem Fußabstreifer lag.

Er bückte sich, um es aufzuheben, ließ es aber sogleich mit einer angeekelten Grimasse wieder fallen. Es war ein kleines hölzernes Kreuz, auf das etwas genagelt war, das wie einer dieser grünen Plastikfrösche aussah, mit denen kleine Jungen ihre Schwestern erschrecken. Nach kurzem Zögern hob Jamie das blasphemische Ding auf. Er war nicht religiös, und die Blasphemie beunruhigte ihn nicht sonderlich, aber der kranke Geist, der hinter solch einer Tat stand, konnte ihm nicht gleichgültig sein. Der Gedanke, daß Barbara, die religiös, wenn auch nicht fromm war, das Ding vor ihm hätte finden können, erschreckte ihn. Voller Zorn und Abscheu dachte er an die Übeltäter, die das blutige Huhn vor Jocks Wohnungstür abgelegt hatten. Dann, als sein Blick wieder auf den Gegenstand in seiner Hand fiel, wurde ihm schaudernd klar, daß der gekreuzigte Frosch eine Kröte war und auch nicht aus Plastik, sondern schlaff und schwammig. Offensichtlich hatte sie vor kurzer Zeit noch gelebt.

Er beschloß, die arme Kreatur beiseite zu schaffen, ehe Barbara oder seine Muter sie sehen konnten. Er ging zurück ins Wohnzimmer und sah, daß Barbara im Nachthemd eingetreten war. Die Schlafzimmertür hinter ihr stand halb offen.

»Hat dich das Läuten geweckt, Schatz? Bloß jemand, der sich einen dummen Scherz erlaubt hat«, sagte er und versteckte seinen Fund hinter dem Rücken.

Barbara antwortete ihm weder, noch sah sie ihn an. Ihre Augen waren leer und blicklos, und sie bewegte sich zögernd, ohne zu sehen, wohin sie ging.

»Barbara?« fragte er bestürzt. Hatte diese verdammte Geschichte sie dermaßen aus der Fassung gebracht, daß sie schlafwandelte? Er erinnerte sich vage, daß es schlecht sein sollte, Schlafwandler plötzlich aufzuwecken, oder war das nur eine Altweibergeschichte? Jedenfalls könnte sie einen heillosen Schrecken bekommen, wenn sie plötzlich zur Besinnung käme und sich hier draußen fände. Am besten versuchte er, sie vorsichtig zurück zu ihrem Bett zu führen. Zuvor aber mußte er dieses ekelhafte Ding in den Müll werfen. Er öffnete die Küchentür und legte es im Dunkeln auf die Anrichte, ohne hineinzugehen; das Weitere konnte er später erledigen. Er kehrte zurück zu Barbara.

Mit einem Schreckensschrei sprang er hinzu, als er sah, daß

sie Jocks Durchschlag an sich genommen hatte, mit ungelenker Schnelligkeit zum Kamin trat und den Stapel dünner Blätter in die glühenden Scheite warf.

»Barbara!« schrie er, unbekümmert, ob sie aufwachte oder nicht. »Hast du den Verstand verloren?«

Sie schien ihn weder zu hören noch zu sehen. Als er sie am Arm faßte, machte sie sich mit einem Ruck los und bewegte sich langsam, aber mit einer schrecklichen Zielstrebigkeit zu dem Sessel, auf dem die Kopie lag, in der er gelesen hatte – die letzte Kopie.

Er packte sie beim Arm und hielt sie fest.

Barbara wand sich und versuchte, sich loszureißen. Noch immer sah sie ihn nicht an, schien völlig auf die Blätter fixiert. Er zog sie herum, trat dazwischen und stieß das Manuskript außer Reichweite. Sie arbeitete sich geschmeidig darauf zu, schlüpfte ihm wie ein Aal aus den Händen. Wieder griff er zu, bemüht, sie an beiden Armen festzuhalten, aber behindert durch die Furcht, ihr weh zu tun. Als er sie hatte, schüttelte er sie und sagte mit leiser, eindringlicher Stimme: »Barbara, wach auf! Wach auf! Es ist alles gut! Es ist alles in Ordnung, Schatz! Du willst das nicht tun!«

Schließlich gelang es ihm, das Manuskript unter das Polster des Sessels zu stopfen; dann versetzte er ihr mit einem leisen: »Entschuldige, Liebling« eine schallende Ohrfeige.

Barbara schrak zusammen, zitterte, verdrehte die Augen – und schüttelte sich plötzlich wie ein Hund, der aus dem Wasser kommt. Mit einer Geste der Verwirrung führte sie beide Hände zum Kopf.

»Du hast mich geschlagen«, keuchte sie. »Was...? Wo...?« Und sie begann zu weinen.

5. Kapitel

In die Stille ihres Erschreckens – es schien Jamie, daß er die Stille in der Wohnung tatsächlich hören konnte – schrillte wieder das Telefon.

Barbara, die noch leise schluchzte, ging in automatischer Reaktion zum Apparat. Jamie sagte: »Nicht abnehmen«, und hielt sie sanft zurück, während es drei-, vier-, fünfmal läutete und dann verstummte.

»Was hast du, Jamie?«

Plötzlich war er zornig. »Was ich habe? Hast du den Verstand verloren? Weißt du, was du getan hast?«

Sie bewegte den Kopf von einer Seite zur anderen. »Ich – ich weiß nicht. Wie bin ich hierhergekommen? Habe ich geschlafwandelt?«

»Willst du mir weismachen, daß du es nicht weißt?«

»Aber ich weiß es wirklich nicht.« Sie weinte nicht mehr, sondern sah ihn verstört und ungläubig an. Eine Gesichtshälfte, wo seine Hand sie getroffen hatte, war rot angelaufen. Sie berührte sie unwillkürlich mit den Fingerspitzen. »Ich erinnere mich, daß Dana mir Schulter und Nacken massierte. Als nächstes war ich hier draußen, und du schlugst mich.«

»Du hast den Durchschlag von diesem... diesem verdammten Manuskript verbrannt«, sagte Jamie durch die Zähne. »Und du machtest vor nichts halt, um an das andere heranzukommen.«

Sie starrte ihn ungläubig an. »Einer von uns ist übergeschnappt«, sagte sie.

»Jemand ist es«, sagte er. Plötzlich kam ihm der Gedanke, warum der Lärm nicht auch die anderen geweckt habe, dann fiel ihm zu seiner Beschämung ein, daß seine Mutter und Dana schwerlich hereingestürzt wären, wenn sie um Mitternacht von einem Lärm geweckt worden waren, der sich wie eine tätliche Auseinandersetzung zwischen Barbara und ihm angehört haben mußte. »Ich hätte dich nicht geschlagen, Schatz, wenn ich nicht überzeugt gewesen wäre, daß du wahnsinnig geworden seist. Ich redete dich an, aber du reagiertest überhaupt nicht. Beinahe hättest du auch die Fotokopie ins Feuer geworfen. Sieh selbst.«

Er zeigte in die erlöschende Glut des Kaminfeuers. Barbara sah die gebündelten, fast verkohlten Blätter, die vom Durchschlag des Manuskripts übriggeblieben waren, die nur angesengten Teile einzelner Seiten, die neben die Glut gefallen waren, und schüttelte bestürzt den Kopf. »Das habe ich getan? Jamie, was geht hier vor?«

»Nichts Übernatürliches«, sagte er und unterdrückte eine erneute Zornesaufwallung. Es kam darauf an, daß er ruhig blieb und an vernünftiger Überlegung festhielt, sonst würde er anfangen zu schreien und nicht mehr aufhören. »Ich vermute, diese psychotischen Ungeheuer versuchen jetzt, meinen Widerstand zu brechen. Was dich betrifft, so glaube ich, daß du nach deinen Bemühungen um Bess nervlich überreizt und ängstlich warst, und vielleicht entschied dein Unterbewußtsein, daß es sicherer wäre, das Manuskript nicht in der Wohnung zu haben.«

»Du bist mir der rechte Psychologe«, sagte Barbara. »Glaubst du das wirklich?«

»Ich muß es glauben«, antwortete er mit gepreßter Stimme. »Aber eins sage ich dir. Ich werde dieses Ding unter mein Kopfkissen schieben und darauf schlafen. Und morgen früh werde ich ein Dutzend Fotokopien davon machen – eigenhändig. Ich werde es nicht mal meiner Sekretärin anvertrauen.«

Am nächsten Tag, als er seinen Vorsatz ausführte und an der Kopiermaschine arbeitete, geplagt von dem Gedanken, daß er sich vielleicht albern benehme, und von unbestimmten Befürchtungen im Zusammenhang mit Barbara (als er gegangen war, hatte sie noch geschlafen, aber erschöpft und elend ausgesehen), kam seine Sekretärin ins Hinterzimmer, wo er gerade arbeitete.

»Mr. Melford«, sagte sie steif und mit einem vorwurfsvollen Blick (dessen Bedeutung er ganz richtig als »Mit dieser Art von Arbeit sollten Sie sich nicht abgeben« interpretierte), »es ist ein Besucher für Sie da.«

»Barton wegen der neuen Tantiemenskala?« brummte er. »Sagen Sie ihm, wir können auf dieser Basis nicht mehr als drei Arztromane im Quartal gebrauchen.«

»Nein, es ist ein Mr. MacLaren.«

»MacLaren«, wiederholte er, nachdenklich die Stirn runzelnd. »Kenne ich nicht.«

»Soll ich versuchen, ihn abzuwimmeln? Er sagte, er würde warten, bis Sie frei wären, falls Sie beschäftigt sind, aber...«

Ihm schwand der Mut. Ein unerfreuliches Vorgefühl sagte ihm, daß dies sich als Teil des verrückten Nervenkrieges erweisen würde, der um Jock Cannons Manuskript entbrannt war. Er zog eine kopierte Seite heraus und legte die nächste ein. »Sieht er wie ein Psychofreak aus, Peggy? Mit denen habe ich in letzter Zeit zuviel zu tun gehabt.«

»Ach nein«, sagte sie schnell. »Er sieht nett aus und erinnert mich ein wenig an Pater Cassidy. Er hat die gleichen freundlichen Augen.«

»Ist sonst noch was auf meinem Schreibtisch?«

»Nun ja, da liegt allerhand herum, aber das einzige, was im Moment noch von Bedeutung ist, sind die Titelentwürfe von Roger Garth für Mrs. Waynes neuen Arztroman. Außerdem ist Joan Clancy im Vorzimmer und möchte Sie kurz sprechen.«

»Die Titelentwürfe schicken wir gleich hinunter zum Werbeleiter«, sagte Jamie. »Der kann entscheiden, welche wir nehmen. Und Joan wird nicht länger als zwanzig Minuten bleiben; das tut sie nie. Schicken Sie sie herein und sagen Sie diesem MacLaren, daß ich mich anschließend mit ihm unterhalten werde – es sei denn, er hat ein Manuskript, das er uns anbieten will; in dem Fall kann er es bei Ihnen lassen.«

Er bündelte die Kopien von Cannons Manuskript und gab eine davon Peggy mit dem etwas verlegen vorgebrachten Auftrag, sie in den Safe zu schließen. Eine zweite steckte er in seine Aktenmappe, die anderen legte er auf seinen Schreibtisch. Er dankte seinem guten Stern, daß Jock ein methodischer alter Profi gewesen war, der immer zwei bis drei Durchschläge gemacht hatte; denn obwohl die Verträge ausdrücklich verlangten, daß der Verlag ein Manuskript und einen Durchschlag erhalten sollte, kam es allzuoft vor, daß nur ein Exemplar existierte. Wenn es diesen Ungeheuern gelungen wäre, nach dem Diebstahl seines Exemplars aus dem Büro Bess durch Terror zur Herausgabe ihrer Kopien zu zwingen, wäre die Sache in ihrem Sinne entschieden gewesen. Aber sie schienen bereits zu wissen, daß er Bess' Kopien hatte. Vielleicht hätte er gestern abend beide genau durchsehen sollen; manches sprach dafür, daß eine der Kopien, die sie ihm übergeben hatte, von einer Erstfassung stammte und in Einzelheiten von der Fassung abwich, die er ursprünglich hier gehabt hatte und die gestohlen worden war. Nun war es zu spät, sich deswegen zu grämen; der Durchschlag war verbrannt, und die einzige Kopie vom Original war diejenige, die er hatte. Aber es könnte lohnend sein, den Durchschlag im Safe des Agenten mit seiner Kopie zu vergleichen, um sicherzugehen. Vielleicht hatte Jock zu den Schriftstellern gehört, welche die Erstfassung eines Manuskripts bei der Überarbeitung noch stark veränderten.

Jedenfalls konnte er dem Verfasser des Klappentextes jetzt

eine Kopie überlassen und hatte außerdem die Gewißheit, daß immer noch eine Kopie übrigbliebe, sollte sonst jemand eine benötigen. Es war noch nie geschehen, daß ein Manuskript in der Druckerei verlorengegangen war, wenn er auch wie die meisten Verlagsleute diesbezüglich gelegentlich Alpträume hatte, aber es würde genau zur gegenwärtigen Pechsträhne passen, wenn es diesmal geschähe, und er wollte verdammt sein, wenn er noch etwas schiefgehen ließ. Seine irische Dickschädeligkeit fühlte sich herausgefordert, und wer immer diese psychotischen Irren waren, an ihm sollten sie sich die Zähne ausbeißen.

Nachdem dies geregelt war, verbrachte er gewissenhafte zwanzig Minuten im Gespräch mit Joan Clancy, einer dicklichen Frau vorgerückten Alters, die im Laufe der letzten zwanzig Jahre unter den verschiedensten Pseudonymen Kriminalromane, Western, Gruselgeschichten und gelegentlich sogar einen Science-fiction-Roman für den Verlag geschrieben hatte. Ihre Mitarbeit als Verlagsautorin reichte in eine Zeit zurück, die weit vor seinem Aufstieg zum Cheflektor lag. Das angenehme, vergleichsweise vernünftige Gespräch über die Frage, ob es mit den Western endgültig aus sei und ob das Leserpublikum, das sie bevorzugt hatte, nun ganz zu den Fernsehproduktionen übergelaufen sei, bereitete ihm echtes Vergnügen. Er lauschte geduldig, und diesmal ohne geistiges Daumendrehen ihrem unschlüssigen Hin und Her zu der Frage, ob sie ihren nächsten Schauerroman noch vor Neujahr würde vollenden können, und klopfte ihr schließlich auf die Schulter und geleitete sie mit ein paar freundlichen, ermutigenden Worten hinaus. Autorenbesuche konnten einen Arbeitstag schrecklich durcheinanderbringen, wenn er viel zu tun hatte, aber Joan Clancy machte niemals übermäßigen Gebrauch von diesem Vorrecht und begnügte sich mit drei oder vier Besuchen im Jahr, wobei sie niemals länger als zwanzig Minuten blieb; dann fiel ihr regelmäßig ein, daß sie noch diese oder jene wichtige Besorgung zu machen hatte (ein Besuch in der Stadt bedeutete für sie zwei Stunden Bahnfahrt von Long Island). Aus all diesen Gründen nahm er sich immer die Zeit, sie zu empfangen. Die meisten seiner Autoren waren viel ungezwungener, doch wäre es ihm gerade darum unangenehm gewesen, wenn die gute Frau sich unerwünscht gefühlt hätte, obgleich er vermutete, daß sie im Grunde nichts zu sagen hatte und sich einfach bei ihm in Erinnerung bringen wollte. Als ob es dessen bedürfte, nach zwölf Büchern in fünf Jahren, dachte er freundlich, und wunderte sich wieder einmal über die unterschiedlichen Charaktere der Menschen. Weniger bescheidene Autoren brachten es fertig, ihn sieben Jahre nach dem Erscheinen eines Buches anzurufen und zu erwarten, daß er sich nicht nur an ihre Namen erinnere, sondern an alles, was sie seither geschrieben und bei anderen Verlagen untergebracht hatten, ganz zu schweigen von ihren letzten Eheschließungen oder Scheidungen und den Namen ihrer Kinder und Hunde.

Er öffnete ein Paket, das von einer der großen literarischen Agenturen durch Boten geschickt worden war und zwei Science-fiction-Romane enthielt, dann fiel ihm ein, daß er seiner Sekretärin versprochen hatte, diesen Mr. MacLaren zu empfangen. Gut, wenn der Mann ein neues Kopiergerät oder eine elektrische Schreibmaschine verkaufen wollte, konnte er ihn immer noch zum kaufmännischen Leiter schicken. Mit diesem beruhigenden Gedanken bat er Peggy, den Mann hereinkommen zu lassen.

Er stand auf, um den Besucher zu begrüßen. Peggy hatte recht gehabt: Er hatte freundliche Augen. Er war ein hochgewachsener Mann um die sechzig, mit ordentlich frisiertem grauem Haar, einer hohen kantigen Stirn, großer Nase und kräftigem Kinn. Und unter den buschigen grauen Brauen blickten Augen von einem ungewöhnlich leuchtenden Blau hervor, einem Blau, das außer bei Skandinaviern selten die Kindheit überdauert.

»Mr. Melford? Guten Tag. Es ist nett von Ihnen, mich ohne eine Verabredung zu empfangen.«

Seine Stimme war deutlich, angenehm und neutral, obwohl Jamie den Eindruck hatte, daß sie mächtig anschwellen konnte, wenn er zornig wurde. »Das ist schon gut«, sagte er. »In welcher Angelegenheit wünschen Sie mich zu sprechen?«

»Mr. Melford, soviel mir bekannt ist, hat Ihr Verlag, der viele der früheren Bücher John Cannons veröffentlicht hat, die Absicht, ein weiteres Buch dieses Autors posthum herauszubringen.«

Jamies zornige Enttäuschung war so groß, daß er aufstand und mit halberstickter Stimme sagte: »Hinaus!«

»Ich – wie bitte?«

»Gehen Sie zurück zu Ihren psychotischen Freunden und erzählen Sie ihnen, daß sie zum Teufel gehen sollen. Nichts zu machen. Ich lasse mich nicht einschüchtern.«

MacLaren schüttelte bedauernd den Kopf. Weit davon entfernt, ihm die brüske Abfuhr übelzunehmen, zwinkerte er mit den Augen und lächelte. »Mr. Melford, ich glaube, hier liegt ein Mißverständnis vor.«

Jamie blieb stehen. »Wollen Sie leugnen, daß Sie gekommen sind, um fortzusetzen, was Ihre Freunde angefangen haben, und mich durch Überredung oder Drohungen zu bewegen, Cannons Buch zurückzuhalten?«

»Sie erliegen tatsächlich einem Mißverständnis, Mr. Melford«, sagte MacLaren. »Wollen Sie sich bitte wieder setzen?«

Ehe er überlegen konnte, wie er sich zu der Aufforderung verhalten sollte, sah Jamie sich wieder in seinem Bürosessel. Er fragte sich, ob dies eine neue Phase in dem Nervenkrieg sei, aber es hätte zuviel innere Unsicherheit verraten, wenn er wieder aufgesprungen wäre. Er sagte in einem Ton ungeduldiger Verdrießlichkeit: »Sagen Sie, was Sie zu sagen haben. Aber es sollte überzeugend sein.«

»Ich weiß nicht, was ich Ihnen sagen soll«, antwortete MacLaren bedächtig. »Ich nehme an, jemand ist vor mir dagewesen und hat Sie zornig gemacht. Glauben Sie mir, ich bin nicht mit irgendwelchen anderen verbündet, die sich möglicherweise an Sie gewandt haben. Ich versichere Ihnen nach bestem Wissen und Gewissen, daß ich niemals in einer gleichwie gearteten Verbindung mit Ihnen gestanden habe, mit der einzigen Einschränkung, daß ich Sie einmal aus der Ferne gesehen habe, bei einer Schriftstellertagung; Sie wurden mir als der Cheflektor dieses Verlages genannt. Ich kam zu Ihnen, Mr. Melford, um zu fragen, ob Sie daran denken würden, Cannons letztes Buch zurückzuziehen, weil...«

»Weil Sie und Ihre Freunde entschieden haben, daß Sie mit Honig mehr Fliegen fangen können als mit Essig? Nun, Drohungen haben nicht gewirkt, und freundliche Töne werden auch nichts bewirken.«

»Gott schütze uns«, sagte MacLaren, »es ist schlimmer, als ich dachte. Sind Sie bedroht worden, Mr. Melford?«

»Als ob Sie das nicht wüßten! Hören Sie, MacLaren, jeder, der mich höflich oder auf andere Weise auffordert, dieses Buch jetzt zurückzuziehen, muß mit meinem schärfsten Mißtrauen rechnen.«

»Ich verstehe«, sagte der Mann, ohne sich aus der Ruhe bringen zu lassen. »Und ich kann es Ihnen nicht zum Vorwurf machen. Aber vielleicht würden Sie mich erklären lassen, warum ich an Cannons letztem Buch interessiert bin.«

»Das sollten Sie allerdings erklären.«

MacLaren ließ eine kleine Weile verstreichen, wie um seine Gedanken zu sammeln, und Jamie hatte Gelegenheit zu bemerken, wie still der Mann dasaß, ohne eine Spur des nervösen, halb unbewußten Herumrückens und Gefummels, das den meisten Leuten eigen war, wenn sie einem Gesprächspartner gegenübersaßen. Endlich sagte er: »Mr. Melford, wenn Sie wüßten, daß jemand ein gefährlicher Psychotiker ist, würden Sie ihm eine geladene Pistole geben? Ich kann verstehen, daß Sie diese Leute und ihre widerwärtige Verderbtheit bloßstellen möchten. Doch soviel ich weiß, ist Cannon noch weiter gegangen: Er hat geschildert, wie einige dieser verwerflichen Praktiken ausgeführt werden, was die Gefahr in sich birgt, daß Dutzende anderer ungefestigter Menschen dieses Buch lesen und sich davon angeregt fühlen könnten.«

Nun fühlte Jamie sich auf etwas vertrauterem Boden. »Jedesmal, wenn wir ein Sexbuch veröffentlichen, höre ich dieses Argument von falschen Liberalen, die es als Maske für ihren eigenen Puritanismus gebrauchen. Sie sagen ›Wir können solches Zeug natürlich ungefährdet lesen, aber wie steht es mit den armen, sittlich und geistig ungefestigten Personen?‹ Zu Ihrer Information, Mr. MacLaren: Wir verlegen Bücher für das allgemeine Publikum, nicht für die geistig Ungefestigten, nicht für die Pervertierten, auch nicht für den mythischen Durchschnittsmenschen. Ich halte nichts von Zensur.«

»Ich auch nicht, wenn es eine Frage der Moral ist«, sagte MacLaren. »Gleichwohl glaube ich an moralische Verantwortung. Ich gehöre zu den Leuten, die der Meinung sind, daß dies beispielsweise eine bessere Welt wäre, wenn die Wissenschaftler, die die Atombombe entwickelten, alle unter Eid verpflichtet worden wären, ihr Wissen niemals preiszugeben. Jetzt besteht die Gefahr, daß eine andere Art von Wissen ebensoviel Schaden anrichtet wie eine Atombombe ...«

»Na, jetzt übertreiben Sie aber!« unterbrach ihn Jamie.

»Glauben Sie mir, es ist mein Ernst. Eine Atombombe tötet – einmal. Ein Mensch kann nur einmal sterben, und da ein jeder in diesem Leben sterben wird, halte ich persönlich es für belanglos, ob ich allein oder zusammen mit neun Millionen anderen sterbe, wenn das Gottes Wille ist. Noch erscheint es mir wichtig, ob ich – oder sonst jemand – an einer Atombombe oder einem Steinwurf sterbe. Ich werde sterben, wenn meine Zeit kommt, das ist alles. Aber ich bin bereit, alles in meiner Macht Stehende zu tun, um zu verhindern, daß Menschen vor ihrer Zeit sterben müssen, und dieses Buch enthält unter anderem Informationen über bestimmte Methoden und Techniken zur störenden und lebensgefährdenden Einwirkung auf Körper und Geist anderer Menschen.«

»Würden Sie Einwände gegen ein Buch erheben, das Techniken der Gehirnwäsche bloßstellt?« fragte Jamie.

»Ich würde es tun, wenn die Techniken so einfach wären, daß jeder, der das Buch liest, hingehen und sie anwenden könnte«, erwiderte MacLaren. »Genauso wie ich Einwände gegen ein Buch erheben würde, das Schulkindern erklärt, wie sie in ihrem Spielzimmer Bomben basteln können.«

Jamie hob die Schultern. »Sie mögen ehrlich sein, und Sie mögen es nicht sein«, antwortete er. »Trotzdem hört es sich so an, als seien Sie zu dem Schluß gelangt, daß ich mich nicht abschrecken lasse, aber vielleicht durch Überredung von meinem Vorhaben abbringen ließe. Deshalb sage ich Ihnen, daß die Antwort immer noch nein ist. Selbst wenn ich glaubte, was Sie über die in diesem Buch lauernden Gefahren sagen – und ich glaube es nicht –, würde ich mich nicht abschrecken lassen. Also gehen Sie hin, und erzählen Sie Ihren Freunden das.«

»Gott möge verhüten, daß ich mit solchen Leuten spreche«, sagte MacLaren mit einem leichten Lächeln. »Immerhin bewundere ich Ihre Haltung. Und da es untersagt ist, Sie an der Verwirklichung Ihrer freien Willensentscheidung zu hindern, kann ich nicht mehr sagen. Aber ich wünschte, Sie würden anders darüber denken. Wären Sie vielleicht bereit, mich gemeinsam mit Ihnen das Manuskript durchgehen zu lassen? Sie könnten an sensationellem Material soviel darin lassen, wie Sie wollen, aber vielleicht würden Sie sich bereit finden, das bei einer Veröffentlichung gefährliche Material herauszunehmen oder vielleicht unverständlich zu machen.«

»Ausgeschlossen.«

»Mr. Melford, Sie wissen, daß diese Leute sich nicht mit Drohungen begnügen werden«, sagte MacLaren zögernd. »Ich möchte Sie nicht ängstigen, aber...«

»Sollen sie ihr Äußerstes versuchen! Und Sie sollten sich eins klarmachen: Ihre Freunde...«

»*Es sind nicht meine Freunde!*« brüllte MacLaren so laut, daß Jamie förmlich zurückprallte. Dann fuhr er in ruhigem Ton fort: »Entschuldigen Sie, ich hätte nicht grob werden sollen. Aber Sie sind ein starrsinniger Mann, Mr. Melford, und auch ich habe Temperament. Mir mißfällt Ihre fortwährende Unterstellung, daß ich ein Lügner und irgendwie mit diesen Leuten, die Sie bedroht haben, verbündet sei!«

Jamie fühlte, wie er errötete, gab aber nicht nach. »Glauben Sie, Leute, die Jock Cannon zu Tode ängstigten und seine und meine Frau terrorisieren, würden vor einer Lüge zurückschrekken?«

»Wenn Sie es so sagen – wahrscheinlich nicht«, antwortete MacLaren. Es klang traurig.

»Nun, diese Leute, ob sie Ihre Freunde sind oder nicht, können mir nichts anhaben, weil ich einfach nicht an ihren Hokuspokus glaube! Jock Cannon hatte angefangen, daran zu glauben, und das war fatal für ihn – brachte ihn vielleicht sogar um. Aber mich kann es nicht in gleicher Weise treffen, weil ich nicht daran glaube!« In seiner Erregung wurde er nun selbst laut, aber MacLaren entwaffnete ihn mit einem unerwarteten, breiten, unwiderstehlichen Lächeln.

»Das ist der rechte Geist«, sagte er zustimmend. »Wenn Sie gewillt und entschlossen sind, es allein mit diesen Leuten aufzunehmen, dann steckt in dieser Haltung Ihre einzige Chance, ohne Schaden aus der Sache herauszukommen. Und falls Sie es sich anders überlegen sollten, rufen Sie mich an. Jederzeit. Zu jeder Tages- oder Nachtstunde. Und ich werde für Sie beten.«

Ohne weitere Abschiedsworte stand er auf und ging hinaus. Jamie blieb verdutzt zurück, allein mit der noch immer unbeantworteten Frage, ob der Mann es am Ende doch ehrlich gemeint habe.

6. Kapitel

Barbara Melford schlug die Augen auf. Das Licht rief einen dumpfen Schmerz in ihrem Kopf hervor. Sie setzte sich und lauschte in die Stille der Wohnung.

Normalerweise erfüllten morgens die Geräusche von Jamies Nachrichtensendung, Mutter Melfords Hantieren in der Küche, wenn sie Kaffee zubereitete, von laufendem Wasser im Bad oder sonstwo die Wohnung. An diesem Morgen herrschte vollkommene Stille bis auf das schwerfällige Ticken der Uhr. Barbara starrte ungläubig zum Zifferblatt: elf Uhr?

Großer Gott, dachte sie, ich habe wie eine Tote geschlafen! Jamies Bett war in Unordnung, die Decke zurückgeschlagen, es war leer. Dann, langsam und wie die Erinnerung an einen schlechten Traum, kehrte das Geschehen der vergangenen Nacht in ihr Bewußtsein zurück. Hatte sie Cannons Manuskript tatsächlich in schlafwandlerischer Verwirrung ins Feuer geworfen? Ihre letzte Erinnerung nach dem Zwischenfall war die, daß Jamie mit der Kopie unter dem Kopfkissen eingeschlafen war. Bald darauf war auch sie wieder eingedämmert, bis zuletzt verfolgt von der Vorstellung, beim Erwachen werde sich womöglich herausstellen, daß sie irgendeine neue Schreckenstat verübt hatte.

Mißlaunig stand sie auf, zog einen Bademantel über und ging ins Wohnzimmer. Mutter Melford mochte inzwischen einkaufen gegangen sein; vielleicht hatte auch Dana ihr den Gefallen getan, irgendwohin zu gehen.

Das Wohnzimmer war verlassen, aber an eine Sessellehne beim Kamin war eine Notiz geheftet: »Liebe Barbara, du schliefst so gut, daß ich es nicht übers Herz brachte, dich zu wecken, und Jamie sagte, du hättest eine unruhige Nacht gehabt, also ließ ich dich schlafen. Ruhe dich gut aus, Liebes. Ich helfe Dana bei der Wohnungssuche. Flora Melford.«

Barbara schnitt eine Grimasse und warf den Zettel in den Kamin. Ich muß ein völlig verderbter Mensch sein, dachte sie. Je mehr sie sich bemüht, nett zu sein, desto unechter kommt es mir vor, und das muß mein Fehler sein, nicht ihrer.

Mit Unbehagen erinnerte sie sich, daß sie für diesen Vormittag zwei Termine für Werbeaufnahmen hatte. Sie rief an und bat im Büro, neue zu vereinbaren. Jetzt war es dank Mutter Melfords wohlmeinender Fürsorge ohnehin zu spät, ins Atelier zu fahren. Ein längerer Aufenthalt unter der Dusche tat ihr gut; sie zog alte Jeans und einen Pullover an, band das feuchte Haar in einem Kopftuch auf und tappte auf der Suche nach etwas Kaffee zur Vervollständigung der Kur barfuß in die Küche. Sie streckte die Hand zur Kaffeedose aus, als ihr Blick auf etwas fiel: schnell zog sie die Hand zurück und keuchte vor Entsetzen.

Vor ihr auf dem Küchenbuffet lag ein roh gearbeitetes hölzernes Kreuz; auf dieses Kreuz war der ausgestreckte Leichnam einer graugrünen Kröte genagelt.

Schaudernd starrte sie auf das Ding, vor Entsetzen konnte sie ihren Augen kaum trauen.

Wie war das da hingekommen? Wenn es heute früh schon in der Küche gewesen wäre – ausgerechnet in der Küche! –, hätte Mutter Melford mit ihren Schreien die Wände zum Einsturz gebracht. Barbara hatte keinen Schrecken vor toten Tieren als solchen, aber die sadistische Grausamkeit dieser Tat und die blasphemische Absicht verursachten ihr Übelkeit.

Konnte es sich um einen widerwärtigen Scherz handeln? Mutter Melford hatte sich gestern abend über ihre Absicht mokiert, ihre Kinder einmal religiös zu erziehen... Sollte dies ihre zusätzliche Antwort sein?

Barbara wußte, daß ihre Schwiegermutter sie nicht mochte. Doch um so etwas zu tun, mußte sie sie wirklich hassen.

Und würde ein geistig gesunder Mensch ein wehrloses armes Tier zu Tode quälen, bloß um jemand anderem einen solch geschmacklosen Streich zu spielen?

Barbara war nicht naiv und wußte, daß Tierquälerei keine noch nie dagewesene Erscheinung war; sie so hautnah zu erleben, war jedoch entnervend. Sie wollte das Ding aufheben und in den Mülleimer werfen, hielt aber inne, als die Erkenntnis sie wie der Schlag eines Dampfhammers traf: Das ist die Methode, mit der sie Jock Cannon erledigten.

Nun hatten sie auch mit ihr angefangen.

Aber warum mit ihr? Warum nicht mit Jamie? Sollte sie das Schreckensding lieber aufbewahren, um es ihm zu zeigen?

Nein, es würde ihn nur noch mehr aufregen...

Doch als sie die Hand wieder ausstreckte, um das Monstrum aufzuheben, mußte sie feststellen, daß ihre Finger nicht zugreifen konnten. Nach kurzer Unschlüssigkeit ließ sie es liegen, bereitete sich eine Tasse Pulverkaffee unter dem Warmwasserhahn und ging ins Wohnzimmer, um ihn dort zu trinken, damit sie das gräßliche Ding nicht sehen mußte.

So weit, so schlecht. Dieselben Leute, die Jock Cannon verfolgt und eingeschüchtert hatten, versuchten es jetzt mit ihr und Jamie. Aber wie war das Ding in die Wohnung gelangt? War jemand eingedrungen, während sie geschlafen hatte? Das würde bedeuten, daß jemand einen Duplikatschlüssel hatte.

Sie hatte Jock Cannons frühere Bücher nur flüchtig gelesen, nun aber, angestachelt von einer unbestimmten Halberinnerung, ging sie zum Bücherschrank und nahm ein Exemplar von *Der Teufel in Amerika* heraus. Nach einiger Suche fand sie in einem Bericht über Geflügelopfer bei Voodoo-Ritualen in New Orleans folgenden Abschnitt:

> Der verstorbene Aleister Crowley hinterließ die Schilderung einer grotesken Zeremonie, in deren Verlauf eine auf den Namen Jesus, Sohn des Joseph, getaufte Kröte drei Tage in einem Kasten aus Zedernholz gehalten wurde, während man vor ihr betete, Weihrauch verbrannte und sie verehrte. Unterdessen schnitzte der Zauberer ein Kreuz, auf welches er das Tier am dritten Tag nagelte.

Aber Jocks Buch gab keinen Hinweis darauf, warum solch ebenso sinnlose wie bösartige und frevelhafte Handlungen verübt wurden. Barbara hatte immer angenommen, daß derartige Perversionen religiösen Empfindens das Werk von Menschen waren, die aus irgendeinem Grund die Kirche verlassen hatten und nun von dem krankhaften Verlangen getrieben waren, öffentlich zu bespeien und zu beschmutzen, was sie einst als heilig verehrt hatten. Doch die unmittelbare Begegnung mit diesem scheußlichen Zeugnis geistiger Verirrung gab ihr das beklemmende Gefühl, dem Wahnsinn nahe zu sein.

Stumpf dachte sie, daß sie das Ding beiseite schaffen sollte, aber sie blieb wie gelähmt im Sessel sitzen, das offene Buch in der schlaff herabhängenden Hand. In der Asche des Kaminfeuers lagen eng geschichtet zerfallende und gewellte schwarze Aschenblätter: der verbrannte Durchschlag des Manuskripts. Wie hatte sie so etwas tun können? Sie war nie Schlafwandlerin gewesen, nicht einmal als kleines Mädchen.

Schritte und Stimmen im Hauskorridor rüttelten sie ein wenig aus ihrer Mattigkeit auf, und als Mrs. Melford und Dana hereinkamen, beide lächelnd und gerötet von der kalten Luft, setzte sie sich aufrecht und trank den Kaffee aus.

»Hallo, Liebes.« Die alte Frau kam herein und beugte sich vor, um sie auf die Stirn zu küssen. »Was machen die Kopfschmerzen? Hat Jamie angerufen? Gehst du heute nicht zur Arbeit?«

»Natürlich bin ich gegangen«, sagte Barbara mit einem schiefen Lächeln. »Was du siehst, ist nur mein Astralleib. Hallo, Dana. Hattest du Glück bei der Wohnungssuche?«

»Ich habe eine Wohnung angesehen, die ich wahrscheinlich nehmen werde«, sagte Dana. »Fühlst du dich besser, Barbara? Du siehst gar nicht gut aus, und Jamie sagte, du hättest geschlafwandelt.«

Die Vorstellung, daß die drei beim Frühstück über sie diskutiert hatten, war ihr zuwider. Sie raffte sich auf, sagte trocken: »Es geht mir ganz gut, danke«, dann stand sie auf, das Buch in der Hand.

»Was liest du da? Oh...« Mrs. Melford machte eine Grimasse des Abscheus, »... dieses Ding!« Sie nahm ihre Einkaufstasche vom Stuhl, wo sie sie abgestellt hatte. »Nun, es wird Zeit, daß ich mich um das Mittagessen kümmere...«

Sie wollte in die Küche, hatte die Tür jedoch kaum durchschritten, als sie mit einem schrillen Aufschrei zurückprallte: »Äh! Äh! Oh...!«

Barbara zuckte zusammen. Sie hatte die gräßliche gekreuzigte Kröte auf dem Küchenbuffet neben der Kaffeedose liegengelassen.

Mrs. Melford wandte sich erregt und mit verzerrtem Gesicht zu Barbara. »Hast du das da hingelegt? Hast du es liegengelassen? Oh, wie grauenhaft! Ich kann es nicht sehen, kann es nicht anfassen!«

Barbara seufzte. »Tut mir leid. Ich hätte es in den Abfalleimer werfen sollen, dachte aber, Jamie sollte es sehen, also ließ ich es liegen...«

»Du ließest es liegen? Bist du von Sinnen, solch ein Ding auf dem Buffet liegen zu lassen...«

»Ich meine, ich fand es dort«, sagte Barbara müde. »Und ich habe es nicht angerührt.«

»Aber Barbara«, sagte Dana, das süße Gesicht ein Bild der Verblüffung, und sah sie mit großen Augen an. »Wie konntest du es dort finden? Es war nicht da, als wir frühstückten, nicht wahr, Mutter?«

»Ganz gewiß nicht!« sagte Mrs. Melford energisch. »Und es ist nicht mit eigenen Füßen da hineingegangen! Und außer dir ist niemand dagewesen, Barbara! Soll das ein Scherz sein? Es ist nicht sehr komisch, muß ich sagen, aber...«

»Ich habe es da nicht hingelegt«, protestierte Barbara, »und ich finde es auch nicht komisch. Ich ging vor einer halben Stunde in die Küche, um mir Kaffee zu machen, und da lag es auf dem Buffet. Ich – ich konnte es nicht anrühren«, schloß sie matt.

Mrs. Melford musterte sie skeptisch. Dana runzelte ein wenig die Stirn, und ihre klaren blauen Augen betrachteten Barbara mit einem bekümmerten und erschreckten Ausdruck. »Aber Barbara, wenn sonst niemand hiergewesen ist, bist du sicher, daß du es nicht da hingelegt hast... vielleicht, als du geschlafwandelt hast?«

»Ich habe nur dieses eine Mal geschlafwandelt«, sagte Barbara, die sich plötzlich in die Enge getrieben fühlte und zornig wurde. »Und ich habe es nicht getan. Vielleicht hast du es dort hingelegt.«

Darauf antwortete Dana nicht einmal. Sie zuckte bedeutungsvoll die Achseln, wandte sich ab und sagte zu Mrs. Melford: »Ich glaube, sie fühlt sich nicht sehr gut, Mutter. Wir wollen sie nicht plagen.«

Barbara schüttelte hilflos den Kopf, sah sich aber vollends in die Rolle einer Verrückten gedrängt, auf die Rücksicht zu nehmen war, als Mrs. Melford mit einem vielsagenden Unterton meinte: »Ihr Bruder, der arme Jerry – irgendwie fühle ich mich schuldig. Es wäre furchtbar, wenn so etwas noch einmal passierte...«

Sie verschwand in der Küche und kam gleich darauf wieder zum Vorschein, die gekreuzigte Kröte in der Hand. Nach allem anfänglichen Geschrei und Aufhebens schien sie jetzt ganz unbefangen damit umzugehen.

»Du solltest dich wieder hinlegen, Barbara«, sagte Dana und streckte ihr die Hand hin. »Wenn das Mittagessen fertig ist, werde ich dir etwas davon bringen.«

Die Aufdringlichkeit ihrer Fürsorge reizte Barbara nur noch mehr. Sie sagte kurz: »Ich fühle mich nicht schlecht.«

»Nun, nach deinem Aussehen und Benehmen... Ich werde dieses Ding in den Müllschlucker stecken«, sagte Mrs. Melford, und sie ging aus der Wohnung zum Müllschacht. Dana sagte halblaut: »Sie sorgt sich nur um dich, Barbara. Sei nicht verstimmt.«

»Ich bin nicht verstimmt. Und um zu beweisen, daß ich gut von ihr denke«, versetzte Barbara ein wenig grimmig, »werde ich ihr etwas Arbeit ersparen, indem ich die Betten und das Schlafzimmer selbst mache.«

»Oh, macht sie deine ganze Hausarbeit? Du Glückspilz, du«, sagte Dana mit großen Augen. »Weißt du, was Zugehfrauen kosten?«

»Ich habe oft genug versucht, eine einzustellen; ich will mir nicht nachsagen lassen, ich machte meine Schwiegermutter zur Hausmagd. Aber sie weigert sich einfach, jemand anders in die Wohnung zu lassen. Eine Putzfrau wäre ihr nur im Weg, sagt sie.«

»Niemand hat dich beschuldigt«, sagte Dana. »Meine Güte, bist du heute gereizt! Was liest du da?«

Sie nahm Barbaras Hand, die noch das Buch hielt, drehte sie um und warf einen Blick auf den reißerisch aufgemachten Titel. »Hu! Kein Wunder, daß du dich so elend fühlst.«

Barbara unternahm eine entschlossene Anstrengung, befreite ihre Hand aus Danas und sagte: »Kümmere dich nicht um mich; ich bin nicht in der Stimmung für Gespräche. Ich möchte auch kein Mittagessen. Wenn ich das Schlafzimmer aufgeräumt habe, werde ich ins Atelier fahren und in der Stadt einen Bissen essen. Tut mir leid, wenn es sich gereizt anhört, Dana; es ist keine Absicht.« Sie ging ins Schlafzimmer und schloß die Tür hinter sich, dann preßte sie die Hände an ihre Schläfen.

Vielleicht meinte Dana es auch gut, aber dieser liebenswürdige, unschuldsvolle Ausdruck war einfach zuviel! Niemand konnte so lieb und süß sein!

Mißlaunig machte sie die Betten, wischte Bad und Dusche, fegte den Boden und ging mit dem Staubtuch über Nachttische und Frisierkommode. Sie kochte innerlich. Mit Vergnügen hätte sie eine Zugehfrau eingestellt, aber Jamies Mutter beharrte darauf, daß eine fremde Frau in der Wohnung, die sich in alles einmischte und mit all ihren Dingen herumfuhrwerken würde, eine unangenehme Beeinträchtigung der Privatsphäre wäre. Daß sie selbst durch ihre schwiegermütterliche Anwesenheit Jamies und ihre Privatsphäre beeinträchtigte, kam ihr jedoch nie in den Sinn.

Anfangs hatte Barbara einen ausgesprochenen Widerwillen dagegen gehabt, daß Jamies Mutter ihre Betten machte, möglicherweise in ihren Schubladen wühlte, ihre Wäsche ordnete und ihr Kamm und Bürste reinigte. Sie hatte durchzusetzen versucht, daß sie ihr Schlafzimmer selbst in Ordnung halten würde. Aber Mrs. Melford hatte verletzt und sarkastisch reagiert. »Du denkst, ich würde vielleicht in deinen Kommodenschubladen schnüffeln? In deinen privaten Papieren blättern? Vielleicht in deine Nachttischschublade schauen, um zu sehen, was für Pillen du nimmst?«

»Nein, nein«, hatte Barbara protestiert, schuldbewußt, weil sie genau dies befürchtete. »Ich möchte nur nicht, daß du wie eine Dienerin behandelt wirst.«

»Eine Dienerin? Eine Dienerin? Du kommst aus einer Familie, die Diener hat? Ich bin nicht so vornehm, ich möchte nur wie in meiner eigenen Wohnung sein. Ich arbeite gern!« Dann hatte sie die Stimme gesenkt und hinzugefügt: »Aber ich bin nur eine arme alte geduldete Großmutter, keine Hausherrin mehr, die ihre eigene Küche hat. Ich wäre besser im Altersheim! Eine Zeit hatte ich gedacht, ich könnte hier zu Hause sein...«

»Ach, um Himmels willen, Mutter! Tue meinetwegen, was du willst!«

»Damit du mich verdächtigst? Nein, ich sage dir, was du tun sollst!« Und ein halb trauriges, halb mißgünstiges Lächeln war über die Züge der alten Frau geglitten. »All deine Geheimnisse, alle Dinge, die ich nicht sehen soll, schließt du einfach weg. Besorge dir ein großes Schloß, und dann...«

»Lieber Himmel, Mutter, ich habe keine Geheimnisse!« hatte Barbara gerufen, und dabei war sie sich vorgekommen wie eine rebellische Halbwüchsige, schuldbewußt und unglücklich. »Es tut mir leid! Wenn du nicht verstehen kannst, wie ich es gemeint habe, vergiß es!«

Und Jamie hatte später halb entschuldigend gesagt: »Mutter hatte immer ihren eigenen Hausstand, und ich glaube, sie fühlt sich einsam, wenn sie keine Hausarbeit zu erledigen hat.

Schließlich ist sie nicht, was du intellektuell nennen würdest, weißt du.«

Das war wohl richtig. Die alte Frau las wenig, sah nicht fern, schien eine Abneigung gegen das Radio zu haben und kannte keine Steckenpferde, ausgenommen den kleinen Kräutergarten, mit dem sie sich gern beschäftigte: Schnittlauch und Salbei, Petersilie und Estragon, Basilikum und ein halbes Dutzend Blumentöpfe mit anderen Kräutern, die Barbara nicht kannte, die im allgemeinen aber angenehm dufteten, süß oder scharf oder bitter, und deren Geschmack sie meistens in irgendeinem Schmorgericht oder in einer Bratensoße wiedererkannte... Die alte Frau war eine vorzügliche Köchin.

Auch schien sie kaum Freundinnen zu haben; daß sie sofort eine Zuneigung zu Dana gefaßt hatte, konnte man nur als die Ausnahme ansehen, die die Regel bestätigte. Wäre sie jünger gewesen, hätte Barbara sich gefragt, ob ihre Schwiegermutter lesbische Neigungen habe; ihre plötzliche Freundschaft mit Dana war beinahe eine Vernarrtheit.

Nun aber, als Barbara mißmutig wischte und fegte, merkte sie, daß die körperliche Arbeit ihre gute Laune allmählich wiederherstellte. Man mußte verstehen, daß die arme alte Frau einsam war. Und da es ihr anscheinend unmöglich war, Barbara zu mögen, war es vielleicht angenehm, eine junge Freundin zu haben, die sie wie eine Tochter behandeln konnte. Und wenn Dana sich tatsächlich etwas aus Jamie machte, wäre es besser, sie zu bedauern, statt gehässig und eifersüchtig zu sein. Jedenfalls durfte man Mutter Melford die Freundschaft mit Dana nicht verübeln; Barbara selbst mangelte es, weiß Gott, nicht an Freundinnen, und ihre Schwiegermutter hätte die Wohnung geradesogut zum Versammlungsort eines ganzen Schwarmes von alten Vetteln machen können. Wenigstens das war ihr erspart geblieben.

Aber dieser Hinweis auf Jerry wurmte sie. Sollte das heißen, daß sie bei ihr, Barbara, eine ähnliche Entwicklung erwartete?

Galt schlafwandeln nicht als ein Zeichen von Geistesgestörtheit?

Sie hatte so etwas noch nie getan. Ein Psychologe hatte ihr einmal erklärt, sie sei beneidenswert frei von neurotischen Neigungen. »Wenn alle Leute wie Sie wären, Mrs. Melford, wäre ich arbeitslos«, hatte er lachend erklärt. Barbara hatte bloß überlegt, ob das Problem vielleicht mit einem Mangel an Einbildungskraft zusammenhänge.

»Nun, jetzt mache ich es wieder gut«, sagte sie halblaut zu sich selbst, als sie Besen und Staublappen wegräumte.

War Mutter Melford imstande, ihr den grausamen Streich mit dem toten Tier zu spielen?

Jamie würde niemals dazu imstande sein. Andererseits, wenn die Wohnung abgesperrt und niemand sonst zu Haus gewesen war...

Barbara ermahnte sich, jetzt nicht durchzudrehen. Aber es gab nur fünf Möglichkeiten. Eins: Mutter Melford oder Dana hatten die gekreuzigte Kröte dorthin gelegt, damit sie das blasphemische Monstrum finde. Aber warum sollten sie so etwas tun?

Zwei: Jamie hatte es für sie liegen gelassen. Nein. Sie kannte Jamie, und er würde es einfach nicht tun. Nicht einmal versehentlich würde er es liegen gelassen haben, wo sie oder seine Mutter oder auch Dana es finden konnten.

Drei: Jemand hatte einen Schlüssel zur Wohnung. Das war gewiß die wahrscheinlichste Möglichkeit, aber dennoch kaum anzunehmen. Dieser Nervenkrieg hatte erst vor einem oder zwei Tagen begonnen; konnten sie sich so rasch ausgerüstet haben?

Vier: Das Tier war bei einer spiritistischen Sitzung oder dergleichen durch einen üblen Zauber materialisiert worden. Diese Idee war zu lächerlich, als daß man sie in Erwägung ziehen konnte. Barbara war bereit, an Mord durch Einschüchterung und Suggestion zu glauben, aber nicht durch die Überwindung von Naturgesetzen durch faulen Zauber.

Fünf: Sie selbst hatte es getan, schlafwandelnd oder in einem Anflug von Geistesverwirrung. Der Gedanke erfüllte sie mit jähem Schrecken. Sie hatte das Manuskript verbrannt – wenigstens hatte Jamie gesagt, daß sie es getan habe, und sie hatte die verkohlten Reste gesehen. Was mochte sie sonst noch angestellt haben?

Sie legte sich nieder, streckte sich auf dem Bett aus und versuchte vergeblich, sich auf die Ereignisse des vergangenen Abends zu besinnen. Die quälenden Kopfschmerzen. Wie Dana sich erbötig gemacht hatte, ihr Schultern und Nacken zu massieren. Wie sie sich ausgekleidet hatte und ins Bett gekommen war, wußte sie nicht mehr; ihre einzige Erinnerung war die des unerträglichen Schmerzes, der ganz allmählich vergangen war, als hätte die fast hypnotische Wirkung von Danas langsam über Hals und Schultern streichenden Händen ihn an einem elektrischen Draht abgeleitet. Und dazu ihre weiche, besänftigende Stimme.

Sie ist so nett zu mir, dachte Barbara, und ich bin so ekelhaft, seit sie hier ist. Jamie hätte sie heiraten sollen. Sie ist viel netter als ich.

He, könnte sie mich hypnotisiert haben?

Ich werde wirklich paranoid! Dana würde so etwas nicht tun. Das ist schon Verfolgungswahn!

Undeutlich war ihr bewußt, daß sie zur Arbeit sollte, daß sie aufstehen und sich anziehen und wegen der Nachmittagstermine noch einmal im Atelier anrufen sollte. Außerdem sollte sie die Friseuse anrufen und einen Termin vereinbaren – ihr Haar mußte geschnitten und gelegt werden – und sie wollte in der Zeitung nachsehen, ob die nachweihnachtlichen Niedrigpreisaktionen schon inseriert waren: sie brauchten neue Handtücher. Außerdem hatte sie noch Weihnachtseinkäufe zu erledigen. Wenn Dana bis Weihnachten bei ihnen bliebe, würde sie ein Geschenk für sie besorgen müssen... Aber sie fühlte sich einfach zu müde, um sich zu irgend etwas aufzuraffen.

Draußen im Wohnzimmer hatte Dana das Radio eingeschaltet – nein, sie sang. Ihre Stimme war leise und beinahe tonlos, wie ein Wind, und das Lied, aus ständig wiederholten Bruchstücken bestehend, schien kein Ende nehmen zu wollen. Barbara gähnte; es machte sie schläfrig. Aber lieber Himmel, nachdem sie fast bis Mittag geschlafen hatte, konnte sie um zwei Uhr nachmittags doch nicht schon wieder müde sein!

Sie nahm das Buch *Der Teufel in Amerika* vom Nachttisch, schlug es willkürlich auf und begann wieder zu lesen.

> Diese weißen Hexen haben keine Verbindung mit dem Teufel oder irgendeiner Vereinigung von Satanisten. Sie schreiben ihre Kräfte wohltätigen Naturgesetzen zu und scheinen auf die legendären weisen Frauen, Hebammen und heilkundigen Kräuterweiblein des Mittelalters zurückzugehen, deren auf Überlieferung gegründete Naturmedizin seit Beginn der Neuzeit von der »wissenschaftlichen Medizin« als un-

> liebsame Konkurrenz empfunden wurde, was in der Folgezeit zur Verfolgung und Verurteilung vieler weiser Frauen in Hexenprozessen führte, so daß ihr einst starker Einfluß auf die Volksmedizin mehr und mehr zurückging. Ihre heutigen Nachfahrinnen beschäftigen sich hauptsächlich mit Liebeszaubern und dem Verkauf von Amuletten zum Schutz gegen alle Widrigkeiten des Lebens, vor allem aber gegen Unfruchtbarkeit und eheliche Zwietracht.

Vielleicht war es das, was sie brauchte, dachte Barbara schläfrig; einen Fruchtbarkeitszauber. Was das anging, wurde gemunkelt, daß unten im East Village, wo die Hippies sich versammelten, neuerdings die alten Fruchtbarkeitskulte, verbunden mit Orgien, wieder im Schwange seien. Aber wer Orgien abhalten wollte, brauchte dazu keinen Fruchtbarkeitskult.

Sie las weiter und zwang ihre Augen, sich auf die verschwimmenden Buchstaben zu konzentrieren. Es konnte nicht sein, daß sie um diese Zeit schon wieder schläfrig war.

> Das genaue Gegenteil der wohlmeinenden, wenn auch wahrscheinlich nutzlosen Liebeszauber und Amulette der weißen Hexen finden wir in den bösartigen Schadenszaubern, Hexenbeuteln und anderem Verwünschungszubehör der schwarzen Hexe oder Zauberin. Ich habe erlebt, daß solche Zauber Männer impotent machten, Ehen zerstörten und Frauen Unfruchtbarkeit brachten. Die Kraft der Suggestion ist stark, aber ich möchte auch die Möglichkeit telepathischer Kraft nicht ausschließen, selbst dort nicht, wo das Opfer von seiner Verwünschung angeblich nichts weiß.

Das Buch fiel aus Barbaras Hand. Dummes Zeug, dachte sie schläfrig. Der arme Jock glaubte all diesen Unsinn, und sie ängstigten ihn damit zu Tode. Sie schloß die Augen.

Nur ein kleines Nickerchen …

Im Nebenzimmer murmelte Danas Stimme wie ein sprudelnder Quell weiter und weiter, und allmählich sank Barbara unter die Oberfläche des Wassers, dessen kleine Wellenriffel über ihrem Kopf weiterspielten.

Sie schien in einer mächtigen, grau gewölbten Halle zu sein, umgeben von Säulen, deren schwarze Oberflächen jeden Lichtschein spiegelten, als wären sie aus Ebenholz oder poliertem Jett gemacht. In der Mitte der Halle brannte ein schwelendes Feuer und verbreitete einen süßen Duft mit bitteren Beimengungen. Barbara ging auf wankenden Knien auf das Feuer zu, langsam, als bewege sie sich unter Wasser.

Eine dunkle Gestalt kauerte am Feuer. Weiße, knochige Hände schauten unter dem wallenden, schwarzen Kapuzengewand hervor. Zwischen den Händen sah Barbara die schlaffe Gestalt eines kleinen Tieres, einer Maus oder einer jungen Katze, und ein Messer... Der leise, einförmige Gesang schwoll an zu hypnotisch rhythmisierten Anrufungen, das Messer blitzte, ein quiekender kleiner Schrei ertönte...

Barbara hörte sich selbst laut wimmern und fuhr erschrocken auf. Der Raum war leer, und es war ihr eigenes, vertrautes Schlafzimmer. Es gab keine Halle, keine Säulen, keine verhüllte Gestalt, kein totes Tier...

Ihre Hand, die neben ihr auf dem Bett lag, zog sich entsetzt zusammen. Da lag etwas neben ihrem Handrücken, warm und schlaff... etwas...

Der Blick ihrer schreckgeweiteten Augen suchte es, und da lag es neben ihr, noch warm; rotes Blut tröpfelte aus der Kehle: eine große graue Maus, tot, aber noch nicht kalt.

Ein Schrei zog ihre Kehle zusammen, kam aber nicht heraus. Im Nebenzimmer sang Dana noch immer ihre eintönige Melodie, und durch die Türritzen zog der gute Duft gebratenen Fleisches mit Kräutern von der Küche herein. Die beiden anderen gingen unbekümmert ihren Beschäftigungen in der Wohnung nach und sie... sie...

Was hatte sie getan?

Konnte eine der beiden unbemerkt hereingekommen sein?

Wenn sie sie jetzt herbeiriefe...

Wenn sie sie beschuldigte...

Was konnte sie schon erwidern, wenn sie es leugneten? Mutter Melford glaubte schon jetzt, daß sie den Weg ihres Bruders gehe – in den Wahnsinn.

Konnte sie im Schlaf aufgestanden sein, irgendwie eine Maus gefangen und, immer noch im Schlaf, getötet haben?

Das war ausgeschlossen... Das war verrückt! Sie konnte es nicht getan haben!

Hatte eine der Frauen (sie haßten sie, mußten sie hassen!) ihr diesen bösen Streich gespielt? Und wenn sie eine von ihnen oder beide beschuldigte, wer in aller Welt würde glauben, daß diese allem Anschein nach vernünftigen Frauen zu solch einer Tat imstande wären?

Sie versuchte die Panik zu unterdrücken und sich an ihre schwindende Vernunft zu klammern. Warum sollten sie so etwas tun? Sicherlich haßten sie sie nicht. Sie waren nett zu ihr. Mutter Melford besorgte freiwillig die gesamte Hausarbeit und gab Barbara so die Möglichkeit, ohne die hektische Plackerei der meisten arbeitenden Hausfrauen ihrem Beruf nachzugehen. Dana hatte sich mit Erfolg bemüht, sie von den unerträglichen Kopfschmerzen zu befreien. War sie, Barbara, im Begriff, wie der arme Jerry den Verstand zu verlieren? Wenn man sich selbst als das Opfer einer Verschwörung sah, war dies oftmals das erste Anzeichen einer Geisteskrankheit.

Aber war es nicht besser, man sah sich als das Opfer einer Verschwörung, als zu glauben, daß man den Verstand verloren hatte, schlafwandelte und in einem Zustand der Umnachtung Manuskripte verbrannte und Mäuse umbrachte? Sie hielt sich den Kopf mit beiden Händen und ächzte: »Lieber Gott, hilf mir!«

Da war die tote Maus, die allmählich erstarrte. Ihr Blut hatte das Laken befleckt. Erfüllt von einem beinahe fiebrigen Abscheu, lief sie ins Bad und wickelte das tote Tier in ein Kleenex-Tuch.

Jamie wird mir das nie glauben, dachte sie. Ich sollte die Maus aufbewahren und ihm zeigen.

Wird er mich dann für verrückt halten?

Der ganze Raum schien irgendwie zu pulsieren. Sie setzte sich an die Frisierkommode und wartete, daß es nachließ.

Blut auf dem Bett... Vergossenes Blut. Blut...

Wieder eilte sie ins Bad, wo sie prompt die Tasse Kaffee erbrach, die alles war, was sie seit letztem Abend zu sich genommen hatte. Noch lange nachdem der Kaffee hochgekommen war, stand sie über das Becken gebeugt, würgte matt, spuckte Schleim und fühlte, wie der ganze Körper unter den krampfhaften Kontraktionen der Übelheit schmerzte. Zuletzt wusch sie sich das Gesicht mit kaltem Wasser, ging hinaus und legte sich wieder aufs Bett, nur um gleich wieder aufzuspringen, unfähig, die Nähe des frischen Blutes zu ertragen.

In einer nervösen Raserei riß sie die Laken vom Bett und stopfte sie mit schuldbewußter Hast in den Wäschekorb.

Mutter Melford wird das Blut sehen, dachte sie. Was wird sie glauben?

Wahrscheinlich wird sie denken, daß ich die Periode habe und unachtsam gewesen bin, das ist alles. Demütigend, wie die Vorstellung war, war sie doch besser als die Wahrheit.

Wer hätte gedacht, daß eine kleine Maus so stark bluten konnte? Es schien Barbara, daß das Blut die Rheumaunterlage durchdrungen und sogar die Matratze befleckt hatte. Ein eigentümlich muffiger Geruch lag in der Luft, wie – wie von einem Mäusenest, dachte sie angewidert. War es möglich, daß Mäuse in der Matratze hausten?

Mit zitternden Händen zog sie die Matratze halb vom Bett und hielt nach angefressenen Stellen Ausschau. Die Matratze schien intakt zu sein, aber der eklige Geruch drang ihr jetzt noch stärker in die Nase, und wieder drohte ihr übel zu werden. Sie zwängte sich zwischen Bett und Wand, hob die Matratze und stieß sie fort. Die Matratze fiel sich überschlagend auf den Boden und gab den grün und weiß bespannten Bettkasten mit dem Federrahmen frei. In der Mitte, niedergedrückt von den Spiralfedern des Rahmens, lag ein kleiner Beutel aus grobem Stoff.

Wie im Traum streckte Barbara die Hand danach aus.

Was war das? Sie hatte es nicht dorthin gelegt.

Aber wann hatte sie zuletzt das Bett gemacht? Mutter Melford erledigte doch alle Hausarbeiten.

Jamies Mutter. Aber warum sollte sie etwas in Barbaras Bett tun?

Zögernd, mit widerstrebenden Empfindungen, hob sie den kleinen Leinenbeutel aus dem Bettkasten.

Der Stoff war grobes Naturleinen in der gelblichen Flachsfarbe des ungebleichten Stoffes. Oben war er mit einer derben schwarzen Schnur zugebunden und mit einer Anzahl komplizierter Knoten verschlossen. Barbara mühte sich minutenlang hartnäckig damit ab, dann nahm sie ihre Nagelschere von der Frisierkommode und durchschnitt die Schnur.

Ein seltsamer, unangenehmer und muffiger Geruch entströmte dem Beutel. Barbara fühlte sich an Mutter Melfords Kräutergarten erinnert, doch dort waren wohlriechende Kräuter. Sie wußte, daß manche Leute getrocknete Lavendelblüten kauften, um sie in Duftkissen einzunähen, aber kein vernünftiger Mensch würde solches Zeug verwenden: es stank.

Sie entfernte die zerschnittenen Schnüre und schüttete den Inhalt in ihre Hand.

Da war eine eigentümlich runzlige schwarze Bohne. Da war eine Haarlocke: in ungläubiger Verwunderung erkannte Barbara sie als ihr eigenes Haar, zu einem winzigen Zopf geflochten und verknotet. Da waren zwei kleine schwärzliche Gegenstände, die unangenehm rochen und offensichtlich tierischen Ursprungs waren, doch hatte Barbara kein Verlangen, sich über ihren Ursprung den Kopf zu zerbrechen. Dann waren da zwei Körner wie von Roggen oder Weizen, beschmiert mit einem klebrigen schwarzen Zeug, das stank. Schließlich war da ein kleines schwärzliches Stück Pergament, das mit Tinte beschrieben war, doch war die Handschrift so undeutlich gekritzelt, daß Barbara nicht einmal die Buchstaben erkennen konnte, obwohl sie den unbestimmten Eindruck hatte, daß der Text nicht englisch war. Und zuallerletzt war noch etwas in dem Beutel, aber es haftete darin, und Barbara, die es langsam mit zitternden Fingern losmachte, fühlte die Übelkeit wiederkehren. Was hatte dies alles zu bedeuten?

Das Buch, in dem sie gelesen hatte, erwähnte Fruchtbarkeitszauber. War Mutter Melford, weil Barbara sich mit dem Kinderkriegen Zeit gelassen hatte, ungeduldig geworden und hatte ihr eine Art Fruchtbarkeitszauber ins Bett praktiziert? Wenn es sich so verhielt, hatte sie den richtigen Ort dafür gewählt.

Sie zog den letzten Gegenstand aus dem Beutel. Es war ein Stück steifen Kartons. Als sie es umdrehte, entdeckte sie, daß es ein Schnappschuß von ihr selbst war, aufgenommen mit ihrer eigenen kleinen Kamera, den jemand auf den Karton geklebt hatte. Sie stand mit naß herabhängendem Haar im Badeanzug auf einem Sprungbrett.

Aber die Gestalt war gezeichnet. Mit plötzlich zitternden Fingern hielt Barbara sich das Bild näher an die Augen.

Die Brüste der Gestalt waren mit einer Rasierklinge zerschnitten. Und der Bauch zeigte eine Brandstelle wie von einer Zigarette.

Barbara ließ die Fotografie zu Boden fallen. Sie konnte ihr Zittern nicht beherrschen. Der Schrei, den sie vorhin unterdrückt hatte, steckte ihr wieder in der Kehle. Kein Fruchtbarkeitszauber! Aber Unfruchtbarkeit? Tod? Ekel und Abscheu überwältigten sie. Wieder würgte sie, schmeckte Saures im Mund.

Wer? Warum?

Jemand klopfte leise an die Tür. Danas Stimme rief gedämpft: »Barbara? Möchtest du Mittagessen?«

Ich werde nicht antworten, dachte Barbara, verzweifelt wie ein in die Enge getriebenes Tier. Sie wird denken, daß ich noch schlafe, sie wird wieder gehen.

»Barbara?«

Barbara antwortete nicht. Die Klinke wurde niedergedrückt, und Dana kam herein.

Barbara brachte soviel Geistesgegenwart auf, daß sie den kleinen Beutel zu Boden fallen ließ. Dana dachte, daß sie schlief, und war trotzdem hereingekommen.

Vielleicht hatte sie ihr die Maus ins Bett gelegt.

»Nanu, Barbara, ich dachte, du schläfst«, rief Dana aus. Ihre Augen weiteten sich, als sie Barbara zwischen dem Bett und der Wand stehen sah, die Matratze und alle Decken am Boden. »Was in aller Welt tust du da?«

»Ich mache das Bett«, erwiderte Barbara. Ihre Stimme zitterte, aber sie zwang ihre Gesichtsmuskeln zu hölzerner Starrheit.

Denn nun wußte sie die Wahrheit – eine Wahrheit, die eins von zwei Gesichtern hatte, und beide waren Schreckensmasken, waren auswechselbar.

Entweder war sie verrückt...

... oder sie war in ihrer eigenen Wohnung von bösartigen und wahnsinnigen Feinden umringt.

7. Kapitel

Der frühe Abend dunkelte bereits, als James Melford seiner Sekretärin einen schönen Abend wünschte, seine Pelzkappe vom Haken nahm und das Büro verließ. Im Aufzug dachte er mit einiger Erleichterung, daß Cannons umstrittenes Buch – sein umstrittenstes Buch, berichtigte er sich, weil Jocks frühere

Veröffentlichungen bereits verschiedene Kontroversen ausgelöst hatten, vor allem über die Frage, ob der Verlag sich überhaupt auf dieses Gebiet hätte begeben sollen – sich nun sicher in den Händen eines Redakteurs befand, und daß zusätzliche Kopien in seiner Aktentasche und im Bürosafe waren. Wenn sie sich nicht zu einem Generalangriff auf den Verlag, die Agentur Merritt und womöglich die Druckerei entschließen konnten, waren die unbekannten Mächte, die das Erscheinen des Buches zu verhindern suchten, jetzt gezwungen, sich mit dem Scheitern ihrer Bemühungen abzufinden.

Er befand sich in einer Art Hochstimmung. Wenn die Unbekannten, wer oder was sie auch sein mochten, MacLaren zu ihm geschickt hatten, um in Erfahrung zu bringen, welche Wirkung ihr Nervenkrieg gezeitigt hatte, so schmeichelte er sich, MacLaren unbefriedigt fortgeschickt zu haben. Mittlerweile sah er das Ganze als einen persönlichen Kampf zwischen sich selbst und diesen Verrückten an und war nicht gewillt, ihnen auf irgendeine Weise nachzugeben.

Er überquerte die Straße zur öffentlichen Bibliothek und schlug in den Telefonbüchern der fünf Stadtbezirke nach.

Er wußte bereits, daß Manhattan nichts ergeben würde; die Bronx und Staten Island hatten gleichfalls keine Walter Mansells aufzuweisen. Im Telefonbuch von Queens war ein Walter M. Mansell angegeben, doch als Jamie von einem öffentlichen Fernsprecher aus die Nummer wählte und fragte, ob dort ein Pater Mansell wohne, sagte die kindliche Stimme am anderen Ende so ahnungslos »Was?«, daß Jamie hastig mit »Verzeihung, falsch verbunden« antwortete und verwirrt einhängte. Ein der Priesterwürde entkleideter Geistlicher konnte zwar heiraten, würde aber schwerlich Kinder haben – er hatte im Hintergrund Kinderstimmen in einem geräuschvollen Spiel gehört –, die alt genug waren, um das Telefon zu beantworten.

Er war im Begriff, enttäuscht das Feld zu räumen, als ihm einfiel, daß noch ein Stadtbezirk übrig war. Das Telefonbuch von Brooklyn enthielt einen Walter Mansell, und als er die Nummer wählte, meldete sich eine kräftige Baßstimme mit »Ja?«.

Jamie war momentan sprachlos. Nun, da er den abtrünnigen Pater Mansell offenbar ausfindig gemacht hatte, wußte er nicht, was er zu ihm sagen sollte. Schließlich stammelte er: »Ah – ich, verzeihen Sie, ich bin nicht sicher, ob ich den richtigen Mansell gefunden habe. Sind Sie der Walter Mansell, der...«, mein Gott, dachte er, ich kann doch nicht sagen: ›der früher Priester war‹, »... der mit dem Schriftsteller John Cannon bekannt war?«

Die Baßstimme klang ein wenig verwundert. »Wieso, ja, ich kenne Cannon. Was kann ich für Sie tun?«

»Es ist ein bißchen kompliziert«, sagte Jamie. »Ich nehme an, Sie wissen, daß Cannon tot ist?«

Nun war Mansells Bestürzung unverkennbar. »Tot? Nein, ich – wann ist das passiert? Wann wurde er getötet?«

Getötet. Wenn Mansell es so ausdrückte, mußte er mit der Nachricht mehr oder weniger gerechnet und vor allem gewußt haben, daß man Cannon nach dem Leben trachtete. Die normale Frage auf eine Todesnachricht wäre gewesen: »Woran ist er gestorben?« Einer plötzlichen Eingebung folgend, sagte Jamie: »Ja, sie haben ihn zur Strecke gebracht.«

»Die niederträchtigen Teufel!« sagte Mansell scharf. »Aber wer sind Sie?«

Jamie sagte es ihm und fügte hinzu: »Cannon nannte Ihren Namen, kurz bevor er starb. Es war augenscheinlich ein Herzanfall.«

Mansells Stimme klang jetzt vorsichtig. »Aber Sie sagten, sie hätten ihn zur Strecke gebracht.«

»Ich glaube, ich muß mit Ihnen sprechen, Pa – äh – Mr. Mansell. Wann könnte ich mich mit Ihnen treffen?«

»Ich nehme an, ich muß zu Cannons Beerdigung gehen«, sagte der andere zögernd. »Ich weiß nicht. Es wäre mir lieber, Sie würden nicht hierherkommen. Wenn Sie der sind, als der Sie sich ausgegeben haben, werden Sie wissen, warum. Von wo aus rufen Sie an?«

»Von der öffentlichen Bücherei.«

»In Manhattan? Nun, schauen wir mal... Angenommen, ich treffe Sie dort. Ich kann in die U-Bahn steigen und in zwanzig Minuten dort sein«, sagte Mansell. »Ich trage keinen Klerikerkragen mehr; ich nehme an, Sie wissen das. Wie werde ich Sie erkennen?«

Jamie schmunzelte. »Ich kann nicht gut hinausgehen und mir um diese Zeit eine weiße Nelke fürs Knopfloch besorgen. Ich trage eine Pelzmütze und habe eine Aktentasche bei mir.«

Die Baßstimme schnaubte ein wenig. »Ich werde Sie irgendwie finden.«

Jamie ging in den Lesesaal und verbrachte fünfzehn Minuten mit dem Durchblättern des Nachrichtenmagazins *Time*. Die Nummer war mehrere Wochen alt, und er überflog ziemlich zerstreut die Bilder und Überschriften, bis er im hinteren Teil des Heftes auf einen Artikel stieß, der sich mit dem selbsternannten geistlichen Oberhaupt einer Vereinigung beschäftigte, die sich die ›Erste Satanische Kirche von Amerika‹ nannte und in Kalifornien für ein paar Verrückte eine Schwarze Hochzeitsmesse abgehalten hatte. Die Braut hatte ein scharlachrotes Kleid getragen, der Altar war eine nackte Frau gewesen, und der »Priester« hatte in seiner Predigt ausgeführt, daß der Satanismus in Wahrheit die Religion der Lebensfreude sei, wie schon aus dem Umstand ersichtlich, daß der Altar kein toter, mit Stoff behangener Stein sei, sondern nackt und lebendig. Jamie schüttelte stirnrunzelnd den Kopf. Noch vor einer Woche hätte er über solche Torheiten gelächelt; jetzt fragte er sich, ob diese geschmacklose Lustbarkeit das Werk von Naiven war, die zu viele Bücher gelesen hatten, oder ob sich etwas Unheilvolleres dahinter verbarg. Wäre es, falls man in Frieden die Werke des Teufels verrichten wollte, nicht das beste, wenn die Menschen über den Satanismus als theatralischen Unfug von Leuten lachten, die mehr Zeit und Geld als Verstand und Geschmack hatten?

Als er den Artikel zu Ende gelesen hatte, war es Zeit für das Treffen mit Mansell.

Er ging in die Eingangshalle und beobachtete das Kommen und Gehen. Inzwischen war es Nacht geworden, und auf dem Platz vor der Bibliothek eilten Männer und Frauen, viele von ihnen beladen mit Weihnachtseinkäufen, durch den kalten Winterabend heimwärts. Jungen und Mädchen in Schuluniform, Bücher unter dem Arm, kamen die Stufen zur Bibliothek herauf, andere Gruppen verließen sie. Vor einem Kaufhaus auf der anderen Seite schwang ein Soldat der Heilsarmee mechanisch eine Handglocke. Ihr dünner Klang tönte verloren durch das Brausen des Verkehrs.

Jamie hatte nicht mehr als sieben oder acht Minuten gewartet, als ein großer, stämmiger Mann langsam die Stufen herauf und direkt auf ihn zukam.

Melford?« fragte er. »Ich bin Mansell. In der Bücherei können wir nicht sprechen. Wohin können wir gehen?«

»Auf der anderen Seite ist ein Lokal«, sagte Jamie. »Dort können wir etwas trinken, wenn Sie wollen.«

»Bloß Kaffee für mich, danke«, sagte der Mann. »Ja, ich nehme an, das wird dem Zweck so gut dienen wie jeder andere Ort.« Dunkle Bartschatten überzogen seine fleischigen Wangen. Er hatte dunkle kleine Augen, die mißtrauisch umherspähten. Trotz seiner Größe und Massigkeit war etwas an ihm, das Jamie an einen Vogel gemahnte, und nach einer Weile bemerkte er, daß es an den ständigen kleinen Kopf- und Augenbewegungen lag. Es war wie ein nervöser Tick, der Mansell zwang, unaufhörlich umherzublicken und möglichst alles gleichzeitig zu sehen.

»Wollen wir gehen? Nein, einen Moment.« Mansell zog sich plötzlich in den Schatten des Eingangs zurück, wo er um ein Haar mit jemand kollidierte, der herauskam. Jamie blickte verwundert umher, und Mansell sagte: »Nein, ich nehme an, es ist in Ordnung. Ein Irrtum...« Er brach ab, machte eine auffordernde Kopfbewegung, lief die Stufen hinunter und tauchte in die zur Kreuzung strömende Menge ein. Jamie, der Mühe hatte, ihm zu folgen, dachte irritiert, daß dieser Mann um nichts weniger verrückt war als alle die anderen Neurotiker, die er im Zusammenhang mit dieser Angelegenheit bisher kennengelernt hatte.

In der Gaststube suchte Mansell mit Bedacht einen Platz, von dem aus er die Tür sehen konnte, und sobald sie saßen, reckte er immer wieder ziemlich auffällig den Hals, um mit seinen schnellen, nervösen Kopfbewegungen an Jamie vorbeizuspähen. Auf seine Augen traf die Vogelanalogie in mehr als einer Hinsicht zu: sie waren nicht nur klein und in ständiger Bewegung, sondern sie waren von einem beinahe glitzernden Leuchten. Beide bestellten Kaffee. Dann änderte Mansell unvermittelt seine Meinung und verlangte heiße Schokolade. Jamie hätte lieber etwas Alkoholisches getrunken, aber er wollte für alle Fälle wach und bei klarem Verstand sein.

»Nun erzählen Sie«, sagte Mansell mit seiner tiefen, kräftigen und wohlklingenden Stimme, wie ein Mann, der gewohnt ist, daß man ihm gehorcht. »Wie kam Cannon ums Leben? Und was veranlaßte Sie, sich mit mir in Verbindung zu setzen?«

»Wie ich Ihnen sagte, sprach er wenige Minuten vor seinem Tod Ihren Namen aus. Seinen Worten entnahm ich, daß Sie ein Geistlicher seien.«

Der schmale Mund verzog sich zu der Andeutung eines Lächelns. »Ich war einer... früher.«

»Und nun haben Sie mit... Satanisten Umgang, oder was immer sie sind?«

»Sie wissen es nicht?« Mansell faßte ihn scharf ins Auge; es war ein höchst beunruhigender Blick.

»Ich weiß nur, daß Cannon sie fürchtete.«

Der andere holte tief Atem. »Ich verstehe nicht ganz, wie *Sie* in diese Sache hineingeraten sind. Cannon hat Sie nie erwähnt. Und ich habe Sie nie gesehen...« Er brach ab und erhob sich halb von seinem Platz, um mit finsterem Blick und ruckartigen Kopfbewegungen über die anderen Tische in die Runde zu blicken.

»Erwarten Sie jemanden?« fragte Jamie mit einiger Ungeduld. Mansell nahm seine Tasse mit Schokolade und trank sie gierig in einem Zug leer. Dann wischte er sich den Mund ab und sagte: »Wenn Sie wissen, wie John Cannon ums Leben kam, werden Sie verstehen, warum ich... aufgestört bin.«

»Ich weiß nur, daß jemand den armen Cannon durch Einschüchterung und Drohungen zu Tode ängstigte«, sagte Jamie ärgerlich, »daraufhin versuchte, seine Frau einzuschüchtern, und schließlich mich unter Druck gesetzt hat.«

»Und Sie veröffentlichen trotzdem?«

Jamie versuchte sich zu besinnen, ob er in irgendeiner Weise angedeutet oder gesagt hatte, daß er Jocks Verleger war. Ach ja, am Telefon mußte er es erwähnt haben. Er sagte: »Das Buch wird trotzdem erscheinen. Aber wir haben etwas gemeinsam: Ich weiß nicht, welche Rolle *Sie* in dieser Sache spielen.«

»Cannon hat es Ihnen nicht gesagt?«

»Dazu hatte er keine Gelegenheit mehr.«

Wieder reckte Mansell den Hals und blickte suchend umher. »Sie haben sein Buch gelesen?« fragte er dann.

»Mehr oder weniger.« Jamie schlürfte seinen Kaffee und überlegte, ob der Mann betrunken war oder nicht ganz bei Sinnen. Immer wieder erweckte er den Eindruck, daß er irgend etwas Wichtiges sagen wolle, tat es dann aber nicht. Und doch, wenn Jock ihn vor seinem Tod noch hatte sehen wollen...

Mansell winkte der Kellnerin, seine Tasse nachzufüllen. Er rührte in der Schokolade und erzeugte cremige Wirbel in der dunklen Oberfläche. Nachdem er einige Zeit in brütendem Schweigen verharrt hatte, sagte er stockend: »Als ich die Kirche verließ, war ich – wie die meisten von uns – verbittert... zornig. Ich fand eine Stelle als Bibliothekar und... zog die Tür gewissermaßen hinter mir zu, versuchte ein neues Leben aufzubauen. Dann... trat jemand an mich heran, der einen Expriester suchte. Ich weiß kaum, wie ich dies erklären soll; es hatte nichts mit bewußter Blasphemie zu tun, ich war einfach... neugierig.« Seine Stimme hatte Wohlklang und Wärme; während er sprach, beugte er sich über den Tisch zu Jamie, zu angespannt, um zu lächeln, obwohl er es offensichtlich versuchte. »Es ist schwierig, dies zu erklären – sind Sie zufällig Katholik?«

»Nein.«

»Dann werden Sie schwerlich verstehen, aber ich will es versuchen. Wenn Sie Priester sind, müssen Sie eine große innere Disziplin aufbringen... Ich weiß kaum, wie ich es Ihnen als einem Nichtkatholiken erklären soll, es wäre einfacher, wenn Sie in den Traditionen der Kirche bewandert wären... Nun, es gibt Dinge, die einem als Priester verwehrt sind, die man einfach nicht tut... an die man nicht einmal denkt. Es gibt Bücher, die man nicht liest. Wege, die man einfach nicht einschlägt. Dinge, die man nicht ausprobiert. Insbesondere dann, wenn man, wie ich, geradewegs von einer Konfessionsschule über ein von Ordensgeistlichen geleitetes Gymnasium zum Seminar und zur Priesterweihe geht. Mein Leben war ganz geradlinig, vorgezeichnet. Aber ich war auf diese Weise in einer Art permanenter Gehirnwäsche aufgewachsen, und es kam die Zeit, als ich fühlte, daß mein Leben einer ausgequetschten Frucht glich – alles wirkliche Leben war herausgepreßt worden. Ich hatte nicht die geringste Absicht, loszugehen und eine nach der anderen alle Todsünden zu begehen, um darin das vermeintliche Lebensglück zu finden; ich wollte nur sehen, wie es um einige dieser weltlichen Dinge bestellt war, was die Leute meinten, wenn sie über... bestimmte Dinge sprachen.« Er wurde beinahe heftig. »Ich wollte nur einmal selbst Erfahrungen sammeln, statt zu lesen, was zehntausend Kirchenväter in den tausendfünfhundert Jahren Kirchengeschichte Wissenswertes darüber gesagt haben!«

»Ich denke, ich kann das gut verstehen.«

»Richtig. Es war eine Art Rebellion, wie man sie bei Halbwüchsigen antrifft, nur kam sie bei mir mit dreißig Jahren Verspätung.« Er brach ab, schien sich zu besinnen. »Nur um mögliche Mißverständnisse auszuräumen: Haben Sie vor, mich zu bitten, daß ich Sie irgendwie in solche Kreise einführe?«

»Gott bewahre!« sagte Jamie schockiert. »Ich dachte, ich hätte deutlich gemacht, auf welcher Seite ich stehe.«

Und nach diesen Worten fragte er sich, ob es für ihn noch Zweifel gebe, auf welcher Seite Mansell stand.

Mansell hob mit einer ruckartigen Bewegung den Kopf und spähte an Jamie vorbei zur Tür, dann richtete er seinen stechenden Blick wieder auf Jamie und sagte: »Entschuldigen Sie mich einen Augenblick. Ich möchte etwas überprüfen.«

Er stand auf, ließ den verdutzten Jamie am Tisch zurück, ging zum rückwärtigen Teil des Lokals und verschwand in Richtung Toilette. Jedenfalls schien es Jamie so; es gab kaum einen anderen Ort, den er dort hätte aufsuchen können. Er blieb ziemlich lange aus, so daß Jamie schon mit dem Gedanken spielte, ob der Mann sich womöglich durch einen Hinterausgang davongemacht hatte, aber nach geraumer Zeit kam die große, stämmige Gestalt wieder zum Vorschein, und Mansell ließ sich aufseufzend auf seinen Stuhl sinken.

»Verzeihen Sie, daß ich Sie warten ließ. Wie gesagt, ich mußte etwas überprüfen... Nun, ich wollte Ihnen erzählen, wie ich da hineingeraten bin. Zuerst war es Neugierde; ich schloß mich ihnen an, ließ mir alles zeigen und erklären. Anfangs kam mir das alles ziemlich kindisch und verrückt vor, wie die Schmutzigkeiten von Heranwachsenden, wenn Sie so wollen... wie eine Bande von Jugendlichen, die sich zusammentut, um Marihuana zu rauchen und vielleicht eins von den Mädchen dazu zu bringen, daß es sich auszieht, verstehen Sie? Schmutzig und garstig vielleicht, manche mögen es bösartig nennen... aber irgendwie nicht ernst zu nehmen. Zuerst dachte ich, es sei ein verrücktes Spiel mit dem Reiz des Verwerflichen, Verbotenen, blasphemisch in der Art einer Maskerade.«

»Immerhin ein recht seltsames Spiel, um sich als Erwachsener daran zu beteiligen«, bemerkte Jamie.

»Wie ich schon sagte, für mich begann es als eine Art pubertäre Rebellion«, wiederholte Mansell, und Jamie, dem wieder in den Sinn kam, was er über die Hochzeit der Satanisten in Kalifornien gelesen hatte, sagte: »Und es war dann doch mehr dran?«

»Es war mehr dran«, bestätigte Mansell düster. »Und jetzt... bin ich verdammt.«

»Kommen Sie«, sagte Jamie unter dem plötzlichen Eindruck, daß man diese ganze Sache nicht allzu ernst nehmen, sich nicht zu intensiv hineinversetzen sollte. »Das kann nicht Ihr Ernst sein – nicht wirklich! Glauben Sie tatsächlich, daß Gott über die Taten und die Sünden einfältiger Menschen Buch führt?«

»Ich bin verdammt«, wiederholte Mansell langsam, und seine glitzernden schwarzen Augen blickten plötzlich stumpf und beinahe glasig auf den Tisch; wieder fragte sich Jamie, ob der Mann betrunken sei. »Und sie...«

»Augenblick«, sagte Jamie. »Wer sind sie? Alles das ist für meinen Geschmack zu unbestimmt und nebelhaft. Diese Leute können nicht allesamt Gespenster und Kobolde sein! Sie sind nicht in Draculas Sarg aus Transsylvanien gekommen! Sie müssen Namen und Anschriften und sogar, Gott sei uns gnädig, Telefonnummern und Berufe haben, mit denen sie ihren Lebensunterhalt verdienen; es scheint mir unwahrscheinlich, daß sie sich durch Dämonenbeschwörungen am Leben erhalten; das dürfte heutzutage ein ziemlich brotloser Beruf sein. Selbst den mittelalterlichen Alchimisten ist es nie gelungen, Blei in Gold zu verwandeln. Bevor Sie also erzählen, was ›sie‹ taten, sollten Sie mir verraten, wer und was ›sie‹ sind.«

Mansell wiegte den Kopf. »Dummköpfe trampeln herum, wo Engel nicht aufzutreten wagen. Der letzte Mann, der Namen und Anschriften wußte, lebte nicht lange genug, um von dieser Kenntnis Gebrauch zu machen. Wollen Sie das Risiko wirklich auf sich nehmen?«

»Ich muß erst noch überzeugt werden, daß ein Risiko besteht«, sagte Jamie; Mansell zog die Brauen hoch, sah ihn eulenhaft an und grinste überraschenderweise. Es war wie ein beschwipstes Grinsen, und Jamie war mehr und mehr überzeugt davon, daß der Mann sich in die Toilette geschlichen hatte, um aus einer mitgebrachten Flasche zu trinken oder sich vielleicht eine Dosis von irgendeiner Droge einzuverleiben, obwohl seine Pupillen nicht verengt zu sein schienen: er war nicht auf einem Herointrip. Oder hatten Heroinsüchtige erweiterte Pupillen? Jamie verwünschte sein schlechtes Gedächtnis. Mansells vogelartige Augen glommen ihn düster an, schwarz und undurchdringlich. »Sie armer Dummkopf«, sagte er. »Lauter Unerschrockenheit und kein Gehirn. Passen Sie auf!« Er ließ die Hand auf die Tischplatte fallen, daß die leere Kakaotasse schepperte. »Wissen Sie, was die mit jemandem machen, der in ihre Gruppe eintritt, die Eide leistet und dann wieder auszutreten versucht? Haben Sie Cannons Buch gelesen?«

»Hokuspokus. Suggestion.«

»Hören Sie zu, Mann!« sagte Mansell, die Stimme rauh und gedämpft, aber erfüllt von einer heftigen, untergründigen Vibration. »Zuerst brechen sie Ihren Widerstand. Sie informieren sich über die Schwächen und verborgenen Ängste des oder der Betreffenden. Dann lassen sie sie Wirklichkeit werden. Fürchten Sie sich vor Ratten«, fragte er plötzlich.

»Ein wenig. Wohl jeder, der in Übersee gewesen ist ... Ich war in Korea.«

»Was würden Sie sagen, wenn Sie aus einem tiefen, gesunden Schlaf erwachen und entdecken, daß Ihr Bett, Ihr hübsches, sauberes, bequemes Bett, von lebenden Ratten wimmelt?«

Jamie schauderte und verzog sein Gesicht.

»Sehen Sie? Aber das ist nur der Anfang. Angenommen, Sie erwachen und entdecken, daß Sie Arme und Beine nicht bewegen können und die Ratten über Sie hinweghuschen? Angenommen, Sie bestellen in einem Restaurant ein Abendessen, und der Kellner serviert Ihnen eine tote Ratte – und wenn Sie schreien und eine Szene machen und wieder hinsehen, ist es ein Käseomelett? Angenommen, in Ihrem Zimmer stinkt es muffig nach Ratten, ohne daß Sie welche sehen, aber wann immer Sie die Augen schließen, hören Sie sie in den Wänden quietschen und rascheln und herumlaufen?«

»Ich nehme an, ich würde denken, daß jemand versucht, meine Nerven zu zerrütten«, sagte Jamie.

»Angenommen, Sie haben einen Alptraum nach dem anderen, und immer finden Sie sich eingesperrt in Kammern voller Ratten? Hören Sie zu!« sagte Mansell wieder – und wartete. So zwingend war die Pause, daß Jamie unwillkürlich den Kopf auf die Seite legte und überlegte, ob er in dieser Stille das Quietschen einer Ratte hören würde. »Ist das Opfer erst demoralisiert, beginnt das eigentliche Vergnügen«, stieß Mansell zwischen den Zähnen hervor. »Ich nahm daran teil. Stellen Sie sich dreizehn Männer und Frauen vor – die Hexenversammlung –, die dreizehn Stunden lang im magischen Kreis sitzen. Nackt. Mit Symbolen bemalt. Kein Wasser, keine Nahrung, nur das brennende schwarze Räucherwerk und die Konzentration. Die Konzentration. Was wissen Sie von der Kraft eines Gedankens? Sie wissen, daß Sie es fühlen, wenn jemand Sie aufmerksam beobachtet. Sie verspüren ein Unbehagen. Das ist ein kleines, ein winziges Beispiel von der Kraft des Gedankens. Stellen Sie sich dreizehn ausgebildete Gehirne vor – ausgebildet in jahrelanger Arbeit. Nicht behindert durch irgendwelche noch so geringen Überreste von gutem Willen oder Hemmungen. Dreizehn Stunden in Bewegungslosigkeit sitzen – stellen Sie sich vor, wieviel Training allein dazu gehört – und alle Willenskonzentration auf den Tod des Opfers richten, jede Qual, die der menschliche Geist und Körper erleiden kann, auf diese Person herabzurufen...«

Er verstummte. Seine glitzernden Augen hypnotisierten Jamie förmlich. Endlich machte er eine kleine, wegwerfende Handbewegung, und Jamie regte sich unbehaglich und hob seine Kaffeetasse. Der Kaffee war kalt.

»Hört sich an«, sagte er, »als versuchten Sie, mir angst zu machen.«

»Und ob ich versuche, Ihnen angst zu machen«, sagte der Expriester. »Hören Sie zu! Ich denke nicht daran, Ihnen den Helden vorzuspielen... aber Sie werden mich fragen, warum ich dort mitgemacht und die Verdammnis über mich gebracht habe.«

»Ich wollte nicht danach fragen. Aber warum haben Sie mitgemacht?«

»Ich hatte Angst«, sagte Mansell kurz. »Wenn sie es anderen antun konnten, dann konnten sie es auch mir antun. Ich glaube, daß ich meine ganze Nervenkraft, all meine emotionale Stärke in dem inneren Ringen aufgebraucht habe, das meinem Bruch mit der Kirche vorausging. Ich saß da und sah die anderen hassen und ertappte mich dabei, daß ich selbst mit ihnen haßte. Ich wünschte – vielleicht werden Sie dies nicht verstehen können – nichts sehnlicher als aus dem schmutzigen Raum heraus und von dieser blonden Frau mit dem Gesicht einer Heiligen und den Augen des Teufels wegzukommen, und doch fühlte ich gleichzeitig... O ja, es ist Macht darin«, sagte er leise. »Ich habe erfahren, wie es ist, Gott zu den Menschen zu bringen, und nun sah ich die andere Seite... wie man den Menschen demütigt ... auch eine Art Gottheit...«

»Damit kann ich nicht viel anfangen«, sagte Jamie frei heraus. »Es hört sich wie ungereimtes Zeug an.«

Mansell, der sich in seinem Redefluß unterbrochen sah, schien verdutzt, dann funkelte er ihn zornig an.

»Das können Sie leicht sagen – Sie haben nicht gesehen, Sie haben nicht erfahren, wie Erlösung und Verdammnis miteinander eins werden!«

Jamie holte tief Luft. Mansells Erzählungen interessierten ihn, obgleich er sich davon abgestoßen fühlte, aber diese von Selbstmitleid gefärbten Bekenntnisse brachten ihn nicht weiter. »Es tut mir leid, daß ich solch ein Pragmatiker bin, aber ich wünschte, Sie könnten sich etwas deutlicher ausdrücken. Wenn diese Leute gegen die Gesetze verstoßen haben, warum gehen Sie nicht zur Polizei? War das der Grund, daß Sie diesen Kreis verließen?«

»Allerdings«, sagte Mansell. »Ich zog sogar nach Brooklyn. Haben Sie Cannons Bücher gelesen? Dann wissen Sie, daß das Überqueren eines Wassers eine Hexe von Ihrer Fährte abbringt. Darum wollte ich nicht, daß Sie mich besuchen; denn es hätte ja sein können, daß Sie einer von ihnen sind... gekommen, meine Verdammnis vollkommen zu machen.«

Jamie starrte ihn verblüfft an; der vierschrötige Mann zitterte wie Espenlaub. Es war beinahe zu dramatisch. Jock hatte dies alles geglaubt, und er war tot. Mansell – nun, die Todesfurcht konnte vieles erklären. Aber wie war es möglich, daß ein Mann sich gleichsam im Handumdrehen in ein zitterndes, furchtsames Häuflein Elend verwandelte?

»Und Sie sagen«, sagte Mansell nach einem mannhaften Versuch, die Fassung wiederzugewinnen, »daß sie mit dem Nervenkrieg gegen Sie angefangen haben?«

»Sogar mit sehr konkreten Übergriffen«, sagte Jamie. »Ich rief die Polizei. Und ich denke, es ist mir gelungen, alles so zu regeln, daß das Manuskript außerhalb ihrer Reichweite ist.«

»Die Polizei! Sie Dummkopf«, sagte Mansell geringschätzig. »Glauben Sie wirklich, es wird jemals etwas geben, was Sie als Beweis gegen diese Leute verwenden können?«

»Ich dachte, Sie könnten mir da helfen«, sagte Jamie, »weil Sie offensichtlich wissen, wer und was diese Leute sind. Sie können mir nicht weismachen, daß eine gewissenlose Bande wie diese niemals irgend etwas Illegales getan hat. Auch Sie könnten Anzeige erstatten.«

»Und mir auch noch Ihren Tod aufs Gewissen laden?«

»Sie können kaum öfter als einmal verdammt werden«, sagte Jamie vernünftig. »Und wenn Sie gute Absichten haben und etwas zur Wiedergutmachung tun...«

»Sie als Ungläubiger können leichtfertig über die Verdammnis reden«, erwiderte Mansell heftig. »Warten Sie ab, wie Ihnen zumute sein wird, wenn Sie wissen, daß Sie verdammt sind!«

»Ich bin nicht leichtfertig«, sagte Jamie zögernd. »Ich dachte, Sie könnten vielleicht helfen, andere vor... der Verdammnis zu bewahren.«

»Vielleicht.« Mansell stand auf. »Ich werde darüber nachdenken müssen. Ich könnte Ihnen Namen und Anschriften sowieso nicht aus dem Handgelenk sagen. Sehen Sie, der Kellner schaut schon herüber; sie wollen diesen Tisch. Wenn Sie erlauben, zahle ich.«

»Ach nein, ich habe Sie eingeladen.«

Mansell machte eine seiner ruckartigen Kopfbewegungen und sah ihn eindringlich an. »Haben Sie Angst, ein Geschenk von mir anzunehmen?«

Jamie zuckte die Achseln und ließ den andern bezahlen. Er fragte sich, warum er gedacht hatte, Mansell könne und werde ihm helfen. Der Expriester war offensichtlich unausgeglichen, gelinde ausgedrückt, wenn nicht gar ein Fall für den Psychiater. Er folgte Mansell hinaus auf die Straße.

Es war Nacht geworden; die Menschenmenge hatte sich verlaufen. Der Platz lag im grellen, aber dunstig umflorten Schein der Bogenlampen, der im winterlichen New York die über der Stadt liegende erstickende Schicht von Abgasen und Rauch verrät. Mansell zog sich die Handschuhe an und blickte mit ruckartigen Kopfbewegungen umher. »Ich muß mir das durch den Kopf gehen lassen. Ich werde Sie anrufen.«

Ohne ein Wort des Abschieds wandte er sich um und eilte über die Kreuzung, und als Jamie ihm noch verblüfft nachsah, kreischten Autoreifen. Jamie sprang vor und riß Mansell am Arm zurück. Einen panikerfüllten Augenblick lang glaubte er, sie würden beide unter den Wagen geraten; dann gab der Lenker wieder Gas und raste mit durchdrehenden Rädern davon, und Mansell starrte ihn mit schreckgeweiteten Augen an.

»Idiot!« keuchte Jamie. »Sie liefen auf die Straße wie ein Betrunkener!«

»Sehen Sie?« sagte Mansell in einem Ton, als ob der Zwischenfall ihn in etwas bestätigt hätte. »Sehen Sie? Ich wußte, daß sie mich beobachten. Lassen Sie es sich eine Lehre sein. Sehen Sie zu, daß Sie da herauskommen, solange Sie es noch können! Halten Sie sich da heraus!«

Er schüttelte Jamies Arm ab und eilte im Laufschritt über die Kreuzung. Jamie blieb verdattert stehen und sah ihm nach, wie er drüben den Gehsteig entlanglief und einem vorbeifahrenden Taxi winkte. Das Taxi hielt, Mansell warf sich hinein, der Wagen fuhr weiter, und Jamie stand da und starrte ihm nach, beinahe unfähig, das Gehörte und Gesehene zu verarbeiten.

Also waren sie auch hinter Mansell her.

Nun, wenigstens bedeutete das, daß sein kurzlebiger Argwohn gegen Mansell unbegründet war. Um ein Haar wäre Mansell getötet worden; sie beide wären fast unter die Räder gekommen.

Nun ja, vielleicht war der Mann tatsächlich betrunken gewesen; und vielleicht – oder sogar wahrscheinlich – hatte er sich selbst und seine Rolle dramatisiert. Zum Beispiel dieser Unsinn, er sei nach Brooklyn gezogen, um die Hexen durch das Überqueren eines Wassers von seiner Fährte abzubringen. Dabei stand er mit vollem Namen im Telefonbuch. Nun, wer sich mit Satanisten abgab, mußte irgendwo einen Knacks haben. Gleichviel, betrunken oder paranoid oder beides, er war Jamies bislang einziger und bester Informant.

Jamie beschloß, ihm einen oder zwei Tage zur Ausnüchterung zu lassen und dann zu sehen, ob er nicht mehr Informationen aus ihm herausbekommen könnte... Wenn seine vormaligen Gesinnungsfreunde ihm bis dahin nicht den letzten Rest Mut genommen hatten.

8. Kapitel

Die Kopfschmerzen waren wieder da. Barbara kauerte auf dem Bett, benommen vor Schmerzen, und dachte immer wieder, sie müsse doch verrückt sein.

Sie hatte die Schlafzimmertür nicht wieder geöffnet und eine Stuhllehne unter die Klinke geklemmt. Nicht, daß sie ernstlich damit rechnete, daß eine der beiden Frauen versuchen würde, bei ihr einzudringen. Den ganzen Nachmittag, seit Dana unaufgefordert hereingekommen und wieder gegangen war, hatte Barbara sich kaum vom Fleck bewegt. Aber sie hatte bei aller scheinbaren Benommenheit gehört, wie sie in der Wohnung hin und her gegangen waren. In meiner Wohnung, dachte sie. Sie haben mich zu einer Gefangenen in meiner eigenen Wohnung gemacht!

Solange sie das Schlafzimmer nicht verließ, konnten die beiden, wenn sie mit weiteren Abscheulichkeiten wie toten Mäusen, gekreuzigten Fröschen und dergleichen um sich warfen, jedenfalls nicht behaupten, sie habe es getan.

Und sollten sie sie doch beschuldigen, würde sie zumindest wissen, daß sie es nicht in einer Anwandlung von Wahnsinn getan hatte.

Aber woher nahm sie die Gewißheit, daß sie die ganze Zeit im Schlafzimmer verbracht hatte und nicht wieder schlafwandeln gegangen war? Gab es irgendeine Gewißheit? Nein, klar war nur, daß sie den Verstand verlieren würde, wenn sie so weitermachte. Wenn sie ihn nicht schon verloren hatte! Ach, wenn Jamie nur heimkommen würde!

In ihrem Kopf pochte der Schmerz, als ob ein Riese ihr den Schädel im Takt zu einer ruckartigen Musik zusammendrückte... oder war es das Pochen ihres eigenen Herzens, das ihr so laut in den Ohren dröhnte?

Wenn sie angestrengt lauschte, konnte sie die Stimmen der beiden Frauen im Wohnzimmer hören. Sie plätscherten in einem gleichförmigen Auf und Ab dahin, doch konnte Barbara nicht ein einziges Wort verstehen, obwohl es ihr dann und wann schien, daß sie ihren eigenen Namen hörte. Nun, warum sollten sie nicht über sie sprechen? Ach wo, wahrscheinlich unterhielten sie sich über Strickmuster. Eines der Zeichen, der sicheren Zeichen von Wahnsinn ist die Überzeugung, daß andere Leute ständig über einen reden. So war es dem armen Jerry ein paar Monate vor seinem Tod ergangen...

Nein, nein. An Jerry wollte sie nicht denken. Lieber Gott, warum kam Jamie nicht nach Haus?

Der frühe Dezemberabend senkte sich auf die Stadt, und im Raum dunkelte es. Draußen hatte wieder Schneefall eingesetzt. Essensdüfte drangen von der Küche durch die Türritzen, stiegen Barbara trotz ihrer unbändigen Kopfschmerzen und der immer wieder aufkommenden Übelkeit verlockend in die Nase und erinnerten sie daran, daß sie an diesem Tag noch nichts gegessen hatte. Warteten die beiden, daß der Hunger sie herauslocken würde?

Verdammt. Hatte sie nicht ins Atelier gehen wollen? Und sie hatte nicht einmal angerufen, um sich mit Krankheit zu entschuldigen und die Termine abzusagen. Aber andererseits, was konnte sie dafür? So ist es eben, dachte sie, und es war ein seltsam erleichternder Gedanke: Ich bin krank. Jeder kann krank werden.

Ja, du bist krank, sagte sie sich. Da ist nichts zu machen, Barbara. Du bist krank. Du brauchst Ruhe, ausgiebige Ruhe. Werde krank und bleibe krank, dann bist du aus dem Weg, und niemand wird dir weh tun...

»Mein Gott«, sagte sie laut, die Hände vor dem Gesicht. »Jetzt höre ich schon Stimmen!«

Sie versuchte, die Ohren gegen das heimtückische Geflüster zu verschließen, aber in ihrem Kopf ging es weiter und weiter, unbarmherzig, tonlos.

Du siehst, wie krank du bist. Zu krank für Jamie, Barbara.

Am Ende wirst du noch verrückt, wie der arme Jerry...

»Nein«, widersprach sie abermals der flüsternden Stimme. Ihr hilflos irrender Blick blieb am Spiegel ihrer Frisierkommode hängen. Aus ihm starrte ihr ein weißes, abgehärmtes und gequältes Gesicht entgegen, das von Schrecken gezeichnete Gesicht einer mindestens Vierzigjährigen. Ich höre Stimmen, und es gibt keine Stimmen, dachte sie. Also muß ich Selbstgespräche führen, ohne es zu wissen. Versuchen sie mich zu überzeugen, daß ich verrückt bin? Oder bin ich verrückt und versuche mich zu überzeugen, daß andere mir das antun? Ihre Gedanken glichen Mäusen, die in einem Laufrad rennen und rennen und nicht vom Fleck kommen.

In einer jähen Aufwallung von Zorn und Trotz ging sie ins Bad, rieb sich das Gesicht mit einem nassen Waschlappen und legte mit zitternden Händen Make-up auf. Sie war so bleich, daß der Lippenstift und die Lidschatten unmäßig hervortraten und ihr das Aussehen eines bemalten Clowns verliehen, aber die gewohnte, alltägliche Beschäftigung beruhigte sie. Sie nahm ein Kleid aus dem Schrank, das leuchtendste Rot, das sie hatte, doch statt im dämmerigen Zimmer hell und heiter zu wirken, fand sie ihr Aussehen ordinär und herausfordernd.

Die tote Maus war fort, das blutbefleckte Messer auch. Wahrscheinlich hatte Dana sie entfernt. Zwar hatte Barbara nichts davon bemerkt, aber das hatte nicht viel zu besagen. Wo aber war der Zauber, der kleine rohleinene Beutel mit seinem ekligen, schmutzigen Inhalt? Der lag am Boden hinter dem ungemachten Bett. Nachdem sie ihren Widerwillen gegen die Berührung überwunden hatte, hob sie ihn auf.

Dies war ein Beweis, dachte sie. Was aber bewies er? Und wen überführte er? Sie sollte ihn ins Feuer werfen, traute sich aber nicht. Außerdem hätte es erfordert, daß sie zu den anderen ins Wohnzimmer hinausging. Hatte nicht jemand einmal eine Voodoo-Puppe ins Feuer geworfen und war selbst in Flammen aufgegangen? Nein, das war nur in irgendeinem albernen Film im Nachtprogramm passiert. Jedenfalls konnte sie hier im Badezimmer nicht eigens ein Feuer entfachen.

Aber wenn sie den Beutel und seinen Inhalt Jamie zeigte...?

Würde er die Drohung darin erkennen? Oder würde er sie des Versuchs beschuldigen, mit geschmacklosen Tricks Stimmung gegen seine Mutter zu machen? Als sie in der vergangenen Nacht sein Manuskript verbrannt hatte, war das keine Tragödie gewesen, weil noch eine Kopie da war, aber wenn sie keine vierundzwanzig Stunden später wieder mit etwas käme, würde er vielleicht sogar auf den Gedanken kommen, daß ich ihm dies alles absichtlich antue. Doch auf keinen Fall wollte sie das widerwärtige Ding wieder ins Bett legen. Mit seinem üblen, muffigen Geruch schien es symbolisch für eine dahinter verborgene, tieferliegende Niedertracht.

Das aufgeschlagene Buch *Der Teufel in Amerika*, in dem sie vorher gelesen hatte, lag noch aufgeschlagen auf der Frisierkommode. Sie glaubte sich vage an etwas zu entsinnen, das sie früher darin gelesen hatte, und sie nahm das Buch und durchblätterte auf der Suche nach dem halb erinnerten Text die Seiten.

> Der Überlieferung nach sollte der Finder eines Hexenzaubers oder Voodoo-Talismans, selbst wenn er Gewißheit hat, daß er gegen ihn selbst gerichtet ist, seinen Fund niemals kurzerhand zerstören. Dieser sollte vielmehr sicher verwahrt werden, an einem Platz, wo er keinen weiteren Schaden anrichten kann, bis er durch einen eingeweihten Meister oder eine ausgebildete Person, die sich darauf versteht, den Zauber zu entmagnetisieren und die Verbindung zwischen ihm und seinem Opfer zu zerbrechen, zerstört werden kann.

Beim Weiterlesen entdeckte sie, daß es mehrere Methoden gab, wie man einen Hexenzauber isolieren konnte, so daß er keinen weiteren Schaden mehr anzurichten vermochte. Als Aufbewahrungsort eignete sich ein Kasten aus massivem Silber, mit Blei verlötet und versiegelt. Das war wenig hilfreich, denn wer hatte schon einen silbernen Kasten und einen Lötkolben zur Hand? Auch besaß sie keinen Kasten aus Sandel- oder Zedernholz, der mit Bienenwachs und sicherheitshalber mit einem Drudenfuß versiegelt werden mußte. Selbst wenn sie an solches Zeug geglaubt hätte, wo sollte sie die Zutaten hernehmen? Es glich dem Versuch, jenen Zaubertrunk zu brauen, den Shakespeare beschrieb: Wo zum Teufel sollte man das Auge eines Wassermolchs, den Zeh eines Frosches und all das andere Zeug herbekommen? Das einzig praktikable Rezept, das Cannon gegen solche Zaubermittel angegeben hatte, war der Ratschlag, das Zaubermittel in Ermangelung eines geeigneteren Behältnisses in Seide einzurollen – vorzugsweise in jungfräuliche Seide, was immer darunter zu verstehen war – und in einem luftdichten Behälter aufzubewahren. Sie suchte in den Schubladen der Frisierkommode und fand ein reinseidenes Halstuch, das sie noch nie getragen hatte. Nun, das war keine »jungfräuliche Seide« – sie vermutete, daß damit Seide gemeint war, die nie gefärbt oder zu einem Kleidungsstück verarbeitet worden war –, aber es mußte reichen. Sie rollte den ekligen kleinen Beutel in das Seidentuch und machte daraus ein Päckchen von weniger als fünf Zentimetern Kantenlänge; schließlich fand sie in ihrer Handtasche eine kleine Plastikröhre, in der sie eine Zeitlang

Vitamintabletten aufbewahrt hatte. Sie war wahrscheinlich so luftdicht wie alles andere, was sie finden konnte. Sie stopfte den in Seide gewickelten Zauberbeutel hinein, drückte den Verschluß fest und umwickelte ihn zusätzlich mit Klebestreifen.

So. Wenn die ganze Geschichte auf Suggestion beruht, mußte sie es eben mit Gegensuggestion versuchen. Dennoch wünschte sie, Jamie würde nach Hause kommen.

Sie setzte sich wieder auf das Bett, versuchte, das Zittern ihrer Hände unter Kontrolle zu bringen, aber schon nach wenigen Minuten hörte sie die Türglocke läuten – und es war Jamies besonderes Signal. Zwei kurze Töne: ein Zeichen, das ihm den Gebrauch des Wohnungsschlüssels ersparte, wenn seine Mutter oder Barbara zu Hause waren.

Gott sei Dank! Der endlose Tag war um, und Jamie war hier. Die Wohnung gehörte wieder ihr; sie war nicht mehr von feindseliger Gesellschaft in die Enge getrieben. Sie konnte zu ihm gehen, sich in seine Vernunft und Kraft hüllen, und ihm dann das Zaubermittel zeigen und ihm klarmachen, daß die Gefahr real war.

Sie stand vom Bett auf.

Nein. Sie konnte nicht. Ihre zitternden, kraftlosen Knie wollten ihr nicht gehorchen; mit jedem Atemzug schienen ihre Kräfte noch mehr zu schwinden. Sie kämpfte wie gegen unsichtbare Fesseln, versuchte, sich auf die Hände zu stützen und aufzurichten, zitterte und fiel zurück gegen die Matratze. Dort lag sie mit klopfendem Herzen und wußte in betäubtem Schrekken, daß sie nun keine Verteidigung gegen all das hatte, was sie über sie sagen wollten.

Jamie mußte noch einmal läuten, ehe geöffnet wurde; und er konnte kaum seine Gereiztheit verbergen, als Danas blonder Kopf hinter dem Türspalt erschien.

»Ach, Jamie«, sagte sie in leisem, besorgtem Ton, »bin ich froh, daß du da bist. Es gibt Schwierigkeiten.«

Ach du lieber Gott, was nun? Er ächzte in sich hinein.

»Was ist es diesmal, Dana? Wieder Anrufe?«

»Schlimmer als das«, sagte Dana, und der Schatten eines Stirnrunzelns zeigte sich in ihrem lieblichen Gesicht. »Es geht um Barbara, Jamie. Sie hat sich in ihrem Schlafzimmer eingeschlossen und will nicht herauskommen. Nicht einmal zum

Essen ist sie erschienen. Am Vormittag ging ich hinein, um ihr beim Bettenmachen zu helfen, und sie benahm sich, als würde sie mich nicht kennen.«

»Ja«, warf seine Mutter ein, die hinter Dana erschienen war. »Wäre Dana nicht hier gewesen, hätte ich mich zu Tode geängstigt. Heute früh lag ein blutbeflecktes Messer in der Küche. Und du weißt, wie Jerry...«

Jähe Angst schnürte ihm die Kehle zu. Barbara! Bedrohten die geheimnisvollen »Sie« jetzt Barbara, wie sie Bess bedroht hatten? Oder hatte diese schreckliche Geschichte ihr seelisches Gleichgewicht erschüttert? Er hätte schwören können, daß Barbara vollkommen stabil sei, frei von Neurosen. Nach Jerrys Tod hatte sie aus freien Stücken einen Psychiater konsultiert: »Wenn wir Kinder haben wollen, sollten wir uns vergewissern, daß es nicht in der Familie liegt«, hatte sie munter erklärt. Der Psychiater hatte sie für vollständig gesund befunden, frei von jeglichen erkennbaren psychischen Defekten und neurotischen Tendenzen.

Aber konnte man es wirklich wissen?

Nur mit halbem Ohr hörte er seine Mutter reden. »Ich werde mit ihr sprechen«, sagte er, noch ehe sie geendet hatte, und ging zur Schlafzimmertür.

Beim Niederdrücken der Klinke stieß er auf Widerstand. Sie mußte drinnen einen Stuhl untergeschoben haben.

»Barbara!« rief er. »Ich bin es. Was ist mit der Tür?«

»Bist du es wirklich, Jamie?« Ihre Stimme klang durch die geschlossene Tür seltsam verfremdet.

»Wen zum Henker hast du erwartet – den Weihnachtsmann? Komm schon, Barbara, laß die Albernheiten und mach die Tür auf! Was ist in dich gefahren, uns alle so zu erschrecken?«

Während der darauffolgenden Pause hörte er seinen eigenen Herzschlag unangenehm laut in der Stille, und mit Unbehagen war ihm bewußt, daß Dana und seine Mutter hinter ihm standen und warteten. Er überlegte, ob Barbara bewußtlos oder eingeschlafen war oder ob sie sich im Bad versteckt hatte, dann hörte er ein Geräusch wie Möbelrücken, die Klinke wurde in seiner Hand niedergedrückt, und die Tür vorsichtig einen Spaltbreit geöffnet. Dahinter erschien ein schmaler Ausschnitt von Barbaras Gesicht.

»Komm herein«, sagte sie im Flüsterton.

»Nein, verdammt, du kommst heraus. Mir ist heute nicht nach derlei Unfug zumute, Barbara. Ich möchte in Ruhe ein Glas trinken und zu Abend essen, ich habe genug Ärger und Scherereien für einen Tag gehabt. Nun komm schon«, sagte er bittend, »fang du nicht auch noch an! Was ist los, Barbara, bist du krank?«

Hinter ihm hörte er seine Mutter in der Stille wispern: »Genau wie ihr armer Bruder. Ich hab' es Jamie gesagt...« Daß sie sich diese Blöße und seiner Mutter Gelegenheit zu ihrer boshaften Stichelei gab, erfüllte ihn mit unvernünftigem Zorn gegen Barbara. Auch Barbara hatte die geflüsterte Bemerkung vernommen, und ihre Züge verhärteten sich. Sie kam ins Wohnzimmer, und Jamie stellte fest, daß sie tatsächlich krank aussah. Sie hatte zuviel Make-up aufgelegt, und ihr Haar war in Unordnung; sie sah aus, als hätte sie auf gut Glück in den Kleiderschrank gegriffen, irgend etwas herausgenommen und angezogen. Ihre Hände zitterten, und ihm entging nicht, wie sie schnell zu Dana und seiner Mutter hinsah und den Blick genauso schnell wieder von ihnen wandte. Sie sagte: »Gib mir auch ein Glas. Laßt uns alle etwas trinken. Aber erwarte nicht von mir, daß ich irgend etwas esse, was sie für mich zusammengekocht haben!«

»Weshalb, Barbara, liebes Kind«, sagte Mrs. Melford, und Jamie ging mit finsterer Miene zum Buffet, um Gläser herauszuholen.

Dana sagte: »Barbara, ich würde an deiner Stelle nichts trinken, wenn du dich nicht gut fühlst.«

»Was kann es dich kümmern?« Barbara spuckte die Worte aus, daß Dana zusammenzuckte.

»Na, nun laßt doch«, sagte Jamie mechanisch, ohne recht zu wissen, was er sagte: Er teilte den üblichen männlichen Abscheu vor Szenen, und allmählich ging ihm auf, daß hier etwas vorging, das nicht so einfach überspielt werden konnte.

Barbara nahm eines der Gläser und schenkte sich aus der Flasche mit Scotch ein. Nun war deutlich zu sehen, daß ihre Hände zitterten; so sehr, daß sie etwas verschüttete. Jamie nahm ihr das Glas ab und sagte unbeholfen. »Sieh mal, Schatz...«

Sie riß ihm das Glas aus der Hand und warf es zornig zu Boden. Der Scotch versickerte im Teppich, das Glas, heil geblieben, rollte davon. Mit hoher, hysterischer Stimme, die nahe am Umkippen war, sagte sie: »Jamie, ich will sie nicht hier haben. Ich will sie beide nicht hier haben. Ich bin... ich bin...« Sie verkrampfte die

Hände ineinander und rang um Selbstbeherrschung. »Entschuldige«, sagte sie mit bleichen Lippen. »Ich weiß, daß ich mich wie eine Hysterikerin anhöre – ich versuche, dagegen anzugehen – aber Jamie, bitte, kann ich nicht allein mit dir sprechen?«

»Arme Barbara«, sagte Mrs. Melford süßlich und hob das Glas auf. Dann bückte sie sich und rieb mit ihrem Spitzentaschentuch an dem roten Kleid, wo ein paar Spritzer vom Scotch Flecken hinterlassen hatten. »Du hast dein hübsches Kleid fleckig gemacht, vielleicht geht es nie wieder heraus. Kannst du nicht versuchen, dich zusammenzunehmen, Liebes? Leg dich hin und laß mich dir eine heiße Tasse Tee machen oder etwas Suppe, und ruhe dich aus.«

Barbara schlug nach der Hand mit dem Taschentuch. Sie berührte sie nicht, aber Mrs. Melford kreischte auf und zog ihre Hand hastig zurück. Barbara sagte mit hoher, keuchender Stimme: »Laß mich in Frieden, rühr mich nicht an. Jamie, kannst du nicht sehen, was sie tun? Sie versuchen, dich zu überzeugen, ich sei verrückt, ich sei verrückt.« Sie sank an seine Brust und umfaßte seine Schultern wie eine Ertrinkende. »Oh, Jamie! Ich bin doch nicht verrückt, oder?«

Er fühlte ihren krampfhaft versteiften, zitternden Körper unter seinen Händen, und ein Frösteln überlief ihn. Er wehrte sich gegen einen instinktiven Gefühlsumschwung, hervorgerufen von dem elenden Erinnerungsbild, das ihm Jerry zeigte, wie er trostlos in seinem Zimmer gekauert hatte, eine Woche, bevor er sich erschossen hatte. Mit einer Willensanstrengung drückte er seine Frau an sich und sagte sehr sanft: »Natürlich nicht, Barbara. Du bist krank, und ich denke, du bist ein wenig hysterisch. Niemand will dir etwas zuleide tun.«

»Sie will es«, sagte Barbara heftig. »Sie tut es! Nein, ich werde es nicht sagen. Sie will, daß ich alle möglichen verrückten Anschuldigungen vorbringe; ich spüre, daß sie es will. Ich werde es nicht tun ...« Sie verstummte.

»Setz dich«, sagte Jamie und schob Barbara behutsam rückwärts zu einem Sessel, füllte ihr ein Glas. »Trink langsam. Und nun sag mir, was eigentlich los ist. Dana? Mutter? Hattet ihr Streit miteinander?«

Dana breitete in einer Gebärde der Ahnungslosigkeit die Arme aus, und ihre blauen Augen waren groß und unschuldig.

»Wir gingen einkaufen, als sie noch schlief, und als wir zurückkamen, war sie so.«

»Mutter?«

»Ich weiß nicht, Jamie. Ich mache mir seit langem Sorgen um sie. Du weißt das.«

»Ich wußte es nicht«, widersprach Jamie. Sein verständnisloser Blick ging von einer zur anderen. »Komm schon, Barbara, reiß dich zusammen. Es war für alle ein harter Tag.«

Barbara hob den Kopf. »Sie machen es mit uns, wie sie es mit Jock und Bess gemacht haben. Es steht alles im Buch.«

»Ach, zum Teufel mit dem Buch!« Plötzlich kam der Ärger wieder in ihm hoch. »Du siehst Gespenster. Du weißt, daß Mutter dich gern hat. Hast du immer noch diese fixe Idee, daß Mutter mich mit Dana verheiratet sehen möchte?«

»Wird sie es leugnen?«

Mutter Melfords Lippen zuckten, und sie sah aus, als wollte sie in Tränen ausbrechen, aber dahinter steckte eine kaum verhohlene Selbstzufriedenheit. »Ich glaubte nicht, daß Barbara die richtige Frau für dich sei, Jamie, und nun kannst du selbst sehen, wie labil sie ist – all dieser hysterische Unsinn. Du brauchst Ruhe und Frieden, mein armer Junge, nicht Szenen und hysterische Ausbrüche!«

»Siehst du, was ich meine?« rief Barbara verzweifelt. »Die ganze Zeit beugt sie sich über mich, bevormundet mich, tut freundlich, haßt mich, stichelt, treibt und drängt mich, bis ich – bis ich solche Szenen mache und du anfängst, mich zu hassen. O Gott, Jamie, ich will sie nicht hierhaben. Ich habe mir weiß Gott Mühe gegeben, ich habe versucht, aber es hat keinen Zweck. Sie haßt mich, und sie hat Dana hierher gebracht – das war das äußerste Mittel –, und heute, als ich fand...« Sie brach ab, als hätte ihr jemand die Hand auf den Mund gelegt.

»Sprich weiter«, sagte Mrs. Melford mit bebender Stimme. »Hör nur auf sie, Jamie. Laß sie dastehen und so zu mir sprechen. Willst du mich nicht hinauswerfen? Willst du deine eigene Mutter nicht auf die Straße setzen?«

»Mutter, verdammt noch mal...« Jamie drückte sich die Finger an die Schläfen und merkte, daß er Pelzmütze und Mantel noch anhatte. Die Krise war so plötzlich ausgebrochen, daß er nicht einmal Zeit gehabt hatte, seine Sachen abzulegen. Das holte er jetzt nach und warf alles auf das Sofa, bevor er sich in erneuertem Ärger den Frauen zuwandte. Im Wohnzimmer herrschte eine Atmosphäre wie in einer Kampfarena. Barbara war auf das andere Sofaende niedergesunken und schluchzte, und er blickte mit einem Gefühl wie Haß auf sie herab. Wie konnte sie ihm so etwas antun? Wie konnte sie ihn in diese – diese hysterische Konfrontation ziehen, die an einen schlechten Film gemahnte, komplett mit böser Schwiegermutter und der anderen Frau? Einen Augenblick schien es ihm, als sähe er die drei Frauen durch ein umgedrehtes Fernrohr, als seien sie unbelebte kleine Puppen auf einem Fernsehschirm: Barbara, zitternd, völlig durcheinander und weinend; seine Mutter mit beleidigter Miene, das Urbild verletzter Unschuld – beinahe zuviel davon, dachte er; nur Dana sah lieblich aus, distanziert, und ihr süßes Gesicht drückte Teilnahme und Sorge aus. Er fühlte sich zu ihr hingezogen. Die arme Dana. Es war zu dumm, daß sie in diesen Familienstreit hineingezogen worden war. Ihre Ruhe hob sich vorteilhaft von diesem Hintergrund von Hysterie ab. Ungewollt drängte sich ihm die Frage ins Bewußtsein, ob sie ihm bei seiner Heimkehr von der Arbeit mit einer solchen Szene aufgewartet hätte. Er lächelte ihr ein wenig kläglich zu, bevor er seine Aufmerksamkeit wieder Barbara zuwandte.

»Seht mal – Mutter, Barbara –, das ist jetzt genug. Müssen wir unsere familiären Streitigkeiten vor einem Gast austragen? Wenn ihr Streit hattet, wird er sich gewiß beilegen lassen. So etwas kommt in allen Familien vor. Mutter, du könntest in die Küche gehen und dort nach dem Rechten sehen – ich rieche das Abendessen, und wir wollen doch nicht, daß es anbrennt – und Barbara in Ruhe ihr Glas austrinken lassen, damit wir alle ein wenig zur Besinnung kommen? Du auch, Dana. Barbara möchte allein mit mir sprechen. Einverstanden?«

Sie gingen, warfen aber protestierende Blicke zurück. Als die Küchentür hinter ihnen ins Schloß fiel, schenkte er sich etwas Whisky ein und füllte Barbaras Glas auf. Er setzte sich ihr gegenüber und sah zu, wie sie gegen ihr Schluchzen ankämpfte. Als sie sich endlich etwas beruhigt hatte, sagte er: »Nun erzähl mir, Barbara, was haben all die Aufregung und die Tränen zu bedeuten? Ist es wegen Mutter? Sieh mal, Schatz, du weißt, ich war nie verrückt danach, sie hier bei uns zu haben, aber angesichts der Wohnungsknappheit und der hohen Mieten konnte ich mir keine zusätzliche Wohnung für sie leisten. Sie hat nichts, nicht mal eine Altersrente. Sie hat nie gearbeitet, war ihr Leben lang Hausfrau. Und ich mag sie nicht in eins dieser Hotels für Dauergäste stecken, die nichts anderes sind als Abladeplätze für alte Leute.«

Sie sagte, von Schluchzen unterbrochen: »Ich weiß, Jamie. Ich dachte, es würde gehen.«

»Ich war immer der Meinung, daß ihr, Mutter und du, die meiste Zeit gut miteinander auskommt, aufs Ganze gesehen. Sollte ich mich so sehr geirrt haben?«

Barbara starrte auf ihre Knie. »Bis heute wußte ich nicht, wie sehr sie mich haßt.«

»Barbara, ich weiß einfach nicht, was ich dazu sagen soll. Du warst niemals ein Mensch, der unter Verfolgungswahn litt.«

Sie schluckte angestrengt. Der Alkohol begann ihr Gesicht ein wenig zu röten. »Siehst du? Ich kann nichts sagen. Tue ich es, leide ich einfach unter Verfolgungswahn. Es ist so hübsch, so einfach... es fügt sich alles so gut ineinander. Aber heute früh fand ich ein gräßliches Ding in der Küche. Und das war nur der Anfang...«

Jamie ächzte: »Ach du lieber Gott, dieser verdammte Frosch? Barbara, es tut mir leid. Ich hatte vor, dieses Ding selbst in den Mülleimer zu werfen, war aber so verwirrt, weil alles gleichzeitig geschah, daß ich es liegenließ. Aber warum gibst du Mutter die Schuld daran? Das waren diese verdammten Irren, die versucht haben, mir Jocks Buch abzujagen. Willst du mich wirklich glauben machen, Mutter stecke mit diesen Leuten unter einer Decke?«

Sie hielt den Kopf zwischen den Händen. Er sah sie an und dachte gereizt, daß sie gehen und sich das Haar kämmen solle; nie hatte er sie so aufgelöst und in Unordnung gesehen, und seine Verärgerung wandte sich gegen ihn selbst, als er sich dabei ertappte, daß er sie mit Danas vollkommener Gepflegtheit verglich. »Ich weiß nicht, was ich denken soll«, sagte Barbara. Sie klang erschöpft, resigniert. »Wenn du es so hinstellst, wirst du mich noch überzeugen, daß ich wieder zu Jerrys Psychiater gehen sollte.«

Er trank sein Glas aus, stellte es weg und ergriff ihre Hände. »Ist dir jemals der Gedanke gekommen, Barbara«, sagte er behutsam, «daß der Zweck dieser Einschüchterungskampagne nur der sein kann, uns alle gegeneinander aufzuhetzen? Soviel ich weiß, haben sie es mit Jock und Bess Cannon genauso gemacht. Wenn wir einen klaren Kopf behalten, können wir sie auslachen. Sie müssen merken, daß es nicht klappt; das Buch wird herauskommen, es sei denn, sie sind bereit, die Druckerei und das Verlagshaus in die Luft zu sprengen. Willst du zulassen, daß sie dich mit ihrem dummen Nervenkrieg zermürben?«

Sie hob den Blick nicht. Gegen seinen Willen fühlte er sich zu Mitleid gerührt. Zuletzt, als sie merkte, daß er auf ihre Antwort wartete, verkrampfte sie die Hände ineinander und blickte auf. »Vielleicht hat dies alles – die schwierige Situation wegen des Manuskriptes – nur an die Oberfläche gebracht, was schon lange hätte geregelt werden müssen. Vielleicht hätte ich niemals zustimmen sollen, daß wir deine Mutter bei uns aufnehmen. Vielleicht hättest du mich niemals gegen ihren Willen heiraten sollen.«

Er versuchte, seine Betroffenheit durch aufgesetzte Munterkeit zu überdecken. »Tut mir leid, aber so ist es nun mal; ich habe dich geheiratet, und wenn es Mutter nicht gefällt, ist das ihr Pech.« Er berührte ihre ineinander verschlungenen Hände. »Vielleicht können wir eine Regelung finden, Barbara, wenn uns das alles zu sehr auf die Nerven geht. Wenn... wenn wir Kinder haben«, fügte er schnell hinzu, »werden wir sowieso eine andere Regelung treffen müssen. Vielleicht sollten wir anfangen, darüber nachzudenken. Aber kannst du nicht damit warten, bis ich mir etwas ausgedacht habe?«

Ihre Lippen bebten. »Ich werde es versuchen – mit deiner Mutter. Ich kann nichts versprechen, aber ich werde es versuchen. Aber daß sie Dana hierherholte – das brachte das Faß zum Überlaufen. Jamie, kannst du sie nicht fortschicken?«

Die Stärke seiner zornigen Aufwallung überraschte ihn selbst. »Barbara, das ist deiner nicht würdig. Ich verabscheue Eifersucht!«

»Das ist mir gleich!« Ihre Stimme schnappte über. »Ich weiß, daß deine Mutter die Hoffnung nicht aufgibt, solange sie hier ist... Jamie, ich bestehe darauf. Ich werde versuchen, es noch eine Weile – eine kleine Weile – mit deiner Mutter auszuhalten. Aber ich will, daß Dana aus dieser Wohnung verschwindet, und zwar noch heute abend! Heute abend!«

»Was in aller Welt soll ich zu ihr sagen?« fragte Jamie hilflos.

»Du selbst sagtest ihr, daß sie bei uns willkommen sei. Wie kann ich einen Gast hinauswerfen... und zu dieser späten Stunde? Wohin sollte sie gehen?«

»Es ist mir gleich, was du zu ihr sagst oder wohin sie geht«, sagte Barbara, und ein gefährlicher Ton kam in ihre Stimme. »Ein Hotel, eine Pension, die Heilsarmee. Aber sie geht, Jamie. Andernfalls gehe ich. Das ist mein Ernst. Sie oder ich. Ich werde nicht wieder in meinem Bett schlafen, solange diese Frau unter meinem Dach ist!«

Er starrte sie an. Er war völlig verwirrt, als sei die vertraute Barbara plötzlich eine Fremde geworden. »Ich beginne mich wirklich zu fragen, ob du den Verstand verloren hast, Barbara!«

»Das ist eine hübsche, einfache, leichte Erklärung!«

»Nicht unbedingt«, sagte er. Gegen seinen Willen wurde er noch zorniger. »Du bist nicht fair und verständig. Und du hast kein Recht, solch ein Ultimatum zu stellen. Diese... diese Art von Entscheidungszwang – es ist wie in einem billigen Melodrama!«

»Warum willst du Dana hier haben?« sagte sie mit leiser Stimme. »Warum verteidigst du sie?«

»Mein Gott!« rief er aus, erinnerte sich, daß Dana in der Küche war, und fuhr mit gedämpfter Stimme fort: »Ich will sie nicht hierhaben, nicht unbedingt. Ich möchte sie bloß nicht hinauswerfen!«

Ihr Gesicht war verhärtet, sie war wieder die fremde Barbara. »Dann laß es sein«, sagte sie kalt. »Wirf statt ihrer mich aus dem Haus, denn darauf läuft es hinaus.« Sie stand auf, und während er bestürzt zusah, ging sie in die Diele, nahm ihre dunkle Winterjacke vom Haken und fuhr hinein. Ihre Stimme war angespannt und beherrscht, als sie sagte: »Ich bluffe nicht, Jamie. Wenn ich aus dieser Tür gehe, komme ich nicht eher zurück, als bis sie gepackt hat und draußen ist.«

Er sprang auf, zornig, hartnäckig, die Fäuste geballt. Etwas in ihm lärmte: Laß sie gehen und zum Teufel mit ihr! Durch diese Uneinsichtigkeit hat sie jedes Recht auf dein Mitgefühl verspielt! Aber diese innere Stimme war so rigoros, so gleichgültig, daß er über sich selbst entsetzt war. Er ging zu ihr und ergriff sie bei den Armen; sie riß sich los. Bei seiner Berührung brach sie wieder in Tränen aus. Er legte die Arme um sie und drückte sie an sich und das Durcheinander von Zorn und Verwirrung legte sich ein wenig.

»So kann es nicht weitergehen, Barbara«, sagte er, um Freundlichkeit bemüht. »Es ist lächerlich. Ich gebe nach, aber ich werde einen Handel mit dir machen. Dana geht, aber morgen gehst du zu einem Psychiater. Einverstanden?«

Er hoffte irgendwie, daß sie beleidigt ablehnen, nachgeben und sagen würde, was er hören wollte, nämlich, daß es auf Dana nicht ankomme, daß sie wisse, wie albern und übertrieben sie reagiert habe. Statt dessen hellte sich ihre Miene ein wenig auf, und sie sagte: »Einverstanden, Jamie.«

Mit langsamen und eckigen Bewegungen hängte sie die Jacke wieder über den Bügel. Er kehrte ihr den Rücken und schritt, kochend vor Wut, weil sie ihn entwaffnet hatte, in die Küche.

Drinnen war es warm und dampfig von den verlockenden Düften aus den Kochtöpfen, die Luft voll vom Aroma der Kräuter und Gewürze, und der Teekessel summte. Es war geradezu widersinnig, sich an einem so friedlichen, gemütlichen Ort dermaßen unglücklich und verlegen fühlen zu müssen. Danas und seiner Mutter Blicke ruhten auf ihm.

»Wie geht es ihr, Jamie?« fragte seine Mutter mit gedämpfter Stimme.

»Sie ist... ruhiger. Tut mir leid, Mutter...« Er zögerte; wie sollte er es ihnen beibringen? Dana lächelte, ein seltsames Lächeln. Ehe er weitersprechen konnte, sagte sie: »Jamie, ich glaube, ich sollte lieber gehen. Meine Anwesenheit hier ist schlecht für Barbara... in ihrem gegenwärtigen Zustand.«

Er hätte Erleichterung verspüren sollen, weil sie ihm die Peinlichkeit erspart hatte, selbst damit herauszurücken. Statt dessen verspürte er ein unerklärliches, erneutes Aufbranden von Zorn gegen Barbara, daß sie ihn in diese Lage gebracht hatte. »Es ist mir sehr unangenehm, Dana, aber...«

Seine Mutter plusterte sich beleidigt auf. »Jamie, Dana ist mein Gast! Barbara hat kein Recht dazu.«

»Tut mir leid«, wiederholte er, und sein Zorn richtete sich nun gegen sie wie gegen Barbara. »Ich weiß, sie ist deine Freundin, Mutter, aber meine erste Verantwortlichkeit gilt meiner Frau. Barbara ist krank, sie ist nervös und überreizt. Ich muß an sie denken...« Er hatte das Gefühl, sich vor Nervosität zu wiederholen. »Natürlich, wenn Dana nicht weiß, wo sie unterkommen kann...«

»Natürlich weiß ich etwas. Ich hatte gerade zu deiner Mutter gesagt...«

»Und ich habe ihr gesagt«, erklärte Mrs. Melford, »daß ich ein krankes, neurotisches, labiles Mädchen nicht anordnen lassen werde, wer in der Wohnung meines Sohnes kommen und gehen darf.«

»Bitte, Mutter Melford!« Danas Stimme war freundlich und sanft, doch gewann Jamie plötzlich den Eindruck stählerner Kraft. Sie wandte sich wieder zu ihm und zeigte ihr leibreizendes Lächeln. »Natürlich muß deine erste Sorge der armen Barbara gelten, Jamie. Ich achte dich dafür. Alles andere ist jetzt zweitrangig. Sie muß sehr...krank sein. Ich habe bereits einen Bekannten angerufen, Jamie.«

»Ich komme mir vor wie ein Schuft... Zuzulassen, daß sie dich hinauswirft...«

»Nein«, sagte sie mit einem rätselhaften Lächeln. »Vielleicht ist dies das beste, was geschehen konnte.« Sie schlüpfte hinaus und überließ es ihm, zu überlegen, was sie damit gemeint haben konnte, während seine Verärgerung über Barbara erneut aufwallte. Wie konnte sie sich von ihrer Eifersucht gegen ein harmloses Mädchen, das obendrein ihre Freundin gewesen war, so hinreißen lassen?

Eine Stunde später nagte die Verärgerung noch immer an ihm. Dana hatte ihre Koffer gepackt, spähte zum Fenster hinaus und sagte: »Ah, da kommt der Wagen«, zog rasch ihren Mantel an und ging zur Tür. Mrs. Melford saß finster schweigend in einer Ecke. Barbara hatte sich geweigert, am Abendessen teilzunehmen, und sich ins Schlafzimmer zurückgezogen, wo sie, wie Jamie mit einiger Erleichterung vernommen hatte, bald darauf zu rumoren begonnen hatte. Anscheinend machte sie das Bett und räumte auf. Vielleicht konnte er, sobald die Verhältnisse im Haus sich einigermaßen normalisiert hatten, erreichen, daß sie etwas aß. Er hatte seiner Mutter, nicht ohne ein vages Gefühl von Untreue gegenüber Barbara, aber mit dem Gedanken, daß es der Wiederherstellung des häuslichen Friedens förderlich sei, anvertraut, daß Barbara versprochen hatte, einen Psychiater aufzusuchen, und sie war ungewöhnlich mitfühlend gewesen und hatte ihm gesagt, sie kenne einen sehr guten Mann, der bei einer guten Freundin von ihr Wunder gewirkt habe.

Nun, als Dana zur Tür ging, ergriff Jamie ihre Hand. »Nichts für ungut, Dana, wir bleiben in Verbindung.«

»Natürlich, du Dummchen«, sagte sie. »Ich werde deine Mutter besuchen, und natürlich werde ich wissen wollen, wie es der armen Barbara geht, selbst wenn sie sich ... gegen mich gewendet hat. Vielleicht wird es ihr bald besser gehen, und ich kann sie besuchen.«

Jamie nahm ihr den Koffer ab. »Ich trage ihn hinunter.«

»Oh nein, er ist nicht schwer.« Aber er schritt schon in den Korridor hinaus und die Treppe hinunter. An der Haustür entwand sie ihm den Koffer mit festem Griff. »Wirklich, ich muß darauf bestehen, Jamie, du darfst ohne Mantel nicht in die Kälte hinaus!« Die Tür des draußen am Straßenrand haltenden Wagens war bereits geöffnet, und eine große, breitschultrige Gestalt kam durch die schnee-erfüllte Dunkelheit auf den Hauseingang zu und öffnete den Mund. Dana machte eine Handbewegung, und der Mann begnügte sich damit, ihren Koffer zu nehmen, ihn in den Wagen zu heben, einzusteigen und die Tür zuzuschlagen. Einen Augenblick später waren sie weg.

Jamie, der durch das kleine Fenster der Haustür hinausgesehen hatte, starrte verdutzt den Rücklichtern nach. War er auch im Begriff, verrückt zu werden, oder war es tatsächlich Pater Walter Mansell gewesen, der Dana abgeholt hatte?

Nein, es konnte nicht sein. Seine Nerven waren durch diese ganze Geschichte bis zu einem Punkt überreizt, wo er allenthalben seltsame Zusammenhänge zu sehen glaubte. Es konnte nicht sein. In New York mußte es Dutzende oder sogar Hunderte von Männern dieser großen, stämmigen Statur geben, mit dem gleichen unauffälligen dunklen Wintermantel, dem gleichen zurückweichenden Haaransatz. Außerdem hatte er das Gesicht des Mannes nicht gesehen; der Fahrer hatte sich zu rasch abgewandt.

Dennoch begleitete ihn der Eindruck die Treppe hinauf. Oben angelangt, witterte er wieder die Essensdüfte und verspürte einen jähen Heißhunger. Er fühlte sich imstande, alles aufzuessen, was es gab. Vielleicht würde Barbara nun zur Ruhe kommen und bereit sein, mit ihnen zu essen und sich gesittet zu benehmen, sogar seiner Mutter gegenüber.

Spät in der Nacht, geplagt von verworrenen, unsinnigen Alpträumen (er wanderte durch ein Labyrinth, während Jock Cannon hinter einem dicken Vorhang herumgeisterte und nicht heraus konnte; er stolperte durch einen mit toten Kröten und zerbrochenen Kruzifixen übersäten Korridor; er ging in eine Kirche und nahm die Bibel vom Altar, welche sich in seinen Händen in eine Erstausgabe von *Der Teufel in Amerika* verwandelte; er heiratete wieder Barbara, aber Pater Mansell war der Priester, und seine Mutter führte die Braut, und als er genauer hinsah, war die Braut Dana, und Barbara lag nackt auf dem Altar...) schreckte er, von Entsetzen erfüllt, auf und hatte plötzlich das Bedürfnis, die Hand auszustrecken und sich zu vergewissern, daß Barbara tatsächlich da war. Sie stöhnte im Schlaf und wälzte sich herum, erwachte jedoch nicht, und er lauschte eine Weile ihren unruhigen Atemzügen, bevor er wieder in einen Halbschlaf sank. Zuerst stellte sich die vertraute Prozession unbestimmter Gesichter ein, die am Rand des Schlafes auftauchenden Bilder, und dann waren es Stimmen, die undeutlich und kaum wahrgenommen durch seinen Geist zogen, und Jamie war bereits zu tief im Schlaf versunken, um ihnen zu widerstehen oder sich ihrer auch nur klar bewußt zu sein.

Es ist zu spät für halbherzige Maßnahmen. Er muß den gleichen Weg nehmen, den Cannon gegangen ist.

Es darf ihm nichts geschehen. Das ist die einzige Bedingung, die ich stelle und die ich je gestellt habe; Jamie darf nichts zustoßen.

Bist du in einer Position, Bedingungen zu stellen? Was du willst, ist nicht, was wir wollen.

Sie wird bald am Ende sein. Ist sie erst aus dem Weg, werde ich selbst mit Jamie fertig.

Nun gut. Aber warte nicht zu lange.

9. Kapitel

In der Gegend der oberen 80er Straße ist die Park Avenue ein eleganter Boulevard und strahlt noch immer etwas von dem verfeinerten urbanen Lebensstil des 19. Jahrhunderts aus, ehe die Probleme des 20. das Leben in der Stadt schwierig und oft unerfreulich gemacht hatten. Barbara ging zwischen den reizvoll gestalteten Fassaden der hohen alten Wohn- und Geschäftshäuser dahin, den Mantel grimmig um sich gewickelt, und hielt nach der Hausnummer Ausschau, die sie sich aufgeschrieben hatte.

Weiß Gott, sie hatte es erbärmlich angefangen. Es geschah ihr recht, daß sie nun unterwegs zum Psychiater war. Sie hatte sich von Migräne, prämenstrualen Spannungen und schierer Nervosität verleiten lassen, alles zu enthüllen. Sie hätte ruhig, vernünftig, sachlich und charmant sein sollen, wie Dana es gemacht hatte. Alle Ratgeber für Frauen warnten, daß man mit Eifersucht und Szenen niemals etwas erreichte. Sie hätte liebenswürdig und nachgiebig sein sollen, nicht grob und aufrichtig. Sie hätte selbst Dana gegenüber Herzlichkeit heucheln und Jamie dann allein beiseite nehmen und ihm den abscheulichen kleinen Beutel zeigen sollen, den sie in ihrem Ehebett gefunden hatte.

Am Morgen war sie mit Kopfschmerzen (sie hatte sie noch immer, hol's der Teufel!) erwacht, und konfuse Erinnerungen an die Szene des vorangegangenen Abends hatten sie nachgiebig gegenüber Jamie und höflich sogar gegenüber Mrs. Melford gemacht. Sie wünschte, sie hätte einen anderen Psychiater als den finden können, den Jamies Mutter empfohlen hatte, hatte aber zu sich selbst gesagt, sie solle jetzt nicht durchdrehen. Sie hatte die Anschrift verstohlen im Telefonbuch von Manhattan nachgeschlagen: er hatte eine ausgezeichnete Adresse in der Park Avenue; da waren die eindrucksvollen Buchstaben hinter seinem Namen; alles schien völlig in Ordnung. Als sie ihn angerufen hatte, um einen Termin zu vereinbaren, war er anfangs gar nicht bereit gewesen, sie zu empfangen und hatte sie schließlich nur wegen einer anderen Absage angenommen. Warum also sollte sie ihn als jemanden ansehen, der danach trachtete, sie in die Klauen zu bekommen, um ihr zu erklären, was für eine gute Frau ihre Schwiegermutter sei, und zu verlangen, daß sie augenblicklich von all diesem neurotischen Unsinn ablasse?

Das Gebäude war in Ehren alt geworden. Das Messing an den Türen, das Schnitzwerk und die Vertäfelungen sahen weder verwahrlost noch auffallend restauriert aus. Die Übersichtstafel im Erdgeschoß war voller Namen von Ärzten und Zahnärzten, und irgendwo unter ihnen mußte sich auch der des Psychiaters befinden. Er sollte seine Praxis im zweiten Stock haben. Als sie die Treppe hinaufstieg, sah sie oben eine schwangere Frau aus einer der Türen kommen und spürte eine instinktive Regung von Neid, einen fast physischen Schmerz. Genau dort, wo das Foto die Brandstelle hatte, dachte sie. Konnte dieses widerwärtige Zaubermittel die Ursache sein, daß sie nie schwanger geworden war?

Aus der Arztpraxis, die das schwangere Mädchen gerade verlassen hatte, sagte eine angenehme weibliche Stimme: »Bitte lassen Sie die Tür offen, Mrs. Gardner. Ich fürchte, ich bin diese Hitze nicht gewohnt.«

Barbara drängte sich gegen die Wand, als die Schwangere vorsichtig an ihr vorbei die Treppe hinunterging. Auf dem Treppenabsatz angelangt, sah Barbara drei Türen und mit einem Mal fiel es ihr wie Schuppen von den Augen. Gefangen in ihrer Geistesabwesenheit hatte sie nicht bemerkt, daß dies dasselbe Haus war, in dem Dr. Clinton ihre Praxis hatte, genau hier im zweiten Stock. Sie war des öfteren hier gewesen, als sie im vergangenen Jahr die Tests hatte machen lassen. Anscheinend hatte sie eine neue Helferin am Empfang. Barbara spielte mit dem Gedanken, einen Termin für eine weitere Untersuchung zu verabreden, aber die Ärztin würde sie nach dem Grund fragen, und Barbara würde ihr schwerlich klarmachen können, daß sie nun glaube, sie könne nur deswegen nicht schwanger werden, weil ihre Schwiegermutter ihr ein Zaubermittel ins Bett praktiziert hatte. Die Ärztin würde sie wahrscheinlich gleich eine Tür weiter zu Dr. Soundso schicken!

Sie sah die drei Türen an, die ihr vom vergangenen Jahr noch vertraut waren. Marian Clinton, M.D.: Frauenkrankheiten und Geburtshilfe. Dr. Paul Barnes, Facharzt für Kieferchirurgie, Sprechstunden nach Vereinbarung. Alexander Wynitsch, Doktor der Psychologie. Sie überlegte wenig menschenfreundlich, welche unaussprechliche und möglicherweise dem Ansehen eines Arztes abträgliche Buchstabenkombinationen sich hinter dem nichtssagenden und unwahrscheinlichen Wynitsch verbarg: Wynzcyzowski? Wynczkowitz? Ein schöner Psychiater, wenn er sich nicht einmal zu seinem eigenen Volkstum bekennen mochte!

Sie sah auf die Uhr. Der Termin war auf ein Uhr festgesetzt; es war fünf Minuten vor eins.

Geh nicht da hinein. Es ist gefährlich! sagte ihr eine innere Stimme.

Sie ermahnte sich, nicht albern zu sein, doch ihr Instinkt rebellierte weiter. Im Berufsleben hatte sie sich eine allein an Tatsachen orientierte Nüchternheit antrainiert, hinter dieser Fassade aber war sie emotional bestimmt und beseelt von einem festen Glauben an die Intuition. Und jetzt schrillte ihre Intuition mit allen Alarmglocken. Am liebsten wäre sie davongelaufen.

Ich habe es Jamie versprochen.

Er wird dich einsperren. Du wirst schlimmer enden als Jerry.

Nein. Weil Jerry keine Hilfe bekam, endete er so.

Sie warf einen sehnsüchtigen Blick zu Dr. Clintons offener Praxis. Es war eine angenehme Erinnerung, eine Zeit der Hoffnung. Lieber wäre sie jetzt dort hingegangen, schwanger oder nicht.

Geh hinein und laß dir einen Termin geben. Warum nicht? Es wird kaum eine Minute dauern.

Ihre Verwirrung wuchs. Du suchst nur nach Ausflüchten, sagte die unerbittliche innere Stimme.

Wieder wandte sie sich zu Dr. Wynitschs Tür, aber ein Schwindelgefühl überkam sie, und sie begriff, daß sie es einfach nicht über sich brachte, in die Praxis des Psychiaters zu gehen. Eine freundliche weibliche Stimme hinter ihr sagte: »Suchen Sie die Praxis von Dr. Clinton?«

Barbara wandte sich verwirrt um und blickte in die scharfen grauen Augen einer großen, nicht mehr ganz jungen Frau, die den weißen Kittel einer Schwester oder Arzthelferin trug. »Ah – nein, ich wollte, es wäre so; ich bin eine alte Patientin von ihr«, sagte sie schwerzüngig.

»Fühlen Sie sich nicht gut, meine Liebe? Sie sehen ein wenig angegriffen aus.«

»Nein, ich bin... es ist albern«, sagte Barbara verwirrt. »Ich habe einen Behandlungstermin bei Dr. Wynitsch, traute mich aber nicht hinein. Es... es ist furchtbar heiß hier drinnen.«

»Das dachte ich auch gerade«, sagte die fremde Frau in aufmunterndem Ton. »Deshalb ließ ich die Tür offen. Möchten Sie ein Glas Wasser?«

»Bitte.« Barbara betrat die vertrauten Praxisräume, ließ sich das Glas Wasser geben und trank. »Sind Sie schon länger bei Dr. Clinton? Ich kann mich nicht an Sie erinnern.«

»Ach nein«, sagte die Frau freundlich, »ich arbeite überhaupt nicht für Dr. Clinton. Ich komme von einer Agentur für Teilzeitkräfte; Rosemary wollte einen zusätzlichen freien Tag, um einen Krankenbesuch zu machen oder so, und deshalb bin ich als Aushilfe hier. Das ist meine Arbeit. Möchten Sie sich einen Augenblick setzen? Sie sehen etwas wacklig aus. Was ist geschehen? Haben Sie etwas auf dem Herzen?«

»Nur diesen Behandlungstermin«, sagte Barbara zögernd, »und er würde mir an sich nichts ausmachen: ich dachte sowieso daran, einen Arzt aufzusuchen. Ich tue es bloß nicht gern, weil meine Schwiegermutter mich dazu drängte.«

Die Frau nickte. Sie hatte eine ungewöhnlich ruhige Art zu sprechen. Sie war auffallend groß, mit ergrauendem blondem Haar, das ordentlich, aber weder modisch frisiert noch besonders gepflegt war – es sah aus, als bürstete und kämmte sie es jeden Morgen, woraufhin sie es bis zum nächsten Morgen vergaß –, und ihr Gesicht, obschon offen und angenehm, war nicht eben hübsch. Sie trug nur eine Spur von Lippenstift und Puder, und ihr Kittel schien etwas antiquiert in Schnitt und Machart. Ihre grauen Augen waren klar und heiter, aber der Mund wirkte ernst.

»Nun, man muß die Dinge sehen, wie sie sind«, sagte sie. »Eine Frau und ihre Schwiegermutter haben sehr selten das Beste füreinander im Sinn, es sei denn, die Schwiegermutter ist eine sehr ungewöhnliche Frau. Im Grunde handelt es sich dabei um zwei Frauen, die einen Mann lieben. Gewiß ist es nicht immer so – meine eigene Schwiegermutter war die einzige Mutter, die ich je hatte, und ich liebte sie sehr –, aber in neun von zehn Fällen ist die Schwiegermutter einer Frau ihre schlimmste Feindin; auch wenn es ihr selbst nicht bewußt ist. Warum wählen Sie Ihren Arzt nicht selbst aus?«

»Ich kenne keinen«, sagte Barbara kläglich.

»Aber da brauchen Sie doch bloß die Geschäftsstelle der Kassenärztlichen Vereinigung anzurufen oder die Beratungsstelle des Gesundheitsamtes«, sagte die Frau. »Dort wird man Ihnen geeignete Ärzte empfehlen. Oder Sie können Ihren Hausarzt fragen, zu dem Sie gehen, wenn Sie an Schlaflosigkeit oder Kopfschmerzen leiden oder wenn Ihre Kinder die Masern haben. Aber eins muß ich Ihnen sagen: die werden Sie nicht hierher schicken; dieser Herr nebenan ist so wenig ein Psychiater wie ich, eher noch weniger.« Sie lächelte verständnisinnig, wie über ein gemeinsames Geheimnis. »Mein liebes Mädchen, überprüfen Sie nicht einmal die fachliche Qualifikation der Ärzte, zu denen Sie gehen?«

»Auf dem Schild steht Doktor der Psychologie«, sagte Barbara.

Die Frau lächelte freundlich. »Glauben Sie mir, es gibt keinen solchen akademischen Grad, oder wenn es ihn gibt, ist es einer, der von irgendeiner obskuren privaten Briefkasten-Universität in Kalifornien verliehen wird, ein Titel, den jeder – zusammen mit der Urkunde – kaufen kann, wenn er ein paar hundert oder tausend Dollar überweist. Ein richtiger Psychiater, meine Liebe, muß ein fertig ausgebildeter Mediziner sein, der sich zusätzlich auf Psychiatrie spezialisiert hat. Ein Psychologe – das heißt, ein staatlich anerkannter Psychologe – gehört der APA, der Amerikanischen Psychologischen Assoziation an. Und ich weiß zufällig, daß der Herr nebenan nicht Mitglied dieser Vereinigung ist, denn ich habe das selbst aus persönlichen Gründen überprüft. Passen Sie auf, Mrs. ...«

»Melford«, antwortete Barbara. »Barbara Melford. Ich bin eine Patientin von Dr. Clinton.«

»Nun, darf ich einen sehr ungehörigen Vorschlag machen? Nämlich, daß Sie mit Dr. Clinton sprechen, wenn sie zurückkommt – sie ist jetzt im Krankenhaus, um Geburtshilfe zu leisten, soviel ich weiß – und sie um einen Rat bitten, wenn sie meint, daß Sie einen Psychiater brauchen. Oder daß sie Ihren Hausarzt anruft, sollten Sie das vorziehen.«

»Ich finde das gar nicht ungehörig«, erwiderte Barbara, die sich plötzlich sehr erleichtert und beruhigt fühlte. »Ich finde, das ist eine großartige Idee. Ich bin Ihnen sehr dankbar. Glauben Sie an Intuition?«

»Ganz gewiß«, sagte die große Frau. »Warum?«

»Weil ich – es klingt verrückt, ich weiß – die ganze Zeit, während ich draußen stand, das Gefühl hatte, ich sollte da nicht hineingehen. Und nun weiß ich, warum. Können Sie sich das erklären? Ich sagte mir immer wieder, es sei bloß Feigheit.«

»Ja, das leuchtet mir ein«, sagte die Frau. »Ich weiß, es muß einen guten Grund gehabt haben, daß ich heute hierher kam, statt diese Aushilfe jemand anderem zu überlassen. Ich sehe darin eine Rechtfertigung meiner eigenen Intuition. Grundsätzlich aber ist es sehr wichtig, die Qualifikation jeder Person zu überprüfen, die man um Hilfe bitten will. Ich hoffe, Sie werden das in Zukunft tun, nicht wahr?«

»Das werde ich«, sagte Barbara. Sie wußte, daß sie jetzt eigentlich gehen sollte, zögerte aber; die Anwesenheit und die Anteilnahme der Frau hatten etwas ungemein Tröstliches, und sie wollte gern noch bleiben. Die Frau lächelte ihr aufmunternd zu, und Barbara hatte irgendwie den Eindruck, als wisse die Fremde genau, was sie dachte. Sie fühlte sich wie ein Küken, das nach langem Umherirren unter die Flügel der Mutterhenne zurückgefunden hat.

»Übrigens, mein Name ist Clair Moffat, und verzeihen Sie mir die Anmaßung, aber wurden Sie ärztlich untersucht, bevor Sie sich für den Weg zum Psychiater entschieden? Manchmal sind Symptome – besonders die Art von Symptomen, die den Schwiegermüttern auffällt«, fügte sie lächelnd hinzu, »überhaupt keine Symptome geistiger Störungen, sondern haben körperliche Ursachen. Das Umgekehrte kommt natürlich auch vor. Aber sehen wir die Dinge, wie sie sind: wenn jemand sagt: ›Du bist verrückt‹, dann bedeutet das in der Regel nur ›Mir gefällt nicht, was du sagst oder wie du dich verhältst.‹«

»Ich habe mich vor knapp einem Jahr ärztlich untersuchen lassen«, sagte Barbara. »Bis vor kurzem war mein einziges Problem – das allerdings hauptsächlich von meinem Mann als Problem gesehen wurde –, daß ich nicht schwanger wurde. Das war mein einziges emotionales Problem. Aber in letzter Zeit habe ich – ach – mir Dinge eingebildet, ohne erkennbare Ursache Kopfschmerzen bekommen, und gestern abend flippte ich irgendwie aus, schrie meine Schwiegermutter an, warf mitten in der Nacht einen Gast – ihren Gast, aber dadurch wohl auch meinen – aus der Wohnung und benahm mich insgesamt in einer Art und Weise, die ich nicht gerade als vernünftig bezeichnen kann. Als Jamie – das ist mein Mann – vorschlug, ich sollte einen Psychiater aufsuchen, fühlte ich mich nach allem, was vorgefallen war, nicht imstande, ihm zu widersprechen.«

Clair Moffat zog die Brauen hoch: »Wissen Sie, selbst in unserem überaus angepaßten Zeitalter ist ein Temperamentsausbruch kaum als Beweis zu bewerten, daß jemand psychiatrische Behandlung nötig habe. In unserer Massengesellschaft lautet die obere Regel, das Boot nicht ins Schwanken zu bringen, aber trotzdem ...«

»Es ist wahr, ich bin aus der Haut gefahren«, sagte Barbara kläglich. »Ich glaubte plötzlich, daß sie mich hassen.«

»Nun«, sagte Clair Moffat, »vielleicht tun sie es. Haben Sie daran schon gedacht? So etwas kommt vor, wissen Sie. Trotz allem, was man Ihnen in der Schule oder im Religionsunterricht beigebracht hat; man kann nicht immer bei allen Leuten beliebt sein.«

»Das weiß ich«, sagte Barbara rasch, »und es ist wahr, daß Mutter Melford wollte, daß ihr Sohn eine andere heiratet – dieses Mädchen, das ich gestern abend aus der Wohnung warf. Aber mein Verhalten kommt mir im Nachhinein unzivilisiert vor und was ich mir einbildete, war irgendwie abwegig ... nicht rational.« Sie zögerte, und dann, als sie den teilnehmenden Ausdruck im Antlitz der älteren Frau sah, platzte sie heraus: »Ich dachte, sie versuchten, mich mit einem Zauber zu verwünschen.«

Sobald die Worte heraus waren, erwartete sie höchste Verwunderung oder stirnrunzelnde Mißbilligung, doch zeigte die Miene der Frau keine Veränderung. Sie murmelte etwas zu sich selbst; es klang wie: »Also deshalb ...«

Barbara sagte: »Sie haben es gehört, ich rede wie eine, die aus der Heilanstalt davongelaufen ist.«

»Nicht unbedingt. Hören Sie, Barbara – wenn ich Sie so nennen darf –, Dr. Clinton wird in zwanzig Minuten hier sein. Sie hat vor vierzehn Uhr keine Termine; ich schlage vor, Sie sprechen ein paar Minuten mit ihr. Sie sagen, daß Dr. Clinton Sie bereits kennt. Wenn sie meint, daß Sie geistig so verwirrt sind, daß Sie die Hilfe eines Psychiaters brauchen, wird sie Ihnen einen empfehlen können. Wenn nicht, könnten Sie mit mir kommen und mit einem guten Bekannten von mir sprechen. Ich gehe um drei, und dieser Freund von mir ...« sie lächelte » ... ist ein Sachverständiger für Leute, die versuchen, Mitmenschen mit Zaubermitteln und dergleichen zu verwünschen. So etwas kommt nämlich vor, wissen Sie. Gestern abend rief mich dieser Mann ziemlich spät noch an. Er fragte, ob ich vorhabe, heute hier zu arbeiten, und wenn nicht, ob ich es einrichten könnte. Ich sagte nein, ich hätte es nicht vor, aber wenn es einen Grund dafür gebe, könne ich es einrichten. Und er sagte mir, ich solle hierherkommen, wenn es mir möglich sei, weil jemand Hilfe brauchen werde – sehr dringend.«

Barbara war verblüfft. »Aber wie konnte er das gewußt haben?«

Clair lächelte. »Es ist sein Beruf, so etwas zu wissen«, sagte sie. »Man könnte ihn einen Fachmann im Wissen nennen, wann Leute Hilfe brauchen. Eines Tages werde ich Ihnen erzählen, wie er mich in einem Augenblick fand und aufrichtete, als ich zum dritten Mal nicht weiterkonnte.«

Das hörte sich nicht weniger verrückt an als all das, was sie sich am letzten Abend gedacht hatte ... genauso unheimlich, so seltsam und fantastisch – doch als sie in Clairs ruhig blickende, freundliche Augen sah, begriff sie, daß die Frau keinen Versuch gemacht hatte, sie zu überreden oder Zwang auszuüben. Und sie hatte ihr wenigstens aufmerksam und mit Verständnis zugehört. Manchmal war es einfacher, mit Fremden über gewisse Dinge zu sprechen.

»Ich werde auf Dr. Clinton warten«, sagte sie. »Und dann, falls sie mich nicht zu einem Psychiater schickt, werde ich Ihr Angebot annehmen.« Etwas von ihrer konfusen Erleichterung floß über, und sie fügte schnell hinzu: »Wenn Ihr Freund ein Fachmann im Wissen ist, wann Leute Hilfe brauchen, dann kommt er für mich, weiß Gott, wie gerufen!«

Dr. Marian Clinton war etwas überrascht, begrüßte sie aber sehr herzlich. »Nun, Mrs. Melford, wie schön Sie zu sehen; erzählen Sie mir bloß nicht, Sie seien schwanger! Sagte ich Ihnen nicht, Sie müßten Geduld haben?«

Barbara schüttelte den Kopf. »Nein, es hat damit nichts zu tun. Ich bin gekommen, um mich untersuchen zu lassen und Sie zu bitten, mir – äh – vielleicht einen Psychiater zu empfehlen.«

Sie erzählte ihre Geschichte, bemüht, genau zu sein und sich selbst nicht zu schonen. Das fantastische Element verschwieg sie allerdings und sagte nur, daß ihre Nervosität begonnen habe, als irgendwelche verdrehten Sektierer angefangen hätten, ihren Mann wegen eines Buches zu verfolgen, das er veröffentlichen wolle, daß sie einen Anfall von Somnambulismus gehabt habe, in dessen Verlauf sie einen Durchschlag des Buches verbrannt habe, daß sie ein hysterisches Mißtrauen gegen ihre Schwiegermutter und deren Freundin, einen Gast der Familie, entwickelt habe; sie erwähnte die Kopfschmerzen, die Kraftlosigkeit und ihre Zustände abnormer Spannung. Nachdem Dr. Clinton ein paar routinemäßige Fragen gestellt hatte, unterzog sie Barbara einer eingehenden Untersuchung. Als sie damit fertig war, trat sie einen Schritt zurück und betrachtete Barbara mit einem seltsamen Blick. »Mrs. Melford, sagen Sie mir bitte, ob Sie Drogen genommen haben und wenn ja, welche?«

»Drogen?« Barbara sah sie erschrocken an. »Keine. Hin und wieder Aspirin gegen Kopfschmerzen. Sonst nichts.«

»Sie rauchen nicht Marihuana... nehmen LSD... irgend etwas von der Art?«

»Nein. Vor Jahren habe ich einmal Gras geraucht, aber es machte mir nur eine rauhe Kehle.«

»Haben Sie irgendwelche ungewöhnlichen Kopfschmerztabletten genommen... Cafergot oder etwas anderes mit Ergotamin? Hat Ihr Hausarzt Ihnen vielleicht ein Rezept gegeben?«

»Nein. Ich weiß, daß Ergotamin gegen Migräne ist, aber ich habe es nur zweimal genommen, und es half nicht besonders und hatte Nebenwirkungen wie Übelkeit und Schwindel, so daß ich die restlichen Tabletten in die Toilette warf. Warum?«

»Ich weiß es nicht genau«, sagte Dr. Clinton, »aber Sie zeigen einige Symptome von Ergotoxin, das heißt, von Mutterkornvergiftung. Vor einigen Jahren gab es ein Kopfschmerzmittel, das als Wunderdroge gegen Migräne vermarktet wurde – große Artikel darüber erschienen in *Reader's Digest* und anderen Blättern. Tatsächlich handelte es sich um ein Medikament, das LSD nicht unähnlich ist. Die Droge wirkte gegen einige Formen von Migräne, erwies sich aber als suchterzeugend und führte bei regelmäßiger Einnahme zu Bluthochdruck. Außerdem bekam ungefähr die Hälfte der Patienten, die das Mittel nahmen, psychotische Störungen. Sind Sie sicher, daß Sie nichts genommen haben, Mrs. Melford? Sie brauchen nicht zu fürchten, daß ich Sie wegen illegalen Drogenkonsums oder dergleichen anzeigen würde, aber Sie sollten immer aufrichtig sein, wenn es um Ihre Gesundheit geht.«

»Was soll ich tun... Ihnen mein Ehrenwort geben? Glauben Sie mir, Frau Doktor, ich fürchte mich regelrecht vor Drogen. Ich vermeide sogar Penicillin und Antibiotika, wenn es geht.

Aspirin, Magenmittel und Mundwasser sind alles, was ich außer Heftpflaster und dergleichen im Haus habe.«

»Magenmittel? Sie haben Magenverstimmungen?«

Barbara lächelte. »Ich dachte mir, es sei der viele Kaffee auf leeren Magen, zuviel Streß im Atelier, zuviel hastig hinuntergeschlungene Essen... vielleicht auch zuviel Ärger mit der Schwiegermutter.«

»Schon möglich«, sagte Dr. Clinton. »Wer bereitet Ihre Mahlzeiten zu?«

»Meine Schwiegermutter. Glauben Sie, daß ich zu einem Psychiater gehen sollte? Ich meine, wenn ich durch meine Schwiegermutter Magengeschwüre bekomme...«

»Nein, Sie brauchen keinen Psychiater, Mrs. Melford«, sagte Dr. Clinton nachdenklich. »Ich glaube Ihnen. Vielleicht brauchen Sie Ferien.« Sie zögerte. »Oder Sie sollten eine Weile Ihre Mahlzeiten selbst kochen. Mrs. Melford, ich möchte nächste Woche ein paar Tests machen. Einstweilen tun Sie mir den Gefallen und essen Sie eine Woche oder so auswärts, wenn Sie es sich leisten können. Oder kochen Sie sich selbst etwas. Ich möchte Sie nicht in Panik versetzen, aber... vielleicht sollten Sie lieber daran denken, Ihre Schwiegermutter zu einem Psychiater zu schicken. Ich – ich sage dies ungern, aber ich muß Sie warnen. Ich habe den Verdacht, daß Sie vergiftet werden.«

10. Kapitel

Eine geschäftige Verlagsredaktion ist der geeignete Ort, um bedrückenden persönlichen Problemen zu entfliehen. Jamie diktierte seiner Sekretärin neun Briefe; verbrachte eine Stunde mit dem Werbeleiter, um Taschenbuch-Titelentwürfe für drei neue Western, zwei Schauerromane und ein Enthüllungsbuch über die Modebranche auszuwählen; führte ein Telefongespräch mit einem unzufriedenen Autor, dessen Freunde und Verwandte sich angeblich beklagt hatten, daß neun verschiedene Buchhandlungen sein neuestes Taschenbuch nicht vorrätig hatten; plauderte kurz mit dem Leiter einer literarischen Agentur, um sein Interesse an drei weiteren Schauerromanen zu bekunden; und beendete den Vormittag, indem er über einem halben Dutzend Tassen Kaffee jeweils die ersten paar Seiten von einem Dutzend Romanen las, die er bis auf drei alle verwarf, nachdem er jeweils ein halbes Kapitel gelesen hatte; die anderen packte er zusammen, um sie abends mit nach Hause zu nehmen und vor einer endgültigen Entscheidung in Ruhe zu lesen. Wahrscheinlich würde er auch ablehnen – die meisten vom Verlag veröffentlichten Bücher kamen von angesehenen Agenturen, aber ein gewissenhafter Lektor prüfte auch das unverlangt eingesandte Zeug: man konnte nie wissen, ob und wann man in dem Kehrichthaufen ein Goldkorn finden würde, eingesandt von irgendeinem Schriftsteller mit mehr Talent als Vermarktungsgeschick.

So wurde es Mittag, und während er in einem nahen Schnellrestaurant bei einem warmen Roastbeefsandwich und einem Bier saß, erinnerte er sich fast widerwillig an Barbara und rief pflichtbewußt zu Hause an, für den Fall, daß sie ihm Neues zu berichten hatte. Doch das Telefon läutete achtmal mit dem seltsam verlorenen Klang eines mechanischen Instruments, dessen Töne gegen leere Wände prallen. Es glich dem alten Paradox von dem Baum, der im Wald zu Boden stürzt, dachte Jamie. Machte es ein Geräusch, wenn niemand da war, es zu hören? Mit einem eigentümlichen Gefühl von Erleichterung legte er den Hörer wieder auf und ging zurück in sein Büro.

Weder die Sekretärin noch das Mädchen aus der Telefonzentrale waren vom Mittagessen zurück, und die Büros lagen still und leer, obwohl jemand eine frische Ladung Manuskripte auf seinen Schreibtisch gepackt hatte. Er sah die grauen Schachteln mit dem Aufdruck einer der großen literarischen Agenturen und vermutete, daß ihr Botendienst einige Schauerromane zur Ansicht gebracht hatte. Außerdem lagen einige eingepackte und verschnürte Manuskripte dabei; dann ein Stapel von Umschlägen, die alles mögliche enthalten konnten, von Fanbriefen bis zu Anfragen wegen vergriffener Titel oder eingereichter Manuskripte; ferner die übliche Ladung Werbematerial, Fachpublikationen, Freiexemplaren und der übliche Berg von buntem Prospektmaterial, dessen Versand die Post in der irrigen Annahme, daß es der Bildung, der allgemeinen Unterrichtung und dem Gedeihen der Wirtschaft diene, mit niedrigen Tarifen subventioniert.

Seine Sekretärin kam vom Essen zurück, legte ihren Mantel,

Kopftuch, Fäustlinge und Stiefel ab, steckte einen eingewickelten Krapfen für den Nachmittagsimbiß in ihre Schublade und machte sich daran, die Verschnürungen der Manuskriptschachteln zu zerschneiden. »Als Sie gerade zum Essen gegangen waren, Mr. Melford, rief Barry Swift an«, sagte sie. »Er läßt Ihnen ausrichten, daß Boyce ihn wegen der Titelzeichnung für den neuen Cannon angerufen habe – das Hexereibuch. Kann er heute nachmittag hereinkommen und mit Ihnen darüber sprechen?«

Jamies erste Reaktion war, daß er ablehnen wollte. Allzugern hätte er wenigstens einen Tag verbracht, ohne über das vermaledeite Buch nachzudenken. Es hatte ihm schon genug Ärger eingetragen. Aber die Zeit und die Terminpläne von Verlegern und Druckern konnten nicht warten, und Cannons Tod bedeutete, daß das neue Buch nach Möglichkeit ins Frühjahrsprogramm kommen sollte. »Gut, er soll um zwei kommen«, sagte er. »Ich kann ihm Kopien von ein paar Kapiteln mitgeben, nach denen er arbeiten kann.«

Er nahm ein paar Briefe, die an ihn persönlich gerichtet waren und die seine Sekretärin aussortiert hatte, und öffnete sie, während Peggy den Inhalt der Manuskriptkartons durchsah.

»Können wir einen Krankenschwesternroman mit Sex gebrauchen?« fragte sie.

In den Anfragebrief eines alten Bekannten vertieft, der ihm einen Kriminalroman anbot, grunzte Jamie: »Nichts da. Schwesternromane werden von halbwüchsigen Mädchen gelesen. Kein Sex.«

»Aber Mitchell Hanover schreibt, es sei ein sehr guter Roman.«

»Nichts zu machen. Krankenschwestern können Liebesleben haben, aber kein Geschlechtsleben, für immer und ewig, amen, so sprach der Herr. Soll er ihn doch einem der Schmutz-und-Schund-Verlage an der Westküste anbieten.«

»Gut. Die Mitchell-Hanover-Agentur sollte inzwischen wissen, was bei uns geht«, sagte Peggy. »Manchmal schicken einem selbst die besten Agenturen das verrückteste Zeug...« Sie brach mit einem kurzen, keuchenden Aufschrei ab. »O Gott, nein! Wie schrecklich!«

»Was ist denn los, Peggy?«

Seine Sekretärin war aufgesprungen und starrte aus einer Entfernung von zwei Schritten voller Entsetzen auf eine geöffnete Schachtel, die vor ihr auf dem Schreibtisch lag. Jamie ging zu ihr, dann schreckte auch er zurück. Ekel schnürte ihm die Kehle zu.

In der vertrauten grauen Schachtel einer der großen Agenturen lag eine tote Ratte.

Völlig geschockt konnte er sekundenlang nichts tun als wie mesmerisiert in die Schachtel zu starren. Seine Sekretärin war bleich und sah plötzlich elend aus. Jamie schluckte ein- oder zweimal, bevor er die Sprache wiederfand. »Jemandes Vorstellung von einem handgreiflichen Scherz, Peggy. Wahrscheinlich derselbe verdrehte Witzbold, der mir letzte Woche den Schreibtisch verwüstet hat.«

»Soll ich wieder die Polizei rufen?« Ihre Stimme bebte.

»Hol's der Teufel, ich weiß nicht. Ich weiß es einfach nicht.« Vielleicht würde die Polizei Wert darauf legen, zu wissen, daß die Verfolgung andauerte. Andererseits konnte sie mit einer toten Ratte in der Post auch nicht viel anfangen. »Das war ... in einer Manuskriptschachtel?«

»In dieser Manuskriptschachtel von Mitchell Hanover.«

»Na, wir rufen sie an und fragen, was zum Teufel, sie darüber wissen«, sagte er, und als Peggy weiterhin unverwandt zur Schachtel auf dem Schreibtisch starrte, in der die tote Ratte lag, fügte er freundlich hinzu: »Sie können den Anruf draußen in der Telefonzelle machen, Peggy. Inzwischen räume ich das hier weg. Denken Sie sich nichts dabei.«

Sie ging und warf ihm von der Tür her einen stirnrunzelnden Blick zu, und er wußte, daß die Neuigkeit sich wie ein Lauffeuer im ganzen Verlag verbreiten würde. Und das hier, dachte er, wo immer ein so angenehmes Arbeitsklima geherrscht hat ... Und er wußte auch, daß die Mitchell-Hanover-Agentur ahnungslos sein und keine Erklärung dafür haben würde, wie die tote Ratte in eine ihrer Manuskriptschachteln gekommen war.

Pater Mansells Worte kamen ihm in den Sinn. Angenommen, Sie bestellen eine Mahlzeit in einem Restaurant, und der Kellner serviert Ihnen eine tote Ratte ...

Er stand bewegungslos da und starrte auf den steifen, häßlichen Kadaver. Seltsam, daß Mansell gerade dieses Beispiel gebraucht hatte, seine einzige schwache Stelle, das Resultat von drei endlosen Monaten in einem nordkoreanischen Kriegsgefangenenlager. Er hatte seit fünf Jahren nicht mehr daran gedacht.

Peggy kam zurück und berichtete, was er erwartet hatte: »Die Leute bei Mitchell Hanover sagen, sie wüßten nichts davon. Ich fragte, wie viele Manuskriptschachteln ihr Bote für uns mitgenommen hatte, und Jean, die diese Sendung fertiggemacht hatte, sagte, es seien drei gewesen. Hier sind aber vier Schachteln.« Sie starrte voll Abscheu auf die Ratte. »Wenn Sie dieses – dieses Ding von meinem Schreibtisch tun könnten... kann ich in die anderen Schachteln schauen und sichergehen, daß sie nichts als Manuskripte enthalten.«

Vorsichtig, als läge eine schlafende Kobra in der Schachtel, verschloß Jamie sie mit dem Deckel und hoffte, daß Peggy nicht bemerkte, wie seine Hände zitterten; außerdem hoffte er, daß er es noch bis zur Herrentoilette schaffen würde, ehe die Übelkeit, die in ihm aufstieg, ihn überwältigte und ihn zwang, sich zu erbrechen. Sobald die Schachtel verschlossen war, fühlte er sich ein wenig besser und hob sie vom Schreibtisch. »Ich werde dies dem Hausmeister geben, damit er es beseitigt«, sagte er. »Tut mir leid, Peggy.«

Sie durchschnitt die Verschnürung einer weiteren Schachtel. »Bleiben Sie hier, bis ich nachgesehen habe, was in dieser ist«, sagte sie. »Wenn sich das wiederholt, werde ich Frontzulage verlangen!«

Die anderen Schachteln enthielten nur gebündelte Manuskripte, und Jamie beruhigte sich ein wenig. Er trug die Schachtel mit der toten Ratte hinaus. Als er den Hausmeister gefunden hatte, gab er dem Mann die Schachtel und einen zusammengefalteten Geldschein und sagte ihm nur, daß jemand ihnen dumme Streiche spiele. Er nahm sich vor, an eine zusätzliche kleine Aufmerksamkeit für Peggy zu denken; gute Sekretärinnen, die tatsächlich fehlerlos schreiben konnten und im Geschäftsbetrieb mitdachten, waren nicht leicht zu bekommen und schwierig zu halten.

War es möglich, daß die Urheber dieser Anschläge, wer sie auch waren, den Boten von Mitchell Hanover unterwegs abgefangen und bestochen hatten? Oder war jemand von ihnen kaltblütig ins Büro gekommen, während die Telefonistin und die Sekretärin zum Mittagessen gegangen waren, um eine zusätzliche Schachtel hineinzuschmuggeln? Vielleicht würde es sich lohnen, dem Boten ein paar Fragen zu stellen. Doch selbst wenn der Bote bestochen worden war, wie könnte er daraus einen Fall für das Gericht machen? Was war strafbar daran, wenn jemand einem Büroboten ein paar Dollar in die Hand drückt, damit er eine zusätzliche Schachtel abliefere?

Wie dem auch sein mochte, wenigstens war es eine tote Ratte gewesen. Das war eklig genug, aber wenn es eine lebendige gewesen wäre, hätte Peggy womöglich das seltene Schauspiel erlebt, ihren Chef wie einen Verrückten schreien und stammeln zu sehen. Es hätte also noch schlimmer sein können.

Verdrießlich erinnerte er sich seiner Ausmusterung aus den Streitkräften in San Francisco und der anschließend dort verbrachten Urlaubstage. Er hatte sie mit einem Mädchen verbracht, einer Zufallsbekanntschaft. Eines Abends waren sie nach dem Besuch eines der berühmten Restaurants an der Fisherman's Wharf am Hafen spazierengegangen, als ein Quietschen und ein Paar roter Augen in der Dunkelheit ihn in Panik versetzt hatten. Freilich war er damals erst seit vier Wochen aus dem Gefangenenlager frei, und seine Nerven waren vollständig zerrüttet gewesen. Aber das Mädchen hatte nur verständnislose Geringschätzung für ihn gehabt – »nun hab dich nicht so, es ist doch bloß eine Ratte!« – und war nicht mehr mit ihm ausgegangen. Nie hatte er jemandem von der Episode erzählt, ausgenommen seiner Mutter und Barbara. Wie hatten die verfluchten Kerle in Erfahrung gebracht, daß dies sein schwacher Punkt war? Barbara war keine Klatschbase, die solche Geschichten herumerzählte, weder im Freundeskreis noch anderswo. Seine Mutter klatschte gern, aber sie kannte nicht viele seiner Geschäftsfreunde und Kollegen und konnte es kaum arglos herumerzählt haben. Die anderen Männer aus dem Gefangenenlager wußten Bescheid, aber sie waren von San Francisco bis Vietnam über den ganzen Erdball verstreut. Überhaupt, sollte er sich wirklich Pater Mansells Idee anschließen, daß diese Leute Psychopathen waren? Auf dem Rückweg vom Kellerverschlag des Hausmeisters ging er am Zeitungsstand in der Eingangshalle des Gebäudes vorbei und kaufte eine kleine Schachtel Pralinen, die er bei seiner Rückkehr ins Büro Peggy überreichte. »Bitte schön. Vielleicht helfen die, Ihnen den schlechten Geschmack aus dem Mund zu vertreiben.«

Sie murrte, daß er ihren Diätplan durcheinanderbringe, nahm die Pralinen aber an, und er wußte, daß die unmittelbare Gefahr, eine gute Sekretärin zu verlieren, gebannt war.

Als das Telefon läutete, zuckte er unwillkürlich zusammen, dann nahm er hastig selbst ab, da er halb mit einem der obszönen Anrufe rechnete und verhindern wollte, daß Peggy weiteren Belästigungen ausgesetzt wurde. Aber es war nur Barry Swift, der auf einen Sprung herüberkommen und ihm die Titelentwürfe für den neuen Cannon zeigen wollte.

Swift, in einem blauen Arbeitsanzug und einer schäbigen Windjacke, glich eher einem Anstreicher als einem Grafiker. Er hatte ein halbes Dutzend Skizzen unter dem Arm, die er auf Jamies Schreibtisch ausbreitete.

Jamie wählte eine aus, wollte aber, daß der Werbeleiter seine Zustimmung gebe. »Peggy«, sagte er, »können Sie Barry eine der Kopien von dem Buch geben? Nicht das ganze, die ersten fünf oder sechs Kapitel reichen; dann kann er sie durchsehen und sich ein Bild davon machen.«

»Sie haben die Kopien nach dem Einbruch in den Safe gelegt, Mr. Melford.«

»Ein Einbruch? Hoffentlich ist nichts Wichtiges abhanden gekommen«, meinte Barry Swift. »Einbrüche, Diebstähle – das nimmt heutzutage immer mehr überhand. Erst kürzlich wurde bei uns im Haus eingebrochen und zwei IBM-Schreibmaschinen und eine Stereoanlage im Wert von fünfhundert Dollar gestohlen. Bei mir haben sie auch eingebrochen, aber sie fanden nur ein Transistorradio – den größten Teil meiner Sachen habe ich bei meiner Mutter, draußen auf Staten Island. Halbwüchsige, Drogensüchtige, vermute ich... Haben sie Ihnen die Schreibmaschinen gestohlen?«

»Nein«, sagte Jamie, »nichts als ein Manuskript, das waren wohl ein paar Verrückte. Genaugenommen war es eher Vandalismus als Einbruchdiebstahl; sie zerstörten alles, was auf meinem Schreibtisch war.« Er ging zum Bürosafe, der im allgemeinen nur die Kopien laufender Verträge enthielt – es war weniger ein Safe als ein feuersicherer Aufbewahrungsort –, kauerte davor nieder und drehte an dem einfachen Kombinationsschloß. »Eigentlich ein verdammter Unsinn, das Manuskript da drinnen zu verwahren, aber gerade dies war das bewußte Manuskript, von dem sie ein Exemplar mitgehen ließen, also ließ ich von der einzigen noch vorhandenen Kopie ein halbes Dutzend neue machen...« Er brach mit einem Schreckenslaut ab, als die Tür aufschwang und eine schwärzliche Gestalt, deren Augen bösartig zu glimmen schienen, heraus und ihm ins Gesicht sprang.

Er fiel mit einem unartikulierten Aufschrei zurück.

Eine Ratte! Eine lebendige Ratte im Safe! Einen Augenblick spürte er den heißen, pelzigen Körper, die wild zappelnden Beine im Gesicht, dann sauste sie davon, er hörte Peggy schreien, als die Ratte wie verrückt quietschend im Büro umherrannte und nach einem Fluchtweg suchte. Barry Swift riß einen Papierkorb vom Boden und schleuderte ihn auf das Tier; das Geschoß verfehlte sein Ziel und rollte mit metallischem Geklapper am Boden herum. Das Mädchen von der Telefonzentrale und der junge Wayne aus dem vorderen Büro kamen zur Tür und blickten mit großen Augen in das Tohuwabohu.

»Fangt sie! Macht die Tür zu!« rief jemand. Eine andere Stimme kreischte: »Nein, nein! Jagt sie hinaus!« Das Tier sauste in panischer Angst von einem Winkel zum anderen; Peggy ergriff ein langes Lineal und nahm die Verfolgung auf. Wild mit dem Lineal zuschlagend, rannte sie dem flinken Nager nach, warf Stühle um und wurde vom eigenen Schwung gegen ein Bücherregal geschleudert, das unter ihrem Aufprall einen Teil seiner Last abwarf: ein Stoß Manuskripte ergoß sich in einer Kaskade auf den Boden. Jamie hatte sich mittlerweile aufgerappelt und stand zitternd und halb gelähmt neben dem Safe. Ihm schien, daß eine volle halbe Stunde verging, obgleich es nicht mehr als zwei oder drei Minuten gewesen sein konnten, bis Wayne rief: »Da ist sie!« und die Ratte in den Korridor hinausrannte. »Sie ist weg, sie wird sich verkriechen und irgendwann in den Hinterhof hinauskommen.«

Jamie ließ sich blaß und zitternd auf einen Stuhl sinken. Er mußte seine ganze Selbstbeherrschung aufbieten, um nicht zu schreien. Peggy ließ sich in ihren Bürosessel fallen und verzog das Gesicht zu einer Grimasse des Ekels. »Mr. Melford, was zum Teufel geht hier vor? Wie kam diese Ratte in den Safe?«

»Fragen Sie mich was Leichteres«, murmelte Jamie. Plötzlich kam ihm der Gedanke, ob die Manuskriptkopien noch im Safe waren. Es spielte eigentlich keine Rolle, da die »Originalkopie« anderswo unter sicherem Verschluß war, und tatsächlich waren die Kopien unberührt geblieben. Barry Swift sammelte seine Skizzen ein, steckte die kopierten Blätter des ersten Manuskriptteils in einen Umschlag und wandte sich zum Gehen. Sein belustigter Blick wanderte von Peggy zu Jamie. »Geht es hier immer so aufregend zu?«

Peggy sagte verärgert: »Ich bin drauf und dran zu kündigen. Verdammt, Mr. Melford, das ist wirklich das letzte! Zuerst tote Ratten und dann lebendige! Was wird das nächste sein? Schlangen? Mäuse? Vampire?«

»Gott behüte«, murmelte Jamie entnervt. Er war froh, daß Peggy ärgerlich statt panisch reagierte, aber sie musterte ihn mit einer gewissen Geringschätzung, wie ihm schien, und er konnte es ihr nicht verdenken. Er hatte sich zweifellos wie ein hysterischer Idiot benommen, während sie sich vernünftig verhalten und die Ratte hinausgejagt hatte.

»Und wenn ich heute abend nach Haus gehe, finde ich das verdammte Ding womöglich im Aufzug!«

»Es wird schon einen dunklen Winkel finden«, meinte Barry. »Übrigens ist nächste Woche der Kammerjäger fällig, und der wird es dann erwischen.«

Jamie fühlte, daß er unbedingt etwas zu trinken brauchte. Er stellte seinen umgeworfenen Bürosessel auf und setzte sich. Peggy starrte ihn noch immer mißvergnügt an, und er sagte mit einiger Mühe: »Peggy, ich werde die Polizei verständigen, aber regen Sie sich nicht auf, und lassen Sie sich vor allem nicht zu überstürzten Entschlüssen hinreißen. Es wird wahrscheinlich nicht wieder vorkommen.«

»Das sagten Sie heute morgen schon«, erwiderte sie.

»Wissen Sie was, wir machen für heute zu. Es ist gleich zwei. Nehmen Sie sich den Nachmittag frei, machen Sie Einkäufe, versuchen Sie, sich zu beruhigen. Ich werde sehen, was die Polizei tun kann.«

Sie stimmte endlich zu, und Wayne sagte: »Entschuldigen Sie, daß ich davon anfange, Jamie, aber Sie sehen selbst ziemlich mitgenommen aus. Gehen Sie auch nach Haus. Die Putzfrauen werden heute abend schon aufräumen.«

Jamie stimmte zu, obwohl er sich schwach vorkam und sich über sich selbst ärgerte. Um die Weihnachtszeit war das Verlagsgeschäft immer ruhig, und es gab an diesem Tag nichts Dringliches mehr zu tun. Aber als er auf dem Heimweg war, hatte er es auf einmal nicht mehr eilig, nach Hause zu kommen. Was mochte ihn dort erwarten?

Als er dann die Wohnungstür aufsperrte, war jedoch alles dunkel und still, nicht einmal in der Küche brannte Licht, und draußen brach bereits das trübe Zwielicht des frühen Winterabends an. Das war ungewöhnlich: Barbara war nicht zur Arbeit gegangen, und seine Mutter pflegte ihre Einkäufe vormittags zu erledigen und fing gewöhnlich schon um drei mit den Vorbereitungen für das Abendessen an. Er hatte die demoralisierenden Auswirkungen der Panik noch nicht überwunden, und so ging er durch die Wohnung, schaltete überall die Lampen ein und mixte sich einen starken Cocktail, bevor er sich niederließ und – ziemlich vorsichtig – die drei Romanmanuskripte auswickelte, die er mitgebracht hatte, um sie zu lesen und über eine mögliche Veröffentlichung zu entscheiden. Dieses verdammte Biest. Es schien ihm, daß er am Rand seines Bewußtseins noch immer das infernalische Quieken hören konnte.

Unerfreuliche Erinnerungen drangen aus seinem Gedächtnis zur Oberfläche empor; so sehr er versuchte, sie zu verdrängen – sie kamen immer wieder. Rocco, eigentlich der einzige Freund, den er im Gefangenenlager gehabt hatte, dessen verwundete Hand eines Nachts von den allgegenwärtigen Ratten angefressen worden war... Eine Woche später war er an Blutvergiftung gestorben... Eine Nacht hatte Jamie wachend an seiner Seite verbracht, um die hungrigen Tiere von seinem sterbenden Freund fernzuhalten...

»Nein, verdammt«, sagte er laut, »das ist alles vorbei«, stand auf und füllte sein Glas nach. Jemand hatte die Sodaflasche aufgemacht und den Verschluß nicht zugedreht, jetzt schmeckte es schal und eigentümlich bitter. Entschlossen nahm er sich den ersten der Schauerromane vor, ermahnte sich, nicht hysterisch zu werden, denn wenn er eine Platte auflegte, wäre dies ein Eingeständnis gewesen, daß er mit der Musik das eingebildete Quieken von Ratten zu übertönen versuchte. Verdammt noch mal, es mußte Einbildung sein. Alle sechs Wochen kam ein Mann zur Rattenbekämpfung in dieses Gebäude, und der Müllabwurfschacht ging direkt in einen geschlossenen Auswechselbehälter. Da gab es nichts, was Ratten anlocken konnte.

Und du, dachte er voller Selbstverachtung, du hattest den Nerv, Barbara zum Psychiater zu schicken. Sieh dich doch selbst einmal an!

Er schlürfte seinen Drink und machte sich an das Manuskript. Die Geschichte kam ihm unglaublich langweilig und albern vor, das übliche Handlungsschema eines Schauerromans, diesmal mit einem einfältigen jungen Mädchen, das als Erzieherin in ein altes Landhaus auf den Hebriden kommt. Während der Lektüre fragte er sich, warum jemand in diesen Tagen der Babysitter und Tageskindergärten eine Erzieherin brauchte und was ein Mädchen bewegen mochte, eine zu werden, wenn es als Sekretärin, Stewardeß oder in einem Verlagslektorat Geld verdienen konnte! Die drei ersten Kapitel waren nichts Besonderes, aber möglicherweise konnte man sie publizieren – mit der Einschränkung, daß eine Heroine namens Cheryl kaum in die Atmosphäre eines Schauerromans paßte. Aber als dann die einheimischen Schotten anfingen, in einer Sprache zu reden, die eine schlechte Nachahmung der Mundart des schottischen Nationaldichters Robert Burns und reichlich mit Amerikanismen vermischt war, bündelte er das Manuskript wieder zusammen und dachte sich einen vernichtenden Ablehnungsbescheid aus... warum eine junge Dame, die kaum über die Intelligenz verfügt, um Erzieherin zu werden, sich für qualifiziert halten sollte, Romane darüber zu schreiben, bleibt unerfindlich...

Zum Teufel, was für ein Geräusch konnte das sein, wenn nicht das Quieken von Ratten? Jamie stand beunruhigt auf und spähte ins Schlafzimmer, das leer und still war. Die Betten waren nicht gemacht. Die letzten Ereignisse hatten den Haushalt offenbar stärker in Mitleidenschaft gezogen, als er gedacht hatte. Bad und Küche ließen nichts erkennen, was auf das Eindringen von lästigen Nagern hindeutete. Natürlich nicht, sagte er sich. Warum auch? Die Ratten sind in deiner Fantasie, und nun glaubst du, sie zu hören. Verdammt, Barbara sollte längst zu Hause sein.

Siehe da, sagte er sich höhnisch, also fürchtest du dich, allein in der trockenen, warmen, gemütlichen Wohnung zu sein, weil du imaginäre Ratten hörst...

Oder brachten diese Leute es mit ihrer Terrorkampagne fertig, ihn glauben zu machen, daß er Ratten hörte? Die im Büro waren weiß Gott real genug gewesen, eine tot und eine lebendig.

Er setzte sich wieder und nahm sich das zweite Manuskript vor. Es war eine geradlinige Detektivgeschichte, vielleicht in der Nachfolge von Chandler, aber Chandler war schließlich tot und konnte sich über die Nachahmung nicht beschweren, und Detektivgeschichten waren immer noch beliebt. Da es sehr wenige Gebrauchsschriftsteller gab, die originell sein konnten, war es besser, sie imitierten gute Autoren als schlechte! Und einige sehr gute »Schundautoren« – Leigh Brackett, John D. MacDonald – hatten zugegebenermaßen als Chandler-Imitatoren angefangen, später aber einen so guten und überzeugenden persönlichen Stil entwickelt, daß neueren Schriftstellern nicht selten vorgeworfen wurde, jetzt sie zu imitieren.

Der Roman fesselte seine Aufmerksamkeit bis zum Schluß des vierten Kapitels, wenn er auch ein paar Randbemerkungen über fehlende oder unklare Anspielungen machte. Dann hörte er wieder das Quieken.

Nein. Diesmal bildete er es sich nicht ein. Wenn es auf dem Angesicht der Erde ein Tier wie eine Ratte gab, dann war dies das Geräusch, das dazu gehörte. Deutlich vernahm er das Quieken, das Krabbeln ihrer Füße, das Rascheln und Knabbern in der Dunkelheit jenseits der Diele...

Jamie stand mit einem Fluch auf und warf das Manuskript auf den Sessel. Er war entschlossen, diese Frage ein für allemal zu klären. Das Quieken und Rascheln ging ihm nicht nur auf die Nerven, es verschaffte ihm ein Gefühl von Übelkeit und Schwäche. Er ging in die Küche und lauschte, schaltete alle Lampen ein, die Leuchtstoffröhre über der Spüle, das Licht über dem Herd. Keine Spur von irgendwelchen Vierfüßlern, seien es Ratten, Mäuse, Katzen oder Hunde. Natürlich nicht – wie sollten sie auch hier hereinkommen? Er schimpfte sich einen Tölpel und überängstlichen Einfaltspinsel, öffnete aber nichtsdestoweniger alle Türen im Küchenschrank und Buffet, wo er nur ordentlich aufgereihte Konservendosen und Einmachgläser mit Früchten und Gelee sah, ferner kleine Dosen, in denen seine Mutter Kräuter und Gewürze verwahrte. Wieder dieses Rascheln. Er riß den Brotkasten auf und war gefaßt darauf, daß ein grauer, zappelnder Körper herausspringen würde.

Nichts. Natürlich gab es keine Ratten in der Wohnung. Aber das Quieken dauerte an.

Er durchsuchte das Badezimmer, die Besenkammer und das Wäschezimmer. Seine innere Spannung nahm zu, er biß sich auf die Lippen, als er die Türen öffnete und ins Dunkel spähte. Nichts, aber das Quieken, das Rascheln und Trippeln, die eigentümlich zielbewußten Geräusche wollten nicht aufhören. Er konnte sich nicht mehr überzeugen, daß es sich um Ausgeburten seiner Fantasie handelte, aber wie, in Gottes Namen – nicht, daß Gott etwas damit zu tun gehabt hätte! –, konnten so viele Ratten in eine Wohnung dieser Größe gekommen sein? Es mußte von ihnen nur so wimmeln!

Das Herz klopfte ihm bis zum Hals. Er ging wieder ins Schlafzimmer, riß Schranktüren und Schubladen auf, ohne etwas zu finden, aber das Quieken schwoll zu einem Crescendo an, das seine eigenen Schritte übertönte. Er ächzte leise, wäre am liebsten irgendwohin geflohen, zwang sich aber, ins Bad zu gehen. Nach den Geräuschen zu urteilen, hätte er schwören mögen, daß die Ratten ihm über die Füße liefen, daß er in einem Meer wimmelnder grauer Leiber watete, aber die grünen und weißen Bodenfliesen waren sauber und glatt, und alles lag an seinem Ort, ausgenommen Barbaras grüne Badekappe mit den Wassernixen, die auf dem Rand der Badewanne lag.

Er ging hinaus und legte die Hand auf die Klinke der Tür zum Schlafzimmer seiner Mutter. Dort mußten sie sein. Alle anderen Möglichkeiten waren erschöpft. Er hatte die ganze Wohnung durchsucht. Die Tür war zugesperrt. Er stand da, die Hand auf der Klinke; ächzte vernehmlich und versuchte, die aufsteigende Panik unter Kontrolle zu bringen. Die quiekenden, raschelnden, knabbernden und trippelnden Rattengeräusche hörten nicht auf, und er verspürte unkontrollierbare körperliche Reaktionen, eine Verkrampfung seiner Wadenmuskeln, einen Druck in der Herzgegend, ein Gefühl, als ob seine Genitalien zusammenschrumpften. Ein jäher Anfall von Übelkeit ließ ihn ins Bad stürzen, wo er sich über die Toilette beugte und erbrach. Als sein Magen alles von sich gegeben hatte, würgte und würgte er weiter, die schmerzhaften Verkrampfungen trieben ihm kalten Schweiß auf die Stirn und ließen ihn am ganzen Leib zittern, bis er sich an der Toilette festhalten mußte, geschwächt vom trockenen Würgen der anhaltenden Übelkeit.

Schließlich kam er wankend wieder auf die Beine, wusch sich das Gesicht mit kaltem Wasser und versuchte, zur Vernunft zurückzufinden.

Es gibt hier keine Ratten.

Verdammt nochmal, ich höre sie doch!

Beruhige dich, du leidest unter Zwangsvorstellungen. Diese Geschichte im Büro hat dich geschockt.

Der große, tapfere James Melford, da steht er und würgt sich die Gedärme aus dem Leib, weil er glaubt, eine Ratte quieken zu hören! Nun reiß dich zusammen, Mann! Dieser Hokuspokus kann dir nichts anhaben...

Wirklich nicht? Jock Cannon ist tot, verdammt noch mal... mausetot und unter der Erde, weil diese Leute es auf ihn abgesehen hatten...

Aber du glaubst nicht daran. Suggestion kann dich nicht umbringen, es sei denn, du glaubst daran.

Aber Moment mal, sie haben mich bereits dazu gebracht, daß ich imaginäre – oder wenigstens unsichtbare – Ratten höre! Der Umstand, daß ich vom Bewußtsein her kein Wort von diesem Unfug glaube, ist anscheinend nicht genug. Sie können mich trotzdem um den Verstand bringen...

Er trat wieder hinaus in die Diele. Mehr und mehr hatte es den Anschein, als kämen die Geräusche aus dem Schlafzimmer seiner Mutter. Dort mußte es von ihnen nur so wimmeln. Vielleicht lag sie dort drinnen, vielleicht hatten die Ratten sie bei lebendigem Leibe aufgefressen... Verdammt, du darfst den Verstand nicht verlieren...

»Mutter!« rief er laut.

Keine Antwort. Nur die Ratten quiekten, lauter und lauter. Jamie rüttelte an der verschlossenen Tür, dann, gegen die Übelkeit ankämpfend, warf er sich gegen die Tür und prellte sich die Schulter. Wieder und wieder rammte er die Schulter gegen die Tür, während das Quietschen und Rascheln der Ratten das Pochen des Blutes in seinen Ohren übertönte.

Die zugesperrte Tür brach auf.

Im selben Augenblick gingen alle Lampen in der Wohnung aus. Der Schwung seines Anpralls schleuderte ihn ein paar Schritte ins dunkle Zimmer.

Hier in der Finsternis schwoll das Rascheln, Knabbern, Quietschen und Trippeln ins Unerträgliche an. Sie waren überall um ihn herum. Sie liefen ihm über die Füße, gleich mußten sie an seinen Hosenbeinen heraufkrabbeln, sie würden ihn bei lebendigem Leibe auffressen...

Jamie stand im dunklen Zimmer und begann, verzweifelt zu schluchzen.

Die Türglocke läutete.

Sie läutete wieder, und ein drittes Mal, bevor Jamie die Kraft aufbrachte, sich in die Diele hinaus und zur Tür zu tasten. Barbara? Er rief mit halb erstickter Stimme: »Wer ist da?« verfolgt von den Rattengeräuschen, die ihm auch noch den letzten Rest seines Verstandes zu rauben drohten.

Keine Antwort. Jamie machte sich auf einen weiteren niederträchtigen Anschlag gefaßt und riß die Wohnungstür auf.

Vor ihm stand Dana Becker, und ihr liebliches Gesicht zeigte, daß er sie mit dem plötzlichen Aufreißen der Tür erschreckt hatte. Sie sah sauber, schmuck und gepflegt aus. Sie trug einen kurzen weißen Pelzmantel und darunter einen violett und blau gemusterten wollenen Schottenrock. Ihr blondes Haar war vom Wind zerzaust. Er zwinkerte sie an, unfähig, seine Gedanken so rasch umzustellen.

»Dana?«

»Wieso – ja. Es scheint, daß ich meine Sozialversicherungskarte in der obersten Schublade der Kommode im Schlafzimmer deiner Mutter liegengelassen habe, und ich brauche sie für ein Vorstellungsgespräch. Macht es dir etwas aus, wenn ich hereinkomme und sie hole?«

»Mutter ist nicht da«, sagte Jamie. Das war das Äußerste, wozu er fähig war. Nun würde auch sie die Geräusche hören, und er hätte Gewißheit, daß er nicht unter Wahnvorstellungen litt...

»Ich weiß, wo die Karte ist«, erklärte Dana. »Deine Mutter sagte mir, ich könne herkommen und sie holen. Jamie, was hast du? Bist du krank?« Sie spähte aus dem beleuchteten Hauskorridor in die dunkle Diele hinter ihm. »Warum sitzt du im Dunkeln?«

»Ich – das Licht war an. Ging eben aus. Hörst du nichts...?«

Es schien ihm seltsam, daß seine Stimme im alles übertönenden Geräusch der Ratten überhaupt noch zu hören sein sollte, aber Dana trat an ihm vorbei in die Diele, legte den Kopf auf die Seite und lauschte.

»Was soll ich hören?« fragte sie schließlich.

»Die Ratten ... die Ratten ...«

»Ich höre nichts«, sagte sie, und Jamie hörte, wie er aufstöhnte. Dann bin ich wahnsinnig, dachte er. Ratten, die nur ich hören kann ...

»Laß uns Licht machen«, sagte sie und ging sicher wie eine Katze im Dunkeln zur Küche hinaus und in die Speisekammer dahinter, wo sie etwas aufmachte. »Wahrscheinlich ist eine Sicherung durchgebrannt, das ist alles. Hast du eine Taschenlampe? Ich weiß, daß Mutter hier eine aufbewahrt. Ach ja. Und da in der Schachtel sind die Ersatzsicherungen ... fein.« Sie ging wieder in die Küche, drehte an etwas, und die Lampen leuchteten auf.

»Armer Jamie, du siehst völlig demoralisiert aus«, sagte sie mitfühlend. »Laß mich schnell die Versicherungskarte aus dem Zimmer deiner Mutter holen, bevor ich es vergesse, und dann können wir ein Glas zusammen trinken, und du erzählst mir, was dich bedrückt.«

Sie ging hinaus; er hörte die Tür hinter ihr zufallen, und wie er so in der Küche stand, wo die Geräusche der Ratten nicht mehr so laut zu vernehmen waren, überlegte er, was sie von dem aufgesprengten Türschloß halten würde. Langsam ging er hinüber ins Wohnzimmer. Es war schlimmer als er gedacht hatte. Es gab keine Rattengeräusche, hatte nie welche gegeben ...

Sie waren fort. Im Wohnzimmer herrschte Totenstille, bis Danas leichte Schritte ihre Rückkehr ankündigten.

Konnte er sie nur hören, wenn er allein war?

Verschwanden sie, sobald jemand anders kam?

»Na, wie wär's jetzt mit einem Gläschen?« fragte Dana. Sie hatte ihren Mantel abgelegt. »Oder wird Barbara wieder eine hysterische Szene machen, wenn ich bleibe?«

»Barbara ist nicht zu Hause«, sagte er mit einem unbestimmten Schuldgefühl. »Sie macht einen Arztbesuch. Sie wird schon wieder in Ordnung kommen.«

»Um so besser.« Dana ließ sich an dem einen Ende des Sofas nieder und schlug die langen, schlanken Beine übereinander. »Was hast du da, Scotch? Nein, kein Soda für mich, danke.«

»Ich wollte dir auch keins geben. Ich glaube, etwas ist damit nicht in Ordnung... es schmeckt irgendwie komisch«, sagte Jamie. »Eis?«

»Nein, danke, mach dir keine Umstände, in die Küche zu gehen und welches zu holen. Willst du mir nicht Gesellschaft leisten, Jamie? Du siehst aus, als könntest du etwas gebrauchen.«

Jamie schenkte zwei Gläser ein und gab ihr eins. »Ich habe einen höllischen Tag hinter mir«, sagte er etwas lahm. »Unser Liebhaber handfester Scherze hat mit meinen Nerven Schindluder getrieben.« Und er erzählte ihr mit knappen Worten von den Ereignissen im Büro.

»Du solltest ein Beruhigungsmittel nehmen«, sagte Dana. »Hat Barbara keins?«

»Du kennst sie«, sagte er. »Sie ist gegen alle Drogen, nimmt nicht mal Medizin gegen Erkältungen. Manchmal glaube ich, sie übertreibt darin ein bißchen.«

Dana suchte in ihrer Handtasche und brachte eine winzige goldene Pillendose zum Vorschein. »Dann nimm eine von meinen. Sie können dir nicht schaden und werden dich beruhigen, bevor die anderen nach Haus kommen und dich ganz aufgelöst vorfinden.«

Deswegen hatte Jamie sich schon Sorgen gemacht. Gleichwohl betrachtete er die kleine weiße Pille, die Dana ihm reichte, mit scheelem Blick. »Kann man die zum Whisky nehmen?«

»Na klar, das ist bloß Aberglaube«, sagte sie wegwerfend. »Wenn überhaupt was passiert, dann höchstens, daß der Whisky die Wirkung beschleunigt.«

Jamie schluckte die kleine Tablette und spülte sie mit Whisky hinunter. Er fühlte sich schwach und erschöpft und der auf nüchternen Magen getrunkene Whisky – dies war bereits das dritte Glas – trübte seine Gedanken und Empfindungen. Er lehnte sich zurück und schloß die Augen. Nach der emotionalen Anspannung der letzten Stunde fühlte er sich ausgelaugt.

Es war ganz still im Zimmer. Dana verhielt sich ruhig, nippte von ihrem Glas und hatte die langen Beine von sich gestreckt. Doch so bewegungslos und entspannt sie dasaß, schien doch eine beinahe elektrische Kraft von ihr auszugehen, als ob die Luft um sie vibriere. Ein sonderbares, aber angenehmes Gefühl von Ruhe und Frieden senkte sich auf Jamie herab. Er dachte, es wäre angenehm, ein Kaminfeuer anzuzünden, und daß er vielleicht Barbara in ihrem Atelier anrufen sollte, falls sie dorthin gegangen war, daß er sich über den Verbleib seiner Mutter

Gedanken machen sollte, doch es schien ihm, daß all diese Gedanken ihm nur in den Sinn kamen, damit er das Vergnügen habe, nichts davon zu tun und sich statt dessen der Ruhe und Entspannung zu erfreuen.

In seinem Dämmerzustand wurde er sich eines eigentümlichen, monotonen kleinen Singsangs bewußt, eines leisen Summens wie von Bienen an einem Sommertag. Dana hatte ihr Glas weggestellt, saß vorübergebeugt und bewegte die Hände über etwas. Er schaute ohne jegliche Neugierde zu. Zuerst dachte er, daß sie stricke oder häkele, aber sie hatte keine Nadeln in den Händen, kein Wollknäuel auf dem Schoß, nur die schlanken Finger, die sich biegsam und geschickt bewegten und unsichtbare Schlingen und Knoten zusammenfügten.

Eine seltsame Faszination ging von diesen Bewegungen aus, und er konnte den Blick nicht davon wenden, wollte es auch nicht. Zuletzt sagte er, und die eigene Stimme klang stumpf und schläfrig in seinem Kopf: »Was tust du da?«

»Ich knüpfe Knoten«, sagte sie leise.

»Wozu?«

Als sie antwortete, schien ihre Stimme aus weiter Ferne zu ihm zu dringen. »Um deine Seele einzufangen natürlich. Wußtest du nicht, daß ich sie immer gewollt habe?«

Er gluckste leise. Es war ein schläfriges, albernes Geräusch. Welch ein Unsinn! Diese Dana, was für ein Mädchen! »Sieh an, ein weiblicher Mephisto. Aber ich glaube nicht, daß meine Seele auf dem freien Markt auch nur zehn Dollar bringen würde«, murmelte er in der köstlichen entspannten Trägheit, die ihn umfing. »Und was wirst du mit ihr anfangen, wenn du sie gefangen hast?«

Sie lächelte und zog den letzten Knoten zu. »Wieso, natürlich werde ich sie mit dem Honigtau und der Milch des Paradieses nähren«, antwortete sie und stand auf. Sie beugte sich über ihn, und ihre schmalen, aber kräftigen Hände kneteten und streichelten ihm den Nacken. Das einschläfernde leise Summen ging weiter.

»Hauptsache, du verfütterst sie nicht an Ratten«, murmelte er. Er merkte, daß er im Sitzen einschlief, sagte sich, daß er aufstehen sollte, aber die entspannende, sinnliche Massage der weichen Finger in seinem Nacken beraubten ihn aller Willenskraft. Gleichzeitig gingen ihm zufällige Vorstellungsbilder durch den Sinn: wie er sich erhob und Dana die Kleider vom Leibe riß, oder wie er tiefer und tiefer in diese traumhafte sinnliche Wärme und den Schlaf hinabsank.

»Ach nein«, murmelte sie. »Ich weiß besseres damit anzufangen...« Aber Jamie hörte sie nicht mehr.

11. Kapitel

Die Schaufenster entlang der Fifth Avenue waren voller Stechpalmen, Adventskränze und geschmückter Christbäume; aus jedem Ladeneingang drangen die Klänge von Weihnachtsliedern.

Barbara ging blindlings dahin, ohne einen Blick für die bunte Fröhlichkeit der Dekorationen zu haben. Bei Lord & Taylor war ein Frauenchor zu hören – auf Schallplatte –, der in merkwürdigem Gegensatz zu den fröhlichen Klängen von »Jingle Bells« und »Joy to the World« feierlich und getragen eine alte englische Weihnachtsklage sang.

Ihr Schwestern mein, was soll nun werden?
Im Herzen wahret diese Stunde,
Dies arme Kind, für uns auf Erden,
Durch dessen Tod die Welt gesunde.

Barbara brannten Tränen in den Augen. Sie biß sich auf die Lippen, um nicht die Beherrschung zu verlieren. Seit einer Stunde lief sie durch die Straßen, vorwärtsgetrieben von Furcht und ungläubigem Schrecken, aufgewühlt von Emotionen.

Also war es nicht ihre Einbildung gewesen.

Das Wort »vergiftet« beherrschte mit seiner furchtbaren Drohung ihr Bewußtsein. Sie hatte die Erkenntnis nicht akzeptieren wollen, aber sie ließ sich nicht verleugnen.

Alle Symptome einer Mutterkornvergiftung.

Dr. Clinton hatte gesagt: »Das könnte auch erklären, warum keine Schwangerschaft eingetreten ist. Es könnte vieles erklären. Die Vergiftung braucht nicht so stark zu sein, daß sie lebensgefährlich wird, nur stark genug, um nach und nach Ihre Gesundheit zu untergraben und Ihren Geist zu verwirren.«

Sie hatte immer gewußt, daß Jamies Mutter nichts für sie übrig hatte. Um die Wahrheit zu sagen, auch sie hatte von jeher eine Abneigung gegen die alte Frau empfunden, wenn sie auch immer bemüht gewesen war, es zu verbergen und sogar echte Anstrengungen unternommen hatte, diese Abneigung zu überwinden. Aber wie sollte sie Jamie das beibringen? Er war kein Muttersöhnchen; es hatte sogar Zeiten gegeben, da er den Eindruck erweckt hatte, er habe für seine Mutter nicht viel mehr übrig als sie. Er war das Kind aus einer geschiedenen Ehe, und als er fünfzehn war, hatte er trotz aller Versuche seiner Mutter, ihn zu halten, den Entschluß gefaßt, zu seinem Vater zu ziehen. Erst als seine Mutter alt geworden und verarmt war, hatte er sich bereit gefunden, ihr ein Zimmer in der Wohnung zur Verfügung zu stellen, und das war hauptsächlich aus Pflichtgefühl geschehen. Aber ob Zuneigung oder nicht, sie konnte ihrem Mann einfach nicht sagen, daß seine Mutter sie zu vergiften suchte, sie wahrscheinlich seit neun oder zehn Monaten langsam vergiftet hatte!

Das Glockenspiel einer nahen Kirche schlug drei und stimmte dann die Melodie eines alten Weihnachtsliedes an, dessen halb vergessene Worte in Barbaras Erinnerung langsam Gestalt annahmen.

O komm, o komm, Emmanuel,
Erlös dein armes Israel,
Das hier gefangen klagt und weint,
Bis daß ihm Gottes Sohn erscheint.

Wie traurig so viele der alten Weihnachtslieder waren! Barbara wünschte plötzlich leidenschaftlich, daß sie gläubig wäre und in eine der Kirchen gehen und ihre Sorgen Gott anvertrauen könnte; menschliche Hilfe schien in einer Lage wie dieser unzureichend. Urteilte man aber nach der Traurigkeit so vieler Weihnachtslieder, mußten sich auch die Gläubigen durch Finsternis und Elend mühen, ohne Hilfe außer einem ungreifbaren Versprechen, einem Licht, das irgendwo in der Ferne leuchtete... Bess Cannon war eine fromme Katholikin, und doch war Jock gestorben, hinweggerafft von bösen Mächten. Barbara akzeptierte halb unbewußt, daß sie irgendwann in den letzten drei oder vier schrecklichen Tagen angefangen hatte zu glauben, daß Jock Cannons Tod das Ergebnis vorsätzlicher, böswilliger Niedertracht gewesen war. Gab es irgendwo Hilfe?

»Hallo«, sagte Clair Moffats muntere Stimme neben ihr. »Ich dachte, Sie hätten es vielleicht vergessen, aber es ist drei Uhr, und da bin ich, wie versprochen. Nehmen wir ein Taxi. Sie sehen erschöpft aus.«

Sie hob den Arm und winkte einem gelben Taxi (war es Magie, daß sie mitten im Weihnachtsverkehr der Fifth Avenue sofort ein Taxi fand?), und der Wagen fuhr an den Straßenrand und hielt.

»Wohin fahren wir?« fragte Barbara verwirrt.

»Wie ich sagte – wir besuchen einen guten Freund von mir. Er hat eine besondere Begabung, Leuten mit Problemen zu helfen, die unlösbar scheinen.«

»Das ist genau, was ich brauche«, sagte Barbara bitter. Die Tränen stiegen ihr wieder in die Augen, und sie unterdrückte ein Schluchzen, fest entschlossen, nicht zu weinen ... sie durfte einfach nicht weinen ... Mißtrauisch fragte sie: »Er ist kein Priester oder Sektenprediger oder dergleichen?«

Clair lachte. Ihr Lachen war hell und fröhlich wie der Blick ihrer Augen, aber eine große Ruhe lag darin. »Nicht in dem Sinne, wie Sie den Begriff wahrscheinlich verstehen, obwohl Sie Colin wahrscheinlich religiös nennen können, wenn Sie Religion als das Bemühen verstehen, zu tun, was getan werden muß, wenn die Notwendigkeit besteht. Aber ich gebe Ihnen mein Wort, daß er nicht versuchen wird, Ihre unsterbliche Seele zu retten oder – wie lautet dieses Schlagwort der Jesus-Freaks? – Sie überreden wird, ›jemanden als Ihren persönlichen Erlöser zu akzeptieren‹. Sie sollten ihn darüber reden hören – freche Anmaßung ist noch die nachsichtigste Bezeichnung, die er dafür hat. Nein, Mrs. Melford – macht es Ihnen etwas aus, wenn ich Sie Barbara nenne? Nein, Barbara, mein Freund ist kein Werber für irgendeine Kirche oder Sekte, und ich bin es auch nicht.« Sie lächelte so freundlich und mitfühlend, daß Barbara wieder den Tränen nahe war, und sagte: »War die Untersuchung schlimm? Als Sie aus dem Behandlungszimmer kamen, sahen Sie wie vor den Kopf geschlagen aus. Hat sie Ihnen so Schlimmes sagen müssen?«

»Ich – ich wüßte kaum Schlimmeres«, antwortete Barbara stockend. »Es scheint ... es scheint – o Gott, ich kann es noch immer nicht glauben – es scheint, daß jemand versucht, mich zu vergiften.«

Clair holte tief Atem. »Das ist allerdings schlimm. Versuchen Sie, es nicht so schwer zu nehmen, Barbara. Warten Sie, bis wir ankommen, und dann erzählen Sie Colin alles darüber.«

Sie schwieg, während das Taxi durch den Innenstadtverkehr kroch, irgendwo zwischen der 20. und 25. Straße abbog und schließlich vor einem alten Ziegelbau hielt. Clair bezahlte den Fahrer, gab ihm ein bescheidenes Trinkgeld und zog Barbara über den Gehsteig zum Eingang. Sie läutete einmal kurz an einer Wohnung im ersten Stock, wartete eine kleine Weile und läutete noch zweimal. Etwas später summte der Türöffner, und sie führte Barbara durch den düsteren Hauseingang, eine Treppe hinauf und zu einer alten, geschwungenen viktorianischen Wohnungstür, die einst bessere Zeiten und wohlhabendere Bewohner gesehen haben mußte. Sie klopfte leise. Ein Riegel wurde zurückgeschoben, und ein Mann öffnete ihnen.

»Hallo, Colin«, sagte Clair. »Du hattest recht, wie gewöhnlich. Laß uns ein; diese arme Frau könnte eine Tasse Tee und vernünftigen Rat gebrauchen. Ich habe selbst noch nicht die ganze Geschichte gehört. Barbara, das ist Colin MacLaren.«

Barbaras erster Eindruck von MacLaren war einer von Körpergröße, Alter und Kraft – und von auffallenden Augen. Seine Augen waren denen Clair Moffats ähnlich, ruhig und freundlich, voller Gelassenheit und innerer Stärke, die keinen wechselnden Stimmungen unterworfen schien. Er bat sie herein und sagte ganz so, als ob es die alltäglichste Sache auf der Welt wäre, daß wildfremde Frauen halb hysterisch und mit rotgeweinten Augen vor seiner Tür standen. »Kommen Sie nur herein. Sie können Ihren Mantel dort aufhängen. Wie üblich, herrscht bei mir eine schreckliche Unordnung. Sie werden sie einfach ignorieren müssen. Clair, darf ich ein männliches Chauvinistenschwein sein und dich bitten, etwas Tee zu machen? Mir ist gleich, was die Feministen sagen, er schmeckt immer besser, wenn eine Frau ihn zubereitet.«

Clair lachte und ging durch den großen, unaufgeräumten Raum, der vollgestopft war mit Büchern und Papieren, die zuhauf lagen, und öffnete eine rückwärtige Tür. »Das hat nichts mit Feminismus zu tun, Colin; du könntest ebenso guten Tee machen wie ich, wenn du warten würdest, bis das Wasser wirklich kocht und die Kanne vorher anwärmst. Und es hilft auch, wenn man statt dem, was die Stadt New York so unbefangen Wasser nennt, Mineralwasser verwendet. Du sagst mir doch immer, ich solle nicht ungeduldig sein und in Ruhe abwarten.«

Bevor sie in die Küche verschwand, rief er: »Jemand hat mir zu Weihnachten einen Obstkuchen dagelassen; du könntest versuchen, ein paar Stücke abzuschneiden, wenn du ein sauberes Messer und einen Teller findest.« Darauf wandte er sich mit einem Lächeln Barbara zu.

»Warten Sie, ich mache Ihnen einen Platz frei.« Er nahm ein halbes Dutzend Bücher von einem Stuhl und legte sie, noch immer sorgfältig gestapelt, in eine Ecke. »Großer Gott, wie beengt und mit Dingen überhäuft ist das Leben, das wir heutzutage führen! Ich scheine in einer ›dünnen Lösung von Büchern‹ zu schwimmen, wie Holmes es nannte – Oliver Wendell, nicht Sherlock.«

»Die Bücher stören mich nicht«, sagte Barbara und erwiderte sein ansteckendes Lächeln. »Mein Mann ist Verlagslektor, und ich bin es gewohnt, daß überall in der Wohnung Manuskripte herumliegen.« Sie ließ sich erleichtert auf den angebotenen Stuhl sinken und bemerkte erst jetzt, wie durchgefroren sie war. Es schien ihr, als hätte sie den größten Teil des Tages auf den Straßen verbracht, zuerst in ängstlicher Spannung, später in benommener Hilflosigkeit und Panik. Colin MacLarens Wohnung war nicht verwahrlost, nur unordentlich. Der offenbar einzige große Raum war voll von Bücherstapeln und Zeitungen, und auf einem Kartentisch stand eine abgenutzte Schreibmaschine, doch das Mobiliar war spärlich: zwei oder drei Sessel und ein Bett unter einer oft gewaschenen und verblichenen Indianerdecke, die ihm den Anschein einer Couch geben sollte, in einem Alkoven. Hinter der Tür lag die Küche, aus der jetzt das Pfeifen eines Teekessels zu vernehmen war.

»Das Allheilmittel der Engländer«, sagte MacLaren. »Ich hoffe, Sie mögen Tee. Heutzutage, da die Kaffeepause eine amerikanische Institution zu sein scheint, werde ich jedesmal, wenn ich in einem Restaurant Tee verlange, behandelt, als ob ich irgendwie unpatriotisch wäre und imstande, im nächsten Augenblick das traditionelle Wertesystem des Landes gewaltsam umzustürzen. Die Leute sagen: ›Sie wollen also keinen

Kaffee?‹ Am schlimmsten ist es beim Frühstück; in den meisten Lokalen schenken sie einem einfach Kaffee ein, ohne zu fragen.«

»Nein, ich mag Tee«, erklärte Barbara. Clair kam aus der Küche und trug ein großes, altes Holztablett mit einer Teekanne aus Porzellan, einem Teller mit Kuchenschnitten, Zucker, Milch und mehreren Tassen. Sie schenkte ein. »Milch oder Zitrone, Barbara?«

»Keines von beiden, danke. Nur etwas Zucker.«

»Meine Eltern waren anglophil«, sagte MacLaren, der seinen Tee reichlich zuckerte und noch Milch hinzufügte. »Ich bin mit diesem Zeug großgeworden, und man kann manches zugunsten der Tasse Tee sagen, die ›aufmuntert, aber nicht berauscht‹. Nicht, daß ich gegen einen guten Whisky dann und wann etwas einzuwenden hätte, aber ich glaube, man verliert den Spaß an Cocktails, wenn man sie wie Brot und Butter zum Bestandteil der täglichen Ernährung macht. Nehmen Sie ein Stück Kuchen, Barbara... Haben Sie auch einen Nachnamen?«

»Melford«, sagte sie, und MacLaren ließ beinahe den Teller mit dem Obstkuchen fallen.

»Das also ist es«, murmelte er. »Nein – entschuldige, Clair, etwas anderes... Sind Sie zufällig verwandt mit James Melford, einem Verlagslektor?«

»Das ist mein Mann«, sagte Barbara. »Kennen Sie ihn?«

»Ich habe ihn erst kürzlich kennengelernt. Hmm...« Er nahm ein Stück Kuchen und biß herzhaft hinein. »Trinken Sie Ihren Tee, Barbara, Sie sehen durchgefroren aus.«

»Es ist überraschend, wie beruhigend Tee und Kuchen am Nachmittag sein können«, sagte Clair. »Von meiner eigenen Ausbildung her weiß ich, daß es wahrscheinlich nur daran liegt, daß dadurch an einem Tiefpunkt zwischen Mittags- und Abendessen der Blutzucker ansteigt; dazu kommt noch die psychologische Wirkung einer kleinen Pause, aber trotzdem, es scheint etwas beinahe Magisches daran zu sein.«

»Wer könnte bestimmen, was magisch ist und was nicht?« sagte MacLaren. »Nun, Clair, wie wäre es mit einem Bericht über die Rettungsmission? Ich nehme an, Barbara ist diejenige? Wo fehlt es?«

»Sie sagt, es sei Ärger mit der Schwiegermutter«, antwortete Clair. »Ich glaube, es steckt mehr dahinter. Ich habe sie überredet, sich von ihrer Ärztin untersuchen zu lassen, damit wir die Möglichkeit einer Geistesverwirrung ausschließen können. Nun – Barbara, erzählen lieber Sie die ganze Geschichte... was Sie mir erzählt haben und alles übrige.«

Barbara stellte den Teller mit dem Rest ihres Obstkuchens auf das Tablett zurück. Sie blickte in dem stillen Zimmer umher und versuchte, Mut und innere Ruhe zu finden. »Vielleicht sollten wir eine Geistesverwirrung lieber nicht ausschließen, Clair«, sagte sie. »Dr. Clinton meinte, ich brauchte keinen Psychiater, aber... ich frage mich nach alledem, ob es nicht doch so ist, daß ich an meinem Verstand zweifle... Sie glaubt, ich würde vergiftet, mit Mutterkorn, und das könnte meinen Geist verwirren. Also ist all dieses hysterische Zeug, das ich Ihnen erzählt habe, vielleicht nur eine Form von Verfolgungswahn, weil ich mir einfach nicht vorstellen kann, daß Jamies Mutter so etwas tun würde. Das hieße ja, daß sie verrückt sein müßte. Und wenn ich wirklich Vergiftungssymptome zeige – ich meine, das kann mancherlei Ursachen haben. Ich las einmal von einer Frau, die eine Arsenvergiftung hatte, und es stellte sich heraus, daß die Farbe der Tapeten in ihrer Wohnung arsenhaltig war. Und man kennt die Berichte über Leute, die von Farben Bleivergiftung bekommen haben, oder durch Holzschutzmittel vergiftet worden sind...«

»Augenblick«, sagte MacLaren bedächtig. »Bedenken Sie bitte, Barbara, daß ich nicht weiß, was Sie Clair erzählt haben. Versuchen Sie, von vorn anzufangen und mir die ganze Geschichte zu erzählen.«

Barbara wiederholte, was sie Dr. Clinton berichtet hatte, ihre hysterischen Beschuldigungen Danas und ihrer Schwiegermutter, ihre Schlafwandlerei. »Mein Mann sagt mir, ich hätte eines seiner Manuskripte verbrannt, während ich schlafwandelte. Es war nicht so schlimm, er hatte noch eine Kopie, aber ich hatte so etwas früher nie getan...«

MacLarens Augen verengten sich plötzlich. »Moment«, sagte er. »Natürlich! Melford! So hängt alles zusammen. Ich war sicher, daß es irgendeine Verbindung gibt. Barbara, macht es Ihnen etwas aus, mir zu sagen, was für ein Manuskript Sie ins Feuer warfen?«

»Nein, natürlich nicht«, antwortete sie. »Es war...«

»Waren Sie, Barbara, lassen sie es mich sagen. War es vielleicht John Cannons neues Buch über Hexerei – eine Art Tatsachenbericht über bestehende Gruppen und ihre Praktiken?«

Sie starrte ihn entsetzt an. »Wenn – wenn Sie das wissen«, sagte sie mit tonloser Stimme, »müssen Sie einer von ihnen sein, einer von den Leuten, die versucht haben, meinen Mann einzuschüchtern und unter Druck zu setzen...«

»Nein.« Er streckte die Hand aus und ergriff ihr Handgelenk mit sanftem Druck, und augenblicklich ließ ihre Furcht nach. »Nein, Barbara, ich gebe Ihnen mein Ehrenwort, daß ich mit denen nichts zu tun habe. Es trifft zu, daß ich vor kurzem Ihren Mann besuchte und ihm vorschlug, daß er das Buch entweder zurückziehen oder bestimmte Stellen streichen sollte, aber meine Methoden beschränken sich darauf, die Gründe zu erläutern, die ich für mein Begehren habe, und mich im übrigen auf sein eigenes Urteil zu verlassen. Ich befürchtete, daß sie mit ihren Einschüchterungen fortfahren würden, und ich war ein wenig in Sorge, daß er zu Schaden kommen könnte. Aber als ich Clair heute schickte, um die Aushilfe bei Dr. Clinton zu übernehmen, hatte ich keine Ahnung, daß es mit dieser Sache zusammenhing, und selbst jetzt scheint es weit hergeholt. Sie sagen, Sie seien vergiftet worden?«

»Aber wie sollte das zusammenhängen...?«

»Ich weiß es nicht«, sagte MacLaren grüblerisch. »Sie sagen, es habe seit Monaten Schwierigkeiten mit Ihrer Schwiegermutter gegeben?«

»Seit Jahren.«

»Und was wir die Affäre Cannon nennen müssen, entwickelte sich erst innerhalb der letzten Wochen oder Monate«, meinte MacLaren. »Dennoch scheint es wenig wahrscheinlich, daß es zwei separate Verschwörungen gibt, die sich beide gegen Sie und Ihren Mann richten. Es muß da eine Verbindung geben.«

Er versank wieder in Grüblerei. Nach einer Weile blickte er auf. »Sagen Sie, Barbara, kannte ihre Schwiegermutter John Cannon?«

»So weit mir bekannt ist, hat sie ihn nie gesehen.«

»Und Sie sagen, der Ärger mit ihr sei nicht neueren Datums.«

»Nein. Es ging schon los, als Jamie – das ist mein Mann – mich heiratete. Sie wollte, daß er eine Freundin von ihr heirate.« Barbara biß sich auf die Unterlippe, dann gab sie sich einen Ruck und sagte: »Vieles kann man als die üblichen Reibereien bezeichnen, die immer entstehen, wenn Schwiegermutter und Schwiegertochter zusammenleben. Aber eins ist nicht Einbildung. Dies hier fand ich gestern unter unserer Matratze.«

Sie suchte in ihrer Handtasche und brachte den versiegelten Plastikbehälter zum Vorschein. Als sie die Seidenumhüllung auseinanderschlug, sagte MacLaren: »Ich dachte, Sie wüßten nichts von diesen Dingen. Wo haben Sie das gelernt?«

»Es stand in einem von Cannons Büchern«, sagte Barbara schüchtern.

»Ich verstehe.« Er nahm den Beutel aus ihrer Hand und öffnete ihn; er verzog angeekelt das Gesicht, als er den Inhalt herausschüttelte. »Mutterkorn, die Hoden eines Kaninchens, Haarlocken von Ihnen und Ihrem Mann und Ihre verstümmelte Fotografie. Widerwärtig!« Er stand auf und ging hinaus. Barbara hörte, wie er sich die Hände wusch. Als er zurückkam, sah er elend aus. »Eine besonders bösartige Form von Voodoo- oder Hexenmagie.«

»Barbara, vergeben Sie mir die Frage«, sagte Clair, »aber sind Sie ganz sicher, daß Ihr Mann...«

»Ganz sicher!«

»Ist das eheliche Treue und weibliche Intuition, oder auf Vernunft beruhendes Wissen?« fragte MacLaren.

»Er brauchte mich nicht zu heiraten«, antwortete sie rasch. »Es gab vier oder fünf Frauen, die ihn gern genommen hätten, und Dana – das Mädchen, das seine Mutter für ihn ausgewählt hatte – ist viel hübscher. Wenn er mich verhexen wollte, dann würde er es tun, damit ich schwanger werde, nicht, um eine Schwangerschaft zu verhindern!«

Clair nickte. MacLaren ging wieder in die Küche hinaus und brachte eine Asbestunterlage, wie man sie unter Töpfe legt, um Schmorgerichte am Anbrennen zu hindern, dazu eine Schachtel Zündhölzer. »Jedenfalls werden wir dieses widerwärtige Zeug sofort vernichten. Es könnte sein, daß John Cannon mit seinem Enthüllungsbuch über Hexerei jemandem in Ihrem eigenen Haushalt auf die Zehen getreten ist, Barbara, aber ich kann niemand ungesehen beschuldigen. Was für eine Frau ist Ihre Schwiegermutter? Nein...« er kam ihrer Antwort mit erhobener Hand zuvor »... das ist keine faire Frage. Aber würden Sie mir soweit vertrauen, daß Sie mir erlauben, zu Ihnen zu kommen, um – nun, einen Blick auf Ihre Schwiegermutter zu werfen? Ich neige dazu, Ihren Mann zu entlasten. Ich sprach kürzlich mit ihm und gewann nicht den Eindruck, daß er ein Mensch ist, der solcher Handlungen fähig sein würde; aber ich kann nicht helfen, bis ich Gewißheit habe.«

»Dann glauben Sie an all das Zeug?« fragte Barbara überrascht. »Sie meinen, es sei nicht nur Suggestion von Psychopathen mit übersteigerter Einbildungskraft?«

»Es ist Suggestion – und mehr«, sagte Clair ruhig. »Vielleicht kann man sagen, daß es Suggestion ist, die so weit verfeinert worden ist, daß sie Radiowellen oder Elektrizität gleicht. Die können Sie auch nicht sehen oder messen. Ich bin Psychologin, Barbara. Damit habe ich jedenfalls angefangen. Dann wurde mir allmählich klar, daß es im menschlichen Geist Kräfte gibt, die sich mit den Begriffen der Libido, des Ödipuskomplexes und des Territorialverhaltens nicht erklären lassen, und daraufhin begann ich, mit Colin zusammenzuarbeiten.«

»Sie haben eine Kostprobe davon erhalten, was diese Leute zu tun vermögen, Barbara«, ergänzte MacLaren. »Ich möchte Sie nicht ängstigen, muß Sie aber daran erinnern, daß John Cannon tot ist. Ich habe hier kein persönliches Interesse, außer daß ich mein Leben damit verbracht habe, solche Aktivitäten aufzuspüren und ihre Urheber auszuräuchern. Es ist eigentümlich, wie alles zusammenpaßt«, fügte er sinnend hinzu. »Ich muß doch etwas richtig machen. Gestern abend war ich noch hilflos, wußte nicht, wie ich weitermachen sollte. Ihr Mann wollte nicht auf mich hören, und die Gesetze, unter denen wir leben, verbieten mir Einmischungen in fremde Angelegenheiten, also hatte ich mich halbwegs damit abgefunden, daß ich einstweilen blockiert war. Dann erhielt ich einen deutlichen Hinweis, daß in dem Gebäude, wo Clair manchmal arbeitet, jemand Hilfe brauchen würde. Ich wußte nicht, ob es eine Frau war, die eine Abtreibung wollte, oder jemand, der zu diesem falschen Psychiater gehen würde, oder bloß jemand, der der Aufmunterung bedurfte, nachdem er erfahren hatte, daß er – oder sie – sich sämtliche Zähne ziehen lassen und in Zukunft ein Gebiß tragen muß. Namentlich für junge Frauen ist das eine Sache, die der psychologischen Beratung bedarf, nicht wahr, Clair? Aber ich hatte nur den Hinweis, daß jemand dort Hilfe benötigen würde, also schickte ich Clair hin, und nun...« Er stand auf und nahm seinen Mantel vom Haken. »Ich glaube, ich sollte mir die Leute ansehen, die in Ihrem Haushalt leben, Barbara.«

»Jamie!« rief sie aus. »Ist es möglich, daß sie Jamie etwas antun werden? Bitte, darf ich Ihr Telefon benutzen?«

»Sie sind mein Gast. Gleich dort neben dem Bett.«

Barbara sprang auf und eilte hinüber, ohne weiter auf Clair und MacLaren zu achten, wählte in verzweifelter Hast die vertraute Nummer. Es läutete zweimal, dann wurde abgenommen. Aber es folgte kein vertrautes »Hallo«, nur ein stilles Warten, eine leere, hohle Stimme, und dann ein leises Atmen.

»Jamie?« sagte Barbara verwirrt. »Jamie, bist du es?« Sie begann sich zu fragen, ob sie in der Eile eine falsche Nummer gewählt hatte, als am anderen Ende ein diabolisches Gelächter losbrach. Sie umklammerte den Hörer, fühlte ein Stechen in der Herzgegend, merkte nicht, daß Clair schnell zu ihr kam und sie stützte.

Das teuflische Gelächter dauerte fort und fort. Dann legte jemand plötzlich auf, und Barbara stand da, den Hörer in der schweißnassen Hand, und lauschte entsetzt dem Freizeichen.

»Jamie...« murmelte sie verwirrt. »Jemand war dort bei ihm und lachte. Ich muß nach Hause! O Gott, was geht dort vor?«

12. Kapitel

Schließlich nahm Clair ihr den hohl schnarrenden Hörer aus der Hand und legte auf. Barbara zuckte wie galvanisiert zusammen. »Ich muß gehen, ich muß sofort nach Haus.«

Mit einer gewissen Verzögerung hörte sie MacLaren geduldig wiederholen: »Was ist geschehen? Hast du es gehört, Clair?«

»Nichts«, sagte Barbara. »Das heißt, nur ein schreckliches Gelächter. Mein Gott, was tun sie Jamie an?« Sie rannte zu den Garderobenhaken und nahm ihren Mantel herunter.

»Langsam«, sagte MacLaren mit Festigkeit. »Sie wissen nicht einmal, ob Ihr Mann dort ist, Barbara. Dies könnte ein weiterer Schachzug in ihrem Nervenkrieg sein, und diese Leute wollen genau das, was Sie jetzt tun: daß Sie nervös und verwirrt losrennen, ohne sich Zeit zum Nachdenken zu nehmen, ohne einen klaren Gedanken im Kopf. So sollen Sie immer wieder aus dem Gleichgewicht gebracht werden, bis Sie nicht mehr ein noch aus wissen und nicht einmal nach Hilfe Ausschau halten.«

»Woher wissen Sie soviel darüber, was diese Leute tun? Wenn Sie nicht einer von ihnen sind... mein Gott, entschuldigen Sie«, sagte sie hilflos. »Ich weiß, es klingt schizophren, aber wie kann ich nach allem, was ich heute gehört habe, noch jemandem vertrauen...?«

»Es ist vernünftig, vorsichtig zu sein«, erwiderte MacLaren. »Nach allem, was Sie durchgemacht haben, ist Ihr Argwohn wahrscheinlich berechtigt. Aber fragen Sie sich doch einmal, welchen Nutzen ich daraus ziehen könnte, Sie von Ihrem Mann fernzuhalten, oder ob ich Unbilliges von Ihnen verlange.«

»Nichts, bis jetzt...«

»Genau. Wenn Sie fünf Minuten warten wollen, werden Clair und ich Sie begleiten und sehen, was zu tun ist. Was Ihre Frage betrifft, woher ich weiß, was diese Leute beabsichtigen, so kann ich nur antworten, daß ich einen guten Teil meines Lebens darauf verwandt habe, solche Leute von dem Mißbrauch dieses gefährlichen Wissens abzuhalten.«

Während er sprach, zog er einen alten Wintermantel aus einem Wandschrank. Auch Clair nahm ihren Mantel. »Soll ich ein Taxi bestellen, Colin?«

»Nein, ich werde die Garage anrufen und meinen Wagen herbringen lassen«, sagte er. »Diese Geschichte kann uns überallhin führen, von der Bronx nach Queens, oder sogar aus der Stadt. Jedenfalls könnten wir das Werkzeug benötigen, Clair, also nimm die Sachen aus dem Schrank. Du weißt, was wir brauchen werden.«

»In Ordnung.« Clair öffnete eine zweite Tür des Wandschranks, und Barbara, die nur einen kurzen Blick hineinwarf, bemerkte doch, daß die Schrankfächer makellos sauber waren; die Gegenstände darin standen säuberlich aufgereiht. Clair nahm einen kleinen Koffer aus dem untersten Fach, öffnete ihn und sagte: »Meinst du, daß wir alles Werkzeug brauchen werden?«

»Könnte sein. Pack das Material ein, es sei denn, du willst an Ort und Stelle improvisieren«, antwortete er, während er eine Nummer wählte. »Hallo, Cornby Garage? MacLaren hier. Können Sie meinen Wagen vorbeibringen, damit ich ihn gleich übernehmen kann? Wann? Vor einer halben Stunde? Verdammt.« Er legte auf, nahm Clair den Koffer aus der Hand und bedeutete den beiden Frauen, vorauszugehen. »Die Garage ist gleich um die Ecke. Gehen wir.«

Einmal in Bewegung, war er nicht aufzuhalten; die Frauen konnten kaum mit ihm Schritt halten, als er die Treppe hinunterlief, hinaus auf die Straße, den Block entlang und um die Ecke. Die Garageneinfahrt stand offen, und ein älterer grüner Lieferwagen stand schon mit laufendem Motor bereit. Die Abgaswolke wehte weiß in die kalte Dämmerung hinaus. »Steigen Sie ein.« Er warf die Tür hinter ihnen zu. »Ihre Anschrift, Barbara? Ich kenne nur die Geschäftsadresse Ihres Mannes.«

Barbara war die wilden Fahrkünste der durchschnittlichen New Yorker Taxifahrer gewohnt, und anfangs schien es ihr, daß MacLaren mit großer Überlegung fuhr, fast immer anderen die Vorfahrt ließ, aber nach wenigen Minuten änderte sie ihre Meinung. Er fuhr korrekt und höflich, nutzte einen Vorteil niemals zu Lasten anderer aus, fuhr auch nicht bei Gelb über eine Kreuzung, verlor jedoch nirgends eine Sekunde und nutzte Verkehrslücken, die er, wäre es ihm allein um Geschwindigkeit gegangen, vielleicht nicht einmal gesehen hätte. Nach ungefähr der Hälfte der erwarteten Zeit hielt er vor ihrem Haus.

»Sie werden eine Verwarnung bekommen, wenn Sie hier parken«, warnte Barbara ihn.

»Vielleicht, vielleicht auch nicht«, erwiderte er heiter. »In diesem Augenblick würde mich die Suche nach einer Parkgelegenheit mehr kosten als eine Verwarnung, also werde ich es riskieren und notfalls bezahlen. Aber ich habe eine Sondergenehmigung von der Polizei, von der ich fast nie Gebrauch mache, also wird sie mir vielleicht nützen, wenn sie mich tatsächlich erwischen.« Er schien sich ohne Eile zu bewegen, aber bevor Barbara ihn einholen und ihren Schlüssel herausholen konnte, war er schon aus dem Wagen und die Treppe hinauf.

Barbara stockte der Atem, als sie den Schlüssel ins Schloß steckte und aufsperrte; das diabolische Lachen schien noch in ihren Ohren widerzuhallen. Aber das Wohnzimmer war leer. Zwei Cocktailgläser standen auf dem Kaffeetisch, und Jamies Aktentasche war geöffnet. Ein auf Seite 191 aufgeschlagenes Manuskript lag in einem der Sessel. Barbara, enttäuscht und in Sorge, rief mit unsicherer Stimme: »Jamie? Bist zu Haus, Jamie?«

Stille. Clair und MacLaren tauschten bedeutungsvolle Blicke.

»Er war hier«, sagte Barbara, über die Aktentasche gebeugt. »Er hatte sie heute früh bei sich, und es ist noch vor der Zeit, um die er gewöhnlich heimkommt...«

»Anscheinend ist er in Eile gewesen, als er wegging.« MacLaren hob eines der Gläser auf und schnüffelte daran. »Nur Whisky. Das andere Glas – können Sie sich vorstellen, wer hier gewesen sein könnte, Barbara?«

Sie schüttelte den Kopf. »Jamies Mutter trinkt nicht, aber es könnte jeder beliebige gewesen sein, jemand aus dem Büro... bloß hat niemand aus dem Büro dieses gellende Lachen...« Ihre Stimme drohte zu versagen.

Clair nahm ihre Hand und drückte sie aufmunternd. »Nur ruhig«, sagte sie mit leiser Stimme. »Nicht verrückt machen lassen.«

MacLaren stand still und hatte den Kopf wie lauschend erhoben. »Ich habe nicht den Eindruck, daß jemand in der Wohnung ist. Nur wir drei. Aber überprüfen wir vorsichtshalber die anderen Räume.« Als sie in die leere Küche gingen, runzelte er ein wenig die Stirn und sagte, mehr zu sich selbst als zu den anderen: »Keine gute Atmosphäre hier. Es ist nicht wahrscheinlich, daß dies in den drei oder vier Tagen seit Cannons Ermordung entstanden ist. Was ist deine Wahrnehmung, Clair?«

»Etwas ungewöhnlich Widerliches, Bösartiges«, sagte sie, »aber nicht eigentlich Gewalt. Sicherlich kein Blutvergießen, aber dennoch... etwas. Sehen wir uns die Schlafzimmer an.«

Barbara führte sie zu dem Zimmer, das sie mit Jamie teilte, blieb aber schon auf der Schwelle stehen. Sie hatte die Betten ungemacht gelassen, aber nicht in dieser wüsten Unordnung: Laken waren halb heruntergerissen und zusammengeknäult. Flecken, Lippenstift auf den Kissen... Wie betäubt trat sie näher zum Bett.

»Ich komme mir vor wie in diesem Märchen«, sagte sie. »Jemand hat in meinem Bettchen geschlafen...«

Clair wandte sich naserümpfend zu MacLaren und sagte mit halblauter Stimme: »Schwerlich das Werk eines liebenden Ehemannes...«

»Gewiß kein beiläufiger Ehebruch, Clair«, erwiderte er. »Eher eine vorsätzliche, mutwillige Beleidigung, ein weiterer Versuch, Barbara um den Verstand zu bringen, das ist alles.« Er wandte sich zu Barbara und sagte mit erhobener Stimme: »Ziehen Sie keine voreiligen Schlußfolgerungen, Barbara. Ihr Mann hat auf mich den Eindruck eines Ehrenmannes gemacht.«

»Jamie und ich haben ein Abkommen«, sagte sie stumpf, »wonach jeder von uns, sollte er jemand anders wollen, die Freiheit haben sollte... Aber es so zu tun, in meinem eigenen Bett...«

Clair schüttelte energisch den Kopf. »Kein Mann würde so etwas aus freien Stücken tun, es sei denn, er bemühte sich sehr, seine Frau zu provozieren und sich zu entfremden, und wir haben keinen Hinweis, daß Ihr Mann dies beabsichtigt hat. Fällen Sie kein übereiltes Urteil, Barbara; dies könnte sehr wohl eine geplante und auf ihre Wirkung auf Sie berechnete Beleidigung sein.«

»Aber wo ist Jamie?« Ihre Stimme brach. Sie beugte sich über das Bett und nahm mit spitzen Fingern etwas vom Kissen, ließ es zu Boden fallen.

Eine kalkulierte Beleidigung, ja. Als wollte Dana ihr sagen, daß sie Jamie immer gewollt und nun bekommen habe. Und falls Barbara es vergessen haben sollte, sie, Dana, könnte im Gegensatz zu ihr schwanger von ihm werden – wenn sie es wollte, was aber nicht der Fall war.

»Sehen wir uns die anderen Zimmer an«, sagte MacLaren.

Barbara war insgesamt nicht mehr als ein Dutzend Male im Zimmer ihrer Schwiegermutter gewesen. Nun ging sie voran, aber Clair tat nur einen Schritt über die Schwelle, dann griff sie sich mit beiden Händen an die Kehle und erbleichte. Barbara sah sich nach ihr um und wollte etwas sagen, aber MacLaren winkte ab. »Was gibt es, Clair?« fragte er.

»Fürchterlich«, flüsterte Clair. »Dies ist das Zentrum davon... abscheulich.«

»Still, Barbara«, sagte MacLaren mit gedämpfter Stimme. »Stören Sie sie nicht. Clair ist ein Medium von besonderer Sensitivität. Deshalb arbeiten wir zusammen.« Zu Clair gewandt, sagte er immer noch leise und ruhig: »Kannst du mir mehr sagen?«

Clair streckte die Hand aus. »Dort drinnen... etwas Schreckliches«, murmelte sie. »Barbara«, sagte MacLaren, »ich entschuldige mich im voraus für den Übergriff, sollten wir uns im Irrtum befinden«, und öffnete die Schublade, auf welche Clair wies. Darin lag neben einer Schachtel, die Lockenwickler enthalten hatte, ein Sortiment kleiner Fläschchen. MacLaren nahm sich eine nach der anderen vor. »Entweder ist Ihre Schwiegermutter hypochondrisch, oder – nein, das sind keine Originalverpackungen von Medikamenten. Offenbar hat sie Zugang zu einer illegalen Drogenquelle, einem unverantwortlichen oder unethischen Arzt oder Apotheker. Da scheint es alles zu geben, von Akonit bis Ergotoxin.« Er stieß ein zorniges Lachen aus. »Der moderne Pillenverkäufer hat die Stelle der alten weisen Frau eingenommen, die ihre Kräuter und Wurzeln im Mörser zerstößt, aber ich weiß wahrhaftig nicht, welcher von beiden schlimmer ist...«

»Aber Jamies Mutter ist nie krank«, sagte Barbara verwirrt. »Ich habe nie erlebt, daß sie einen Tag im Bett geblieben wäre, und sie nimmt nicht einmal Vitamintabletten!«

»Ich bezweifle, daß sie dieses Zeug selbst nimmt«, erwiderte er trocken. »Eine harmlos aussehende alte Dame könnte sehr wohl den Drogenvorrat der ganzen Bande bei sich aufbewahren. Niemand würde auf den Gedanken kommen, Verdacht zu schöpfen.« Er hob eine Flasche hoch, die zu drei Vierteln mit kleinen orangefarbenen Pillen gefüllt war, und drehte sie zwischen den Fingern.

»Hat sie Ihnen jemals eine von diesen gegeben, Barbara? Vielleicht gegen Kopfschmerzen?«

»Ich habe die Pillen noch nie gesehen. Außerdem – um Himmels willen, Mr. MacLaren – bin ich nicht so einfältig, daß ich anderer Leute Medikamente nehme!«

»Dann frage ich mich, wie sie Ihnen das Zeug beigebracht hat«, versetzte MacLaren. »Erkennst du die Dinger, Clair? Erinnerst du dich an diesen armen Teufel in Berkeley, der so froh war, wenigstens halbwegs von seiner Migräne befreit zu sein, daß er nicht einmal seinem Arzt von den Nebenwirkungen erzählte?«

»Was ist das?« fragte Barbara.

»Methysergid«, sagte MacLaren. »Auch unter dem Namen Sansert bekannt. Ursprünglich als Wundermittel gegen Migräne vermarktet. Entfernter Verwandter mit LSD – aber LSD ist geradezu gut für die Gesundheit, verglichen mit diesem Zeug! Neun von zehn Leuten, die es länger als ein paar Tage genommen hatten, bekamen Bluthochdruck, Magenbeschwerden,

Menstruationsstörungen und Fehlgeburten, soweit es sich um Frauen handelte, während Männer impotent wurden. Hinzu kamen die verschiedensten Formen psychischer Störungen. Besonders die letzteren machten das Mittel so gefährlich. Es war im Grunde nie etwas anderes als ein pharmazeutisches Experiment, das von Anfang an nicht hätte zugelassen werden dürfen und das später, als die Nebenwirkungen bekannt wurden, auch verboten wurde. Auf legalem Wege ist es nicht mehr erhältlich. Ein paar betrügerische Drogenhändler verkaufen es wegen seines Gehalts an Lysergsäure. Man kann es ohne großen Aufwand chemisch zerlegen und LSD daraus gewinnen. Aber es ist auch ein hübsches Mittel, um jemand zu vergiften, vor allem, wenn die betreffende Person nichts davon weiß und sich nicht in ärztlicher Behandlung befindet. Schlau – diabolisch schlau und von entsetzlicher Wirkung.«

»Wollen Sie mir etwa erzählen, daß Jamies Mutter Drogen nimmt?«

»Ich weiß nicht, ob sie sie selbst nimmt«, erwiderte MacLaren, »jedenfalls hat sie genug davon, um die halbe Stadt zu vergiften. Ich würde die Polizei verständigen, wenn ich sicher wäre, daß es uns nicht zu lange aufhalten würde...« Er preßte die Lippen zusammen und dachte nach. »Nein. Wir können die Verzögerung nicht riskieren. Was haben wir sonst noch hier? Benzedrin und Methedrin – Speed, das moderne Hexengebräu – und Schlafmittel. Der Teufel allein weiß, was sonst noch.« Er blickte zu Clair auf. »Ich habe gute Lust, alles in die Toilette zu werfen. Sie kann sich gewiß nicht bei der Polizei beklagen oder als gestohlen melden!«

»Keine schlechte Idee, aber vielleicht sollten wir das Zeug als Beweismittel aufbewahren.« Clair hielt inne und runzelte die Stirn. »Da ist noch etwas...«

»Dann führ mich hin«, sagte MacLaren und ging langsam wie ein Blinder im Zimmer umher. Barbara sah staunend zu. Plötzlich sagte Clair. »Dort. Tiefer – nein, etwas höher, nicht am Boden...«

MacLaren öffnete den Schrank, suchte zwischen den dort stehenden Schuhen und zog überrascht ein kleines Tonbandgerät hervor. »Dies, Clair? Sieht absolut harmlos aus.«

Aber Clairs Gesicht war verzerrt, und sie weigerte sich, das Gerät zu berühren. MacLaren schaltete es ein, und augenblicklich erfüllten seltsame Geräusche den Raum: Quietschtöne, Geraschel, ein vielfaches Rascheln und Scharren und Knabbern, kleine Quiektöne. MacLaren runzelte die Stirn.

»Sollte ich mich getäuscht haben?« sagte er. »Ist die alte Frau vielleicht nur ein Opfer... vielleicht eine Geisel dafür, daß Melford keine Schwierigkeiten macht? Barbara, hat Ihre Schwiegermutter Angst vor Ratten?«

Barbara holte tief Luft. »Nein, aber es ist die einzige wirkliche Neurose meines Mannes; in einem Gefangenenlager in Korea hatte er schlimme Erfahrungen mit einer Rattenplage gemacht. Einmal gingen wir ins Kino, ein eher harmloser Kriminalfall wurde gespielt, in dessen Verlauf der Detektiv und seine Begleiterin in einen Schiffsraum hinabstiegen, wo es von Ratten wimmelte. Mein Mann sprang auf und verließ fluchtartig das Kino. Er war weiß wie ein Laken, und ich dachte schon, er werde in Ohnmacht fallen.«

»Dann dient das Tonband dazu, ihn weichzumachen«, sagte MacLaren nachdenklich. Er schaltete das Gerät aus. »Clair, kommt dir etwas seltsam vor? Es stellt sich heraus, daß Barbara unsere Hilfe braucht, und doch ist in eben dieser Woche...«

Sie nickte. »Es können nicht gut zwei Dramen dieser Art mit einem Haushalt verknüpft sein; dennoch muß es irgendwo eine Verbindung geben. Aber was ist das fehlende Bindeglied?«

MacLaren trug das Tonbandgerät zu Mrs. Melfords schmalem Bett, legte es darauf und wischte sich die Hände. »Nachdem ich das berührt habe, fühle ich mich beschmutzt«, sagte er leise. »Gott verhüte, daß ich einen Mann oder eine Frau ungesehen verurteilen sollte, aber es sieht so aus, als versuchte sie gleichzeitig, ihre Schwiegertochter zu vergiften – oder wenigstens ihre Gesundheit zu ruinieren – und ihren Sohn zu erschrecken. Aber warum? Wozu? Wo ist der Zusammenhang?

»Ich kann glauben, daß Mutter Melford mich – mich unter Drogen setzen wollte«, sagte Barbara, »aber ich kann nicht glauben, daß sie Jamie Schaden zufügen würde. Das kann ich einfach nicht!«

»Zugegeben, es scheint unwahrscheinlich, und doch... nein, es muß eine Verbindung geben, die mir noch nicht klar ist«, sagte MacLaren. »Laß uns aus diesem Zimmer gehen. Ich fühle mich ein wenig unwohl. Spürst du es auch, Clair?«

Sie stand mit halbgeschlossenen Augen da. »Ja«, sagte sie

leise. »Wahnsinn, und Haß. Furcht. Krankhafte, verbogene Liebe. Und noch etwas, etwas anderes... noch eine Frau hier. Ein krankhaftes Übel in allen beiden. Ich – ich glaube, mir wird schlecht«, sagte sie plötzlich und lief hinaus zum Bad.

MacLaren führte Barbara zur Tür, schloß sie hinter ihnen und zog ein Stück Kreide aus der Tasche. Während er Worte vor sich hinmurmelte, die Barbara unverständlich blieben, zeichnete er mit Sorgfalt ein Symbol in die Mitte der Tür. Es war auf dem weißen Lack fast unsichtbar. Als er Barbaras Blick bemerkte, sagte er: »Ein Drudenfuß. Er hindert das Böse in diesem Raum daran, auf uns einzuwirken, und er wird es ihr erschweren, wieder hineinzugehen. Sollte sie uns hier überraschen, wird sie sich vielleicht verraten.« Er lauschte zum Badezimmer hinüber, aus dem würgende Geräusche zu hören waren, und schüttelte bedauernd den Kopf. »Das arme Mädchen. Sie hat noch nicht gelernt, sich gegen solche Dinge zu schützen.«

»Glauben Sie ernstlich, daß Jamies Mutter in all diese schrecklichen Dinge verwickelt ist, die John Cannon aufdecken wollte?« fragte Barbara, aber in Wahrheit zweifelte sie nicht mehr daran. Und auf einmal wurde ihr klar, daß sie es geahnt hatte, daß ein tiefes inneres Wissen es ihr gesagt hatte, seit sie den ekelhaften Zauberbeutel in ihrem Bett gefunden hatte. »Ich würde gern wissen, ob Cannon es wußte.«

MacLaren schaute sie aufmerksam an und nickte. »Ein guter Gedanke, Barbara. Ich weiß es nicht, aber es könnte sehr gut sein, und das könnte zugleich das fehlende Bindeglied sein.«

Clair kam blaß und elend aus dem Bad und sagte mit matter Stimme: »Entschuldige, Colin, es überkam mich plötzlich. Ich werde es nicht wieder tun.«

»Du wirst es lernen«, sagte er. »Hauptsache, du fühlst dich jetzt besser. Wir haben die Diagnose gestellt, aber was die Behandlung angeht... Wir haben keinen Anhaltspunkt, wer diese Leute sind, was sie tun, wo James Melford ist und wieviel Zeit wir noch haben. Sie haben bereits einen Mann getötet, wie wir wissen, also ist keine Zeit zu verlieren. Sobald sie merken, daß wir ihnen auf der Spur sind, ist schwer zu sagen, was sie als nächstes tun werden.«

»Es geht schon besser jetzt«, sagte Clair. »Hast du die Schlafzimmertür versiegelt?«

»Ja, allerdings mit dem geringeren Drudenfuß. Ich bin nicht

sicher, ob er jemanden fernhalten oder etwas darin festhalten wird, aber er wird uns vor Beeinträchtigungen durch die Atmosphäre da drinnen schützen«, sagte MacLaren. »Sei so gut und öffne den Koffer.«

Sie gingen ins Wohnzimmer. Die geheimnisvollen Worte und Handlungen irritierten Barbara, und sie fragte, ob es nicht besser sei, die Polizei zu rufen.

»Gut, aber was sollen wir ihr sagen?« erwiderte MacLaren mit hochgezogenen Brauen. »Um welche Aktionen an welchem Ort sollen wir sie ersuchen? Das ist das Problem: Leute dieser Art haben einen Vorteil, nämlich den, daß normale Menschen einfach nichts davon glauben, solange sie es nicht selbst sehen – und manchmal auch dann noch nicht. Versuchen Sie sich zu vergegenwärtigen, was geschehen würde, wenn ich die Polizei riefe und den Beamten erzählte, daß diese Leute, wer immer sie sind, aber wahrscheinlich eine Gruppe, zu der Ihre Schwiegermutter und eine Freundin von ihr gehören, einen Mann durch Hexerei umgebracht und gerade mit einem anderen angefangen haben? Und wenn ich sie dann ersuchen würde, die Betreffenden ausfindig zu machen und einzusperren, bevor sie ihre Schwarze Magie vollenden können?«

Barbara biß sich auf die Unterlippe. »Haben Sie mir nicht gerade erzählt, daß meine Schwiegermutter und ihre Freundin mich vergifteten? Ich könnte Strafanzeige erstatten und eine eidesstattliche Erklärung abgeben.«

»Beweise. Die Polizei verlangt Beweise«, sagte er.

»Barbaras Ärztin kann bestätigen...« unterbrach Clair. »Ja. Wenn alles andere versagt, werden wir darauf zurückgreifen. Aber es ist eine Frage der Zeit. Bis wir einen Haftbefehl erwirken könnten und Festnahmen erfolgten, könnte jemand tot sein. Vergessen wir nicht, sie haben bereits John Cannon getötet. Und mich beunruhigt, daß James Melford so spurlos verschwunden ist. Vielleicht argwöhnen sie bereits, daß wir ihnen auf der Spur sind.«

»Wie können sie etwas wissen, wenn wir bis jetzt selbst im Dunkeln tappten?«

»Auf die gleiche Weise, wie Clair das Tonbandgerät fand«, sagte MacLaren. »Keine Hexenversammlung, die den Namen verdient, ist ohne ein sensitives Medium oder zwei. Sie sind zum Vorschein gekommen, haben Barbara am Telefon ausgelacht und sind mit ihrem Mann wieder verschwunden. Wenn sie noch darauf aus wären, ihre Spuren zu verwischen, hätten sie ihn durch Einschüchterung oder Hypnose dazu bewegt, eine Notiz des Inhalts zu hinterlassen, daß er geschäftlich nach Westchester – oder San Francisco oder Katmandu – verreisen müsse oder mit einem Kunden essen gegangen sei.«

»Was können wir dann tun?«

»Das weiß der liebe Gott – und ich sage das nicht leichtfertig: Er weiß es, hat uns aber noch nicht in sein Vertrauen gezogen. Clair, es scheint an dir zu sein, uns weiterzuhelfen. Es tut mir leid, nach allem, was du in diesem Raum mitgemacht hast, aber als Hellseher bin ich einfach nicht gut genug, und ich werde vielleicht noch genug auf den Schultern haben, bevor es Morgen wird.«

»Es macht mir nichts aus«, sagte Clair und öffnete den Koffer. »Gut, daß ich den Kristall mitgebracht habe. Ich brauche eine Schüssel mit Wasser, aber es wäre mir verhaßt, in irgendeine Schüssel zu sehen, die von dieser Frau benutzt worden ist.«

Sie nahm etwas heraus, das sorgfältig in schwarzen Samt gewickelt war, schlug diesen auseinander und enthüllte eine innere Lage aus weißer Seide. Als auch diese entfernt war, sah Barbara eine kleine Kugel aus Glas oder Kristall.

»Barbara, seien Sie so gut und bringen Sie mir eine Küchenrolle.«

Barbara gehorchte und ging. »Möchten Sie nicht lieber ein Geschirrtuch?«

»Gott bewahre«, sagte Clair. Als Barbara die Rolle mit Papiertüchern brachte, riß sie ein sauberes Stück ab. »Niemand kann wissen, wer mit den Geschirrtüchern umgegangen ist und wozu sie verwendet wurden. Die Erfindung von Küchenrollen und Kleenex war ein großer Vorteil; dieses Zeug wird in der Fabrik automatisch verpackt und ist so neutral wie ein Stück Holz. Niemand hat es vorher berührt, niemand benutzt es nachher wieder, und es enthält keinerlei Magnetismus.« Mit dem Papier wischte sie sorgsam die Oberfläche von Jamies Schreibtisch ab, befeuchtete ein zweites Papierstück mit Wasser aus dem Bad und rieb die Oberfläche damit ab, dann trocknete sie sie wieder mit einem dritten Papiertuch und legte schließlich den schwarzen Samt darauf. Dann beschirmte sie die Augen und blickte in die Tiefen des Kristalls.

Barbara saß still dabei und sah zu, halb zum Lachen gereizt, durch die absolute Ernsthaftigkeit in den Mienen der beiden anderen jedoch fast gegen ihren Willen gezwungen, es auch ernst zu nehmen. Ein leiser Schauer überlief ihren Rücken als die Minuten vergingen. Clairs Gesicht hatte sich zu einer unpersönlichen Maske geglättet, so tief in sich versunken, daß es kaum noch menschlich wirkte. Barbara hatte das künstlerische Auge ihres Berufs, und dieses völlige Verlöschen von Ausdruck und Individualität war ihr neu und trotz der Spannung der Situation eine faszinierende Erfahrung.

Die Zeit verrann. Einmal hellte sich Clairs Miene vorübergehend auf, und Barbara, die gleich ihr in den Kristall starrte, schien in seinem Inneren kleine bewegte Schatten zu sehen, aber der Eindruck war so flüchtig, daß er auf eine Sinnestäuschung zurückgehen mochte. Schließlich richtete Clair sich auf und bewegte die verkrampften Muskeln.

»Nichts«, sagte sie verdrießlich. »Entweder sind sie jenseits eines Wasser, oder ich kann sie aus eigener Kraft nicht wahrnehmen. Ich wünschte, ich hätte absolute Gewißheit, daß Barbaras Mann nicht freiwillig mit ihnen gegangen ist.«

»Ich glaube, das kannst du voraussetzen«, sagte MacLaren. »Aber gut, wir werden etwas von ihm verwenden müssen, um seine Spur aufnehmen zu können. Wenn er nicht bei ihnen ist, fangen wir eben von vorn an. Barbara, bitte geben Sie mir etwas von Ihrem Mann, vorzugsweise einen Gegenstand, den er täglich gebraucht oder trägt.«

Barbara ging ins Schlafzimmer und sah sich um; ihr Blick fiel auf die Haarbürste mit dem in Silber eingelegten Monogramm, die sie ihm vor der Hochzeit geschenkt hatte. In den Borsten hingen noch einige seiner Haare. Sie brachte die Haarbürste hinaus, und Clair war begeistert. »Das ist vollkommen. Silber bewahrt persönlichen Magnetismus besser als fast alles andere, und mit seinem Haar...«

»Dann ist all dieses Voodoo-Zeug über Haare und kleine Stückchen von Fingernägeln nicht bloß Hokuspokus?« platzte Barbara heraus.

»Nicht ganz«, sagte MacLaren. »Es trifft tatsächlich zu, daß die täglichen Gebrauchsgegenstände einer Person ihren Magnetismus bewahren, ihre Vibration, wenn Sie so wollen, geradeso wie ein Wissenschaftler den gesamten genetischen Kode eines Individuums anhand der DNS in einer Zelle seines Körpers entschlüsseln kann. Clair ist jetzt wie ein Radioempfänger; die Haarbürste bewahrt die Vibration Ihres Mannes, und das hilft ihr, ihre Frequenz sozusagen auf seinen Sender einzustellen.«

»Ich frage mich«, sagte Clair, »warum sie plötzlich beschlossen, ihre Tarnung gerade jetzt fallenzulassen. Können sie überhaupt gemerkt haben, daß wir ihnen auf der Spur sind?«

»Nichts ist unmöglich. Ich halte es aber für wahrscheinlich, daß Mrs. Melford entdeckte, daß Barbara der Instruktion, zu dem von ihr empfohlenen Psychologen zu gehen, nicht gefolgt war.«

Clair nickte, und ihre Züge verhärteten sich. »Ich hatte diesen Quacksalber schon seit langem in Verdacht.« Sie legte die Haarbürste so auf die weiße Seide, daß sie die Kristallkugel leicht berührte. »Damit sollte es möglich sein, ihn sogar über Wasser hinweg auszumachen. Es verhält sich ja nicht so, daß die Flüsse dieser Stadt klares fließendes Wasser enthalten; das könnte mich abschneiden. Vielleicht hat die Verschmutzung wenigstens in dieser Hinsicht einen Vorteil. Aber was sagt uns, daß er überhaupt in einem der fünf Stadtbezirke ist?«

»Es scheint unwahrscheinlich, daß sie ihn weiter hinausgebracht haben... allein der Faktor der Zeit...«

»Das eine oder das andere Mitglied der Gruppe könnte ein Haus in Westchester oder Connecticut haben... wo sie ungestört sind.«

»Irgendwo müssen wir anfangen, nicht wahr?« sagte MacLaren ungeduldig. »Vergewissern wir uns doch erst, ob er in der Stadt festgehalten wird oder nicht, bevor wir uns die Köpfe zerbrechen.«

Clair beugte sich wieder über den Kristall. Es erschien Barbara unglaublich, aber Clair schien dieses Verfahren für selbstverständlich zu halten. Auch Jock Cannon hatte an die Wirkungsweise solcher Methoden geglaubt, was das anging. War es also wahr, war es eine objektive Tatsache, daß die Frau sich mit Hilfe von Jamies Haarbürste, einer Kristallkugel, und ihrem trainierten, sensitiven Geist – wie hatte MacLaren es ausgedrückt – auf Jamies Sender einstellen konnte?

So wahr wie mein eigener Tod, Barbara. Einen Augenblick schien ihr, als ob Jock Cannon diese Worte in den Raum geflüstert hätte, und Barbara erschauerte. Dann ermahnte sie sich energisch, ihrer Einbildungskraft Zügel anzulegen.

Wieder wuchs die Stille im Zimmer, und die Zeit kroch dahin, und während die Minuten sich in die Länge zogen, ließ die Anstrengung übersinnlicher Konzentration Clairs Gesicht zur Maske erstarren.

Auf einmal kam Bewegung in ihre Züge, und sie murmelte halblaut: »Ich bekomme etwas... dunkler Raum... draußen Straßenverkehr... Vorhänge, doppelt würfelförmiger Block...«

Barbara sprang impulsiv auf; MacLaren winkte sie zurück und sagte mit betonter Ruhe: »Siehst du einen Altar, Clair?«

»Ich glaube schon.« Ihr Blick war glasig, auf den im eingefangenen Licht funkelnden Kristall fixiert.

»Ist noch jemand dort?«

»Gegenwärtig nicht, aber ich kann sie in einem Nebenraum hören... draußen flackert ein rotes Licht, kommt und geht... Feuer? Nein, nicht Feuer, ein Neonschild vor dem Fenster... viele Lastwagen, die halten und wieder anfahren...«

»Ist es in der Stadt, Clair?«

»Hört sich so an. Ja, nahe einer großen Kreuzung... Sirenen... Er ist gefesselt, glaube ich, oder so verwirrt, daß er sich aus eigenem Antrieb nicht bewegt – nicht bewußtlos, aber benommen...« Sie verstummte.

»Kannst du eine Richtung bekommen?«

»Nein, aber ich höre... einen dumpfen Schlag und ein Getöse, ein Rasseln und Klirren, so etwas wie eine Sprengung.« Sie furchte die Stirn, schien angestrengt zu lauschen. »Und wieder Sirenen...«

Sie ließ sich erschöpft zurückfallen, und die Kristallkugel rollte davon. MacLaren kam rasch an ihre Seite und ergriff ihr schlaffes Handgelenk. Mit einem erleichterten Seufzen ließ er es kurz darauf los, und nun regte sich auch Clair wieder und sagte: »All das hilft uns nicht viel weiter, nicht wahr?«

»Vielleicht doch«, meinte MacLaren. »Wir wissen, daß es keine ruhige Wohngegend ist. Erinnerst du dich, wie groß der Raum war?«

»Oh, gewaltig. Fünfzehn bis zwanzig Meter lang, mit einer hohen Decke. Ich hörte die Echos.«

»Also ein Dachboden oder ein Lagerhaus«, sagte MacLaren.

»In der Nähe einer Feuerwache oder eines Polizeireviers – wegen der Sirenen –, und Lastwagen hielten und fuhren an, und es wurde gesprengt. Darf ich Ihr Telefon benutzen, Barbara?« Ohne ihre Zustimmung abzuwarten, nahm er den Hörer und wählte. »Hallo, Sergeant? Verbinden Sie mich bitte mit Leutnant Farrens.« Er wartete lange, mehrere Minuten. »Hallo, Joe? Hör zu, kannst du mir einen kleinen Gefallen tun? Nein, kein Strafmandat. Bitte ich dich jemals, Strafmandate auszustellen? Kannst du mir sagen, wo in der Stadt für heute abend eine Sprengerlaubnis erteilt worden ist? Mmm, verstehe.« Er zog ein Notizbuch aus der Tasche und gestikulierte nach einem Bleistift; Barbara gab ihm den vom Telefonblock, und er schrieb. »Richtig. Nein, tut mir leid, ich kann dir jetzt noch nichts darüber sagen, aber es ist nichts Illegales – jedenfalls nicht, soweit es mich betrifft. Ich werde dir später davon erzählen. Wie geht's Edna? Nun, das hört man gern. Gib dem Baby einen Kuß von mir, ja? In Ordnung, Joe. Ja, ich hab's eilig, vielen Dank.«

Er legte auf. »Es hat seine Vorteile, wenn man bei der Polizei ein paar Freunde hat, die wissen, daß man ein anständiger Mensch ist«, meinte er. »Joe sagte, daß es heute abend nur zwei Genehmigungen für Sprengarbeiten gibt; das bedeutet, daß wir beide Örtlichkeiten auf den Schwerlastverkehr und eine benachbarte Feuerwache überprüfen müssen. Zwei Sirenen innerhalb von drei Minuten, das bedeutet laufend Einsätze und wahrscheinlich eine geschäftige Feuerwache. Komm, Clair, fühlst du dich kräftig genug, wieder zu gehen?«

»Gewiß, ich fühle mich gut. Sollte ich die Kugel lieber draußen lassen?«

»Ja, steck sie ein«, sagte MacLaren; Clair zog ihren Mantel an und steckte die in die Seide gewickelte Kristallkugel in die Tasche. Auch Barbara zog sich wieder den Mantel an, wie betäubt vom Ablauf der Ereignisse, der sie wie ein Blatt in reißender Strömung mit sich trug. MacLaren trug den kleinen Koffer. Als sie hinausgingen, sagte er: »Ich wußte, daß sie abends nicht in einer Wohngegend Sprengarbeiten durchführen würden, also mußte es ein Geschäfts- oder Industrieviertel sein.«

»Ist Farrens nicht der Beamte, der den Poltergeist in seinem Haus hatte?« fragte Clair. »Du erzähltest, glaube ich, er habe alles Geschirr zerschlagen, bis nicht einmal ein Glas übrig war, das die Kinder zum Zähneputzen hernehmen konnten.«

»Nein«, antwortete MacLaren, die Treppe hinuntereilend. »Das war ein anderer, draußen in Levittown, da mußte ich einen regelrechten Exorzismus durchführen. Das war eine unheilige Geschichte! Nein, dieser war der Mann, der in seiner Wohnung Stimmen hörte, bis er und seine Frau beinahe den Verstand verloren. Ich überprüfte alles und hörte die Stimmen selbst, fühlte aber nichts. Das war letztes Jahr, als du fort warst, Clair. Ich bat Betsy um eine Überprüfung, und sie fühlte auch nichts. Daraufhin durchkämmte ich das ganze Haus, und was meinen Sie, was ich fand?«

»Ein Gespenst?« mutmaßte Barbara.

MacLaren lachte. »Nicht im geringsten; das Haus war eine regelrechte Flüstergalerie, und sie hörten die Stimmen im Fernsehen aus der Wohnung der Hausbesitzerin fünf Stockwerke tiefer. Da sie aus den näheren Wohnungen nie etwas hörten, waren sie nicht auf den Gedanken gekommen, daß sie aus entfernteren Wohnungen etwas hören könnten. Ich riet ihnen, die Akustik der Räume durch neue Vorhänge und ein paar Stellwände zu verändern, und sie waren so froh, daß ich sie nicht einfach zu einem Priester oder Psychiater geschickt hatte, daß ich zwei Freunde fürs Leben gewann.«

Er öffnete die Tür des Lieferwagens und half ihnen hinein, warf die Tür zu und fuhr los, zuerst auf einer Durchgangsstraße zur Ostseite Manhattans. Inzwischen war es Nacht geworden, und eisig kalt. Barbara hielt sich an der Armlehne der Tür fest und starrte fröstelnd in die immer wieder von beleuchteten Schaufenstern und Weihnachtsdekorationen unterbrochene Dunkelheit. MacLarens beiläufige Erzählung, wie er alle materiellen Umstände überprüft hatte, bevor er bereit gewesen war, an einen Spuk zu glauben, hatte ihre letzten Zweifel zerstreut. Der Mann war kein der Selbsttäuschung verfallener, psychisch gestörter Sonderling, bereit, für alles übersinnliche Phänomene verantwortlich zu machen, sondern ein nüchterner Skeptiker, der alle Möglichkeiten in Betracht zog – und der bereit war zu handeln, wenn er seiner Sache sicher war. Barbara fröstelte. Irgendwo in dieser Nacht war Jamie, unter Drogen gesetzt, gefangen, auf Gnade und Ungnade irgendwelchen unbekannten Leuten ausgeliefert, die schon einmal getötet hatten und die nach MacLarens Überzeugung nicht zögern würden, erneut zu töten.

Sie versuchte, sich mit der Überlegung zu helfen, daß Mrs. Melford niemandem erlauben würde, Jamie etwas zuleide zu tun. Doch zu ihrem eigenen Schrecken entdeckte sie, daß sie sich nicht einmal dessen sicher fühlte.

13. Kapitel

Der Raum war dunkel und verdreckt. Spinnweben verhängten die Ecken mit zerfetzten grauen Fahnen, in der Weite des hohen, von wenigen Kerzen trübe erhellten Raumes war mehr zu ahnen als zu sehen. Der erstickende Geruch von Weihrauch lag in der Luft.

Als Jamie allmählich zu sich kam, war seine erste Wahrnehmung der Geruch von Räucherwerk und Staub. Er lag mit dem Gesicht auf einem dicken Teppich, den er nicht sehen konnte. Von draußen drang Verkehrslärm und das Heulen entfernter Sirenen herein. Er wälzte sich herum und setzte sich auf. Er drehte den Kopf, um sich umzusehen, und zuckte unter dem Schmerz zusammen, den die Bewegung ihm verursachte.

Wie war er hierher gekommen? Zuletzt war er mit Dana im Bett gewesen – wie war das geschehen? Er hatte sie nicht wirklich begehrt, er erinnerte sich, daß er dies gedacht hatte. Aber er konnte einfach nicht glauben, daß diese Frau ihn hypnotisiert hatte! Sie hatte ihm ins Ohr gesummt und Worte in irgendeiner fremden Sprache hervorgestoßen, und sie war von einer wilden Leidenschaftlichkeit gewesen. Ihr Körper hatte sich heiß wie Feuer angefühlt, und einmal hatte sie ihn gebissen, daß es geblutet hatte, und dann ... was dann? Dann nichts, außer unbestimmten schlafwandlerischen Erinnerungen an eisigen Wind und ein Gefühl von Schnelligkeit und Schwanken, Sirenengeheul, dann eine wacklige Treppe unter seinen Füßen und ein Lachen, ein hohes, schrilles Gackern, der Schock, das Gesicht seiner Mutter in der Dunkelheit zu sehen – war das Teil des Alptraums gewesen? – und dann ein Gefühl von Übelkeit und Schwindel, ein Kreisen und Abwärtssinken in absolute Dunkelheit, wo es nicht einmal Träume gab. Und dann war er hier erwacht. Aber wo war ›hier‹?

Wenn er besinnungslos, unter Drogeneinwirkung oder hypnotisiert hierher gebracht worden war, stellte sich die Frage, ob er ein Gefangener war. Hinderte ihn etwas daran, aufzustehen, hinauszugehen und das erstbeste Taxi zu nehmen? Er fühlte in der Tasche... die Geldbörse war offenbar noch da, aber keine Hausschlüssel. Nun, inzwischen würde Barbara zu Hause sein... Barbara! War dies alles planmäßig inszeniert worden, um ihn fortzulocken, während sie – diese geheimnisvollen, allgegenwärtigen Sie – Barbara etwas antaten?

Er versuchte aufzustehen, war aber noch nicht auf den Beinen, als der Raum in langsamen, anmutigen Kreisen um seinen Kopf rotierte, und er sank zurück, schwach und schwindlig, unfähig, seine Gedanken zu ordnen. Jedenfalls war er nicht gefesselt, und das war schon etwas.

Beruhige dich, sagte er sich. Denk nach.

Dies konnte nur mit den bedrückenden Ereignissen zu tun haben, die mit Jock Cannons Tod ihren Anfang genommen hatten. Wie lange war es her? Weniger als eine Woche? Mit aufkommender Unruhe erinnerte er sich des Angriffs der Ratten in seiner Wohnung. Waren sie wirklich gewesen, oder Halluzinationen? Hatte man ihn hierhergebracht, um ihn weiteren Schrecken dieser Art auszusetzen? Wenn er wüßte, was er zu erwarten hatte, könnte er es vielleicht aushalten. Aber was hatte Dana damit zu tun? Wie konnte sie ein Teil von alledem sein?

Dennoch war nicht zu leugnen, daß ihr Erscheinen mit erstaunlichem Geschick zu einem Zeitpunkt gewählt worden war, als er sich in einer schwierigen Situation befunden hatte.

Ungefähr an diesem Punkt wurde ihm bewußt, daß er seit einer Weile Stimmen hörte, zu weit entfernt, um mehr zu sein als ein gleichförmiges Auf und Ab. Nun tat sich am anderen Ende des weiten Raumes (Kirche? Lagerhaus? Dachboden einer Fabrik?) ein Lichtspalt auf, und die Gestalt eines kräftigen Mannes kam durch die Öffnung und schritt auf ihn zu.

»Wieder wach? Das ist recht«, sagte er in gleichmütigem Ton. »Nein, ich würde an Ihrer Stelle nichts derlei versuchen. Sie sind wahrscheinlich noch ziemlich schwach, und wir sind dort draußen zu fünft. Nicht die Stärksten vielleicht, aber mehr als genug, um mit Ihnen fertigzuwerden.«

Ohne Überraschung, aber mit einem sonderbaren Gefühl von Befriedigung, daß alle losen Puzzleteile sich auf einmal wie von selbst zu einem Bild fügten, erkannte Jamie Gangart und Stimme des Mannes. »Mansell«, sagte er. »Dann waren doch Sie es, den ich mit Dana sah, und ich wollte meinen Augen nicht trauen. Natürlich hatte ich es auch von ihr nicht geglaubt.«

»Ach ja. Zu der Zeit hofften wir noch, Sie würden in der Angelegenheit des Buches zur Vernunft kommen, und wir brauchten nicht in Erscheinung zu treten«, sagte Mansell. »Dafür ist es jetzt zu spät.«

»Sie haben mich perfekt getäuscht. Ich hatte Ihrer Beteuerung geglaubt, Sie seien eines der Opfer. Nicht einer, der...« Jamie suchte nach einem passenden Wort, gab es aber auf.

Mansell kauerte neben ihm nieder. Er trug einen weiten dunklen Umhang, der, beim Niederkauern bauschig um seine breiten Schultern gebläht, seinem Umriß Ähnlichkeit mit einem aufgeplusterten Vogel verlieh. »Wir mußten Sie aushorchen. Derjenige, dem wir dienen, zieht willige Diener Sklaven vor, so seltsam es scheinen mag, und Sie können uns genauso nützlich sein wie Ihr Freund Cannon.«

»Sie werden mich niemals glauben machen, daß Jock Cannon einer der Ihren war!«

»Ein Mißverständnis. Ich hätte sagen sollen, wie Ihr Freund Cannon uns hätte nützlich sein können, wenn er bereit gewesen wäre, auf die Stimme der Vernunft zu hören. Unglücklicherweise war er durchdrungen von einer krankhaft deformierten Auffassung seiner Pflicht gegenüber der Menschheit oder einer der anderen schwachsinnigen Vorstellungen, die dem aufgeklärten Eigennutz des Menschen im Wege stehen«, sagte Mansell mit beängstigender Gelassenheit. »Möglicherweise lag es nur daran, daß seine Frau dem geifernden Aberglauben anhing, in dem auch ich aufgewachsen bin.«

»Oder könnte es sein, daß er nicht an Einschüchterung und Mord glaubte?«

»Er wäre weder eingeschüchtert noch ermordet worden, wenn er zur Vernunft gekommen wäre«, erwiderte Mansell beiläufig. »Und was wir mit anderen machten, ging ihn nichts an.«

Jamie konnte einfach nicht glauben, was er hörte. Dieser Mann wirkte einfach zu unbeteiligt und gefühllos, um wirklich ein Mensch aus Fleisch und Blut zu sein. »Sie reden wie der böse Unhold in einem Comic strip für Kinder«, sagte er. Und im gleichen Augenblick erinnerte er sich des Augenblicks in dem Lokal, als Mansell in der Toilette verschwunden und einige Zeit später mit seltsam glitzernden Augen zurückgekehrt war. »Natürlich«, sagte er angeekelt. »Ist es Speed oder Shit? Kein Wunder, daß diese Verrückten Sie an der Leine haben!«

Mansell machte eine schnelle, bedrohende Bewegung. »Ihre engstirnigen Vorurteile interessieren mich nicht...«

»Das richtige Wort ist ›bourgeoise‹ Vorurteile«, antwortete Jamie. »Im übrigen, tun Sie sich keinen Zwang an.«

Mansell versetzte ihm eine nicht allzu heftige Ohrfeige. »Als erstes werden Sie lernen müssen, wie Sie zu mir zu sprechen haben«, sagte er. »Und Sie werden es lernen, keine Bange. Sie können freiwillig oder unfreiwillig mit uns zusammenarbeiten, aber Sie werden kooperieren. Ehe die Nacht um ist, werden Sie einer der unsrigen sein... freiwillig, wie ich schon sagte, oder aber unfreiwillig. Es handelt sich nicht mehr um Verweigerung oder Ablehnung. Morgen früh wird Cannons Manuskript vernichtet sein – von Ihnen selbst, wie ich gleich dazu sagen möchte.«

»Nur über meine Leiche.«

»O nein«, sagte Mansell. »Die Option haben Sie nicht. Die einzige Option ist die: Schließen Sie sich uns an und tun Sie dies alles im Vollbesitz Ihrer geistigen und körperlichen Fähigkeiten, oder widersetzen Sie sich uns weiterhin um den Preis, daß Ihr Geist und Ihre Willenskraft völlig ausgelöscht werden, so daß Sie wie eine Gliederpuppe herumgehen, begleitet von dem einen oder dem anderen von uns, der Verwendung für Sie hat und Sie während dieser Zeit steuert?«

Jamie kämpfte gegen die von den Drogen herrührende Mattigkeit seiner Glieder an. Die Trägheit war so überwältigend, daß er sich kaum regen konnte. »Sie schmutziger, verfluchter Hurensohn...«

Jamie.

Es war wie ein hörbares Wispern, und plötzlich sträubten sich die Haare auf seinen Unterarmen, denn die Stimme gehörte Jock Cannon.

Jamie, mach ihn dir nicht zum Gegner.

Das mußte ein weiterer Trick sein, dachte Jamie in jähem Zorn. Sie hatten ihn hypnotisiert, daß er Jocks Stimme hörte, um ihn kleinzukriegen und zur Zusammenarbeit zu bewegen. Aber Jock war tot!

Jamie, hör mich an. Diese Leute haben keine Macht über mich. Sie konnten mich töten, aber ich hielt Geist und Seele frei von ihrer Macht. Schau ihn an. Er weiß, daß ich hier bin, aber er kann mich nicht hören.

Tatsächlich blickte Mansell mit seinen vogelartig schnellen Kopfbewegungen umher, und in seinem Blick war Unsicherheit. Jamie sagte: »Was ist los, Mansell? Denken Sie immer noch an Ihre ewige Verdammnis?«

»Halten Sie den Mund, wenn Sie sich überhaupt eine Entscheidung offenhalten wollen«, knurrte der Expriester.

Halte ihn hin, Jamie. Laß ihn reden. Sobald sie anfangen, kann ich dir nicht helfen. Du wirst dir selbst helfen müssen.

Das ist eine gute Idee, dachte Jamie. Vielleicht gelingt es mir, diesen üblen Gesellen am Reden zu halten, bis die Wirkung der Droge nachläßt und meine Kräfte zurückkehren. Ich glaube nicht einen Augenblick, daß ich Jocks Stimme gehört habe, aber wenn es meine eigene innere Stimme gewesen ist, dann hat sie mir einen guten Rat gegeben.

»Was für eine Option ist es, die Sie mir bieten«, sagte er zögernd. »Wollen Sie mir eine Gelegenheit geben, an Ihrer – wie nennen Sie es? Teufelsanbetung? Hexerei? – teilzunehmen? Ich war nie einer, der die Katze im Sack kaufte, und was Sie letztes Mal sagten, war nur darauf abgestellt, mich einzuschüchtern. Wie wäre es, wenn Sie mir erzählen würden ...« Er suchte nach einer einleuchtenden Frage und gab sich mit dem Kompromiß »Sagen Sie mir, was schaut dabei für mich heraus?« zufrieden.

Ein fanatisches Licht glomm in Mansells Augen auf. »Wir können Ihnen alles geben, was Sie sich je gewünscht haben.«

Ja, dachte Jamie bei sich, und du bist eine verdammt schlechte Reklame dafür, wie der Teufel seine Diener bezahlt. Für dich läuft alles in der Welt nur darauf hinaus, daß du dir alle paar Stunden einen Schuß setzen kannst. Aber rede nur weiter, Mann. Hast recht, Jock. Ich werde ihn am Reden halten.

»Erzählen Sie mir mehr darüber«, sagte er und blickte zu Mansells Gesicht auf, das sich in der Dunkelheit über ihn beugte.

MacLaren steuerte den Lieferwagen um eine Ecke, dann riß er heftig das Lenkrad herum, um die falsche Einfahrt in eine Einbahnstraße zu vermeiden. »Verflixt«, stieß er zwischen den Zähnen hervor, »ich habe mich verfahren. Ich kannte mich in dieser Gegend noch nie allzugut aus. Aber soweit ich sehen kann, gibt es hier keine Lagerhäuser oder leeren Fabriken. Nichts als kleine Ladengeschäfte und Lokale und Einkaufszentren, und ich habe überhaupt kein Gefühl...« Er brach ab. »Wir werden es in der Gegend um die andere Sprengstelle versuchen müssen, und die ist im unteren Manhattan. Du fühlst hier auch nichts, Clair, oder?«

Sie schüttelte den Kopf, ohne ihren Blick von der Straße zu wenden, wo sich Betrunkene, Horden umherschweifender Halbwüchsiger und verspätete Passanten, die noch Weihnachtseinkäufe erledigten, drängten. »Nein, ich kann hier nichts fühlen.«

»Die Gegend, die du vorhin wahrgenommen hast, war ruhiger, nicht wie diese hier?«

»Ruhiger, ja. Viel Verkehrslärm, aber keine solchen Menschenmengen.«

»Gut.« Er bog in die nächste Abzweigung, und Barbara hielt sich am Türgriff fest. »Am besten nehmen wir die Schnellstraße am East River. Geht schneller. Ich weiß, niemand kann etwas dafür, aber...«

»Auch du kannst nichts dafür«, sagte Clair, »und wenn du jetzt den Wagen zu Schrott fährst, können wir ihm gar nicht helfen.«

Seine Züge waren hart und angespannt. »Ich weiß. Danke. Aber ich komme nicht daran vorbei, daß es auf jede Minute ankommt. Und die Zeit, die wir hier oben verloren haben...«

Der Lieferwagen bog mit kreischenden Reifen in die Schnellstraße ein und fuhr südwärts. MacLaren wechselte immer wieder die Fahrspur, um im dichten Verkehrsfluß schneller voranzukommen.

»Was können wir tun? Was können wir tun?« flüsterte Barbara, halb zu sich selbst.

»Colin tut, was er kann«, antwortete Clair mit gedämpfter Stimme. »Beten Sie, wenn Sie wollen. Viel mehr kann jetzt keiner von uns tun.«

Barbara starrte hinaus über den East River, wo sich die

Lichter im Wasser spiegelten, und es zog ihr die Kehle zusammen. Clair sagte »beten«, als ob es eine alltägliche und obendrein hilfreiche Sache wäre. Und sie wußte nicht einmal, wie sie es anfangen sollte.

Sie wünschte, sie hätte es gewußt.

»Es ist eine Frage der Macht«, sagte Mansell. »Nicht des wehleidigen und albernen Gejammers und Gebettels, das einem in der Kirche beigebracht wird, aus der ich komme, sondern wirkliche Macht, Macht, die man fühlen kann. Sie ist die einzige wahre Antriebskraft, die der ganzen Menschheit eigen ist, der alle anderen Wünsche und Triebkräfte untergeordnet sind. Macht. Zu sprechen und zu sehen, wie andere gehorchen. An Fäden zu ziehen und die ganze Welt nach seiner Pfeife tanzen zu lassen.«

Ja, dachte Jamie, und im Finstern in schmutzigen Lagerhäusern herumschleichen müssen und Drogen nehmen? Er sagte: »Ich habe niemals ein Verlangen gehabt, Fäden zu ziehen und andere für mich springen zu lassen.«

»Machen Sie sich doch nichts vor! Was sonst hätte Sie ins Verlagsgeschäft geführt?« höhnte Mansell. »Macht, das Bedürfnis, über Glück und Unglück von Schriftstellern zu entscheiden, ihnen zum Ruhm zu verhelfen oder sie zu zerbrechen. Das Bedürfnis, die öffentliche Meinung zu beeinflussen. Jeder hat es; wir anerkennen das einfach und reden nicht heuchlerisch darum herum. Hören Sie, wenn Sie zu uns kommen, werden Sie Ihrer Mutter viel Kummer ersparen.«

»Sie haben ihr nichts zuleide getan?«

»Ihr zuleide getan? Warum sollte ich? Aber sie hat versucht, uns mit der Forderung zu kommen, daß ihrem kostbaren Jungen nichts geschehen dürfe. Sie hat seit Jahren versucht, Sie zu rekrutieren«, sagte Mansell. »Hätten Sie das Mädchen geheiratet, das sie für Sie ausgewählt hatte, wären Sie schon vor drei Jahren einer der unsrigen geworden.«

Jamie merkte, daß ihn selbst dies nicht mehr zu erschüttern vermochte. Irgendwo unter der bewußten Ebene war das Wissen darum in ihm gewachsen. Wer sonst hätte Barbaras Zusammenbruch auslösen können?

»Vielleicht, wenn ich mit ihr sprechen könnte«, sagte er, aber Mansells Geduld war erschöpft.

»Kein Hinhalten mehr«, erklärte Mansell. »Die Zeit läuft ab; wir müssen anfangen. Entweder beginnen wir mit der Zeremonie, die Ihre Aufnahme in unseren Kreis besiegelt, oder wir beginnen mit dem Verfahren, das Sie daran hindern wird, uns weiterhin zu bekämpfen. Was soll es sein?«

Zeit gewinnen, Jamie. Zeit! Hilfe ist unterwegs, aber das erfordert Zeit!

»Was müßte ich denn tun, um Mitglied zu werden?« fragte Jamie. »Da ich nicht sonderlich an Gott glaube, würde ich ziemlich große Schwierigkeiten haben, an den Teufel zu glauben. Und irgendwelche ausgeklügelten Formeln, mit denen ich Gott beschwören und dem Satan Treue geloben würde, hätten für mich nicht mehr Bedeutung, als wenn ich aus den gesammelten Werken von...« er suchte nach einem geeigneten Kandidaten »... von Jock Cannon oder Aleister Crowley oder John Lennon vorlesen würde.«

»Wir befassen uns nicht mit ausgeklügelten Formeln«, erwiderte Mansell eisig. »Was wir von Ihnen verlangen, ist ein ernstes und feierliches Gelöbnis – abgelegt mit ganzem Herzen und ohne irgendwelche inneren Vorbehalte –, daß Sie von diesem Tag an weder in Gedanken noch mit Worten oder Taten gegen uns arbeiten werden und daß Sie Ihre ganze Kraft zur Förderung unserer gemeinsamen Ziele einsetzen werden.«

Jamie sagte sich, daß ein unter Druck abgelegter Eid rechtlich nicht bindend sei. Was konnte ihn daran hindern, alles zu sagen, was sie hören wollten, und, sobald er frei wäre, direkt zur Polizei zu gehen? »Ich habe keine Einwände...«

Nein, Jamie. Es war so klar und laut in seinem Kopf, wie Jocks Stimme in seinem Büro gewesen war, bei jenem letzten Besuch. Es war ihm unbegreiflich, daß Mansell die Stimme nicht hören sollte; er brach ab und lauschte. Nein, Jamie, so geht es nicht. Diese Leute haben Erfahrung, und sie sind sensibel. Sie könnten einen inneren Vorbehalt spüren. So kannst du sie nicht täuschen.

Und dann erinnerte sich Jamie der Beschreibungen im fünften Kapitel von Jocks Buch. Was er würde tun müssen, die bloße Vorstellung, Einverständnis mit diesen Leuten zu heucheln, die, wie sie selbst zugaben, Jock Cannon durch ihren pervertierten geistigen Terror getötet hatten, drehte ihm plötzlich den Magen um.

»Wären Sie doch schon als Wickelkind verreckt, Sie Hundesohn«, sagte er voller Abscheu. »Sie sind keine Reklame für Ihren Chef, sei er Satan oder Joe, der Hausmeister. Ich würde keiner Kirche beitreten, die einen wie Sie als Priester duldet; ich würde nicht einmal einer Pfadfindergruppe beitreten, deren Anführer Sie sind! Und wenn meine Mutter Sie dazu angestiftet hat, kann sie mit Ihnen zur Hölle fahren. Tun Sie, was Sie wollen. Aber denken Sie daran, ich werde eine härtere Nuß sein als Jock Cannon. Er hatte Angst, aber ich werde hier sitzen und Sie die ganze Zeit auslachen, während Sie Ihre Schwarze Messe abziehen oder was immer Ihr schmutziger, kranker kleiner Verstand sich an perversem Hokuspokus ausgedacht haben mag. Gehen Sie also und vollziehen Sie Ihre satanischen Rituale oder was Ihrem vom Rauschgift benebelten Gehirn Befriedigung verschafft. Und bringen Sie es hinter sich, damit ich gehen und ein Bad nehmen und mir den üblen Geruch von Ihnen allen von der Seele waschen kann.«

Mansells Gesicht verzerrte sich, und einen Augenblick dachte Jamie, er sei zu weit gegangen und der stämmige Expriester werde ihm gleich hier und jetzt mit Faustschlägen und Tritten den Garaus machen. Aber Mansell beherrschte sich mit enormer Anstrengung und stand auf.

»Dann also auf Ihre Verantwortung«, sagte er und schritt davon.

Gut, Jamie! Du hast ihn aus der Fassung gebracht! Er kann nicht klar denken!

Das ermutigte ihn, der hohen Gestalt im Umhang höhnisch nachzurufen: »Ich werde zusehen, wenn man Sie in die Zwangsjacke steckt! Glauben Sie wirklich, daß Satan Ihnen aus der Irrenanstalt heraushelfen wird?«

Mansells Schultern zuckten, aber er wandte sich nicht um und sagte kein Wort. Der Lichtspalt in der Tür verbreiterte sich, wurde von seiner kräftigen Gestalt verdeckt, verengte sich wieder und verschwand.

Der Lieferwagen verließ die Schnellstraße am East River und holperte schwankend gepflasterte Straßen entlang, die an vielen Stellen aufgerissen waren. Die klobigen schwarzen Umrisse alter Gebäude, dunkel und ohne einen Lichtschein, ragten zu beiden Seiten auf. In der Ferne ertönte dumpfes Krachen.

»Das müssen die Sprengungen sein«, murmelte Clair. »Nun gilt es, die richtige Feuerwache zu finden.«

»Irgendwo im Handschuhfach ist ein Stadtplan«, sagte Colin. »Sieh mal nach, sei so gut. Wer immer damals den Aufriß für das untere Manhattan entwarf, muß mit den Indianern zuviel Feuerwasser getrunken haben. Ich glaube, nicht mal die Taxifahrer kennen sich da überall aus.«

Barbara spürte eine eigentümliche Spannung, die beinahe die Sprachebene erreichte. »Ich glaube, wir sollten dorthin fahren«, sagte sie plötzlich.

Er warf ihr einen schnellen Seitenblick zu, nickte aber und bog ab. Augenblicke später hörten sie das Heulen einer Sirene. Ein Einsatzwagen der Feuerwehr kam mit bimmelnder Glocke um die Ecke gebraust, rumpelte vorbei und entfernte sich in der dunklen Straßenschlucht.

Jamie spannte die Muskeln und versuchte, im Dunkeln aufzustehen. Er konnte sich nicht vorstellen, was sie ihm gegeben hatten. Er fühlte sich genauso groggy wie damals im Marinelazarett auf dem Rückweg in die Heimat, wo er ständig Alpträume von Ratten gehabt hatte, die am Leichnam seines Freundes gezerrt hatten, und wo sie ihn fast eine Woche lang unter starke Beruhigungsmittel gesetzt hatten.

Die Tür ging auf, aus dem sich verbreiternden Lichtspalt kam eine Prozession dunkler Gestalten näher: Mansell, angetan mit seinem Umhang und düster drohend an der Spitze, eine noch nicht entzündete Fackel in der Linken, hinter ihm schwerfällige dunkle Gestalten, die, wie er im Kerzenschein sehen konnte, allesamt unbekleidet waren, aber so formlos, schlaff und häßlich, daß der Nacktheit nichts auch nur annähernd Erotisches eigen war. Als eine dünnbeinige, fettleibige Gestalt auf knotigen Füßen vorbeitappte, drehte sich ihm vor Schreck und Abscheu der Magen um, obwohl er durch Mansells Worte auf manches gefaßt gewesen war.

Zeit gewinnen, Jamie!

Er suchte verzweifelt nach Worten. »Hallo, Mutter«, sagte er in einem Ton bemühter Beiläufigkeit, »ist es nicht ziemlich spät für dich, um noch unterwegs zu sein? Ich glaube, wir sollten dir zu Weihnachten ein paar neue Sachen kaufen, ich wußte nicht, daß Barbara und ich dich so kurzhalten!«

Er spürte förmlich den anbrandenden Zorn und die Irritation der drohenden nackten Gestalten, aber er hatte auch das krampfhafte Zucken in den Zügen seiner Mutter gesehen und merkte, daß er sie irgendwie getroffen hatte.

»Sei still!« befahl eine tiefe, kehlige Stimme, aber Jamie hatte begriffen, daß dies die beste Verzögerungstaktik war. »Komm schon, Mutter«, sagte er, bemüht, einen unbekümmerten Ton anzuschlagen und das Beben in seiner Stimme zu unterdrükken. »Du bist noch gut erhalten, aber trotzdem keine jugendliche Schönheit mehr. Geh und zieh dir etwas an, und laß uns aus diesem Irrenhaus verschwinden. Du hast nicht die Figur, um so herumzulaufen, schon gar nicht zu dieser Jahreszeit! Stell dir vor, wie deine Arthritis sich verschlimmern kann, von einer Erkältung ganz zu schweigen.«

Er sah, wie sie aus dem Tritt kam. Dann war Dana an ihrer Seite, das Gesicht verzerrt, die Augen glitzernd in kalter Wut. Sie machte eine gebieterische Handbewegung und zwei Männer, massige große Gestalten mit runden Schultern und dicken Bäuchen sprangen vor und bearbeiteten Jamie mit Fußtritten. Er wälzte sich hin und her, die Beine angezogen, um den Unterleib zu schützen, denn selbst bloße Füße können viel Schaden anrichten, und hörte den halb zornigen, halb angstvollen Aufschrei seiner Mutter.

»Knebelt ihn«, sagte Mansell unerbittlich.

Zwei dunkle Gestalten beugten sich über ihn. Ein Knebel wurde ihm zwischen die Zähne gestoßen und zusammengedreht. Jamie würgte, versuchte den Brechreiz zu überwinden und fühlte, wie der Knebel seine Zunge zurückzwang. Seine ganze Energie galt dem verzweifelten Versuch zu atmen. Er fühlte das Bewußtsein schwinden, vor seinen Augen wurde es dunkel.

»Da ist die Feuerwache«, sagte Clair. »Irgendwo in dieser Gegend muß es sein. Wonach halten wir Ausschau? Diese Gebäude sehen alle ziemlich gleich aus...«

»Halten wir nach einem schwachen Lichtschein in einem Fenster Ausschau«, sagte MacLaren, der den Lieferwagen im Schrittempo fuhr. »Wenn sie wie alle die anderen Gruppen sind, die ich je gekannt habe, werden sie Feuer irgendwelcher Form benötigen – Fackeln, Kerzen und dergleichen –, und

Feuerschein und elektrisches Licht sind leicht zu unterscheiden, auch von weitem. Dieses Lagerhausviertel ist abends so verlassen, daß sie beinahe völlig ungestört sind und fast alles tun können, was sie wollen – ah!« sagte er plötzlich. »Da vorn.«

In der Richtung, in die er wies, sah Barbara nur einen abgestellten Wagen. Clair sagte: »Ich sehe nichts...«

»Ein geparkter Wagen. Sieh mal, dies ist ein Fabrikviertel. Um diese Zeit sind hier nur noch die Nachtwächter unterwegs, und zeigt mir den Nachtwächter mit solch einem Wagen! Und dort drüben, ein Mercedes. Selbst die Kantinen für die Fabrikarbeiter sind jetzt geschlossen, und Kneipen gibt es hier keine, also kann es sich nicht um wohlhabende Leute handeln, die sich gern mal im Wirtshaus unter das gemeine Volk mischen. Wir sind auf der richtigen Spur, glaubt mir. Clair, du fährst jetzt. Ich muß nach hinten, den Koffer fertig machen.«

Clair rutschte auf den Fahrersitz; MacLaren stieg aus, lief nach hinten und stieg dort wieder ein.

Mansells vom Umhang verhüllte Gestalt hob sich schwarz vom trüben Feuerschein ab. An seiner brennenden Fackel zündete er Kerzen an und setzte sie in einem Dreieck auf den Boden. Einer der Männer, eine plumpe, hinkende Gestalt, kam mit einem Weihrauchfaß und begann, gegen den Uhrzeigersinn durch den Raum zu humpeln, wobei er etwas intonierte, das wie Latein klang. Jamie lag halb erstickt da, und seine mühsamen Atemzüge schienen ihm lauter als der gemurmelte Singsang.

Clair ergriff das Lenkrad, dann verzog sie schmerzlich das Gesicht und holte tief und gequält Atem. »Colin«, keuchte sie. »Colin!«

»Nur ruhig, Mädchen. Ich bin hier.« Sein Gesicht spähte durch die Öffnung zwischen Fahrersitzen und Laderaum. »Ja, ich fühle es auch, aber laß mich jetzt nicht im Stich.«

»Es ist furchtbar, furchtbar...« Sie war außer sich. Auch Barbara verspürte eine überwältigende Übelkeit und schloß die Augen, und ihr war, als ob der Wagen unter ihr schwanke. MacLaren fummelte in der Dunkelheit hinter ihnen herum. »Ich ziehe meine Sachen an, und wir brauchen etwas – ich habe geweihte Kerzen hier. Clair! Werde mir bloß nicht ohnmächtig. Ich brauche dich als Führerin für den Rest des Weges!«

Aber Clair war ächzend über dem Lenkrad zusammengesunken. »Barbara, können Sie fahren?«

»Ja.«

»Ziehen Sie sie vom Sitz und fahren Sie drüben bis zur Ecke, wo wir den Wagen stehen lassen können. Nicht zu nahe bei dem Hydranten, wir wollen uns nicht mehr Strafmandate als nötig holen.« Barbara gehorchte und zog die ohnmächtige Clair vom Fahrersitz. Wie war es möglich, daß die Frau sie jetzt im Stich ließ? Sie schien so kräftig zu sein...

»Wir alle haben unsere Stärken und unsere Schwächen«, sagte Mansell, als hätte er ihre Gedanken gelesen. »Damit bezahlt Clair dafür, daß sie sensitiv ist.« Barbara parkte den Lieferwagen und schaltete die Zündung aus, mühte sich mit der unvertrauten Knüppelschaltung und der Handbremse ab. MacLaren kam nach vorn, öffnete die Tür und legte die Hand an Clairs Stirn, dann richtete er sie auf und schüttelte sie sanft. »In Ordnung, Mädchen? Na, dann komm mit. Du mußt mir helfen, das richtige Gebäude zu finden...«

Behutsam half er ihr aus dem Wagen und stützte sie, bis sie sich erholt hatte. Dann zündete er eine Kerze an und drückte sie Barbara in die Hand. Er hatte etwas Langes und Sperriges unter dem Umhang, das er mit einem Ellbogen an sich drückte. »Was Sie auch tun, lassen Sie das Kerzenlicht nicht ausgehen, oder wir werden alle mit einem Haufen von Verrückten zur Hölle fahren«, sagte er eindringlich. »Und beten Sie, wenn Sie können. Das ist kein Spiel, Barbara. Sie haben Jock Cannons Körper getötet und versuchen jetzt, den Geist Ihres Mannes zu töten.«

Die monotonen Gesänge und die Nebelschwaden des bitteren Räucherwerks begannen, ihre Wirkung zu tun. Es schien Jamie, daß ein grauer Dunst den singenden, im Kreis schreitenden Gestalten folgte, ein Nebel, der sich verdichtete und von rötlichem Feuerschein durchschossen war. Der Kreis wuchs mit jeder Umschreitung, nahm Farbe und Form an. In seiner Mitte erhob sich der große schwarze Altar mit seinen Kerzen: sie gaben einen dichten, weißlichen Rauch von sich, der einen üblen Geruch verbreitete. Mansell hob die Arme und begann zu intonieren: »Kyrie eleison, Satanas eleison, Eloi Sabaoth, Eloi Sabaoth, Eloi Sabaoth...«

In Jamies schmerzendem Kopf pochte das Blut. Der Rauch

der Kerzen und das anscheinend mit Drogen versetzte Räucherwerk erzeugten Schwindelgefühl und Orientierungslosigkeit. Der Gesang ging weiter und weiter.

Nicht nachlassen, Jamie! Weiterkämpfen! Hör nicht darauf! Laß dich nicht verstricken! Bete, wenn du kannst! Wenn du nicht kannst, denk an etwas anderes...

Er suchte nach etwas, woran seine Vernunft sich festhalten konnte, dann erinnerte er sich einer alten, in der Jugendzeit gelesenen Geschichte und begann im Geist das Einmaleins aufzusagen. Er konnte keinen Ton hervorbringen, doch indem er sich gegen die betäubenden Gerüche und Geräusche verschloß und seine ganze Aufmerksamkeit nach innen richtete, gelang es ihm, sich zu konzentrieren: »Vier mal fünf ist zwanzig, vier mal sechs ist vierundzwanzig, vier mal sieben ist achtundzwanzig, vier mal acht...«

»Hier.« Clair wandte sich jäh zur Seite und erbrach sich.

»Dieses Gebäude? Bist du sicher?«

»Nein«, murmelte sie elend. »Eins von diesen...«

Ein Feuerwehrwagen rasselte vorbei, und Barbara, die zitternd im eisigen Wind stand und mit einer Hand die Kerzenflamme beschirmte, spürte die neugierigen Blicke auf sich. Colin, der ein langes, leichtes Gewand mit einer Kapuze übergeworfen hatte, gemahnte sie an einen »Hippie-Guru«, den sie einmal in einer Fernsehsendung gesehen hatte; Clair schwankte wie eine Betrunkene. »Hoffentlich glauben die Feuerwehrleute nicht, daß wir mit dieser Kerze unterwegs sind, um einen Brand zu legen«, sagte sie.

»Still!« versetzte MacLaren. »Sie muß sich konzentrieren. Clair! Laß mich jetzt nicht im Stich!«

Danas Körper, weiß und glitzernd und nackt, erhob sich im Feuerschein. Sie hielt zwei gekreuzte Dolche in der Hand, und ihre Augen glommen im Licht wie die einer Katze. Der Gesang ging weiter, unaufhörlich, endlos wie das Tropfen von Wasser auf Stein:

»Baal, Sin, Aschtoret, Ahasrael, Adonai, Adonai, Adonai, Adonai...«

»Zwölf mal elf ist einhunderteinunddreißig, zwölf mal zwölf ist einhundertzweiundvierzig – verdammt – einhundertvierundvierzig, und zwölf mal dreizehn ist – ach, zum Teufel – ein mal eins ist eins, ein mal zwei ist zwei...«

»Zazay, Salmay, Dalmay, Ledrion, Amisor, Or! Große Engel und Dämonen der Finsternis, seid gegenwärtig und teilt diesen irdischen Geschöpfen eure Tugenden mit...«

»Acht mal acht ist vierundsechzig, acht mal neun ist zweiundsiebzig, acht mal zehn ist...«

»Das ist das Haus.« Clair war weiß wie ein Laken.

»Bist du sicher?«

Sie nickte und berührte die Türklinke, riß die Hand weg, als hätte sie sich daran verbrannt. MacLaren drückte auf die Klinke; die Tür war verschlossen. Er gab Clair das längliche Bündel in die Hand und zog seinen Umhang hoch, um an die Hosentaschen zu kommen. Er brachte einen Ring mit Dietrichen zum Vorschein und sagte: »Das darf den Boden nicht berühren, auch nicht die Treppe, wenn wir hineingehen. Dank sei den Herren des Karma für einige der geheimnisvollen Dinge, die ich in meinen Wanderjahren lernte.«

»Kann man uns nicht alle wegen Einbruchs verurteilen?« fragte Barbara.

»Mich vielleicht. Sie nicht. Ich bezweifle, daß man mir etwas anhängen wird, wenn wir aufgedeckt haben werden, was hier vorgeht«, antwortete MacLaren und probierte einen Dietrich nach dem anderen im Schloß.

Mit harten Händen rissen sie ihm die Kleider vom Leib, wälzten ihn dabei von einer Seite zur anderen. Unter der derben Behandlung verflüchtigte sich das Einmaleins.

Eine der Frauen, nicht seine Mutter, auch nicht Dana, tauchte ein Bündel Zweige in eine Schale mit Flüssigkeit und besprengte ihn mit übelriechenden, unangenehm klebrigen Tropfen.

»Aspergo, aspergo, aspergo...«

»Verdammtes Schloß‹!« MacLarens Züge waren verkniffen und angespannt, seine Finger drehten wie von selber vorsichtig den Dietrich. »Macht es einem ehrbaren Einbrecher schwer... da!« Die Tür ging auf, und im flackernden Kerzenschimmer sahen sie eine staubige, schmutzige Treppe, die nach festgebackenem altem Schmutz, Ruß und Katzenurin roch. »Hier, Clair, ich kann das tragen – hu! Fühlt sich unangenehm an. Wahrhaftig, es muß schon für etwas benutzt worden sein ...«

Barbara trat beklommen in die Dunkelheit. Die beiden anderen eilten schon die Treppe hinauf, zwei dunkle, schattenhafte Gestalten im trügerischen Kerzenschein. Sie zog den Mantel enger um sich, beschirmte die Kerzenflamme mit der freien Hand und eilte ihnen nach.

Jamie merkte, daß seine Kräfte wiederkehrten. Die unaussprechliche Mattigkeit und Trägheit hatte sich von ihm gelöst. Der Knebel behinderte ihn beim Atmen, aber er konnte Arme und Beine bewegen, und wenn der Gesang aufhören würde, so daß er denken könnte ...

Noch immer umschritten sie ihn im Kreis des magischen, feuerdurchschossenen Nebels, besprenkelten ihn und murmelten ihren Singsang. Er sammelte seine Kräfte für eine plötzliche Anstrengung. Gelänge es ihm, Mansell zu packen, ihm die verdammte Fackel zu entreißen, sie auszulöschen und die Zeremonie zu unterbrechen, würden diese Besessenen, von Drogen betäubt und verrückt, wie sie waren, vielleicht nicht imstande sein, sich mit seinen wiederkehrenden Kräften zu messen, zumindest nicht in dem Sinne, daß sie seine Flucht verhindern könnten. Es kam darauf an, eine Feuerleiter zu finden, ein Fenster zu zerschlagen und Zeter und Mordio zu schreien. Nach dem häufigen Sirenengeheul zu urteilen, mußte es in der Nähe entweder ein Polizeirevier oder eine Feuerwache geben ... Vor allem kam es darauf an, die Zeremonie zu unterbrechen.

»Zazay, Salmay, Dolmay ... seid gegenwärtig. Geschöpfe der Luft, Geschöpfe der Erde, Geschöpfe des Feuers ...«

Jamie spannte die Muskeln, um plötzlich aufzuspringen.

Warte, Jamie, noch nicht. Laß sie tiefer hineinkommen ...

Er wälzte sich wieder auf die Seite, entspannte sich, wartete, sammelte Kräfte.

Auf dem vierten Treppenabsatz machte MacLaren halt. Er befreite das Bündel von der Umhüllung, dann bedeutete er Barbara, die Kerze Clair zu geben. »Sie müssen sich darüber im klaren sein, daß sie vielleicht versuchen werden, uns zu töten. Nun ...« Er bekreuzigte sich und sagte ruhig. »In deine Hände, o Herr, befehle ich meinen Geist.«

Im nächsten Augenblick warf er sich mit der ganzen Kraft seines Körpergewichts gegen die Tür. Sie brach auf. Barbara sah ein trübes, rauchiges Glimmen, hörte das Auf und Ab eines monotonen Gesanges und folgte ihm. Das Herz schlug ihr bis zum Halse...

Jamie wälzte sich herum, sah die Türflügel aufbrechen und eine in bläulichem Dunst leuchtende große Gestalt herein und direkt auf den magischen Kreis zustürmen. In seiner erhobenen Hand lag ein Schwert, das vom Heft bis zur Spitze in bläulichen Schein gehüllt schien, und als er den Kreis erreichte, ließ er es durch die Luft niedersausen.

»Im Namen Gottes! Im Namen des Herrn des Karma und der Kräfte der Natur! Im Namen der Vaterschaft Gottes, der Mutterschaft der Natur und der Bruderschaft der Menschen zerstöre ich Eure Kräfte!«

Der rauchige Kreis löste sich in Nebelfetzen auf. Die im Halbdunkel versammelten nackten Gestalten wandten sich kreischend und fluchend zu dem Eindringling, der hochaufgerichtet stand, die Arme kreuzweise ausgestreckt, von dem Macht und Stärke auszustrahlen schien. Er schritt durch den zerbrochenen Zauberkreis zum Altar, warf sich mit dem Körper dagegen und stürzte ihn um; er trat die stinkenden Kerzen aus.

»Ich speie auf die Unreinheit der Hölle«, sagte er in seiner klaren und widerhallenden Stimme. »Ich speie auf jene, die verunreinigen, was Gott den Menschen zu Gebrauch gegeben hat.«

Er stieß die Schale mit Räucherwerk um, trat die Glut aus und bestreute sie mit Sand.

Barbara eilte durch die aufgelöste Versammlung – jetzt nur noch von Drogen betäubte, nackte, stöhnende und stammelnde Männer und Frauen – beugte sich über Jamie und zog ihm den Knebel aus dem Mund. Er erhob sich auf die Knie und umfaßte sie.

»Vorsicht, Colin!« rief Clair. »Er hat ein Messer!«

Mansell warf sich auf MacLaren, eine blinkende Klinge in der erhobenen Rechten. MacLaren riß schützend den angewinkelten Unterarm hoch und wehrte den Angreifer mit einem gut gezielten Karate-Fußstoß nach dem Kehlkopf ab. Ein scheußlich knirschendes Geräusch ertönte, das Messer entfiel der ins Leere greifenden Hand Mansells, und der massige Mann brach ohne einen Laut zusammen.

MacLaren sagte ruhig« »Ist hier vielleicht jemand vernünftig genug, Licht zu machen?«

Niemand rührte sich. Die nackten Männer und Frauen starrten benommen umher, stöhnten und ächzten. Jamies Mutter kauerte krötenartig am Boden und scharrte murmelnd in der Asche des Räucherwerks. Clair ging hinaus in den Vorraum und tastete im Dunkeln nach Lichtschaltern. Endlich ging das Licht an und enthüllte die versammelten Satanisten in all ihrer Häßlichkeit. Niemand bewegte sich.

»Alles in Ordnung, Melford?« fragte MacLaren. »Barbara, Sie sind angezogen und bei Kräften. Laufen Sie zur Feuerwache und rufen Sie 911, oder suchen Sie eine Notrufsäule der Polizei. Ich fürchte, daß wir hier einen Toten haben.« Er kniete neben Pater Mansell nieder. »Armer Teufel«, sagte er bedauernd. »Ein Jammer, daß er es nie über sich brachte, Buße zu tun.« Er drückte die stieren Augen zu, bekreuzigte sich und murmelte ein Gebet. Jamie fing Bruchstücke davon auf: ». . . mein Gott, ich bin von Herzen bekümmert, dich beleidigt zu haben . . . Buße zu tun . . . und mein Leben zu bessern . . .«

»Ich wußte nicht, daß Sie Katholik sind«, sagte Jamie, dem das Sprechen Schmerzen bereitete.

MacLarens Augen blitzten in zornigem Blau. »Ich bin es nicht. Aber er war Katholik, und ich glaube nicht, daß Gottes Barmherzigkeit Grenzen hat.«

Nicht viel später hörte er Barbaras Schritte auf der Treppe. Sie kam gelaufen, außer Atem. »Die Polizei wird gleich hier sein. Ach, Clair! Helfen Sie mir!« Sie lief zu Dana, die nackt hinter dem umgeworfenen Altar kauerte, zog den Mantel aus und legte ihn dem Mädchen um die bloßen Schultern. Dana wandte sich zu ihr um und gab ein unverständliches, murmelndes Geräusch von sich. Ihre Augen waren verständnislos, und aus einem Mundwinkel lief Speichel und tropfte ihr vom Kinn.

Jamie stand auf und ging zögernd, voller Ekel zu seiner Mutter. Sie kauerte noch immer da, scharrte mit den Fingern in der Asche und murmelte unverständliches Zeug. Ihre Augen waren glasig. »Mutter – Mutter, wach auf, ich bin es, Jamie«, sagte er. »Wo sind deine Kleider, Mutter, es ist nicht anständig, so dazusitzen . . .«

»Jamie?« murmelte sie. »Jamie soll nichts geschehen.«

»Mir ist nichts geschehen, Mutter. Sieh mich an. Komm, wo hast du...«

»Nicht Jamie«, sagte sie, und er ließ bestürzt von ihr ab und wandte sich zu MacLaren. »Was ist los mit denen?«

»Gott allein weiß es«, antwortete MacLaren. »Drogen, natürlich, aber wir dürfen auch nicht vergessen, wieviel von ihrem Geist und ihrer – na, Seele sie in dieses widerwärtige Geschäft gesteckt haben.« Er blickte in die Runde der nackten Männer und Frauen, die sich in die Benommenheit des Schocks geflüchtet hatten. Es waren neun an der Zahl, vier Frauen außer seiner Mutter und Dana, drei Männer.

»Als ihr Altar umgestürzt wurde, überwältigte sie der Schock. Ich nehme an, daß eine Heilanstalt die einzige Antwort ist, vorläufig jedenfalls. Sie werden bezeugen müssen, daß Mansell mit dem Messer auf mich losgegangen ist«, sagte MacLaren. Und dann näherte sich Sirenengeheul, verstummte, und die schweren Tritte mehrerer Polizisten polterten die Treppe herauf.

Die Sonne ging eben auf, als MacLaren den Lieferwagen an den Straßenrand lenkte und hielt. Clair war auf dem Sitz eingeschlafen, blaß und erschöpft, aber friedlich; auch MacLaren sah bleich und übermüdet aus, aber sein Händedruck hatte nichts an Kraft eingebüßt.

»Morgen oder übermorgen werde ich vorbeikommen und das Cannon-Manuskript durchsehen«, sagte er. »Es ist möglich, die Menschen vor den Gefahren solcher Dinge zu warnen, ohne verwirrten Leuten geladene Waffen – geistige Waffen – in die Hand zu geben.«

Jamie nickte. »Sie haben mich bekehrt«, sagte er entschieden.

»Ich hoffe, mehr als das aus Ihnen zu machen«, sagte MacLaren und reichte Barbara die andere Hand. »Ihre Frau ist sehr sensibel, und Sie selbst – nun, Sie haben Ihre Feuertaufe bestanden. Wir können Menschen wie Sie gebrauchen. O ja«, sagte er, als er die Überraschung in ihren Gesichtern sah, »der Kampf ist zu Ende, aber der Krieg geht weiter; er tobt, seit die Tempel von Atlantis außer Zucht gerieten und die schwarzen Priester die Geheimnisse der Macht stahlen. Er wird weitergehen, wenn wir alle Staub sind... aber Sie werden helfen, nicht wahr?«

Sie drückten ihm die Hände, und es war ein feierliches Versprechen. »Wenn Sie uns zeigen, wie. Wir werden der gerechten Sache unser Leben widmen – das Leben, das wir Ihnen verdanken.«

»Es ist ein gutes Lebenswerk«, sagte er. »Es ist die älteste Bruderschaft der Welt, Gut gegen Böse. Es ist, was die Kirchen tun sollten, doch leider kamen sie vom Weg ab, ließen sich auf weltliche Machtkämpfe ein und machten aus örtlichen Bräuchen eherne Moralgesetze. Nun... all das werden Sie erfahren, wenn die Zeit kommt. Ich hoffe, Ihre Mutter wird zur Vernunft zurückfinden, Melford, aber groß ist meine Hoffnung nicht. Und...« er lächelte plötzlich, und es war wie ein Segen »... frohe Weihnachten!«

»Ach ja«, sagte Barbara und holte tief Atem. »Natürlich, er hat recht. Frohe Weihnachten!«

Der Wagen fuhr davon, und Jamie und Barbara gingen Hand in Hand die Treppe zu ihrer Wohnung hinauf.

Colin MacLaren fuhr langsam weiter, ein geistesabwesendes Lächeln auf den Zügen.

Colin.

Jock. Ich dachte mir, daß Sie da sind. Sie hatten keine Macht über Sie. Aber ohne Ihre Hilfe hätte ich Melford nicht die Kraft geben können.

Nun kann ich ruhen. Mein Werk ist getan. Herr, laß deinen Diener nun in Frieden ruhen.

MacLaren lächelte, aber seine blauen Augen waren voll Tränen.

Nun weißt du es. Geh in Frieden, Jock... bis zum nächsten Leben. Ruhe in Frieden... Bruder.

Er legte den nächsten Gang ein und fuhr durch die noch menschenleeren Straßen davon.

Marion Zimmer Bradley

Ein Leben voll Fantasy

Nur wenig ist aus dem Leben von Marion Zimmer Bradley bekannt. Die amerikanische Autorin wurde am 3. Juni 1930 in Albany im Bundesstaat New York geboren und lebt heute im sonnigen Kalifornien, in Berkeley.

Seit ihrer ersten Publikation im Jahr 1952 hat Marion Zimmer Bradley zahlreiche Romane und Erzählungen veröffentlicht; am bekanntesten wurden *Die Nebel von Avalon, Die Feuer von Troja* sowie die *Darkover*-Romane.

Doch nicht nur als Schriftstellerin ist sie tätig, sondern auch als Herausgeberin von Zeitschriften und Sammelbänden. 1988 gründete sie sogar ihre eigene Zeitschrift, *Marion Zimmer Bradleys Fantasy Magazine*.

Wenn sie nicht schreibt, interessiert sie sich für die Oper (sie trat schon als Statistin an der San Francisco Opera auf), liest und sammelt Teddybären.

Verzeichnis lieferbarer Titel

(Stand Juni 1992)

Die blutige Sonne
Der Bronzedrache (01/6359)
Die Erben von Hammerfell
Die Farben des Alls
Die Feuer von Troja
Die Frauen von Isis
Freie Amazonen von Darkover
Die geheimnisvollen Frauen (01/7870)
Geschichten aus dem Haus der Träume
Gildenhaus Thendara
Das graue Schloß am Meer (01/6815)
Hasturs Erbe
Das Haus zwischen den Welten
Herrin der Falken
Herrin der Stürme
Die Jäger des roten Mondes
Die Kräfte der Comyn
Der lange Weg der Sternenfahrer
Das Licht von Atlantis
Luchsmond
Lythande
Die Matriarchen von Isis
Die Monde von Darkover
Die Nebel von Avalon
Der Preis des Bewahrers
Reise ohne Ende
Rote Sonne über Darkover
Schloß des Schreckens (01/7712)
Die Schwarze Schwesternschaft
Das Schwert der Amazone
Das Schwert des Aldones
Schwert des Chaos
Schwertschwester
Sharras Exil
Das silberne Schiff
Die Sterne warten
Die Teufelsanbeter (01/6697)
Tochter der Nacht
Das Tor zum All
Trapez (01/7630)
Traumschwester
Trommeln in der Dämmerung (01/6602)
Der verbotene Turm
Die Welt der Marion Zimmer Bradley
Die Weltenzerstörer
Die Winde von Darkover
Windschwester
Wolfsschwester
Das Zauberschwert
Die Zauberschwestern
Die Zeit der hundert Königreiche
Die zerbrochene Kette

Die Bandnummern der Heyne-Taschenbücher sind jeweils in Klammern angegeben.